普通高等教育"十一五"国家级规划教材

新编21世纪经济学系列教材

经济学说史

第四版

姚开建 主编

History of Economic Theory

中国人民大学出版社
·北京·

《经济学说史》（第四版）

编写人员

主　编　姚开建

作　者　姚开建　胡曙光　徐则荣　李欲晓
姚明霞　郭　杰　王　珏　杨达伟
沈民鸣　姜少敏　艾春岐　黄　淳
于　泽　李　彬　刘元春　李黎力
张海丰

内容简介

本书分六编介绍西方经济学说的产生和发展。第一编介绍西方前资本主义社会的经济思想，包括古代希腊、罗马和西欧中世纪的经济思想，以及西欧的重商主义；第二编介绍17世纪中叶到19世纪初英国和法国的古典政治经济学，特别是配第、斯密、李嘉图和西斯蒙第等人的经济学说；第三编介绍19世纪初到19世纪60年代英国和法国经济学说的发展，以及德国历史学派和美国经济思想的产生；第四编介绍19世纪70年代到20世纪初边际效用学派的兴起和马歇尔的经济学说，在这一时期，德国和美国的经济学说有了进一步发展，包括德国的新历史学派和美国的制度学派；第五编介绍20世纪初到20世纪40年代的新古典学派、瑞典学派、新奥地利学派、伦敦学派、芝加哥学派，也介绍有独自特点的熊彼特经济学说，以及凯恩斯学说；第六编介绍20世纪40年代以后西方各经济学派的发展，包括新古典综合派、新剑桥学派、弗赖堡学派、新制度学派、瑞典学派、现代货币学派和供给学派、公共选择学派、新制度经济学学派、新古典主义和新凯恩斯主义，以及后凯恩斯主义，并介绍20世纪以来一些重要经济学学科的发展，主要有经济管理学、经济计量学、发展经济学、比较经济学、人口经济学、信息经济学、演化经济学和实验经济学等。

作者简介

姚开建　中国人民大学经济学院教授，经济学博士，博士生导师。中华外国经济学说研究会理事、全国马克思列宁主义经济学说史学会副会长。1997—1998年日本同志社大学客座研究员。主要研究领域为经济思想史。长期讲授经济学说史、中国经济思想史、西方经济学、马克思主义经济思想史等本科生和研究生课程。

第四版前言

本书2016年出版第三版。在第三版出版后的这几年间，中国和世界的政治、经济继进入21世纪以来的走势又发生了许多重要变化。就经济学理论来说，2007—2009年的全球金融危机和2020年的新冠疫情使各国许多经济学家不得不再度探索资本主义的矛盾及其未来走向，而随着党的二十大中国式现代化道路的确立、党的二十届三中全会进一步全面深化改革号角的吹响，在马克思主义基本原理同中国具体实际和中华优秀传统文化“两个结合”的过程中，中国特色社会主义政治经济学理论不断走向丰富和完善，中国自主的经济学知识体系逐步实现构建和发展。

本书第四版主要就第六编“20世纪40年代以后”的内容进行了局部的修改和补充，包括：在第三十二章“新古典主义和新凯恩斯主义”后加入新的第三十三章“后凯恩斯主义”；原第三十三章和第三十四章改为第三十四章和第三十五章，并将这两章标题的主体部分“20世纪经济学学科的发展”改为“20世纪以来经济学学科的发展”；新的第三十五章的第四节改为“演化经济学”，该节做了较大的补充；把“实验经济学”单列为新增的第五节。

本书第四版的出版得到了中国人民大学出版社王晗霞编辑的大力支持和帮助，在此表示衷心的感谢。

姚开建

目录

第四编

19 世纪 70 年代—20 世纪初

第五编
20 世纪初—20 世纪 40 年代

第六编

20世纪40年代以后

绪 论

一、什么是经济学说史

经济学说史是理论经济学的重要组成部分，也是大学专业基础课程之一。在理论经济学的研究和大学专业课程的设置上还有“经济思想史”“政治经济学史”“经济分析史”等。一般来说，经济思想史的研究范围最为广泛，凡是有关人类社会各个历史时期社会经济问题的观点、政策，不论是否已形成一定的理论体系，都可以被列入考察的视野。而经济学说史则把经济学说的产生和发展作为研究的对象。经济学说已是一些包含内在联系的经济概念或范畴的整体，反映人们对于社会经济关系的较深的认识程度。经济学说在人类进入阶级社会以后就已产生，因此，经济学说史的考察范围包括奴隶社会、封建社会、资本主义社会以及社会主义社会。政治经济学史只把在对资本主义生产方式进行研究的基础上建立和发展起来的政治经济学或经济学的发展作为研究对象，一般只涉及重商主义及其以后经济学理论的发展。经济分析史把经济思想或经济学说中带有分析性的成果作为研究对象，或者说，经济分析史更注意经济概念、范畴及其内涵、外延历史演变的分析。一般来说，经济分析史以具备一定的经济学说史知识为前提。所以，经济分析史的著作或教材，大多适用于研究生教育。经济学说史则介绍外国，主要是西方世界自古代希腊、罗马以来的经济学说的产生和发展。

二、经济学说发展的历程

在西方，资本主义生产方式产生以前，经济学说的发展经历了两个发展阶段，即奴隶制社会和封建社会的经济学说。

早在古代的希腊和罗马，由于社会分工以及商品和货币经济的发展，已出现了对农业生产、商品交换、国际贸易问题等的研究和论述，其中对商品、价值、货币、资本进行了最初的探讨或猜测。西欧进入中世纪以后，虽然宗教在意识形态中占据统治地位，但有关货币、利息、"公平价格"等的论述也反映了经济学说的不断发展。在封建社会晚期，西欧各国先后不同程度地实行了各种重商主义的政策，并出现了有关重商主义的各种论述，反映了资本主义生产方式在西欧社会经济中的产生和发展，成为对资本主义生产方式最初的理论探讨。

随着资本主义生产方式的发展，作为一门独立科学的经济学产生。从 17 世纪中叶以后，以威廉·配第（William Petty）、布阿吉尔贝尔（Boisguilbert）为标志，出现了古典政治经济学。古典政治经济学主要在英国和法国获得先期发展，18 世纪法国的重农学派和英国的亚当·斯密（Adam Smith），19 世纪初英国的大卫·李嘉图（David Ricardo）和法国的西斯蒙第（Sismondi）成为最著名的代表。

19 世纪上半叶，英国的马尔萨斯（Malthus）、西尼尔（Senior）、约翰·穆勒（John Mill）和法国的萨伊（Say）、弗雷德里克·巴师夏（Frédéric Bastiat）也都对经济学说的发展有着重大影响，并成为"边际革命"以前最重要的经济学家。同时，德国出现了与英法经济学在理论和方法上具有不同特点的历史学派，美国早期的经济思想也形成了自己的一些特点。实际上，在这个时期，西欧社会主要矛盾的变化，无产阶级与资产阶级之间斗争的日益显露，已使经济学领域中出现越来越多的对立和斗争，尤其是马克思主义经济学理论的产生和发展，以及无产阶级政治斗争的发展和社会主义运动的广泛开展，使各种经济学说表现出越来越明显的阶级属性和政治倾向。

19 世纪 70 年代至 20 世纪初，资产阶级经济学说出现了重大的变化。一方面，边际效用价值论和边际分析方法获得广泛发展，并逐渐融入资产阶级主流经济学理论体系；另一方面，德国历史学派又获新发展，在其影响下，美国又出现了制度学派。以马歇尔为代表的新古典经济学以及德、美的历史学派经济学和制度经济学是这一时期的理论成果。

20 世纪初到 30 年代，西方国家的经济和政治发生了重大变化，第一次世界大战加速了垄断资本主义向国家垄断资本主义的转化。第一次世界大战后出现了第一个社会主义国家。由于资本主义社会经济矛盾的尖锐化，1929—1933 年资本主义世界又爆发了严重的、普遍性的经济危机。在这个时期，主张国家干预经济的思潮获得发展，凯恩斯（J. M. Keynes）1936 年出版的《就业、利息和货币通论》（简称《通论》）成为这一思潮的典型代表，形成第二次世界大战期间及其以后的凯恩斯主义。不过，在同一时期，坚守自由主义传统的思潮也在发展，新奥地利学派、伦敦学派以及芝加哥学派成为新自由主义的代表。在这一时期，美国制度学派也有一定的发展。

第二次世界大战以后，凯恩斯的追随者曾分为两个不同的发展派别。一个是以罗宾逊（Robinson）、斯拉法（Sraffa）为代表的英国新剑桥学派，另一个是以萨缪尔森（Samuelson）等人为代表的新古典综合派。新古典综合派把马歇尔（Marshall）的学说改造为微观经济学，把凯恩斯的学说发展为宏观经济学，建立起一个以微观、宏观理论为基础与基本结构的经济学理论体系，并在战后几十年中在经济学领域占据着支配地位。在这个时期，瑞典学派和德国的弗赖堡学派也产生了重要的影响。

20 世纪 70 年代以后，西方资本主义国家在经历了战后经济恢复和快速增长后，出现了停滞与通货膨胀并存的局面，凯恩斯主义的宏观政策出现“失灵”。作为凯恩斯主义批评者的经济学思潮逐渐抬头，表现为先后出现的货币主义、供给学派、理性预期学派的理论。在此时期，以新古典分析方法与理论原则为基础的新制度经济学也产生并发展起来，对经济学说的发展产生了重大的影响。到 90 年代，继承凯恩斯传统的新凯恩斯主义和继承自由主义传统的新古典主义获得发展。

进入 21 世纪以后，经济学逐渐发展为包括理论经济学、部门经济学、应用经济学和交叉或边缘学科的庞大的学科体系，反映着社会分工的不断扩大和经济学研究在各个具体领域中的发展。

三、 为什么要学习和研究经济学说史

经济学说史的学习是难以满足急功近利的目的的。试图在学习某种学说，或者某种理论、方法之后，马上可以直接运用于实际生活，这在经济学说史的学习中是难以实现的。

学习经济学说史的目的是帮助我们了解各个历史时期具有代表性的经济学家如何提出以及提出了什么样的经济学观点、方法和理论。每一个时期的经济学说都与先前的经济学说或经济思想有着某种继承关系，每一时代的经济学家都是以先前的研究成果为前提的。了解各个历史时期各种经济学说的产生和发展，可以使我们在研究当前经济问题时少走弯路，避免不必要地重复以前经济学家所走过的老路。有时候，当我们观察某种事物时，向后退几步，可以更清楚地看到事物的整体，从而有利于我们从整体上把握观察的对象。回顾一下经济学说的发展历程，不论对于学习还是对于研究的具体目的来说都会是有益的。

实际上，当我们在了解过去的经济学说的发展时，总是有可能从过去人们的研究中，从以往的学说中获得一些启示。经济学说不过是对社会经济现实或历史关系认识的结果，作为意识形态，它是社会存在的反映。客观经济现实的规律性也自然会在经济学说的发展中表现为某种规律性。因此，学习经济学说史不仅有助于从前人那里获得已有的经验及其有益的东西，而且有可能帮助我们认识经济学说发展的规律和特点，而经济学说发展的规律和特点又是人类思维演进规律和特点的具体表现。

第一编

前资本主义社会

本编分为两章。第一章介绍古代希腊、罗马和西欧中世纪的经济思想。第二章介绍封建社会中逐渐形成和发展起来的重商主义经济思想。古代希腊、罗马经济思想是西欧经济思想发展的源头，西欧中世纪经济思想对近代资产阶级经济学说的产生也有重要影响，而重商主义已是对封建社会内部出现的资本主义生产方式的最早的理论研究了。

第一章
古代希腊、罗马和西欧中世纪的经济思想

古代希腊思想家对财富、奴隶制庄园经济、国家收入、商品价值、货币、市场等有了最早的理论探讨，其中关于价值的认识反映了西方古代思想家对于社会经济关系抽象概括的程度与水平。古代罗马在社会分工、工商业发展水平上不如希腊，因而在商品价值等分析上未超出希腊的认识水平。不过，古代罗马留下了许多农学著作，反映了奴隶社会中的社会生产组织形式和社会关系，关于奴隶的性质和地位、奴隶制庄园的经营都有丰富的论述和论证。基督教是在罗马社会中出现的，其中奥古斯丁关于“公平价格”的概念对后来的价值、价格研究具有重要影响。

关于西欧中世纪的经济思想，本书主要分四个方面进行介绍：第一，反映西欧封建制度经济关系的各种主要法典、条例和农书。第二，西欧中世纪影响最为广泛的基督教思想家阿奎那的经济思想。阿奎那的“自然法”思想，“公平价格”分析，关于货币、商业、利息等的观点为后来经济学理论的研究提供了丰富的思想材料。第三，西欧中世纪以异教形式进行的反封建斗争中提出的各种经济思想，反映了处于社会下层的人民群众要求平等、消除贫富差别的愿望和要求。第四，在封建社会商品、货币经济发展中，关于货币、高利贷的经济思想。

本章重点

- 古代希腊思想家对价值的认识
- 古代罗马思想家对奴隶制庄园经营的论述
- 西欧中世纪阿奎那的经济思想
- 异教和农民起义的经济要求
- 西欧封建社会晚期关于货币和高利贷的论述

第一节　古代希腊的经济思想

一、概述

古代希腊包括巴尔干半岛南部（本土）、爱琴海上诸岛以及小亚细亚西岸地区，气候

温和，物产丰富，具有许多便利和安全的天然港口。古代希腊是西方奴隶制文明的发源地，古代希腊时期形成的文化对后来的西方文化产生了极大的影响。西方最早出现的经济学说也产生于古代希腊。马克思说："因为历史地出现的政治经济学，事实上不外是对资本主义生产时期的经济的科学理解，所以，与此有关的原则和定理，也能在例如古代希腊社会的著作家那里见到，这只是因为一定的现象，如商品生产、贸易、货币、生息资本等等，是两个社会共有的。由于希腊人有时也涉猎于这一领域，所以他们也和在其他一切领域一样，表现出同样的天才和创见。所以他们的见解就历史地成为现代科学的理论的出发点。"①

公元前 11—前 8 世纪，古代希腊从原始社会制度向奴隶主所有制时代过渡，史称"荷马时代"。这个时期，由于铁器出现，农业生产力有了显著提高；出现了木匠、皮革匠、瓦匠、铁匠等行业分工；商品交换开始出现并有所发展，牲畜和铜铁片是常见的交换媒介；私有土地开始形成，贵族首领已开始拥有奴隶。这些变化及古代希腊早期的经济思想大多表现在此时的两部史诗《伊利亚特》和《奥德赛》中。

公元前 8—前 6 世纪，古代希腊进入奴隶制城邦时期。在这个时期，铁矿开采已较为普及，铁制工具广泛推广；耕地扩大，人口增加；造船、冶金、制陶成为发达的手工业行业。希腊各城邦以及希腊与东方各国之间的交往使商业大为发展，出现了由城邦政府铸造的货币。随着社会生产力和商业的发展，希腊奴隶制生产关系迅速发展起来，土地私有制日益发展。古代希腊这时已形成数以百计的城邦，每一城邦以城市为中心，周围是农村，构成城乡结合的整体。其中，雅典和斯巴达是最大、最著名的城邦，以二者为中心，形成了两大城邦集团，相互之间为争夺霸权进行了一系列战争。公元前 431—前 404 年爆发了伯罗奔尼撒战争，斯巴达最后战胜雅典。后来希腊各城邦逐渐陷入危机，并开始衰败。在古代希腊，出现了西方最早的一批思想家、政治家，其中在经济思想史上有所论及的重要人物有色诺芬、柏拉图和亚里士多德。奴隶的经济思想则反映在奴隶起义的纲领和口号中。

二、色诺芬的经济思想

色诺芬（约公元前 430—前 355）是古代希腊哲学家、历史学家，出生于雅典一个富人家庭，是希腊著名哲学家苏格拉底的学生。他在政治上拥护斯巴达贵族的寡头统治，反对雅典民主政治。公元前 401 年，他以希腊雇佣兵身份参加波斯王子小居鲁士与其兄阿塔薛西斯的战争。小居鲁士失败被杀后，色诺芬被推举为雇佣军首领，撤到拜占庭，加入斯巴达军队，为此被雅典公民大会判处终生放逐。公元前 387 年，他迁到奥林匹亚附近领地上居住，经营和管理庄园并从事创作，最后死于科林斯。他的著述有《居鲁士的教育》《居鲁士远征记》《经济论》《雅典的收入》等。

《经济论》约写于公元前 387—前 371 年，是用记录苏格拉底和别人对话的形式写成的。色诺芬在这本书中最早使用了"经济"一词，其原意为"家庭管理"，因此他所谈论

---

① 马克思，恩格斯. 马克思恩格斯全集：第 20 卷. 北京：人民出版社，1971：249-250.

的经济是家庭经济。古代希腊奴隶制是建立在奴隶主对生产资料和奴隶的私人占有基础之上的，生产以家庭为单位，由奴隶进行。管理家庭经济的学说，实质上是奴隶主阶级如何管理财产，对奴隶进行剥削以使财富不断增加的经济学说。《雅典的收入》约写于公元前 355 年，它讨论了国家财政问题，其中包含对货币问题的见解。

色诺芬强调，家庭管理应该成为一门学问，这门学问研究的是主人如何管理好自己的财产，使财富不断增加。色诺芬已有了对于财富的最初看法。他认为财富就是具有使用价值的东西。例如，"一支笛子对于会吹它的人是财富，而对于不会吹它的人，则无异于毫无用处的石头"①，只有卖掉它时，它才是财富。另外，即使卖掉对他自己没有使用价值的东西得到货币，如果不会使用货币，货币也不是这个人的财富。色诺芬已了解物品有使用和交换两种功能，但他是从自然经济角度看待财富和交换的，这也反映在他对农业与分工的看法上。色诺芬所处的时代，社会分工已有了较大发展，因而他肯定了劳动分工的必要，并且看到了分工对效率提高的作用。他认识到，一个人不可能精通一切技艺，专门从事一种技艺的人能工作得更好；在小城镇中，因为主顾少，一个人单靠一种技艺难以维持生活，而在大城市中就不成问题了；大城市分工比小城市细，产品也更精美。他在《居鲁士的教育》中对这方面有更详细和精辟的解释。他说，从波斯国王食桌上接受食物，不仅是一种荣誉，而且那种食物实际上也比别的食物更可口。因为一切手艺在大城市中是最为完善的，献于国王桌上的食物，当然是按最精美的方法烹调的。

在一切技艺中，色诺芬最重视的是农业。他认为："农业是其他技艺的母亲和保姆"，农业的兴衰影响着其他技艺。手工业是一种"粗俗的技艺"，从事这种工作无益于人的身体和精神，因而最好由外邦人和奴隶去做。色诺芬在此揭示了农业是国民经济发展基础的思想，同时，他又把这种思想同奴隶制国家对自由平民崇尚武功、保卫祖国的要求相联系，并反映着古代希腊把职业同社会地位、伦理道德观念相联系的特征。他说："对于一个高尚的人来说，最好的职业和最好的学问就是人们从中取得生活必需品的农业。因为这种职业似乎最容易学，而且从事这一职业也最愉快，它能在最大限度上使身体健美，它能给心力留出最多的空闲时间去照管朋友和城市的事情。而且，由于庄稼在城外生长，农场的牲畜也在城外放牧，我们觉得农业在某种程度上可以使从事这种工作的人勇敢刚毅。所以这种谋生方法似乎应该受到我们国家的最大重视，因为它可以锻炼出最好的公民和最忠实于社会的人。"② 色诺芬在《经济论》中，从耕种到收割，从家务到田间劳动，详细地说明了如何管理组织庄园经济。由于古代希腊奴隶制庄园是建立在商品货币经济的一定发展水平之上的，所以，色诺芬虽然主要从使用价值角度看待财富和财富增长，但他已能用商品和货币的眼光确立农业经营的目标了。色诺芬指出，庄园经济的管理应"能够继续支付一切开支，并获有盈余使财产不断增加"③。他主张对奴隶应该用训练野兽的办法，用奴隶所渴望的食物填满他们的肚子，褒扬有志气的人，用上等的东西奖励较好的仆人，把次等的给不该受赏的人。另外，色诺芬也认识到农产品的价格对农

① 色诺芬. 经济论 雅典的收入. 北京：商务印书馆，1961：3.
② 同①20.
③ 同①1.

业生产的影响。他说："一切拥有农田的人都能够说出他们的土地需要多少对牲牛和多少人手。如果送到田里的牲牛和人手多于需要，他们就会认为是一种损失。""土地产品的价格低廉时，农业就无利可图，许多农民就会放弃耕耘而从事商业、旅店业或借贷业。"① 在这里，色诺芬似乎已意识到，一定土地需要的牲牛和人手是存在一种社会标准的，投入的牲牛和人手超过这个标准，生产上所花费用将不能从生产的收益中得到完全补偿。这种情况只有当生产收益是被市场价格决定时才出现。在他看来，当市场价格低廉时，农业无利可图，即农业入不敷出，或没有利润，人们就要从农业中转移出去。实际上，这里所说的情况，正反映了当时希腊奴隶制庄园经济排挤小农经济的现象。

色诺芬在《雅典的收入》中也从国家角度研究了增加收入的问题。他认为，雅典在气候、土地、资源、地理位置等方面都具有得天独厚的经济发展条件。他建议给侨居雅典的外国人的利益以照顾，从而吸引更多人来雅典。这样，不仅可以增加雅典的收入，而且可以使外国人更心甘情愿地处于雅典的统治下。他看到雅典是一个最好和最能生利的贸易地点，因而主张授予商人特权、完善商事法院制度、建立基金等，从而大力发展对外贸易。他还主张大力开发和管理银矿，在开矿方面重视奴隶劳动，建议国家购买和拥有奴隶，并把奴隶出租给平民开矿。这样，国库可以充实，国家的财政开支也将减轻。他特别强调国家要想征集到充裕的收入，必须保有和平的环境，在和平环境中待得最久的国家一定最为繁荣。他在讲述开发管理银矿时阐述了对货币的一些见解。他认为，人们对白银是不厌其多的，喜欢储藏白银不亚于喜欢使用白银，这是因为白银可以随时买到有用的物品。在这里，他已触及货币的流通手段和贮藏手段的职能，指出了两者之间的联系。

三、柏拉图的经济思想

柏拉图（公元前 427—前 347）是古希腊哲学家、伦理学家和政治家。他出生于雅典贵族家庭，是苏格拉底的学生。在政治上他拥护贵族专政，反对雅典民主制。公元前 399 年，他在苏格拉底被处死后逃离雅典，继续进行反雅典民主制活动，公元前 388 年回到雅典。他曾创办了"阿卡德弥亚"哲学学园。他的著述较多，与经济思想有关的有《法律论》《理想国》等。

在伯罗奔尼撒战争结束后，富裕的奴隶主阶层和自由贫民之间的斗争逐渐激烈起来。公元前 404 年，柏拉图写成《理想国》，以对话形式提出解决当时社会危机的途径。他认为，在雅典的民主制度下，由于商品经济发展引起阶级分化，造成了贫穷、腐化、堕落与不安定，所以，财富和贫穷是社会上的两大罪恶，财富是奢侈放纵的父母，贫穷是卑鄙龌龊的双亲。这种由富人和穷人组成的国家不是一个国家，而是富人的国家和穷人的国家两个国家，二者放在一起，永无太平之日。因此，他提出"理想国"的设计："理想国"由三个自由民阶层或等级组成。最高等级是执政的哲学家，他们能洞察真理，具有美德，富于知识，能够以政治国；第二等级是战士，他们平时训练，学习武术，战时担

① 色诺芬. 经济论 雅典的收入. 北京：商务印书馆，1961：71.

负保卫国家的责任；最低等级是农民、手工业者和商人，他们专门从事经济活动，没有思考和参与政治的能力，只为其他阶级提供生活资料。奴隶不是公民，处在三个等级之外，他们只是会说话的工具。柏拉图的理想国是以他的分工学说为理论基础的。他认为，一人而为多数之事，不如一人专心于一事，人的欲望和需要是多方面的，所以，人们应实行分工和互助。分工使每人精专一业，产量可增加，物品也精美；互助使人们结成团体、形成国家。在社会分工中，每人应从事的行业和担任的职务是先天决定的。有的人是上帝用金或银制造的，是天生的统治者，有的人是上帝用铜或铁制造的，适于从事生产劳务活动，是天生的被统治者。他实际上把脑力劳动看做奴隶主贵族的天然职能，把体力劳动看做农民、奴隶、工匠的天然职能。因为他说明了分工是城市国家的自然基础，所以马克思认为这种观点是当时的天才描述。柏拉图把农业看成理想国的经济基础，同时肯定了手工业和商业的必要性。不过，在他看来，工商业只能让外国人和奴隶去做。柏拉图还主张一种奴隶主的"共产主义"。他认为，除最低等级外，战士和哲学家都不应拥有私有财产，应由国家每年供给够一年生活之用的收入。为防止私人感情妨碍公共精神建立，还应消灭家庭，实行共妻共子，以使国家永久和平，全国团结一致，并可使种族改良，便利公民教育。柏拉图的"共产主义"是在奴隶制基础上实行统治者间的集体制度，与科学共产主义毫无共同之处。他还从分工出发，指出了分工、交换和货币之间的关系，认为货币是为交换服务的，意识到了货币可以作为价值尺度和流通手段。但他反对把货币作为贮藏手段，这是与他反对商业资本和高利贷资本有关的。柏拉图的"理想国"被马克思称为埃及种姓制度在雅典的理想化。

四、亚里士多德的经济思想

亚里士多德（公元前 384—前 322）是古希腊哲学家、思想家，出生于希腊殖民地色雷斯，父亲是马其顿国王的御医。他 17 岁到雅典，受教于柏拉图，后来与柏拉图发生思想上的分歧。柏拉图死后，他离开雅典到各地游历，公元前 343 年被聘为马其顿王子亚历山大的教师，公元前 335 年返回雅典，创立逍遥学派。他是古希腊集大成的思想家，他的经济思想主要反映在《政治论》和《伦理学》中。

亚里士多德在《政治论》中提出了不同于柏拉图理想国的组织，他代表中等奴隶主阶级，希望实行有限的奴隶主阶级的民主政体来巩固奴隶制度。他在论述国家的产生与发展时指出，城市国家是自然的产物，人类则天生是政治动物。国家是从家庭联合发展起来的，家庭是国家整体中的最小分子，但国家比家庭和个人更为重要。为了论证国家，他先从家庭的管理开始阐述他的经济思想。他认为，一个完整家庭是由奴隶与自由民组成的，在家庭管理中主要应研究家庭成员中的主与奴、夫与妻、双亲与子女的关系和生财之道。进行家庭管理要有专门的工具，财产是工具，雇员是工具，奴隶也是工具，是有生命的财产。奴隶天生不是属于他自己的，而是属于另一个人的，是一件所有物，因而可以把所有物解释为行为的工具，同所有人分开。在亚里士多德看来，世上统治者与被统治者的区分，不仅必要而且有利。在自然状态下，男性与女性天然有高低之别，前者是统治者，后者是被统治者，后者在灵魂与肉体上属于较低等级，生来就是奴隶。就奴隶来讲，其被奴役的处境是恰当公正的。他把奴隶制下的社会分工当做自然分工，用天生的人的差别（性别、种族、生理等）来论证奴隶制度的合理与自然。

亚里士多德认为，生财之道有两种：一种是家务管理的一部分，一种是“货殖”，即无限制地追求货币增殖。前者是把大自然提供的生活资料安排好，积累对家庭具有使用价值的财富，取得这些财富是为满足消费，人的消费有一定限度，因而这种财富也是有限的、合乎自然的。后者的目的是增加货币，因而这种财富是无限的，也是违反自然的。在这类活动中，高利贷是尤其可恶的，它不是对金钱的自然使用，而是从金钱本身获取利益，在一切生财方式中是最不合乎自然的。他分析了物品的不同用途，认为每一种物品都有两种用途：直接供使用和交换。前者是物品本身固有的属性，后者则不是物品所固有的。他用这种观点论证“货殖”不合乎自然，比色诺芬更明确地分析了物品的两种属性。亚里士多德在说明“货殖”的产生过程时，论述了从物物交换转化为以货币为媒介的交换，以及从零售商业过渡到以获取货币为目的的交换，即大商业。他认为，零售商业的交换目的是获得使用价值，不属于“货殖”，而大商业的交换目的是货币无限增殖，已不属于家庭管理。在这里，他已觉察到商品交换从商品—商品，到商品—货币—商品，再到货币—商品—货币的历史发展过程。他实际上区分了货币和资本，在简单商品流通中，货币执行单纯流通手段职能，在货币增殖过程中，货币执行货币资本职能。

亚里士多德在《伦理学》中讲到公平这一道德范畴时，还对商品的价值形式发表了天才的见解。他指出，5 张床＝1 间屋和 5 张床＝若干货币没有本质的不同，一种商品的价值可以通过任何其他商品（不论是物品还是货币）来表现，床和屋之所以可以进行交换，是由于它们之间具有等一性，他认为，货币使商品成为同类或相等的。马克思说：“亚里士多德在商品的价值表现中发现了等同关系，正是在这里闪耀出他的天才的光辉。”① 但是，受当时历史条件和奴隶主立场的限制，他未能发现使商品能还原为等一性的是生产商品时所耗费的劳动。

亚里士多德在论述交换关系时，也较早分析了市场。在亚里士多德看来，交换的发生以“对等”为前提。他指出：“一般说来，总得由不同的而不是相同的人们之间的发展联系才能引起这个作用（指交换作用。——引者注），并且在交换时必须使双方都得到补偿。”② 如果鞋、房子或一餐饭不能在某种意义上是相等的，交换就不可能发生。交换双方在仍然保持着自己的产品的时候，而不是在已经发生交换之后，就必须把交换的条件归纳成用数字表示的比例，然后才能进行公正的联系，建立恰当的平衡关系。“假定 A 是农民，C 是粮食，B 是鞋匠，D 是鞋匠准备与粮食取得平衡关系的货物。假使不可能取得这种互惠作用，彼此间就不会发生联系。”③ 使彼此发生联系的媒介物或中间体是货币。在亚里士多德的论述中已经出现了交换商品的市场主体——农民和鞋匠，以及市场客体——货币和粮食、货物。亚里士多德还有了最初的“需求”概念，他说：“需求就像一个团体的原则那样，是它把社会团体结合在一起的，如果没有两个人之间的相互需求，

① 马克思，恩格斯．马克思恩格斯全集：第 23 卷．北京：人民出版社，1972：75.
② 亚里士多德．尼科马奇阿伦理学//门罗．早期经济思想．北京：商务印书馆，1985：25.
③ 同②26.

如果两者都不需要帮助，他们就不会发生交换。”① 不过，在亚里士多德的例子中，农民和鞋匠还都是生产者，相互交换的是各自的产品，货币还没有直接作为“市场”的要素（在市场主、客体A、B、C、D之外）。因此，亚里士多德分析的还是物物交换的市场，不是经济学意义上的一般“市场”。在这里，交换没有分解为买、卖两个阶段，农民和鞋匠还不能确定为特定的买者、卖者的固定身份。亚里士多德之所以论证农民与鞋匠的交换，其中一个重要原因在于，他主要想探讨的是交换发生的原因，而交换双方都是生产者，产品为他们各自生产，这种举例有利于交换条件均等化的说明。这是价值规律的最初讨论。可以认为，亚里士多德所论述的，正是社会从物物交换向以货币为媒介的商品交换的过渡。

第二节　古代罗马的经济思想

一、概述

继古代希腊而兴起的是古代罗马。意大利是古代罗马的发祥地。意大利位于亚平宁半岛，三面临海，北部多山，南部平坦，境内水路稠密，交通便利，土地肥沃，雨水充足。公元前8—前6世纪，古代罗马从原始公社氏族制度向奴隶制社会过渡，史称“王政时期”。在这个时期，铁器已经流行，手工业也从农业中分离出来，家长奴隶制形成，平民也开始依附贵族，处于被奴役的威胁之中。公元前6—前1世纪是古代罗马共和时期，实行对外扩张，逐渐形成横跨欧、亚、非三洲的强大国家。对外扩张发展使罗马商业十分发达，各种奢侈品更是源源不断地从各地输入，军事征服使贵族获得大量土地和大批奴隶，公元前3世纪以后，使用奴隶的庄园普遍建立起来，并不断排挤小农经济。农民破产后沦为农业雇工，或转入手工业，大部分则成为城市游民。公元前1世纪—476年为罗马帝国时期。公元1—2世纪，罗马帝国奴隶制经济达到鼎盛。2世纪以后，罗马对外扩张已达极限，奴隶来源逐渐枯竭，奴隶制庄园开始难以为继，于是，在共和晚期产生的隶农制渐渐流行。古代罗马在走向崩溃的过程中，在自身内部孕育了后来封建社会的生产关系因素。

在古代罗马时期，曾出现格拉古改革以及奴隶要求解放的思想。古代罗马的奴隶制发展使社会中阶级斗争日趋尖锐。公元前132年和公元前122年，提比里乌斯·格拉古（公元前162—前133）和盖尤斯·格拉古（公元前153—前121）先后当选为保民官，实行改革，其主要内容是规定土地占有的最大限额，超额土地收归国库分给无地农民，以缓和农民的不满情绪，维持自由农民地位，但他们两人均由于贵族和大奴隶主的反对而失败被杀。公元前137—前132年和公元前104—前101年，西西里先后爆发了两次大规模的奴隶起义，公元前74年又爆发了罗马历史上最大的斯巴达克奴隶起义。这些起义曾提出解放奴隶、消灭奴隶主大地产、把土地分给奴隶和贫民的经济政治要求，反映了奴

① 亚里士多德. 尼科马奇阿伦理学//门罗. 早期经济思想. 北京：商务印书馆，1985：26.

隶阶级的斗争纲领和口号。

在古代罗马，也出现了一批奴隶主阶级思想家论述农业的著作，这些著作记述了农业经营的各种技术和经验，反映了农业中的生产组织形式和社会关系。另外，在奴隶制经济的衰落过程中，又出现了早期基督教的经济思想。

二、古代罗马奴隶主阶级的经济思想

古代罗马奴隶主阶级的经济思想主要表现在加图、瓦罗、珂鲁麦拉等人的著作中。

克优斯·加图（公元前235—前149）是古代罗马政治活动家、大奴隶主，他当过罗马的元老，历任执政官、监察官等职。他的主要著作是《论农业》和《起源》（罗马最早的史书，已失）。他生活在罗马奴隶制兴盛的时代，大量战俘和被征服国的居民作为奴隶源源不断地被输送到罗马。当时奴隶主力图巩固和扩大奴隶制经济，榨取更多的剩余产品。加图的《论农业》反映了这种经济要求。《论农业》也是被保存下来的研究当时奴隶制庄园经济的重要资料。加图认为，农业在一切经济部门中是罗马人最适宜从事的职业，奴隶主的主要任务就是管理好自己的庄园以增加收入。为此，奴隶主应尽量减少开支，在生产上只购买最必需的生产资料。在管理奴隶上，他具体说明，奴隶主给予管家和牧羊的奴隶的粮食应比干重活的奴隶少，冬天给奴隶的粮食要比夏天少，生病的奴隶应卖掉。这实际上是主张把维持奴隶生存的生活必需品的供应减少到最低限度。他说，要防止奴隶“偷窃”和“犯罪”，最有效的办法是让奴隶不间断地工作，对奴隶应严加看管，而不要放任。加图生活的时代，商品交换和商业已开始发展，因此，他一方面主张奴隶主庄园应自给自足，奴隶所需的一切东西尽量在庄园中生产；另一方面，他也看到，在规模较大的庄园中，有大量剩余产品可以出售，所以，也主张把庄园的地址选在交通便利和利于产品销售的地方。他认为，庄园从事商业活动时，应该遵循少买多卖的原则。在庄园经济中，他重视发展商品率较高的酿酒用的葡萄和用于交换的牲畜。

玛尔库斯·铁伦提乌斯·瓦罗（公元前116—前28）是古代著名思想家，列阿提人，曾在罗马向埃·斯蒂罗等人学习，在政治上是庞培派，反对恺撒。公元前46年，他在70岁时退出政界，与恺撒和解，专心从事著述活动，研究内容涉及罗马习俗、宗教、戏剧、拉丁语言、天文学等许多方面。在欧洲文艺复兴时被称为古罗马第三大人物，与西赛罗和维吉尔并列。瓦罗作为奴隶主思想家，在《论农业》中明确地把奴隶看做工具。他依据当时人们的分类，把农具分为：（1）能讲话的农具；（2）只能发声的农具；（3）无声的农具。牛马属第（2）类，马车属第（3）类，奴隶属第（1）类。他认为，大土地所有者应亲自料理农庄，奴隶制庄园应保持自给自足，不仅奴隶所需用品在庄园中生产，奴隶主的各项需要也应尽量在庄园中生产。在这方面，他比加图更注重维护自然经济。在管理奴隶的方法上，他则比加图更进一步。他主张应刺激监督人（也是奴隶）执行管理奴隶的工作，可以让他们与女奴隶同居并生儿育女，奴隶主应教育监督人在管理奴隶时不用鞭子而用语言。奴隶主可以和最能干的奴隶商议要干的农活，有时可以对奴隶比平时更慷慨一些，例如给些好的衣服和食物以提高奴隶的劳动热情。他还提醒，最好不要在庄园中使用太多的属于同一部落的奴隶，以防止发生争端。这些管理形式的变化反映了当时奴隶起义对奴隶主的打击与震动。

珂鲁麦拉（1世纪中期）是古代罗马思想家，出生于西班牙，长期生活在意大利。他的主要著作是《论农业》（12卷）。在这一时期，罗马奴隶制危机已经开始，奴隶劳动生产率极为低下，如何提高劳动生产率成为中心问题。珂鲁麦拉的著作就反映了这种情况。珂鲁麦拉对农业经济很有研究，他的著作汇集了当时广泛的农业知识。作为奴隶主阶级思想家，他已看到奴隶劳动不能使土地得到很好利用，因此，他一方面劝告奴隶主要改变对奴隶的态度，注意使奴隶对劳动产生兴趣；另一方面，他提出把农业交给隶农经营的主张，认为使用隶农进行农业生产比使用奴隶更有利。这反映了罗马社会内部封建生产关系的孕育和发展。

古代希腊曾有许多关于农业的专门著述，但保留下来的很少。古代罗马搜集整理了古代希腊的农学著作，并根据古罗马的农业发展，编撰成多种农业方面的著作，上述著述即是流传下来比较重要的几本。除上述介绍的以外，这些著作中还包含与农业有关的一些有价值的经济思想。

1. 农业经营目标和效率。

古代罗马思想家已能用商品和货币眼光确定农业经营目标了。瓦罗曾说："意大利居民在农业方面最重视的好像有两点：他们付出的劳力和费用能不能得到相应的报偿？土地的地点是否有益于健康？"在他看来，农民的两个目标是效用和乐趣，效用是为了寻求利益，乐趣是为了获得愉快，而前者比后者占有更重要的地位。[①] 这里已包含以较小耗费获取较大利益的原则。加图和瓦罗还都曾考虑过农庄的规模经济问题，具体研究过农庄的土地数量、生产资料与劳动力之间的比例关系及变动。瓦罗指出："要解决你的农庄上全部奴隶的人数以及农庄上其余设备的问题，最好的办法是仔细考虑这样三个方面：相邻各农庄的规模及性质，耕种每一农庄的土地所需人手的数目和你认为从你的人员里应该增加或减少的劳动数字，从而在经营你自己的农庄时导致较好的或较差的后果。""不同工具的选择和购买数量，完全要根据农庄的大小而定，如果农庄的规模大，无疑需要就多一些。"[②] 可以看出，古代罗马的思想家已认识到各种生产资料（包括土地、农具）、劳动力同农业经济效益之间的一些内在联系。

2. 农场的位置和土地肥力。

在古代罗马，土地已是买卖对象，并且也有出租现象。但是，由于奴隶制生产方式占统治地位，古代罗马思想家并未对土地出租进行深入研究。但他们已从实践中清楚地认识到：土地的位置和土地肥力在农业经营中须特别加以注意。加图和瓦罗在讲到购买田产时都指出田产环境的重要，这些条件包括：是否安全、离市场远近、有无便利的交通、有无对庄园有害或有利的事物。瓦罗还指出，离市场、城镇近，或交通便利，农庄产品销售可补生产费用而有余，从而城镇附近可以大规模经营花园等，实行集约经营。加图对不同土地进行了详细的分等区分，并说明应根据土地位置与肥力的差别，经营不同的作物，采用不同的耕作方法。

① 瓦罗．论农业．北京：商务印书馆，1982：23，29.

② 同①54.

3. 农业多种经营和专业化。

古代罗马思想家已懂得，农业经营实际上是农、牧、林以及农产品加工业等的多种经营，农、牧、林等业之间具有有机联系，应合理地结合起来。另外，古代罗马农业中已出现专业化倾向，奴隶制庄园中，很多主要以葡萄、橄榄等经济作物为主，甚至出现了许多专业化庄园——别庄，其中分别饲养鸟、蜜蜂、鸽子、鱼、蜗牛、兔子、睡鼠，甚至野猪及其他四脚兽。瓦罗曾指出，这些别庄的生产完全是为了供应市场，并且获利极为丰厚。

三、早期基督教的经济思想

基督教在公元1—2世纪出现于古代罗马社会中。恩格斯曾指出，早期基督教是“奴隶和被释放的奴隶、穷人和无权者、被罗马征服或驱散的人们的宗教”①。在古代罗马奴隶制社会中，被压迫和被奴役的劳动群众幻想基督再次降临人世，建立人人平等、普遍幸福的千年王国。早期基督教思想也包含消极的思想，它宣传不要以暴抗恶，要求奴隶顺从主人，认为奴隶制是上帝对罪恶的惩罚等。在早期基督教教义基础上产生的早期基督教社团实行财产公有和平均主义分配原则，社团内还未分化出僧侣贵族。但是，2世纪下半期以后，统治阶级代表人物逐渐进入基督教社团并占据支配地位，基督教教义也逐渐变成剥削阶级欺骗和麻醉劳动人民的宗教。

在罗马帝国瓦解时期，基督教最著名的思想家是奥格里·奥古斯丁（Aurelius Augustinus，354—430）。奥古斯丁出生于北非的塔加斯特，一度曾信奉摩尼教，后皈依基督教，任北非希波主教。他的著作有《忏悔录》《论上帝之城》《〈创世记〉注释》等。奥古斯丁的经济观点反映了由奴隶制生产方式向封建生产方式过渡时期统治阶级的经济利益和要求。在4—5世纪，罗马帝国内部已出现封建生产关系，对奴隶制和劳动等的观念都产生了重要变化。奥古斯丁对劳动的看法与以往思想家有很大不同。他在注释《创世记》时说，在上帝创造世界时，上帝就要人劳动，只从事精神劳动而不从事体力劳动乃是懒惰的标志。他把铁匠、木匠、鞋匠的劳动都称为纯洁正直的行为，认为体力劳动也值得人们尊敬。但是，在一切行业中，他认为农业是最高尚的行业，农业技艺是所有技艺中最纯洁的手艺。对于商业，他采取非难态度。他认为，为糊口谋生而从事小商业还是情有可原的，但以营利为目的的大商业是绝不可容忍的。他说，商人的职务是买贱卖贵，这种行为显然是败行，因此，一切正直的人都应当起来反对它。他认为，奴隶制度与人类理性是相矛盾的，但它是由上帝建立的，是对罪恶的惩罚。教会的任务不在于解放奴隶，而在于使奴隶驯良。

奥古斯丁提出了公平价格的概念。公平价格的概念最初出现于罗马法和罗马法学家的著作中，是用来指某时期内不受市场变动影响的价格，大多数从事交换的人是按这个价格进行买卖的。罗马法和罗马法学家所说的这种公平价格实际上是平均价格，即与价值相符的价格。奥古斯丁也使用了这个概念。他说，我知道有这样的人，当他购买抄本

① 马克思，恩格斯. 马克思恩格斯全集：第22卷. 北京：人民出版社，1965：525.

时，看见卖主不知抄本的价值，而他却自然而然地给卖主以公平价格。由于当时商品货币关系还很不发达，奥古斯丁并没有进一步论证公平价格的内容。他的公平价格思想后来为中世纪教会作家所继承和发展。

第三节　西欧中世纪的经济思想

一、概述

从5世纪西罗马帝国灭亡到15世纪，是西欧封建社会形成、发展和繁荣的时期，史称“中世纪”。西欧封建制度是在罗马帝国的废墟上建立起来的。在奴隶社会内部开始产生的封建关系，由于日耳曼人对罗马的征服而加速发展起来，大约经历了400年的时间，到9—10世纪，最终形成了以封建庄园为典型形态的西欧封建制度。原先罗马帝国人口稠密、工商业发达的城市一度衰落，占据统治地位的是自给自足的自然经济。土地被层层分封，切割得非常零散，自由农民都沦为大大小小封建领主的农奴，庄园中普遍实行劳役地租和实物地租。随着社会生产力的发展，手工业与农业逐渐分离，11世纪前后，一批新兴城市发展起来，对外贸易也愈益活跃。十字军的东征加强了东西方的贸易，在13—14世纪时，欧洲形成了以地中海为中心和以北海、波罗的海为中心的南北两大贸易区。城市对农村的影响越来越大，商品货币关系日益渗透农村，货币地租开始流行起来。许多城市以武力或金钱购买方式摆脱了封建依附，成为自由或半自由城市。15世纪以后，资本主义生产关系逐渐形成。

西欧中世纪的生产以农业为主，土地占有和利用方式在社会经济生活中占有突出地位。与封建土地制度有关的经济思想较多地反映在体现封建统治者权利、意志的法典、敕令与条例等文献中，这些文献中较为重要的有：6世纪法兰克王国的《萨利克法典》，8世纪末的《查理大帝庄园敕令》，13世纪的威斯敏斯特条例和《亨利农书》等。

在西欧中世纪，宗教占有特殊地位。在西欧封建化过程中，罗马帝国后期已被奉为国教的基督教又被奉为封建社会占统治地位的意识形态，而教会则变成大封建主，占据了西欧各国大约1/3的土地。经过以封建国王为首的世俗权力和以罗马教皇为首的宗教权力之间的斗争，在11世纪，西欧确定了教皇在宗教事务和世俗事务方面的无限权力。因此，意识形态领域的一切形态，如哲学、政治学、经济学等都带上了神学的色彩。13世纪初，随着教会和异教斗争的发展，早期的经院哲学发展为以折中主义为新特征的多米尼克经院哲学正统派，其中最著名的代表人物是托马斯·阿奎那（Thomas Aquinas），他的学说在封建社会兴盛时期占统治地位，中世纪封建社会占统治地位的经济思想也主要反映在他的学说之中。

封建主阶级对广大人民群众的剥削和压迫也引起了人民的反抗。农奴、城市商人、平民与封建主的斗争也以宗教形式进行，异教和农民起义者提出了自己的经济要求和纲领。

14世纪以后，商品货币经济的长足发展使一些思想家注意研究现实生活中的经济现象和问题，因而提出了一些与正统神学家不同的观点、理论，这些观点、理论主要表现在货币、高利贷、利息等问题上，比较著名的代表人物有尼科尔·奥雷斯姆（Nicole Oresme）和卡罗律斯·莫利诺斯（Carolus Molinaeus）。

二、法典、条例和农书

（一）《萨利克法典》

5世纪后期，法兰克族的一支萨利克人的首领克洛维（465—511）建立了法兰克王国，他是墨洛温王朝的开创者。在罗马法影响下，克洛维将本族不成文的习惯法制定为成文法，《萨利克法典》即是其中最重要的一部。《萨利克法典》于6世纪初以拉丁文颁布，其重要内容包括：（1）确认氏族公社分化，保障私人财产。《萨利克法典》规定，耕地作为自由份地可世袭，盗窃、耕种他人田地、砍伐他人林业等受罚。（2）规定身份差别和社会地位。《萨利克法典》中，法兰克人的地位高于旧居民罗马人，罗马人的地位高于半自由民和奴隶。（3）强化王权和封建统治秩序。《萨利克法典》给予国王许多特权，规定各种处罚等强制手段，以加强国王的封建权力。（4）保留古老习惯和氏族关系。《萨利克法典》中对聘礼、财产转移等活动的行为准则，在许多方面仍沿袭原来的氏族传统。

（二）《查理大帝庄园敕令》

查理大帝（约742—814）是法兰克王国加洛林王朝的国王，在位期间多次进行对外战争，公元800年获教皇加冕称帝，建立起庞大的帝国。在这一时期，西欧封建庄园制逐渐形成，采邑制已转化为世袭封土的领地制。查理大帝于公元800年左右颁布的《查理大帝庄园敕令》反映着西欧封建关系及封建庄园内部的管理。

从《查理大帝庄园敕令》中可以看到：（1）封建庄园的自然经济性。庄园生产以农、牧两部门结合方式进行，并存在满足庄园生产、生活所需的各种手工业。（2）庄园的封建等级和管理。在庄园中，负总责的管理人员是管家，协助管家的有称为侍从的庄头、马夫、收税员，有称为执事人员的看林人、守库人等。从事庄园生产的劳动者有领有份地承担劳役的农奴、领有份地但具有自由身的贡户，以及没有份地的奴仆。（3）庄园的氏族公社残余。庄园土地分为份地和领主自营地，份地大小基本相等，形成条状，实行三圃轮种。这种相等土地份额的平均分配和使用是传统氏族公社的残余。（4）所有权与统治权合一的特性。庄园劳动在很大程度上依靠超经济强制力，庄园领主既是庄园的所有者，又是政治上的统治者。庄园内部设有“公平法院”，体现着这种政治统治权。

（三）威斯敏斯特条例

英格兰成为统一国家始自威廉一世（1027—1087）。威廉一世以征服立国，从而有力量在1086年《末日审判书》（即土地清查册）中肯定英王是一切土地唯一的最终所有者。英王把土地分封给大领主，大领主再分封给小领主，形成层层分封的封建制度。英国也是自威廉一世以后，才有严格意义上的成套法律。到爱德华一世（1239—1307）时，英国又颁布了许多重要法令，封建法律体系逐渐完善。在这些法律中，三个以威斯敏斯特命名的条例具有重要影响。1275 年《威斯敏斯特第一条例》规定有对教会财产加以保护的内容。这就在法律上承认教会可以占有土地。1285 年的第二条例又称为《限嗣遗赠法》，规定地产应世代相替地传给受地者本人的后代。这个法律的目的在于防止土地的分散化，后来发展为长子继承权制度。1290 年的第三条例又称为《买地法》，规定自由人能自由转让土地。

(四)《亨利农书》

《亨利农书》成书于 13 世纪的英国，是中世纪重要的农业文献。作者亨利可能是坎特伯雷寺院的修士或土地管理人员。其内容涉及财富管理的准则、作物种植技术、家畜饲养技术、庄园的监督与管理、会计与核算等。从《亨利农书》中可以了解 13 世纪前后英国农业生产水平与成就，了解西欧中世纪庄园内部的管理与组织。其中，会计审查制度较有特色。封建主通常组织由专职人员组成的会计审查团，巡行各庄园检查账目。封建主设立兼有内部审计（审查资源配置是否合理）与外部审计（审核收支是否合法）的制度，以加强对庄园的经济核算与管理。

三、 阿奎那的经济思想

托马斯·阿奎那（1225—1274）是意大利神学家，多米尼克教派主要代表，出生于意大利的一个伯爵家庭，曾入蒙德·嘎西诺修道院和那不勒斯大学学习。20 岁时参加多米尼克教团，被派往巴黎跟从当时著名的神学家亚尔贝兹·马格努（1206—1280）学习哲学。1252 年开始在巴黎等地讲学，1259 年任罗马教廷神学顾问。1272 年主持那不勒斯多米尼克教团研究室工作。他的主要著作是《神学大全》，被认为是中世纪经院哲学的百科全书，阿奎那也被称为中世纪“神学的泰斗”。1879 年，教皇宣布阿奎那的神学为天主教会的最高哲学权威，现代新托马斯主义就是打着他的旗号发展起来的。阿奎那的经济思想反映在《神学大全》中，主要论及封建农奴制、公平价格、货币、商业、利息等问题。

阿奎那主要依据自然法的观念来论证封建农奴制度的合理性。自然法观念是古希腊哲学中斯多噶派从所谓宇宙理性中引申出来的，认为自然法是超出人为法的、由神性支配的不变规律，人类的行为和社会都要服从它。依据自然法，人的本质是相同的，应拥有平等和自由的权利，甚至财产也应是公有的。这反映了劳动群众对奴隶制的抗议。但同时，斯多噶派又宣扬听天由命、苦行寡欲的思想，被后来的统治者利用。阿奎那把社会解释为一个有机体，援引亚里士多德关于自然不平等的论断，论证上帝创造万物时就有“高级”与“低级”之分。他认为，一个人的肉体必须服从灵魂，冲动的情欲必须受制于理性。体力劳动者是低贱的，脑力劳动者是高尚的，前者是下等人，理应服从上等人的统治。上帝造人时，因为亚当和夏娃犯了罪过，所以他们的后代要遭受不平等和不自由的惩罚。至于私有制，则是人的理性创造出来的，也出自上帝的意志。他说：“正像人生下来本来是赤身露体的，自然没有为他提供衣服，衣服是人自己创造的……私有权和地役权也都不是自然所规定的，它们是人类的理性为了人类的生活而采用的办法。在这种情况下，自然法不是有所改变，而是有所增益。”① 私有制是人类生活不可缺少的，可以使人类处于比较和平的境地，“只有在那些联合地和共同地占有某种东西的人们中间，往往最容易发生纠纷”②。自从阿奎那的思想占据主导地位后，只有异教仍坚持古代自然法的观念，并把社会经济思想建立在这种观念之上。

阿奎那接受了马格努关于公平价格的思想，并做了进一步的发挥。公平价格是中世纪教会学者关于价值和交换法则的一种解释。他们引述亚里士多德关于商品交换中公平问题的见解，把奥古斯丁提出的“公平价格”概念发展成一套理论。较早对公平价格做详细研究的是马格努。马格努根据自己对日常生活实践的观察，把商品交换平等的基础归结为交换双方耗费了相等的劳动。阿奎那接受了这种观点，同时，又把价格范畴说成是一个主观的范畴。他承认，在用房屋交换鞋子的时候，应当为房屋多付出代价，因为造房屋的人在劳动的耗费和货币的支出上都超过鞋匠。他从宗教伦理角度强调在买卖中支付的价格必须是公平的。无论是把一件物品卖得贵于它的价格，还是隐瞒所出售的物品的缺点，都属于欺骗行为。他的主张是从封建主利益出发反对商人的贱买贵卖的，因为商人的不等价交换，不仅对农民和手工业者进行榨取，也对封建主剥削的收入进行夺取和分享。但是，封建主也经常从不等价交换中获取额外收入，所以，他又把公平价格说成是能使卖主获得“相当于他的等级地位的生活条件”的价格。他认为，公平价格取决于从物品中所得到的利益的大小，取决于它们对人的效用，所以，公平价格不是绝对固定的，要取决于某种评价。物品的卖价比它的价值稍多或稍少，不算是破坏公平所要求的均等。这样，他采用折中方法，既维护了封建主在与商人交换中的利益，又为封建主凭借特权高价出售物品提供了辩护根据。在他的学说中，价值与价格是不分的，公平价格有时被理解为价值，有时又被理解为价格。所以，他还认为，公平价格是由供求关系决定的，一个卖主把小麦拿到粮价高的地方出售时，发现还有很多人带来更多的小麦，这时小麦价格就会下跌，他们只能得到公平价格。在中世纪，自然经济占统治地位，商品交换一般在商品生产者之间进行，人们对自己的商品和别人的商品各耗费多少劳动都比较清楚，交换比例也是根据耗费的劳动来决定的，所以，中世纪思想家也不难看出商品价格与劳动耗费的联系。这时所说的“公平价格”实质上是与价值相符合的价格，只不过披着宗教伦理的外衣。另外，由于商品经济的发展，价格常常脱离价值，这使阿奎那提出效用决定价格的观点，开以后效用价值理论的先河。

在阿奎那所处的时代，商品货币经济已有所发展，因此，他关于货币、商业、利息等的观点都带有明显的两重性，反映了他的学说的折中主义特点。在货币上，依据亚里士多德关于货币是便于交换的工具的观点，阿奎那认为货币是人所发明的工具，人们发明它是为了用一定的价格衡量一件物品的价值，因此，货币的价值可以由人的主观意志决定，货币铸造是统治者的特权，统治者规定了货币的购买力。这是中世纪封建主在自己领地任意铸造货币状况的反映。同时，每个封建主所铸货币具有地方性质，当超出领地范围，人们就要求足值的货币。所以，阿奎那又不得不承认货币本身也是一种商品，

① 参见托马斯·阿奎那《神学大全》第2部分之1第94题第5条。
② 参见托马斯·阿奎那《神学大全》第2部分之2第66题第2条。

有内在的稳定性，任意贬损货币价值无异于伪造重量和长度，因而劝告封建主在改铸货币重量成分时需适可而止。在商业上，他依据亚里士多德关于两种生财之道的观点，把商业看成是卑鄙的行业。但同时又断言赚取利润的大商业是合理的。在他看来，一个人从事贱买贵卖在两种情况下是可以免受道义谴责的：(1)“一个人用他从商业中获得的适当利润来维持自己的家庭生活，或者帮助穷人。”① (2) 买进时并无转手卖出的意图，并对物品做了改进，或因时间地点改变价格有了变动，或因物品运输担负了风险。阿奎那认为，依这样方式获取的利润是“劳动的报酬”，应保证卖者有相当于其等级地位的生活条件。在讨论利息时，他一方面肯定放债取利是罪恶，另一方面又认为放债取利在一定条件下是可以的。他说：“贷出货币而收取利息，就本身来说是不公正的。”② 根据罗马法，物品可以分为消费物和代替物。消费物，如酒、小麦等，使用权和所有权不能分开，把使用权给予别人时，也同时给予了所有权，因此，这类物品的出借不应收取利息。如果对这类物品要求利息，就是出卖本身不能分开出卖的东西，也就是重复出卖同一件东西，因而违反了正义。代替物，如房屋、土地等，使用权和所有权可以分开，因而可以允许收取利息。在他看来，货币属于消费物，因而出借货币收取利息是不合法的。他强烈谴责高利贷，并反驳了关于利息是对时间的支付的观点。他认为，时间是众人共有的财产，单纯债务偿还的延迟，不能作为增加偿还数额的根据，高利贷对时间索取报酬，既欺骗了邻人，也欺骗了上帝。同时，阿奎那又认为在两种情况下可以收取利息：(1) 出借人出借货币蒙受了损失；(2) 出借人以合伙形式把货币委托给商人和手工业者，担负了丧失本金的风险。这些又为收取利息开了方便之门。

四、 异教和农民起义的经济要求

中世纪反封建的革命反对派以异教的形式提出了自己的经济要求。一方面，在封建制度下，教会教条就是政治信条，《圣经》中的词句在法庭中具有法律效力；另一方面，中世纪群众所受的是教会教育，只有揭露教会对教义的歪曲，才能动员群众反对封建制度。因此，农奴、城市贫民和商人与封建主以宗教形式进行的斗争贯穿于整个中世纪。恩格斯根据异教的阶级内容，把异教分为城市市民异教和农民平民异教。城市市民异教“要求恢复原始基督教的简单教规，要求取消自成一统的僧侣等级。……一言以蔽之，就会取消教会中一切耗费钱财的东西”。而农民平民异教“是农民和平民的要求的直接表现，并且几乎总是同起义结合在一起的”。“它要求在教区成员间恢复原始基督教的平等关系，要求承认这种关系也是市民间的准则。它从‘上帝儿女的平等’得出有关市民平等的结论，甚至已经部分地得出有关财产平等的结论。”其具体社会纲领就是“要求贵族同农民平等，要求城市贵族和享有特权的市民同平民平等，它要求取消徭役、地租、捐税、特权，要求至少消除那些极其悬殊的贫富差别”③。

---

① 参见托马斯·阿奎那《神学大全》第2部分之2第77题第1条。

② 参见托马斯·阿奎那《神学大全》第2部分之2第78题第1条。

③ 马克思，恩格斯．马克思恩格斯全集：第10卷．2版．北京：人民出版社，1998：483-485.

城市市民异教自11世纪开始从西欧最发达城市产生并流行开来，主要代表人物在意大利和德国是阿尔诺德（Arnoldus），在英国是约翰·威克利夫（John Wycliffe），在捷克是胡斯（Hus）。例如，阿尔诺德（1100？—1155）宣传恢复古代基督教会的习俗、使徒的贫穷状态，主张剥夺教会的一切世俗权力，把财产交给世俗封建主。他在意大利、法国和德国都享有盛名。1146年他参加罗马城市居民反教皇的起义，失败后被烧死。胡斯（1369—1415）1412年号召人民拒绝购买罗马教皇的"赎罪券"，并揭露教会贪得无厌和腐败堕落。胡斯1415年被教会烧死后，激起了人民的起义。由于城市市民异教只反对教会封建制度，所以存在很大的局限性。

农民平民异教是反封建的激进革命派，包括广大农民与城市中的平民，在英国、捷克、德国得到农民起义的支持，代表人物在英国有约翰·博尔（John Ball），在捷克有约翰·杰士卡（John Ziska），在德国有托马斯·闵采尔（Thomas Münzer）。约翰·博尔（？—1381）宣传社会不平等是人为造成的，揭露了封建统治阶级的剥削和压迫，号召人们起来打破多年的束缚和压迫。他提出了财产公有和普遍平等的要求。约翰·杰士卡（1360—1424）提出恢复早期基督教教会组织，取消私有制，实现人与人之间一律平等的口号。在实际斗争中，他组织了社团，人们彼此以兄弟姐妹相称，财产归社团所有，实行公共管理和平均分配。托马斯·闵采尔（约1490—1525）不仅反对教会，而且主张消灭整个封建制度，消灭一切剥削阶级，建立现世的天国。农民平民异教及农民起义的经济要求，超出了反封建斗争的范围，具有发动人民的巨大革命意义。

五、奥雷斯姆和莫利诺斯的经济思想

在西欧中世纪，封建领主大都在自己的领地铸造货币，封建国王为弥补财政开支的不足，经常采用贬损货币的措施。14世纪以后，封建国王任意改变货币重量与成色的做法严重损害了商人阶层和广大人民的利益。另外，随着商品货币经济的发展，商业及其他经济活动要求借贷资本的进一步发展，教会禁止放债取利的法规也越来越成为经济发展的障碍。因此，14世纪以后，反对任意贬损货币的思想和论证高利贷合理性的理论发展起来了，奥雷斯姆和莫利诺斯是两个重要代表人物。

尼科尔·奥雷斯姆（1320—1382）是14世纪法国最著名的教士之一。他生于卡昂，早年到巴黎求学，1356年获纳瓦尔大学硕士学位，1362年任鲁昂学院院长。1377年任利泽伊主教。他在神学、数学方面取得了卓越的成就。大约在1360年前后写了《论货币的最初发明》，这本书被认为是经济思想史上第一本系统论述货币的著作。他分析了货币的起源、性质及规律。他认为，货币是为解决交换中存在的困难逐渐产生和发展起来的，它不能直接适应人类生活的需要，而是用以交换自然财富的人为手段。供铸造货币的材料有金、银、合金等，但作为通则，不应使用合金，因为合金容易掺假或引起猜疑。货币应统一并加盖印记，这样可以解除人们的疑虑。他认为，由于国王享有最高威望和权力，所以由国王加盖印记是最恰当的。但是，这并不是说国王是流通着的货币的所有人，货币事实上属于拥有自然财富的人。他认识到金币与银币之间有一个确定的交换比率，这种比率也会有变化。奥雷斯姆已意识到货币具有自身的稳定价值，由此，他批判了货币名目主义，为批评国王货币贬损政策建立了理论根据。他认为，国王通过改革货币来取利是不法行为，这种行为比高利贷更坏，因为高利贷把钱交给对方，归还时要求较多数额是双方的契约规定的，而“作为一位国王，于不必要地改变货币的内容时，是在违反其臣民意愿的情况下夺取他们财产的行动”①。高利贷活动伤害少数人，而贬损铸币行为却欺骗整个国家。奥雷斯姆关于货币的见解反映了封建主阶级中借商业发展得利的阶层的利益。

卡罗律斯·莫利诺斯（1500—1566）是法国法理学家，最初在奥尔良和普瓦捷研读法学和讲课，后到巴黎任法国宫廷和议会法律顾问。他在1539年发表了《巴黎人的风俗习惯》后声望大增，但他1546年写的《论契约与高利贷》遭到了强烈反对。他的后期生活很不安定，他曾在德意志各大学讲课，也曾侍奉过一些日耳曼诸侯，并多次参加宗教上的论争。他的经济思想集中反映在《论契约与高利贷》一书中。在这本书中，他尖锐地批评了经院神学家禁止和谴责高利贷的观点，论证了收取利息的合理性。他认为，作为一个债权人，当他所收受的货币超过他的本金时，他这样做是合理合法的。债权人通过一项贷款，为对方取得收益提供了直接的和有效的推动力，也就是为这一收益提供了必要条件。不论是按照神的和自然的法律，还是按照民法，人们都可以为取得收益的一部分而订约借贷。而且，“由于债务人借助于一项贷款，即使因此增加了负担，与不存在贷款时相比，可以取得较大的收益，这就很明显。贷款尽管使他增加了负担，而对他说来是有利的，不是有害的”②。他认为，对贷出资金得到收益的谴责是不正确的，是由迷信引起的。他详尽地列举了中世纪有较大影响的神学家，包括阿奎那、斯科特斯等人的观点，并一一加以评价、批判。他认为，高利贷是有存在的必要性的，这种必要性类似于使用货币的必要性，只不过不如使用货币那样迫切罢了。货币在一切交换中几乎都少不得，而高利贷只是在需要取得对别人的资金的使用权时才有必要。他还论证了高利贷利息。他认为，从广义角度来看，高利贷有两种：一种是商业性的，始终要通过订约手续严格遵行；一种是惩罚性或补偿性的，到期不还应加以惩罚，延期的利息应给以补偿。利息不应以资产收益的最低额为限，因为在这种情况下将对延期还款者有利；利息也不应超过资产的最大收益额。莫利诺斯关于高利贷和利息的观点，反映了16世纪上半期高利贷借贷活动的发展，较早地肯定了利息收入是正当的。

评议与思考

本书论述的经济学说史主要是欧美经济学说的产生与发展，而在欧美经济学说发展中又把马克思主义经济学说（包括其来源、产生、发展等）分离出来在《马克思主义经济学说史》中论述。因此，本书大体上反映的是欧美资产阶级经济学说发展的历史。

对欧美资产阶级经济学说的考察是从希腊、罗马开始的，希腊、罗马的思想家已触及商品、货币、生息资本等，与这些有关的论述成为经济学说的最初起源。加上中世纪

① 尼科尔·奥雷斯姆. 论货币的最初发明//门罗. 早期经济思想. 北京：商务印书馆，1985：85.

② 卡罗律斯·莫利诺斯. 论契约与高利贷//门罗. 早期经济思想. 北京：商务印书馆，1985：95.

西欧的经济思想对希腊、罗马经济思想的传承，已足以构成近代经济学作为一门科学产生的历史的思想前提。

不过，在了解古代希腊、罗马和西欧中世纪的经济思想的同时，也不应忽视对西欧以外其他国家和地区经济思想的学习与研究，特别是中国古代的经济思想。中国春秋战国时期的思想家对商品、货币、生息资本等的分析与希腊、罗马思想家相比各有所长。中国经历了两千多年的封建社会历程，表现出许多与西方社会不同的自身特点，而极为丰富的经济思想又是西欧中世纪相对贫乏的经济思想所不能比拟的。它们是现代经济学进一步发展，尤其是广义政治经济学（恩格斯在《反杜林论》中讲道：广义政治经济学研究的是“人类各种社会进行生产和交换并相应地进行产品分配的条件和形式的科学”①）研究上更为重要的思想材料。

关键词

色诺芬	《经济论》	柏拉图	《理想国》	亚里士多德
《政治论》	《伦理学》	加图	瓦罗	珂鲁麦拉
《论农业》	奥古斯丁	公平价格	《萨利克法典》	《查理大帝庄园敕令》
《亨利农书》	阿奎那	《神学大全》	马格努	异教和农民起义
奥雷斯姆	莫利诺斯	《论货币的最初发明》		《论契约与高利贷》

思考题

1. 色诺芬是如何看待财富及其增长的？
2. 亚里士多德对商品价值和交换关系的认识有哪些贡献？
3. 古代罗马在农学上有哪些贡献？
4. 评述“公平价格”思想的产生和发展。
5. 简述奥雷斯姆和莫利诺斯的主要经济思想。

① 马克思，恩格斯. 马克思恩格斯全集：第20卷. 北京：人民出版社，1971：163.

第二章
重商主义的经济思想

在近代，政治经济学的产生是以重商主义经济思想为历史的和思想的前提的。本章分四节进行介绍，其中第一节，对重商主义产生和发展的历史条件进行介绍，强调了西欧封建社会解体和向资本主义过渡的时代特点，并对重商主义的基本思想和两个发展阶段作了简明而全面的概括。这一部分指出，重商主义把财富归结为金银或货币，或者就是交换价值；把流通领域作为主要的考察对象。因此，重商主义虽然是对资本主义生产方式最早的理论研究，但是还难以形成科学的、完整的理论体系。第二、第三节分别介绍了英国和法国的重商主义。在这两节中，一方面可以了解两国早、晚期重商主义的重要代表人物及著作，另一方面也可以了解两国重商主义经济思想上存在的差别，反映两国资本主义生产方式在产生和发展上的不同历史特点。这些对了解两国古典政治经济学产生和发展过程中的差别和特点也是有帮助的。第四节介绍意大利、奥地利、德国重商主义的代表及著作。

本章重点

- 重商主义的基本思想和发展阶段
- 英国重商主义的发展和特点
- 法国重商主义的发展和特点

第一节　概　述

一、重商主义产生和发展的历史条件

重商主义产生并盛行于西欧封建社会的晚期和近代资本主义社会的初期，这个时期正是西欧封建社会解体并向资本主义过渡的时期。

在封建社会晚期的西欧各国，社会生产力有了很大提高。在农业上，铁制农具广泛应用，农业技术不断改进，农作物种类增加，农业产量提高。在农业进步的基础上，手工业在生产规模和技术水平上也有了显著进步，许多手工业发展为专门性的行业。生产

力的提高与社会分工的扩大，促进了商业生产的增长和商品交换的发展。在此基础上，小商品生产者发生分化，出现了新型的资本家阶级和雇佣工人，资本主义生产关系逐渐萌芽、产生并发展起来。罗马帝国灭亡后曾一度衰败、消失的城市，在10—11世纪以后又重新出现并迅速发展起来，西欧社会形成乡村与城市并行发展的格局：封建的乡村在政治上统治着城市，城市则在经济上剥削着乡村。城市在封建主的相互斗争中获得越来越多的自主和独立性，并不断使商品货币关系渗透到封建农村之中。在封建庄园中，实物地租取代劳役地租、货币地租取代实物地租的现象愈益普遍，削弱了农民对封建主的依附，农民间的分化也开始出现，资本主义生产关系在农村也逐渐产生并发展起来。

在西欧资本主义生产方式产生并发展的过程中，15世纪末的地理大发现具有重大意义。西欧地中海沿岸城市国家由于占有同东方贸易的传统优势，曾最早产生资本主义生产关系的萌芽。但是，14世纪土耳其帝国兴起，土耳其人占据了东西方交通要道君士坦丁堡和东部地中海，控制了连接东西方的商路；过境的亚欧商人必须缴纳大量捐税，西欧城市与东方的贸易直接受到影响；地中海沿岸城市国家原已出现的资本主义萌芽得不到新的发展，并在许多地方衰落下去。在这个时期，西欧各国商品经济活跃，因而不断面临金银短缺问题，对金银的追求成为欧洲商人和航海家从事冒险航行的巨大动力。这些都促进了寻找新的航路和新的市场的活动，并在15世纪末获得了一系列重大的“地理发现”。1492年哥伦布到达西印度群岛，1497年达·伽马绕过好望角，发现了通往印度的新航路。从此，欧洲改变了与东方的交往关系，并与美洲新大陆建立起了密切的联系。地理大发现扩大了世界贸易的范围，扩展了欧洲资本的流动范围，海外商业开始从单纯奢侈品交换转向大众生活必需品以及生产资料交换。意大利沿海城市、德意志南部城市以及汉萨同盟衰落了，世界航路中心转到葡萄牙、西班牙和尼德兰（后来为荷兰）各港口，伦敦的商业地位也日益提高，这就为这些国家经济的相继发展创造了历史条件。地理大发现还为西欧占领亚洲、非洲和美洲殖民地，对外扩张提供了前提。

资本主义资本原始积累过程也开始迅速展开。欧洲各国强迫劳动者脱离生产资料；把农民从土地上赶走，霸占村社土地；实行殖民制度、国债制度、保护关税等。在这个过程中，一方面，生产者转化为一无所有的雇佣劳动者，另一方面，掠夺来的生产资料和货币财富转化为资本，从而为资本主义的迅速发展创造了前提与条件。英国是这种原始积累的一个早期典型。

在14—15世纪以后资本主义形成的过程中，商业资本起着极为突出的作用。商业和商业资本发展扩大了旧的市场，又不断开辟了新的市场，促进了各国国内市场的统一和世界市场的发展。这个时期的对外贸易是商业资本活动的重要方面，也是资本原始积累的主要手段。不过，商业资本只是在已形成的资本主义生产方式基础上发挥其作用的，它本身并不创造某种新的生产方式。这在某种程度上可以解释15世纪以后西欧各国的兴衰。葡萄牙在15世纪以后是最先走向兴盛的国家，但它的工商业薄弱，海外掠夺的财富多为封建主耗费之目的，而且它依靠尼德兰商人运销商品，财富最终落入外国商人和手工工场主的钱袋。代之而走上繁荣的是16世纪的西班牙，西班牙毛纺织业是其经济基础，但西班牙封建生产方式占统治地位，封建主对工商业进行沉重的租税搜刮。“价格革命”发生后，西班牙物价上涨最为猛烈，经济走向衰败。在尼德兰基础上建立起来的荷兰，拥有安特卫普这一世界贸易中心的优势，以纺织和造船为基础，成为17世纪标准的资本主义国家。但它的特点是对外贸易远较工业占优势，被称为“全世界的海上马车夫”。这一特点使荷兰较早强盛，但也决定了它最终被发展起来的拥有强大工场手工业的英国所代替。

西欧15世纪以后，与商业资本发展相伴的是西欧各国封建中央集权国家的逐渐发展和完善。在自给自足的封建庄园经济占统治地位时，以其为基础的欧洲分封制度是稳固的。但是，城市以及工商业的发展使封建庄园经济逐渐解体之后，封建割据分裂状态就成为社会经济进一步发展的障碍了。于是，各国国王与城市结成同盟，削弱大大小小封建主的势力，消除分裂，实现政治、经济、军事的集中与统一，陆续建立起了中央集权的近代民族国家。这样建立起来的国家，为了在动乱不息的世界上立足，就要与其他国家抗争，侵略和防务成为国策的重心。只有强大的国家才能在斗争中保护和发展自身，并保护本国人民的财产、幸福和安宁；而要建立起强大的国家，必须努力开发利用本国资源，依靠最为有效的手段创造和积累财富。因此，增加国家的财富和权力是政策的目标，经济政策的目标是获得最大的公共收入，供宫廷和军队消费，对外政策的目标则是征服。这种积累财富的目标就使国家关心能获取财富的一切来源，表现为国家对于整个国民生活、国民经济各部门的控制和管理。

二、重商主义的基本思想

重商主义这一术语是由亚当·斯密提出来的。斯密说：“不同时代不同国民的不同富裕程度，曾产生两种不同的关于富国裕民的政治经济学体系。其一，可称为重商主义；其二，可称为重农主义。”① 以后，人们一直沿用斯密的这一术语。

重商主义最初是作为国家政策出现的。随着资本主义进一步发展和社会实践的需要，对国家实际采用的重商主义政策有了从理论上进行研究的必要，并逐渐得到一些思想家的论述，从而形成了重商主义学说。这一学说反映了在封建社会内部逐渐成长起来的资产阶级的利益和要求，它最早从理论上研究了资本主义，所以，马克思指出，重商主义是现代生产方式的最早的理论探讨。

重商主义对社会经济现象的研究深受当时人文主义思潮的影响。人文主义是适应资本主义生产关系的产生和发展而出现的资产阶级意识形态。人文主义强调以人为中心，用人性与封建的神性相对抗，用人权反对神权，用个性自由反对宗教道德规范的束缚。作为商业资产阶级代言人的重商主义者，大体上摆脱了封建神学伦理的束缚，直接用商业资本家的世俗观点去观察事物，考察各种社会经济现象，对这些经济现象进行描述和初步分析。

重商主义者是站在本国国家或政府立场上，以增加国家财富和权力为直接目标的，因此，什么是财富，如何获取财富也是从国家或政府角度来考察和解释的。重商主义认为，金银也即货币是财富的主要或唯一的形态，国家一切经济活动的目的，都是为了获

① 斯密. 国民财富的性质和原因的研究：下卷. 北京：商务印书馆，1974：1.

取金银。重商主义以此为出发点，认为财富的源泉有两个：一是金银矿的开采；二是发展对外贸易。在重商主义看来，开采金银矿是有条件限制的，不存在金银矿的国家或地区是无法以开矿的方式增加财富的。因此，获取财富的更重要的源泉是发展对外贸易。重商主义认为，商业在国内和国际开展的结果是有区别的。国内商业无疑是有益的，但它不能增加一国的货币总量或财富总量，其结果只是一部分人手中的货币或财富增加，而另一部分人手中的货币或财富减少。国内商业的活跃是重要的，其重要性在于给对外贸易造成的间接影响，国内商业本身既不能使国家致富，也不会使国家贫穷。对外贸易则不同，对于一国来说，对外贸易是获取货币或财富的真正源泉，同时也是利润的源泉。商人通过对外贸易，将本国商品输出到国外，换回金银运回本国；商人在商品转手中，也通过贱买贵卖获得利润。通过对外贸易的方式，一国可以迅速地积累起越来越多的财富。

根据这种基本观点，重商主义得出其政策性结论和原则：国家为了致富和防止贫困，必须发展对外贸易，遵循多卖少买、多收入少支出的原则，以求在对外贸易中实现顺差。国内商品生产应服从商品输出的需要，生产国外畅销产品的手工工场应大力支持其发展。为此，重商主义主张国家积极干预经济生活，从而促进对外贸易的发展，使货币尽量多地流入国内而尽量少地流向国外。重商主义关于货币、财富及其源泉的观点在理论上是错误的。重商主义作为对资本主义的最初探讨，还不了解货币的起源与本质，还难以从本质上说明财富的真正源泉，也不能科学地解释利润的产生。斯密曾指出："财富由货币或金银构成这一通常流行的见解，是自然而然地因货币有两重作用而产生的。"① 由于货币既是交易媒介，又是价值尺度，有了金银，几乎可以在方便的时候购买任何可以买到的物品，也可以以其为标准估价其他各种商品的价值，所以，金银被看成所有动产中最坚固可靠的部分。也因此，重商主义着眼于货币财富如何在商业运动即贸易中增值时，实际上把商业资本的运动作为其考察的对象，从流通领域中考察货币—商品—货币（G…W…G）的运动。重商主义在理论上的缺陷是由当时的历史条件所决定的，但重商主义在资本主义关系萌芽和成长的最初时期，就明确说出了资本主义的使命就是赚钱，就是货币财富的积累。

重商主义把流通领域作为主要考察对象，因而难以对资本主义生产方式进行科学分析，但重商主义对资本主义实践及其经济分析都有着重要的意义。重商主义政策在西欧各国的推行，促进了资本主义生产方式发展所需的必要前提的迅速完成，推动了资本主义工场手工业的成长。这是重商主义对资本主义发展的历史作用。重商主义虽然在理论上有一些缺陷，但在经济分析的发展上也有进步。重商主义着重考虑了国家之间的货币与贸易平衡，这种贸易平衡分析本身是实用的，并具有理论分析的意义。贸易平衡分析必然逐步发展为对贸易及其他一些经济因素（如汇率、物价、关税）与工农商业之间关系的分析，最终会发展为对国民经济各部门的分析，以及对国家如何管理和控制国民经济的分析。在重商主义的许多具体分析中，包含有科学合理的因素，重商主义提出的许多具体政策及措施，也具有历史的合理性。总体来说，重商主义并未真正形成完整的理

① 斯密．国民财富的性质和原因的研究：下卷．北京：商务印书馆，1974：1.

论体系，不过，重商主义在经济分析上的每一个重大进步，都在实质上成为对原有体系的自觉的自我脱离，这种特点既表现为重商主义从早期向晚期的过渡，又表现为它最终为资产阶级古典政治经济学的产生提供了历史前提。

三、 重商主义发展的两个阶段

西欧重商主义的发展经历了两个阶段：早期重商主义和晚期重商主义。早期重商主义和晚期重商主义都把货币看做财富的主要或唯一形态，但在如何增加货币上有不同的看法和主张，提出了不同的措施和方法。

从15世纪到16世纪中叶为早期重商主义阶段。早期重商主义者认为，一切购买都会使货币减少，一切销售都会使货币增加，因此，他们主张尽量少买或不买，从而实际强调了"多卖少买"公式中的"少买"。早期重商主义者认为，通过尽量少买或不买，可以将货币积累起来，国家因此可以致富；反之，国家财富会流失，国家会趋于贫困。

在早期重商主义阶段，商品生产和流通一般还不太发达，对外贸易还尚未充分发展，仅靠经济手段，难以保证吸收和保存国内所需的金银货币。为此，早期重商主义者极力主张通过国家采取行政手段，以增加货币财富。许多国家采纳重商主义者的建议，为将货币吸收到国内和阻止货币外流，采取各种行政措施，颁布了各种法令。这实际上是力图通过直接调节货币的运动，以达到积累货币财富的目的，所以，早期重商主义被称作货币平衡论（或货币差额论），马克思称之为货币主义，还有人称之为重金主义。

西欧早期重商主义代表，在英国有约翰·海尔斯（John Hales）；在法国有让·博丹（Jean Bodin）、孟克列钦（Montchrétien）。

从16世纪下半期到17世纪中叶为晚期重商主义阶段，这个时期也是重商主义的鼎盛时期。在欧洲大陆德奥等国，重商主义在18世纪仍占有重要地位。晚期重商主义者强调"多卖少买"中的"多卖"。在他们看来，要使一国财富迅速增加，不仅应多卖，而且要大量地买，只有买得多，才可能卖得更多。为此，他们反对早期重商主义禁止货币输出的政策，主张允许货币输出，以便扩大对外国商品的购买，并在大量购买基础上实现更大量的卖，从而积累更多的财富。他们主张在对外贸易上应用贸易平衡方法，力争购买外国商品的货币总额少于外销的本国商品的货币总额，从而实现出超和顺差。为了保证对外贸易的出超，晚期重商主义者主张奖励输出和限制输入，即使用各种奖励措施，增加国内制造业和农业产品的输出，同时以关税及其他方式尽量减少或禁止本国能够生产的消费品的输入，特别是奢侈品的输入。晚期重商主义提出保护关税的主张。在重商主义以前，关税制度只有增加财政收入的目的，在重商主义，特别是晚期重商主义时期，关税制度成为保护本国工商业发展，与外国进行经济竞争，甚至政治斗争的重要手段。

晚期重商主义时期，对外贸易已经有了很大发展。晚期重商主义者已认识到货币作为资本的职能，了解到货币只有在不断的运动中才可能不断增值，他们把货币真正作为增加货币的手段。晚期重商主义力图在对外贸易中调节商品的运动，从而达到增加货币财富的目的。所以，晚期重商主义被称为贸易平衡论（或贸易差额论）。由于这个时期国家积极支持生产国内出口商品的工场手工业，马克思又称之为重工主义，或真正的重商主义。

晚期重商主义的代表，在意大利有安东尼奥·塞拉（Antonio Serra），在英国有托马斯·孟（Thomas Mun），在法国有让·巴蒂斯特·柯尔贝尔（Jean Baptiste Colbert），在奥地利有霍尼克，在德国有尤斯蒂（Justi）。

第二节　英国的重商主义

一、英国早期重商主义

英国早期重商主义作为一种经济政策，在14世纪30年代就已经出现了。1335年英国议会通过了一项法令，规定不许任何人把金镑带出英吉利王国。英王爱德华四世于1478年把输出金银定为大罪。英国在长期贸易实践中规定了各种条例，如本国商人和外国商人须在指定市场交易，对本国出口商人运出国外的商品种类加以规定，商人从外国换回的商品必须是必需品，本国商人收回的货币中必须包括部分外国铸币或金银。

英国早期重商主义作为一种学说，其代表著作为1581年出版的《近来我国各界同胞常有的一些抱怨的简单考察》。这本书出版时署名为W.S.，曾被误认为是莎士比亚所著，后经人考证，该书原名为《论英国本土的公共福利》，成书于1549年，作者为英政府一官吏，名约翰·海尔斯（？—1571），W.S.为出版者威廉·斯泰福的缩写。

该书以手工业者、庄稼人、博士、爵士之间对话的形式，讲述了英国当时存在的经济问题，并通过博士之口论述了作者的经济对策。作者认为，当时英国的主要问题是物价的普遍上涨、国家财富的耗竭、圈地运动造成的社会后果和城乡的普遍凋敝。在作者看来，所有问题的真正根源是铸造成色不足的货币。由于国王毁损货币，国内出现不足值货币，并驱使足值货币流出国外。英国国内货币质量低劣，使得国内物价普遍上涨。也因此，外国人伪造劣质英国货币运到英国大量脱手，既换取金银，又换取英国的主要商品。外国人购买英国的羊毛，作为原料运回本国加工，然后又把成品运到英国出售，一进一出掠走了英国大量的财富。为生产羊毛而形成的圈地使少数人致富，但使城乡发生普遍的凋敝。根据这种分析，作者提出，货币的铸造一定要在质和量上都保持正确的、应有的比例；禁止输入对英国没有价值的商品；限制未加工的商品（尤其是羊毛）输出海外；发展、振兴各种工艺，鼓励加工过的商品输出国外。作者把英国的行业分为三类：第一类是只把钱送往国外的行业；第二类是既不把钱送往国外，也不挣回钱财，而是把所得的钱财用于本国的行业；第三类是能把钱财挣回自己国家的行业。他说："在建立那些行业时，我愿意促使人们选择和爱护其中最能把商品和钱财挣回国的行业。"① 这本书虽被看做是早期重商主义的代表作，但书中对国民经济的分析、对工商业发展的重视已与后来的晚期重商主义很接近了。作者写道："我们应当注意，务必使我们

① 伊丽莎白·拉蒙德. 论英国本土的公共福利. 北京：商务印书馆，1991：131.

向外国人购买的货物不超过我们销售给他们的货物，要不然我们就会自趋贫穷，让他们发财致富。”① 这正是贸易差额论的主要原则。该书中值得注意的还有对“贪婪”的说明和对农业的政策建议。作者已很清楚地认识到“贪婪”是经济行为的主要动因，他说：“我认为贪婪是其中的主要原因；但是，我们能够想出办法使所有的人不再贪婪吗？不能，正如我们不能使人们没有愤怒、没有欢乐、没有怨悔和没有各种感情一样。”② 作者主张振兴农业，而办法是力图减少放牧的收益和提高农业的利益。具体说来，他主张对未加工而运到海外的羊毛、兽皮以及从牧场饲养出来的东西课以重税，同时让农民有充分的自由在国内外任意出售小麦（但对输出海外的小麦征税），以此提高国内小麦的价格；小麦价格提高会鼓励农民改放牧为耕作，圈地运动会受到抑制，而农业则得以振兴。他说：“庄稼人通过自由输出和销售小麦，获利颇丰。由此可以看出，每个人都自然会趋向他认为可以从中得到最大利益的行业。”③ 在这里，已显露出“自由竞争”的思想。

二、托马斯·孟的经济思想

大约40年之后，英国的托马斯·孟出版了《贸易论》④，该书成为英国晚期重商主义的代表作。托马斯·孟（1571—1641）出生于伦敦一个手工业者兼商人的家庭，自幼丧父，继父为一位富商，是东印度公司的创始人之一。托马斯·孟年轻时即入东印度公司任职，到过意大利、土耳其、中东诸国，对海外贸易极为熟悉。后来成为东印度公司的董事。托马斯·孟写作该书是为了驳诉英国国内对东印度公司的反对意见。东印度公司是英国为从事与印度等地的掠夺性贸易，于1600年成立的，也是英国对外贸易中较早争得国家商业特许的公司之一。国家允许该公司每艘船出航一次可以带出一定数量的金银。这种特权与早期重商主义原则有所抵触，遭到许多人的责难与攻击。托马斯·孟在该书中较全面地反驳了那些反对意见，并阐述了晚期重商主义的思想。马克思称这本书是一部划时代的著作，认为它代表了重商主义体系对于自己原有体系的自我脱离，是重商主义的“福音书”。

托马斯·孟把当时的反对意见归为四种：（1）东印度公司等的船队运走了英国几乎所有的金银硬币，只买来了英国不需要的物品；（2）每年为其建造大量船只，浪费了造船材料并使材料价格上涨；（3）东印度公司贸易使传统商业和航运业凋敝；（4）东印度公司贸易使皇家造币厂开工不足。实际上，反对意见的核心是不该违反早期重商主义的原则而运出货币。

托马斯·孟在反驳反对派的意见时，阐述了他的基本经济思想。他认为，商人在国家经济中占有重要地位，由于商人肩负与其他各国往来的商务责任而被称为国家财产的

---

① 伊丽莎白·拉蒙德．论英国本土的公共福利．北京：商务印书馆，1991：73．

② 同①126．

③ 同①71．

④ 该书于1621年出版，书的全名为《论英国东印度的贸易，答对这项贸易的常见的各种反对意见》。该书在1630年彻底改写，他死后由其儿子于1664年重新出版，书名改为《英国得自对外贸易的财富，或作为我国财富调节器的对外贸易收支平衡表》。

管理者。商人所经营的对外贸易是国家致富的途径。在他看来，国内贸易不能使一个国家致富或贫困，因为贸易中双方买卖结果，不会使国家拥有的货币总量有所增加或减少。只有对外贸易才能使一国所拥有的货币量发生变动，从而成为一个国家贫与富的衡量标准。他认为，对外贸易要“量入为出”，“那些极力使出口超过进口，并且尽量少使用外国产品的王国”才能繁荣起来，“如果进口超过出口，既浪费外国的物资又挥霍本国的财富，那么，货币必然要外流，为这种无节制的行为付出代价。”① “正像出超肯定能使我们致富，使我们的货物和金钱增加一样，入超必然造成相反的结果。”② 他在《英国得自对外贸易的财富》中总结说：“对外贸易是增加我们的财富和现金的通常手段，在这一点上我们必须时时谨守这一原则：在价值上，每年卖给外国人的货物，必须比我们消费他们的为多。”③

根据这种贸易差额论的观点，他具体批驳了反对者的各种意见。他认为，造成英国货币短缺的，不是东印度公司的贸易，而是其他一些因素，如外国对英国贸易的破坏，英镑与外汇兑换方面的投机，出现不足值货币等。东印度公司的贸易虽输出了货币，但这种贸易直接从印度等地购买商品（如生丝、香料、靛蓝等），而不是经土耳其人之手，减少了土耳其居间的盘剥，所需费用仅为原来的三分之一。在这种贸易中，东印度公司夺取了土耳其人的大部分生意，大大减少了西方世界的货币外流。东印度公司还在红海、波斯湾等地区开辟了新的市场，新市场的发展使运回的货币比运出的货币多得多。他用具体数字说明东印度公司航运业对国家的贡献，指出这种贸易及其航运业增加了英国的就业、利润和国家收入。托马斯·孟明确指出，要大力发展对外贸易，就不能限制货币的输出，相反，输出货币借以换得商品，可以大大促进贸易的发展和航运业的扩大，是增加财富的有力手段。他从东印度公司的贸易经验中看到，英国制造业从亚洲进口原料，加工以后再销出去，会给英国带来巨大的利益，比如生丝加工就可出现一个专门部门。因此，国家应大力发展这一类工商业。托马斯·孟主张实行保护关税政策，输往国外的商品免税，转口贸易课以轻税，消费品进口课以重税。他还提出扩大国内耕地、鼓励人口增长等建议。

托马斯·孟的思想反映了英国已从输入外国工业品的国家转变为输出工业品的国家，他成为寻求新市场的更为发展了的商业资本的代言人。他已认识到把货币投入有利可图的流通中去的必要性，用他自己的话说：“货币产生贸易，贸易增加货币。”④ 他还提出了英国经济扩张的广泛纲领，企图排挤荷兰等国，垄断整个欧洲的对外贸易，称霸世界；主张通过贸易对欧洲农业国进行剥削和对殖民地进行掠夺，清楚地反映了英国资产阶级原始资本积累时期的扩张欲望。

就英国的重商主义文献来说，《论英国本土的公共福利》比较侧重于说明英国在国内对国民经济各部门应实行的政策，而托马斯·孟的著作则比较侧重于阐明国家在海外贸易上应实施的政策。后者更明确地批评了禁止货币输出的政策，更为全面地阐述了贸易

---

① 托马斯·孟. 贸易论. 北京：商务印书馆，1982：5.
② 同①40.
③ 托马斯·孟. 英国得自对外贸易的财富. 北京：商务印书馆，1959：4.
④ 同③14.

差额论。两部著作非常具体地分别显现了16世纪和17世纪英国经济的状况和发展趋势。历史证明，对于英国在这个时期经历的迅速崛起，重商主义起了重大的作用。

第三节 法国的重商主义

一、法国早期重商主义

法国早期重商主义的代表人物有博丹和孟克列钦。

让·博丹（1530—1596）是16世纪法国最著名的政治理论家和经济学家。他出生于法国西部城市翁热的一个中产阶级家庭，在图卢兹大学学习法律，毕业后留校任教，后到巴黎担任律师。1576年任布卢瓦议会议员。他的主要著作有《国家论》（六卷）（1576）和《研究历史的捷径》（1566）。《国家论》的第六卷讨论国家财政。

西欧16世纪前后曾开展过对于"价格革命"的讨论，即分析西欧各国16世纪普遍出现的价格上涨的原因。英国伊丽莎白女王时期（1558—1603年）的财政官托马斯·格雷欣（Thomas Gresham，1519—1579）曾提出"劣币驱逐良币"规律（后也被称为"格雷欣规律"），指出物价上涨是铸造不足值货币的结果。法国的马莱斯特罗特也持相似的观点，即物价上涨是表面现象，是由货币成色不良引起的。博丹在这种讨论中持另外一种观点，认为物价上涨不是表面的，而是与贵金属数量的增加有密切关系的。他写了一篇题为《对马莱斯特罗特侈谈物价高昂及其补救办法的答复》的文章，该文编入《国家论》。

博丹认为，物价上涨是由五个原因造成的：（1）金银供给数量的不断增加；（2）垄断盛行；（3）由于出口或浪费造成的物资或商品稀缺；（4）国王和权贵们的恣意挥霍；（5）货币成色的降低。与马莱斯特罗特等人认为物价上涨主要由于货币成色不良不同，他认为黄金与白银的充裕是物价上涨的最主要原因，指出美洲白银大量流入欧洲造成了重大的影响。也因此，后来许多人把他看做是货币数量论的最早"发现者"之一。实际上，博丹自己并未严格地把金银价值的下降同金银供给量直接联系起来，他只不过指出了16世纪美洲金银流入欧洲引起物价上涨的历史事实。在他那里，更多的是对具体原因的探讨。他也用同样的方法具体地分析了法国金银不断增加的原因。根据他的分析，这些原因包括：葡萄牙人、西班牙人进行海外探险并发现美洲后获得了大量黄金白银，这使法国人纷纷走向海外；西班牙人虽获得大批金银，但其生活资料（小麦、布、木制品及其他工艺品等）仰赖于法国，而英格兰、苏格兰、瑞典、丹麦等也需向法国购买盐，因此，这些国家的货币源源不断地流入法国。另外，法国与东方通商促进了法国财富的增加，弗朗西斯一世在里昂设立银行，银行借贷成为法国金银充裕的又一成因。

博丹提出的补救办法包括：（1）国家实施管理，提高金银价值；（2）政府进行管理，抑制垄断行为；（3）国王带头节俭；（4）除小麦外，对其他商品出口不加以限制。在这一点上表现出与早期重商主义原则的不同。

安托万·德·孟克列钦（1575—1621）是法国又一早期重商主义代表。他早年受过良好教育，20岁时立志当作家，曾发表过一些诗歌与戏剧作品。1605年因决斗杀死对手而逃往英国，后来又去荷兰。1610年回到法国，成为一名金属器具制造商。1617年曾任沙蒂利昂市的行政长官。1621年，在支持日内瓦宗教改革运动中死于一次战斗。他的主要著作是《政治经济学概论》(1615)，其全名为《献给国王和王后的政治经济学》。在这部书中，他第一次提出“政治经济学”这一术语，借以表明，他所论述的已不是中世纪研究家庭经济管理的问题，而是涉及整个国家的经济问题。

孟克列钦的著作分为三部分，分别讨论工场手工业问题、商业和贸易问题、殖民地贸易问题。他认为，商业是国家活动的基础和手工业的目的，商业利润是合理的，并且是推动商人进行活动的动力。他主张发展工商业，维护第三等级的利益。他把货币看做最主要的财富形态，称货币为军事的神经，认为黄金比铁更有威力，而商业正是获取黄金的最主要的方法，对外贸易是财富的源泉。为此，他主张政府保护和帮助本国商人扩大对外贸易，反对外国人在法国经营进出口贸易，反对外国商人享有与法国人平等的待遇，要求限制外国商人的活动。他提出许多发展法国经济的建议，如政府开设公共作坊，设置技工学校，对人民进行各种职业训练，仿照外国建立新型手工业，提高法国工业品质量，排挤法国市场上的外国货物，保护本国自然财富，不准外国人勘探等。

孟克列钦的思想也带有法国农业大国的特点，他把手工业看做国家经济发展的首要因素，同时又认为农产品生产与工业品同样是国家致富的主要途径。他甚至提出国家财富来源于国民劳动产品的看法，以及国家富裕要以生活必需品是否充足为标准等，这些也表明他的思想中具有超出重商主义体系的东西。

二、 柯尔贝尔的经济政策

让·巴蒂斯特·柯尔贝尔（1619—1683）是17世纪法国著名政治活动家，重商主义的实践家。他出生于一个呢绒商人家庭，早年曾在军事部任职，后来给路易十四幼年时代的执政者马扎里尼当助手。1661年任财政监督，1665年成为路易十四的财政大臣。他任财政大臣10余年，推行了一整套重商主义政策，被称为柯尔贝尔主义，使法国的重商主义成为欧洲其他各国重商主义的典范，因而柯尔贝尔主义几乎成为重商主义的同义词。

柯尔贝尔把货币或金银看做是衡量国家富裕或贫困的标准，把国家拥有的货币数量看做是该国政治、军事实力的决定性因素。他认为欧洲流通的货币总额是一定的，法国缺少金银矿，因而国家要致富，就要采取必要手段，把别国的货币吸引到法国；其途径就是发展对外贸易，在对外贸易中，尽可能减少外国商品的进口，增加本国工业品的出口，使进口商品价格总额小于出口商品价格总额，从而实现外国货币不断流入法国的目的。

鼓励发展工业是柯尔贝尔经济政策的重要方面。1661—1683年间，他在任期内创办了一大批皇家手工工场；他颁布了保证产品质量的规章和制度；实施鼓励外国技术工人移居法国，限制或禁止法国技术工人外流的政策；为从事工业生产的资本家发放补助金和贷款等。

为了促进工商业的顺利发展，柯尔贝尔取消了许多国内关卡和地方关税，扩大税区，统一税率。他拨出大量经费，用于改良公路和开凿运河。这些措施大大改善了国内市场状况，为发展法国工商业起到了积极作用。

柯尔贝尔亲自主持建立了庞大的与英国、荷兰对抗的舰队，同时建立起大型商船队。在对外贸易中，他鼓励用法国船只运输商品，并扩大和修缮法国港口。依靠这种力量，法国与荷兰进行商业战争，与英国在印度展开角逐。由于法国商品难以在欧洲市场上与英国和荷兰竞争，因此，柯尔贝尔依靠商船队，进行海外扩张，开辟殖民地以经销法国商品。法国先后在北美、西印度群岛、非洲等地获取大量殖民地，其对外贸易和对殖民地的掠夺，给法国带来了巨大利益。

柯尔贝尔禁止粮食及其他农产品输出，同时准许同类产品进口，以保证工商业能获得低价的农产品，从而使工资以及工业品成本保持在较低水平上。他采取的是以牺牲法国农民利益来发展工商业的政策。

柯尔贝尔的重商主义政策对法国工商业发展起到了一定的积极作用，法国也在路易十四时期成为欧洲大陆最强大的国家，其海外扩张也一度达到顶峰，从而成为其他国家的效法对象。但由于柯尔贝尔的重商主义政策损害了农业的利益，它又成为法国后来经济衰败的重要原因。

第四节　其他西欧国家的重商主义

一、塞拉的国家积累金银学说

安东尼奥·塞拉是 17 世纪意大利重商主义的重要代表。他出生于意大利那不勒斯的科森札。他的生平不详，只知道他写作其著作时（1613 年），因有伪造货币等嫌疑而被关在那不勒斯的监狱里。他的著作名为《略论可以使无矿之国金银充裕的成因》。

塞拉在其著作中比较系统地分析了国家积累金银的手段。塞拉认为，国内金银充裕的成因可以分为两类：自然成因和附属性成因。所谓自然成因是指国内存有金银矿。所谓附属性成因是指除金银矿以外的那些成因。附属性成因又可分为两种：特殊因素和共有因素。特殊因素是只发生在一国而不会发生在别国的那些因素，它或者是国内生产的农产品超过自己的需要，或者特指与其他国家或地区相对来说具有特殊性的地位和处境。由于前者，多余的农产品可换回别国的金银。共有因素是一切国家都会发生的那些因素，它们包括行业的多样化、人民的素质、商业活动的广泛程度和主政者的管理方式。在塞拉看来，行业的多样化将为一国广辟财源，其重要性甚至高于农产品剩余。这是因为，多样化的行业（主要指各种工商业）受天时地利的影响比农业小，取得利润的方法比农业更有把握；商业可以无限扩大，不像农业那样有那么多限制；商业比农业有更可靠的市场，其产品可以轻而易举地远销海外；手工业的利润一般高于农业，它的充分发展是足以促使金银流入的最有力的成因。塞拉强调人民的素质，他认为，当人民在发展企业方面勤劳而干练时，不但能在国内企业中赚钱，而且能在别的国家企业中赚钱。塞拉推崇不断扩大的贸易，他认为，当国家用其他地区而不是本地区的产品进行大规模贸易时，能使金银积极增长。塞拉更重视主政者的管理。主政者要了解本国的处境和面临的种种因素，考虑能使国家财货丰盈的成因，然后采用各种规章制度，以期产生他所期望的效果。在任何国家，主政者管理这一因素比较圆满地演进时，“这将是促使金银丰足的最有力的成因，我们把它叫做在一切成因中最重要的、最有效的成因”①。

塞拉在他的著作中批评了桑蒂斯关于高汇率是资金不足唯一原因的观点，批评了禁止资金输出的措施，还论述了是否应使外币获得流通或提高其价值的办法。塞拉认为，资金不足应归咎于对商品的需要，而不是高汇率；禁止输出资金对金银的充裕并无助益，反而有害，因为在商品交换中，国家输出资金所带来的只是利润，“出口自由是扩大贸易的起因，禁止出口将使贸易萎缩”；让外币在国内流通是对主政者主权的侵犯，“在一切高明的主政者统治下的国家，对待外国货币的办法总是抑抵而不是提高其价值”②。在塞拉的思想中带有这种思想：在决定国家所实行的措施及其对商业的影响时，应关心的主要是各个人的利益，就这一点说，除了各个人自己的行动外，是不需要采取任何措施的。塞拉有力地抨击了早期重商主义者提出的货币平衡观点，发展并系统化了贸易平衡理论。他对于国际收支构成项目的分析，在当时达到了相当的高度。他不仅分析了一般的业务出口，而且对于无形贸易如运输、保险、海外投资等也给予了应有的重视。他还特别重视中间贸易（即转运贸易）对于一国货币的重要意义。熊彼特（Schumpeter）在评价塞拉时说：“他的整部著作论述的是商品丰裕所依赖的要素——自然资源、人口素质、工业和贸易的发展以及政府的效率，其含义是，如果整个经济过程运行良好，则贸易差额会自行调整，不需要任何具体措施。在这种图式里，货币现象是结果而不是原因，是征兆性的，本身并不重要。塞拉还触及了这样的命题，即繁荣的国家——也就是经济活动没有分崩离析的国家——能够获得它所需要的所有金银货币。”③

二、 霍尼克的国家富强论

菲利普·威廉·冯·霍尼克（1638—1712）是17世纪后半期和18世纪初奥地利政治家和经济学家，重商主义代表人物之一。他出生于德国，曾在因戈尔施塔特学习法律，1661年获博士学位。后移居维也纳，从事法律工作。1690年被任命为枢密院官员。他的主要著作有《奥地利富强论》（1684）和《奥地利享有特权的历史渊源》（1708）。

霍尼克生活的时代是奥地利国力下降的时期。1684年，霍尼克匿名出版了《奥地利富强论》，呼吁重振奥地利经济。这部著作在相当长时期内备受欢迎，曾被再版12次。霍尼克像其他重商主义者一样，是从国家立场上，通过分析整个国民经济状况，提出自己的分析意见，论述自己的经济对策的。他说：“就总的国民经济来说，这时它应当考虑的是，怎样使这种物资充裕，使这种鼓励和享受可以持续存在，而无须仰赖

① 门罗．早期经济思想．北京：商务印书馆，1985：133.

② 同①145.

③ 熊彼特．经济分析史：第1卷．北京：商务印书馆，1991：526－527.

别国，如果这样做不能处处行得通的话，也应尽可能地少依赖外国，竭力节省国家自己的资金。”① 为此，他提出使奥地利富强的9条原则：(1) 国家的自然资源应当充分地开发，特别是要不遗余力地发掘黄金和白银。(2) 原料应在国内加工，以免为了制造它们而支付货币给外国人。(3) 应训练人民从事有用的专业工作，必要时可聘请外国教师。(4) 贵金属应在奥地利境内保持流通，既不贮藏，也不输出。(5) 奥地利人应摒弃外国货物，尤其是奢侈品，要多使用本国产品。(6) 当输入品成为绝对必需时，应直接从生产它们的人那里购入，并且用奥地利输出的货物来支付，不应支付金银硬币。(7) 如有可能，必要的输入品应当作为原料买进而在奥地利加工制造。(8) 应为奥地利的剩余产品寻找国外市场，以换取金银货币。(9) 凡是在国内有充分供应而质量又适合需要的商品，除了特殊需要外，在任何情况下都不应输入，不论输入国是友好国还是政治同盟国。在9条原则中，霍尼克着重分析了其中两条：禁止外国商品进口和扩大奥地利商品出口。他认为，禁止外国商品进口虽会在短期内出现被禁商品的短缺，但随着本国商品生产的发展，短缺最终会消失。在他看来，扩大商品出口，关键在于提高产品质量和竞争力。他提出，对于出口商品必须设立专门的检验机构，不合格的不允许出口，以保证出口商品的信誉。

三、 尤斯蒂的国家与财政学说

约翰·海因里希·尤斯蒂（1720—1771）是18世纪德国“官房学派”成员，著名的重商主义经济学家。他出生于德国中部的图林根，曾在好几个大学学习法理学。1750年任维也纳高等学院财政学教授。1754年移居德国哥廷根，曾任警察局局长、采矿委员会委员。1757年到柏林，任采矿局局长、玻璃和钢铁厂监督。后因违反财务规定被捕，死于狱中。他是一个多产的作家，主要著作有《国民经济——经济学与财政学系统研究》(1755) 和《财政学》(1766)。

尤斯蒂经济思想的特点在于他对国家和财政的论述。在他看来，国家和财政是联系在一起的，“国家是由占据着地球的一个相当部分的人们组成的社会团体，他们彼此联合在一起，目的在于求得共同福利……国家为了其自身的维持，为了达到这一目的，需要做出巨大的支出”②。国家在起源过程中形成了两类财产：归国家特有的直接财产；一般的财产，即间接财产。直接财产主要是国有土地、王室领地和一些特权。那些不适于作为私有财产的事物，如江、河、湖、海、公路、大森林和地下金属等，也应归于国家的直接财产项下。这些是国家为谋取公共福利可以利用的公共财产。各种私有财产为一般财产，它们对于国家来说是间接财产。尤斯蒂认为，国家应付支出时，应先从国家的直接财产中支付，然后再求助于间接财产，从征收于人民的赋税中支付。他提出国家征税的6条基本原则：(1) 必须让人民有能力缴纳捐税。人民纳税不影响到必需品的享用，不损及资本时，才被认为是有纳税能力的。(2) 赋税应完全按公平合理的比例向人民征

---

① 门罗. 早期经济思想. 北京：商务印书馆，1985：194.

② 同①325.

收。(3) 赋税的征收方式不应损害国家和人民的福利，不得侵害公民的自由权。(4) 应该按照国家的性质和政府的体制来组织税务制度，以保证税收的公正无私。(5) 一切赋税必须建立在明确的和光明正大的基础上，即数额必须确定。(6) 征税的费用应减至最低。

尤斯蒂的学说表明了重商主义要求国家干预经济的基本出发点。在重商主义看来，国家富强，民族才得兴旺，国家强大、民族兴旺，国内公民个人才能够获得利益，所以，国家的福利就是国民的福利，追求公共幸福和国家利益，也就能使国民个人得到幸福和利益。也因此，良好的国家管理和计划被看做是国家的致富之路。应该说，重商主义正是打着为公众保福利的旗号对国民经济进行全面干预的。尤斯蒂对国家起源和财政的分析是较为全面系统的，他所提出的赋税原则同后来斯密的"四大原则"（公平、确实、便利、经济）已十分接近了。

评议与思考

在斯密提出"重商主义"术语并对重商主义进行批评以后，重商主义成为经济学说史上经常讨论的议题之一。一方面，欧洲各国的许多经济思想（包括政策、学说）被归入重商主义并加以梳理，丰富了重商主义的历史资料；另一方面，对重商主义的形成、性质、作用和演变等等展开了各种讨论，特别是出现了肯定重商主义的各种意见。

实际上，马克思把重商主义看做对资本主义生产方式的最初的理论探讨，这不过是说明，资本主义生产方式最初的萌芽已在15世纪前后意大利沿海城市出现，在16—17世纪的荷兰、英国获得发展，并影响到其他国家，而在18世纪已经建立起稳固的发展基础，重商主义是这种历史发展在思想领域中的反映，而且也随着这种历史发展而改变自身（从早期重商主义向晚期重商主义转变）。

值得对重商主义进行思索的可以有很多方面。比如，现代国家实行保护关税，或者提倡对外商品贸易的出超等，是否可以称为"重商主义"？有人在考察中国社会经济和经济思想的发展中，也表达过这样的看法：中国封建社会历代统治者没有提倡像西欧那样的重商主义，反而维持重农抑商的传统，从而导致中国封建社会的长期停滞，没能发展起资本主义。应如何评价这样的看法？

关键词

多卖少买	早期重商主义（重金主义）		晚期重商主义（重工主义）
海尔斯	孟克列钦	货币差额论	贸易差额论
托马斯·孟	《英国得自对外贸易的财富》		格雷欣规律
博丹	《献给国王和王后的政治经济学》		柯尔贝尔
塞拉	霍尼克	尤斯蒂	

思考题

1. 简述重商主义的基本思想和两个发展阶段。
2. 简述英国重商主义的发展。
3. 为什么说托马斯·孟的书是一部划时代的著作?
4. 意大利、奥地利和德国重商主义各有哪些特点?

第二编

17世纪中叶—19世纪初

本编分为六章，介绍马克思所规定的古典政治经济学的发展阶段。第三、第四章介绍英国和法国古典政治经济学的产生和发展。第五章介绍重农学派。第六、第七、第八章分别介绍斯密、李嘉图和西斯蒙第的经济学说。

第三章

英国古典政治经济学的产生和发展

本章分为三节。第一节按马克思的观点，说明古典政治经济学的定义、产生及其贡献，并说明经济学说史上对古典政治经济学的不同解释。第二节介绍英国古典政治经济学创始人配第的经济理论。配第把研究视野转入生产领域，在近代第一次把商品价值的源泉归于劳动，探讨市场价格背后的基础，提出了自然价值和自然价格的概念。配第使用抽象方法对价值的探讨使他能进一步在理论上分析和研究工资、地租与利息，从而为英国古典政治经济学的发展开辟了道路。第三节介绍配第到斯密之间大约100年中英国古典政治经济学的发展。洛克、诺思在配第基础上进一步考察和分析了利息。马西、休谟提出并初步分析了利润，休谟的货币数量论也在这时出现。斯图亚特则探讨了利润的起源，他也是英国最早建立政治经济学理论体系的人。

本章重点

- 什么是古典政治经济学
- 配第的经济学说及其地位
- 从配第到斯密之间经济学说的发展

第一节　古典政治经济学的定义、产生及其贡献

一、古典政治经济学的定义

“古典政治经济学”（也称“古典经济学”）这一术语是由马克思最早提出来的①，并被后来的经济学家所沿用。但在不同的经济学家那里，古典经济学有不同的上限与下限，并被赋予了不同的含义。有的人把古典经济学规定为从18世纪后期到19世纪前半

① 马克思在1847年的《哲学的贫困》中第一次使用“古典派”概念；在《1857—1858年经济学手稿》中，第一次使用“古典政治经济学”术语，并规定了英国和法国古典政治经济学的上限和下限；在1859年的《政治经济学批判》中对古典政治经济学做出经典规定；并在《资本论》《剩余价值理论》中对古典政治经济学进行了详尽的分析和研究。

期的一种经济学流派，即从斯密到约翰·穆勒；有的人则把它规定为从斯密到19世纪70年代，即到边际学派出现为止；还有的人，如凯恩斯，把它规定为从李嘉图的前辈到20世纪30年代，即包括马歇尔和庇古（A. C. Pigou）等人。马克思提出古典政治经济学概念，是有其特定的含义的。根据马克思的规定，古典政治经济学在英国从配第开始，到李嘉图结束，在法国从布阿吉尔贝尔开始，到西斯蒙第结束，也即从17世纪中叶到19世纪20年代。在马克思看来，资产阶级古典政治经济学是指资产阶级政治经济学发展中的一个阶段，在这个阶段中包含有科学的因素，而在19世纪30年代以后，由于阶级斗争的进一步发展，资产阶级政治经济学进入庸俗发展的阶段。马克思与西方经济学家的分歧主要在于两点：第一，斯密以前的许多经济学家，马克思认为是古典经济学家，而一些西方经济学家仅把他们看做是古典经济学的先驱。第二，萨伊、马尔萨斯及其以后的一些经济学家，马克思认为是庸俗经济学家，而西方经济学家大多认为他们与李嘉图等人一样，是最初创立经济学理论体系的古典经济学家。本书在论述古典政治经济学时，采用了马克思的规定，但同时也说明，学说史中的“古典经济学”术语，还有其他一些不同的含义与规定。

二、 古典政治经济学的产生

古典政治经济学是在对重商主义的批评中逐渐产生的。这种古典政治经济学理论体系取代重商主义体系的过程，反映了西欧社会中资本主义生产方式的产生与发展，以及由此发展所带来的阶级结构的变化和政治斗争的变化。

在重商主义盛行的时期，资本主义生产方式虽已萌芽并发展，但还处于弱小的地位，而商业资本在社会经济中占据重要地位。这个时期商业资本的发展大体上是与流通脱离生产而独立化相联系的，马克思说：“流通过程使各生产部门通过一个第三者而互相结合起来，流通过程的这种独立化表明两个情况。一方面，流通还没有支配生产，而是把生产当作已经存在的前提。另一方面，生产过程还没有把流通作为单纯的要素吸收进来。”① 由于封建社会后期商业资本具有这种特点，因而，重商主义对资本主义生产方式的探讨未能深入其本质，只限于对流通领域中现象的描述。具体说来，重商主义考察了国内和国与国之间商品和货币的流通过程，主要从这种流通过程中探讨货币财富积累的途径。因此，重商主义虽能够提出某些在具体历史条件下具有合理性的政策，甚至能提出某些经济分析方法，比如货币或贸易平衡分析，但还未能对经济范畴进行科学的分析。

17世纪以后，西欧封建社会内部的资本主义因素不断发展壮大，产业资本开始取代商业资本的地位。这种产业资本的发展曾以三种方式出现：商人直接变为工业者；商人用小工头来做自己的中间人；工业者成为商人，直接为商业而生产。资产阶级生产方式及产业资本的发展为经济学分析进入生产领域提供了前提和基础。

重商主义在现实中的破产，或者说重商主义阻碍了社会经济的进一步发展成为古典政治经济学产生的直接原因。重商主义无疑在历史上起过巨大的进步作用，但它毕竟是

---

① 马克思，恩格斯. 马克思恩格斯全集：第25卷. 北京：人民出版社，1974：367.

在封建社会后期主要由封建专制政府推行的，要求国家给予强有力的干预和支持，依靠国家给予的各种特权，依靠各种垄断，特别是关税制度。这些在产业资本逐渐取代商业资本的条件下，就从有利于国家财富积累，有利于资本主义生产方式发展转化为反面，重商主义在西欧各国先后不同程度地遭到破产，引起社会经济的危机或衰退。在这种情况下，一些思想家超越重商主义者眼界之外，到生产领域中去重新寻找国富民强的原因，这种活动的结果是古典政治经济学在 17 世纪中期的英国与法国产生。

三、 古典政治经济学的贡献

马克思认为："古典政治经济学在英国从威廉·配第开始，到李嘉图结束，在法国从布阿吉尔贝尔开始，到西斯蒙第结束。"① 它在政治经济学史上第一次把理论研究从流通领域转到生产领域，研究了资产阶级生产关系的内部联系。它产生和发展于 17 世纪中叶到 19 世纪初，相当于资本主义工场手工业发展时期到产业革命时期。它的产生以两个事实为前提：第一，资本主义生产方式的产生和发展；第二，无产阶级反对资产阶级的斗争尚未充分展开。因此，古典政治经济学较多地研究了资产阶级和封建地主阶级的利益对立，揭露了阶级矛盾与阶级斗争，并且不回避资产阶级和无产阶级之间的矛盾与对立。它是同封建主义进行斗争的思想武器。

根据马克思的观点，古典政治经济学在科学上的主要功绩是：奠定了劳动价值论的基础，在不同程度上研究了剩余价值的各种形式，如利润、利息、地租等，有的还对社会资本的再生产和流通做过初步的分析和探讨。古典政治经济学从"人的本性"出发，力求寻找和论证在社会经济生活中占支配地位的"自然规律"，以及自然合理的社会经济制度，因此，一方面承认了经济中存在不以人的意志为转移的客观规律；另一方面又把这种规律及其制度看做永恒不变的，表现出其历史局限性。但无论如何，政治经济学的具有科学意义的理论体系，正是由古典政治经济学建立起来的。

第二节 威廉·配第的经济理论

一、 17 世纪英国的社会状况

17 世纪初期，英国封建制度走向了最后解体的阶段。到 17 世纪中叶，英国的产业资本有了相当的发展，手工工场日益成为工业的普遍形式，羊毛纺织生产迅速发展，其他如造船、造币、采矿、冶金、玻璃制造、酿酒、造纸等工业也有了很大发展。英国的粗呢依靠低廉的价格不断排挤荷兰的细呢，并向整个欧洲推销。随着工商业的发展，对粮食和原料的需要不断扩大，促使英国农业向资本主义生产迅速转化。14—15 世纪就已开始的"圈地运动"为这种转化打下了基础，原来的封建贵族集团发生了分化。一部分

① 马克思，恩格斯. 马克思恩格斯全集：第 13 卷. 北京：人民出版社，1962：41.

中小贵族开始雇用失去土地的劳动者经营农场，开办工场，经营商业，或者出租土地获取资本主义地租，变成了资产阶级化的贵族。同时，农民间也分化为租种地主土地以资本主义生产方式经营农场的富农和破产后以雇佣劳动为主的农业工人。

在资本主义的迅速发展下，封建主义成为资本主义进一步发展的障碍，阶级矛盾日趋尖锐，1640年终于爆发了英国资产阶级革命。英国的资产阶级和资产阶级化的新贵族结成了反封建的联盟，利用广大农民和手工业者的力量，建立起了资产阶级共和国。虽然不久英国又恢复了君主制度，但是资产阶级议会取得了胜利，国王的权力被限制在议会许可的范围之内。

在资本主义不断发展和阶级斗争日趋激烈的过程中，资产阶级也开始建立起自己的意识形态体系。在这个时期，英国唯物主义哲学家弗朗西斯·培根（Francis Bacon，1561—1626）和托马斯·霍布斯（Thomas Hobbes，1588—1679）等人的哲学思想有着广泛的影响。培根的哲学主张从经验事实出发，研究事物本身客观的发展规律，反对中世纪的经院哲学，因而也被称为“实验哲学”。霍布斯认为，自然界是物质的客观存在，哲学研究的就是客观存在的“各种机体”。他把哲学区分为研究自然机体的“自然哲学”和研究人为机体即人类社会的“市民哲学”。他认为，在研究各种机体时，数学方法具有非常重要的意义。他们的哲学思想对于英国古典政治经济学产生时期的经济学家有着重要的影响。马克思曾说：“英国早期的经济学家都把培根和霍布斯当作自己的哲学家”①。

随着资本主义的发展，重商主义学说已不再能适应社会经济发展的需要了。在17世纪上半期，英国的资本主义虽然在迅速发展，但就实力来说，荷兰与法国都具有各自的优势。荷兰被称为“全世界的海上马车夫”，垄断着海上运输。法国在路易十四亲政下，大力发展工业，建立商船队，设置海外贸易公司，控制了加拿大、美洲路易斯安那、西印度群岛、锡兰、印度、马达加斯加等许多殖民地。对于英国来说，要想扩大对外贸易，就要与荷兰、法国对抗，争夺国外市场和殖民地。荷兰垄断着非洲、印度尼西亚和美洲等地的贸易，也控制着北海、波罗的海贸易，单出入波罗的海的船只中，就有70%属于荷兰。为此，英国首先对荷兰展开斗争，先后四次修订航海条例，以限制荷兰商船的运营，并进行了三次英荷战争（1652—1654年、1665—1667年和1672—1674年）。法国在对外扩张中，最初的矛头也是荷兰，通过两次对荷战争（1667—1668年和1672—1678年），取得一定优势后，又把矛头指向英国。英国不得不与荷兰妥协，把法国作为主要敌对国。以后，英法之间展开了长期较量，其斗争一直持续到18世纪下半期的七年战争时（1756—1763年），才以英国的胜利而告终。而在17世纪，面对荷兰与法国的威胁和国内议会与王权的斗争，英国政府困难重重。当时，英国农业连年歉收，财政困难，加上内战破坏，在一段时期内，全国生产衰退、地租下降、金银短缺、失业严重。而重商主义学说这时已难以从根本上解决问题了。

二、配第的生平、著作和研究方法

威廉·配第（1623—1687）是英国古典政治经济学的创始人。配第出生于英国汉普

① 马克思，恩格斯．马克思恩格斯全集：第23卷．北京：人民出版社，1972：428.

郡拉姆赛镇的一个小手工业者家庭，14 岁时外出谋生，做过水手，到过法国。在法国曾申请进入一个教会学校，学习拉丁文、希腊文、法文、数学和天文学等，这对他后来从事经济学和统计学研究有重要影响。1640 年，配第返回英国。1643 年议会与国王发生内战时，他逃亡到荷兰与法国，在法国结识霍布斯，并深受其影响。后又回英国，在牛津大学学习医学，1649 年获医学博士学位。后来在牛津大学等校任解剖学教授和音乐教授。1652 年，被任命为英国驻爱尔兰军总司令克伦威尔的随从医生，后又被委派为爱尔兰土地分配总监。他分得 5 万亩土地，步入新兴土地贵族的行列。1658 年被选为国会议员。1668 年查理二世复辟后，被封为男爵。到晚年时，他已拥有 27 万亩土地和数家手工工场。配第一生著述很多，手稿有 50 多箱，内容涉及医学、数学、物理学、经济学、统计学、人口学等。其中经济学著作主要有：《赋税论》(1662)、《献给英明人士》(1664)、《政治算术》(1672)、《爱尔兰的政治解剖》(1672) 和《货币略论》(1682) 等。

《赋税论》是配第为当时英国统治阶级献策，为说明如何合理征收赋税而写的。17 世纪，英国从封建社会向资本主义社会过渡，社会经济也经历着从自然经济向商品经济的转化，以不动产为基础的财富形态向以动产为主要形态推移。在这种过渡中，新兴资产阶级要求议会权力扩大，反对国王任意设置课税项目，并围绕征税问题与国王展开斗争。针对当时财政混乱的状况，配第力图从理论上说明正确的征税原则。他认为，种种赋税无论经过多少转折，最后总要落到土地和劳动的收入上，财富的最终源泉是土地与劳动。当劳动者与土地分离之后，课税的对象就应是土地的地租及其派生的收入，课税以此为限，才能使农业生产不受阻碍地发展。在这里，他触及了剩余价值问题，并引出了商品的价值问题，从而对工资、地租、利息进行了理论分析。配第虽还未建立起一个完整的理论，但他通过赋税问题，涉及了资本主义生产的分析，其以零散状态存在的观点已使一些重要的经济范畴出现，并在这些范畴间建立起了内在的联系，为英国古典政治经济学奠定了基础。

《政治算术》和《爱尔兰的政治解剖》是配第应用数学、统计学方法分析社会经济现象的代表作。对于这种方法，他说："和只使用比较级和最高级的词语以及单纯的思维论证相反，我却采用了这样的方法（作为我很久以来就想建立的政治算术的一个范例），即用数字、重量和尺度的词汇来表达我自己想说的问题，只进行能诉诸人们的感官的论证和考察在性质上有可见的根据的原因。"① 在《政治算术》中，配第以荷兰、法国和英国三国为研究对象，就三国的经济情况列举数字，说明荷兰、法国虽各有优势，但英国最终可以超过荷兰，夺取世界霸权地位。他用一定年数乘以年租推算出地价，从房租推算出房屋价值，由工资推算出人口价值，又依据人口数目和盈余收益推算出国家的财富。在《爱尔兰的政治解剖》中，他用类似方法研究爱尔兰经济，以解决其面临的财政经济问题。在这两部著作中，他都进一步发挥了《赋税论》中的思想。马克思曾评价，配第的政治算术是"政治经济学作为一门独立科学分离出来的最初形式"②。

《货币略论》是配第为英国侯爵哈利法克草拟的铸造货币的计划。在这部著作中，他

① 配第经济著作选集. 北京：商务印书馆，1981：8.

② 马克思，恩格斯. 马克思恩格斯全集：第 13 卷. 北京：人民出版社，1962：43.

详细讨论了货币原理，从多方面论证了货币流通规律。作为早期经济学家的配第，在其前期著作中还可以看到一些重商主义的影响，而到他写作《货币略论》时，重商主义的影响已完全消失了。

三、配第的价值理论

价值理论是政治经济学理论体系赖以建立的基础。恩格斯曾指出，价值问题研究所涉及的，“不仅是纯粹的逻辑过程，而且是历史过程和对这个过程加以说明的思想反映，是对这个过程的内部联系的逻辑研究”①。

配第在政治经济学上最重要的一个历史功绩在于，在近代，他第一次有意识地把商品价值的源泉归于劳动，从而奠定了科学的劳动价值论的基础。对商品和价值关系的认识并不始于古典经济学。在古代希腊、罗马，以及中世纪，都有思想家探讨商品的价值问题。不过，西欧古代和中世纪还处于简单商品生产阶段，能够作为商品进行生产和交换的只是社会全部产品中的一小部分，价值规律还没有在整个社会经济中占据压倒一切的支配地位，因此人们对商品价值的认识受到极大的限制。马克思指出：“价值表现的秘密，即一切劳动由于而且只是由于都是一般人类劳动而具有的等同性和同等意义，只有在人类平等概念已经成为国民的牢固的成见的时候，才能揭示出来。而这只有在这样的社会里才有可能，在那里，商品形式成为劳动产品的一般形式，从而人们彼此作为商品所有者的关系成为占统治地位的社会关系。”②资本主义生产方式在17世纪英国的发展为配第提出劳动价值论提供了客观前提，而把研究从流通领域转向生产领域使配第提出劳动价值论具有可能性，从而超越了重商主义的眼界。

配第的价值论主要发表在《赋税论》中。配第在讲到国家有时提高或降低货币价值的方法时认为，“这些做法实际上就是国家向它对之已经负有债务的人民课税，或是国家侵吞它所欠人民的债款”③。因此，要“跳进充满货币神秘的深海”，研究货币的秘密。经过分析，他得出结论：不论提高货币价值，或压低商品价格，都不会使外国人使用英国的商品超出他们的需要。但为什么许多国家都采用这种方法呢？配第归之于“愚蠢与无知”。他认为，要从根本上解决这个问题，必须用实际的而不是用想象的方法来计算商品的价格，从而必须要研究价格与规定价格的基础。

配第在价值论探讨上提出了四个术语：“自然价值”“自然价格”“政治价格”“市场价格”。在他看来，自然价格是用货币表示的自然价值；自然价值的高低决定于生产自然必需品所需要的人手的多少；在各行业中实际存在的人手与实际需要的人手不一定相符，在实际需要的人手的自然基础上，按实际存在的人手计算出来的即是实际的政治价格；将政治价格以货币衡量，所得到的即是实际的市场价格。配第所说的“自然价值”实际上就是指价值。他力图说明市场上经常变动的价格的基础是价值。而对于自然价值或自

① 马克思，恩格斯．马克思恩格斯全集：第25卷．北京：人民出版社，1974：1013．

② 马克思，恩格斯．马克思恩格斯全集：第23卷．北京：人民出版社，1972：74－75．

③ 配第经济著作选集．北京：商务印书馆，1981：83．

然价格，他都是用劳动来说明的："假如一个人在能够生产1蒲式耳谷物的时间内，将1盎司从秘鲁的银矿采出来的白银运到伦敦来，那么，后者便是前者的自然价格。"① 他在这里有一个公式（即1蒲式耳谷物=1盎司白银），并从中找到了商品价值是由等量劳动计量的规律。他还分析了商品价值量同劳动生产率之间的关系，明确指出商品价值量同劳动时间成正比，与劳动生产率成反比的事实。他说："如果发现了新的更丰富的银矿，因而获得2盎司白银和以前获得1盎司白银同样容易，那么，在其他条件相等的情况下，现在谷物1蒲式耳售价10先令，和以前1蒲式耳售价5先令，同样低廉。"② 配第还论述了分工对于提高劳动生产率的意义，他用织布业的例子证明，分工越细，劳动生产率越高，劳动时间越节省，商品的价值就越低。

不过，配第的公式也说明，他未能把价值同交换价值区分开来，因为白银并不是谷物的价值，只是谷物的交换价值；他也未把交换价值同价格区分开来，因为他把交换价值直接看做是货币；他还混同了创造价值的劳动和创造使用价值的劳动，因为他把开采金银的劳动看做是直接生产交换价值的，把其他劳动看做是生产使用价值的，而他所讲的生产金银的劳动又是指具体的劳动。实际上，配第只是提出了最初的概念——自然价值和政治价格，而它们又是政治经济学有关价值范畴的最初形态，因而，在配第那里存在许多混淆是非常自然的。相关范畴还未展开以及不同概念还被混淆，它们在这里从不同角度描述说明着同一件事物。

配第在探讨商品价值时，曾经从两个不同角度去考察商品或财富。一方面，他从交换价值考察商品，发现商品之所以可以相互交换，在于商品之间存在可以比较的共同性，即劳动，因此，他提出了劳动价值论。另一方面，他从使用价值角度考察财富，认识到作为物质的财富，不仅需要人类劳动，还要依靠自然界及其自然力，或者说，还要依靠土地。配第说："土地为财富之母，而劳动则为财富之父和能动的要素。"③ 对于物质产品，从使用价值角度这样考察是正确的，但如果用土地和劳动来共同说明价值就出现矛盾了，因为土地和劳动是不能加以比较的两种因素。马克思说："配第已经意识到他的发现的重要性及其在具体应用上的困难。因此，为了达到某些具体的目的，他也试走另一条道路"，即"必须找出土地和劳动之间的自然的等同关系（a natural Par)，以便价值可以随意'在二者之一，或者更好是在这二者中'表现出来"④。为了找出这种等同关系，配第做了如下的假设和分析：在二亩牧地中放入一头断乳的小牛。一年后，小牛身上的肉可增加一英担，可折合50天食物，它是土地创造的；如再加上1个人1年的劳动，小牛身上的肉可增加的量能折合60天食物，其中多增加的10天食物是人的劳动创造的。根据这种分析，劳动和土地创造的价值都可以通过共同的尺度口粮来加以换算了。配第因而又认为："一个成年人平均一天的食物，而不是一天的劳动，乃是衡量价值的共同尺度；它似乎是和纯银价值一样稳定而不变的。"⑤ 这样，配第在价值探讨中走入了迷途。

---

①② 配第经济著作选集. 北京：商务印书馆，1981：48.

③ 同①66.

④ 马克思，恩格斯. 马克思恩格斯全集：第20卷. 北京：人民出版社，1971：254.

⑤ 同①58.

四、 配第的分配和货币理论

由于配第提出了劳动价值论，就有可能以此为基础去说明劳动生产物价值在各种所得之间的比例关系。配第初步研究了工资、地租和利息，以及它们之间的关系。

（一）工资理论

在配第的理论中，工资是必须首先加以确定的量。他要寻找土地与劳动的等同关系，这种等同关系要以口粮，也即工资作为共同尺度。而且，只有先确定了工资的量，才可能进而去确定和分析地租的量。

在配第生活的时代，英国工人的工资是由国家用法律加以规定的，配第对工资所做的分析，就是要力图从理论上说明，政府的政策应将工人的工资规定在什么样的水平上。配第分析工资的方法同他在市场价格后面寻找其自然价格一样，也力图在法律规定的工资后面去寻找工资的自然基础。

配第认为，工人的工资是由劳动者为了"生存、劳动和传宗接代"所必需的东西决定的，也就是认为，工资的自然基础就是维持工人所必需的生活资料的价值。他说："法律应该使劳动者只能得到适当的生活资料。因为如果你使劳动者有双倍的工资，那么劳动者实际所做的工作，就等于他实际所能做和在工资不加倍时所做的一半。这对社会说来，就损失了同等数量的劳动所创造的产品。"① 在配第看来，政府调节工资必须以这种工资的自然基础为标准，超过这个标准，生产效率就要降低，而低于这个标准，工人则难以维持生活，最终生产效率也将下降。

马克思认为，配第把工资同生活资料联系起来，提出工资是维持工人生活所必需的生活资料的价值，这是一个很有价值的见解。配第在这样说明时，对资本主义生产关系已有较深刻的理解，已意识到资本家剥削了工人创造的剩余价值，在事实上把工人的全部劳动时间区分为必要劳动时间和剩余劳动时间。

不过，配第在研究工资时，认为工资的价值量取决于土地的自然丰度和气候，主要从生理方面考察了决定劳动力价值的因素，而忽略了社会的因素。

（二）地租理论

地租理论是配第研究的中心问题。对配第来说，要解决混乱的赋税征收及制度问题，首先要搞清国家征收的产品或货币的来源是什么，赋税的真正承担者是谁。他认为，社会财富来源于土地和劳动，赋税征收的最后对象是地租及其派生的收入。因此，地租理论是配第政策建议的基础。

配第从实物与货币两方面说明了地租。他说："假定一个人能够用自己的双手在一块土地上面栽培谷物，即假定他能够做为耕种这块土地所需要的种种工作，如挖掘、犁、耙、除草、收割、将谷物搬运回家、打脱筛净等等；并假定他有播种这块土地所需的种

---

① 配第经济著作选集. 北京：商务印书馆，1981：85.

子。我认为，这个人从他的收获之中，扣除了自己的种子，并扣除了自己食用及为换取衣服和其他必需品而给予别人的部分之后，剩下的谷物就是这一年这块土地的当然的真正的地租，像这样七年的平均数，或者说，形成歉收和丰收循环周期的若干年的平均数，就是用谷物表示的这块土地的一般地租。”① 这是实物地租。把实物地租折合为一定的货币量，就是货币地租。配第说：“我们进一步需要解决的一个连带的问题可能是，这种谷物或地租值多少英国货币呢？我认为它值多少货币，就看另一个在同一时间内专门从事货币生产与铸造的人，除去自己的费用之外还能剩下多少货币。”② 配第的这一点说明是非常重要的。对他来说，谷物具有多少价值，必须与获取金银的劳动量相比较，并由这种量来决定。这是配第基于其价值公式（1 蒲式耳谷物＝1 盎司白银）而对地租的说明。这个公式固有的缺陷（把交换价值直接看做价值，把价格直接等同于交换价值，用生产金银的具体劳动说明劳动一般等）在说明地租时也仍存在。但是，配第的这个说明也包含这样一个正确的思想：地租归根结底不是由农业部门单独确定的，地租建立在社会各部门分工的一定水平之上，最终是由各部门的生产力水平共同决定的。

根据配第的观点，地租就是产品价值除去生产资料的价值（种子）和劳动力的价值（工资）之后的余额。马克思认为，配第已经接近于正确理解剩余价值的性质。不过，配第的地租理论还有两个特点：第一，在他看来，没有使用雇佣劳动的经济中也存在地租。这说明他所关心的不是地租是否具有资本主义的性质，他关心的是地租如何被物质地、技术地生产与实现，如何转化为货币。第二，地租不是剩余价值的一部分，而是它的全部。由于总产品减去种子和工资之后就是地租，那么，地租是全部剩余产品或剩余价值的表现。在配第那里，地租包括利润，或者说利润还没有同地租分开，没有形成自己的独立形态。

配第不仅对剩余价值的性质和源泉有了正确的理解，而且还第一次提出了剩余价值与工资的对立关系。他以地租的变动和农业工人的工资变动为例，说明在价格一定的情况下，工资如果提高，地租即剩余价值就会降低，反之亦然。

配第还考察了级差地租问题，提出了有关级差地租的最初概念。他分析了由于土地位置距离市场远近不同、土地的肥沃程度不同而产生的级差地租Ⅰ，也考察了同一块土地由于连续投入的劳动和资本的生产率不同而引起的级差地租Ⅱ。马克思曾高度赞扬了配第的级差地租理论，认为他比斯密更好地阐明了级差地租理论。

（三）利息理论和土地价格

配第把对地租的研究看做是对土地使用权的价值的研究，在说明地租之后，他马上提出世袭租借地的自然价值问题，或者说提出土地价格的问题，这也被马克思看做是很有天才的。

配第用一定年限的地租说明土地价格。他说：“我认为任何一块土地自然所值的年租年数，等于这三代人（即祖、父、孙。——引者注）通常可以同时生存的年数。我们估

---

① 配第经济著作选集. 北京：商务印书馆，1981：85.

② 同①40-41.

计英格兰这三代人可以同时生存的期间为二十一年，因此土地的价值也大约等于二十一年的年租。”① 配第把土地和劳动都看成价值的源泉，所以他力图寻找二者之间的等同关系，他所找到的等同关系即为口粮。他在说明土地价格或土地的自然价值时，正是由口粮出发的。在他看来，土地能提供地租收入，出卖土地等于把土地上的地租出卖，这种出卖所得的货币即土地价格应与某种东西具有相等关系。他所考察并确认的这种东西是土地所能提供的祖孙三代同时生存年份中所必需的生活资料，或者说，土地价格或自然价值等于土地能提供的祖孙三代同时生存年数里所需口粮的货币价值。在这里，配第用与人的寿命有关的自然因素及维持人生存的生理因素等来说明地价，与工资的分析一样，忽略了决定地价的社会因素。但是，配第以独特的方式触及了土地价格的实质，实际上把土地价格看做是资本化的地租，这又是一个很有见地的见解。

配第把对利息的研究看做是对货币使用权的价值的研究。配第把利息称为“货币的租金”，在他看来，“货币的租金”是从“土地的租金”即地租引申而来的，或者说，配第把利息看做是地租的一种派生收入。他认为，利息就是使用别人资本的人对使用别人资本而支付的报酬。他提出，利息量在安全没有问题的情况下，至少应等于借到的货币所能购买的土地产生的地租；在安全不可靠的情况下，还应加上一笔保险费，否则，货币所有者就不会出借货币，而宁愿用货币购买土地。他把地租高低看做利息高低的基础，同时还指出利息水平由货币的供求所决定。

配第已把利息看做是一种正当的收入，为资本家获取利息而辩护，并且他反对国家用法律限制利息。

（四）货币理论

配第已经在一定程度上理解了货币的一般等价物作用。他提出，用货币可以在任何时候获得任何商品，而普通商品则不能。在考察金银与一般商品的价值比较量时，配第实际上把货币看做劳动所生产的商品，认为其价值也由耗费的劳动时间来决定。在配第的思想中，货币只是国家财富的一小部分，一个富有的国家并不在于货币的多寡，而在于经常不断地把货币变成各种能为自己带来大量利益的商品。

配第已认识到货币的一些基本职能，特别是价值尺度和流通手段的职能。他说：“由金银铸成的货币是贸易的最好的尺度，因而必须相等，否则它就不成其为尺度，因而也就不是货币。”② 他极力反对当时广为流行的铸造不足值货币的做法，他认为，减少铸币的金属含量并不能够增加国家的真实财富，他说：“如果国家的财富可以靠一纸命令而增加10倍，那么，我们的行政长官以前居然一直没有宣布这样的命令，就未免太离奇了。”③

配第还初步讨论了一国商品流通中所需要的货币量问题。他认为，推动一国贸易所需的货币，有一个限度或比例，也就是说客观上存在着一个决定货币流通量的规律。他在《献给英明人士》一书中对于一国所需流通货币量的多少做了初步估算。根据他的估

① 配第经济著作选集. 北京：商务印书馆，1981：41.

② 同①43.

③ 同①117.

算，假定全国的总支出为4 000万英镑，考虑到货币的周转期，则在1星期周转1次的情况下，需要100万英镑的40/52就够周转了。这里，配第实际上已经考虑到了决定流通中所需货币量的诸因素，即全部商品的价格总和与货币流通速度，他认为后一个因素起决定性作用，也即是说，贸易所必需的货币量取决于买卖成交频率以及按照法律或习惯以其他方式完成的支付的规模。

五、配第的分工和赋税理论

配第已认识到劳动生产率的提高是一国财富增长的主要因素之一，而劳动生产率的高低又取决于分工的水平与规模。他曾分析17世纪荷兰经济强大的原因，强调分工的重要作用。他以航海业为例，详细说明了由于荷兰拥有各种型号的船只，从而能够适应在各种航道上航行，这样就使荷兰的航运费用低于其邻国，能够获得较多的利润。他还把科学看做劳动生产率提高的因素，认为科学和技术发明会使财富得到成倍的增长，因而他主张重视普及教育和选拔技术人才。

配第把从事生产性劳动的人数看做一国财富增长的最重要的因素。他认为，一国财富的规模取决于人口数量、勤勉程度和技艺水平。由于一国人口在一定期间内是稳定的，因而配第重视从事生产性劳动的人数在总人口中的比例。他实际上把一国人口划分为两类：从事物质财富或对国家具有实际效用和价值的物品的生产的人，以及不生产这些东西的人。第一类人包括土地耕种者、手工业者、海员、商人、士兵；第二类人包括医生、僧侣、律师、政府官员等。他主张限制第二类人的数量，增加第一类人的数量，以增进一国的财富。

配第还讨论了赋税。他认为，赋税对一国实力可以产生积极影响，也可以产生消极影响。他主张利用赋税限制不必要的消费和促进生产；论证赋税应征自土地所有者和贵族；说明向资本家征税会减少资本积累，阻碍生产的扩大。他的赋税论的目的就是要促进资本主义生产的发展。

第三节　17世纪中叶—18世纪中叶英国经济思想的发展

一、配第以后的经济学家

从配第到斯密之间大约相隔100年的时间，英国古典政治经济学经历了一个从最初萌芽到发展为完整体系的过程，其中出现了许多杰出的经济学家。这些经济学家包括：约翰·洛克（John Locke）、达德利·诺思（Dudley North）、贝尔纳德·孟德维尔[①]

① 孟德维尔（1670—1733）是英国作家、医生和经济学家。他出生于荷兰，15岁时入莱顿大学学习医学和哲学，1691年获医学博士学位。1699年定居英国。最初行医，后转向社会经济问题研究。其主要著作是《蜜蜂的寓言》（1705）。孟德维尔在该书中力图证明，每个人追求自己享乐和私利的活动，能促进社会经济发展，利己心是社会发展的动力。

(Bernard Mandeville)、雅各布·范德林特（Jacob Vanderlint）①、约瑟夫·马西（Joseph Massie)、大卫·休谟（David Hume）和詹姆斯·斯图亚特（James Steuart）等。

由于配第在政治经济学的几乎所有领域都做了最初勇敢的尝试，所以，配第以后的经济学家，不论是反对还是赞同配第，总是要涉及配第，总是从配第出发做进一步的研究。这个时期被马克思和恩格斯看做是杰出的思想家辈出的时期，对政治经济学的产生来说也是最重要的时期。

配第已初步接触到剩余价值理论，因为他把研究的重点转向了生产领域，所以能够开始认识资本主义生产的内部联系。不过，在配第那里，剩余价值的一般形式是地租，利润作为专门的经济范畴还不存在，他虽提到利息，但认为利息是由地租引出来的。洛克和诺思追随配第，主要研究并进一步发展了配第关于利息的见解。马西和休谟则前进了一步，开始专门研究利润以及利息与利润的关系。但他们并未进一步研究利润的起源，这个问题是斯图亚特提出来的。

二、 洛克和诺思的经济思想

约翰·洛克（1632—1704）是17世纪英国著名哲学家和经济学家。他出生于一个律师家庭，1652年进入牛津大学的基督教会学院学习。1666年结识艾希利勋爵（亦即后来的沙夫茨伯里伯爵，辉格党领袖），第二年开始做其秘书。1683年，洛克因参加辉格党活动受迫害而逃往荷兰。1688年回到英国，曾任英国贸易和殖民事务大臣。他还是1694年成立的英格兰银行的发起人和大股东之一。他的主要著作有《政府论》（1689）和《论降低利息和提高货币价值的后果》（1691）。马克思曾评价他是“一切形式的新兴资产阶级的代表”②。

洛克关于利息的观点是以其国家与私有财产起源说为前提和基础的。洛克在《政府论》中使用了“自然法”“自然权利”等概念。他用自然状态、社会契约说明国家的历史前提和起源。他认为，人类社会最初处于一种自由平等的自然状态，在那里，自然法居于支配地位，自由、平等和财产是人们的自然权利，人们在自然法范围内，按他们认为合适的办法，决定他们的行动和处理他们的财产和人身，不需要得到任何人的许可或听命于任何人的意志。在他看来，人一出生就享有生存权利，上帝把世界给予人类共有，并赋予人类以理性，让人类为生活和便利的最大好处而加以利用。土地上的自然产物是归人类共有的，但“每个人对他自己的人身享有一种所有权，除他以外任何人都没有这种权利。他的身体所从事的劳动和他的双手所进行的工作，我们可以说，是正当地属于他的。所以，只要他使任何东西脱离自然所提供的和那个东西所处的状态，他就已经掺进他的劳动，在这上面添加他自己所有的某些东西，使它成为他的财产”③，并排斥其他人的共同权利。根据洛克的观点，自然法则以这种方式给了人们财产权，同时也规定了

① 范德林特（？—1740）是英国经济学家，也被看做是重农学派的先驱和货币数量论的早期代表。主要著作是《货币万能》（1734）。他主张自由贸易并强调土地是财富与税收的来源；提出物价随金银量增减而变动。

② 马克思，恩格斯. 马克思恩格斯全集：第13卷. 北京：人民出版社，1962：68.

③ 洛克. 政府论：下卷. 北京：商务印书馆，1983：19.

这种财产的限制，即以人们的享用为度，在这种状态下，人们是平等、独立的，任何人都不能侵害他人的生命、健康、自由和财产。在这里，洛克从天赋人权和人的劳动引出了财产权。但是，洛克又认为，在自然状态中虽然人人平等，但所享有的权利很不稳定，有不断受人侵犯的威胁。自然状态的缺陷被他归为三条：第一，缺少共同的是非标准、裁决纠纷的尺度，或者说缺少法律。第二，缺少公正的裁判者。第三，缺少权力以支持正确判决和完成执行。因此，人们联合成国家，把保护权、处罚权等交由国家行使，从而人们处于新的状态下，从同一社会的其他人的劳动、帮助和交往中享受各种便利，享受社会的整个力量的保护。这就是洛克的国家起源论。

以这种私有财产和国家起源论为基础，洛克考察了利息范畴。洛克是沿着配第的道路发展的，同样从地租中推论出利息，把利息看做“货币的租金”。不过，洛克明确地把地租和利息的产生归结为生产资料与直接生产者相分离的结果。他认为，当有些人的土地多于能耕种的数量，而另一些人的土地少于能耕种的数量时，由这种土地分配的不平等就引出了租种别人土地的佃户，出现了地租。在货币拥有上也存在不平等时，这种不平等造成一些人向另一些人借贷，贷出货币的人就获得一种能力，可以通过协商，把借入者的劳动报酬转移到贷出者的钱袋里来。根据洛克的思想，随着私有财产和国家的出现，土地与货币的分配出现了不平等，这种不平等打破了原来自然状态下的所有权界限和原则，产生了地租和利息。洛克把利息看做与地租一样，是占有别人劳动的结果，这已接近认识到了利息形态的剩余价值起源。

达德利·诺思（1641—1691）是英国商人、政治家和经济学家。他出身贵族，曾入伦敦一学校学习，不久弃学经商，21岁时成为君士坦丁堡的著名商人。1680年回到英国，先后在海关、财政部任职。被封为爵士，并曾任国会议员。主要著作是《贸易论》（1691）。

诺思的《贸易论》代表了英国17世纪下半期自由贸易越来越强烈的倾向。诺思就财富问题对重商主义进行了批判。他认为，由勤劳和精明所生产出的超过自己消费需要的果实保存下来就是财富，贸易不外是多余物品的交换。把货币贮藏起来并不能增加一个人或一个国家的财富，只有财产在增多的人才是最富的人。他指出，一个国家的商业，在任何时代只需要一定的货币量，货币自有其运动的规律，任何国家都不用担心货币的保有额。富裕的国家决不怕货币的不足，如果它自己不铸造货币，也会得到别国铸币的供应。他明确提出，不论是国内贸易还是国际贸易，都应自由进行，国家不应干预。这种思想被后来的经济学家，尤其是斯密，发展为“国际分工论”。

诺思也分析了利息。他把利息看做资本的租金，并且指出，不是低利息促进了贸易，而是贸易发展增进了国民资本，从而使利息下降。他反对人为地、强制地降低利息。他认为，土地所有者可以出租土地而获取地租，资本所有者也可以出借他的资金而得到利息，利息不过是资本的租金罢了。二者相比，土地所有者甚至更有利，因为他的佃户不能把土地带走，而资本的债户却可以把资本带走，所以，土地提供的利润应比冒较大风险借出的资本所提供的利润少。他主张，“对国家来说，最好是让借贷双方按他们的实际情况自行订立契约”①。在当时，土地所有者压低利息率可抬高土地价格，而资产阶级利

① 托马斯·孟. 贸易论. 北京：商务印书馆，1982：79.

用高利息率则可以积累大量货币财富，所以，马克思认为，诺思是代表资产阶级反对土地所有者阶级的，因而把诺思的利息思想称为“资本起来反抗土地所有权的最初形式”①。在利息率上，诺思比配第和洛克都更前进了一步。配第在论述利息时混淆了货币和借贷资本的区别，洛克认为利息决定于流通中的货币量。诺思则认为，决定利息率的不是货币，而是借贷资本的供求关系。他明确指出，贷款利息应由市场自由决定，不应受法律约束。也因此，马克思认为诺思是第一个正确理解利息的人。

三、马西和休谟的经济学说

约瑟夫·马西（？—1784）是18世纪英国经济学家。他对16—18世纪的经济学文献非常熟悉，曾经收集了1557—1763年间的著作约1 500种。他也是当时英国典型的保护贸易论者。他的主要著作有：《论决定自然利息率的原因》（1750）、《赋税计算》和《国家关心的商业知识》。

在马西生活的时代，英国工场手工业发展到了鼎盛时期，这时政治经济学的研究重心逐渐从地租转到利息和利润范畴。他的《论决定自然利息率的原因》一书就是这个时期利息和利润理论的一个重要发展。他在这本书中论述了自然利息率，但这个自然利息率并不是指现实的利息率，而是指应当存在的一种公正的利息率。马西在经济学说史上第一次提出利润是一个独立的经济范畴，而利息只不过是利润的一个部分。他说：“既然借债人为所借货币支付的利息，是所借货币能够带来的利润的一部分，那末，这个利息总是要由这个利润决定。”② 因此，利息的降低是由资本积累及由此引起的利润下降造成的。他认为，英国现时的利息率是4%，而以前是8%，那是因为英国商人以前所赚的利润比现时要多一倍。他认为，自然利息率应是一般利润率的一半。不过，马西所讨论和考虑的仍然是商业资本，他所讲的利润也主要是指商业资本的利润，而且，他也没有更进一步去研究利润本身的来源问题。

大卫·休谟（1711—1776）是英国哲学家、历史学家和经济学家。他出生于苏格兰一个贵族家庭，12岁进入爱丁堡大学，15岁离校学习法律。1734年赴法国学习，1737年回国。约在1750年前后与斯密结识并成为朋友。1763年任英国驻法大使馆秘书，后任参赞。在巴黎期间，他与让-雅克·卢梭（Jean-Jacques Rousseau）、弗朗斯瓦·魁奈（Francois Quesnay）、杜尔哥（Turgot）等交往密切。1766年回到伦敦，不久任副国务大臣。1769年隐居爱丁堡。他的主要著作有：《人性论》（1739—1740）、《人类理解力研究》（1748）、《政治论丛》（5卷，1752）等。他的主要经济学著作包括《论商业》《论货币》《论利息》《论贸易平衡》《论赋税》《论社会信用》等，这些论著收集在《政治论丛》中。1955年，后人将其经济方面的著述编为《经济学文集》。

休谟以其《人性论》而闻名，而“人性论”也是他的经济思想的哲学基础。休谟认为，在地球上的一切动物中，最被自然所虐待的是人类，自然赋予了人类无数的欲望和

① 马克思，恩格斯．马克思恩格斯全集：第26卷Ⅰ．北京：人民出版社，1972：395.

② 同①403.

需要，而只给了人类薄弱的手段。所以，人只有依赖社会才能弥补他的缺陷，才可以和其他动物势均力敌，甚至获得比其他动物更大的优势。在社会状态中，人的欲望在增多，而才能却增长更快；人们借助协作提高能力，借助分工增长才干，借助互助防御意外和偶然事件的袭击。休谟认为人类所有的福利共有三种：内心的满足；身体外表的优点；凭勤劳和幸运而获得的所有物的享用。其中最后一项既可以被其他人以暴力所劫取，又可以经过转移而不至于遭受任何损失或变化，但这种财富又没有足够的数量可以满足每个人的欲望和需要。他认为，在未受教化的自然状态中不能希望给这种不利条件找到补救的办法，因为人类心灵中没有任何自然的原则能控制偏私的感情和克服外界的诱惑，所以，只能由人为的措施来补救，只能通过社会全体成员缔结的协议使那些外物的占有得到稳定，使每个人安享他凭幸运和勤劳所获得的财物。这样就产生了正义和非正义的观念，发生了财产权、权利和义务。休谟说："正义只是起源于人的自私和有限的慷慨，以及自然为满足人类需要所准备的稀少的供应。"① 在他看来，由于人类在很大程度上被利益支配并往往是短视的，所以，人们的行为常常与他们所知的利益相抵触，宁取现实小利，而不顾维持社会秩序，这就使公道常常被破坏。因此，就产生了对政府的需要，需要政府保持人们实行他们所缔结的互利的协议，并强迫人们同心协力地促进某种公共目的，借以求得他们自己的利益。休谟与洛克的论述在本质上是相同的，不过，休谟更多地论述了伦理道德方面。休谟较早地提到了"稀少"的概念，而且曾详尽论述了确定财产权的规则，论述了与财产权有关的占领、时效、添附、继承等概念。也因此，后来的边际学派和制度学派都曾在休谟那里寻找他们理论的某种"来源"。不过，在18世纪，休谟对斯密的影响是直接和明显的，斯密的《道德情操论》与休谟的影响有很大关系。

休谟纠正了把货币和借贷资本混同的观点，明确指出，"利息率并不取决于贵金属数量的多寡"，"想从一国所有的金银量的多寡中寻找利息率涨落的原因，实在是徒劳的"②。他指出，利息高低有三个方面的原因：第一，借贷需求的大小；第二，满足这种需求的财富的多少；第三，经商利润的高低。在这里，借贷需求的变化并不取决于货币的数量，而是取决于当时流行的生活习惯和风尚；满足这种需求的财富的多少也不取决于金银数量，而取决于人们的生活习惯与方式，或者说产生的放贷人与有组织的金融界能支配的财产的多少。在休谟看来，确定利息与利润之间谁是原因谁是结果是没有用的。他只想说明，"在可以得到高利息的地方，没有人会以低利润为满足，而在可以得到高利润的地方，也没有人会以低利息为满足"③。在这一点上，他解释得不如马西明确，但他更清楚地看到了二者之间的相互影响。他说："正如商业和工业的增长引起低利润一样，低利润反过来又促使商业进一步增长，因为低利润使商品便宜，鼓励消费，促进工业的发展。因此，如果我们从这种因果关系的整体来考察，那么利息就是国家状况的真正的晴雨表，低利息率就是人民兴旺的几乎屡试不爽的标志。"④

休谟在经济学说史上有一个重要作用，就是论证了货币数量论。货币数量论并非由

---

① 休谟. 人性论：下卷. 北京：商务印书馆，1994：536.
② 休谟经济论文选. 北京：商务印书馆，1984：42.
③④ 同②48.

休谟创立的，除法国的博丹、英国的尼古拉斯·巴尔本（Nicholas Barbon）和洛克等人曾用货币数量解释价格波动外，范德林特在休谟之前也提出过货币数量论思想。不过，休谟使这个理论具备了严整的体系，而他的巧妙论证和他个人的学术名望都促进了这个理论的广泛传播，因而，他成为18世纪这一理论的最重要的代表。休谟认为："一切东西的价格取决于商品与货币之间的比例，任何一方的重大变化都能引起同样的结果——价格的起伏。看来这是不言自明的原理。商品增加，价钱就便宜；货币增加，商品就涨价。反之，商品减少或货币减少也都具有相反的倾向。"① 不过，休谟认为，商品价格上升或下降的原因不在于商品或货币绝对数量的变动，而在于进入市场的商品或货币数量的变动，即"流通中的货币与市场上的商品之间的比例决定着物价的贵贱"②。马克思曾把休谟的流通理论归为如下三条原理：（1）一国商品的价格决定于国内存在的货币量；（2）一国流通中的货币量代表国内现有的全部商品量；（3）如果商品增加，商品价格就降低，或者说货币的价值就提高；相反，如果货币增加，商品的价格就提高，或者说货币的价值就降低。

休谟的货币数量论建立在一种假设之上，即不考虑进入流通过程以前商品与货币是否具有价值，只考虑在流通中一定量的商品与一定量的货币之间的数量关系。在他看来，货币只是一种代表劳动和商品的象征，是一种评价和估价劳动和商品的方法，货币和商品只有在流通过程中相比较，才能取得各自的价格与价值。在这里，他实际上把货币只看做是一种价值符号，并按价值符号的流通规律认定商品价格决定于流通中的货币量。马克思主义对于休谟货币数量论的批评主要在于两点：第一，休谟时代金属货币流通是占支配地位的，货币数量论并不符合金属货币流通的规律。而且，不首先研究金属货币流通及其规律，就不可能正确理解各种形式的货币流通及其规律。第二，由于没有真正了解货币的起源及货币的各种职能，休谟的货币数量论不能了解商品流通是货币流通的基础，因而不能从这种关系出发正确分析货币流通规律。

休谟的货币数量论有其产生的历史原因。一方面，美洲金、银矿开采和大量贵金属流入西欧，与之相伴的是西欧社会商品价格的高涨，这很自然地使休谟把金银货币数量的增加与价格高涨二者联系在一起。另一方面，反对重商主义的论战也为休谟的理论提供了实践方面的动因。休谟反对把货币看做一国真正财富的观点，指出货币只是人们约定用于便利交换的工具。由于商品价格与货币数量成比例，所以，在一定条件下，货币过多反而不利于同外国的竞争。休谟考察了一国贸易平衡、货币数量和一般价格的关系，批评重商主义者担心货币外流是无根据的。在这种考察和分析中，休谟发展了塞拉等人提出的贸易平衡自行调节的机制。他说："担心钱币会离开一个有人力、有工业的国家，就像担心所有的泉源和江河会干涸一样。"③ 即使贸易出现暂时的不均衡也不可怕，因为存在着一种能自动平衡的力量，"要是这些过分的不均衡现象出人意外地发生，那么，使这些现象得以矫正的因素必然同样会按事物的正常趋势来防止其发生，必然会在所有毗

---

① 休谟经济论文选. 北京：商务印书馆，1984：53.
② 同①36.
③ 同①37.

邻国家里，使货币与每个国家的技艺与工业始终大体相称。江河百川，不管流向何处，总是保持相同的水平，要是去问博物学家这是什么道理，他们就会告诉你：要是在任何一处水位升高，升高处的引力就会失去平衡，必须降低，直到取得平衡为止；同理，矫正已发生的不均衡现象的因素，也一定总是不依靠暴力和外部作用来防止其发生”①。正是基于这种认识，休谟成为自由贸易的拥护者。在他看来，各国自然地理和工艺历史的不同，以及欲望的多样化，都为国际贸易提供了基础；各国自由竞争，可以促进技术的提高，并使各国利益协调发展。

四、斯图亚特的经济学说

詹姆斯·斯图亚特（1712—1780）出生于苏格兰一个贵族家庭。曾入爱丁堡大学学习法学、历史学。1735 年获律师资格。1745 年参加查理·爱德华在苏格兰的复辟活动，失败后于 1746 年逃亡欧洲大陆。先后到过德国、意大利、荷兰等国。1763 年回到英国，1771 年获赦免。主要著作为《政治经济学原理研究》（1767），这是第一本以“政治经济学”为名的英文著作。斯图亚特是与斯密同时代的人，马克思称他是“建立了资产阶级经济学整个体系的第一个不列颠人”②。斯图亚特的理论体系是以重商主义为基础的，但他又不同于其他重商主义者。他在价值理论、货币理论中都有许多合理的观点和具有启发性的思想，是斯密以前最重要的经济学家之一。

斯图亚特较为详细地考察了分工的历史，研究了“自由人手”形成的历史过程。斯图亚特的“自由人手”指的是从农业中分离出来的“自由劳动者”，或者工商业的从业者。他把农业分为生产直接生存资料的农业（只是谋生手段）和作为商业部门的农业（产品依赖于交换），认为在古代希腊、罗马和中世纪，作为商业部门的农业并不发达，“自由人手”是少数。随着农业发展，从农业中分离出来的“自由人手”越来越多，食物和其他生活必需品也越来越多地成为商品。斯图亚特的“自由人手”分析实际上说明了，所有部门的剩余劳动都是以农业中的剩余劳动为基础的，农业为工业准备“自由人手”的过程，也正是生产条件与劳动者分离的过程，是真正的制造业出现和资本产生的过程。在这一点上，他比斯密和李嘉图更富有历史感。

斯图亚特在价值理论上有特殊的贡献：

（1）提出了“实际价值”的概念。他认为，“‘实际价值’决定于‘该国一个劳动者平常……在一天、一周、一月……平均能够完成的’劳动‘量’”。第二，决定于“劳动者用以满足他个人的需要和……购置适合于他的职业的工具的生存资料和必要费用的价值”；“第三，决定于‘材料的价值’”。③ 斯图亚特说明中的第二、第三点把工资、固定资本耗损和原材料价值看做实际价值构成因素，说明其实际价值概念是混乱的，但他的第一点指出了价值决定于完成的劳动量，而且决定于平均所需的劳动时间，这是古典劳

① 休谟经济论文选．北京：商务印书馆，1984：55．

② 马克思，恩格斯．马克思恩格斯全集：第 13 卷．北京：人民出版社，1962：47．

③ 马克思，恩格斯．马克思恩格斯全集：第 26 卷Ⅰ．北京：人民出版社，1972：12．

动价值论形成中具有开创性的思想。

（2）提出了"内在价值"和"使用价值"。斯图亚特力图把价值范畴同它的物质内容区分开来，因而提出了商品"内在价值"和"使用价值"概念。他说："前者是某种本来就是实在的物。例如，银丝编织品中所含的银。丝织品、毛织品或亚麻织品的**内在价值**小于已使用的原始价值，因为除了这类织品的预期的用途而外，几乎已经没有任何别的用处；**而使用价值则相反，它必须依照为生产它而耗费的劳动来估计。为改变形式而耗费的劳动，代表一个人的时间的一定部分**，它已经被有效地用来**赋予某种物质以形式**，使这种物质变得有用，美观，或者简言之，使它成为间接地或直接地对人有用的东西。"① 斯图亚特的"内在价值"被用来表示制成商品的自然物质或原料，而他的"使用价值"中似乎包含两种含义，一种是必须以劳动为标准进行的估计，另一种是新形成的对人具有的有用性。在这里，"内在价值"是商品的物的内容，"使用价值"是商品包含的一种抽象范畴，其中又包含后来斯密所说的交换价值和使用价值。

（3）区分了"特殊社会劳动"和"实在劳动"。斯图亚特曾指出："那种通过自身转移（alienation）而创造出一般等价物（universal equivalent）的劳动，我称之为产业。"② 他在这里所说的"产业"劳动，或"创造一般等价物的劳动"，实际上就是有别于"实在劳动"的"特殊社会劳动"，或者说，是有别于具体劳动的抽象劳动。斯图亚特的说明中包含关于生产商品的劳动具有二重性的天才猜想，在这一点上甚至超过斯密和李嘉图。马克思对此给予了高度评价："斯图亚特比他的前辈和后辈杰出的地方，在于他清楚地划分了表现在交换价值中的特殊社会劳动和获取使用价值的实在劳动之间的区别。"③

斯图亚特较深入地研究了货币的各种职能，并批判了货币数量说。他把货币看做是**"一切可让渡物的最适当的等价物"**④，认为货币是衡量价值的标准（即价值尺度职能）。他注意到货币作为支付手段和流通手段的职能，并且了解，作为这两项职能，货币都必须是实际的货币。他提出，流通中的货币量就是由这两种手段的需要量两部分构成的。斯图亚特非常清楚货币的贮藏手段职能，并且已懂得货币可以像蓄水池一样自行调节货币流通量。他说："商品的市场价格是由需求和竞争（demand and competition）的复杂作用决定的，需求和竞争同一国中存在的金银数量完全无关。那末，不需要用作铸币的金银又怎样呢？它们当作贮藏货币积累起来，或当作奢侈品的原料被加工。如果金和银的数量低于流通所需要的水平，人们会用象征性的货币或其他辅助手段来代替金银。"⑤ 斯图亚特对于世界货币职能也有出色的说明。他了解，纸币只能在国内流通领域充当流通手段和支付手段，但不能充当世界货币，只有金银才能越出国界。他说，纸币是"社会的货币"，而金银是"世界的货币"。斯图亚特在批判休谟的货币数量论时，正确地指出了金属货币数量的多少同商品价格水平的高低没有关系，不是流通中的货币量决定价格，而是商品价格决定流通中的货币量。他说："货币在国内流通中的用途可以归结为两个要点：用来支付债务和用来购买所需要的东西；两者合在一起构成对现金的需要

① 马克思，恩格斯. 马克思恩格斯全集：第46卷下. 北京：人民出版社，1980：303.

②③ 马克思，恩格斯. 马克思恩格斯全集：第13卷. 北京：人民出版社，1962：48.

④ 同①302.

⑤ 同②156.

(ready money demands)……商业和工业的状况，居民的生活方式和日常开支，这一切加在一起，调节并决定所需现金的数量，即转移的数量。为了实现这各种各样的支付，必须有一定比例的货币。这个比例虽然在转移的数量不变的情况下，又可以依照情况不同而增减……无论如何，一国的流通只能吸收一定量的货币。”①

斯图亚特最早系统地研究了利润。关于利润他提出了三个概念：绝对利润、相对利润和混合利润。他说：“绝对利润对谁都不意味着亏损；它是劳动、勤勉或技能的增进的结果，它能引起社会财富的扩大或增加……相对利润对有的人意味着亏损；它表示财富的天平在有关双方之间的摆动，但并不意味着总基金的任何增加……混合利润很容易理解：这种利润……一部分是相对的，一部分是绝对的……二者能够不可分割地存在于同一交易中。”② 在斯图亚特的概念中，绝对利润是劳动生产力增进的结果，而相对利润是总基金不变情况下一些人亏损而另一些人获得的利润，因此，他把这种相对利润称为让渡利润。这个让渡利润是价格超过实际价值之后厂主得到的利润。在这里，如果实际价值只是生产费用的话，相对利润将是来自生产领域的剩余价值；如果实际价值是指价值的话，相对利润只能来自流通领域。在后一场合，斯图亚特的观点就仍属于重商主义。由于斯图亚特强调单个资本家获得的利润只是相对的，所以，马克思认为，斯图亚特在思想上是处于矛盾之中的，既要超出重商主义，又仍维护重商主义；斯图亚特把让渡利润看做表示“财富的天平在有关双方之间的摆动”，“在这方面，斯图亚特是货币主义和重商主义体系的合理的表达者”。③

评议与思考

从配第到斯密大约经历了100年的时间，英国古典政治经济学终于形成了一个比较完整的体系，这个体系表现为具有内在联系的各个主要经济学范畴。

在配第的经济学说中，作为基础的是关于价值的四个术语：自然价值、自然价格、政治价格和市场价格。市场价格是在市场上直接表现出来的以货币衡量的商品价格；自然价值是配第用来说明市场价格这种现象的内在本质的范畴；自然价格只能是用思维抽象地把握的，如以货币表现就是自然价格；由于各种社会实际因素偏离自然价格而形成政治价格，政治价格以货币表现就是市场上作为现象的市场价格。这四个已具有内在联系的范畴构成了一个分析结构，既用劳动说明了价值的创造或产品的生产，又解释了市场价格围绕自然价值的波动。在这个基础上，配第可以从生产领域说明土地的使用如何产生地租，也把利息的产生看做是货币的使用的结果。因为他把地租看做工资以外的剩余部分，不仅形成了他的剩余价值理论，而且为赋税确定了征收的来源或基础。

配第的经济学说在其后继者中得到的进一步发展是多方面的，但在经济学范畴上主要表现为资本和利润的提出和研究。英国的经济学家逐渐把货币概念和资本概念区别开

① 马克思，恩格斯. 马克思恩格斯全集：第13卷. 北京：人民出版社，1962：156.

② 马克思，恩格斯. 马克思恩格斯全集：第26卷Ⅰ. 北京：人民出版社，1972：11.

③ 同②13.

来，从而开始把利息看做资本的收入，在利润概念提出以后，又开始把利润和资本联系起来，并把利息看做利润的一个部分，利润的起源也成为研究的重要内容。

从配第到斯密表现的英国古典政治经济学的发展说明，没有价值理论的建立（在配第那里是四个术语及其内在联系的建立），就不可能有经济学理论体系的建立。这也可以令人联想到，中国历史上有非常丰富的经济思想，但始终没有独立、完整的经济学理论体系出现。而这个事实又是因为，中国即使曾有过个别的资本主义萌芽，但资本主义生产方式未能发展起来，因而还不可能产生基于资本主义生产方式的意识形态或理论形式，资本主义生产方式是在英国最早获得全面发展的，从而研究资本主义生产方式的、能作为科学出现的经济学也只能在英国获得最早的发展。

关键词

古典政治经济学　配第　《赋税论》　《政治算术》　《爱尔兰的政治解剖》
《货币略论》　自然价值　自然价格　政治价格　市场价格
土地价格　洛克　诺思　马西　休谟
斯图亚特　货币数量论　让渡利润

思考题

1. “古典经济学”术语有哪些不同的界定？
2. 为什么说配第在近代奠定了劳动价值论的基础？
3. 怎样理解“土地为财富之母，而劳动则为财富之父和能动的要素”？
4. 简述从配第到斯密100年间出现的主要经济学家及其思想。

第四章

法国古典政治经济学的产生和发展

本章三节中的第一节概述了17世纪末18世纪初法国的社会经济状况。法国与英国不同的资本主义发展道路表现在法国推行柯尔贝尔重商主义政策产生的影响。一方面，法国工商业在较短时间内获得了快速发展，另一方面，促进工商业政策由于限制或禁止谷物出口损害了农业发展，最终也影响了工商业的进一步发展。法国社会经济上的矛盾以更为尖锐和激烈的形式表现了出来。第二节介绍的布阿吉尔贝尔作为法国古典政治经济学的创始人表现出了与英国配第不同的思想特点。布阿吉尔贝尔以更激烈的方式批评重商主义财富观，并强调了财富作为使用价值的性质，把财富比喻为由200种以上行业组成的链条，论证了由各行业间形成的经济关系平衡的“自然秩序”。在这种论述中，提出了劳动应依照一定比例分配于各行业的思想，从而使交换价值由劳动时间决定。他对农产品价格特点的分析和对法国贸易政策的分析引出了自由贸易的主张。第三节介绍坎蒂隆的经济理论，他的理论同布阿吉尔贝尔一样，甚至在更直接的程度上影响了后来的法国重农学派。

本章重点

- 法国古典政治经济学的产生及其与英国古典政治经济学的差异
- 布阿吉尔贝尔、坎蒂隆经济理论与重农学派的联系

第一节 概 述

一、17世纪末18世纪初法国的社会经济状况

法国资本主义生产关系的产生和发展落后于英国，在17世纪末18世纪初，法国封建生产关系仍然占据统治地位，资本主义因素还处于萌芽和最初发展的状态。特别是在农业中，封建小农经济占据主要地位，农业中的资本主义生产关系十分薄弱。当英国资产阶级新贵族在政治上已经确立了自己的统治地位、资本主义工场手工业在“圈地运动”造成的农民分化基础上蓬勃发展时，法国经贵族和国王的几番较量之后，才终于确立起封建王权

的真正权威。在法国，封建专制集权的建立，是王权与城市资产阶级联盟的结果，在反对封建割据的斗争中，王权一度代表着进步的力量。随着统一与王权的加强，在路易十四时期，封建专制政治达到高峰。路易十四依靠柯尔贝尔，推行了一整套重商主义政策，创办了一大批手工工场，建立了强大的陆海军。法国的工商业获得较大发展，增强了法国的实力，提高了法国在世界中的地位。这些都曾给当时的欧洲人留下了极为深刻的印象。

但是，柯尔贝尔的重商主义政策最终也给法国社会经济带来了严重的后果。在处于封建制度下的法国，小农遭受着沉重的封建剥削，封建国家和贵族的挥霍浪费和穷奢极欲的庞大开支，基本上都由小农负担。而柯尔贝尔的重商主义在扶植工商业时，不仅忽视农民的利益，而且其所推行的一些政策，如禁止谷物、原料的自由输出与限制农产品价格等，又损害农民的利益。不过，对于农业和农民的损害是逐渐显露出来的。特别是在柯尔贝尔死后，法国衰败的征象逐渐暴露，最初是农业陷入长期萧条与危机，土地荒弃，人口减少，农民生活日趋贫困；后来工商业也陷入困境。17 世纪末法国各港口和大城市代表组成的商务会议把工商业的萧条和破产完全归罪于柯尔贝尔推行的政策，成为对重商主义的一种讽刺。

二、 法国古典政治经济学的产生

法国古典政治经济学的产生与英国古典政治经济学的产生相比较，既有相同之处，又有各自的特点。相同之处在于，它们都以资本主义生产方式的一定发展为历史前提，并且都把重商主义作为批评的对象。不过，英法两国社会经济不同的具体发展道路和特征又使两国的古典政治经济学从一开始就具有各自的特点。英国古典政治经济学的产生，在配第那里表现为从重商主义体系中的逐渐脱离；而法国古典政治经济学的产生，在布阿吉尔贝尔那里却表现为与重商主义的尖锐对立。

法国 17 世纪末 18 世纪初的社会经济衰败和危机，与英国 17 世纪中期以后社会经济的暂时混乱有着根本区别。总体上说，英国在社会阶级结构和经济结构变动中虽发生了一些暂时停滞，但整个社会经济在迅速向前发展。而法国却开始不断走下坡路，经济衰败和危机不断趋于严重，社会阶级矛盾与斗争不断趋于尖锐。因此，法国的思想家们更迫切想同重商主义决裂，为法国的重新振兴寻找新的出路。布阿吉尔贝尔是这些思想家中的一位代表，并且是法国古典政治经济学的创始人。在这一时期，爱尔兰经济学家理查德·坎蒂隆（Richard Cantillon）长期在法国居住，主要以法国社会为对象研究经济问题，他的思想在法国经济思想发展史上具有重大影响，因而在这里归为法国古典经济学。

第二节　布阿吉尔贝尔的经济理论

一、 布阿吉尔贝尔的生平与著作

布阿吉尔贝尔（1646—1714）出生于法国诺曼底一个贵族家庭。早年曾受过良好教育，最初对文学感兴趣，后来转而从事司法工作。1677 年担任诺曼底的一名法官，1689 年任卢昂地区法院院长。他看到国内经济衰败、农民破产、工商业凋敝，从而反对柯尔贝尔的政策，提出一系列改革计划和方案。由于他对政府政策的猛烈抨击，他写的书被查禁，其本人曾一度被流放。1714 年于卢昂逝世。他的主要著作有：《法国详情》(1695)、《谷物论》(1697)、《论财富、货币和租税的性质》(1705)、《法国的辩护书》(1706) 和《法国详情补篇》(1707) 等。

马克思赞赏布阿吉尔贝尔为民请命的精神，他说："布阿吉尔贝尔虽然身为路易十四的法官，却既热情又勇敢地替被压迫阶级声辩。"① 马克思把布阿吉尔贝尔的著作看做是记述法国路易十四时代农民普遍破产和贫困的经济学，并指出了英法古典政治经济学的特点："对配第和布阿吉尔贝尔两人的著作和性格的比较研究，——暂且不谈这一比较将异常清楚地说明十七世纪末和十八世纪初英法两国的社会对立——将是对英法两国政治经济学之间的民族对立的起源的叙述。这种对立最后在李嘉图和西斯蒙第之间又重新表现出来。"②

布阿吉尔贝尔从分析法国经济现状开始，分析了经济衰败的原因，并把这些原因归为重商主义政策的恶果。在对重商主义的批判中，他提出了对财富的认识，并阐述了他的"自然秩序"的思想。布阿吉尔贝尔指出，法国自 1660 年以来国民收入已减少了一半，但是，把这归于国王收入的增加是不对的。经他计算，国王的财政收入并没有提高多少，"虽然法国从来没有像今天这样充满了银钱，虽然法国到处穷奢极欲，廪满仓流；但由于这只限于某些人，而绝大多数则已经陷于赤贫的境地"③。也就是说，法国虽积攒了大量金银，但法国经济衰败到了极点。在他看来，法国财富减少的原因在于农村土地收入的减少，具体原因在于达依税（一种军事性赋税）、酒等的消费税和小麦制度。特别是不许小麦等谷物自由输出的制度，使农产品价格低廉，农民入不敷出；农业破产最终使工商业也陷入凋敝。他认为，这些都是重商主义政策带来的恶果，重商主义不理解什么是真正的财富，违反了自然规律，所以陷入贫困普遍增加的阶段。布阿吉尔贝尔指出财富来源于农业生产，把经济研究从流通领域转向生产领域，标志着法国古典政治经济学的产生。他的重农思想为后来的重农学派继承并发展。布阿吉尔贝尔对自然规律的研究和对社会经济结构、收益之间关系的论述又发展为后来重农学派的"自然秩序学说"。他的经济理论和魁奈的《经济表》可以看做是西方宏观经济分析的先导，他关于消费收入等关系的见解以及货币作为流通手段的见解都对以后的经济学说发展有重要的影响。

二、 布阿吉尔贝尔的财富论

布阿吉尔贝尔反对重商主义关于财富的看法，他的财富论是与货币分析相互联系而加以论述的。他并没有专门去研究商品的价值，他在对财富进行的论述中包含了劳动价

① 马克思，恩格斯. 马克思恩格斯全集：第 13 卷. 北京：人民出版社，1962：44.
② 同①41.
③ 布阿吉尔贝尔选集. 北京：商务印书馆，1984：19.

值论的思想。

布阿吉尔贝尔认为，重商主义对财富的认识是错误的，把货币看成财富的唯一或绝对形式使其走上歧途。重商主义不了解国家税收的来源是土地与劳动，不能理解财富的真正性质和内涵。他说："就像四种要素是万物的本原，万物赖之以形成一样，欧洲一切财富的整个基础就是小麦、酒、盐和布"，"因之，法兰西的一切财富便分为两类，即农产品和工业产品。"① 这里的财富是指生活必需品，但财富不仅仅包括这些，他说，构成真正财富的，"包括人们全部的享受，不仅是生活必需品，也包括非必需品以及能够满足人们身体官能的快乐的一切物品。"② 在他看来，凡是能满足人们物质生活和精神生活的需要而具有使用价值的东西就是财富。他曾说，在原始社会中，人的富有只限于简单生活必需品的享受，那时只有三四种职业的分工，而法国到18世纪已有二百种以上的职业，人们可以得到更多的物质与精神的享受。马克思指出："布阿吉尔贝尔实际上只看到财富的物质内容、使用价值、享受"③。布阿吉尔贝尔既然把财富定义为满足人们需要的各种使用价值，尤其是各种生活必需品，他当然很清楚并能明白地说出劳动是财富的源泉，是国家和国王收入的源泉。但是，因为他把社会财富仅仅看做是使用价值，他也就不能直接说出劳动创造价值。

布阿吉尔贝尔反对重商主义，反复强调货币并不是财富。他说："硬币本身并非财富，而且，它的数量一般和一个国家的富裕无关……一个国家愈富裕，就愈可以不需要硬币，因为在这种情况下对于更多的人来说，硬币可用一张名为纸币的纸来代替。"④ 他斥责重商主义"将金银当做财富和幸福生活的惟一源泉是一个严重错误的学说"。他认为，由于重商主义使金钱凌驾于自然财富之上，它给法国带来了灾难性后果。而且他认为，在一定条件下，货币是社会的一大祸害，引起社会的不平等和罪恶，这是因为人们把货币从商业的"奴隶"变为"偶像"，即追求暴利的工具，货币成为"残害一切人的刽子手"。布阿吉尔贝尔和配第在货币问题上的认识有很大不同。配第把资本主义劳动归结为开采金银的劳动，而布阿吉尔贝尔却鄙视货币，认为可以保存商品生产而取消货币。不过，布阿吉尔贝尔对于货币也有一些正确的或有价值的思想。他从货币是为了便利商品交换而产生，其自然职能是充当流通手段和支付手段的观点出发，指出市场上需要的货币数量取决于商品价格的总额。他还指出，金银并不是唯一充当货币的材料，历史上有各种物品充当过货币材料，在一定条件下，货币也可以用纸币来代替。他认为，货币是充当流通手段的，不应加以贮藏，应不断地投入流通发挥其作用，而商品流通和货币流通是不同的。

三、布阿吉尔贝尔的"自然秩序"思想

布阿吉尔贝尔在论述法国经济问题时多次提到自然规律的概念，反复强调社会经济

① 布阿吉尔贝尔选集．北京：商务印书馆，1984：13.

② 同①153.

③ 马克思，恩格斯．马克思恩格斯全集：第13卷．北京：人民出版社，1962：44.

④ 同①59.

活动及其发展具有自己的规律性，人们的经济活动只能按自然规律进行。这种规律反映在社会经济有着自己的一定的“自然秩序”上。他说：“统治者的贤明或无能对于国家财富的影响，不亚于土地的肥沃程度和自然气候的条件。破坏经济秩序规律一定要受到惩罚。”①

布阿吉尔贝尔认为，财富是由使用价值构成的，具体来说，社会经济中有200种以上的行业，它们形成“一条财富的链条”，各行业之间形成的经济关系构成一种平衡，这种平衡就是社会经济的“自然秩序”。他根据自己对财富的看法，把一个国家的收益分为两类，即土地的产物和实业效益，后者又被划分为四种：第一种是土地的赐予；第二种是由这些赐予所产生的土地所有权，它把利得在地主与佃户间加以分配；第三种是由城市房屋的出租、抵押利息、文武官员和财务人员的官俸及货币和票据构成；第四种则包括体力劳动和批发零售商业。后三种是从土地产物中派生出来的，但反过来又推动土地产物的发展。而就各种行业来说，农业是最基本的，农业生产最必需的物品是小麦、饮料、家畜、布匹，这些物品与其他一切行业的产品相交换，按一定比例进行互利互惠的交易，200种行业间的交易是以土地生产物，尤其是小麦作为准则的。布阿吉尔贝尔强调，以农业为一切行业的基础，所有行业“形成了一条财富的链条，只有组成链条的各个环节连接在一起的时候才有价值，一旦从中脱掉一个环节，它们就会失去价值，至少会失去最大部分的价值”②。为了稳定经济，就要使一切贸易往来均衡发展，保持比例的平衡。所以，他说：“财富就在于一方把自己的多余物给另一方以换回对方充裕的东西这种连续不断的交换；”③“财富只是在人与人之间，行业与行业之间，地区与地区之间，甚至在国家与国家之间不断相互调剂、融合的结果。”④ 在布阿吉尔贝尔看来，在200种行业按“自然秩序”运行的过程中，推动周转的是土地的产物。在这里，地主“是其他一切职业（包括喜剧演员在内）的经纪人、代理人”⑤，他应保证对耕种土地费用的支付，从而使其他各工商行业也得到维持与给养。在这种支付中，农产品价格是关键，如果农产品价格能补偿生产费用及经营者报酬，各行各业都会正常发展。如果农产品价格下降，以致不能补偿生产费用，必然造成混乱和不协调。这会使地主、农民都紧缩开支，并影响到工商业的生产与生活消费。消费紧缩、停顿，就造成社会经济的紧缩与衰退。他说：“在商业的停顿以外去寻找贫困的原因，这是可怕的愚昧，而商业的停顿则是由于价格比例的失调，可见商品按照一定比例的价格交换，对于一个国家的繁荣，对于它的生存的维持都是同等重要的。”⑥

布阿吉尔贝尔在说明“自然秩序”时涉及了价值的问题。配第力图从市场价格的背后寻找“自然价格”，而布阿吉尔贝尔则力图寻找“真正价值”。他比较多地分析了市场价格变动，没有直接地、有意识地，但在事实上认为交换价值是由劳动时间决定的。因

① 布阿吉尔贝尔选集．北京：商务印书馆，1984：87.
② 同①205.
③ 同①340.
④ 同①162.
⑤ 同①158.
⑥ 同④.

为在他的“自然秩序”思想中，他认为劳动应依一定比例分配于各产业部门，商品按一定比例的价格进行交换。也就是说，依据他的思想，国家不要或应尽量少干预经济，自由竞争会使一切按应有的比例分配，从而使交换价值由劳动时间决定。所以，马克思说，布阿吉尔贝尔“用个人劳动时间在各个特殊产业部门间分配时所依据的正确比例来决定‘真正价值’（la juste valeur），并且把自由竞争说成是造成这种正确比例的社会过程”[①]。

四、布阿吉尔贝尔的自由贸易思想

布阿吉尔贝尔与重商主义相反，主张自由贸易。他的自由贸易思想又是建立在对农产品价格的分析基础之上的。

布阿吉尔贝尔指出，谷物具有两面性，同时产生两种截然相反的效能：一方面，它给人提供食物，养活没有这份口粮就要饿死的人们；另一方面，它供给地主将多余谷物出卖以提供豪华生活的一切物品。根据第一方面的利益，要求谷物数量多而价格低廉；根据第二方面的利益，要求谷物数量多但价格也高。因此，谷物贸易与其他商品贸易相比，具有自己的特点。其他商品贸易常受两方面限制：第一，存在可替代的商品供应；第二，顾客并非必需而非买不可。谷物贸易则不然：农民不出售他的小麦不行，而吃粮的人又不能不买粮食。这两个非遵守不可的条件就使谷物价格常从一个极端走向另一个极端，即常从极高转为极低，或从极低转为极高。他说：“麦价低贱必然会带来的后果就是谷物价格非常高涨，这使人不能不感到惊骇，其惊骇的程度与在一种完全相反的情况下所遭遇的相同；谷价之所以奇昂，其惟一的根源是谷价低贱。”[②] 在丰收年成，价格低落，农民在出卖一部分收获还是不能补偿开支和缴纳租金时，不惜贱价出售全部收获，这只能使价格下降程度增加，售出欲望更迫切。即使这样，谷物也往往销售不出去，因而不惜用来喂养牲畜、酿酒等。这种由于农民贫困造成的对谷物的浪费使为预防荒歉的储备也难以做到。歉收一旦发生，谷物价格又会以非常的速度扶摇直上。布阿吉尔贝尔还指出，使谷物价格暴涨或暴跌的往往只是一小部分谷物。例如，“在一个平常每一星期出售五百色梯小麦的公开商场或市场上，只要有二十色梯小麦的售价上涨或者下降，就免不了使谷物的价格有很大的涨落”；或者，“在一个星期有五百袋谷物交易的商场或市场上，如果平日的粮食供应有二十袋的增加或者减少，就会影响平衡”，“因为谷物价格的极其昂贵和十分低贱之间至少有着七八级的差别，在这样的场合，价格常会比在相反情况下增加七倍或减少到原来的七分之一”[③]。但是，这并不意味着在高价时期所需谷物减少到原来的七分之一，或者在低价时期谷物增加了七倍，而只是平衡被打破的缘故。就像天平的两个盘子一样，当装等重的东西时，天平处于平衡状况；一旦其中一个盘子加上一公斤重量，就会使另一个盘子的重量完全被压倒，似乎一点重量都没有了。

根据对农产品价格及其变化的分析，布阿吉尔贝尔主张实行农产品自由贸易政策，

---

① 马克思，恩格斯. 马克思恩格斯全集：第13卷. 北京：人民出版社，1962：43-44.

② 布阿吉尔贝尔选集. 北京：商务印书馆，1984：232.

③ 同②254.

即撤销谷物输出的禁令，允许谷物自由输出和输入。他是从谷物价格变动角度出发论及自由贸易的，他并不认为输出或输入多少谷物可以使法国的生计受到多大影响，但他认为，实行农产品自由贸易可以提高和稳定谷物价格，从而使法国农业走向复兴，也会使法国其他各行业在农业发展的基础上实现繁荣。他说："外国小麦输入或者小麦向国外输出，并不关系到王国的生计问题，只不过关系到平衡的保持和价格的问题。"①

布阿吉尔贝尔实际上已认识到不同商品的需求或供给存在着迫切性方面的程度差别，因而与不同的价格波动幅度有着密切关系，这类差别被后来的经济学家称为商品的需求或供给弹性。布阿吉尔贝尔更强调农产品自由输出，反映着法国农业大国的特点，并与同样主张农产品自由贸易的英国经济学家形成鲜明对照（斯密、李嘉图，尤其是李嘉图更强调农产品的自由输入）。布阿吉尔贝尔的自由贸易思想以其重农特点直接影响了后来的重农学派。

第三节　坎蒂隆的经济理论

一、坎蒂隆的生平与著作

理查德·坎蒂隆（1680—1734）出生于爱尔兰的一个贵族家庭。最初在伦敦经商，1716年移居法国，从事银行、贸易业务。由于业务上的需要，他曾游历欧洲大陆许多国家。后来他又移居荷兰，最后定居伦敦。1734年在伦敦寓所被人谋杀。坎蒂隆虽是英国人，但他长期生活在法国，其经济研究以法国社会为对象。他的主要经济学著作是《商业性质概论》，大约用英文写于1730—1734年间，在他去世后，于1755年在巴黎以法文出版，1759年又以英文在伦敦出版。

坎蒂隆的《商业性质概论》由三个部分构成：第一部分包括17章，涉及政治经济学的一般理论问题，其中主要研究了价值、市场价格、地租、工资等。第二部分包括10章，主要讨论货币问题。第三部分包括8章，主要考察对外贸易。在坎蒂隆所著的该书中，政治经济学形成了一种初步的形式。坎蒂隆的经济思想对英、法经济学家都有重要影响，由于他以法国社会不发达的资本主义生产关系为考察对象，因而他的理论带有浓厚的重农主义色彩，并被看做是法国重农主义的先驱之一。

二、坎蒂隆关于价值、货币和分配的理论

（一）价值理论

坎蒂隆同配第和布阿吉尔贝尔一样，在讨论财富时都涉及价值问题。他继承了配第关于土地和劳动共同创造财富的观点，同时又明确使用了布阿吉尔贝尔关于财富就是使

① 布阿吉尔贝尔选集. 北京：商务印书馆，1984：254.

用价值的观点。他说："土地是所有财富得以产生的源泉或质料，人的劳动是生产它的形式：财富自身不是别的，只是维持生活、方便生活和使生活富裕的资料。"① 同布阿吉尔贝尔一样，他在关于财富的定义上站在重商主义的对立面，并把研究目光从流通领域转到了生产领域。

坎蒂隆比布阿吉尔贝尔进步的地方在于，他在财富是由土地和劳动共同创造观点的基础上，又讨论了商品的价值，他提出了"内在价值"和"市场价格"两个概念。"市场价格"即市场上现实的价格，而"内在价值"则是商品中所包含的土地和劳动的数量。他说："任何东西的内在价值都可以用它在生产中所使用的土地的数量以及劳动的数量来度量。"② 在价值探讨上，他同配第类似，力图在市场价格背后找出作为其基础的商品的"内在价值"（配第称之为"自然价值"或"自然价格"）。不过，他受配第错误命题的影响，把土地和劳动都看做是决定价值的因素，没有分清创造价值的因素同创造使用价值的因素。

坎蒂隆虽然没有正确规定商品的价值，但他对市场和市场价格进行了详尽的考察，并进行了初步的描述和分析。坎蒂隆在分析市场价格时，列举了一个卖肉的例子。在他的假设中，一方是卖肉者（即卖者），另一方是买主（即买者），商品为肉，由卖肉者提供，购买者用以买肉的是货币，交换按一定的比率进行，而比率是通过双方的争论决定的。在这里，已经存在一般的"市场"构成，这种市场以消费品市场为代表，市场的主体是买者和卖者，市场的客体是肉与货币，交换在买者与卖者之间完成。坎蒂隆认为，商品的内在价值和市场价格是不相等的，市场上供求关系的变动会使市场价格有时高于、有时低于商品的内在价值。但市场价格总要围绕内在价值变动。他清楚地看到并指出，商品的供给和需求之间的比例，或商品的生产和居民的消费之间的比例，是在自发调节过程中达到的。他说："然而有一点仍然是颠扑不破的，这就是，提供出售的商品的数量，与买主的需求或人数对照，是（或人们始终认为是）决定当前的市场价格的基础。一般说来，这些价格是不会与商品的内在价值相差过远的。"③ 坎蒂隆在市场供求分析上提出买者与卖者人数的因素等，已暗含了市场会有不同类型的见解。

（二）货币理论

坎蒂隆把货币看做同其他商品一样具有内在价值（虽然这里的内在价值由劳动和土地共同来衡量），这使他能够接近于正确地理解货币的本质。他说："像其他任何东西一样，金属的真实价值或内在价值同在金属生产中所使用的土地和劳动成比例。"④ 由此出发，他进而考察了货币的起源和作用。他指出，在交换过程中，人们需要寻找一种共同尺度，以衡量他们所希望交换的商品的比例和价值，这种共同的尺度就是货币。在历史上，许多金属如铁、铜、银、金都充当过这种共同的尺度。坎蒂隆在论述货币起源时，非常出色地说明了金、银成为货币的必然性。他说："只有黄金和白银具有体积小、质量

① 坎蒂隆．商业性质概论．北京：商务印书馆，1986：3.
② 同①21.
③ 同①226.
④ 同①47.

相同、易于运输、可分割、在分割时不会造成损失、易于保管、用它们制造的物品美丽而明亮、几乎可以无限期地使用等特性。”①

坎蒂隆还是早期货币数量论的完整表达者之一。他的货币数量论的特点在于：以独特的方式论述了流通货币量增加引起商品价格上涨的机制。坎蒂隆认为，“一国中货币的充裕与稀缺永远会提高或降低交易中的一切东西的价格。”② 一国流通中的货币量增加可以出于以下原因：在该国发现的贵金属矿藏的开发；外国提供的补贴；外国人家庭的移居；外交使节和旅游者的驻留；而最重要的是经常性的年度贸易顺差。③ 这些原因造成的货币量增加都会引起商品价格的上涨。如在开采金银矿的场合下，金银矿的所有者、企业主和工人收入的增加会按一定比例增加开支，对商品需求的增加最终会导致一切物品价格上涨。如对外贸易的顺差使货币量增加，那么，一切与从事外贸有关的商人、业主、工人的收入都会增加，从而引起消费的增加和物价的上涨。不过，他也指出，流通货币量增加与物价水平上涨间并不存在严格的比例关系，流通中货币量增加所引起的物价上涨的程度，取决于增加的货币量所造成的消费和流通状况的变化，而这一变化对于不同的商品来说，情况是不一样的。

（三）分配理论

坎蒂隆接受了配第关于工资应等于最低生活资料价值的观点，并做了具体说明。他指出，一个最不熟练的普通劳动者的劳动价值，至少应等于地主用于给他提供食物和生活必需品的土地数量，再加上把一个孩子抚养成人的土地数量的两倍。④ 手工业者的劳动收入在价值上也是由土地产品的数量决定的，即等于他们所消费的土地产品的两倍。他也说明，手工业者的收入通常高于农业劳动者的收入。

坎蒂隆考察了工资的不同形式。他认为，从事手工艺的帮工一天所能完成的工作量，业主大体上是心中有数的，并按这种量支付报酬。因此，在没有监督的情况下，帮工为自身利益也会尽量工作。他已注意到计件工资和计时工资的区别及联系，认识到计件工资仍受工作日长度制约，实际上把计件工资看做是计时工资的转化形式。

坎蒂隆已认识到利润是利息的基础，他提出，货币所有者把钱借给借钱人，是因为他预期借钱人将有一笔较高的利润，“这一利润必然同借款者的需要和放款者的担心与贪欲成比例，我以为这就是利息的来源”⑤。坎蒂隆认为，一国利息率高低受多种因素影响，如业主数目、预期利润、贵族和土地所有者的开支等。他反对国家人为地规定利息率。他指出，如果君主希望通过法律来调节利息率，这一调节必须以最高等级或大致相当于此的现行市场利息率为基础，否则法律就不会有效力。

① 坎蒂隆．商业性质概论．北京：商务印书馆，1986：53.
② 同①101.
③ 同①85.
④ 同①17－18.
⑤ 同①94.

三、 坎蒂隆的重农思想

坎蒂隆著作中已反映出浓厚的重农思想，后来重农学派的魁奈和米拉波（Mirabeau）都曾宣称他们的某些思想直接得益于坎蒂隆。

坎蒂隆强调农业在国民经济中的基础地位，把土地耕种看做是一国所有阶级和居民生存与致富的源泉。他把租地农场主的农业年产品分为三部分：（1）租地农场主付给土地所有者的主要的和真正的地租。（2）维持生产的原材料价值和支付农业雇佣工人的工资价值。（3）租地农场主的经营利润。他认为，一国居民的生活资料“不是来自租地农场主保留的2/3，就是来自剩给地主的那1/3，总之是来自土地所有者的土地”①。他还指出，推动着整个经济使之向最有利的方向发展的是土地所有者阶级，在一国中只有他们是天然独立的，其他阶级需靠土地所有者维持生活和致富。

坎蒂隆第一次系统地考察了农业年产品经过流通在全社会各阶级间分配的过程，初步阐述了土地所有者支出与国民生活的关系。他根据前述产品所分成的三个部分说明：1/3产品以货币形式支付地租；土地所有者将此地租与城市手工业者交换，购买土地消费品；租地农场主保留的2/3产品中有1/6与城市手工业者交换；剩下的产品［1－(1/3)－(1/6)＝1/2］一部分由租地农场主和农业工人消费，一部分作为种子。以这样的方式，全部农产品得以实现，下一年再生产可继续进行下去。

坎蒂隆还认识到农业同人口数量的一定联系。他认为，一个国家的居民人数正是取决于分配给他们用来维持生活的资料，一国人口的数量必然要以土地所有者提供的年产品数量为限度。他认为，如果所有土地都用于为人提供简单的食物，那么，人类的数目就将以某种方式增加到土地所能供应的那个限度。

在坎蒂隆的思想中已可以看到后来魁奈的纯产品学说、《经济表》等的最初形式，并且，他在马尔萨斯之前已认识到人口增长必然受生活资料的限制。

评议与思考

法国是古典政治经济学产生的又一故乡，由于同英国社会经济发展历史的差别，法国古典政治经济学是在与重商主义较为尖锐的对立状况中形成自己的理论体系的。在法国古典政治经济学创始人布阿吉尔贝尔那里，财富被归于商品的使用价值，并与重商主义把财富归于货币，或者说归于交换价值的思想对立，因而，布阿吉尔贝尔关注的是一个国家财富的物质内容，以及作为这种物质内容必然表现出来的工农商业等的基本构成。在这个基础上，他看到农产品价格（这种价格是受各个特殊产业部门应存在的合理比例影响和决定的）的特殊性质和作用，在他看来，只有在自由竞争中（也即自由的对外贸易中），农产品价格才能达到稳定，从而使农业发展，并使整个国家经济稳定和发展。在布阿吉尔贝尔那里，已形成了一种重视农业的思想，由此，考察农业及其生产，以及农

① 坎蒂隆．商业性质概论．北京：商务印书馆，1986：23.

业与其他工商业等的关系开始成为法国经济思想发展的重心。坎蒂隆把英国已经发展的对价值形式的研究用于法国社会经济，考察农业年产品通过流通而在全社会各阶级间的分配，他是重农学派魁奈的直接先辈。

关键词

布阿吉尔贝尔　自然秩序　财富论　谷物两面性
坎蒂隆　《商业性质概论》　内在价值和市场价格

思考题

1. 评述布阿吉尔贝尔的财富论和“自然秩序”思想。
2. 布阿吉尔贝尔为何主张自由贸易思想?
3. 坎蒂隆的思想对后来的重农学派有哪些影响?

第五章
重农学派

重农学派是近代政治经济学史上建立的第一个理论学派，也被马克思称为政治经济学的真正鼻祖。重农学派及其理论体系是法国社会经济矛盾发展的产物，也是自布阿吉尔贝尔以来法国经济思想发展的产物。第一节概述法国大革命之前，也即重农学派出现时的历史背景，根据马克思的观点说明了重农学派的理论功绩和特点，这些功绩和特点集中体现在魁奈的经济学说中。第二节对魁奈关于财富、纯产品、社会阶级、资本理论的观念和《经济表》进行了介绍。杜尔哥对重农学派经济思想有一些重要发展。第三节指出杜尔哥在社会阶级、工资、纯产品、收入、主观价值等方面的理论发展。

本章重点

- 重农学派学说的功绩和特点
- 魁奈的经济学说及《经济表》
- 杜尔哥对魁奈经济学说的发展

第一节 概 述

一、 法国资产阶级革命前夜的社会状况

重农学派出现于18世纪50—70年代，这时正是法国资产阶级革命的准备时期。重农学派的理论是法国资产阶级革命前夜的古典政治经济学理论体系，它使古典政治经济学发展到一个新的阶段。

在法国，布阿吉尔贝尔已开创了法国的古典政治经济学，开始把研究从流通领域转向生产领域，强调自然的规律和农业的重要性，批判了重商主义学说。但是，法国的专制王朝并没有改变以往的政策，仍然沿着重商主义道路往下走。因此，法国大革命前的几十年，社会政治经济矛盾处于不断激化的过程中。在农村，沉重的封建赋役剥削、领主对农民土地和公社土地的掠夺，以及牺牲农业和农民利益的重商主义政策，都使法国农民受到愈益严重的损害，处于饥饿与贫困之中。在农民不断破产的情况下，法国农业

处于长期萧条和衰败，激起农民的强烈反抗与斗争。法国的工商业虽仍在发展，但农业的衰败使国内市场愈益狭小，再加上法国国内缺乏统一币制，封建捐税日益沉重，使工商业资产阶级与封建主义的矛盾也趋于尖锐。

随着社会经济的衰败和阶级矛盾的尖锐，到18世纪，法国封建专制制度走上了不可避免的灭亡之路。在这个过程中，更有两个重要事件加速了法国专制制度的灭亡。

第一个事件是法国货币改革的失败。1715年法国国王路易十五继位（1715—1774），奥尔良·菲利普公爵摄政，继续推行重商主义政策，并启用约翰·罗（John Law）①。约翰·罗是近代资本主义早期货币银行理论的最重要探讨者之一。他同重商主义不同，并不崇拜金银货币。他认为货币同其他商品一样，具有真实价值，从而也否定了货币只有假想价值的观点。不过，当时英国的银行信用制度正在迅速发展，在流通领域中，私人汇票、银行钞票、国库券等同金属货币一样流通，这使约翰·罗更注重“信用”的力量。根据他的观点，由于货币在执行价值尺度时可以不需要现实的货币，因而可以利用纸币取代银币。纸币与银币相比，更易于转手、运输、保存，不易伪造，并且不像金属货币那样受数量限制。他认为，以土地等不动产为抵押，可以无限地发行纸币。他根据这一理论，在法国创办银行、发行纸币。他于1716年创办银行，最初由于纸币发行量小，银行还能照常运转，但到1720年，纸币发行数量大大超过银行真实资产（一说银行纸币发行量达30亿利弗尔，而银行真实资产仅7亿利弗尔），导致通货膨胀，最后发生挤兑，银行不得不宣告破产。约翰·罗的货币改革失败进一步恶化了法国财政与社会经济状况。

第二个事件是法国对外争夺霸权的失败。法国经过30年的战争（1618—1648年），大大削弱了德意志，欧洲的哈布斯堡家族也远不能与法国的波旁王朝相对抗，法国成为欧洲军事上最强大的国家。但在路易十五时代，法国的衰败迹象逐渐显露，在对奥地利、俄国、英国等国的斗争中接连失败。在1756—1763年的七年战争中，法国和奥地利联合对抗英国、普鲁士，战争波及北美、印度，法国惨败，其以前曾占有的海外市场多被夺走，北美和印度殖民地大部分被英国占有。从此，法国军事实力大大削弱，而英国确立了海上霸权，普鲁士也成为新兴国家，日益强大起来。

法国封建专制主义的一系列失败证明了重商主义的最后破产。历史证明，重商主义从对资本主义发展具有积极作用转向了反面，在18世纪，重商主义不仅未能挽救法国封建制度的危机，反而使危机进一步加深。在这种历史条件下，为适应资产阶级进一步发展的利益，出现了与重商主义完全对立的重农学派。

二、重农学派的形成

重农学派的形成有以下历史前提：第一，18世纪的法国正处于由封建社会向资本主

① 约翰·罗（1671—1729）是18世纪英国经济学家和财政金融家，信用货币理论的倡导者。他出生于苏格兰珠宝商和高利贷者家庭，受过良好教育，通晓各种金融知识。20岁时前往伦敦，曾因决斗杀死对手而被判刑。后逃亡荷兰，曾游历法国、意大利等国，研究过当时实力雄厚的阿姆斯特丹银行。1704年回到苏格兰，向议会提出创办银行的建议，未被采纳。1715年向法国陈述建银行发行纸币的建议，被摄政王采纳。1716年建立法国第一家私人银行——通用银行，不久后该银行被改为国有。1720年被任命为财政大臣。银行倒闭后逃离法国。主要著作有《论货币和贸易——兼向国家供应货币的建议》(1705)、《关于货币的考察》和《论数字和商业》等。

义社会过渡的时期，资本主义的发展为重农学派理论的产生奠定了客观的物质基础。在18世纪，法国工场手工业已十分发达，工业资本活动早已不限于奢侈品，而是渗透到毛纺织业、棉纺织业、冶金、采矿等领域，到18世纪中期以后，有些部门已开始采用机器。农业中也出现了资本主义农场，有些封建主也开始转向资本主义经营。第二，法国涌现出一批启蒙思想家。18世纪是法国意识形态领域最为活跃的时期，法国启蒙学派的思想家以伏尔泰、孟德斯鸠、卢梭、狄德罗、达朗伯（D'Alembert）等为代表。他们以合理的同不合理的相对立，以自然的同不自然的相对立，把旧的、封建主义的东西认为是不合理的、不自然的，而把新的、资本主义的东西看做是合理的、自然的，对旧的一切进行无情的批判，给旧的制度以沉重的打击。启蒙学派的思想与方法影响着重农学派。第三，法国的重农主义思想传统。法国是一个农业自然条件优越的大陆国家，长期以来农业占有重要地位。17世纪以后，重商主义政策造成的一些损害农业利益的恶果更激发起重视农业的思潮。除前述的布阿吉尔贝尔、坎蒂隆以外，法国还有许多政治家、思想家主张重视农业。17世纪的沃邦（Vauban，1633—1707）曾写了《王国什一税论》，提出农业是国民经济中最重要的部门，建议改革租税制，主张经济自由和发展工商业。18世纪曾任路易十五外交大臣的达让逊（1696—1757）主张国内国际贸易完全自由，提出整个欧洲应为一个统一的市场，任凭自由竞争。他把商品流通比作空气流动，空气流动没有限制，商品流通也不应受限制。他把国民经济部门按农业、手工业和商业排列，认为首先要有普遍良好的农业，才能有幸福的生活。

重农学派有广义、狭义之分。广义的重农学派是指所有反对重商主义和主张自由放任的经济学家，而狭义的重农学派只是指法国18世纪中叶以魁奈为核心形成的经济学家集团。魁奈是这个集团的创始人或奠基人，在他的周围出现了一批门徒或追随者，他们自称为“经济学家”。他们具有共同的信念，结成了一个有共同纲领的有组织的团体，他们定期集会、讨论问题、出版刊物。这个学派的主要成员有：维克托·里凯蒂·米拉波（1715—1789）、杜邦·德·奈穆尔（Dupont de Nemours，1739—1817）、迈尔西埃·德·拉·里维埃尔（Mercier de la Rivière，1720—1793）和杜尔哥（1727—1781）等。米拉波是重农学派的主要组织者，他的住宅常是重农学派成员公开活动的场所。杜邦是重农主义的主要宣传者，1767年编辑出版魁奈的著作时，以《重农主义》作为书名，因而该学派被称为重农学派。杜尔哥是重农学派最主要的代表之一，但他并未参与重农学派的派系活动。

三、重农学派学说的功绩和特点

马克思曾说：“重农学派的重大功绩在于，他们在资产阶级视野以内对资本进行了分析。正是这个功绩，使他们成为现代政治经济学的真正鼻祖。”① 重农学派学者的功绩主要表现在两个要点上：第一，他们分析了资本在劳动过程中借以存在并分解成的各个物质组成部分（工具、原料等）；第二，他们研究了资本在流通中所采取的形式（年预付、

① 马克思，恩格斯. 马克思恩格斯全集：第26卷Ⅰ. 北京：人民出版社，1972：15.

原预付），并且一般地确立了资本的流通过程和再生产过程之间的联系。正是在这种联系中，重农学派把对剩余价值起源的研究从流通领域转到直接生产领域，从而为分析资本主义奠定了基础。

重农学派学说又显示出自己的两个重要特点或特征："自然秩序"观念的重要地位以及封建主义外貌和资本主义实质的矛盾。在重农学派学说中，"自然秩序"观念具有重要地位。"自然秩序"思想是重农学派的世界观、方法论，即他们的哲学基础。实际上，17—18世纪的欧洲进步思想家多被归为自然法哲学家，即继承与改造中世纪经院哲学传统的思想家，魁奈也不例外。不过，在重农学派学说中，这种经院哲学特色表现得更为突出。像经院哲学的"翻版"一样，重农学派的"自然秩序"包含三个方面的内容：自然秩序、自然法则、自然权利。重农学派认为，自然秩序是神意的秩序，这种上帝制定的秩序是至善至美的理想秩序。它是客观存在的物质秩序，是不以人的意志为转移的、永恒不变的。无论在自然社会还是在人类社会，自然秩序都处于统治地位，人类的幸福就存在于这种自然秩序之中。与此相对立的有人为秩序，如果人们能认识自然秩序，并按其准则制定社会秩序，这个社会就处于健康、正常的状态；违反了自然秩序，社会便陷入不健康、不正常的状态。自然秩序就是自然统治，自然秩序的统治基础是自然法则。自然法则是神定的最高法则，是最初的原始的基本法则，永恒不变、无可非议，不以人的意志为转移。社会中的人们必须同时服从自然法则和人为法则，必须根据自然法则来制定人为法则。依据这种思想，重农学派把社会经济过程看做是自然生产过程，从而把对社会经济的考察转移到生产领域，并把农业作为重点，把农业体系看做一种自然生产体系。重农学派认为，在自然秩序和自然法则统治下，人们享有自然的权利，也即有从事对他们最有利的工作，取得适合他们享用的物品的权利，有利于自己，而又无损于别人。人们既享有权利又承担义务。

重农学派学说的另一个特点是它的封建主义外貌和资本主义实质的矛盾。马克思对此做了精辟的分析。根据马克思的观点，重农学派的理论体系是第一个对资本主义生产进行分析，并把资本所得以生产的那些条件当做生产的永恒自然规律来表述的体系。在这个理论体系中，资本最先得到独立发展的工业部门却被看做是"非生产的"劳动部门，是农业的附庸，而土地所有者却表现为真正的资本家，是剩余劳动的占有者。"在这里，封建主义是从资产阶级生产的角度来加以表述和说明的，而农业则被解释成唯一进行资本主义生产即剩余价值生产的生产部门。这样，封建主义就具有了资产阶级的性质，资产阶级社会获得了封建主义的外观。"① 重农学派这种理论体系是与法国的社会经济现实相适应的，并与英国相区别。英国工商航海业更为发达，人们的目光集中于流通领域，因此，产品只有换成货币才实现价值，也因此，在涉及价值量和价值增值时，首先看到的是"让渡利润"。但要证明剩余价值在生产领域中创造，就需要从剩余价值不依赖流通过程就能表现出来的劳动部门——农业入手。所以，这种首创精神就在以农业为主的法国更为突出地表现出来了。由此，重农学派理论体系也产生了矛盾：它最先试图用对于别人劳动的占有来解释剩余价值，并且根据商品交换来解释这种占有；可是，价值在他

① 马克思，恩格斯．马克思恩格斯全集：第26卷Ⅰ．北京：人民出版社，1972：24.

们看来不是社会劳动形式，剩余价值不是剩余劳动创造，价值只是使用价值，只是物质，而剩余价值是自然的赋予。在重农学派理论中，一方面，地租脱去了土地所有权的封建外壳，被归结为超出工资之上的纯粹剩余价值；但另一方面，这个剩余价值是从自然而不是从社会，从对土地的关系而不是从社会关系引申出来的，从而它所遵循的又是封建主义的精神。在这里，对土地所有权表面上的推崇变成了对土地所有权经济上的否定和对资本主义的肯定。重农学派根据地租是唯一剩余价值的观点，主张把赋税都落在地租上，从而使工业摆脱国家的干涉。

重农学派在法国只风行了二三十年，在1750年时它还未出现，而到1780年时，它已被人们遗忘。熊彼特认为，这个学派之所以转瞬即逝，一是因为它的兴起同当时法国的风尚合拍，二是因为它的成功仅局限于“沙龙外交”。在18世纪中期，法国人人都热衷于农业，其热情出于两个原因：第一，农业技术革命赋予农业问题以一种新奇的现实性，它在法国产生的影响虽不如在英国大，但它在巴黎引起的茶余饭后的谈论不少于伦敦。第二，把人类自然权利与美化了的原始社会状态联系在一起，又把它们同务农联系在一起，这使农业成为流行的话题。另外，魁奈理论不反对宗教，也没有政治上的锋芒，宫廷和全社会都乐于接受。这些都为魁奈理论的风行提供了社会基础。不过，重农学派并没有扎根于农业阶层的运动，因而，它对社会经济发展的实际影响是很有限的。

第二节　魁奈的经济学说

一、魁奈的生平和著作

弗朗斯瓦·魁奈（1694—1774）是法国古典政治经济学奠基人之一，法国重农学派的创始人和主要代表。1694年6月4日出生于巴黎近郊的梅里村。他的父亲是律师兼地主。魁奈13岁时丧父，16岁时到一个外科医生处做学徒，不久前往巴黎，在著名雕版术家罗歇福门下工作，同时在附近大学学医。24岁时回家乡行医，逐渐成名，后移居巴黎。1749年，他在55岁时被任命为法国国王路易十五宠姬朋巴陀侯爵夫人的侍医，住进凡尔赛宫。1752年又被任命为路易十五的侍医。他由于在医学上的成就和治好了国王与王太子疾病的功劳而被封为贵族。在巴黎，他结识了许多哲学家、思想家，并熟悉法国的政治经济情况。魁奈对中国文化有极大兴趣，提倡中国哲学，推崇《论语》。他由于对中国文化的熟悉与推崇而被誉为“欧洲的孔子”。

魁奈开始研究经济问题的时间不晚于1756年。当时法国经济问题十分严重，全社会都关心谷价、赋税，伏尔泰曾说，全国总算谈厌了诗文、喜剧、悲剧、小说、道德观念、神学等问题，开始讨论面包问题了。当时，狄德罗主编《百科全书》，魁奈在1756年《百科全书》第6卷上发表了他的第一篇经济论文《租地农场主论》，在1757年第7卷上发表了《谷物论》。他在论文中说明了法国农村经济恶化的原因。从《租地农场主论》中可以看出，魁奈对法国农村很熟悉，并进行了较为深入的研究分析。他认为，要从整个联系中考察法国农业。他用很多具体数字说明了全国土地耕种状况、农村马耕和牛耕状况及其优缺点。他指出农村存在使用马耕的富裕农场主和使用牛耕的贫困农场主，前者是大经营，后者是小经营。他主张发展资本主义性质的大经营，认为农村衰落是谷价低、课税多、人口外流造成的。他主张将谷价维持在一定水平之上，使耕种者有利可图，并发展资本主义农业。在《谷物论》中，他提出了“纯产品”概念及其他大部分经济观点。后来他又写了《人口论》(1757)、《赋税论》(1757) 等。在《人口论》中他提出财富先于人口增长的观点，在《赋税论》中他提出土地单一税，并较集中地论述了纯产品学说。

1758 年，魁奈出版了著名的《经济表》。后来，魁奈的“经济表”有了许多不同的版本和他所写的说明。据统计，前后有 11 个版本、46 个表，可以分为原表、略表、图式三类；根据某些经济因素是否变动，还可以把经济表分为规范模式和变动模式。

此外，魁奈还写有《农业哲学》(1763)、《自然权利》(1765)、《农业国经济统治的一般准则》(附准则的解释) (1758)，所有这些都进一步发挥了他的思想方法和基本观点，其中注释的解释比较简明。魁奈还写过一部专著，名为《中国的专制制度》(1767)，反映了他对中国的关注和研究。他把中国称为建立在科学和自然规则上的政治制度和道德制度，认为这种制度是科学和自然规律发展的结果并大加推崇。

二、 魁奈关于财富的观点

魁奈在对财富的分析中，初步探讨了商品的价值、使用价值、交换价值及价格等。

魁奈把能够满足人们需要的使用价值看做是“真正的财富”“真实的财富”，但是，他还特别指出，只对人们有用而没有出卖的东西，或只具有使用价值而没有出卖价值的东西，还不能称为财富，也就是说，对“有使用价值而没有出卖价值的财物和有使用价值又有出卖价值的财富应该加以区别”，财物要成为财富需要有一定的条件，即必须是出卖的。他说：“生活在社会中的每一个人，并不能由自己的劳动生产出满足所有欲望的财物。各人出卖自己劳动的生产物，以换取自己所缺乏的东西。就此，所有的东西，都因为是买卖的对象，由于在人与人之间的相互交换而成为财富。”① 他还说：“……并不是所有能满足人们需要的物质都是可以售卖的财富：我们呼吸的空气，我们可以在河里汲取的水，以及其他数量极其丰富的、属于大家所有的物质，并不是贸易的对象，它们虽能满足人们的需要，但并不是财富。”② 在这里可以看到，魁奈已脱离了只把财富归为使用价值的观点，不仅有了“使用价值”概念，还提出了“出卖价值”的概念，认为财富同时具有这两个价值才是真正的财富，这是使用价值和交换价值区分的最初形态。

魁奈还明确指出商品的价格同它的使用价值经常是无关的。他说：“使用价值经常是一成不变的，经常或多或少地取决于人的因素，取决于人们的需求，以及人们对拥有该物品的愿望。价格却相反，是不断改变的，它取决于不以人们的意志为转移的各种不固定的因素。它不受人们的需求的调节，但也不是任意决定的价格，也不是由商人之间的

---

① 魁奈经济著作选集. 北京：商务印书馆，1979：97.

② 同①118.

协商决定的。”① “一切商品财富中用处最小的钻石的售价（除非在粮食极端缺乏的场合），几乎总是比粮食的售价要高得多。”② 魁奈是近代初期最早探讨商品价值、使用价值、价格等之间关系问题的经济学家。在这些问题的探讨中，他的概念多还处于变动、界定不清的状况。比如，他在讨论“价格”时，有时指的是市场价格，有时实际上研究的是商品的价值。魁奈把使用价值同人的需求或愿望联系在一起，把需求看做是很少变动的，或者说是相对稳定的，并指出这种稳定的使用价值同价格没有关系。魁奈在这样说的时候，实际上是要说商品的价值（也即价格必然围绕其上下波动的某种社会平均数值）并不由商品的使用价值来决定，所以，用处很小的钻石比用处大的粮食价值要高得多。在魁奈的观念中也存在稀少性的含义，比如他在讲空气和水因其丰富而不成其为交易对象，从而也不被看做是财富时，与同时期主张效用决定价值的费迪南多·加里安尼（Ferdinando Galiani）等人并没有什么本质的区别。但是，魁奈把使用价值主要归为物品的客观的效用，因而是相对稳定不变的，这就走上了同主张效用价值论思想家不同的道路。也因此，他要寻找说明价格的其他途径。他力图从多方面因素说明价格的变动，但他真正能对价格进行的分析最后实际上归为生产商品时支出的费用，因而是用生产费用来说明价格变动的基础——价值。就与主张效用价值论的思想家的区别来说，后来的斯密走的是与魁奈相同的道路。

基于上述认识，魁奈明确把货币看做财富的一部分或一种形态。由于财富是可以满足人们需要的、又必须经过交换的物品，所以，作为商品的农产品（如小麦）才算是真正的财富：小麦能满足人们需要，同时作为商品必须进行交换；小麦对于卖者是货币财富，对于买者则是实物财富。也因此，真正的财富既可以是货币财富，也可以是实物财富。魁奈不反对货币是财富，但反对把货币看做唯一的财富。他说：“人们需要各种可以使用的、有价值的东西，其中有的东西，他们拥有的数量比所需要的数量更多，这些东西应当用来换取他们所需要而又不足的东西。因此，人们希望拥有许多可以用来交换其他东西的财富。这就是可以售卖的财富和货币或货币财富：因为各种可以售卖的财富的交换都是通过货币来进行的，而货币可以换成一切种类的财富。因此人们如果持有一种商品财富，就可以通过货币在二者价格相等的基础上取得另外一种财富。”③ 根据魁奈的观点，商品财富是能按价格换成货币的财富，价格是以货币数量表示的商品财富的售卖价值。财富并不由它们的价格构成，商品价格虽以货币数量表示，但一国财富不是由货币总量规定的。相反，作为流通手段、支付手段的货币的数量却是由商品财富的流通数量及销售价值规定的。他指出：“货币的财富是由农产物丰富的程度和根据它的价值如何而规定的货币数与流通速度，才能在国家内部发挥它的有效的机能，因此，货币财富可能并不明显地跟着实物财富的增减而增加和减少。……因此，决定国家财富多少的，并不是货币财富的多少。”④ 魁奈关于商品财富、货币财富的分析，有力地批驳了重商主义的财富观。他不仅看到财富在形态上必然不断地变换其形式，还正确地

① 魁奈经济著作选集. 北京：商务印书馆，1979：119.

② 同①120.

③ 同①.

④ 同①90.

把商品流通看做货币流通的基础，并指出了货币数量、货币流通速度和实物财富量之间的基本关系。

在魁奈的思想中，财富与人口、需求、消费、价格等具有内在的联系。他说："土地之所以是财富，只因为土地生产物是满足人类的需要所必需，使这种财富成为财富的根源，实在就是需要。"① 人需要消费，消费（包括人的生活资料和生产资料消费）是人们再生产的条件，也是人本身生存、再生产的条件。人的消费产生需求，并产生交换，有了交换就有了价格，也就有了价值和财富。在魁奈看来，价格是消费和再生产之间的重要联系，只有良好的价格才可以促进农业的发展，使农业创造出真正的财富。财富的增长反过来又会促进人口的增长。他说："拥有大量产品的国家却要靠消费来维持自己的财富，因为消费能促进产品价格的提高！经常的消费引起产品的经常再生产，这就意味着国家财富的恢复。"②

三、纯产品学说

纯产品学说是魁奈经济理论体系和经济纲领的核心和基石，他的社会阶级结构理论、资本及社会再生产与流通理论、赋税理论及其国家政策建议等都是以纯产品学说为基础的。

魁奈纯产品学说及其整个理论体系的出发点是交换的等价性原则。魁奈认为，在自然秩序下，也即在自由贸易条件下，只有彼此价值相等的东西才能互相交换。在交换中，价格虽然不断变动，但总有一个共同的或平均的售卖价格，这种价格是由在生产中所耗费的生活资料和生产资料的数量决定的。魁奈的这种观点完全站在重商主义的对立面，交换等价性原则是批判重商主义的立足点。重商主义认为财富来源于流通领域，是通过贱买贵卖而获得的。而根据交换等价性原则，在流通领域中是不可能找到财富产生的源泉的，因而，只能到生产领域中去寻找财富的源泉。也因此，魁奈把研究从流通领域转入生产领域，纯产品学说正是在以交换等价性原则为前提的条件下，在农业生产中进行分析的结果。在这里也可以看到，交换等价性原则也是魁奈未把使用价值作为价值（或价格）决定的基础的原因之一。因为用使用价值，尤其是用主观效用说明商品价值或价格，强调的正是在交换中得到更大满足，从而一定会同交换等价性原则相冲突。

根据魁奈的观点，财富必须是通过交换的使用价值，同时，魁奈又认为一切交换都是等价的，那么，一方面，财富必须通过流通才能成为真正的财富，另一方面，财富又不可能是在流通中通过贱买贵卖而增加的，而货币的增加更不被看做财富的增加，所以，财富只能在存在社会分工的生产中产生和增长。

魁奈认为，社会上存在着由于社会分工而形成的工商业和农业等部门。财富在这些不同部门存在巨大差别。在工业部门，生产出来的制造品，其价值由它的费用决定，其

---

① 魁奈经济著作选集. 北京：商务印书馆，1979：98.

② 同①155.

中包括生产中耗费的原材料和工人、资本家消费的生活资料。由于交换是等价进行的，所以，工业中的新产品不过是把社会上已有的财富加以结合，变为一种新的使用价值，工人在生产新产品中花费的劳动，在产品售卖中，又以工资形式补偿并消费。财富在工业部门采取的是加算的形式，即原材料价值加上工资。在这里，新的使用价值在物质上的数量并没有增加，甚至通常还要减少。

根据魁奈的观点，财富能够真正增加的部门是农业。他说："只有土地的产品才是原始的、纯粹得到的、经常在更新的财富，人们可以用它来支付他们购买的一切物品。"①在农业生产中，产品的价值除了补偿生产中所耗费的生产资料（种子等）、工人和资本家的生活资料外，还会有剩余的产品，这部分产品就是纯产品。魁奈说："扣除用于耕作的劳动费用和其他必需支出后多余的土地生产物，是纯产品，它构成国家的收入和获得或购买地产的土地所有者的收入。"② 农业生产之所以能产生剩余产品，或者说，新创造出来的农产品价值之所以能超过该产品的生产费用，是由于在农业中自然力或土地发挥了作用。这种纯产品形成的收入，即土地所有者的地租，是由租种土地所有者土地的耕种者提供的。土地所有者在进行消费时，把纯产品转移到工业中。因此，魁奈认为，工业中的财富是经过土地所有者，从农业中转移过来的，农业是唯一的提供财富的源泉。

魁奈的纯产品学说在经济学说史上具有重要的作用。第一，纯产品学说是对资本主义生产分析的结果，实际上研究了剩余价值的起源。魁奈把研究从流通领域转到生产领域，把生产资料（种子）和工人的生活资料（工资）都确定为一个既定的量，把"纯产品"看做是超过这二者之上的一个余额，这实际上指明了剩余价值是在生产领域中创造出来的。第二，魁奈虽然只把农业看做是唯一提供剩余价值的部门，但他在指出只有农业才提供纯产品、才是生产的时候，实际上包含这样一个正确的抽象观点：只有创造剩余价值的劳动才是生产的。

魁奈的纯产品学说的产生有其必然性。马克思把这种必然性归结为以下几个方面：第一，农业劳动是一种使剩余价值的创造在物质上显而易见，可以不通过流通过程就表现出来的劳动。在农业中，劳动者消费的生活资料总是小于他生产的生活资料总量，不分析价值，也能很清楚地看到剩余产品在物质上的表现。而在工业中，不能直接看到工人生产自己的生活资料，更不能直接看到工人生产超过其生活资料的余额，具体到对原材料的加工过程，甚至会看到原材料在实物形态的量上减少。因而，不分析价值，就无法理解价值的创造与分配。魁奈从农业入手，即使把价值归为使用价值，把使用价值归为一般物质，也完全可以了解剩余价值的创造过程。魁奈把农业劳动看做是唯一提供纯产品的生产劳动，同时也就把地租看做是剩余价值的唯一形式。第二，农业是一切劳动部门发展的基础。因为从事工业等劳动的人数是要取决于农业劳动者所生产的超过自己消费的农产品的数量的，所以，农业是社会分工发展的基础。第三，剩余价值的生产要以一个既定的劳动生产率为条件。在历史上的一个较长时期内，农业劳动具有相对较高

---

① 魁奈经济著作选集. 北京：商务印书馆，1979：177.

② 同①411.

的劳动生产率，通过开发和运用能自动发挥作用的自然力来提高人的生产力在农业中较早得以表现。在法国当时的工业中，对这种自然力的大规模运用尚未展开，因而首先看到农业中有自然力发挥作用是很自然的。第四，同重商主义斗争。魁奈反对重商主义，力图从生产中寻找剩余价值的起源，而农业又正是一般可以同流通、交换相脱离而单独考察，并且不以人与人之间的交换为前提、只以人与自然之间的交换为前提的生产部门。因此，从这个层次上来说，魁奈从农业部门开始研究又带有必然性。

四、社会阶级的划分

魁奈以纯产品学说为基础，对社会阶级进行了划分。在魁奈之前，布阿吉尔贝尔曾说过，法国存在200种以上的行业，坎蒂隆在事实上把一国居民分为租地农场主、城市手工业者和土地所有者三个部分。魁奈则明确把整个社会划分为三个阶级：（1）生产阶级，即从事农业生产的阶级，包括租地农场主和农业工人。（2）土地所有者阶级，包括地主及其从属人员、国王、官吏以及教会等。（3）非生产阶级，即从事工商业的阶级，包括工商业资本家和工人。

魁奈是以能否创造纯产品来区分生产阶级和非生产阶级的。根据他的纯产品学说，农业劳动是唯一能提供纯产品的劳动，因而，从事农业生产的阶级属于生产阶级，而从事农业以外工商业活动的阶级则属于非生产阶级。在这两个阶级之外，魁奈还把土地所有者单独列为一个阶级。在魁奈看来，土地所有者阶级对耕种完全不花费用和劳动，但提供土地并至少有一部分支出是为了维持或改善他们的地产和提高耕作技术及管理的，而且，生产阶级和非生产阶级之间的接触又是靠土地所有者作为中介阶级的收获和费用来保持的。因此，“把土地所有者阶级区分开来是不可避免的，以便能够清楚地、毫无阻碍地考察各种社会群体之间交往的过程”①。所以，魁奈又把土地所有者阶级称为“中介人阶级”或“混合阶级”。

魁奈的社会阶级划分明显与相对落后的法国经济以及法国当时三个等级的现实存在密切相关，并突出地表现了他的理论的“封建主义外观”特点。

五、资本理论

魁奈是最早对资本进行分析的经济学家之一。他是在农业中分析资本的，因为农业被看做是唯一的生产部门，是纯产品的唯一源泉，所以，魁奈认为，只有投入农业的资本才是生产的资本，工商业中虽然也存在资本，但只是不生产的资本。农业中的资本是“生产的元本”“生产的本金”。

魁奈把农业资本区分为两个部分：（1）原预付，即用来购置农业设备的基金。通常几年预付一次，用来添置耕畜、农具、仓库、房屋等；一般部分地纳入每年的生产费用，并从每年的产品售价中逐年收回。（2）年预付，即每年花在耕作劳动上的支出。每年预

---

① 魁奈经济著作选集. 北京：商务印书馆，1979：370.

付出去，包括种子、肥料、工人的工资等；一般全部纳入每年的生产费用，并从每年产品的售价中一次收回。

魁奈的“原预付”“年预付”是最初的资本概念，大致相当于固定资本和流动资本。他一方面按资本价值转移和补偿的不同方式区分了原预付和年预付；另一方面又按资本在生产中存在的各种物质组成部分分解为各种物质形式，如种子、肥料、工资、耕畜、农具、房屋等。在这里，资本即在直接生产中的生产资本，是生产中构成生产资本的各种物质形式。

魁奈还未形成形式上统一的资本概念体系。他着重分析了农业生产资本，但用的是“原预付”“年预付”等术语；他也提到商品资本、货币资本，但他用的术语是“商品财富”“货币财富”，他在“财富”分析上看到了资本形态的不断转化。这些都并未影响他在纯产品学说基础上对社会总资本的再生产和流通进行的具有开创性的研究。

六、 魁奈的《经济表》

《经济表》是魁奈最重要的经济著作，它集中扼要地表述了魁奈几乎全部的重要经济思想。魁奈的《经济表》写于 1758 年，最初是以“曲折连接线式”的形式出现的。有人认为，在最初的这种形式下，经济表说明的内容可以看做是一个地主支出所引起的循环流程的例解，属于微观分析。[①] 这种形式的经济表有三个版本，其中第三版可以认为是该模式的定式。魁奈 1766 年发表《经济表算学范式分析》，提出“算学范式”的经济表。这种模式成为后来魁奈《经济表》的基本模式，马克思加以详尽分析的也是这种模式。这种模式成为古典经济学早期宏观经济分析的典型。

魁奈在纯产品学说的基础上，力图从三大阶级之间的交换关系上说明财富如何被创造和增加，他实际上对社会总资本的再生产和流通进行了分析和研究。他清楚地知道，生产就是财富的创造和增加，财富是为了满足人们需要的，因而财富不断地被消费。“所有工作的人都要由消费维持其生活。但是消费会消灭生活资料。因此，必须再生产这种生活资料。”[②] 他也清楚地知道，要对非常错综复杂的社会生产、消费、交换进行分析是很困难的，因此，除了用文字说明外，还需要用一种简明的图表把复杂的关系简略地描述出来。这使他创造出了经济表的方法。魁奈的经济表在当时备受重农学派成员的推崇，米拉波甚至认为它是人类在文字和货币之后的第三大发明。马克思对《经济表》有非常高的评价，他说：“魁奈的《经济表》用几根粗线条表明，国民生产的具有一定价值的年产品怎样通过流通进行分配，才能在其他条件不变的情况下，使它的简单再生产即原有规模的再生产进行下去。上一年度的收获，当然构成生产期间的起点。无数单个的流通行为，从一开始就被综合成为它们的具有社会特征的大量运动，——几个巨大的、职能上确定的、经济的社会阶级之间的流通。”[③]

① 陈岱孙. 魁奈《经济表》中再生产规模问题. 马克思主义来源研究论丛，1990(12).

② 魁奈经济著作选集. 北京：商务印书馆，1979：391.

③ 马克思，恩格斯. 马克思恩格斯全集：第 24 卷. 北京：人民出版社，1972：398.

魁奈为《经济表》分析设定了几项前提，这种假设前提的设定表现出魁奈的天才创见。(1) 全社会实行的是大规模租佃制农业，舍去了个体小农；(2) 只考察三大阶级之间的流通，并舍去每一阶级内部的流通；(3) 年度内三大阶级间的所有买卖都合成总数；(4) 各阶级之间的流通采用固定不变的价格；(5) 首先考察简单再生产；(6) 农村家庭手工业被看做农业的附属品；(7) 略去对外贸易。

下列《经济表》引用奥地利斯蒂凡·鲍威尔教授 1890 年修正的魁奈经济表的略表，表上的流通过程比较简明，便于理解。①

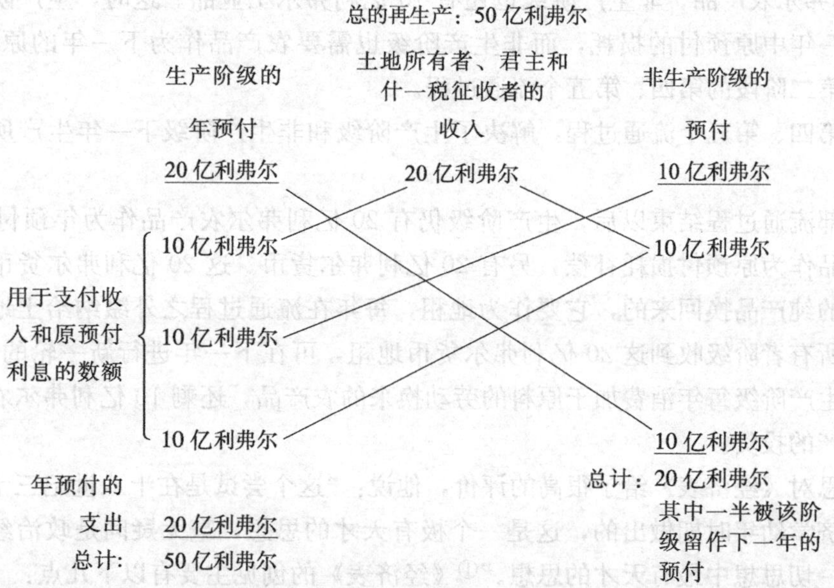

根据《经济表》，生产阶级进行农业生产，投下原预付 100 亿利弗尔。原预付可用 10 年，每年损耗 10 亿利弗尔，也称原预付利息。每年投入年预付 20 亿利弗尔。经过一年的生产，生产阶级创造出 50 亿利弗尔的年总产品（农产品）。在这里，存在新创造的纯产品 20 亿利弗尔（50 亿利弗尔减 30 亿利弗尔）。非生产阶级每年预付 10 亿利弗尔（农产品原料），生产出 20 亿利弗尔产品（工业品）。在这里，非生产阶级把自己的劳动加于原料，使财富有了"加算"，但没有纯产品生产出来。

上述生产过程完成以后开始进入流通过程。流通过程首先由土地所有者阶级推动，它手上有一年当做地租从生产阶级收取来的 20 亿利弗尔。

全部流通过程分为下述五个过程：

(1) 土地所有者以 10 亿利弗尔货币向生产阶级购买农产品。

(2) 土地所有者以另一个 10 亿利弗尔货币向非生产阶级购买工业品。

(3) 非生产阶级用第二个过程中得到的货币购买生产阶级的农产品。

(4) 生产阶级用 10 亿利弗尔货币购买非生产阶级的 10 亿利弗尔工业品。

(5) 非生产阶级再用 10 亿利弗尔货币购买生产阶级的 10 亿利弗尔农产品。

---

① 魁奈经济著作选集. 北京：商务印书馆，1979：319；马克思，恩格斯. 马克思恩格斯选集：第 3 卷. 3 版. 北京：人民出版社，2012：1076.

在前三个流通过程中，土地所有者阶级花光了手中的货币，买回了一年生活消费所需物品，即10亿利弗尔农产品和10亿利弗尔工业品，从而退出了流通过程。非生产阶级把10亿利弗尔工业品卖给土地所有者，又用换来的货币从生产阶级那里买回农产品以满足一年的生活消费。生产阶级将把50亿利弗尔农产品中的20亿利弗尔农产品作为年预付在本阶级内部直接留下来，其中包括了生活消费所需，这一部分不参加三大阶级间的流通。前三个流通过程可以看做是全部流通的第一个阶段，在这一阶段，三个阶级都解决了各自的生活消费问题。到此为止，生产阶级手中持有20亿利弗尔农产品货币，另有10亿利弗尔农产品，非生产阶级也还有10亿利弗尔工业品。这时，生产阶级需用工业品补偿一年中原预付的损耗，而非生产阶级也需要农产品作为下一年的原料。因此，流通进入第二阶段的第四、第五个流通过程。

经过第四、第五个流通过程，解决了生产阶级和非生产阶级下一年生产所需的产品的置换。

到全部流通过程结束以后，生产阶级仍有20亿利弗尔农产品作为年预付，10亿利弗尔工业品作为原预付损耗补偿，另有20亿利弗尔货币。这20亿利弗尔货币是生产阶级生产出的纯产品换回来的，它要作为地租，每年在流通过程之外缴纳给土地所有者阶级。土地所有者阶级收到这20亿利弗尔货币地租，可在下一年进行新一轮的购买活动。同时，非生产阶级每年消费加于原料的劳动换来的农产品，还剩10亿利弗尔农产品作为下一年生产的投资。

马克思对《经济表》给予很高的评价，他说："这个尝试是在十八世纪三十至六十年代政治经济学幼年时期做出的，这是一个极有天才的思想，毫无疑问是政治经济学至今所提出的一切思想中最有天才的思想。"①《经济表》的创见主要有以下几点：

(1) 运用抽象法，合理地应用假设前提，排除在某项考察中对该项考察不必要的因素，从而能对问题进行本质性的研究，便于得到清晰的见解或结论。

(2)《经济表》的出发点是每年从土地上生产出来的总产品，是以一年收获的终结为循环的开始。马克思说："$W'\cdots W'$是魁奈《经济表》的基础。他选用这个形式，而不选用$P\cdots P$形式，来和$G\cdots G'$（重商主义体系孤立地坚持的形式）相对立，这就显示出他的伟大的正确的见识。"②

(3) 魁奈把资本的整个生产过程看做再生产过程，把流通过程表现为仅仅是这个再生产过程的形式；货币流通表现为仅仅是资本流通的要素，是为再生产过程服务，受生产制约的。

(4) 把各阶级收入的来源、资本和所得的交换、再生产的消费和个人的消费，以及把农业与工业，即生产的两大部门间的流通，看成是再生产过程的要素。

魁奈的社会再生产和流通理论对科学地分析社会资本的再生产问题是很有启发意义的。但他的《经济表》本身也有一些错误：(1) 生产阶级的预付分为"原预付"和"年预付"，而非生产阶级的预付则没有这种区分。(2) 年总产品是70亿利弗尔，即除了生

① 马克思，恩格斯. 马克思恩格斯全集：第26卷Ⅰ. 北京：人民出版社，1972：366.

② 马克思，恩格斯. 马克思恩格斯全集：第24卷. 北京：人民出版社，1972：115.

产阶级的50亿利弗尔外，还有非生产阶级的20亿利弗尔。(3) 非生产阶级把工业品卖给土地所有者和生产阶级，未给自己留一部分消费。

七、 魁奈的经济政策和主张

魁奈的经济政策和主张主要表现在赋税政策与贸易政策上。

魁奈根据纯产品学说，主张废除其他赋税，实行只向土地所有者征收的单一的地租税。在魁奈理想的经济中，赋税不应征自个人，如人头税或劳动所得税，也不能从开垦和耕种土地的本金中征收，因为这些税都会妨害土地的耕种。他认为，造物主使征税也遵守一定的秩序，即赋税只能来自纯产品的一部分，只能来自地租，因此，应征收单一的地租税。对此，马克思曾指出：“在重农学派本身得出的结论中，对土地所有权的表面上的推崇，也就变成了对土地所有权的经济上的否定和对资本主义生产的肯定。一方面，全部赋税都转到地租上，换句话说，土地所有权部分地被没收了——而这正是法国革命制定的法律打算实施的办法，也是李嘉图学派的充分发展的现代政治经济学的最终结论。”①

魁奈根据其《经济表》对社会经济均衡进行了分析，提出了自由贸易的主张。根据魁奈的思想，社会经济要保持平衡，必须使再生产保持一定的比例，使国家的税收与整个财富生产保持一定的适当的比例，而农产品价格也要保持在一个较高的合适的水平。比如，国家税收如果超过合适的比例，并且征自土地耕作的本金（包括原预付和年预付），那么，预付的减少就会使整个社会财富的生产缩减。又比如，如果农产品价格降到较低水平，农民不能以其产品价格补偿其预付支出，那么，农民的消费就要减少，并最终引致整个社会消费不足，而社会消费的不足将会严重破坏农业生产以及整个社会的经济平衡。魁奈和布阿吉尔贝尔相同，都主张自由贸易。重商主义主张国家干预，着眼点在于在对外贸易中获取更多的货币；而重农学派主张自由贸易，着眼点却在于稳定与提高农产品价格以振兴农业，并促进国民经济的均衡发展。布阿吉尔贝尔已说明自由贸易对国内经济的有利影响，魁奈更为详尽地论证了这一点。魁奈把小麦的收成按不同丰歉分成五等，又按丰年小麦价低、歉年价高列出不同年份的总收入，但各年的耕作费用是相同的。他按这种方式列出禁止谷物出口时的小麦价格和收入表，与列出的可自由出口时的小麦价格和收入表进行比较。很显然，与在禁止谷物出口情况下相比，在自由贸易情况下小麦价格必然波动较小，在小麦价格波动小的情况下，共同售价（即五年内总收入除以总产量）按魁奈所列数字计算，要比小麦价格波动大时高。可以推断，小麦自由进出口使一国小麦歉收时价格不致上升到过高，又使小麦丰收时价格不致下跌到过低，在一定条件下（如法国，或在大多数情况下）似乎可以维持在一个较高的水平上。魁奈认为，这种波动较小而水平较高的小麦价格，可以使国内农业在生产上补偿一切支出而有余，从而使农业生产能够正常发展，同时也保持了整个国民经济的均衡发展。

---

① 马克思，恩格斯．马克思恩格斯全集：第26卷Ⅰ．北京：人民出版社，1972：26.

第三节　杜尔哥的经济学说

一、 杜尔哥的生平和著作

安·罗伯特·雅克·杜尔哥（1727—1781）（也译作杜尔阁或杜阁）是法国重农学派重要代表人物之一。杜尔哥的父亲是贵族，在司法界担任过高级职务，又做过巴黎商会会长，曾一度主持巴黎市政府的工作。杜尔哥是家中的幼子，按习惯应任教会职务，因此他上神学院学习，1747 年获神学学士学位。1748 年进索尔堡修道院，1749 年被推举为该院名誉副院长。1751 年放弃神学职务改任官职。1752—1761 年做司法工作，曾陪同商务总监古尔内出巡法国南部与西部，古尔内的自由放任思想对他有一定的影响。1761—1774 年任利莫日省督抚，在任内曾初步试行重农主义政策，改革征税制，实施货币代替徭役，准许谷物在省内自由流通，建立济贫制度等。

1774 年路易十六继位，杜尔哥出任海军大臣，不久又改任财政大臣。在两年中，他进一步推行重农主义政策，在全国范围内建立谷物自由贸易，取消行会，实施赋税代替徭役，贵族也不能免税，尝试推行单一税制。马克思曾说："杜尔哥试图预先采取法国革命的措施。他以 1776 年二月敕令废除了行会。（这个敕令在颁布三个月后就撤销了。）同样，杜尔哥还使农民摆脱了筑路义务，并试图对地租实行单一税。"① 杜尔哥任期的两年是重农主义的黄金时代，但他引起了反对改革势力的不满，遭到了他们的攻击，也未能使广大人民群众满意，最后不得不下台，后来转而研究自然科学。

杜尔哥 1766 年写的《关于财富的形成和分配的考察》一书代表了他的主要经济思想。当时他任利莫日省督抚，曾与两个年轻的中国学者交往。那时法国思想家一般都认为中国是开明政治的策源地。在两位中国学者回国前，杜尔哥希望他们回中国后不断介绍中国的情况，并提出了一系列问题，为使他们了解所提问题的目的和意义，专门写了一篇分析性的引言，即形成了这部著作。这部著作后来公开出版。此外，杜尔哥还有《关于商业的重要问题》（1755）、《市集与市场》（1756）等著作。

杜尔哥在思想体系上虽属重农主义，但并没有加入重农学派的组织，他虽是贵族出身，但其思想更少有"封建外观"，马克思评价说："在那些眼光比较远大的重农主义体系代表者那里，特别是在杜尔哥那里，这个外观完全消失了"②。"在杜尔哥那里，重农主义体系发展到最高峰。"③

二、 杜尔哥对重农主义的发展

杜尔哥对重农主义的发展主要包括以下几个方面：

---

① 马克思，恩格斯. 马克思恩格斯全集：第 26 卷Ⅰ. 北京：人民出版社，1972：42.

② 同①24.

③ 同①28.

(一)社会阶级结构理论

在对资产阶级社会阶级结构的认识上，杜尔哥比魁奈有了更进一步的理解。魁奈把社会分为三大阶级，即生产阶级、非生产阶级和土地所有者阶级，杜尔哥又进一步把生产阶级和非生产阶级各自再区分为资本家和雇佣工人。这样，他把魁奈所混淆的资本家与工人的界限，比较清楚地揭示出来了。他说："企业家、制造业主、雇主阶层，都是大量资本的所有者，他们依靠资本，使别人从事劳动，通过垫支而赚取利润。"① 他肯定了资本家是占有资本获取利润的人。他又说："只有双手和辛勤劳动的单纯工人，除了能够把他的劳动出卖给别人以外，就一无所有。"② 他又肯定了工人就是靠出卖自己劳动才能过活的人。不过，在他看来，土地是唯一的财富源泉或最主要的生产手段，土地所有者是真正的资本家，掌握不动产土地，工商业和借贷资本家是派生的资本家，掌握的是动产，他们在从土地所有者那里获取一部分纯产品时才是资本家，所以，他还是把没有占有土地的整个农业阶级和工业阶级，包括工人和资本家在内，都看做是受土地所有者雇用的，表现了他的思想体系的重农主义性质。

杜尔哥的社会阶级结构观点，是与他对劳动者与土地生产资料分离的分析结合在一起的。他认为，劳动者与土地有一个分离的历史过程。这个过程可分为三个阶段：在第一个阶段，人们既是土地所有者又是耕作者。这时每个能劳动的人要多少土地就有多少土地，没有替别人劳动的必要，一切纯产品都归耕作者占有和使用。由于土地产物不同而发生的交换是物物交换。到了第二个阶段，土地已被占完，没有占到土地的人，只好以自己的劳动向土地所有者和耕作者换取产品，农民被分为农业部分和非农业部分，交换已是劳动与产品间的交换。在第三个阶段，土地的占有和使用分开了，土地耕种者只能得到自己的工资，一切超出必要生活资料以上的余额都被土地所有者取走。他对这种历史过程的分析的可贵之处在于把雇佣劳动的发生过程同劳动者与生产资料土地的分离过程联系了起来。他还较为详细地说明了，在土地与劳动者分离的过程中，土地所有者提取收入的五种方法：由领取固定工资的雇工来耕种；由奴隶来耕种；在缴纳地租条件下出让土地；对分佃制和土地包租或出租。他的分类并不科学，把奴隶制、封建制、资本主义制度下各种形式混列在一起，但他关于劳动者与生产资料分离的历史结论是正确的。

由于杜尔哥把资本家与工人进行了一定的区分，就要解释资本家资本的来源。在他看来，资本家得到的也是工资，所以资本的积累就只能是来源于节俭。他说："资本不外是土地所生产的一部分价值的积累，这一部分价值是收入的所有者或分享者可以每年储存起来，而不用来满足自己的需要的。"③ 这种资本原始积累来源于节俭的说法，是后来"节欲论"的最初形式。

---

① 杜阁. 关于财富的形成和分配的考察. 北京：商务印书馆，1961：54.

② 同①21.

③ 马克思，恩格斯. 马克思恩格斯全集：第26卷Ⅰ. 北京：人民出版社，1972：34.

（二）工资理论和纯产品学说

杜尔哥进一步发展了配第和其他重农主义者的工资理论。他认为，工人出卖劳动的代价是工资，但工资的高低又不能完全由工人自己决定，而是取决于买卖劳动双方自由竞争的结果。在出卖劳动的工人较多的情况下，工资自然只限于维持工人的最低生活水平。雇主“尽力压低这一价格，由于他有一大群工人可供挑选，他便优先选用那个讨价最低的工人。因此，在彼此竞争的局面下，工人们不得不降低这一价格。在各部门工作中，情形都不会不是这样，而且事实上也的确是这样：工人的工资只限于维持他的生活所必需的东西”①。他把自由竞争原则运用到工资上，提出了当时最好的工资理论。但他不懂劳动价值论，因此也就不能了解工资实质上是工人劳动力的价值或价格。他也没有说明，而且不可能说明在劳动市场上经常出现的供给总是大于需求的现象。

在工资理论的基础上，杜尔哥对纯产品学说做出了进一步说明。他虽然也认为纯产品是自然的恩赐，但他强调它是土地对农民劳动的赐予，是由于在农业生产中有自然力作用而使劳动生产率提高的结果。把纯产品与劳动联系起来，肯定了它是农民劳动产品，是超过劳动者工资的剩余产品。也因此，他认为土地所有者占有纯产品，也就是无偿地占有别人的剩余劳动成果，这比魁奈的思想更接近真理。马克思说，杜尔哥认为，“在土地所有者手中，余额已经不再表现为自然的赐予，而表现为对于别人的劳动的——不给等价物的——占有”②。“杜尔哥最初把这个没有买过的东西描绘成‘纯粹的自然赐予’。但是我们将会看到，这个‘纯粹的自然赐予’在他那里，不知不觉地变成土地所有者没有买过而以农产品形式出卖的土地耕种者的剩余劳动。”③不过，他没有劳动价值论，所以同其他重农主义者一样，仍是从剩余产品的具体形态——使用价值上去把握剩余价值，还没有从价值的形态上去把握剩余价值。

（三）关于收入的学说

杜尔哥对于资本主义社会各阶级的收入也给出了比其他重农主义者更为详细的描述。

魁奈把利润只当做较高的资本家的工资，把利息看做是违反自然的高利贷。而杜尔哥相当完备地划分了资本主义社会的基本收入，说明了工资、利润、地租、利息以及它们之间的关系。他从利息引出利润，并用地租推论出利息。他认为，由于交换的发展，出现了货币和货币的积累，也使土地变为商品买卖对象。在用货币可以买卖土地的情况下，货币所有者用其货币，既可以买地，也可以放债。一般说来，放债的收益应不少于买地带来的收益，也即利息应不少于土地的地租，因为放债要比收租更多一些风险。对于货币所有者来说，他也可以把货币用于工商业以获取利润，经营工商业所获利润应比利息多，因为经营工商业要花费精力，风险也更大一些。在杜尔哥看来，利息、利润都来源于地租，因为纯产品是可以创造出的财富的唯一源泉。他还认为，工商业和货币资

---

① 杜阁. 关于财富的形成和分配的考察. 北京：商务印书馆，1961：21.

② 同①32.

③ 马克思，恩格斯. 马克思恩格斯全集：第26卷Ⅰ. 北京：人民出版社，1972：29.

本家投入资本，会促进纯产品增加，所以有权从纯产品中分享一部分收入。但利息、利润是怎样分割出来转到工商业和货币资本家手中的，他却未进一步说明。可是，企业家要获利润，就要把利润加入生产费用中，但重农主义认为工业品价值只等于其成本，成本中又不包含纯产品，这样，杜尔哥承认资本家能获取利润的思想就包含了与等价交换相矛盾之处。他不了解各种收入都是劳动者新创造出来的价值的分解，否认工业劳动也是创造财富的源泉，无法搞清收入的来源及分配。

（四）主观价值理论

杜尔哥也像其他重农主义者一样，把财富归结为使用价值，从使用价值角度去理解商品的价值。因此，在探讨商品交换时，他提出了一种主观价值论，把主观价值与客观价值相区别。他所理解的主观价值是商品出卖者对自己商品的估价。他说："由于双方都是他们在交换中所要交出的东西的主人，所以每一方都必须就他对他所交出的那种商品的爱好和他对他所希望收进的那种商品的欲望加以衡量，据以决定被交换的东西的各自数量。"[①] 所谓客观价值就是商品在交换中由市场决定的价值。在市场上，"谷物和葡萄酒的价值从此不再在两个孤立的个人之间，根据他们的相对需要和能力而争来争去了；这种价值将决定于全体出卖谷物的人的需要和能力与全体出卖葡萄酒的人的需要和能力之间的平衡"[②]。也就是说，由供求关系来决定。他想以这种区别来说明企业利润的存在，即企业家总用自己估价低的东西换估价高的东西，这样多得的价值就形成了利润。但这样一来，就破坏了等价原则。杜尔哥的主观价值论是经济学说史上主观价值理论的早期形式之一，他的客观价值论实为价格论。

评议与思考

魁奈是从配第到斯密发展的一个重要的、不可缺少的环节。在魁奈的学说中，最重要的是对资本以及资本生产与流通的考察。魁奈论述"真正的财富"时指出，真正的财富既要有使用价值，又要有出卖价值（这实际上是以商品形式表现的财富）；既可以表现为货币财富，又可以表现为实物财富（实际上资本是在货币和商品形式上不断转换的运动过程）。在这种认识的基础上，魁奈分析了农业生产中的原预付和年预付，并把他的理论都集中反映在《经济表》中，资本以及资本的生产、消费、分配通过流通被简单明了地呈现出来，也因此为分析资本主义生产奠定了基础。魁奈之所以能取得这样的成就，在于法国重视农业的传统始终与重视财富的使用价值联系在一起，而在法国，重视使用价值就是重视物质资料的生产，重视物质资料的生产表现出来的工农商业等的关系，由此必然从整个社会生产的产品循环和流通角度进行考察，把物质资料的生产（财富生产的物质内容）看做不断的再生产过程，并与这个过程同时考察资本在形式上的各种转换。斯密虽然直接继承着英国自配第以来经济学的研究成果，但魁奈的学说被斯密看做除重

① 杜阁. 关于财富的形成和分配的考察. 北京：商务印书馆，1961：35.

② 同①36.

商主义以外的另一种影响重大的学说，无疑成为斯密经济学说的重要思想前提。

与斯密一样以魁奈学说为思想前提的杜尔哥曾被马克思和熊彼特等人给予很高评价。熊彼特在比较杜尔哥和斯密时，甚至认为杜尔哥的理论体系在整体上是超出斯密的，只是杜尔哥的著作只停留在一个较为详细的提纲的程度，是没有真正展开的体系，因而没有斯密著作那样大的影响。这也提醒人们注意，在经济思想史上，常常会有许多真正有价值的思想存在于像杜尔哥以及名气远不如杜尔哥那样的人的思想中，这些思想值得发现和关注。

关键词

约翰·罗　魁奈　杜尔哥　自然秩序　重农学派　《经济表》
真正的财富　纯产品　生产阶级与非生产阶级　原预付　年预付
单一的地租税　自由贸易　《关于财富的形成和分配的考察》
主观价值与客观价值

思考题

1. 如何看待重农学派学说的历史地位及其特点？
2. 魁奈是如何分析财富的？
3. 什么是纯产品学说？
4. 评述魁奈的《经济表》。
5. 杜尔哥对重农主义有哪些发展？

第六章
亚当·斯密的经济理论

英国资产阶级古典政治经济学从威廉·配第开始，到亚当·斯密时获得更大的发展。在经济学说史上，不论是西方经济学家，还是马克思主义经济学家都给斯密以非常重要的历史地位。马克思对斯密的经济学著作进行过详尽和深入的研究，他指出："在亚·斯密那里，政治经济学已发展为某种整体，它所包括的范围在一定程度上已经形成"①。

本章分为六节。在第一节介绍的内容包括斯密所处时代已形成由英国式典型三大阶级构成的社会，手工工场发展到鼎盛，工业革命正在展开；斯密《道德情操论》和《国富论》的重要地位；斯密理论和方法的二重性。在第二、第三、第四、第五节分别介绍斯密的各主要经济理论。在第六节，主要介绍了斯密的经济自由主义思想和国际贸易理论。斯密的经济理论不仅受到英国配第以来经济思想发展的影响，也在很大程度上受到重农学派的影响。在魁奈那里，财富已不只是使用价值，还是必须经过出卖的使用价值，所以，魁奈的"真正的财富"概念里已潜在包含了交换价值，但只在斯密那里，才第一次把使用价值和交换价值区别开来。因此，斯密可以在价值理论基础上建立更完整的理论体系。但斯密在价值、利润、工资、地租上都提出了两种或两种以上的观点，这就使后来的资产阶级经济学家和马克思主义经济学家都可以在斯密的理论中寻找各自的根据。

本章重点

- 斯密的著作和方法
- 斯密的价值理论和分配理论
- 斯密对经济自由主义的论述

第一节 亚当·斯密的生平、著作与方法

一、亚当·斯密所处的时代

亚当·斯密的学说形成于18世纪50—70年代，比威廉·配第晚一个世纪。18世纪

① 马克思，恩格斯. 马克思恩格斯全集：第26卷Ⅱ. 北京：人民出版社，1973：181.

中叶，英国已从农业占优势的国家转变为工业占据首要地位的工业国。在英国，纺织业的发展引起矿产、冶炼、交通运输的发展，并使呢绒、造船、酿酒、玻璃、糖、纸等新兴产业全面发展。经历了几个世纪的“圈地运动”，农村中的自耕农几乎完全被消灭，按资本主义方式经营的大农场日益增多，破产的农民转化为资本主义工业的廉价劳动力或资本主义农场中的雇佣工人。随着国内外市场的扩大，工场手工业生产发展的局限性同市场需求迅速增长间的矛盾日益显露。工场手工业劳动分工的专业化、技术的不断更新，都为机器的发明创造提供了前提条件。1705 年牛考门的引擎已经出现，1733 年约翰·凯的飞梭发明成功，1767 年哈格里夫发明了改良纺织机，1771 年亚克来成功地发明了先以马力后以水力为动力的辗转纺织机，1778 年，瓦特的蒸汽机出现，不久就应用于纺织业。18 世纪 60 年代，英国工业革命开始展开。

18 世纪的英国已经形成了典型的资本主义社会结构，即社会明显区分为地主阶级、资产阶级和无产阶级这三大阶级。从 17 世纪末到 18 世纪后期，随着工商业的发展，英国城市化进程加快，人口迅速向城市转移，以伦敦、曼彻斯特和利物浦为代表的城市在数十年间人口增长数倍，甚至数十倍，这些工商业大城市也同时成为英国对外贸易的中心。英国的商人已遍布世界各地，并逐渐确立起了海上霸权，发展为最大的殖民帝国。在这个时期，英国无产阶级刚刚形成，还未作为独立的政治力量出现；土地贵族、商业金融贵族和大资产阶级在政治上还占有主要地位；新兴资产阶级经济实力已获得巨大增长，迫切需要改变传统的重商主义国家政策，自由竞争、自由放任和自由贸易成为清除封建法制残余、反对国家干预和扩张对外贸易的新口号。

二、 亚当·斯密的生平

亚当·斯密（1723—1790）出生于苏格兰的柯科迪，父亲是一个海关职员。柯科迪在 18 世纪初还是一个只有 1 500 人的小镇，但后来随着纺织业的发展，逐步发展成为拥有数万人的工业城市。

斯密自幼聪慧，14 岁（1737 年）即进入格拉斯哥大学，17 岁（1740 年）进入牛津大学。格拉斯哥大学的道德哲学教授弗兰西斯·哈奇森（1694—1746）最早提出“最大多数人的最大幸福”口号，斯密深受哈奇森自由主义思想的影响，他在 50 年后任格拉斯哥大学校长时，对这位老师的教导仍牢记不忘。斯密 1739 年读了休谟的《人性论》，后来与休谟成为好友，并深受休谟的影响。斯密 1746 年从牛津大学毕业后回到柯科迪，1748 年任爱丁堡大学讲师，1751 年到格拉斯哥大学任教。斯密在格拉斯哥大学讲授逻辑学和道德哲学。当时道德哲学课程包括的范围十分广阔，斯密讲授这门课的讲义分为四个部分：神学、伦理学、法学和政治学。1759 年斯密出版了《道德情操论》，其内容主要包括他讲义的第二部分。《道德情操论》的出版引起了社会广泛重视，斯密也因此而在社会上赢得了声誉。讲义的第三和第四部分由别人根据一个学生的笔记在 1896 年出版，题为《亚当·斯密关于法律、警察、岁入及军备的讲演》，其中论述了有关经济政策和政治经济学的理论问题，从中可以看到斯密早期思想与后来的《国富论》中经济思想的联系。

1764年，斯密接受青年贵族布克莱公爵之邀，作为私人教师陪同公爵到欧洲大陆游历。斯密曾在法国停留三年，有机会同法国启蒙学派著名学者伏尔泰、重农主义创始人魁奈、重农学派著名代表人物杜尔哥等人交往并结下友谊。在这期间，斯密决定写一部政治经济学著作。

1767年，斯密随公爵返回英国。在伦敦，斯密被选为英国皇家学会会员，与国内知名学者的交往范围更广、也更频繁。为了完成自己的研究和创作计划，斯密回到故乡柯科迪。经过六年完成初稿，斯密又赴伦敦搜集新资料并进行修改，修改工作持续了三年。1776年斯密的著作出版了，书名为《国民财富的性质和原因的研究》(简称《国富论》)。这部书的出版轰动一时，不仅经济学界极为重视，连议员们在国会辩论中也以能引证这本书为荣。这部书适应了当时英国产业资产阶级的需要，为实行自由放任的经济政策提供了理论基础。斯密把配第以来的古典政治经济学综合发展为一个完整的体系，也使他成为经济学说史上最著名的经济学家。

斯密1778年被任命为苏格兰海关总监，1787年被推举为格拉斯哥大学校长，1790年7月17日病逝。

三、亚当·斯密的著作

斯密生前只出版了《道德情操论》和《国富论》两部著作。后人在斯密去世后出版了《哲学问题论集》(1793)。斯密曾有十多卷未完成的手稿，在去世前不久，他说服自己的朋友把这些手稿销毁了，他的学生所做的他于1763年讲课的笔记在1895年被发现，经E.坎南整理编辑出版，即《亚当·斯密关于法律、警察、岁入及军备的讲演》，另外，1958年又发现了斯密关于修辞学和纯文学的讲义，格拉斯哥大学在1976—1983年间出版的《亚当·斯密著作和通信全集》(6卷)是斯密著作最完整的版本。

斯密的《国富论》在经济学说史上具有非常重要的地位。斯密所研究的是国民财富的性质及其产生和发展的条件。在斯密看来，应该建立一个符合自然的秩序，即符合客观规律发展的社会秩序，这就需要排除不当的人为干涉而实行自由竞争和自由放任。这种经济自由是由人的本性决定的，从人的利己主义本性产生而又符合人的本性的、正常的、合理的制度。斯密所向往的就是当时新兴的资本主义制度。在这种制度下，所谓国民财富就是一个国家所生产的商品总量，而财富的源泉是劳动，并且是农、工、商等各个部门中的劳动。财富增长的条件或途径主要有两个：一是提高劳动生产率，这就需要加强劳动分工；二是增加工人人数，这就需要增加资本的积累。这些构成了斯密《国富论》的基本或核心思想。

斯密的《国富论》全书分为5篇。在第1篇中，斯密说明了劳动生产力得以改进的原因和劳动生产物自然而然分配给社会各阶级的顺序。斯密强调分工，把分工看做国民财富增长的主要原因。这一篇的基本结构是分工—货币—价值—三个阶级的基本收入(工资、利润、地租)。在第2篇中，斯密分析了资本的性质、积累和用途。斯密把资本看做积累的一部分，是国民财富增长的又一主要原因。他把资本分为固定资本和流动资本，分析资本的作用和积累的条件，叙述生产劳动和非生产劳动的区别，以及资本的几种形态，即借贷资本、工业资本和商业资本的区别。斯密的《国富论》的前两篇包括了他的政治经济学的基本原理，他在第3篇中主要考察了罗马帝国崩溃以来欧洲农村的衰落和城市的兴起与繁荣，论述了不同国度中财富的不同发展途径和后果。其中，斯密批判了封建主义的各种形式，说明了资本主义关系是促进国民财富增长的自然关系。在第4篇中，斯密集中讨论了政治经济学体系，对早期政治经济学的发展进行了理论概括。其中对重商主义进行了详尽的批判，对重农主义进行了全面的评价。在第5篇中，斯密以论君主或国家的收入为题，讨论了国家的出现、地位、作用及各项经济职能，并提出了国家税收的公平、确立、便利、经济四大原则。斯密的《国富论》已形成政治经济学最早的完整体系，其内容涉及政治经济学原理、经济史、经济学说史和财政学等各个方面。

四、亚当·斯密著作的方法

在斯密的著作中，存在着许多相互矛盾的概念和理论，在价值、利润、地租和工资等分析上常出现双重的或多重的观点和论述，被称为斯密理论的二重性。斯密理论的这种二重性是斯密著作中反映出来的他的方法的二重性的结果，经济学家对于斯密方法的评价各不相同，有的断言他的方法是演绎法，有的强调斯密方法的长处是使用了归纳法。马克思认为，在斯密的《国富论》中演绎法和归纳法是并存的，但斯密著作方法的实质不在于是否在分析中应用了演绎法和归纳法，而在于斯密方法所固有的矛盾，即斯密常常相对独立地同时使用这两种方法论证同样的问题，从而在不知不觉中得出了相互矛盾的观点。马克思说："斯密本人非常天真地活动于不断的矛盾之中。……这是两种理解方法，一种是深入研究资产阶级制度的内在联系，可以说是深入研究资产阶级制度的生理学，另一种则只是把生活过程中外部表现出来的东西，按照它表现出来的样子加以描写、分类、叙述并归入简单概括的概念规定之中。这两种理解方法在斯密的著作中不仅安然并存，而且相互交错，不断自相矛盾。"① 斯密的二重方法是同他的二重研究任务相联系的。马克思指出，在斯密那里，二重的方法是有理由的，"因为他的任务实际上是双重的。一方面，他试图深入研究资产阶级社会的内部生理学，另一方面，他试图既要部分地第一次描写这个社会外部表现出来的生活形式，描述它外部表现出来的联系，又要部分地为这些现象寻找术语和相应的理性概念，也就是说，部分地第一次在语言和思维过程中把它们再现出来。前一任务，同后一任务一样使他感到兴趣"②。因为这两个任务是各自独立进行的，所以在他的书中出现了相互矛盾的两种表述方法。

斯密在应用演绎法研究资本主义经济体系的联系时，是以人的本性为出发点的。他所说的人的本性实际上就是资本主义社会经济关系中"经济人"的本性。因此，他也是在经济学分析中最早使用"经济人"假设的经济学家之一。他把一切经济现象都看成是出于个人利己主义的"经济人"活动的结果。法国的重农学派把"自然秩序"看做一种

① 马克思，恩格斯．马克思恩格斯全集：第26卷Ⅱ．北京：人民出版社，1973：181-182.

② 同①182.

由外界某种势力（上帝）强加于人类的东西，而斯密则认为“自然秩序”是从个人利己主义自发活动产生出来的，从而摆脱了重农主义带有封建外观的“自然秩序”思想，并把人类历史发展看做人的本性同妨碍它的障碍作斗争的历史，把资本主义自由竞争社会看做符合人的本性的理想的社会。在这方面斯密虽带有很大的历史局限性，表现出他的历史唯心主义和形而上学的特点，但他明确肯定了客观存在着的不以人的意志为转移的经济内在规律，并对此进行了有益探讨，把政治经济学理论大大向前推进了一步。

第二节　分工、货币和价值理论

一、分工理论

斯密把劳动生产率看做财富增长的一个重要原因，他指出，在文明社会，许多人不劳动，而消费的劳动生产物即使是穷人也比野蛮人多，原因就在于文明社会有比野蛮社会高得多的劳动生产率，而劳动生产率的提高最终是由分工引起的。所以，斯密从分工入手，展开他的理论探讨。

在经济学说史上，斯密最早全面地考察和叙述了分工对提高劳动生产率的作用。他详尽分析了制造业内部的分工，比如他以制针手工工场为例。在一个典型的这种工场中，有 10 个工人从事 18 种操作，平均每人每天可制 4 000 枚针，但如果没有分工，一枚针也难制出。他叙述毛织外套的生产，是牧羊者、剪羊毛者、梳羊毛者、染工、粗梳工、纺工、织工、漂白工、裁缝、商人、运输工人和造船工人等许许多多人联合劳动的产物。斯密认为：“劳动生产力上最大的增进，以及运用劳动时所表现的更大的熟练、技巧和判断力，似乎都是分工的结果。”① 分工可以使劳动者技巧由于专业化而提高，可以节省变换工种的时间，可以使操作简单化从而易于改良和发明机械。斯密以他的分工理论否定了重商主义和重农学派关于财富来源的错误思想。根据斯密的观点，财富的源泉不仅在于劳动，还在于已形成分工之下的劳动，从而否定了重商主义关于财富来源于流通领域或商业活动的错误观念，也否定了重农学派只把农业劳动看做财富唯一来源的错误思想。不过，斯密还没能区分资本主义的分工和其他社会形态下的分工，也没能清楚地区分社会内部的分工和手工制造业内部的分工。

斯密把分工产生的原因归结为交换，他指出：“引出上述许多利益的分工，原不是人类智慧的结果，尽管人类智慧预见到分工会产生普遍富裕并想利用它来实现普遍富裕。它是不以这广大效用为目标的一种人类倾向所缓慢而逐渐造成的结果，这种倾向就是互通有无、物物交换、互相交易。”② 根据斯密的观点，分工的产生是由人类本性决定的，人类生来就有利己心和交换倾向，在交换过程中，人们发现，如果一个人专门从事某一种工作所取得的好处要比自己包揽一切工作取得的好处多，于是就专门从事某一种工作，

---

① 斯密．国民财富的性质和原因的研究：上卷．北京：商务印书馆，1972：5.

② 同①12.

从而形成了分工。从理论和历史上说，应该是分工产生交换，而不是像斯密所说的交换是分工的原因。但斯密在研究分工与交换关系时还是提出了一些有价值的见解。斯密曾正确地指出交换对分工的作用，他说："……分工的程度，因此总要受交换能力大小的限制，换言之，要受市场广狭的限制。"①

二、 货币理论

斯密在讨论分工之后，说明了货币的起源及其各项职能。斯密认为，出现分工以后，每个人所需的物品只有极少部分靠自己的劳动提供，其他极大部分要靠别人的劳动供给，这样，随着交换商品种类的增多，交换的困难也越来越大。比如，某甲要用自己的布换取食盐，而持有食盐的某乙却不需要布，而需要小麦。于是，某甲要得到食盐，必须先以自己的布交换小麦，再以小麦去换取食盐。这种交换的困难使人们常常携带某种可以交换其他任何商品的物品去市场，这种物品就成为最初的交换媒介物或解决交换困难的"共同衡量标准"。斯密以这样的方式说明了货币就是在交换过程中分离出来的一种人人都愿意接受的特殊商品。斯密分析了历史上不同经济时代曾有许多物品充当过这种"共同衡量标准"，他列举了牛、羊、盐、贝壳、烟草、兽皮等等。他指出，由于贵金属的特殊性质，贵金属成为主要的货币材料。另外，为避免称量和检验成色的麻烦，又出现了铸币。斯密探讨了货币的各种职能。在货币各种职能中，斯密更注重价值尺度和流通手段的职能。他指出："货币是交易的媒介，又是价值的尺度。"② 货币之所以能实现价值尺度的作用，原因是货币作为一种商品，它本身具有价值，货币作为流通的一种工具，就像大车的车轮，对一切文明国家的商业起着很大的作用。

斯密论述了货币流通的规律和纸币流通的规律，他说："无论在哪一个国家，铸印量都受国内借铸币而流通的商品的价值的支配；商品的价值增加了，立刻就会有一部分商品被运到有金银铸币的外国，去购买为流通商品所必须增加的铸币量。"③ 对于纸币流通规律，他说："任何国家，各种纸币能毫无阻碍地到处流通的全部金额，不能超过其所代替的金银的价值，或（在商业状况不变的条件下）在没有这些纸币的场合所必须有的金银币的价值。"④ 如果超过这个界限，过剩的数额将全部回到银行要求兑现；如果银行"表现困难或迟缓"，回到银行的钞票还会更多。斯密对世界货币及其流通规律也做了引人入胜的描述。

三、 价值理论

斯密在《国富论》第1篇中，是在讨论了货币之后才来讨论价值的，这种顺序安排说明斯密对货币的本质、货币同价值的关系还缺乏认识。在他看来，说明了分工和交换

① 斯密. 国民财富的性质和原因的研究：上卷. 北京：商务印书馆，1972：16.

② 斯密. 国民财富的性质和原因的研究：下卷. 北京：商务印书馆，1974：1－2.

③ 同②12.

④ 同①275.

的重要性，又说明了交换的工具货币，接下来自然就该讨论交换的依据和基础了。他说："我现在要讨论人们在以货币交换货物或以货物交换货物时所遵循的法则。这些法则决定所谓商品相对价值或交换价值。"①

（一）使用价值和交换价值

为了阐明支配商品交换的规律，斯密首先对价值的意义进行了解释。他说："价值一词有两个不同的意义。它有时表示特定物品的效用，有时又表示由于占有某物而取得的对他种货物的购买力。前者可叫做使用价值，后者可叫做交换价值。使用价值很大的东西，往往具有极小的交换价值，甚或没有；反之，交换价值很大的东西，往往具有极小的使用价值，甚或没有。"② 在这里，斯密在经济学说史上第一次明确地区分了使用价值和交换价值的概念，同时也把价格同交换价值区分开来，这是斯密在价值理论上的一大贡献。不过，斯密的论述还存在缺陷。第一，斯密把使用价值和交换价值看做价值一词的两重意义，而没有认识到使用价值和交换价值是商品这个范畴的两个因素。正确认识这一点，是科学地认识和理解商品范畴的关键。第二，斯密认识到使用价值和交换价值的区别是正确的，他认识到有些东西使用价值很大而交换价值很小；有的东西具有使用价值却没有交换价值（比如水），也是正确的。斯密还举钻石的例子，说明交换价值很大的东西往往只有极小的使用价值。斯密在用钻石和水进行比较时，力图证明物品的交换价值与使用价值是不相干的。但是，斯密忽视了使用价值和交换价值二者之间的联系，认为交换价值很大的东西可以没有使用价值。这说明他还不明白，使用价值是价值或交换价值的物质承担者，没有使用价值的东西不可能有价值或交换价值。

（二）劳动价值论及其两种价值规定

在区分了使用价值和交换价值之后，斯密着重讨论支配商品交换价值的原则。他首先提出了三个问题，他说："为了探讨支配商品交换价值的原则，我将努力阐明以下三点：第一，什么是交换价值的真实尺度，换言之，构成一切商品真实价值的，究竟是什么？第二，构成真实价格的各部分，究竟是什么？第三，什么情况使上述价格的某些部分或全部，有时高于其自然价格或普通价格，有时又低于其自然价格或普通价格？"③

在回答第一个问题时，斯密说："一个人是贫是富，就看他能在什么程度上享受人生的必需品、便利品或娱乐品。但自分工完全确立以来，各人所需要的物品，仅有极小部分仰给于自己劳动，最大部分却得须给于他人劳动，所以，他是贫是富，要看他能够支配多少劳动，换言之，要看他能够购买多少劳动。一个人占有某货物，但不愿意自己消费，而愿用以交换他物，对他说来，这货物的价值，等于使他能购买或能支配的劳动量。因此，劳动是衡量一切商品交换价值的真实尺度。"④ 斯密是从劳动分工出发来研究交换价值的真实尺度的，他认为，商品交换不过是体现在商品中的劳动量的交换，因此，商品交换价值的真实尺度是劳动。

---

①②③　斯密．国民财富的性质和原因的研究：上卷．北京：商务印书馆，1972：25.

④　同①26.

确认劳动是一切商品价值的源泉，是衡量一切商品交换价值的真实尺度，这是斯密在政治经济学上的重大贡献。斯密还提出了衡量劳动的“困难程度”和“技巧程度”的重要性，他指出：“劳动虽是一切商品交换价值的真实尺度，但一切商品的价值，通常不是按劳动估的。”因为，“两种不同工作所费去的时间，往往不是决定这个比例的惟一因素，它们的不同困难程度和技巧程度，也须加以考虑。”① 一小时的困难工作，要比一小时的容易工作包含更多的劳动量。一个需要 10 年培训才能胜任工作的劳动者工作 1 小时，也许要比普通劳动者 1 个月的工作所含的劳动量还要多。斯密认为，在实际的商品交换过程中，人们是通过买卖双方的讨价还价得到“两不相让”的解决的。斯密的这些见解对劳动价值论的创立和发展是有积极意义的。斯密的观点比配第前进了一步。在配第看来，只有开采金银的劳动才创造价值，其他部门的劳动只有在以其产品与金银相交换的前提下才间接地决定价值。斯密纠正了这种片面的、体现重商主义影响的观点，强调一切生产商品的劳动都创造价值。斯密的这种观点同时也大大突破了重农主义的观点。重农主义实际上只承认农业劳动创造财富，而其他一切非农业劳动都是不生产的。不过，斯密还未彻底摆脱重农主义的影响，在比较不同生产部门的投资效果时，他曾讲：“农业家资本所能推动的生产性劳动量最大。他的工人是生产性劳动者，他的牲畜也是生产性劳动者。在农业上，自然也和人一起劳动；自然的劳动，虽无须代价，它的生产物却和最昂贵的工人生产物一样，有它的价值。”② 斯密把农业生产资料（牲畜、土地及自然力）在农业生产中的作用，与农产品价值的决定混为一谈了。

斯密虽然提出了劳动价值论，但他在说明劳动价值论时同时提出了两个自相矛盾或对立的价值规定。斯密曾说：“任何一个物品的真实价格，即要取得这物品实际上所付出的代价，乃是获得它的辛苦和麻烦。”③ 他认为：“在资本积累和土地私有尚未发生以前的初期野蛮社会，获取各种物品所需要的劳动量之间的比例，似乎是各种物品相互交换的惟一标准。”“在这种社会状况下，劳动的全部生产物都属于劳动者自己。一种物品通常应可购换或支配的劳动量，只由取得或生产这物品的一般所需要的劳动量来决定。”④ 斯密在这样说时，实际上提出了商品价值由生产商品所耗费的劳动量决定的规定。在斯密的上述论述中，他已经感觉到，商品价值取决于劳动量的规律在资本主义产生以前和以后存在着重要的差别，即在资本主义以前，物品通常可购买或支配的劳动量等于生产该物品所需（或耗费）的劳动量，而在资本主义以后，这二者已不相等了。所以，斯密在说明劳动价值论时，宁可把可购买或支配的劳动作为更一般的规定，强调在资本主义以后，物品通常可购买或支配的劳动量不仅包括生产该物品一般所需要的劳动量，或者说，一个物品的真实价格除了应能补偿劳动者的工资之外，还要能提供土地的收入地租和资本的收入利润。这就出现了商品价值由购买或支配的劳动量决定的规定。

斯密的论述中之所以出现两种价值规定，是因为他不了解劳动和劳动力的区别，不了解劳动的价值可以表现为一个既定的物化劳动量，而这个既定的物化劳动量可以支配

---

① 斯密. 国民财富的性质和原因的研究：上卷. 北京：商务印书馆，1972：27.

② 同①333.

③ 同①26.

④ 同①42.

更大的活劳动量，这正是资本主义生产方式的特点。斯密已经感受到劳动和劳动力之间的数量上的差别，但他在不能区分两者时，不可能做出正确的理论说明。

（三）三种收入价值论

斯密在为自己提出的问题中，不仅要说明交换价值的真实尺度是什么，还要说明构成商品价格的各个部分是什么。斯密认为它们是两个不同的问题，他在回答第一个问题时指出衡量商品交换价值的真实尺度是劳动，然后根据劳动是真实尺度的观点说明商品价值最终都要分解为三种收入。

斯密认为，在文明社会里，资本所有者是为了得到利润而将资本投到劳动者身上的。因此，劳动者的劳动对原材料追加的价值就要分为两个部分，一部分支付劳动者的工资，另一部分支付雇主的利润。否则，资本家就不会有兴趣投资办厂、雇工生产了。这样，商品的价格构成就与社会初期不同了，它不只包括劳动者的工资，还要加上一个资本的利润。

斯密还认为，一旦土地变为私有财产，土地占有者也要“不劳而获”，对耕种他们土地的经营者要求地租。这样，在大多数商品的价格构成中，就不仅包含有工资和利润，而且有了第三个构成部分，即土地的收入地租。

因此，斯密说：“必须指出，这三个组成部分各自的真实价值，由各自所能购买或所能支配的劳动量来衡量。劳动不仅衡量价格中分解成为劳动的那一部分价值，而且衡量价格中分解成为地租和利润的那些部分的价值。”“无论在什么社会，商品价格归根结底都分解成为那三个部分或其中之一。在进步社会，这三者都或多或少地成为绝大部分商品价格的组成部分。”①

当斯密讲商品价格分解为工资、利润和地租这三种收入时，还是对商品价格构成现实的描述，但斯密在论述中又写道：“工资、利润和地租，是一切收入和一切可交换价值的三个根本源泉。”② 斯密在这样说时，实际上树立了又一种价值规定或衡量商品交换价值的另一个尺度，即商品的价值或交换价值取决于三种收入，从而脱离了劳动价值论。斯密三种收入决定价值的观点在本质上属于生产费用论，并且是后来萨伊提出的“三位一体公式”的理论依据之一。

（四）自然价格与市场价格

斯密在回答第三个问题时，探讨了市场价格变动的规律。根据他的观点，市场价格是在供求竞争中围绕自然价格而上下波动的。

斯密沿用了配第所提出的“自然价格”的概念，但他对“自然价格”做出了比较详细的说明。斯密所讲的自然价格是以存在工资、利润和地租的一种平均率为前提或条件的。他说：“在每一个社会及其邻近地区，各种用途的劳动的工资以及各种用途的资本的利润，都有一种普通率或平均率。”“同样，在每一个社会及其邻近地区，地租也有一个

---

① 斯密．国民财富的性质和原因的研究：上卷．北京：商务印书馆，1972：44－45．

② 同①47．

普通率或平均率。”“这些普通率或平均率，可称为那地方那时段通行的工资自然率、利润自然率或地租自然率。一种商品价格，如果不多不少恰恰等于生产、制造这商品乃至运送这商品到市场所使用的按自然率支付的地租、工资和利润，这商品就可以说是按它的自然价格的价格出售的。”① 根据斯密的论述，自然价格即是指按自然率支付的工资、利润和地租的总和。在这里，斯密是直接把三种收入价值论作为他分析自然价格的基础的。斯密还说：“商品通常出卖的实际价格，叫做它的市场价格，商品的市场价格，有时高于它的自然价格，有时低于它的自然价格，有时和它的自然价格相同。”②

斯密同配第一样，认为商品的市场价格是以商品的自然价格为基础而变动的。他认为：

(1) 商品按自然价格出卖的价格，恰恰相当于其价值，或者说，恰恰相当于出售该商品的人实际上所花的费用。这种费用包括制造商品和运送商品过程中，所垫付的劳动者的工资或生活资料，以及商品出卖者的利润。这种价格也是商品售卖者或供给者在长期肯出卖的最低价格。

(2) 支付商品自然价格的人的需求可以称为有效需求，这种需求使商品的出售得以实现。

(3) 市场上供售量和有效需求二者的比例，使竞争在卖方或买方之间发生，从而使价格有时高于自然价格或有时低于自然价格。供求相等时，市场价格和自然价格相同或大致相同。在市场价格过低时，供给者会撤出资本，而在市场价格高涨时，投资者会增加投资或有更多投资者参与进来。不论在哪种场合，人们的利害关系都会使市场价格趋向于自然价格水平。

(4) 市场价格还可以由于各种原因发生各种偶然的变动，这些原因包括天然的、政策性的原因。由于各种原因形成的垄断价格，在各个时期都是可能得到的最高价格，所以，任何一个商品的市价虽能长期高于其自然价格，但不能长期低于其自然价格。

斯密按上述方式所进行的分析奠定了对市场上商品价格变动分析的基本框架。他用成本说明卖方，用有效需求说明买方，用买卖双方的竞争解释市场价格在供求中的变动，并指出了市场价格趋向于自然价格的趋势。他所考察的正是价值规律发生作用的情况，是对市场机制及其作用的描述。斯密已看到价格围绕自然价格上下波动是一种规律性的现象，并认识到价值规律对商品生产的调节作用。但他不了解价值和价格的内在关系，没有也不可能说明价格和价值的背离正是价值规律在资本主义条件下经常的和必然的表现形式。

第三节　分配理论

在《国富论》中，斯密结束了价值理论的论述之后，立即转入对分配理论的论述，

---

① 斯密. 国民财富的性质和原因的研究：上卷. 北京：商务印书馆，1972：49.

② 同①50.

他的分配理论是以三大阶级的划分为基础的。

一、三大阶级的划分

在资产阶级政治经济学中，斯密第一次比较正确地描述了资本主义社会的阶级结构。在斯密以前，魁奈曾把资本主义社会划分为地主阶级、生产阶级与非生产阶级；杜尔哥又从生产阶级和非生产阶级中区分出资本家和雇佣工人，但他还未摆脱魁奈三个阶级划分的结构。斯密根据年产品价值可分解为工资、利润和地租，并分属于三种人的情况，明确地把资本主义社会第一次划分为工人、资本家和地主这三大阶级。

斯密说："一国土地和劳动的全部年产物，或者说，年产物的全部价格，自然分解为土地地租、劳动工资和资本利润三部分。这三部分构成三个阶级人民的收入。即以地租为生、以工资为生和以利润为生这三种人的收入。此三阶级，构成文明社会的三大主要和基本阶级。"① 他认为，其他收入都是由这三种收入派生而来的。他说："工资、利润和地租，是一切收入和一切可交换价值的三个根本源泉。一切其他收入归根到底都是来自这三种收入中的一个。"②

斯密根据生产资料占有状况和取得收入的形式来划分阶级结构，这基本上是符合资本主义社会现实的。不过，由于斯密在方法和价值论上都存在着二重性，使得他在三个阶级的收入，即工资、利润和地租的论述中常常包含两种或两种以上的见解。

二、工资理论

在阐明工资的性质时，斯密实际上存在着两种提法。第一，他认为，工资是劳动的收入，由劳动决定，"劳动生产物构成劳动自然报酬或自然工资"③。第二，他又提出，工资是劳动的自然价格，"需要靠劳动过活的人，其工资至少足够维持生活的程度，否则劳动者就不能赡养家室而传宗接代了"④。在斯密看来，劳动生产物是劳动的自然工资；那么，工资反过来也应该就是劳动的自然价格。这在表面上似乎没有矛盾，但实际上两种说法已有本质的区别，构成斯密在工资理论上的二重性。

很显然，斯密工资理论的二重性是由价值论的二重性决定的。斯密的第一种提法是与正确的价值论联系的，由于商品价值是劳动创造的，劳动的全部产品就是劳动的自然报酬。第二种提法是与三种收入决定价值论相联系的。按斯密的观点，在社会"原始状态"下，劳动者工资等于他全部劳动生产物，所以，"劳动工资将随着分工所引起的劳动生产力的增大而增加起来"⑤。但是，"劳动者独享全部劳动生产物的这种原始状态，一

---

① 斯密．国民财富的性质和原因的研究：上卷．北京：商务印书馆，1972：240.
② 同①47.
③ 同①58.
④ 同①62.
⑤ 同③.

到有了土地私有和资本积累，就宣告终结了"①。劳动者需和资本家、地主共同分享劳动产品，工资仅是其中一部分。

斯密忽视了工资是资本主义范畴的概念，他认为在资本主义以前的一切劳动收入都是工资，把雇佣工人的工资与独立小生产者的收入混为一谈。所以，在他的说明中，两种说法是合在一起的，他的本意是说，工资是劳动的收入，但在资本主义条件下，劳动生产物虽也构成工资的自然价格，但已仅是劳动生产物的一部分了。第一种提法本来说明的全部劳动产品就是劳动的自然报酬的观点被修改，从而过渡到第二种提法。在斯密看来，虽然全部劳动产品要分解为三种收入，但工资仍是唯一的劳动收入，是劳动的自然价格。斯密没有看到，他把工资确定为工人劳动生产物的一部分和把工资确定为"劳动价格"，二者之间已存在矛盾。根据前一种说法，工人没有得到自己劳动的全部成果；而根据后者，工人似乎已得到了自己全部的劳动报酬。

斯密在分析"劳动价格"时研究了工资变动的规律。他把劳动价格区分为劳动的自然价格和劳动的市场价格（或称货币价格），劳动的自然价格是维持工人及其家庭生活的生活资料的价格，劳动的市场价格就是劳动市场上现实的价格。斯密认为，工资的数额即劳动的市场价格是资本家与工人在劳动市场上竞争的结果，这种市场价格是以劳动的自然价格为基础而波动的。他曾指出，在竞争中，资本家能得到政府援助，而工人为维持生活常常不得不屈服，所以，资本家常常是处于有利地位的。

斯密把工资的变动与国民收入和资本是否增加联系在一起。他认为，国民收入与资本是否增加直接影响到对劳动者的需求，从而影响劳动市场供求关系的变化。他把当时世界上的国家分为三类：（1）财富不断增加的国家或地区，如北美。那里财富在迅速增长，对劳动者的需求不断增加，虽然人口增长也很快，但仍表现为劳动力供不应求，所以，那里的工资很高。（2）国民财富未增未减，处于停滞的国家或地区，如中国。中国一向富裕但社会处于停滞状态，劳动需求基本不变，工资也就处于不增不减勉强维持生活的状况。（3）国民财富不增反而衰退的国家或地区，如印度。在那里，由于收入减少，劳动需求也减少，寻求职业的竞争异常激烈，工资因而降到极为悲惨的境地。他说："劳动报酬优厚，是国民财富增进的必然结果，同时又是国民财富增进的自然征候。反之，贫穷劳动者生活维持费不足，是社会停滞不进的征候，而劳动者处于饥饿状态，乃是社会急速衰退的征候。"②

三、利润理论

在斯密以前，配第没有把利润作为一个经济学的范畴专门研究，马西和休谟虽然提出了利润的概念，但并没有去研究利润的起源。把利润明确归属于资产阶级的收入，并作为资产阶级社会一个特殊的经济范畴来加以研究，这是斯密的一大功绩。不过，斯密也同时有着两种利润理论。

① 斯密．国民财富的性质和原因的研究：上卷．北京：商务印书馆，1972：59.

② 同①67.

斯密说："资本一经在个别人手中积累起来，当然就有一些人，为了从个人劳动生产物的售卖或劳动对原材料增加的价值上得到一种利润，便把资本投在劳动人民身上，以原材料与生活资料供给他们，叫他们劳作。与货币、劳动或其他货物交换的完全制造品的价格，除了足够支付原材料代价和劳动工资外，还须剩有一部分，给予企业家，作为他把资本投在这企业而得的利润。所以，劳动者对原材料增加的价值，在这种情况下，就分为两个部分，其中一部分支付劳动者的工资，另一部分支付雇主的利润，来回报他垫付原材料和工资的全部资本。"① 斯密在这样说时，是从劳动价值论出发的，说明的是第一种利润观点。在这里他肯定了利润是工人劳动对原材料所增加的价值在扣除了工资以后的余额。这样，他实际上承认了劳动者的劳动一部分是必要劳动，是为补偿工资的，而另一部分是剩余劳动，是为资本家创造利润的。从这个意义上说，斯密已看到了利润是工人无偿劳动所创造的价值。因此，马克思曾评价说："斯密后来更直接地从工人超出他用来支付（即用等价物来补偿）自己工资的那个劳动量之上所完成的劳动，引伸出利润。从而斯密认识到了剩余价值的真正起源。"②

斯密还批评了把利润说成资本家特殊工资的理论。他指出："利润与工资截然不同，它们受着两个完全不同的原则的支配，而且资本的利润同所谓监督指挥这种劳动的数量、强度与技巧不成比例。利润完全受所投资本的价值的支配，利润的多少与资本的大小构成比例。"③

从斯密的论述中已可以清楚地看到：第一，斯密已认识到劳动与劳动条件的分离是资本主义生产，也即剩余价值生产的前提。第二，斯密不是从流通领域，而是从生产领域找寻利润，也即剩余价值的源泉。同时，从斯密的论述中也可以看到，他虽然实际上研究了剩余价值，但自己并没有"剩余价值"的概念，他是从剩余价值的特殊形式（利润以及地租、利息）上分析剩余价值的。另外，他把利润和工资相比，同时又更多地把利润同全部预付资本相比。因此，在斯密的分析中，利润同剩余价值是混在一起的。

由于斯密价值理论存在二重性，因此，当他从三种收入价值理论出发时，又提出了第二种利润理论。根据斯密的观点，商品的自然价格是按平均率支付的工资、利润和地租三种收入的总和，所以，利润即资本家的收入，"也就是他生活资料的正当资源。他在制造商品、把它送往市场去的过程中，要垫付劳动者的工资或生活资料，也要垫付他自身的生活资料。他自身的生活资料，大体上说与他可以出卖商品指望得到的利润相当。因此，商品的出卖若不能给他以利润，那就等于说，他没有从这商品的出卖取回其实际费用"④。在斯密这样说时，他断言利润是资本的自然报酬，是资本家生活资料的正当来源，也即商品的实际生产费用。根据第二种利润理论，资本家对工人剩余劳动创造的剩余价值的无偿占有已不存在了。显然，两种利润理论是相互矛盾的。

斯密把利息看做是利润的派生形式。他认为利息是利润的一部分，因而是随着利润的变动而变动的，利息率的高低依存于利润率的高低并成正比例变化。他认为，在一般

---

① 斯密. 国民财富的性质和原因的研究：上卷. 北京：商务印书馆，1972：43.

② 马克思，恩格斯. 马克思恩格斯全集：第 26 卷Ⅰ. 北京：人民出版社，1972：58.

③ 同①.

④ 同①50.

情况下，一般利润率为8%～10%，利息占利润一半，大体为1∶2。

斯密还研究了利润变动的趋势。他看到了利润率在资本积累或国民财富增长过程中有下降的趋势。他认为，这种现象是由资本竞争造成的。他说："在同一行业，如有许多富商投下资本，他们的相互竞争，自然倾向于减低这一行业的利润；同一社会各种行业和资本，如果全都同样增加了，那么同样的竞争必对所有行业产生同样的结果。"① 斯密的分析存在以下不足：(1) 利润率和利润量的变动不一致。市场利润率会下降，但同时利润量也可能增加，斯密未区分这一点。(2) 竞争会使利润转化为平均利润，但不是利润率下降的原因，利润率下降的原因主要是资本有机构成的提高。不过，斯密认为利润率下降是自然的，不应人为提高利润水平，表明了他对垄断、特权等的批判态度。

四、地租理论

在经济学说史上，最早系统地研究地租的还是斯密。斯密所分析的地租是土地私有发生以后出现的范畴，是资本主义社会的地主阶级的收入，因此，他考察的是资本主义的地租。

斯密的地租学说受其价值论的二重性的影响，同时，又由于资本主义地租范畴比工资、利润范畴更加复杂，因而，斯密关于地租的学说中存在着各种相互矛盾而又混乱的概念。斯密在论述地租时至少有以下几种重要的提法：地租是劳动生产物或其价值的一部分；地租是因使用土地而支付给土地所有者的代价；地租是一种垄断价格；地租是商品价值的源泉之一，或地租是生产费用之一；地租是自然力的产物。

斯密认为："作为使用土地的代价的地租，自然是租地人按照土地实际情况所支给的最高价格"，这一数额是在种子、工人工资、购买和维持耕畜与其他农具的农业资本，以及提供农业资本普通利润之上的余额。斯密批判了那种认为地租是地主用来改良土地的资本的合理利润或利息的说法，认为未改良的土地，地主也要求地租，甚至完全不能由人力改良的自然物也是如此（如有些地方的海草）。所以，"作为使用土地的代价的地租，当然是一种垄断价格。它完全不和地主改良土地所支出的费用或地主所能收取的数额成比例，而和租地人所能缴纳的数额成比例"②。根据斯密的说法，由于有了土地私有制，"地主就要求劳动者从土地生产出来或采集到的几乎所有物品中分给他一定份额。因此，地主的地租，便成为要从用在土地上的劳动的生产物中扣除的第一个项目"③。

马克思说："斯密正确地下定义说，**地租**是'为**使用土地**而支付的价格'"，"斯密非常明确地强调，**土地所有权**即作为**所有者的土地所有者**'要求地租'。斯密因此把地租看作**土地所有权**的单纯结果，认为地租是一种**垄断价格**，这是完全正确的，因为只是由于土地所有权的干预，产品才按照高于费用价格的价格出卖，按照自己的价值出卖。"④ 根

① 斯密．国民财富的性质和原因的研究：上卷．北京：商务印书馆，1972：81．
② 同①138．
③ 同①59．
④ 马克思，恩格斯．马克思恩格斯全集：第26卷Ⅱ．北京：人民出版社，1973：388－389．

据马克思的观点，当斯密从劳动价值论出发，把地租看做是劳动所创造的价值的一部分，是劳动产品或价值由于土地所有权的干预必然缴给地主的一部分，是工资和利润以外的一种扣除或余额时，斯密就说明了一种关于地租的正确的观点，就在事实上看到了，地租与利润一样，来源于工人的无偿劳动。

同时，斯密从三种收入价值论出发，又把地租看做土地所有者的"自然报酬"，把地租看做是商品价值的源泉之一。当斯密这样表述时，就提出了另一种关于地租的观点，在这种观点中，地租来源于工人的无偿劳动的事实就被掩盖起来了。

斯密在说明地租时，还表现出受重农学派思想影响的方面。斯密曾说："地租，可以说是地主借给农业家使用的自然力的产物。"地租"取决于想象上的自然力的大小……取决于想象上的土地的自然产出力或土地的改进产出力的大小。减除了一切人的劳动之后，所余便是自然的劳动"。自然的劳作在全部生产物中，"很少占四分之一以下，经常占三分之一以上"①。

斯密在论述地租时，已认识到地租是一个比工资、利润更为复杂的经济范畴，他注意到地租有与工资、利润不同的特点。他说："应当注意，地租成为商品价格构成部分的方式是和工资与利润不同的。工资和利润的高低，是价格高低的原因，而地租的高低，却是价格高低的结果。"② 为此，斯密提出了一个"足够价格"的概念来说明地租。根据斯密的观点，包含工资和利润的商品价格是足够支付工人工资和资本家利润的价格，因而是已可以在市场上出售的价格，可以称为"足够价格"。工资和利润的高低决定或影响了可以上市的商品价格的高低。一般来说，市场上的价格（称为市场价格或普通价格）至少要等于足够价格，在这时，商品价格中不包含地租。当市场价格高于足够价格时，市场价格与足够价格的差额就形成地租，这个差额的大小决定了地租的多少。所以，在斯密看来，地租的高低是超过足够价格的市场价格高低的结果。也因此，斯密把地租看做是一种垄断价格。斯密说明市场价格超过足够价格时，是从需求方面寻找原因的，他以农产品为例，认为农产品本身具有的特点（作为人类食物提供时会促进人口增长，从而创造了更大的需求）常使农产品供不应求，因而常能形成超过足够价格的垄断性的市场价格，从而形成地租。可见，斯密虽然正确地指出了地租是一种垄断价格，但他并不清楚造成市场价格超过足够价格的根本原因。他也没有觉察到，他提出的足够价格是从自然价格出发的，但又是与自然价格概念相对立的。自然价格在斯密那里是按平均率计算的工资、利润、地租三者之和，而足够价格已仅是不包含地租的工资与利润之和了。斯密曾说，市场价格不能长期低于自然价格；而这里，斯密又说足以支付工资、利润的足够价格已是可以进入市场的价格了。实际上，斯密的足够价格就是后来李嘉图抽象出来的"生产价格"或"费用价格"。

---

① 斯密．国民财富的性质和原因的研究：上卷．北京：商务印书馆，1972：333.

② 同①138.

第四节　生产劳动、资本和社会资本再生产理论

一、生产劳动和非生产劳动

生产劳动和非生产劳动的划分在斯密的经济理论体系中占有十分重要的地位。斯密认为："增加一国土地和劳动的年产物的价值，只有两种方法，一为增加生产性劳动者的数目，一为增进受雇劳动者的生产力。"① 由于生产性劳动数目和比例的多少直接影响国民财富的增长，资本主义社会中劳动的生产性与非生产性划分就具有重要意义。

对劳动进行生产性与非生产性的划分，在斯密以前就开始了，但前人大多是按部门和行业来进行划分的。重商主义认为商业特别是对外贸易中的劳动才是生产性的，重农主义则认为农业部门的劳动才是生产性的劳动。重农主义比重商主义进步的地方在于，重农主义把分析集中到了生产部门，认为只有生产纯产品（即剩余价值）的劳动才是生产劳动，并据此区分了生产阶级和非生产阶级。与重商主义和重农主义相比，斯密提出了更为科学的划分标准。不过，正如马克思所指出的："亚·斯密对一切问题的见解都具有二重性，他在区分生产劳动和非生产劳动时给生产劳动所下的定义也是如此。"②

斯密的较为正确的划分是与他的劳动价值论相关的，这种划分认为：只有为资本家生产利润的劳动才是生产劳动，而其他一切劳动，即使是对社会有益的，也是非生产劳动。他说："有一种劳动，加在物上，能增加物的价值；另一种劳动，却不能够。前者因可生产价值，可称为生产性劳动，后者可称为非生产性劳动。制造业工人的劳动，通常会把维持自身生活所需的价格与提供雇主利润的价值，加在所加工的原材料的价值上。反之，家仆的劳动，却不能增加什么价值。制造业工人的工资，虽由雇主垫付，但事实上雇主毫无所费。制造业工人把劳动投在物上，物的价值便增加。这样增加的价值，通常可以补还工资的价值，并提供利润。家仆的维持费，却是不能收回的。雇用许多工人，是致富的方法，维持许多家仆，是致贫的途径。"③ 斯密已认识到，生产劳动是能生产利润，并直接与资本交换的劳动。他把生产劳动问题放在资本主义关系中考察，对此，马克思给予了充分肯定的评价："他的巨大科学功绩之一（如马尔萨斯正确指出的，斯密对生产劳动和非生产劳动的区分，仍然是全部资产阶级政治经济学的基础）就在于，他下了生产劳动是直接同资本交换的劳动这样一个定义。""什么是非生产劳动，因此也绝对地确定下来了。那就是不同资本交换，而直接同收入即工资或利润交换的劳动（当然也包括同那些靠资本家的利润存在的不同项目，如利息和地租交换的劳动）。"④

但是，斯密还有第二种划分。斯密又说："制造业工人的劳动，可以固定并且实现在特殊商品或可卖商品上，可以经历一些时候，不会随生随灭。那似乎是把一部分劳动贮

---

① 斯密．国民财富的性质和原因的研究：上卷．北京：商务印书馆，1972：315.

② 马克思，恩格斯．马克思恩格斯全集：第26卷Ⅰ．北京：人民出版社，1972：142.

③ 同①303.

④ 同②148.

存起来，在必要时再提出来使用。那种物品，或者说那种物品的价格，及后来必要时还可以用以雇用和原为生产这物品而投下劳动量相等的劳动量。反之，家仆的劳动，既不固定亦不实现在特殊物品或可卖商品上。家仆的劳动，随生随灭，要把它的价值保存起来，供日后雇用等量劳动之用，是很困难的。”① 在这里，斯密把能否生产物质产品看做是划分的标准了。斯密自己没有觉察到他提出的两种划分标准存在着矛盾。比如，按第一种说法，独立小生产者的劳动应是非生产劳动，演员等能为资本家赚取利润，因而他们的劳动应是生产劳动；但按第二种说法，独立小生产者的劳动因生产物质产品而归为生产劳动，而演员的表演则不是生产劳动。斯密的第二种说法不能表现资本主义关系的本质，把资本主义生产过程同一般劳动混为一谈了。不过，斯密主张增加制造业工人的数量和减少家仆劳动在当时具有反对封建主义、发展资本主义的进步意义。

二、 资本理论

斯密把资本看做是使国民财富增加的积极因素之一。既然增加一国财富的主要方法之一是增加劳动者的数目，那么，就必须先增加资本，斯密从增加积累、扩大生产的角度，最先系统地考察了资本。

斯密关于资本的论述可以分为几个方面：资本的性质、资本的分类、资本的积累和资本的用途。

（一）资本的性质

斯密曾接近于认识到资本是一种生产关系。他说：“资本一经在个别人手中积聚起来，当然就有一些人，为了从个人劳动生产物的售卖或劳动对原材料增加的价值上得到一种利润，便把资本投在劳动人民身上，以原材料与生活资料供给他们，叫他们劳作。”② 马克思评价说：“如果把斯密说法中的天真形式去掉，它的含义就是：资本主义生产是在劳动条件归一个阶级所有，而另一个阶级仅仅支配劳动能力的时刻开始的。劳动和劳动条件的这种分离成为资本主义生产的前提。”③

不过，斯密是先研究利润然后再考察资本的，这反映了他没有真正理解资本的本质。斯密虽认识到资本家投资是为取得利润，利润是资本的收入，又曾把利润来源归于工人的无偿劳动，接触到资本的本质，但他在系统分析资本时，又往往把资本主义人与人的关系看做物与物的关系。所以，他又说，资本就是用于继续生产的过去的劳动积累，即生产资料。这是斯密的第二种观点，斯密断定，资本是为了继续生产而积累起来的“预储资财”，资本家就是积累“预储资财”而谋求收入的人。他说，一个人“他所有的资财，如足够维持他数月或数年的生活，他自然希望这笔资财中有一大部分可以提供收入；他将仅保留一适当部分，作为未曾取得收入以前的消费，以维持他的生活。他的全部资

---

① 斯密．国民财富的性质和原因的研究：上卷．北京：商务印书馆，1972：303－304.

② 同①43.

③ 马克思，恩格斯．马克思恩格斯全集：第26卷Ⅰ．北京：人民出版社，1972：56.

财于是分成两部分。他希望从以取得收入的部分，称为资本。另一部分，则供目前消费”①。在这里，他把资本与生产资料混为一谈了，他虽然谈到资本是为资本家提供收入的预储资财，但并未把它与对工人剩余劳动的占有相联系，这很明显地与他的错误的利润论相关，利润似乎只是生产资料本身提供的一种“自然报酬”。同时，斯密也把独立生产者的生产资料包括在内，更掩盖了资本是资本家剥削工人剩余价值手段的本质。

（二）资本的分类

在资本分类上，斯密的功绩是划分出固定资本和流动资本，这在经济学说史上具有重要的意义。

在斯密之前，重农学派曾分析了农业中的资本，把农业中的资本区分为“原预付”和“年预付”。斯密在重农学派研究的基础上，提出固定资本和流动资本的概念，把原预付和年预付范畴普遍化了。斯密认为资本有两种使用方法：“一，资本可用来生产、制造或购买物品，然后卖出去以取得利润。这样使用的资本，在留在所有者手中或保持原状时，对于投资者不能提供任何收入或利润”，必须经过流通才提供利润，“因此，这样的资本可称为流动资本。”“二，资本又可用来改良土地，购买有用的机器和工具，或用来置备无需易主或无需进一步流通即可提供利润的东西。这样的资本可称为固定资本。”②根据斯密的观点，农业和制造业等都存在资本，那些部门中的资本都可以区分为固定资本和流动资本。

但是，斯密在对固定资本和流动资本的说明中存在一些不足，甚至比重农学派还有所退步。重农学派是按价值转移方式区分原预付和年预付的，而斯密却按给资本所有者提供收入或利润的方式来区分；重农学派对资本的区分只限于生产资本，而斯密则把分析扩大到流通过程。实际上，有两种资本区别被斯密混在一起了，一种区别是生产资本不同要素的不同流通方法产生的固定资本和流动资本的区别；另一种是资本循环的购买、生产、出售阶段中同一资本依次采取货币资本、生产资本、商品资本形式产生的区别。所以，斯密断言固定资本不参加流通，忽视了其价值的流通；同时他又把不执行生产资本职能的流通资本误认为是流动资本。另外，斯密还没有进行不变资本和可变资本的区分。

（三）资本的积累

对于资本的积累，斯密是从资本与收入的相互关系出发来分析的。他说：“资本的增加，由于节俭；资本的减少，由于奢侈与妄为。一个人节省了多少收入，就增加了多少资本。”“资本增加的直接原因，是节俭，不是勤劳。”③ 斯密在这方面的见解是肤浅的，他不提原始积累来源于暴力掠夺的历史事实，也未理解资本积累是由资本主义生产方式决定的剩余价值资本化的结果。

---

① 斯密．国民财富的性质和原因的研究：上卷．北京：商务印书馆，1972：254.

② 同①254－255.

③ 同①310.

（四）资本的用途

斯密把资本的用途分为四种：（1）获取原生产物的农、渔、矿业；（2）制造原生产物的工业；（3）运输原生产物和制造品的批发商；（4）分散原生产物、制造品的零售商。

三、 社会资本再生产理论

法国重农学派曾提出过具有天才见解的社会资本再生产理论，可是斯密却对法国社会资本再生产理论缺乏深入的研究，因而在他的著作中，未能提出更有见解的再生产理论。同时，由于“斯密教条”的影响，在涉及再生产问题时，他给后人留下了许多混乱与矛盾。

斯密曾断言：“每一件商品的价格或交换价值，都由那三个部分全数或其中之一构成；合起来说，构成一国全部劳动年产物的一切商品价格，必然由那三个部分构成，而且作为劳动工资、土地地租或资本利润，在国内不同居民间分配。”[①] 这种断言整个社会的商品价值只分为三种收入、由三种收入构成的观点，一直被后来许多经济学家所遵循，因此被称为“斯密教条”。

根据这种断言，商品的价值或价格就只能分成两个部分，即工资（可变资本）和利润与地租（剩余价值），或者说，只由 v（可变资本）$+$ m（剩余价值）组成，而 c（不变资本）部分就被去掉了。这形成了“斯密教条”的根本错误。

斯密也知道在商品生产中要使用生产资料，比如农业上的耕畜和农具等，但他认为那些耕畜和农具（也即不变资本）是不应单独存在的，只能包含在三种收入之中。他说：“农业上一切用具的价格，本身就由上述那三个部分构成。就耕马说，就是饲马土地的地租，牧马劳动的工资，再加上农业家垫付地租和工资的资本的利润。因此，在谷物价格中，虽必须以一部分支付耕马的代价及其维持费，但其全部价格仍直接或最后由地租、劳动及利润这三部分组成。”[②] 根据他的看法，在个别资本家那里存在的生产资料的价值或价格，在整个社会中不过是其他资本家的产品，可以分解为其他资本家的产品中的三种收入，这样推下去，无论是一般意义上所说的产品价值还是社会总产品价值，都可以只归结为三种收入。但是，斯密没有认识到，按他的推论，即使在价值形态上生产资料的价值或价格无论怎样推论下去也不能完全消灭；另外，在实物形态上，生产资料这个部分是无法化解为三种收入的。

斯密的错误有他的理论上的根源：（1）同他错误地理解资本积累有关。在积累问题上，他把积累的剩余价值完全用于工人消费，即全部转化为工资。事实上，积累的剩余价值须按资本有机构成分别追加到不变资本与可变资本上。（2）在价值理论上不了解生产商品的劳动具有二重性。他不能理解具体劳动和抽象劳动在商品生产与价值形成中的作用，因而难以区分商品的价值（$c+v+m$）与工人新创造的价值（$v+m$）。

---

① 斯密．国民财富的性质和原因的研究：上卷．北京：商务印书馆，1972：46-47.

② 同①45.

“斯密教条”给社会资本再生产分析带来了混乱与困难，既然产品价值只分解为三种收入，就意味着产品价值全部被消费，下一年的生产就不存在进行生产的资本了。斯密自己也感觉到了这个矛盾，所以，他又提出了“总收入”和“纯收入”的概念。斯密说：“一个大国全体居民的总收入，包含他们土地和劳动的全部年产物。在总收入中减去维持固定资本和流动资本的费用，其余留给居民自由使用的便是纯收入。”① 这样，他又在分析中把在产品价值中排除的不变资本从“后门”引入进来。

斯密虽然用总收入的概念把不变资本部分包括进去，但由于他把纯收入划归全部消费基金，没有留下积累的部分，所以还仅是简单再生产。另外，斯密为了说明年产品中由机器、工具、原材料等生产资料构成的部分如何分解为收入，又试图使用区分以实物形式表现的收入和以价值形式表现的收入的办法。他认为，那些生产生产资料部门的产品，从实物形式上虽然无法归入纯收入，但在价值形式上可以归入纯收入；而那些生产消费资料部门的产品，不论在实物形式上还是在价值形式上都可以归入纯收入。这样，斯密在事实上已将社会总劳动分为从事生产资料生产的劳动和从事消费资料生产的劳动，从而涉及社会资本再生产和流通领域内的一系列重大理论问题。

第五节　国家、财政和税收理论

一、国家及其职能

斯密对于国家的作用和职能是了解的，他在国家和私有财产的起源上与洛克、休谟等人持有本质上相同的看法。他曾说：“自然权利的来源是十分明显的。一个人有权利保护他的身体不受损害，而且在没有正当理由剥夺自由的情况下有权利保护他的自由不受侵犯，这是毫无疑问的。但是，取得的权利，如财产权，则需要进一步的说明。财产权和政府在很大程度上是相互依存的。财产权的保护和财产的不平均是最初建立政府的原因，而财产权的状态总是随着政权的形式而有所不同。”②

但是，斯密原则上反对国家干预经济，他特别反对重商主义，也批评重农主义，在他看来，应该废除一切特殊的或限制的制度，树立起最明白而单纯的自然自由制度。他认为：“每一个人，在他不违反正义的法律时，都应听其完全自由，让他采用自己的方法，追求自己的利益，以其劳动及资本和任何其他人或其他阶级竞争。这样，君主们就被完全解除了监督私人产业、指导私人产业，使之最适合社会利益的义务。要履行这种义务，君主们极易陷于错误；要行之得当，恐不是人间智慧或知识所能做到的。”③ 根据斯密的观点，国家的职能主要有三项：“第一，保护社会，使其不受其他独立社会的侵犯。第二，尽可能保护社会上各个人，使不受社会上任何其他人的侵害或压迫，这就是

① 斯密．国民财富的性质和原因的研究：上卷．北京：商务印书馆，1972：262.
② 坎南．亚当·斯密关于法律、警察、岁入及军备的讲演．北京：商务印书馆，1982：35.
③ 斯密．国民财富的性质和原因的研究：下卷．北京：商务印书馆，1972：252.

说，要设立严正的司法机关。第三，建设并维持某些公益事业及某些公共设施（其建设与维持绝不是为着任何个人或任何少数人的利益），这种事业与设施，在由大社会经营时，其利润常补偿所费而有余，但代由个人或少数人经营，就决不能补偿所费。”①

二、 财政和税收理论

斯密把国家的职能归结为上述三项，从而国家的费用也从这三项分别加以说明。斯密在说明第一项职能及其费用时，分析了国防的起源以及近代国家的国防军备；在说明第二项职能及其费用时，分析了私有财产的产生、政治权力的起源，以及司法行政权力的分离；在说明第三项时，论述了国家的经济职能。斯密看到，在资本主义社会，某些公共工程对社会有很大利益，但这类事业由于利润难以保证，不能期望个人或少数人来创办和经营维持。这类事业主要有两种：便利社会商业的公共工程和设施；促进教育的公共工程和设施。前者包括便利一国商业的道路、桥梁、运输、港湾等（便利一般商业的），也包括在未开化国家，为进行特殊保护而建设的公共工程和设施（便利特殊商业的，比如保卫积货场所的防御工事、驻外使馆工程）。后者包括青年教育的设施，或关于一切年轻人教育的设施。

从斯密的论述可以看到，斯密已经把一国的经济分成了两大部门：私人的部门和公共的部门。前者指各种私人的企业，后者指一国的国防、行政司法和各种公共工程与设施。一国的市场及其体系总要同国家以某种方式结合在一起，这种结合的具体方式可能会因为各国具体政治、经济历史的不同而存在差异，从而形成不大相同的市场经济及其体制。在斯密列举的历史资料中就可以见到这类差别。市场经济及其体制的差别会在私人部门和公共部门的比例、赋税征收项目和方式、对外贸易制度、银行信用制度等各方面表现出来。

斯密主张支出节俭的“廉价政府”，他认为，国家所必需的费用须有其合理的收入来源，各项费用应由受益人分别负担，从而有利于社会财富的增长。一般说来，国防费用应由全社会负担；司法费用应从法院手续费中支出；公共工程和设施应由受益的工商业或受教育者及社会负担；维持君主等的费用由全社会负担。

斯密分析了国家财政收入的来源和税收的原则。斯密指出，财政收入主要来源于税收和公债。税收的来源不外是工资、利润、地租等三种收入。他认为，最适合课税的是地租，因为地租是地主寄生性的收入，向它征收不会影响社会生产，也不会转嫁给他人。同时，斯密也不反对向工资和利润课税，只要遵循合理的税收原则。斯密提出了四项税收原则：第一，公平。一国国民都须按各自收入的一定比例或各自能力纳税，做到负担公平。第二，确定。纳税日期、数额、方法都应明确，并且避免随意变更。第三，便利。纳税方法、日期都要顾及纳税人是否方便或容易。第四，经济。赋税征收尽量减少税收费用。

---

① 斯密. 国民财富的性质和原因的研究：下卷. 北京：商务印书馆，1974：252-253.

第六节 经济自由主义与国际贸易理论

一、 经济自由主义

17世纪末以来，一些资产阶级经济学家，如英国的洛克、诺思、孟德维尔，以及法国的重农学派等，都陆续提出了经济自由的思想。经济自由思想的出现是以人们对资本主义市场与市场经济规律认识的不断深入为基础的。在古代希腊和中世纪，亚里士多德和阿奎那已在商品交换中发现了某种平衡或均等关系。重商主义思想家也在对外贸易的差额分析上注意到了某些经济自行调节的机制。不过，只是到了近代古典经济学产生以后，对资本主义市场和市场经济某些规律的认识才进入新的阶段。贝卡里亚曾分析过酒与小麦交换的市场，他已清楚地意识到，在两个人的孤立交换中，交换比率是不确定的，只有通过竞争或市场上的讨价还价，交换比率才能得到确定，波动最终会导致使需求量等于供给量的价格。法国的布阿吉尔贝尔和魁奈都非常清楚供求对价格的作用，已看到商品供求从不平衡到平衡，又到不平衡的变动，他们正是从这种价格分析中得出经济自由的主张的。18世纪休谟对市场自行调节机制的描述很具有代表性。休谟以他的货币数量论为工具反对重商主义，一方面批评把货币看做唯一财富的观点，另一方面批评国家干预经济的政策。根据休谟的观点，社会经济中存在自动导致均衡的趋势。他说："要是这些过分的不均衡现象出人意外地发生，那么，使这些现象得以矫正的因素必然同样地会按事物的正常趋势来防止其发生，必然会在所有毗邻国家里，使货币与每个国家的技艺与工业始终大体相称。江河百川，不管流向何处，总是保持相同的水平，要是去问博物学家这是什么道理，他们就会告诉你：要是在任何一处水位升高，升高处的引力就会失去平衡，必须降低，直到取得平衡为止；同理，矫正已发生的不均衡现象的因素，也一定总是不依靠暴力和外部作用来防止其发生。"① 实际上，对资本主义市场与市场经济自行调节机制的认识，不过使人们更清楚地看到，在资本主义时代，资本发展的正常的或最有利的条件就是竞争，只有在某种意义的自由竞争下，资本才可能充分发展自身，才能不断保证在最有利条件下，获取最大利润，从而最快地积累起来。斯密继承了前人的研究成果，系统地论述了经济自由主义理论和政策，从而使他成为经济自由主义最重要的代表。

斯密的经济自由主义思想是以"经济人"的假设为前提的。斯密认为人们的经济活动是出自人的利己本性或人类交换倾向的。他曾说："人类几乎随时随地都需要同胞的协力，要想仅仅依靠他人的恩惠，那是一定不行的。他如果能够刺激他们的利己心，使有利于他，并告诉他们，给他做事，是对他们自己有利的，他要达到目的就容易得多了。不论是谁，如果他要与旁人做买卖，他首先就要这样提议。请给我以我所要的东西吧，同时，你也可以获得你所要的东西：这句话是交易的通义。……我们不说唤起他们利他

① 休谟经济论文选．北京：商务印书馆，1984：55．

心的话，而说唤起他们利己心的话。我们不说自己有需要，而说对他们有利。”①

斯密也曾说，各个个人“通常既不打算促进公共利益，也不知道他自己是在什么程度上促进那种利益……在这场合，像在其他许多场合一样，他受着一只看不见的手的指导，去尽力达到一个并非他本意想要达到的目的。也并不因为事非生于本意，就对社会有害。他追求自己的利益，往往使他能比真正出于本意的情况下更有效地促进社会的利益。”② 不过，如果认为人们对私利的追求不受任何限制或约束，那只是对斯密的误解。斯密把分工的原因归结为人类固有的交换倾向，指出人们在交换中是从个人利益出发的，但同时，斯密所讲的对于个人私利的追求，必须是在一定的社会制度中，依一定的道德准则合法地去追求的。根据斯密的观点，追求个人私利是以不伤害、不破坏他人的幸福为界的，超出这一界限就在道德上违反了正义，并需在社会法律制度下给予惩罚。实际上，依据这一界限已经确定了这样的结果：在国家法律维持的正常经济秩序中，由于人们都在不伤害、不破坏他人利益的前提下追求个人利益，自然会形成作为总体的社会利益的增进。

斯密的经济自由主义以其财富自然发展的分析为基础。斯密认为财富有其自然发展的顺序或途径，他说：“按照事物的自然趋势，进步社会的资本，首先是大部分投在农业上，其次投在工业上，最后投在国外贸易上。这种顺序是极自然的；我相信，在所有无论拥有多少领土的社会，资本总是在某种程度上按照这种顺序投用。总得先开垦了一些土地然后才能成立很多城市；总得在城市里先有了些粗糙的制造业，然后才会有人愿意投身于国外贸易。”③ 不过，斯密同时看到，在现实中，总存在许多因素阻碍市场及其体系的正常运行，打断财富自然发展的顺序。斯密曾指出欧洲各地的工资和利润有很大不同，其中部分起因于各种用途本身，部分起因于各国不让事物完全自由发展的政策。斯密还列举了欧洲封建旧制度对工农业发展的阻挠。斯密特别集中批评了重商主义政策，认为重商主义是最影响财富自然发展的。根据斯密的观点，应听任资本和劳动寻找自然的用途，只有这样，社会资本才会迅速地增加。因为不论什么管制措施，其实都是在某种程度上指导私人运用其资本，而管制的目的不过是使资本和劳动投入某个特定部门。但其结果是使资本和劳动由较有利的用途改到较不利的用途，从而使社会产品或其价值总量减少。

斯密曾提出自由放任的一些具体建议，包括废除学徒规章和居住法，实行劳动自由买卖和流动；废除限嗣继承法、长子继承法以及其他限制转让土地的规定，实行土地自由买卖；废除地域关卡及其他一些税收限制，实行国内贸易自由；废除保护关税制，实行对外贸易自由。

斯密主张经济自由，但他并不反对在特定条件下进行国家干预。在斯密的思想中，自由竞争、自由放任是原则，是资本以最有利方式迅速积累的正常条件，但这种原则不是教条。斯密曾讲，在两种场合可以给外国产业施加若干负担以奖励国内产业，即在特

① 斯密．国民财富的性质和原因的研究：上卷．北京：商务印书馆，1972：13－14．

② 斯密．国民财富的性质和原因的研究：下卷．北京：商务印书馆，1974：27．

③ 同①349．

定产业（如为国防必需的产业）上和在对国内生产物课税时（这时对外国同样产物课同额税是合理的）。他也承认，在某些场合限制外国商品输入是合理的（如在外国限制本国商品输出时）。

二、国际贸易理论

斯密的国际分工和国际贸易理论是他的分工和交换学说在国与国之间关系上的发展或延伸。

斯密第一次明确论述了分工优势原理。斯密指出，各国由于各种原因都可能形成自己一定的优势。有的优势是自然固有的，如气候、土质、矿藏以及其他自然条件等；有的优势是后来获得的，如劳动熟练程度、技术水平等。两种优势都可以使一个国家在某种产品生产上节约劳动时间，造成成本优势，从而在国际市场上取得价格优势。因此，各个国家都应发挥自己的优势。斯密认为，分工的好处是可以降低生产成本，节约社会劳动，在国与国之间也存在国际性的分工，各国形成一定的国际分工，通过国际贸易，也可以获得提高劳动生产率的好处。他说："如果外国能以比我们自己制造还便宜的商品供应我们，我们最好就用我们有利地使用自己的产业生产出来的物品的一部分向他们购买。"①

斯密把分工优势原理又分为绝对优势和相对优势两种。斯密较多地论述了绝对优势原理，并把绝对优势看做形成国际分工和国际贸易的根本依据，不过，斯密也注意到了相对优势的存在。他曾说："现在最富裕的国家，固然在农业和制造业上都优于邻国，但制造方面的优越程度，必定大于农业方面的优越程度。""在农业方面，富国劳动生产力未必都比贫国劳动生产力大得多，至少不像制造业方面一般情况那样大得多。""贫国的耕作，尽管不及富国，但贫国生产的小麦，在品质优良及售价低廉方面，却能在相当程度上与富国竞争。但是，贫国在制造业上不能和富国竞争；至少在富国土壤气候位置适宜于这类制造业的场合，贫国不能和富国竞争。"② 从这里可以看出，斯密已认识到，按绝对优势分析，贫国难以同富国发生贸易，但根据相对优势分析，富国专门从事制造业，贫国专门从事农业，它们之间也可以形成国际分工并进行相互之间的国际贸易。

评议与思考

尽管在古典政治经济学的阶段划分上存在不同的看法，但斯密的《国富论》作为古典政治经济学形成的标志（指在一本专著中表现较为完整的经济学理论体系）这一点大体上可以算作共识。

《国富论》在理论体系上可以从两个方面考察。第一，斯密把国民财富作为研究对象，其著作分为五篇，第一、第二篇是经济学原理部分，第三篇是经济史部分，第四篇

① 斯密．国民财富的性质和原因的研究：下卷．北京：商务印书馆，1974：28.

② 斯密．国民财富的性质和原因的研究：上卷．北京：商务印书馆，1972：7-8.

是学说史部分，第五篇是国家及其收入部分。近代以来经济学已发展成为包括许多分支学科的学科群，其中主要学科都可以从斯密的《国富论》中寻找源头。从这方面来看，斯密的《国富论》又可以看做现代经济学学科群的最初的未完全展开的形式。经济学理论体系的发展充分表明了政治经济学本质上是一门历史的科学，即政治经济学（或经济学）所研究的对象——资本主义生产方式以及与其相适应的生产关系和交换关系——是属于人类社会特殊历史阶段的，同时也是在不断发展变化的；反映这种资本主义生产方式的理论本身也随之而不断发展和变化，所有这些都表现为历史和对历史的研究。第二，斯密在《国富论》中已建立起反映资本主义经济关系及其形式的理论概念或范畴，即由商品、货币、资本等概念范畴构成的具有内在联系的体系。这些是配第以来研究成果的汇集、总结，并且在资本这个形式上确立和展开（魁奈那里是原预付、年预付，斯密这里已是分为固定资本和流动资本的资本），资本的收入被归为利润。斯密初步考察了国家层次上的经济及其运行，从国家出发考察了对外贸易和世界市场。他认为，采取资本形式进行的社会生产应在自由竞争下使资本得到最合理的配置，从而他希望建立符合自然秩序的理想制度（作为政治的、上层建筑的国家要提供社会生产所必不可少的一般条件，包括国家安全、司法等）。

斯密的“看不见的手”是常被人提起的，也引出了许多解释和争议。问题在于，斯密讲自然自由制度树立起来以后就可以听其自由，那么：

第一，如果资本主义市场出现失灵，自由放任原则就必然在一定程度上要由政府作用来补充。约翰·穆勒在19世纪中期对斯密自由放任原则的论述和政府作用的考察就是对斯密论述的一个较为全面的补充。

第二，如果认定特定国家还没有建立起自然自由制度，或者该国资产阶级还没有强大到能自由竞争时，也就难以听其自由。李斯特以及德国历史学派正是从这方面发展了他们的理论、学说及特定的政策。

第三，如果认为自然自由制度总是处于一个不断完善的过程之中，自由放任也要在很多方面受到限制，也即制度要不断改良。美国制度学派正是据此而产生和不断发展的。

第四，如果认为在国家层次上，资本主义市场不能保证充分就业或充足的有效需求，就必然出现政府调节的理论，凯恩斯主义正是在这种基础上产生和发展的。

无论如何，斯密的《国富论》总是近代以来经济学说发展的一个出发点。

关键词

斯密　《道德情操论》　《国富论》　斯密理论的二重性
分工　使用价值和交换价值　三个阶级和三种收入
自然价格与市场价格　生产劳动与非生产劳动
固定资本和流动资本　“斯密教条”　国家及其职能
四项税收原则　经济自由主义　分工优势原理

思考题

1. 什么是斯密理论的二重性？
2. 评析斯密的价值理论。
3. 斯密是怎样论证自然价格及其与市场价格的关系的？
4. 如何理解斯密关于“地租是一种垄断价格”的说法？
5. 什么是“斯密教条”？
6. 怎样看待斯密的经济自由主义？

第七章

大卫·李嘉图的经济理论

斯密和李嘉图著作的出版时间相隔41年，在这一时期英国的工业革命已基本完成，资产阶级和地主阶级之间的经济利益矛盾在《谷物法》上突出表现出来，李嘉图被看做这一时期工业资产阶级的代言人。本章分五节，第一节介绍李嘉图的生平、著作和研究方法，第二、第三、第四、第五节分别介绍李嘉图的各种主要理论。李嘉图在方法上坚持抽象法，力图在劳动价值论基础上解释工资、利润和地租，他的经济理论又作为其反对《谷物法》的依据。李嘉图在对工资、利润、地租的解释中揭示了它们之间的对立，从而揭示了三大阶级之间的对立和矛盾，但他方法上的缺陷又使其理论体系本身陷入两大矛盾之中。后来的经济学家对李嘉图的理论和方法有许多不同的评价，并把他的理论看做马克思经济理论的直接来源之一，因此其理论也被称为制造混乱的体系。但在马克思看来，李嘉图的经济理论达到了古典政治经济学的高峰，李嘉图是英国古典政治经济学的完成者。

本章重点

- 李嘉图的著作和研究方法
- 李嘉图的劳动价值论和李嘉图理论体系的两大矛盾
- 李嘉图怎样揭示工资和利润、利润和地租之间的对立
- 李嘉图的比较成本学说

第一节　李嘉图的生平、著作和研究方法

一、李嘉图所处的时代与生平

李嘉图是英国古典政治经济学的完成者，英国古典政治经济学在李嘉图那里达到顶峰。李嘉图从事学术活动的时间虽仅比斯密晚了约40年，但这个时期英国社会经济发生了极为巨大的变化。斯密生活的年代正处于英国产业革命的前夜，而在李嘉图所生活的年代，英国产业革命正在蓬勃发展。

英国的产业革命从18世纪下半期开始，资本主义工场手工业向机器大工业过渡。英

国工业从1770年到1820年大约增长了4倍，许多新的城市和工业中心出现。机器生产大大提高了劳动生产率，给英国资产阶级提供了数量巨大且成本低廉的产品，英国对外贸易迅速高涨，到19世纪初，英国开始成为“世界工厂”，成为世界其他各国的工业品主要供应者。

英国产业革命不仅带来了社会生产力的提高，还引起了社会经济关系的巨大变化。代表新生产力的工业资产阶级在社会上占据越来越重要的地位，资本主义社会化大生产的工厂制度确立。与此同时，资本主义大农业也已在农业中完全确立了统治地位。产业革命的发展和农业生产的资本主义化，都使真正的产业无产阶级形成并发展了起来。机器生产使工人断绝了恢复小生产者地位的幻想，失去了任何独自经营的手工技术和条件，工人阶级也更加集中。女工和童工出现，被机器排挤的失业大军也出现了。恩格斯说：“当师傅本人也被厂主排挤的时候，当开办独立的企业必须有大量资本的时候，工人阶级才第一次真正成为居民中的一个稳定的阶级，而在过去，工人的地位往往是走上资产者地位的阶梯。”① 可见，“这个产业革命的最重要的产物是英国无产阶级”②。

在这个时期，工人阶级已开始了自发的斗争，但还没有发展成公开的政治斗争，社会主要矛盾还是地主阶级和资产阶级的矛盾，英国地主阶级和资产阶级的矛盾在政治上表现在社会改革上，而在经济上则反映在货币改革争论和《谷物法》的废存上。

大卫·李嘉图（1772—1823）出生于犹太族资产阶级家庭，父亲是富有的伦敦交易所经纪人。李嘉图只受过初等教育，14岁即随父参与交易所工作。因与新教徒女子相恋同父亲发生矛盾，离家独立生活。李嘉图熟悉业务，善于钻研和把握时机，25岁时就已相当富有。后来，李嘉图得以有时间专门从事进修和科学研究。他兴趣广泛，曾钻研过数学、化学、物理、矿物学和地质学等，还是英国地质学会的创始人之一。1799年，他最初接触到斯密的《国富论》，从此开始了对政治经济学的研究。1818年，李嘉图当选为格洛斯特郡郡长，后又当选为代表爱尔兰波塔灵顿的下院议员，成为主张社会改革的激进派。李嘉图最成功的政治经济学著作是1817年出版的《政治经济学及赋税原理》。李嘉图于1823年9月逝世。

二、李嘉图的著作

李嘉图长期从事证券交易活动，熟悉金融领域的实际业务，因此，当英国货币问题成为公众关注的重点时，他很自然地被卷入关于货币的论战之中。英国是近代银行制度发展最早的国家之一，随着产业革命的进行，资本主义信用不断扩展。但法国大革命以后，英国在反拿破仑战争中军费开支浩大，财政收支失去平衡，国库空虚。1799年英国政府实行《银行限制法》，宣布停止银行券兑现，并不断增加纸币发行，引起纸币贬值和物价上涨。李嘉图站在工业资产阶级的立场上，对这种混乱状况进行了分析与抨击，提出了他的关于货币方面的观点与理论。1809年8月29日，他在《晨报》上发表了他的第

① 马克思，恩格斯．马克思恩格斯全集：第2卷．北京：人民出版社，1957：297.

② 同①296.

一篇研究经济问题的文章《黄金的价格》，文中批评了滥发纸币的政策，奠定了他的货币理论基础，此后，他又发表了一系列关于货币问题的论文和小册子，受到公众的关注，成为当时非常有影响的货币问题专家。后来，李嘉图对货币问题又进行了进一步研究，1823年写作了《建立国家银行的计划》一书。

在英国产业革命的迅速发展中，《谷物法》问题曾成为当时重要的经济和政治问题。1815年，英国社会在地主阶级占优势的情况下通过了一项保护谷物交易的法律，该法律规定，谷物价格在1夸特低于80先令时，禁止外国谷物进口，以维持国内谷物的高价。《谷物法》有利于地主阶级而不利于工业资产阶级，因而在当时的英国成为地主阶级和工业资产阶级斗争的热点之一。在当时关于《谷物法》的辩论中，李嘉图和马尔萨斯是两个不同意见的代表，马尔萨斯曾先后出版了《地租的性质与发展及其支配原则的研究》《对限制国外谷物输入政策的意见的根据》等著作，为地主阶级的利益辩护。李嘉图则发表《论低价谷物对资本利润的影响》（副标题为“对马尔萨斯最近两篇文章的评论”）一文，代表了工业资产阶级的利益。

《论低价谷物对资本利润的影响》发表后产生了广泛的社会影响。李嘉图的好友詹姆斯·穆勒敦促李嘉图把自己的经济学观点系统地写出来。在詹姆斯·穆勒的鼓励和支持下，李嘉图花了两年时间写出《政治经济学及赋税原理》，并于1817年4月19日出版。该书的出版使李嘉图获得极大的声誉，并成为当时英国政治经济学的权威。该书于1819年和1821年分别出版了第2版和第3版，后来被译成多种文字逐渐流传开来。

李嘉图的《政治经济学及赋税原理》也引起了反对意见，反对者包括李嘉图的好友马尔萨斯。马尔萨斯与李嘉图的私人关系很好，但在政治经济学理论及政策的许多方面，他们的观点却是针锋相对的。马尔萨斯写了《政治经济学原理》一书，对李嘉图著作中的观点进行了系统的批评，而李嘉图于1822年也写了《对马尔萨斯〈政治经济学原理〉一书的评论》，回答了马尔萨斯的反对意见，并进一步阐述了他自己的观点。李嘉图在1823年又写了《绝对价值与交换价值》，继续就价值及其尺度问题与马尔萨斯进行商讨。

李嘉图的《政治经济学及赋税原理》一书自出版以来，一直作为古典政治经济学的经典著作被加以研究。有的人（如美国经济学家凯里）认为这本书散布了阶级不和，把经济学之车开上了错误的道路，指责李嘉图体系是一个制造纷争的体系，并给李嘉图加上了“共产主义之父”的头衔。而有的人则给予李嘉图很高的评价，指出李嘉图方法巧妙、阐述深奥、论点明了、揭示内容深刻等。英国新剑桥学派甚至曾提出“回到李嘉图去”的口号。

《政治经济学及赋税原理》（第3版）一书由原序、第3版小引和32章组成。全书贯穿着一个基本思想，即寻找最佳途径，提高劳动生产率，发展资本主义，增加资产阶级的财富。全书32章中，第1～6章属于资本理论部分，其中第1章论价值，第2章论地租，第3章论矿山租金，第4章论自然价格与市场价格，第5章论工资，第6章论利润；而其余各章，或是理论原理的应用分析，或是上述六章的附录或补充。马克思认为，李嘉图的著作在文辞和结构上都比《国富论》逊色，结构松散，排列缺乏逻辑，是非常奇特的、必然谬论的结构。马克思曾指出，李嘉图的理论完全包括在他的著作的前六章中，其他部分是实际运用、解释和补充，是杂乱地放在那里的。马克思还指出，由于李嘉图在第1章中讨论价值时还阐述了工资、利润及商品价格理论，加上第2章就已经包括了以后的论述，所以，李嘉图的全部著作已包括在它的头两章中了。也因此，马克思评价，阅读李嘉图著作的最初两章时会感到理论上的满足，而阅读以下部分时，这种满足感就逐渐消失了。实际上，李嘉图著作的这种结构与他写作该书时最初的打算也有一定关系。李嘉图是在詹姆斯·穆勒的鼓励下写这本书的，他虽相信自己学说的正确性，但也担心自己表达和解说自己思想的能力，他曾准备在自己写出手稿后让穆勒帮他重新编排和修改，但穆勒并没有等到李嘉图的写作全部完成，就在李嘉图写作的同时，把他的手稿一部分一部分地排印了，等李嘉图的手稿一写完，著作也很快就印好出版了。虽然如此，马克思仍认为，李嘉图阐述问题的明确、尖锐、前后一贯、彻底，以及议论的精辟透彻，在政治经济学史上仍是空前的。

李嘉图在《政治经济学及赋税原理》中，以劳动价值论为基础，研究了资本主义社会三个阶级收入的来源与相互关系，初步揭示了资本主义社会中阶级利益的对立。李嘉图研究了资本主义运行机制的各个方面，并得出了一些具有科学性的结论。

三、李嘉图的研究方法

李嘉图和斯密的著作都受他们所处时代哲学思潮的影响，如果说斯密较多受18世纪启蒙思想家自然秩序和理性观念的影响，那么李嘉图则受边沁（Jeremy Bentham）功利主义哲学的影响较大。在李嘉图时代，以边沁为代表的功利主义哲学得到广泛的传播。边沁认为，社会是完全屈从于个人、溶解于个人的，社会是由个人组成的“虚构的机体”。个人利益是人类行为的准则，即每个人在自己的活动中都遵循功利主义，寻求快乐和避免痛苦。“最大多数人的最大程度的幸福”是每个人利益的加总。李嘉图根据边沁的观点断言，每个人在追求个人利益时，并不与整个人类、整个社会的利益冲突。他说：“在商业完全自由的制度下，各国都必然把它的资本和劳动用在最有利于本国的用途上。这种个体利益的追求很好地和整体的普遍幸福结合在一起。”①

李嘉图反对国家干预，主张自由竞争和自由放任，认为这是一个国家的资本按最有利于社会的方式进行分配的重要条件。但是，每个人在追求个人利益时虽然不与整个人类或社会利益相冲突，但会与其他人和集团的个人利益发生矛盾或冲突，或者说，阶级与阶级之间也不会不发生矛盾与冲突。在这种情况下，李嘉图始终坚持维护工业资产阶级的利益，因为他把工业资产阶级看做是社会进步势力的代表者和体现者。马克思曾称赞李嘉图具有科学上的诚实。正是由于这种科学上的诚实，李嘉图能揭示资本家与地主在经济上的矛盾与对立，同时也能揭示无产阶级和资产阶级之间的矛盾与对立，只不过，在他眼中，资本家与工人的对立是从属于资本家与地主的对立的，这大体上也符合当时英国的现实状况。应该注意的是，李嘉图虽看到了阶级之间的矛盾与对立，但他没有去寻找这些对立的根源，在他的心目中，资本主义生产方式是自然的、永久不变的。

李嘉图同其他古典政治经济学家一样采用了抽象法，并把这种方法提高了一大步。

① 李嘉图．政治经济学及赋税原理．北京：商务印书馆，1983：113.

配第在研究中初步使用了抽象法，从经常涨落的市场价格中抽象出自然价格加以分析。重农学派使用抽象法，把社会分为三大阶级，研究了社会资本的生产与流通。斯密也采用了抽象法，把价值区分为使用价值和交换价值，并用劳动说明交换价值。不过，斯密的著作中在使用抽象法的同时也使用现象描述法。李嘉图指出了斯密方法上的二重性及其所带来的观点的二重性，他追求前后一贯的理论，始终运用抽象法进行研究。具体说来，李嘉图在著作中运用的方法是：先抓住商品的价值量由生产中耗费的劳动时间来决定这一正确原理，并由此出发去考察资本主义的其他经济范畴，看这些经济范畴同这个原理是否符合，或者在什么程度上需要加以修正。马克思指出："李嘉图从这一点出发，迫使科学抛弃原来的陈规旧套，要科学讲清楚：它所阐明和提出的其余范畴——生产关系和交往关系——同这个基础、这个出发点适合或矛盾到什么程度……李嘉图在科学上的巨大历史意义也就在这里"①。

但李嘉图的研究方法也存在缺陷和错误。第一，他把资本主义的社会关系看做是一般的一切社会的生产关系，把资本主义的生产规律看做是一般的生产规律。他虽然也知道人类社会是发展的，但他把发展仅归结为生产力的发展，看到的只是生产力发展的各种阶段，而忽略了生产关系发展的不同阶段。他研究的是资本主义生产方式及其发展规律，却以为这是一切社会的生产方式和发展规律。所以，他虽分析了价值、工资、利润和地租等范畴，却从不注重这些范畴的历史起源。他虽指出了工资与利润、利润与地租之间的对立，但把这些只看做是社会所固有的、自然的东西。第二，他把资本主义生产关系看做是固定不变的，就看不到反映资本主义生产关系的经济范畴在资本主义条件以内，由于生产关系变化而引起的变形和复杂化。他的分析往往不是从最简单的范畴逐渐上升到更为复杂的范畴，而是有时跳过必要的中间环节，直接去论证各种经济范畴的一致性。比如在论述价值和生产价格时，他跳过价值转化为利润、利润转化为市场利润的中介环节，直接把价值与生产价格相联系或等同，这就使他的理论体系存在内在的矛盾，最终遇到难以攻克的理论上的难关。

第二节　价值与货币理论

一、对斯密价值理论的批评

李嘉图的《政治经济学及赋税原理》是从评论斯密的价值理论开始的。这表明，李嘉图很清楚地知道，要搞清资本主义的分配关系，必须以价值理论作为基础。李嘉图继承了斯密关于劳动决定价值的观点，同时也指出了斯密价值理论中的混乱与错误。

李嘉图接受了斯密关于使用价值和交换价值的区分，并比斯密更前进了一步。斯密在区分使用价值和交换价值时，除提出了正确的观点之外，又认为交换价值很大的东西，往往具有极小的使用价值，甚至没有使用价值。斯密的论述表明，他注意到了使用价值

① 马克思，恩格斯. 马克思恩格斯全集：第26卷Ⅱ. 北京：人民出版社，1973：183.

和交换价值二者的区别，但没有看到二者之间的联系。李嘉图纠正了斯密的这个不足。李嘉图认为，有些使用价值很大的东西，如空气、水等，可以没有交换价值。一方面，使用价值无法用任何已知的标准加以衡量，不同的人对它有不同的估价，所以，使用价值不能作为交换价值的尺度。另一方面，没有使用价值的东西，或者无论从哪一方面说都无益于人们欲望的满足的东西，无论怎样稀少，也无论获得时需要花费多少劳动，都不会具有交换价值。在这里，李嘉图已认识到交换价值必须以使用价值为前提条件，实际上指出了使用价值是交换价值的物质承担者。

李嘉图批评斯密同时用耗费劳动和购买劳动两种规定说明价值决定。李嘉图指出，斯密在论述价值决定时既用耗费劳动又用购买劳动，实际上是提出了两个不同的价值标准尺度。李嘉图坚持认为，商品的价值只能由耗费的劳动决定，价值的大小与这种劳动量成正比。李嘉图对斯密同时树立两种规定或标准的批评是正确的。但李嘉图并不真正了解斯密的错误。李嘉图认为耗费劳动和购买劳动是不等的，斯密事实上也并未说二者相等，相反，斯密意识到了劳动决定价值的原理在前资本主义社会和资本主义条件下的表现有所不同。在斯密看来，在资本主义生产方式之前，商品交换价值只由劳动者所耗费的劳动构成，而在其后，商品交换价值不仅包括工人劳动的工资收入，还包括利润与地租，所以，在资本主义生产方式产生之前，斯密认为商品价值由耗费劳动决定，而在其后就要由能购买或支配的劳动决定。斯密的错误在于不能区分劳动和劳动力，不了解与劳动力价值等量的商品可以支配一个更大数量的活劳动。李嘉图认识到耗费劳动和购买劳动在量上不等，但他也同斯密一样，不能区分劳动与劳动力，所以，他并未真正指出斯密的错误所在。

李嘉图还批评了斯密抛弃劳动价值论，用三种收入决定价值的观点。根据李嘉图的观点，价值是第一性的因素，分配要在价值形成以后才进行，因而是第二性的因素。无论是在初期野蛮社会，还是在资本主义社会，商品价值都是由生产商品所耗费的劳动时间决定的。商品的价值决定和商品的价值分配是两回事，不能混为一谈。因此，斯密认为三种收入形成或决定价值的观点是错误的，脱离了劳动价值论。李嘉图指出，一种商品在生产出来以后，它的价值可以在不同社会成员中分配，但这不会影响商品的价值，“在这种种不同的情况下，为这一或那一行业提供相等价值的资本的人可能在所得产品中获取二分之一、四分之一或八分之一，而把其余的部分作为工资付给那些提供劳动的人。但这种分割不能影响这些商品的相对价值”①。

二、李嘉图的劳动价值论

李嘉图是自始至终坚持劳动价值论的。李嘉图把商品分为两大类，其中一类商品的交换价值只由它们的稀少性决定，如罕见的雕像、图画、古书和古钱等，这些商品不能由人类劳动增加它们的数量，所以它们的价值不能由于供给增加而减低。另一类是价值决定于劳动时间的商品。在李嘉图看来，前者只是极少数，后者是大多数，而他所要研

① 李嘉图. 政治经济学及赋税原理. 北京：商务印书馆，1983：18.

究的是后者。他说："说到商品、商品的交换价值以及规定商品相对价格的规律时，我们总是指数量可以由人类劳动增加，生产可以不受限制地进行竞争的商品。"① 马克思说，李嘉图实际上指出了，"价值规律的充分发展，要以大工业生产和自由竞争的社会，即现代资产阶级社会为前提"②。对于可以由人类劳动增加其数量的商品，李嘉图认为，它们的价值取决于生产它们所耗费的劳动。他说："我的价值尺度是劳动量。"③"耗费在一件商品上的劳动……是商品实在价值的尺度。……交换价值是由实在价值来调节的，因而是由耗费的劳动量来调节的。"④

李嘉图在用劳动说明价值时，也在努力把价值从交换价值中分离出来。李嘉图在谈论价值时，曾使用过许多概念，其中使用比较多的一个概念是"相对价值"。不过，他在使用"相对价值"时，曾赋予它两种不同的含义：一是指由劳动时间决定的交换价值；二是指一个商品的交换价值表现在其他商品的使用价值上。前者是真正意义上的价值，李嘉图也称之为"绝对价值""真实价值""实在价值""价值一般"。后者则是名副其实的交换价值，李嘉图又称之为"比较价值"。李嘉图在1823年写了《绝对价值与交换价值》一文，在文中他谈到绝对价值时说："衡量一种商品的贵贱，除了为取得这种商品而作出的劳动的牺牲以外，我不知道还有什么别的标准。任何东西原来都是用劳动购买的；没有它，就没有一样具有价值的东西能够生产出来。……投入商品的劳动量的或多或少，是其价值变动的惟一成因。"在谈到交换价值时，李嘉图说："交换价值的意义是，一件商品所具有的能够换取另一商品的任何某一定量的力量。"⑤ 应该说，李嘉图已经初步把价值和交换价值区分开了。

在劳动决定商品价值的基础上，李嘉图分析了劳动量与商品价值量间的各种关系。他指出，劳动量增加，商品价值量就增大，劳动量减少，商品价值量就减少，"商品的价值与投入它们的劳动量成正比"⑥。但是，在劳动生产率发生变化时，商品价值的大小要与劳动生产率成反比，劳动生产率提高，单位商品中包含的劳动量就减少，价值就会下降。反之，劳动生产率下降，单位商品中包含的劳动量就增加，价值就会上升。当劳动是不同质的时候，他把不同质劳动还原为同一的社会劳动，把复杂劳动看做倍加的简单劳动。他说："当我谈劳动是一切价值的基础，相对劳动量是几乎惟一的决定商品相对价值的因素时，决不可认为我忽视了劳动的不同性质，或是忽视了一种行业一小时或一天的劳动与另一种行业同等时间的劳动相比较的困难。为了实际目的，各种不同性质的劳动的估价很快就会在市场上得到十分准确的调整，并且主要取决于劳动者的相对熟练程度和所完成的劳动的强度。"⑦ 李嘉图还指出，决定商品价值的劳动虽然是耗费劳动，但并不是任何一种生产商品时的具体的劳动耗费，这种劳动必须是必要劳动。他说："一切商品，不论是工业制造品、矿产品还是土地产品，规定其交换价值的永远不是在极为有

① 李嘉图．政治经济学及赋税原理．北京：商务印书馆，1983：8.
② 马克思，恩格斯．马克思恩格斯全集：第13卷．北京：人民出版社，1962：50.
③ 李嘉图著作和通信集：第2卷．北京：商务印书馆，1979：194.
④ 李嘉图著作和通信集：第9卷．北京：商务印书馆，1986：9-10.
⑤ 李嘉图著作和通信集：第4卷．北京：商务印书馆，1980：371.
⑥ 同④163.
⑦ 同①15.

利、并为具有特种生产设施的人所独有的条件下进行生产时已感够用的较小量劳动，而是不享有这种便利的人进行生产时所必须投入的较大量劳动；也就是由那些要继续在最不利的条件下进行生产的人所必须投入的较大量劳动。这里所说的最不利条件，是指所需的产量使人们不得不在其下进行生产的最不利条件。”① 可以看到，李嘉图已认识到决定商品价值的是社会必要劳动，只不过他是把在最坏条件下生产一种商品所耗费的劳动作为社会必要劳动的。

李嘉图在考察价值形成过程中还区分了直接劳动与间接劳动。他以袜子生产为例，指出袜子所包含的价值中，既包括织袜工人的直接劳动，还包括其他工人（如纺纱、制织袜机等工人）的间接劳动。他说：“生产出来的商品的交换价值与投在它们生产上的劳动成比例；这里所谓劳动不仅是指投在商品的直接生产过程中的劳动，而且也包括投在实现该种劳动所需要的一切器具或机器上的劳动。”② 李嘉图在这里已认识到，商品价值包括工人直接劳动（或活劳动）创造的新价值和由间接劳动（或物化劳动）所体现的旧价值。李嘉图还清楚地指出，只有工人新加入的活劳动才创造新价值，机器等生产资料本身不创造新价值，并以此批判了萨伊关于资本、土地也创造价值的观点。不过，李嘉图没有劳动二重性的学说，不能说明新价值的创造和旧价值的转移是如何同时进行的。

李嘉图的劳动价值论是英国古典政治经济学在价值论方面的最高成就，被马克思称为“用劳动时间确定价值的学派领袖”③。

三、 李嘉图价值理论的缺陷与矛盾

李嘉图的价值理论也存在一些缺陷与矛盾。他虽然把生产商品的劳动看做是价值的唯一源泉，却从没有研究这种劳动的性质，而是把注意力几乎完全放在了价值量的分析上，把劳动只当做价值量的尺度来考察。在他看来，劳动创造价值、价值量由劳动时间衡量是十分自然的事，完全忽略了价值是一种社会关系。由于这个原因，也由于李嘉图方法论上同时存在的缺陷，他在价值理论上遇到了两大难关，这也形成了李嘉图理论体系的两大矛盾，并最终导致了李嘉图体系及李嘉图学派的解体。

马克思说：“李嘉图体系的第一个困难是，资本和劳动的交换如何同‘价值规律’相符合。第二个困难是，等量资本，无论它们的有机构成如何，都提供相等的利润，或者说，提供一般利润率。实际上这是一个没有被意识到的问题：价值如何转化为费用价格。”④

要解决第一个困难，就要摆脱一种两难境地：如果资本与劳动的交换是按价值规律进行的等价交换，那么，工人的工资应等于他在生产中创造的新价值，在这种情况下，资本家的利润等于零；如果工人的工资小于他在生产中创造的新价值，二者的差额也即利润得到了说明，但资本与劳动的交换就不是按价值规律进行的等价交换了。李嘉图坚

① 李嘉图. 政治经济学及赋税原理. 北京：商务印书馆，1983：60.
② 同①19.
③ 马克思，恩格斯. 马克思恩格斯全集：第4卷. 北京：人民出版社，1958：132.
④ 马克思，恩格斯. 马克思恩格斯全集：第26卷Ⅲ. 北京：人民出版社，1974：192.

持用劳动说明价值的决定，但无法解决资本与劳动相交换如何同价值规律相符合的困难。李嘉图的困难在于不能区分劳动和劳动力，这个难题只有在区分劳动力和劳动之后才能予以解决。要解决第二个困难，就要说明在资本有机构成不同（不变资本和可变资本比例不同）的情况下，为什么等量资本一般都能获得等量利润。在资本有机构成相同的情况下，或在可变资本也即工资的比例相同的情况下，按照劳动价值论，等量资本获得等量利润是与价值规律相符合的。但是，如果可变资本即工资的比例不一样，在等量资本中劳动所创造的价值会发生差别，从而等量资本所获得的利润量也会出现差别，等量资本就不应该获得等量利润。李嘉图已在探讨工资涨落对于商品相对价值的影响时发现这个矛盾了。斯密曾指出商品价值决定于收入，工资上涨会引起一切商品价格提高。李嘉图反对斯密这种用收入说明价值的观点，坚持劳动价值论。但他也看到，在资本有机构成不同时，在商品价格不变的情况下，工资的涨落必然使同量资本得不到同量利润，而要使同量资本得到同量利润，工资变动必然引起商品相对价值或价值的变动。李嘉图无法解决这个矛盾，只好把它看做是对价值规律的必要的修正，它称工资变动虽会影响商品价值量的变动，但影响是小的，所以，劳动价值论仍是主要的。实际上，李嘉图的困难在于，他没能把价值和生产价格区分开来，他不了解，在资本主义条件下，价值已在竞争过程中由于平均利润率形成而转化为生产价格，市场价格不再围绕价值而是围绕生产价格上下波动了。在生产价格形成条件下，在资本有机构成不同时，等量资本仍可以获得等量利润。

四、　李嘉图的货币理论

李嘉图研究经济问题是从货币开始的，他一直十分关注当时英国关于货币的争论，并且发表过许多看法，也提出过他的货币改革方案。李嘉图对货币的论述中，既有科学合理的因素，又有错误的内容。

（一）李嘉图在货币理论上的科学贡献

李嘉图是从劳动价值论出发研究货币的。他肯定了货币的商品性质，认为铸造货币的金银同其他商品一样也有价值，其价值也决定于所耗费的劳动量。他说："黄金和白银像一切其他商品一样，其价值只与其生产以及运上市场所必需的劳动量成比例。"①

根据货币价值取决于所耗费的劳动的观点，李嘉图研究了决定流通商品所必需的货币量的规律。李嘉图认为，作为流通手段的货币的数量首先决定于货币本身的价值，所需要的货币量同货币的价值成反比。他说："一国所能运用的货币量必然取决于其价值。如果只用黄金来流通商品，其所需的数量将只等于用白银流通商品时所需白银数量的十五分之一。"② 其次，李嘉图已认识到一国流通手段的数量取决于流通中的商品额，二者成正比。另外，货币流通速度也影响流通中的货币数量，二者成反比。李嘉图的思想可以用以下公式来表示：

---

①② 李嘉图．政治经济学及赋税原理．北京：商务印书馆，1983：301．

$$货币流通数量=\frac{商品价值\times 商品总量}{货币价值\times 流通速度}$$

当李嘉图沿着正确的思路研究决定流通所必需的货币数量的规律时，他也能对纸币流通规律有所认识。李嘉图赞成使用纸币，认为纸币具有节约贵金属材料、可随时改变其数量等优点。同时，他也看到，纸币与金银币有很大区别。一般说来，金银币不会超过流通需要，但纸币有可能超过流通需要，纸币过多会引起货币贬值和通货膨胀。李嘉图区分了可随时兑换金属硬币的纸币和不能兑换的纸币，认为前者不会引起通货膨胀，而后者可能引起通货膨胀。他意识到，纸币流通规律是从纸币代替的金银价值这一关系中形成的，因此他赞同纸币数额决不能超过它所代替的金银的价值的观点，并以此作为检验英国纸币流通量是否过剩的标准。

李嘉图上述观点是有其科学合理性的。不过，他比较多地注意货币与商品关系的数量方面，虽正确地把货币看做是商品，却没有进一步研究货币与商品在本质关系上的内在联系，即没有深入研究货币的起源。马克思曾指出，从 17 世纪开始，古典学派包括李嘉图在内，“已经知道货币是商品，这在货币分析上是跨出很大一步的开端，但终究只是开端而已。困难不在于了解货币是商品，而在于了解商品怎样、为什么、通过什么成为货币”①。

（二）货币数量论

货币数量论是一种用流通中的货币数量的变动来说明商品价格变动的货币理论。这种理论在 17 世纪意大利经济学家那里已提出来了，洛克也有类似思想。后来，休谟在范德林特著作的影响下建立了货币数量论的完整体系。李嘉图受休谟理论的影响也很大。

李嘉图认为，当流通中的货币数量与商品流通所需货币数量一致时，货币价值是由生产货币的劳动来决定的。如果货币数量多于商品流通所需的量，货币价值就要低于原来的金属价值，商品价格就上升；如果货币数量少于所需的量，货币价值就要高于原来的价值，商品价格就下跌。货币价值与其流通量成反比，与商品流通量成正比；商品价格与货币流通量成正比，与商品流通量成反比。在货币数量过多、价值下降时，会引起金银的生产量下降，直到供给减少使货币提高到正常价值为止；在货币数量过少、价值上升时，会引起金银的生产量增加，直到供给增加使货币降到正常价值为止。

李嘉图从货币的国际平衡方面做了更明确的解释。他认为，在正常流通情况下，每一国都保持与商品数量相适应的货币量，货币按其包含的劳动量来流通。但如果一国拥有的金银因发现新矿而增加，或由于商品价值总额有了增减，那么，流通中的货币数量就会出现过多或过少的现象。货币数量过多的国家物价上涨，货币价值贬值，金银就会输出；货币数量过少的国家物价下跌，货币价值上升，金银就会输入。金银在国际的流动使各国货币数量适应流通需要，并平衡货币与商品的价值。

李嘉图的上述观点已属于货币数量论，即把货币价值的高低看做是由流通中的货币

① 马克思，恩格斯. 马克思恩格斯全集：第 23 卷. 北京：人民出版社，1972：110.

数量决定的。在他的论述中，货币主要发挥流通手段的职能。他忽略了货币的价值尺度和贮藏手段的职能。忽略价值尺度职能就会产生错觉，认为商品价格决定流通手段的数量，而流通手段的数量又取决于一国所有的货币材料量。忽略贮藏手段职能就会认为，任何数量的货币都会进入流通，而没有看到，在金属货币流通条件下，超过必需的流通量的货币会自动退出流通转化为贮藏货币，货币执行贮藏手段可以自发调整流通所必需的货币量。

（三）稳定通货的方案

李嘉图提出的是以金本位为基础的可兑换纸币制度。李嘉图认为，稳定的通货不能在金本位制度以外存在，应以贵金属作为本位，衡量其他物品价值，在现实流通中用纸币代替黄金以缩减非生产耗费，可以用最低廉的流通手段代替昂贵的流通手段。为了防止纸币贬值，他主张法律规定银行发行纸币的最高限额，并保存充足的准备金以随时无限制地进行兑换，以此调节流通中的货币数量。

李嘉图 1816 年提出的货币改革方案，经历了近 30 年的争论。1844 年，英国议会通过了《皮尔银行法案》，该法案正是以李嘉图方案作为指导思想的。李嘉图的方案以稳定货币为主旨，代表了当时工业资产阶级反对阻碍生产正常发展的通货膨胀政策的利益和要求。

第三节 分配理论

李嘉图经济理论体系中，分配理论是中心。李嘉图认为，产品要在地租、利润和工资的名义下分配给各个阶级，而“确立支配这种分配的准则，乃是政治经济学的主要问题”①。资产阶级政治经济学研究财富性质及其增长的任务已由斯密基本完成，但财富如何分配的问题未得到足够的重视和满意的说明。他说：“这门科学虽然已经由杜尔哥、斯图亚特、斯密、萨伊、西斯蒙第等人的著作而得到了很大的改进，但这些著作对于地租、利润和工资的自然过程没有提供令人满意的资料。”② 所以，他把分配问题确立为自己研究的主要问题。

在斯密时代，资本主义生产方式刚刚确立，人们的注意中心是资本积累和财富增值之间的相互关系；到李嘉图时代，资本积累对于财富分配比例的影响已成为十分重要的问题。在大机器生产发展中，资本积累依存于利润大小已越来越明显，而现实中，资本家与地主正围绕《谷物法》进行斗争。这样，探索分配的规律就更为迫切了。李嘉图要通过对各阶级之间的分配，确立最有利于资本主义生产发展的条件，他并未把分配与生产割裂开来。他所研究的范畴主要集中在工资、利润和地租之间的数量关系：各种收入的大小是由什么因素决定的；各种收入的数量比例又是如何决定的。

---

①② 李嘉图. 政治经济学及赋税原理. 北京：商务印书馆，1983：3.

一、工资理论

李嘉图和斯密一样意识到，工资是影响利润的首要的、直接的和明显的因素。不过，比斯密更进一步的是，他始终把工资与雇佣工人的收入而不是与一般劳动收入相联系。李嘉图的工资理论包括决定工资数量的基础、工资变动的规律和相对工资等。

李嘉图把劳动看做是一种商品，因而也有其自然价格和市场价格。他用对劳动自然价格或价值的探讨说明决定工资数量的基础。李嘉图认为："劳动正像其他一切可以买卖并且可以在数量上增加或减少的物品一样，具有自然价格和市场价格。""劳动的自然价格是让劳动者大体上能够生活下去并不增不减地延续其后裔所必需的价格。""取决于劳动者维持其自身与其家庭所必需的食物、必需品和家用品的价格。食物和必需品涨价，劳动的自然价格也会上涨，这些东西跌价，劳动的自然价格也会跌落。"① 李嘉图虽未区分劳动和劳动力，但他把劳动的"自然价格"（或价值）用工人得到的生活资料所耗费的劳动量来说明，这事实上已正确地确定了工资的自然基础。

对于工资变动的规律，李嘉图是用劳动的市场价格围绕劳动自然价格的波动来说明的。李嘉图认为，按供求比例的自然作用实际支付给工人的是劳动的市场价格，劳动的市场价格在劳动稀少时昂贵，在劳动充裕时便宜。他说："当劳动的市场价格超过其自然价格时，劳动者的景况是繁荣而幸福的，能够得到更多生活必需品和享受品，从而可以供养健康而人丁兴旺的家庭。但当高额工资刺激人口增加，使劳动者的人数增加时，工资又会降到其自然价格上去，有时的确还会由于一种反作用而降到这一价格以下。""当劳动的市场价格低于其自然价格时，劳动者的景况就最困苦；这时，由于习惯而成为绝对必需品的享受品就会因贫困而被剥夺。只有在贫穷已经使劳动者的人数减少，或劳动的需求已经增加之后，劳动的市场价格才会再提高到自然价格上，劳动才会得到自然工资率所提供的适度享受品。"② 在这里，工人人口自然增殖的变化起着对工资的自动调节作用。在李嘉图的论述中，劳动的市场价格依供求而围绕劳动自然价格上下波动能反映现实情况，但把工人人口自然增殖变化看做是对工资的自动调节存在片面性。从理论上说，劳动供求和工资变动并不直接取决于工人人口绝对数量，而是取决于产业后备军的大小；从实践上说，劳动力成长所需时间较长，而工资变动所需时间较短。李嘉图的论述明显受马尔萨斯人口论的影响。

李嘉图在研究工资发展趋势时，曾提出相对工资的概念，即把工资收入作为工资、利润和地租三种收入总和中的一部分，考察工资所占比例的变化。比如，假设某一年总产品量为 100，其中，工人工资收入为 25，地主地租收入为 25，资本家利润为 50；第二年总产品量提高到 200，其中，工资为 44，地租为 44，利润为 112。从绝对数量上看，三个阶级的收入都有增长，但工人工资所占比例从 25%下降为 22%，相对工资降低了。马克思认为，相对工资的分析是"李嘉图的巨大功绩之一。在李嘉图以前，始终只对工

---

① 李嘉图．政治经济学及赋税原理．北京：商务印书馆，1983：77.

② 同①78.

资作了简单的考察，因而工人被看作牲畜。而这里工人是被放在他的社会关系中来考察的。阶级和阶级相互之间的状况，与其说决定于工资的绝对量，不如说更多地决定于比例工资”①。

由于李嘉图从相对工资角度考察工资发展趋势，从而得出了与斯密不太相同的看法。斯密把工资变动趋势分为三种类型，把国民财富增长的提高同工资提高相联系。而李嘉图则相反，认为随着社会发展，工资会有下降的趋势。其原因在于，资本增长率赶不上工人人数的增加，货币工资的增加赶不上生活必需品价格的上涨。

二、利润理论

在分配论中，李嘉图十分重视利润的分析，因为在他看来，只有利润迅速增长，国家才会处于最佳的境地。李嘉图在研究利润时，是从两种含义上进行的，有时他把利润同全部垫付资本相比较，有时只把利润同可变资本相比较。前者是本来意义上的利润，后者则实际上是剩余价值。古典政治经济学家事实上都在地租、利润等具体形式上考察了剩余价值，不过，各个古典政治经济学家的认识存在一定的差别。配第和魁奈把地租看做剩余价值的基本形式；斯密已把利润作为独立的经济范畴，并把利润和地租一起看做剩余价值的基本形式；而李嘉图则把利润看做剩余价值的唯一的基本形式，地租被看做是利润的一个部分。李嘉图发展了斯密利润理论中的科学因素。斯密已把利润看做是由劳动生产出来的价值的一个部分，实际上认识到了剩余价值的起源。李嘉图比斯密更进了一步，他在分析利润时常常撇开不变资本，把工资与利润相联系。所以，马克思说李嘉图有真正的剩余价值理论。

李嘉图认为，商品的价值取决于生产商品所必需的劳动时间，利润是劳动耗费的结果，工人以工资形式得到的是他所创造的价值的一部分，其余部分被资本家占有成为利润。他说：“商品的全部价值只分成两部分：一部分构成资本利润，另一部分构成劳动工资。”② 在这里，李嘉图实际上把利润看做是工人剩余劳动创造的剩余价值了。

李嘉图还研究了利润的变动规律。他断定利润的变动取决于工资的变动，后者是原因，前者是结果，变化的方向相反。在他看来，由于商品价值分成工资和利润两部分，那么，在商品价值不变的情况下，工资上涨，利润就下降，工资下降，利润就上升。工资的变动受生产生活资料的劳动生产率所影响，劳动生产率提高时，生活资料价值下降，工资也下降，这会引起利润上升；劳动生产率下降时，生活资料价值上升，工资也上升，这会引起利润下降。根据李嘉图的观点，劳动生产率是利润变动的最终原因，他是从生产出发研究分配的，同时，他又把工资看做是关键的环节。马克思高度赞扬了李嘉图对工资的分析，认为李嘉图特别指明工资与利润按相反方向变化，实际上揭示了工人与资本家之间的矛盾与对立。

不过，李嘉图的分析也有缺陷。他把工资与利润按相反方向变化看做是资本主义生

---

① 马克思，恩格斯．马克思恩格斯全集：第26卷Ⅱ．北京：人民出版社，1973：476－477．

② 李嘉图．政治经济学及赋税原理．北京：商务印书馆，1983：92．

产的普遍的唯一的规律，忽略了绝对剩余价值的生产。实际上，只有在劳动时间和劳动强度不变的条件下，工资和利润才可能按相反方向变化，或者说李嘉图研究的只是相对剩余价值生产。另外，李嘉图仍是在利润名义下研究剩余价值的，他还没有把剩余价值从利润中单独抽象出来加以研究。马克思说："李嘉图从来没有考虑到剩余价值的起源。他把剩余价值看作资本主义生产方式固有的东西，而资本主义生产方式在他看来是社会生产的自然形式。他在谈到劳动生产率的时候，不是在其中寻找剩余价值存在的原因，而只是寻找决定剩余价值量的原因。"①

在研究本来意义上的利润时，即研究剩余价值对全部垫付资本之比时，李嘉图一开始就从市场利润出发来进行考察。他已观察到平均利润是各行业竞争的结果，初步理解通过各行业之间的竞争，使各行业不同的利润率逐步趋向并形成平均利润率的过程。只不过他没有资本有机构成理论，没能科学地阐明利润转化为平均利润、价值转化为生产价格。

三、地租理论

李嘉图的地租理论是他整个经济理论体系中十分出色的一部分。他虽然没有研究利润的起源，却认真地研究了地租的起源，并且他坚持以劳动价值论为基础说明地租的来源，从而使古典政治经济学的地租理论达到顶峰。

在斯密以后，地租理论曾在安德森（James Anderson）和威斯特（Edward West）的著作中有了进一步的发展。詹姆斯·安德森（1739—1808）考察了 18 世纪英国的地租情况，被马克思称为"现代地租理论的真正创始人"。安德森把一个国家的土地按肥力不同分为不同的等级，用 A、B、C、D、E、F 等字母表示。等级 A 表示肥力最高的土地，以下按字母表示肥力依次下降的土地。不同等级的土地具有不同的相对肥沃程度，支付地租的差别在于这种相对肥沃程度。由于不论来自哪一等级土地，等量谷物都是按相同价格出卖的，因此，耕种较肥沃土地所获利润较大，肥力越小利润越少，在最差土地上，耕种费用同产品价值相同。他事实上把地租看做是较好土地上超额利润的转化形式。他还提出了土地收益递减的原理，认为投到土地上的劳动生产率会相对降低。威斯特（1782—1828）也提出了土地收益递减现象，并且分析了级差地租理论。在这方面，他提出了一种假设：级差地租是以耕种顺序从好地向坏地转移，即土地肥力越来越下降为前提的。李嘉图是在他们的影响下建立起比较完备的地租理论的。

李嘉图认为，在地主的名义地租收入中不全是地租，也可以存在土地资本的利息和资本家的利润，就是说，其中可以有一部分是为改良土地、修建必要建筑设施而投入的资本而支付的。真正的地租"是为使用土地的原有和不可摧毁的生产力而付给地主的那一部分土地产品"②。马克思指出，李嘉图说土地存在"原有和不可摧毁的生产力"是不正确的，因为土地没有不可摧毁的和原有的力，而是自然历史过程的产物。但李嘉图指

① 马克思，恩格斯．马克思恩格斯全集：第 23 卷．北京：人民出版社，1972：563－564．
② 李嘉图．政治经济学及赋税原理．北京：商务印书馆，1983：55．

出地租是地主不劳而获的收入，是他人为使用土地而支付给地主的产品这一点则是正确的。

李嘉图的地租理论实际上是级差地租理论，因而他还有一个按级差地租下的地租定义，他说："地租总是由于使用两份等量资本和劳动而获得的产品之间的差额。"① 李嘉图认为，地租的存在必须具备两个条件，即土地的有限性以及土地在肥沃程度和位置上的差别性。他说："如果一切土地都具有相同的特性，数量是无限的，质量也完全相同，那么，使用时就无须支付代价，除非是它在位置上具有特殊便利。"② 这就产生了级差地租Ⅰ。他还考察了级差地租Ⅱ，他说，在同一块土地上增投等量资本和劳动，产量并不以相同比例增加，而总是递减的，因此，"地租总是由于追加的劳动量所获报酬相应地减少而生产的"③。

李嘉图对级差地租的论述是以劳动价值论为基础的，并且是同土地耕作从优等地到劣等地的顺序和土地收益递减相联系的。他认为，一个国家总是先耕种肥力较高和位置较好的土地，随着人口增加以及农产品需求的增长，人们不得不去耕种质量和位置较差的土地，耕种较差土地必然要投入较大的生产费用，或者说，投入同样的支出只能获得较少的产量，因而每单位农产品包含的劳动量必然上升，农产品价值是由最劣等地的劳动耗费决定的，因此它也必然上升。农产品价格的上升就使原先耕种的较好的土地能产生较高的资本利润。这部分超过平均利润的超额利润就转化为地租支付给地主。据此，他批评了斯密把地租解释为价值来源之一的见解。他认为，地租不是农产品价格上涨的原因，相反，它是农产品价格上涨的结果。他说："农产品的相对价值之所以上升，只是因为所获产品的最后一部分在生产中使用了更多的劳动，而不是因为对地主支付了地租。……谷物价格高昂不是因为支付了地租，相反地，支付地租倒是因为谷物昂贵。"④ 他还批评了斯密把地租看做是自然力产物的见解，指出工业中风力、水力、空气压力和蒸汽力都给人以帮助且不求报酬，因此，工业劳动和农业劳动并无不同，地租是劳动创造出来的价值的一部分。李嘉图在论述级差地租Ⅱ时，正确地指出了它是由于追加投资而获得的超额利润，并且指出级差地租Ⅱ在租约期满之前可以留在租地农场主手中，只有在租约期满后地主提高租额时才落入地主手中。但他毫无保留地接受了土地收益递减的观点，并把它作为说明级差地租Ⅱ的基础。他曾说："假使土地的肥力是没有限度的，假使在同一土地上，资本一笔接着一笔地投入，可以取得同样的产量，这就不会产生地租。"⑤ 实际上，李嘉图关于土地耕作从优到劣顺序的观点也就是土地收益递减观点，因为他认为，随着社会的发展，越来越差的土地投入耕种必然使农业劳动生产率递减。他总结说："每当我们有必要在土地上追加一份生产报酬较少的资本时，地租就会增加。"⑥ 这包括了扩大劣等地的耕种，也包括了在同一土地上追加投入。

---

① 李嘉图. 政治经济学及赋税原理. 北京：商务印书馆，1983：59.
② 同①57.
③ 同①.
④ 同①64.
⑤ 李嘉图著作和通信集：第2卷. 北京：商务印书馆，1979：208.
⑥ 同①61.

李嘉图的地租理论中没有绝对地租，他认为最差土地是不提供地租的。他否认绝对地租的存在是有深刻原因的。他没有生产价格、资本有机构成理论，又没有注意土地私有权垄断，因此，在他的体系中，如果承认农产品价格在补偿生产费用和平均利润之外还提供绝对地租的话，就要承认农产品价格高于农产品价值，从而承认农业中除劳动创造价值外，自然要素也创造价值，这将推翻劳动价值论。另外，李嘉图在论述级差地租理论时把从优到劣的耕种顺序和土地收益递减作为地租形成的前提条件或原因也是片面的。实际上，只要存在土地在肥力和位置上的差别，不论耕作顺序是从优到劣，还是从劣到优，都可以形成级差地租；地租的增长也不一定与农产品价格上涨相联系，只要土地差别增大，同时最劣等土地的劳动生产率提高，那么，农产品价格下降时地租量也可以同时上升。

李嘉图的地租理论指出了地租与利润的矛盾与对立。他是通过工资说明这一点的。人口增加，食物需求增加，农产品价格由于劣等地投入耕种而增加，从而地租增加。同时，农产品价格上涨使工资提高，工资的提高意味着利润下降，所以，地租的增加也就是利润的减少。因此，李嘉图认为，随着社会发展，工人利益未变，地主最为有利，而资本家吃亏。如果工人工资的增加赶不上物价上涨，那么也会吃亏。所以，他在谈到农产品价格与各阶级之间的关系时说："除了地主以外，一切阶级都将因为谷物腾贵而受损失。"① 在他看来，工资与利润的对立，是由地租与利润的对立而产生的，所以，工人与资本家的矛盾是由地主与资本家的矛盾引起的。李嘉图从地租与利润的对立中实际上揭示了地主阶级和资产阶级的矛盾与对立。他的地租理论在当时为工业资产阶级反对《谷物法》提供了理论武器。

第四节　资本积累、再生产理论与赋税原理

一、资本理论

李嘉图把注意力主要集中于资本数量方面，忽略了对资本本质的进一步探讨。一般来说，他把资本直接等同于劳动资料，把早期社会中渔夫、猎人使用的武器也看成资本。他说："即使在亚当·斯密所说的那种早期状态中，虽然资本可能是由猎人自己制造和积累的，但他总是要有一些资本才能捕猎鸟兽。没有某种武器，就不能捕猎海狸和野鹿。"② 资本这个历史范畴被李嘉图看做是永恒不变的概念。

不过，李嘉图区分了两种劳动，即直接花费在商品上的劳动和花费在协助这种劳动的工具、机器和建筑物等上的劳动，从而，他把资本分为了两类，一类是维持劳动的资本，另一类是投到工具、机器和建筑物上的资本。实际上，前者就是可变资本，后者就是不变资本。但是，李嘉图没能最终形成不变资本和可变资本的概念，而且他还漏掉了

① 李嘉图. 政治经济学及赋税原理. 北京：商务印书馆，1983：287.

② 同①17－18.

作为原料存在的那部分不变资本。

李嘉图的两类资本的初步区分并没有使他在资本再生产理论方面有更大的前进，他受“斯密教条”的影响，也从商品价值分解为收入出发，从而在分析再生产时漏掉了不变资本。他曾使用“总收入”与“纯收入”的概念，总收入是指工资、利润和地租，纯收入是指利润与地租。在总收入与纯收入的划分上，他与斯密有所区别，他的纯收入概念相当于全部剩余价值。但是，他漏掉了再生产中不变资本的分析，因此，难以形成完整的再生产理论体系。

二、资本积累与危机

李嘉图关心资本主义的生产，为了使生产力不断发展，就要扩大再生产或积累资本。李嘉图说：“一国的产品全部都是要被消费的；但究竟由再生产另一种价值的人消费，还是由不再生产另一种价值的人消费，这里面的区别却是难以想象的。当我们说节约收入以增加资本时，意思就是说：所谓增加到资本中去的那一部分收入，是由生产性劳动者，而不是由非生产性劳动者消费的。如果认为资本能由于不消费而增加，便是大错而特错了。”①

在这里，“节约收入以增加资本”就是李嘉图的资本积累概念。根据李嘉图的观点，节省下来准备增加到资本中去的收入，应该用来雇用生产性劳动者，也即使剩余价值转化为可变资本部分。由于李嘉图是从商品分解为收入出发的，因此，他的资本积累概念中也就缺少了剩余价值转化为不变资本的分析。

李嘉图清楚地知道，资本积累是资本主义经济发展的必备条件，他曾说：“资本的丧失可能立刻会把一个增长中的国家变为停滞不前或退步的国家。一个国家只有在它积累资本的时候才是前进的。”② 他也清楚地知道，能转化为资本积累的是一国的纯收入，即利润和地租，工资是生产的必要费用，它的多少对资本积累是无关紧要的。在他看来，一个国家的实际利益是以纯收入多少来衡量的，而与总收入无关，也与这个国家人口的多少无关。他说：“只要实际纯收入不变，地租和利润不变，那么究竟是 1 000 万还是 1 200 万是无关重要的。一国能维持多少海陆军以及各种非生产性劳动的能力只和它的纯收入成比例，而不和它的总收入成比例。”③ 在纯收入方面，他很注意地租与利润的关系，认为低工资、低地租和高利润是较为理想的分配状况，因为只有高利润才为增加资本提供条件，从而促进国家财富的增长。

李嘉图认为：“国家财富的增加可以通过两种方式：一种是用更多的收入来维持生产性的劳动——这不仅可以增加商品的数量，而且可以增加其价值；另一种是不增加任何劳动量，而使等量劳动的生产效率增大——这会增加商品的数量，但不会增加商品的价值。”④ 在两种方式中李嘉图更推崇第二种方式，即将资本投入以提高劳动效率，增加产

---

① 李嘉图. 政治经济学及赋税原理. 北京：商务印书馆，1983：128.

② 李嘉图著作和通信集：第 3 卷. 北京：商务印书馆，1977：259.

③ 同①298.

④ 同①236－237.

品数量，而不增加必需品的消费。

在有关经济中是否存在经济危机的问题上，李嘉图是站在马尔萨斯和西斯蒙第的对立面，而信从萨伊定律的。他相信人们的欲望是没有止境的，需求是无限的，并进而相信供给可以创造需求。他曾说："我把人类的欲望和爱好看做无限的。我们都希望增加我们的享受或能力。消费增加我们的享受，积累增加我们的能力，它们同样地促进需求。"① 产品总是要用产品或劳务购买，货币只是实现交换的媒介，人们不会生产没有需求的商品。"如果商品已经生产出来，就必然有某些具有消费这些商品的愿望和力量的人，换个说法就是，对这些商品必然有需求。"② 资本的自由转移可以实现对生产的调节，资本会按照各行业所必需的数量得到合理的分配，社会中不会出现普遍生产过剩的危机。李嘉图承认局部生产过剩有可能出现，但否认普遍的生产过剩。

三、赋税原理

李嘉图相信资本主义具有自行调节的功能，主张实行各行业自由竞争、国家不予干预的自由放任的政策。他说："在没有政府的干预时，农业、商业和制造业最为繁荣。"需要国家"做的全部事情，就是避免一切干预，既不要鼓励生产的一个源泉，也不要抑制另一个源泉"③。同时，李嘉图也强调国家在保障私有财产、革除政治弊端和振兴教育等方面的作用。在他的心目中，国家应为资本主义创造或提供经济发展的良好环境，是一个节省开支的廉价政府。

李嘉图把政府开支归属于非生产性开支时认为，"凡属赋税都有减少积累能力的趋势"。"有些赋税所引起的结果可能比另一些赋税严重得多。但是赋税的巨大危害倒不在于课税目的的选择，而在于整个说来的总效果。"④ 因此，在他心目中，最好的财政计划就是支出最少的财政计划，最好的赋税就是税额最少的赋税。

李嘉图主张赋税征收应避免落在资本上。李嘉图指出，赋税总是要由资本和收入支付的，他说："赋税是一个国家的土地和劳动的产品中由政府支配的部分；它最后总是由该国的资本中或是由该国的收入中支付的。"⑤ 由于赋税是国家利用权力强制征收的土地和劳动产品的一部分，因此，它作为一个既定的量，是落在资本上还是收入上就要看生产是否增加、消费是否减少。他说："当政府的消费因增课赋税而增加时，如果这种消费是由人民增加生产或减少消费来偿付的，这种赋税就落在收入上面，国家资本可以不受损失。但如果人民方面没有增加生产或减少非生产性的消费，赋税就必然要落在资本上面，也就是说，原来决定用在生产性消费上的基金将会因此受到损失。"⑥ 李嘉图已经了解赋税征收的转嫁现象，并较为详尽地分析了各种赋税种类。在他看来，赋税征收的合

① 李嘉图著作和通信集：第6卷. 北京：商务印书馆，1980：154.
② 李嘉图著作和通信集：第2卷. 北京：商务印书馆，1979：308.
③ 李嘉图著作和通信集：第8卷. 北京：商务印书馆，1987：95.
④ 李嘉图. 政治经济学及赋税原理. 北京：商务印书馆，1983：129.
⑤ 同④127.
⑥ 同④127－128.

理界限应是收入或剩余价值，使赋税落在收入或剩余价值上，而不直接落在资本上有利于资本主义经济增长。他说："政府的政策应当鼓励人民这样做的倾向，不要征收那种必然要落在资本上面的赋税。"① 根据这种原则，地租税只会影响地租而不能转嫁，所以，地租是最合适的课税对象。利润税和农产品税都可以通过商品价格上涨转嫁给消费者。工资税会使工资上升，最终由资本家支付，所以，工资税事实上就是利润税。而对工人必需品的征税则有降低利润率的趋势。

李嘉图完全赞同斯密关于税收的四项原则。李嘉图也反对政府大量发行公债，认为这会造成政府不知节俭。总之，在赋税上，李嘉图也处处代表着工业资产阶级的利益。

第五节　自由贸易理论

一、国际自由贸易思想

李嘉图继承和发展了斯密国际分工和国际自由贸易的思想。他同斯密一样，反对国家干预对外贸易，主张建立国际自由贸易、合理分工的世界经济秩序。

除了同斯密一样对国际分工、国际自由贸易的一般论证之外，李嘉图特别从劳动价值论出发，论证自由贸易有利于提高利润率，促进资本主义生产的发展。李嘉图从劳动生产率、工资、利润之间的相互联系进行了分析。他说："工资不跌落，利润就不会提高；而工资则除非用它来购买的各种必需品的价格跌落，否则就不会持久地跌落。因此，如果由于对外贸易的扩张，或由于机器的改良，劳动者的食物和必需品能按降低的价格送上市场，利润就会提高。"② 根据李嘉图的看法，随着社会的发展，谷物价格和工人工资会不断上升，从而使利润降低；如果扩大对外贸易，在国外发现可用较低价格获取商品的新市场，就会阻碍利润率的下降。在英国，由于土地收益递减作用，农产品价格已经很高，而阻碍农产品自由贸易的《谷物法》的目的无非是维持较高的农产品价格，从而使地主阶级可以得到较高的地租收入。

但《谷物法》阻碍了自由贸易，使工资较高而利润较低，极大地损害了工业资产阶级的利益，也即损害了资本主义生产迅速发展的根本利益。也因此，李嘉图反对《谷物法》，而他的国际自由贸易理论正是反《谷物法》的理论武器。

二、比较成本学说

李嘉图的国际自由贸易思想的理论基础或依据是他所提出和论证的比较成本学说。

斯密在分析国际自由贸易时已论述了优势原理，其中包括绝对优势和相对优势的思想。不过，斯密在绝对优势方面论述得更多一些，相对优势的思想并没有展开。因此，

① 李嘉图．政治经济学及赋税原理．北京：商务印书馆，1983：129．

② 同①111-112．

斯密的国际贸易理论常被简单归纳为绝对优势原理或绝对成本学说。根据绝对成本学说，参加国际分工并进行交换的双方都可以节省劳动；如甲国生产一种商品需 10 小时劳动，乙国需 15 小时劳动，那么，乙国向甲国购买而自己不生产这种商品将是有利的；这时，一个国家所输出的商品一定是生产具有绝对优势的商品，或这个国家生产这种商品所需成本绝对小于其他国家。李嘉图发展了斯密优势原理的思想，特别展开分析了相对优势原理。李嘉图认为，在自由贸易条件下，各国生产自己条件最好的产品，这种产品的成本并不一定比别国生产该产品的成本绝对低，只要在本国各种产品间，以及在与其他各国产品比较时相对较低就可以互相交换，双方所能得到的使用价值比自己去生产时要多。

李嘉图曾假设英国和葡萄牙生产酒和毛呢的例子如下：

	生产酒需工人数	生产毛呢需工人数
葡萄牙	80	90
英国	120	100

在上述例子中，葡萄牙生产酒和毛呢所需工人数都比英国要少，也即酒和毛呢的成本要绝对地低，如果按绝对成本学说，两国之间不可能进行交换。但是，从比较成本学说考虑，葡萄牙生产酒比生产毛呢所需工人数要少，而英国生产毛呢比生产酒所需工人数要少。在上述例子中，葡萄牙生产酒，英国生产毛呢，然后进行交换，两国都可节省劳动或成本。对于葡萄牙来说，它原来自己生产毛呢需 90 个工人，现在用 80 个工人生产的酒就可以换回所需毛呢，可节省 10 个工人的劳动。对于英国来说，它原来自己生产酒需 120 个工人，而现在生产毛呢换回酒，只需 100 个工人劳动，可以节省 20 个工人的劳动。在交换中，两国都获得了比较利益。按照比较成本学说，双方按不等量劳动的产品进行交换（80 个工人劳动换 100 个工人劳动），各自都降低了成本，获得了更多的使用价值。

李嘉图的比较成本学说包含有合理科学的因素。不过，在它出现时也反映了当时英国资产阶级积极向外经济扩张的要求。另外，各国产品的比较优势并不是不可改变的，如果只按原有的国际分工，强调既有优势下的贸易秩序，在大多数情况下就只会有利于先进国家的生产，而不利于落后或发展中国家。

评议与思考

李嘉图的著作《政治经济学及赋税原理》全书 32 章，大体可以分成两个部分，前 6 章分别论述价值、地租、矿山地租、自然价格与市场价格、工资、利润等；以后的各章可以看做理论原理的应用分析。在前 6 章中，李嘉图几乎是按斯密论述的顺序和内容逐一展开自己的论述的，表现出与斯密相比更深刻的理论分析力；在理论原理的应用分析中，李嘉图展现出来的分析方法也被后人评价为已具备了现代经济学分析方法的明确特征。因此，不论在对李嘉图的评论上存在多少争论，他在经济学说史上重要的历史地位是无可争议的。

李嘉图的许多理论都可以以专题的形式进行探讨，李嘉图著作出版以后这样的探讨已经进行过很多，并仍然会不断进行下去。下面这个问题也应该是值得思考的：李嘉图特别重视工资、利润、地租的理论界定，重视分析三者之间的数量关系，关注在资本主义发展中，这三种收入的变动和相互之间比例的变化。他曾经认为，工资与利润向相反的方向变动，这就意味着工人阶级和资产阶级之间的利益对立，他也曾认为，随着社会发展，工人利益可以不变，地主最为有利，而资本家吃亏，如农业报酬递减引起农产品价格上涨，除地主以外，工人和资本家都将受到损失。与李嘉图的这种判断相反的有很多，比如凯里和巴师夏，他们都认为随着资本主义的发展，工人和资本家都会得到利益，因此，资本主义是和谐的。在李嘉图等人之后的21世纪，应如何评判资本主义现实的发展和未来呢？

关键词

李嘉图	《政治经济学及赋税原理》	《谷物法》	耗费劳动和购买劳动
绝对价值与交换价值	李嘉图理论体系的两大矛盾		货币数量论
工资的变动规律	利润的变动规律	安德森	威斯特
土地收益递减	地租理论	比较成本学说	

思考题

1. 试析李嘉图的经济研究方法。
2. 比较李嘉图和斯密的价值理论。
3. 评述李嘉图理论体系的两大矛盾。
4. 李嘉图是如何说明工人和资本家、地主和资本家之间的矛盾的？
5. 评述李嘉图的地租理论。
6. 评述比较成本学说。

第八章 西斯蒙第的经济理论

本章第一节介绍西斯蒙第在经济学说史上的特殊地位，其时代背景的特点是法国大革命以后工业革命的迅速发展和广大城乡小生产者的破产和贫困。法国社会经济发展不同于英国的历史特点反映在西斯蒙第的经济思想上，就是重新界定政治经济学的研究对象和方法。第二节介绍西斯蒙第把人的享受加入研究对象，从国民经济整体的生产、消费比例关系上研究资本主义生产方式矛盾的方法。第三、第四、第五节分别介绍西斯蒙第的主要经济理论和社会改革设想。西斯蒙第的经济理论最终指向经济危机发生的必然性，从而使他成为最早研究经济危机的经济学家之一，马克思把他看做法国古典政治经济学的完成者。

本章重点

- 西斯蒙第对政治经济学对象和方法的论述
- 西斯蒙第的再生产和经济危机理论

第一节 西斯蒙第在经济学说史上的特殊地位

一、 西斯蒙第经济学说产生的历史背景

西斯蒙第和李嘉图是同时代人，李嘉图是英国古典政治经济学的完成者，西斯蒙第是法国古典政治经济学的完成者。但是，西斯蒙第和李嘉图的经济理论是对立的，西斯蒙第的经济理论是建立在批判英国古典政治经济学的基础之上的。他们之间的分歧和对立反映了英法两国经济发展的不同状况。

英国在 14 世纪已消灭了农奴制，独立小农曾在 15 世纪占据优势。到 18 世纪 50 年代，英国的独立小农基本上消失，代之以资本主义租地农场的大农业。同时，英国工场手工业的发展也排挤了城市小手工业者，到 18 世纪下半期，产业革命的发展进一步使手工业陷于崩溃。英国社会基本上由资产阶级、工人阶级和地主阶级三个阶级组成，小生产已几乎消灭殆尽了。而法国的资本主义发展却远远落后于英国。18 世纪，法国还是一个农民占人口 80%以上的封建农业国家，工商业中资本主义工场手工业虽有所发展，但

比重较小且多为国家兴办，带有浓厚的封建色彩，城市工商业中小生产占较大比重并发挥巨大作用。1789 年资产阶级大革命摧毁了封建生产关系，为资本主义生产开辟了广阔道路，产业革命在法国迅速开展起来。产业革命的发展一方面使社会生产力有了明显提高，另一方面又使广大城乡小生产者在摆脱了封建奴役之后，紧接着落入资产阶级新的奴役和压迫之下。广大城乡小生产者又陷于破产、贫困境地。西斯蒙第生长在瑞士的法语民族区，这个地区在政治、经济上与法国密切联系在一起。在法国革命影响下，瑞士也发生了革命，19 世纪初也卷入产业革命潮流之中。法国与瑞士的状况引起了西斯蒙第的注意，他对此做出了自己的解释。

总之，英法两国由于经济发展的差别而产生两国经济学说的差别，这种差别在配第和布阿吉尔贝尔之间已暴露出来，在李嘉图和西斯蒙第之间更加突出，并形成了明显的理论对立。

二、西斯蒙第的生平与著作

让·沙尔·列奥纳尔·西蒙德·德·西斯蒙第（1773—1842）是著名经济学家、历史学家，出生于瑞士日内瓦，属法国学者之列，其祖先是意大利贵族，16 世纪定居于法国多菲尼，1685 年南特敕令废除后，因宗教迫害迁居日内瓦。西斯蒙第曾到巴黎上过大学，后因父亲破产而辍学，不久被父亲送到里昂学商，1792 年里昂爆发革命后回到日内瓦。他曾迁居英国，又迁居意大利，在意大利置办农庄，经营农业。1800 年，他重回日内瓦，一度从事政治活动，后来专门从事研究。他于 1838 年入选法国社会政治科学院，1841 年被法国政府授予荣誉军团大十字勋章。他的主要经济著作有：《托斯卡纳农业统计表》(1801)、《论商业财富》(1803)；《政治经济学新原理》(1819)、《社会科学研究》[第 1 卷《自由人民之宪制的研究》(1836)、第 2 卷和第 3 卷《政治经济学研究》] 等。

西斯蒙第在出版《论商业财富》时，详尽介绍了斯密的经济学说，是斯密的忠实信徒，主张自由竞争和自由贸易。在出版《政治经济学新原理》时，他已转变为英国古典政治经济学的反对者。

三、西斯蒙第在经济学说史上的特殊地位

西斯蒙第既是法国古典政治经济学的完成者，又是小资产阶级政治经济学的创始人，列宁曾把他的学说称为经济浪漫主义。

西斯蒙第的学说代表了处在产业革命和经济危机下，受到灭亡威胁的小生产者的思想感情和经济要求。李嘉图从发展社会生产力的角度出发，把工业革命看做是生产力飞跃发展的标志，在他眼中，资本主义制度是绝对进步的制度，经济危机的出现仅是局部的和偶然的现象。西斯蒙第从小生产者的破产和工人的贫困中发现了资本主义矛盾和危机的必然性。西斯蒙第在价值、利润、工资和货币等观点上接受了英国古典政治经济学，并做了一些补充，但他又得出了与英国古典经济学家不同的结论，即否认资本主义是合理的和自然的制度。因而，马克思指出："如果说在李嘉图那里，政治经济学无情地作出

了自己的最后结论并以此结束，那末，西斯蒙第则表现了政治经济学对自身的怀疑，从而对这个结束作了补充。”①

西斯蒙第揭露了资本主义的矛盾，指出了在资本主义制度下，一方面是生产力和财富的无限发展，另一方面劳动群众只能获得最低限度的生活必需品，因此，生产过剩的经济危机必然发生。这在经济学说史上是一个重要贡献。马克思认为，资产阶级经济学家“不断地在绝对的矛盾中运动而毫不觉察”时，“西斯蒙第由于觉察到了这种矛盾而在政治经济学上开辟了一个时代”②。但是，西斯蒙第没有去分析资本主义矛盾的起源、发展及趋势，而是把它们看成是反常的和错误的偏向，看做是学说、政策和措施等矛盾和错误的结果。同时，他也不了解资本主义矛盾的解决过程，因而反对革命，反对社会主义，而试图通过国家干预、改革分配等办法消除资本主义的矛盾。他虽然极其同情广大的劳动群众，赞同资本主义科学技术生产力的发展，希望依“正确比例”进行社会生产，也并不主张返回到中世纪旧有的制度中去，但是，他的思想始终没有越出小资产者的生活界限。因此，他对资本主义大生产所造成的恶果的攻击，对中世纪行会、宗法制和农民小生产的描绘使他事实上只是成为小资产阶级的代表，反映了既要保存资本主义生产的基础，又要消灭资本主义生产矛盾的小资产阶级的社会心理和经济要求。

第二节　政治经济学的对象与方法

一、政治经济学的对象

西斯蒙第把自己的学说称为“政治经济学新原理”。他认为，英国古典学派只把国民财富作为研究对象是有缺陷的，人们用劳动创造财富是为了满足自己的愿望和需要，而不是为财富而创造财富。英国古典学派单纯追求财富的增加，无视人们的享受，不了解“财富正是属于人而且为人所享受的”③，结果在英国造成富者更富、贫者更贫的状况，国家财富虽急剧增加了，但人民更加贫困了。所以，西斯蒙第认为应该对英国古典学派理论进行“修正”或补充，他说：“我们同亚当·斯密都一致认为：劳动是财富的惟一源泉，节约是积累财富的惟一手段；但是，我们还要补充一句：享受是这种积累的惟一目的，只有增加了国民享受，国民财富才算增加。”④ 他的“新原理”就是要阐述与英国古典学派理论不同的理论，他不仅要研究财富，而且要研究人的享受。他的《政治经济学新原理》一书的副标题即是“论财富和人口的关系”，他认为：“财富既然是人的一切物质享受的标志，我们就应该使它给所有的人带来幸福；我们必须使财富的增长跟人口的增加相互一致；在这些人口之间进行财富分配时必须按照这样一个比例，即如果没有特

---

① 马克思，恩格斯．马克思恩格斯全集：第13卷．北京：人民出版社，1962：51．
② 马克思，恩格斯．马克思恩格斯全集：第26卷Ⅲ．北京：人民出版社，1974：285．
③ 西斯蒙第．政治经济学新原理．北京：商务印书馆，1977：47．
④ 同③45．

大的天灾人祸，他们不会为生活所苦。”①

西斯蒙第认为，人有精神需要和物质需要，人的幸福是由精神条件和物质条件两方面构成的。政治学依照达到幸福所使用的方法的不同而分为两大部门：高级政治学和政治经济学。高级政治学研究人的精神幸福，而政治经济学则研究人们的物质福利。在他看来，把物质福利看做研究对象是从政府的事业来看的，“政治经济”就是表明对国家财产的管理。西斯蒙第把物质福利作为研究对象以与英国古典学派理论对立，他同时也把国家作为研究政治经济及进行经济实践活动的主体，从而与英国古典学派自由竞争、自由放任的思想对立。

二、政治经济学的方法

西斯蒙第在讲到他的基本推理和方法时说：“我认为，为了谋求所有人的幸福，收入必须和资本一同增长，人口不得超过他们赖以生活的收入，消费必须和人口一同增长，而再生产同进行再生产的资本之间以及同消费它的人口之间都必须成相等的比例。同时，我要指出，在这些比例关系之中，每一个都有可能单独遭到破坏，例如收入往往不按照资本的比例增长；即使收入不增长，人口也可能增加；数目虽然众多但是比较贫困的人口，可能要求极少的消费；最后，再生产也可能按照投入的资本的比例，而不按照需要它的人口比例进行；但是，每当这个或那个比例关系遭到破坏时，社会便陷入浩劫之中。”② 依照他的观点，个人进行生产是出自他的需要和愿望，人的需要和愿望，即人的消费决定财富的生产；在交换经济中，消费决定生产表现为社会需求先于社会供给；在现实的资本主义社会经济中，人的消费又直接依存于他所分配到的收入。因此，收入与资本、生产与消费、再生产中的资本之间与消费它的人口之间都应保持适当的比例，只有这样，才能使所有人幸福。

从西斯蒙第的研究对象和研究方法上，我们可以看到：西斯蒙第在政治经济学的研究对象上强调人、人的需要，批评李嘉图“常常为了抽象的理论而牺牲了人和现实利益”。他对人的需要的存在的证明比狭隘的资产阶级经济学家要高明得多，但他所说的人只不过是被他理想化的小资产者，反映了他的思想的局限性。

他强调要注意人们的情感、需要和渴望，认为政治经济学不是单纯计算的科学，而是伦理道德的科学，它所研究的问题“需要良心正如需要理智一样”③。这表现了他的理论的小资产阶级感伤与浪漫主义。

他把消费提到首要地位，反对李嘉图为生产而生产的思想，指责李嘉图的见解是为了手段而牺牲目的。对于这点，马克思指出：“为生产而生产无非就是发展人类的生产力，也就是**发展人类天性的财富这种目的本身**。如果象西斯蒙第那样，把个人的福利同这个目的对立起来，那就是主张，为了保证个人的福利，全人类的发展应该受到**阻**

①② 西斯蒙第．政治经济学新原理．北京：商务印书馆，1977：10.

③ 同①13.

碍”①。西斯蒙第批评李嘉图的抽象法，他曾正确地指出李嘉图在使用抽象法时经常略去某些中介环节，因而陷于空洞的抽象。但是他自己在运用抽象法上不仅未克服李嘉图形而上学的缺点，甚至比李嘉图更退后一步。

第三节　价值学说、生产劳动与非生产劳动

一、价值学说

西斯蒙第与斯密、李嘉图在论述政治经济学理论上有很大不同。斯密研究国民财富从分工出发，论及交换、货币并直接分析商品的价值，在价值理论基础上分析工资、利润、地租，进而分析资本。西斯蒙第则直接把财富作为研究的出发点，他的基本理论以“财富的形成和发展”的形式阐述出来。因此，斯密运用抽象法能在一定程度上揭示资本主义生产关系中的内在联系，而西斯蒙第则仅仅从整体上揭示了资本主义社会经济的矛盾现象。不过，作为古典经济学家之一，他在说明财富的形成与发展中阐述了价值理论、剩余价值理论、生产劳动与非生产劳动等，并提出了自己的一些独创见解。

西斯蒙第认为，人满足自己需要和欲望的技能、本领是财富的源泉，财富是为满足人们的需要和欲望的，因为消费劳动所创造的东西需较长时间，所以，财富是积累起来不予消费的劳动果实。在离群独居的条件下，劳动直接满足消费，消费直接决定生产。在交换经济中，个人需要须经过交换满足，消费决定生产表现为需求决定供给。这样，他就明确提出，在资本主义以前的社会，产品的价值只用它对人的效用来衡量，而在交换经济条件下，效用概念就被交换价值概念所代替了，从而克服了英国古典经济学家把商品看做自然形态的非历史观点。他认为，财富是劳动创造的，物品的交换价值是由劳动时间决定的。在交换时，“每个人都要估计一下自己生产自己所提供的那件物品花去多少劳动和时间，这就是售价的基础；他也要把自己要给别人的物品所需要的劳动和时间和自己需要的物品所付出的劳动和时间做比较，这是确定买价的计算根据。”② 他还指出，不是一切劳动耗费都能创造交换价值，只有为社会所承认的满足社会需要的必要劳动才能创造交换价值。他说：“交易上的价值是经常固定了的，通过最终的分析，知道价值决定于提供被估价物品所必需的劳动数量……一磅银子代表一定数量的劳动日，它是从银矿中取得银子以及将它运送到交易地点所需要的平均劳动日；劳动日的数量虽然是交易双方所不知，但在出赁者和需要者双方的相互努力下，社会是能够给予估量的。”③ 这个见解与李嘉图的最大劳动量决定社会必要劳动量的见解是有区别的。他还继承了李嘉图的绝对价值和相对价值区分的思想，同时更强调消费（需求）对决定价值量的重要性。他指出：“在政治经济学中，价值通常被分为两种：一种是内在价值，另一种是相对

① 马克思，恩格斯. 马克思恩格斯全集：第26卷Ⅱ. 北京：人民出版社，1973：124.

② 西斯蒙第. 政治经济学新原理. 北京：商务印书馆，1977：54.

③ 王亚南. 资产阶级古典政治经济学选辑. 北京：商务印书馆，1979：740.

价值……前者是生产品和取得这种产品的劳动之间的比例，后者是生产品与需要这种产品的人们的需求之间的比例。”① 在他的定义中，不仅更接近于区分了价值和交换价值，而且还接触到了马克思所说的第二种社会必要劳动的含义，从而对古典政治经济学价值理论做了新的补充。但是，价值理论不是西斯蒙第研究的重点，所以他的价值思想是零散的，而且，在分析社会再生产时，仍沿用了斯密关于三种收入构成商品价值的错误观点。

二、生产劳动与非生产劳动的区分

马克思指出，西斯蒙第是斯密关于生产劳动见解的拥护者，接受了斯密区分的正确解释。

西斯蒙第认为，财富必须同时具备三个条件才能成为财富，即财富必须是通过直接或间接的劳动创造的；财富必须对人有利，能直接或间接为人所使用；财富必须是能积累、能保存以备日后消费的东西，“如果这些劳动的果实是永远不能保存起来以备日后消费，它就是非生产性的劳动。只有生产性的，或创造财富的劳动才能至少给他所付出的劳动以同样价值的报酬”。同时，他还指出，社会不仅需要生产财富的生产劳动者，还需要有行政人员、立法者、法官、律师、武装力量等，他们不从事任何生产，不能积累，但是因为他们的工作是必要的，所以也应该得到报偿。“作为保卫国家的人来说，他们是从事劳动，是工人，他们的收入就是他们劳动的年产值。可是，这种收入不像其他工人阶级的收入那样由国家资本项下支出”。“因此，为了供应保卫国家人员的生活，不能动用资本，而要动用社会收入。”② 这样，西斯蒙第就正确地指出了同资本交换的劳动是生产性劳动，而同收入交换的劳动是非生产性的。

第四节 再生产和经济危机理论

一、资本和收入

西斯蒙第在政治经济学上的最主要贡献，在于他批判了李嘉图学派和萨伊否定经济危机的理论。他研究了资本和收入、生产和消费等概念，实际上研究了一国国民收入或年产品的生产、流通与分配，因而也是资产阶级宏观经济理论的先驱者之一。

西斯蒙第认为，分工出现以后，世界上人们所能从事的工作更加多样化了。文明和进步提高了消费的要求，但是，人们的消费只能通过交换来实现，例如，富人不能用既得财富去交换，如果那样，他很快会把积蓄花光，他只能用资本产生的收入来交换。这样，西斯蒙第从消费是目的、消费先于生产的前提出发，论证了资本和收入。

---

① 西斯蒙第．政治经济学新原理．北京：商务印书馆，1977：187.

② 同①52－53，95.

他认为："资本和收入之间的区别就是社会繁荣的基础。一旦生产不能和收入交换，生产就会陷于停顿。"[①] 因此，资本和收入之间的区别对于社会是极重要的。英国经济学家不考虑这种区别，于是产生了消费是无限的错误认识，鼓励生产无限扩张，从而造成了文明社会的灾难。关于什么是收入，他采用了斯密、萨伊的观点，认为收入有三种：地租、利润和工资，它们来源于土地、资本和劳动。关于什么是资本，他认为，单个农民的产品可以分为两部分：一部分小麦作为来年收获以前的粮食；另一部分保存起来作为种子，来年再生产小麦。社会的形成和交换的发生，使这项种子积累起来能够产生收入的部分大大增加，这就是人们所谓的资本。在这里，他是把资本与生产资料等同的。但在接下去的论述中，他实际上又把资本看成是一种生产关系。他说，把多余的小麦作为工人的食粮，用这部分小麦换取劳动以生产产品，"那么，这部分小麦的价值就变成永久的，逐渐增多而不会再消耗的东西，这就是一种资本"[②]。他还指出，这种价值可以在外表形式上变化，在交换中时而变成货币，时而变成小麦或劳动，但都不会离开最初节约它的人的手。在资本与收入的关系上，他认为，一个人的资本可以成为另一个人的收入，比如，工人用劳动换来的小麦就是他们的收入，他们可以消费这些小麦，可是工人的劳动却变成了主人的资本。他为了区分资本和收入，把社会总产品分为固定资本（工厂、机器等）、流动资本（种子、原料、工资等）和收入。收入是用于消费的；固定资本是间接为人类需要服务的，它帮助人们进行消费品的再生产；流动资本则可以变为工人工资，转化为工人的消费基金。

西斯蒙第在论述资本与收入及其关系时，论述了他的分配观点。他虽采取了三种财富源泉产生三种收入的说法，但他特别强调劳动的作用，在他看来，土地和资本都只有通过人的劳动才能发挥作用，财富的这三种源泉都和劳动有直接的关系，如果没有劳动就决不会有财富。从这种观点出发，他得以把劳动收入和非劳动收入相对立，强烈地指责资本主义制度分配方面的不合理。他特别指出："工资不代表劳动的绝对量，只代表维持前一年工人生活的生活资料。同样多的生活资料将在下一年产生出更大的劳动量。"[③] 他也说明了工资是维持工人生活的必要生活资料量，明确提出资本家把工人所生产的超过他们生活资料的价值的一切据为己有，揭露了资本家对工人的剥削。他同样把地租同工资对立起来，把它看做是工人劳动产品的扣除，是剩余价值的一部分。这些都丰富了古典政治经济学的理论。

西斯蒙第虽然重视资本和收入的区分，但是他在资本和收入方面的观点是不彻底的。他不了解劳动的二重性，所以，虽然他一方面把社会总产品分为资本和收入，但另一方面又把社会总产品都划分为收入，表明了他的观点的混乱。他说："国民收入和年生产是相等的，是等量。全部年生产在一年中消费掉，其中一部分由工人消费，他们以自己的劳动来交换，从而把劳动变成资本，并且再生产劳动；另一部分由资本家消费，他们以自己的收入来交换，从而把收入消耗掉。"[④] 这实际上是接受了"斯密教条"，把社会产

① 西斯蒙第. 政治经济学新原理. 北京：商务印书馆，1977：62.

② 同①65－66.

③ 同①73，75.

④ 同①75.

品中不变资本的价值部分丢掉了。

二、生产和消费

西斯蒙第认为，在生产和消费之间，消费起着决定性的作用。他说："人一生下来，就给世界带来要满足他生活的一切需要和希望得到某些幸福的愿望，以及使他能够满足这些需要和愿望的劳动技能和本领。这种技能是他的财富的源泉……他所创造的一切，都应该用于满足他的需要或他的愿望。"在离群索居条件下是如此，在商品经济中也是如此，生产以消费为前提，生产应该服从消费；不过，在商品经济中，生产服从消费的原则转化为供给服从于需求。在这种生产与消费关系中，收入与支出是重要环节。他指出："国民收入应该调节国民开支，国民开支则应在消费基金里吸收全部生产；绝对的消费决定一种相等的或者更高的再生产，再生产又产生收入。"[①] 绝对的消费是指资本家和工人消费的绝对量，从量上说，不论是资本家还是工人，他们的消费即支出都不能超过收入（国民收入调节国民开支），所以，支出决定了消费，国民开支消耗国民的全部生产物（国民开支在消费基金里吸收全部生产）。西斯蒙第认为工资只是维持工人生活的生活资料的数量，与劳动的绝对量是不相等的，同样多的生活资料将在下一年产生出更大的劳动量；由于这两种价值之间比例的波动，引起了国民财富的增加或减少、生产阶级的富裕或穷困、人口的增多或减少。因为消费是由支出或最终是由收入决定的，所以，消费决定生产也可以看做是收入决定生产。他依据这种观点批评英国古典经济学家，认为他们把生产和收入等同，以为增加生产必然增加收入是完全错误的。在他看来，收入虽从再生产中产生，但生产本身不是收入，生产只有在收入实现以后，即"只有在每一件产品找到需要它或享受它的消费者，因而把它从流转中抽出来使它变成消费基金之后，才能获得这一名称，才能具有这种性质"[②]。所以，不是生产决定收入，而恰恰是收入决定生产，收入通过消费决定了生产。这便构成了西斯蒙第特有的再生产理论。

三、经济危机理论

西斯蒙第在收入决定生产理论基础上论证了资本主义必然产生经济危机。根据收入决定生产的观点，年收入的总量必须用来交换年生产的总量；通过这项交换，每个人都可以得到自己的消费品，都要取得一笔再生产的资本，要为一项再生产进行投资，并提出新的要求。因此，西斯蒙第认为："如果年收入不能购买全部年生产，那么一部分产品就要卖不出去，不得不堆在生产者的仓库里，积压生产者的资本，甚至使生产陷于停顿。"[③] 这种情况表明生产超过了收入，也即生产超过了消费，生产和消费的这种矛盾的发展必然导致经济危机。在他看来，收入是决定消费的，收入不足就是消费不足，经济

① 西斯蒙第．政治经济学新原理．北京：商务印书馆，1977：49，80．
② 同①84．
③ 同①76．

危机产生的根本原因就是消费不足。

西斯蒙第认为，生产超过消费，这只是资本主义特有的现象。资本主义的大机器生产代替了手工生产，小生产者破产，丧失了收入，从而降低了消费。在资本主义制度下，生产的目的是为了利润，生产者之间受自由竞争支配，资本家为了击败竞争者，占领市场，纷纷采用大量生产、低价售卖的政策，为此，必然力求降低生产成本、削减工人工资，工资的下降使工人消费日益萎缩。因此，一方面，在追求利润、采用机器和企业不断集中的情况下，造成生产的无限扩张；另一方面，资本主义不公平的分配制度，使财产集中到少数人手中，而占国民大多数的劳动生产者收入不足，这将使国内市场越来越狭窄，使生产和收入间的比例遭到严重破坏，产品的实现面临严重的障碍，最终导致生产过剩的经济危机的爆发。他说："由于财产集中到少数私有者手中，国内市场就必定要日益缩小，工业就必定日益需要寻求国外市场，因而该国的工业就要受到更加巨大的波动的威胁。""在生产上往往不以需要为转移，而是以拥有大量资本为转移的富有的国家里……一旦生产猛然超过消费，就会引起严重的贫困。"① 他认为，资本主义生产还能够发展，只是由于国外市场的存在，但随着资本主义的发展，世界市场会越来越小，产品实现问题最终会成为不可克服的困难。

西斯蒙第指出，资本主义经济危机不是偶然的，而是资本主义内在矛盾的结果，这在经济学说史上是一大功绩。马克思说："西斯蒙第深刻地感觉到，资本主义生产是自相矛盾的；一方面，它的形式——它的生产关系——促使生产力和财富不受拘束地发展；另一方面，这种关系又受到一定条件的限制，生产力愈发展，这种关系所固有的使用价值和交换价值、商品和货币、买和卖、生产和消费、资本和雇佣劳动等等之间的矛盾就愈扩大。他特别感觉到了这样一个基本矛盾：一方面是生产力的无限制的发展和财富的增加——同时财富由商品构成并且必须转化为货币；另一方面，作为前一方面的基础，生产者群众却局限在生活必需品的范围内。因此，在西斯蒙第看来，危机并不象李嘉图所认为的那样是偶然的，而是内在矛盾的广泛的定期的根本爆发。……他确实有这样一种模糊的猜测：对于在资本主义社会内部发展起来的生产力，对于创造财富的物质和社会条件，必须有占有这种财富的新形式与之适应；资产阶级形式只是暂时的、充满矛盾的形式，在这种形式中财富始终只是获得矛盾的存在，同时处处表现为它自己的对立面。这是始终以贫困为前提、并且只有靠发展贫困才能使自己得以发展的财富。"②

但是，西斯蒙第的危机理论又有根本的缺陷。生产扩大归根到底要受个人消费的限制。他强调个人消费是不无意义的，但他不了解社会总产品价值包括不变资本、可变资本和剩余价值三个部分，不了解除了个人消费还有生产消费。所以，他仅仅强调个人消费及生活资料实现问题，而忘记了生产消费及生产资料的实现问题，这样就不能正确分析资本主义再生产。他用生产与消费的矛盾来解释危机，并未揭示危机的实质，生产和消费的矛盾并不是资本主义的基本矛盾，资本主义的基本矛盾是生产的社会性和生产资料的私人占有之间的矛盾，因此，仅用消费不足并不能完全解释危机。事实上，劳动人

① 西斯蒙第. 政治经济学新原理. 北京：商务印书馆，1977：217－218，221.

② 马克思，恩格斯. 马克思恩格斯全集：第26卷Ⅲ. 北京：人民出版社，1974：55.

民消费不足在一切有阶级社会是共有的现象；在资本主义条件下，即使消费有所增加，危机仍然不可避免。西斯蒙第不从生产关系中去找寻危机的根源，就不可能建立科学的经济危机理论。

第五节 社会改革设想

一、西斯蒙第的社会改革主张

西斯蒙第同情劳动人民，强烈指责资本主义发展所带来的恶果，揭露资本主义的矛盾和缺陷，抨击资产阶级经济学家把资本主义说成是合理的自然制度。他指出了机器生产和分工的破坏作用，资本和地产的集中，生产过剩的危机，小生产者的没落，工人阶级的日益贫困，生产的无政府状态，财富分配的极不平等以及旧道德、旧家庭和旧民族性的解体等。他把这些归结于人们受错误思想的支配，归结于执政者错误的政策和学说。因此，他把希望寄托于国家政权和执政者，要求“政府保护居民摆脱竞争的后果，呼吁国家调节经济生活”。他认为：“立法者还必须使穷人得到某种不受普遍竞争影响的保障。”“当财富逐渐地均衡地增加时，当它的任何部分都不是过分迅速地发展时，这种增加才能造成普遍的福利……从各方面看，每个个人的行动都企图加快机器的运动。也许政府的职责就是延缓这种运动，调节这种运动。”①

西斯蒙第认为，政府应保护居民不受竞争的影响。政府的建立是为了运用全民的力量保护个人不受他人的侵害，用全民的利益反对一切私人利益，而为保护全体就必须根据个人的权利来制定法律和建立法院。政府对农业人口的总任务是保证工作者有一部分财产，或者是特别优先支持宗法式农业，促进不动产出卖、维持平分家产、禁止一切保留束缚财产的永久继承权的办法，或者采用更直接的办法支持小土地所有者和小农场主。对城市工业人口，立法者应本着提高工业劳动报酬的目的，使短工从不稳定状态中摆脱出来，让他们恢复地位升迁的可能性，甚至能在企业中得到一份权利和财产。在他看来，社会改革的中心是“为城市工人和农业工人寻找社会应该以怎样的权利原则和司法原则来保护工人免遭竞争——经常企图把工人送到最贫困的生活水平以下——的危害”②。

在西斯蒙第的社会改革设想中，存在着两个主要阶级（雇主与工人），这两个阶级“彼此相依为生，所以，在他们之间存在着、至少应该存在着一种连带关系”③。在农业中：（1）土地可以由集土地所有权、资本所有权与劳动所有权于一身的人耕种；（2）土地可以由农场主或对分制佃农利用长期租契耕种；（3）土地由农业工人耕种。前两种方式较好，所以，应免除穷人救济税来鼓励小农业，应认识大农场主（包括大地主）和工人间的自然连带关系，让农场主负责在工人病老和贫困时供养他们，并且不把工资降到

---

① 西斯蒙第．政治经济学新原理．北京：商务印书馆，1977：61，244.

② 同①466.

③ 同①467.

最低限，不使工人做力所不及的劳动等。为此，要加重大地主税，以补偿用大农场方式经营给国家带来的危害。具体来说，亲自耕种25英亩以下继承的土地或全家及仆人耕种50英亩土地的农场主免纳穷人救济税。制定法律尽力使地主按零星、长期或永久出租出售方式让给短工部分土地等。他认为，在农业上，把土地划分成小块给短工，让地主担负照顾短工的责任的方针将走与英国农业发展方向完全相反的道路。在工业中也应实行相同的原则：（1）为救济的目的恢复行会组织，行会首脑负责救助本行业所有穷人；（2）像农业那样，把工场的财产分给为数众多的中等资本家，而不是汇集在一个拥有亿万财富的人手中。要使工人能有机会与雇主联合，能分享雇主的一份权利。他希望工厂的厂主们对工人担负责任，以更长的时间雇用工人，使工人分享雇主的利润，获得经济利益和政治利益，而不再把工人变为机器。他还就工人劳动时间、童工、保险等方面提出了一些改良建议。

西斯蒙第所提出的理想社会是消除了资本主义社会矛盾的社会。他叙述了农村农业、城市手工业的发展，把宗法式的农民经济和城市手工业与资本主义生产相对立。他赞美从事宗法式农业的农民，认为他们热爱自己的房屋与土地，劳动是他们的欢乐；他们不雇用短工，平等对待自己的仆人。城市手工业和行会按照需要生产，没有资本主义盲目生产的缺陷，工人受到行会的庇护，行会的建立从理论上与实践上都阻碍过剩人口的形成。他认为，在宗法式农业和城市手工业条件下，没有资本主义社会的波动、危机及工人阶级的贫困与痛苦，生产是为满足人们需要的，社会生产可以按比例正常地进行。他也了解历史不能走回头路，他曾说："我们已经指出这一阶级（即手工业者阶级）以往在行会和公会的制度下得到怎样的庇护；也指出了当一个工人变成师傅从而能够维持其家庭生活时所获得的那种稳定。这里不是说要恢复他们的奇怪的和压迫性的组织。如果我们在自己迷失方向以后只知道盲目地回到我们先人的弯路，而不去寻找更好的道路，那么，经验教训就不是多么有用了。"① 但是，由于他没能对资本主义社会进行科学的分析，所以，他不能超越小资产阶级的眼界，在对社会进行改革的设想中只不过把宗法制和行会的原则应用于资本主义社会，使他的思想带有小资产阶级的空想性与反动性。

评议与思考

在马克思看来，西斯蒙第作为法国古典政治经济学的完成者，其理论是对英国古典政治经济学，特别是对李嘉图学说的重要补充，这个补充主要在于，西斯蒙第揭露了资本主义生产方式的矛盾，论述了资本主义特有的经济危机的必然性。

值得思考的可以有许多方面，比如，重视从国家层面进行经济分析的法国产生西斯蒙第的经济学说应是可以理解的。法国资本主义发展形成小生产者两极分化，从而经济危机以特有的方式展现，因此，西斯蒙第的学说可以看做法国资本主义发展状况在理论上的反映。那么，西斯蒙第的危机理论与英国有所不同的历史背景下产生的马尔萨斯的危机理论相比有什么区别或特点呢？

① 西斯蒙第．政治经济学新原理．北京：商务印书馆，1977：464－465．

关键词

《政治经济学新原理》　内在价值和相对价值　国民收入和年生产　生产过剩的经济危机

思考题

1. 西斯蒙第在经济学说史上具有什么样的特殊地位？
2. 西斯蒙第提出的“新原理”与英国古典经济学有何不同？
3. 怎样理解西斯蒙第的经济危机理论？

第三编

19世纪初—19世纪60年代

本编有四章，其中第九、第十章介绍这个时期英法两国的经济学说。马克思把这两章介绍的经济学家归为庸俗经济学家，而西方经济学说史把他们归为古典经济学家。第十一章介绍这个时期德国的经济学说，第十二章介绍美国早期的经济思想。

第九章
19 世纪初期英法两国的经济学说

在经济学说史上，与李嘉图和西斯蒙第同时期的经济学家还有马尔萨斯、萨伊等人。但是，他们以及后来的一些经济学家（如西尼尔、巴师夏等）的理论体系不属于马克思所说的古典政治经济学范畴，马克思把他们看做是为资本主义辩护的资产阶级庸俗政治经济学的创始人。[①] 另外，以李嘉图理论为中心形成的李嘉图学派也在 19 世纪 20 年代以后趋于解体。

本章第一节介绍马尔萨斯的经济学说。马尔萨斯是经济学中人口理论的创始人之一，而他的经济原理是李嘉图的对立面，其中的有效需求不足危机论在当时成为支持《谷物法》的依据。第二节介绍萨伊的经济学说。萨伊的“三分法”、效用价值理论、“三位一体”分配论和被称为“萨伊定律”的销售论都在经济学说史上具有重要影响，并且最能体现资产阶级经济学与马克思主义经济理论的本质差别。他的经济理论来自斯密，但不过是在使斯密理论条理化的过程中，将斯密各个二重观点中一个方面的观点系统化的结果，并正好站在马克思理论的对立面。第三节介绍李嘉图学派的解体。李嘉图的追随者力图解决李嘉图体系中的矛盾，但在与反对派的论战中，反使李嘉图理论庸俗化，从而造成李嘉图学派的解体。

本章重点

- 马尔萨斯的人口理论
- 马尔萨斯的价值、利润与地租理论
- 萨伊经济学说对经济学说史的影响
- 李嘉图学派的解体

---

① 在西方经济学说史著作中一般是不承认马克思关于“庸俗政治经济学”的看法及其术语的，因此，边际主义经济学产生之前的英法经济学家常被同斯密、李嘉图一样看做是古典经济学家。

第一节　马尔萨斯的经济学说

一、马尔萨斯的生平与著作

托马斯·罗伯特·马尔萨斯（1766—1834）出生于英国萨兰州一个土地贵族家庭。他的父亲丹尼尔·马尔萨斯（Daniel Malthus）曾入牛津大学学习，后在乡间过绅士生活，与休谟、卢梭等人有交往，思想比较激进。马尔萨斯早年受教于父亲，1784 年被送入剑桥大学学习哲学和神学。1798 年在萨兰州奥尔堡当牧师时匿名出版《人口原理》（亦作《人口论》）的小册子（全名为《论影响于社会将来进步的人口原理，反对葛德文、孔多塞和其他作家思想的评价》），引起轰动。1803 年他又用真名出版了《人口原理》（第 2 版）（全名为《论人口原理，或人口对人类将来和现在幸福影响的观点》）。1805 年任东印度学院的历史和政治经济学教授。他的著作除《人口原理》外，还有《关于谷物法的短文集》（1814—1815）、《地租的性质与发展的研究》（1815）、《济贫法》（1817）、《政治经济学原理》（1820）、《价值的尺度》（1823）、《政治经济学定义》（1827）等。

虽然马尔萨斯是与李嘉图同时代的人及其好友，但他与李嘉图进行了长期的理论上的论争，并被看做当时英国土地贵族阶级的代表。他的人口理论和其他经济理论在许多方面是继承别人的观点的，因此也被马克思指责为剽窃。不过，与他的名字相关联的人口理论和危机理论等在经济学说史上有着重要影响。

二、人口理论

马尔萨斯在《人口论》初版序言中说：“有一次，同一个朋友谈到葛德文氏《一个研究者论教育、道德和文学》书中的贪欲和浪费论，它便是这篇论文的起源。”① 这里所说的朋友是他的父亲丹尼尔·马尔萨斯。他父亲把葛德文的著作推荐给他后，他们两人之间发生了争论，激烈的争论引发了马尔萨斯的进一步思考，并导致了《人口论》的写作。马尔萨斯在当时是反对葛德文、孔多塞等人激进的改革思想的。葛德文是在法国大革命影响下英国社会改革运动的著名倡导者之一，曾在 1793 年出版《政治正义论》，揭露私有制是一切祸害的根源，君主政体和贵族政治是引起社会灾难的非自然的制度。孔多塞是法国思想家，1794 年出版《人类理性发展的历史观察概论》，论证了改革的必要性，该书当时在英国被译成英文广泛传播。马尔萨斯不同意葛德文、孔多塞把社会灾难归结于社会制度的思想，而认为贫困来源于人口的增长。这使他成为第一个专门研究人口理论的经济学家。

不过，对人口问题的探讨并非起源于马尔萨斯。人口问题在古代就有人探讨，欧洲15—16 世纪以后，重商主义、重农主义，以及斯密、李嘉图等人都在不同程度上从不同

① 马尔萨斯. 人口论. 北京：商务印书馆，1959.

角度谈论过人口。一般来说，重商主义是主张促进人口增殖的，把人口稠密或众多看做国力所在。重农主义已感到人口增长会超过财富增长。斯密在分析工资时谈过人口，他特别讲到，在文明社会下层，生活资料的缺乏会限制人类增殖。斯密表述了这样一种思想：对人的需求正如对任何其他商品的需求一样，必须调节人口的生产。他结合对资本主义生产的分析来分析人口，把人口看做类似于其他商品一样地有供求，并受资本积累的影响，认为人口过剩是资本积累停顿或缓慢的结果。随着资本主义矛盾逐渐暴露和激化，也由于18世纪以后资本主义人口的快速增长，人口过剩问题也日益引起人们的注意。斯图亚特在《政治经济学原理研究》(1767) 中曾论证了人口数量与食物等生活资料之间存在着一定的比例关系。罗伯特·华莱士（Robert Wallace，1629—1771）著有《关于上古和近代人类数目的论争》一文，其中力图证明人口按几何比率增长的规律，他还指出阻碍人口增长的原因包括自然原因（气候、土壤、地震、洪水、瘟疫）和道德原因（战争、贫困、宗教、独身、多妻、怠惰、奢侈）等。唐森（1739—1816）是英国的一个牧师，他曾在《西班牙旅行记》中论述了人口增长有超过生活资料增长的趋势。另外，安德森等人还在18世纪末19世纪初发现了土地收益递减规律。实际上，资本主义人口快速增长和前人对人口问题的探讨为马尔萨斯提供了专门研究人口问题的前提与条件。

马尔萨斯的人口理论从两个“公理”或规律出发：(1) 食物为人类生存所必需。(2) 两性间的性欲是必然的，且几乎会保持现状。

根据这两个公理，马尔萨斯得出一个论断，即人口按几何级数增长，生活资料以算术级数增长，人口增长总是快于生活资料的增长。他说：“我的公理一经确定，我且假定，人口增殖力，比土地生产人类生活资料力，是无限的较为巨大。人口，在无所妨碍时，以几何级数率增加。生活资料，只以算术级数率增加。略有数学知识的人，就会知道，与后一种力比较，前一种是怎样巨大。”“随便假定世界有多少人口，比方假定有10亿吧，人类准以一、二、四、八、十六、三十二、六十四、一百二十八、二百五十六、五百一十二那样的增加率增加；生活资料却将以一、二、三、四、五、六、七、八、九、十那样的增加率增加。225年内，人口对生活资料即将成五百一十二对十之比。”① 因此，他认为：“人口增加，必须受生活资料的限制；生活资料增加，人口必须增加；占优势的人口增加力，为贫穷及罪恶所抑压，致使现实人口得与生活资料相平衡。”②

马尔萨斯在《人口论》出版后一举成名，之后又到欧洲各地搜集有关资料，在1803年出版了第2版，篇幅从5万多字扩充到20多万字。在第2版中，马尔萨斯提出了道德抑制，即降低人口出生率以保持人口和生产资料之间的均衡，他从他的人口增长“规律”基础上引申出三点结论或命题：“(1) 人口必然地为生产资料所限制。(2) 只要生产资料增长，人口一定会坚定不移地增长，除非受到某种非常有力而又显著的抑制的阻止。(3) 这些抑制，和那些遏制人口的优势力量并使其结果与生活资料保持同一水平的抑制，全部可以归纳为道德的节制、罪恶和贫困。”③

---

① 马尔萨斯. 人口论. 北京：商务印书馆，1959：5，8.

② 同①43.

③ 同①14.

马尔萨斯的人口理论把资本主义社会中的贫穷和罪恶归结为人口规律作用的结果，并以此反对把资本主义罪恶归结为社会政治制度的观点和理论。他说："葛德文先生在他的全部著作里所犯的重大错误是将人类社会里所难免的一切罪恶和贫困，几乎都归咎于社会制度。他认为一切的政治法规和由来已久的财产所有制度是万恶之源，亦即使人类堕落的一切罪恶的温床。"① 在他看来，葛德文所说的理想社会即使实现，也会由于人口激增而瓦解。

马尔萨斯把工人工资看做是受人口规律支配的，根据他的看法，在人口增长超过一国维持人民生活的生活资料时，必然引起工资下降和工人生活恶化，从而使人口减少。工人工资水平和生活状况随工人人口的增减而进退，并不断重复这种过程。这种理论被后来的经济学家发展为工资基金学说。

马尔萨斯依据人口理论反对英国《济贫法》。他认为，《济贫法》不仅不能增加维持人口的食物，而且增加人口，有害而无益，应予以取消，而代之以"贫民习艺所"。

由于马尔萨斯用适用于一切社会的一般规律否定社会生产方式对社会发展的决定作用，曲解工人工资变动的规律，并把资本主义罪恶归结于人口过多，特别是贫苦人民过多生育，因此，在他的人口理论发表以后就遭到猛烈的批判。马克思认为马尔萨斯的人口理论是反对工人阶级和其他一切劳动人民的，因而也从总体上否定并批判了马尔萨斯的人口理论。马克思指出马尔萨斯人口理论反工人阶级的性质，并指出其观点的反科学性。马克思把人口规律同社会生产力发展和社会生产方式演变相联系，指出："事实上，每一种特殊的、历史的生产方式都有其特殊的、历史地起作用的人口规律。抽象的人口规律只存在于历史上还没有受过人干涉的动植物界。"②

不过，马尔萨斯专门研究了人口问题，把一些概念、范畴和命题作为研究的主要内容，从而成为经济学领域中人口理论的创始人之一。

三、 价值、 利润和地租理论

马尔萨斯因《人口原理》出名以后，又逐步研讨了一般经济理论。

马尔萨斯是李嘉图劳动价值论的反对者。他接受了斯密以购买劳动决定价值和三种收入决定价值的观点，又吸收了萨伊的三种生产要素论。他最早发现李嘉图理论体系中的矛盾，即价值规律与劳动和资本相交换之间的矛盾，价值规律与等量资本获得等量利润之间的矛盾，他用李嘉图理论体系中的矛盾批判李嘉图的劳动价值论，同时提出他自己关于价值的观点。根据马尔萨斯的观点，按李嘉图的劳动价值论，不能解释劳动与资本之间交换的等价性，也不能说明花费不同活劳动（也即资本有机构成不同）的等量资本为何能获得等量利润。因此，马尔萨斯认为，商品价值不是取决于生产它所耗费的劳动，而是由商品在该时该地所能交换成的可支配的标准劳动量来衡量的，也即它不仅包含工人工资，还包含利润和地租。马尔萨斯曾把价值归为三种不同含义：使用价值，即

---

① 马尔萨斯. 人口原理. 北京：商务印书馆，1961：14.

② 马克思，恩格斯. 马克思恩格斯全集：第23卷. 北京：人民出版社，1972：692.

商品的内在效用；名义交换价值或价格，即以贵金属来估量的商品价值；内在交换价值，即由商品内在原因产生的购买力。这个内在交换价值在马尔萨斯看来就是与商品所能交换或支配的劳动量相等的。他说："商品的内在的交换价值，可以解说为由内在原因所产生的购买力。在没有其他说明的时候，物品的价值总是指这种意义上的价值而言的。这种定义的价值恰恰等于根据占有欲望和获得的困难而决定的商品的估价；在任何时间和任何地点，商品的估价总是决定于需求和供给的相对状况，而且通常是决定于基本的生产成本。"① 根据马尔萨斯的上述推理，商品的价值最终由生产费用所决定，也即由工资、利润、地租所构成。

马尔萨斯在他的价值论基础上解释利润和地租。他认为，利润是国民收入中归于资本家的部分，是商品价值扣除各种垫支后的余额。他说："在任何商品的生产中，利润率的变动决定于该商品出卖后的价值和已知的垫支价值之间的差额；而这差额的大小总是决定于供求情况的。"②

马尔萨斯把地租看做是产品总价格中扣除工资和利润之后的剩余部分。他认为，地租是地主占有土地的肥力的报酬，是自然对人类的赠与或是上帝对人类的赐予。他对产生地租的原因作了三点说明：（1）土地的性质。土地能生产出比维持耕种者的需要还多的生活必需品。（2）生活必需品的性质。生活必需品能不断创造出对它的需求者，即它总有销路。（3）肥沃土地的稀缺性。肥沃土地有限，因而肥沃土地生产的生活必需品比劣等地多，从而能得到较多的报酬。马尔萨斯与李嘉图不同，李嘉图认为地租增长对资本主义生产不利，而马尔萨斯则认为地租增加是社会繁荣进步的标志。

四、有效需求不足危机论

在马尔萨斯那个时代，经济危机是一个已引起人们重视和讨论的重要问题。在争论中，马尔萨斯是认为存在危机产生必然性的一方，他所提出的理论被称为有效需求不足危机论。

根据马尔萨斯的看法，生产与消费或供给与需求的关系是生产发展的条件。在这种关系中，如果发生有效需求（既有购买欲望又有购买能力）不足，就会出现生产普遍过剩的经济危机。

马尔萨斯批评李嘉图、萨伊否认普遍生产过剩危机的观点。李嘉图、萨伊等人只承认某些商品的局部过剩，认为商品总是与商品交换，市场会自动调节供求。马尔萨斯认为，他们的说法是毫无根据的，因为商品不都是和商品交换，很多商品还和生产性劳动或私人服务交换。在这些交换中不一定总能保持平衡。在他看来，生产与消费或供给与需求之间的平衡主要是产品顺利实现的问题，或者说是利润实现的问题。利润是在交换中产生的，是商品售价和生产成本之间的差额。资本家都是追求利润的，也即在卖出产品时获得利润。但是，资本家之间的交换，有获得利润必有付出利润；资本家与工人之

① 马尔萨斯．政治经济学原理．北京：商务印书馆，1962：55．

② 同①223．

间的交换，也仅使工人实现相当于工资那部分生产费用的生活资料消费。在马尔萨斯看来，资本家的利润只能由只买不卖的人支付，这部分人只能是地主、官吏、军队等组成的消费队伍。这类人的消费使资本家的利润得以实现。据此，马尔萨斯认为，资本主义生产为了顺利进行，必须维持足够的有效需求，也即必须使消费者有足够的购买力。如果资本积累过快，商品生产超过它们所必需的购买力的增加，就会导致有效需求相对缺乏，从而产生普遍生产过剩的经济危机。因此，他主张扩大和刺激地主等非生产阶级的消费。

在经济危机问题上，马尔萨斯是站在地主阶级立场上，与代表工业资产阶级的李嘉图相对立的。他的经济危机理论是他支持《谷物法》，为地主阶级利益辩护的思想武器。

不过，马尔萨斯的经济危机理论也是对资本主义发展过程中重大问题的最初探讨，涉及社会经济中总供给与总需求平衡与不平衡的基本关系分析，并在有效需求不足分析中受到后来经济学家的重视。

第二节　萨伊的经济学说

一、萨伊的生平、著作及其时代背景

从 18 世纪末到 19 世纪初，法国社会阶级斗争趋于尖锐、激烈。1789 年法国大革命爆发，资产阶级夺取政权，为资本主义社会经济制度的建立和发展开辟了道路。不过，法国大革命以后，法国产业革命发展，社会阶级分化迅速，政治斗争变化频繁。在这个时期，以西斯蒙第为代表的小资产阶级政治经济学代表着小生产者的利益和要求，它也标志着法国古典政治经济学以对英国古典政治经济学批判的形式而完成。在这个时期，还出现了空想社会主义学说，它代表着广大劳动群众的愿望和要求。两种思想都在不同程度上揭露了法国革命后的阶级矛盾与对立，抨击了资本主义制度和资本主义生产的矛盾，都属于反对资本主义的思潮。与此同时，还出现了另一种经济思想体系，即以萨伊为代表的资产阶级政治经济学体系。马克思把萨伊看做是法国资产阶级庸俗政治经济学的创始人。

让·巴蒂斯特·萨伊（1767—1832）出生于一个法国商人家庭，早年即开始学习经商，后去英国接受商业教育。在英国，他看到了产业革命的发展，也接触了斯密的著作。从英国回到法国后萨伊继续经商。法国革命爆发后，萨伊曾热烈地拥护革命，1790 年开始写作，为革命派杂志撰稿，1792 年曾投笔从军。雅各宾派上台以后，他离开军队并脱离革命。1794 年他任《哲学、文艺和政治旬刊》主编。1803 年，萨伊出版了《政治经济学概论》，因该书提倡经济自由，反对拿破仑保持关税政策而被禁止重印。为此，他被迫重新经商。拿破仑失败、波旁王朝复辟后，萨伊回到巴黎重新从事学术研究。1814 年他再版《政治经济学概论》，1817 年任巴黎工艺美术学院工业经济学教授，1828—1830 年出版《政治经济学教程》。1830 年起任法兰西学院政治经济学教授。萨伊把政治经济学思想叙述得平易、通俗而又优美，其著作被译成多种文字，在法国以及欧洲大陆其他国

家，许多人是经由萨伊了解斯密、了解英国古典政治经济学的。萨伊也因此获得极大声誉，成为大受欢迎的人，并被誉为“科学王子”。

萨伊的《政治经济学概论》包括绪论、财富的生产、财富的分配和财富的消费，共3篇42章。他虽然称颂斯密，但实际上完全抛弃了斯密体系中的科学因素，而把斯密理论中的庸俗因素分离出来并系统化，建立起了不同于古典政治经济学的资产阶级庸俗政治经济学。萨伊提出的政治经济学研究对象、“三分法”、效用价值论、生产三要素、“三位一体”分配论和销售论等，对后来资产阶级经济学的发展都有着重要的影响。同时，他反对重商主义学说和政策，提倡经济自由主义，反对国家干预经济等，使其经济理论也存在明显的反对封建主义的倾向。

二、政治经济学研究对象和“三分法”

资产阶级经济思想史研究者对萨伊往往有较高的评价，认为萨伊的功绩之一是把斯密的思想在欧洲大陆广泛传播，并使其具有一种经典的形式；认为萨伊是政治经济学领域最早的分类学家，第一次把整个经济学改造成为一个严整的、容易观察的整体；认为自从《政治经济学概论》问世以后，欧洲才真正开始具备研究政治经济学的简单的、严肃的和科学的方法。

萨伊认为，严格地局限于研究社会秩序所根据的原则的政治学，在长期内，和阐明财富是怎样生产、分配与消费的政治经济学混为一谈。在斯密以后，人们开始把二者分开了，一般以政治经济学为阐述财富的科学，以政治学为阐述政府和人民的关系及各国相互关系的科学。但斯密的著作还只是“一大堆杂乱地放在一起的、附有启发性例证的最正确政治经济学原理和附有有益的意见的统计学天才的研究。它不是政治经济学或统计学的完整论著，而是一大堆不齐整的奇妙的创造性理论和已知与已被证明的真理”①。“许多地方都欠明晰，全部著作几乎都缺乏条理。”②在萨伊看来，世界上存在两类事实：存在着的物体和发生着的事件。因此，科学分为两类：叙述科学和实验科学。他认为，政治经济学说明有关财富的事件是怎样发生的，所以它成为实验科学的一个部分。他还认为，政治经济学这门科学正在发展，政治经济学不应只是对少数管理人员有用，而应由中层阶级传播到上、下层人民中间。根据他对科学分类及政治经济学的理解，他把政治经济学的研究对象定义为阐明财富是怎样生产、分配、消费的政治经济学。相应地，他把政治经济学划分为生产、分配、消费三个部分，这就成为政治经济学的“三分法”，并被后来的资产阶级经济学家所接受。

从萨伊关于政治经济学的研究对象与“三分法”可以看出：

(1) 他把研究对象归结为财富，是与他把政治经济学看做实验科学的一部分相联系的。他在条理化、严格科学规律的名义下，把人与人之间生产关系的研究改变成为人与物之间关系的研究，以抽象地、一般地谈论财富生产、分配、消费替代了对资本主义生

① 萨伊．政治经济学概论．北京：商务印书馆，1963：19．

② 同①41．

产关系的本质的和历史的分析。

(2) 萨伊的“三分法”把生产、分配、消费看成一般形态，抽去了它们的特殊性和历史性，这样，就为用物质生产的一般要素——劳动、资本、土地的研究代替资本主义生产分析开辟了道路。

(3) 萨伊的“三分法”也割裂了经济过程的内在联系，把分配、消费等看做与生产有同等和并列的地位，抹杀了生产的决定作用，抹杀了生产的社会性质决定其他经济过程的社会特点。

三、 效用价值论

萨伊的价值理论是在“财富的生产”篇中说明的。萨伊从分析生产开始展开其政治经济学理论体系。他认为，重农学派只把农业看做生产，这种观点存有“偏见”。各种生产、流通，不论是农业、工业还是商业，都是财富的源泉。世界上的物质是不能创造的，“人力所能做到的，只不过改变已经存在的物质的形态。所改成的新形态，或提供此前所不具有的效用，或只扩大原有的效用。因此，人力所创造的不是物质而是效用”①。所以，萨伊说：“所谓生产，不是创造物质，而是创造效用。”② 而效用又不过是服务，因此，生产不外是提供服务。任何有效劳动，任何提供服务的劳动，如律师的劳动、医生的劳动、科学家的劳动都可以算作生产劳动。这些是一生产出来就被消费的非物质的生产，但仍然是生产。在生产中，劳动、资本、土地是三个要素，它们都提供了服务，共同创造了产品、创造了效用。

从这种生产的论点出发，萨伊提出了效用价值论。他把生产说成是创造效用，那么，“物品的效用就是物品价值的基础”，也就归于劳动、资本、土地共同的协力。他说：“当人们承认某东西的价值时，所根据的总是它的有用性。这是千真万确的，没用的东西，谁也不肯给予价值。”③ 据此，他批评斯密只强调劳动是创造价值的唯一尺度，而忽视了资本和自然力的作用。

萨伊用效用说明价值，那么，效用的大小如何加以测定呢？他说：“价格是测量物品的价值的尺度，而物品的价值又是测量物品的效用的尺度。”④ 在这里，萨伊把价值如何决定与价值如何表现混在一起了。价格是商品价值或交换价值的货币表现。本来人们是能直接了解价格的，并且正是要从价格这种表面现象了解它的变动所围绕的基础，即商品价值，而且人们探讨价值问题，也正是要了解价值的大小由什么决定，萨伊却反过来用价格说明价值的大小，又用价值说明效用的大小，价值论在他这里陷入了循环论证。

萨伊在用价格代替价值分析后，又把价格的决定归结为由供求关系决定。他说：“一种货物的价格，随着需求的增加与供给的减少而成比例地上升，反过来也是一样。”⑤ 实际上，市场供求只能说明价格与价值的背离程度，而并不能说明价格与价值本身。

①②③ 萨伊. 政治经济学概论. 北京：商务印书馆，1963：59.
④ 同①60.
⑤ 同①325－326.

萨伊放弃了古典政治经济学的劳动价值论。他所说的效用仍是物品客观的使用价值，他用效用说明价值，就是用使用价值说明价值，并且用创造使用价值的要素代替创造价值的要素。在当时，李嘉图就直接批评了萨伊的这种错误。李嘉图说："和亚当·斯密的意见相反，萨伊先生在第四章中说到了太阳 、空气、气压等自然要素赋予商品的价值，这种种要素在生产中有时代替人类的劳动，有时在生产中和人类协同发生作用。不过这些自然要素尽管会大大增加商品的使用价值，但是从来不会使商品增加萨伊先生所说的交换价值。"① 萨伊的价值论归根结底不过是三种收入构成的生产费用论、供求论再加上效用论的混合体。

萨伊的价值理论虽然混乱，但他在论述价值生产中的各种不同劳动时，把劳动分为三类：(1) 研究规律和自然趋势的科学家的劳动；(2) 应用科学家的知识而创造新产品的农场主、工厂主和商人的劳动；(3) 在前两种人的指挥和监督下生产产品的工人的劳动。他认为，产品是这三种劳动的成果，这三种劳动都属于创造价值的生产劳动。萨伊的这种分类具有一定的参考价值。

四、分配理论

萨伊的分配理论以他的价值论和生产三要素论为基础。在他看来，生产的三个要素——劳动、资本、土地——在生产中共同创造产品的效用，也即产品的价值，它们的所有者——工人、资本家、地主就得到相应的报酬——工资、利息、地租。这样，社会各阶级的收入都有了自己独立的源泉。马克思把萨伊的这种观点归结为"三位一体公式"，即土地—地租，资本—利息，劳动—工资。

萨伊的"三位一体公式"把资本主义生产关系说成物与物的关系：劳动产生工资，资本产生利息，土地产生地租。社会各阶级彼此独立，从而掩盖了资本主义剥削关系。他又把生产的三要素及相应的收入看做是永恒存在的，从而抹杀了资本主义社会分配的历史性。这个分配公式对后来的资产阶级经济学家具有重大影响，被许多人所接受。

萨伊舍去了斯密工资论中的科学因素，断言工资就是工人劳动的全部报酬，工人并未受到剥削。他批评西斯蒙第要求企业主向工人提供救济的建议，认为这是硬要社会的一个阶级养活另一个阶级；他也批评工资与利润对立的见解，反对李嘉图。

萨伊把利润分为两个部分：资本的利润和使用资本的劳动的利润。前者是对于资本的效用或使用所付的租金，也即利息；后者是对企业家管理劳动所付的报酬，即企业家的收入或工资。萨伊是较早区分资本家和企业家的经济学家，相应地，他把利息看做是资本发挥职能（即资本的服务）的结果，因此，资本在他的理论上直接产生的不是利润，而是利息。马克思曾指出："正是在资本—利息这个形式上，一切媒介都已经消失，资本归结为它的最一般的、但因此也就无法从它本身得到说明的、荒谬的公式。正是由于这个缘故，庸俗经济学家宁愿用资本—利息这个公式，而不用资本—利润这个公式，因为前一个公式具有一种神秘性质，即一个价值和它自身并不相等；而后一个公式却和现实

① 李嘉图. 政治经济学及赋税原理. 北京：商务印书馆，1983：243.

的资本关系较为接近。”①

萨伊把地租看做是对土地的生产性服务的报酬，同时，他也反对李嘉图关于利润与地租对立的学说，认为地租是地主实行节约和发挥智慧的结果。他说：“一个土地所有者，由于注意，由于实行节约和发挥智慧，年收入比方说增加 5 000 法郎。如果国家对他的增加收入征收 1/5，他还有 4 000 法郎的盈余，作为对他的努力的鼓励与报酬。”②

五、销售论

萨伊的销售论是在“财富的生产”篇中论述的。销售本来属于流通领域，但萨伊把它放在生产部分加以论述。销售论实质上是讲再生产，但萨伊在一开始讲政治经济学时便来阐述这一比较复杂的经济关系。马克思曾讽刺他说：“任何一门科学都不象政治经济学那样，流行着拿浅显的普通道理来大肆吹嘘的风气。例如，让·巴·萨伊由于知道商品是产品，就断然否定危机。”③ 不过，萨伊的销售论在经济学说史上又具有重要的地位，因为它提出了有关供给和需求的基本命题，并引起了经济学说史上长期的争论。

萨伊在分析产品的销售时自认为获得了一个重要的“发现”，他说：“在以产品换钱、钱换产品的两道交换过程中，货币只一瞬间起作用。当交易最后结束时，我们将发觉交易总是以一种货物交换另一种货物。”④ 根据萨伊的观点，既然生产物总是由生产物购买的，那么，每一个商品的卖者同时也就是其他商品的购买者，也因此，“一种产物一经产出，从那时刻起就给价值与它相等的其他产品开辟了销路”⑤。由于商品的出售是供给，商品的购买是需求，所以，供给会给自己创造出需求。在资本主义条件下，某一种产品可能会滞销，但自由竞争会自动调节，使各种产品的供求趋于平衡。就全社会来说，总供给一定等于总需求，普遍性的生产过剩的经济危机是不可能发生的。

根据这种原理，萨伊还推出了四个结论：(1) 在一切社会，生产者越多，产品越多样化，产品便销得越快、越多和越广泛，而生产者得到的利润也越大，因为价格总是跟着需求增长。这说明资本主义生产不存在矛盾，不会发生危机。(2) 每一个人都和全体的共同繁荣有利害关系，一个企业办得成功，可帮助别的企业也达到成功。这说明人们之间的利益和谐一致。(3) 购买或输入外国货物绝不至于损害国内或本国的产业和生产。这说明对外贸易应采取自由政策。(4) 仅仅鼓励消费并无益于商业，因为困难不在于刺激消费的欲望，而在于供给消费的手段。激励生产是贤明的政策，鼓励消费是拙劣的政策。这说明资本主义生产具有无限生命力，可顺利发展。

后来的许多经济学家非常推崇萨伊的销售论，把它称为“萨伊定律”。对于萨伊定律，长期存在许多争论。在当时，萨伊定律就曾受到马尔萨斯的批评。马克思则指出了萨伊定律的根本错误在于混同了资本流通与简单商品流通，又把简单商品流通归结为物物交换。实际上，萨伊的“发现”只是把复杂的资本主义流通归结为物物交换。他并不

① 马克思，恩格斯. 马克思恩格斯全集：第 25 卷. 北京：人民出版社，1974：924.
② 萨伊. 政治经济学概论. 北京：商务印书馆，1963：535.
③ 马克思，恩格斯. 马克思恩格斯全集：第 23 卷. 北京：人民出版社，1972：133.
④⑤ 同②144.

了解，在物物交换中，任何卖者也是买者，总供给会等于总需求，但在商品流通，特别是资本主义流通代替物物交换后，买与卖已分成两个相对独立的行为，卖者与买者已分离开来，货币可以贮藏，因而，总供给并不一定等于总需求。

第三节　李嘉图学派的解体

一、 19 世纪 20 年代英国经济学界的大论战

李嘉图的《政治经济学及赋税原理》出版后获得了广泛的支持，在英国出现了许多他的热情的追随者。李嘉图的经济学说迅速传播，并以李嘉图为核心形成了李嘉图学派。站在李嘉图对立面的马尔萨斯 1819 年出版《政治经济学原理》，挑起了一场理论上的论战，在马尔萨斯一方也聚集了一批反李嘉图学说的经济学家。马克思曾评价说："从 1820 年到 1830 年，在英国，政治经济学方面的科学活动极为活跃。这是李嘉图的理论庸俗化和传播的时期，同时也是他的理论同旧的学派进行斗争的时期。"①

19 世纪 20 年代英国工业革命促进了资本主义的蓬勃发展，但资本主义生产的矛盾也日益暴露，1825 年爆发了第一次生产过剩的经济危机。不过，当时社会主要矛盾仍是工业资产阶级和封建贵族之间的矛盾，它们在社会改革、《谷物法》上进行着激烈的斗争。以马尔萨斯、塞缪尔·贝利（Samuel Bailey)、罗伯特·托伦斯（Robert Torrens）为代表的李嘉图学说的反对者，利用李嘉图理论中的矛盾，企图证明劳动价值论和剩余价值论是错误的。而李嘉图学派的代表詹姆斯·穆勒和约翰·雷姆赛·麦克库洛赫（John Ramsay McCulloch）力图对李嘉图学说进行宣传和解释。但是，他们在对劳动价值论和利润理论的解释过程中，由于同李嘉图一样不能解决两大难题，所以，不仅没能克服李嘉图经济理论体系中的矛盾，反而丢失了李嘉图理论中的科学与合理因素，这被马克思称为对李嘉图经济学说的庸俗化，并表明了李嘉图学派的解体。

同时，这一时期也正是空想社会主义产生和传播的时期，在英国政治经济学中，也分化出一批从李嘉图学说出发的社会主义者。他们在马克思主义形成史上具有重要的意义。

二、 詹姆斯·穆勒解决李嘉图体系矛盾的尝试

詹姆斯·穆勒（1773—1836）是英国经济学家、历史学家。他出生于苏格兰，毕业于爱丁堡大学。他曾担任过牧师、家庭教师、东印度公司的雇员，并长期在伦敦著书立说。他参加了许多文化事业的建设工作，是伦敦大学的首创者之一。他是李嘉图的一贯支持者和追随者，李嘉图著作的出版受到他的鼓励和赞助。他也自认为是李嘉图学说的阐述者和继承人。他于 1821 年出版《政治经济学原理》，可以看做是对李嘉图经济理论

① 马克思，恩格斯. 马克思恩格斯全集：第 23 卷. 北京：人民出版社，1972：16.

的系统与通俗的阐述。他与边沁是好朋友，并且也是边沁的追随者，他曾在1829年出版《人类意识的分析》，系统阐述了边沁的哲学。他还出版了《印度史》，作为历史学家而闻名于学术界。詹姆斯·穆勒在萨伊政治经济学“三分法”的基础上，提出“四分法”（在生产、分配、消费的基础上又加上交换）。因而，他在经济学说史上也占有重要的地位。

李嘉图学说的反对者用李嘉图理论体系中的矛盾或难题之一，即价值规律与等量资本获得等量利润的矛盾来抨击劳动价值论。他们列举葡萄酒的例子：陈酒与新酒所耗费的劳动是相同的，但陈酒的价格比新酒高得多，这证明劳动价值论是不能成立的。穆勒在反驳这种观点时认为，陈酒比新酒贵的原因在于陈酒要有一个较长的窖藏时间，在这期间，资本或过去所积累的劳动还在“自行工作”，因此葡萄酒在窖藏期间价值还在增加。他说：“酒窖中的葡萄酒的例子同自行工作、不需附加劳动而在一年中消耗的一部机器的例子完全吻合。新葡萄酒——这是一部机器，被它的产品——陈葡萄酒——所代替了，还加上同使用在土地上的资本所得收益相当的一种增加的价值。”①

李嘉图学说的反对者也用李嘉图理论体系中的第二个矛盾，即价值规律同资本与劳动交换的矛盾抨击劳动价值论。在这个矛盾中，如果承认资本与劳动交换是不等价的，那么就会与价值规律相违背；如果认为二者交换是等价的，资本家的利润也得不到解释。为了维护劳动价值论，穆勒把劳动与资本的交换归结为商品与商品间的交换。他认为，商品是劳动与资本共同生产的，劳动者和资本家都是商品的所有者。在生产过程中，资本家以工资的形式将劳动者应得的一部分支付给了工人，因此，劳动与资本间的交换是等价的普通商品之间的交换。而二者之间应得部分的大小比例，则是由市场决定的。他说：“当商品中属于工人的一份以工资的形式全部得去以后，商品本身就属于资本家，他在实际上购买了工人的一份，并且已经预先做出支付。”②

詹姆斯·穆勒对李嘉图理论体系中的两大矛盾的解释是错误的。（1）他不了解价值与生产价格的区别，不了解陈酒与新酒虽然所耗费的劳动时间相等，但陈酒比新酒所需生产时间长，所投入的不变资本较大。由于利润平均化，所以陈酒的生产价格大于新酒。（2）他不了解劳动与劳动力的区别，不了解资本在市场上是同劳动力进行等价交换，而在生产过程中，资本所支配的活劳动可以创造出比劳动力价值要大的价值。因此，穆勒虽力图捍卫李嘉图的理论，却实际上使李嘉图经济学说庸俗化了。不过，马克思还指出，穆勒还是维护了李嘉图所维护的反对土地所有权的产业资本的利益，他还曾在地租理论中做出了反对土地私有权，或多或少把土地私有转为国有的结论。

三、麦克库洛赫解决李嘉图体系的尝试

约翰·雷姆赛·麦克库洛赫（1789—1864）是英国经济学家，李嘉图学派的又一重要代表，也是著名统计学家和政治经济学文献收集家。他出生于苏格兰，毕业于爱丁堡大学，先学法律，后转学政治经济学。他先后担任过《爱丁堡评论》经济书刊首席评论

① 詹姆斯·穆勒．政治经济学原理//季陶达．资产阶级庸俗政治经济学选辑．北京：商务印书馆，1963：164.
② 同①149.

家、《苏格兰人》编辑、英国文书局审计员。1824年任伦敦大学政治经济学教授。他的主要著作有：《政治经济学原理》（1825）、《论赋税和公债制度的原理及实际影响》（1845）、《政治经济学文献》（1845）。

在解决价值规律与劳动和资本交换的矛盾时，麦克库洛赫提出了“实际价值”和“交换价值”的概念，他认为，实际价值是由生产商品所耗费的劳动决定的，而交换价值是以商品所能交换到的劳动表示的。劳动和资本是与其他商品一样的普通商品，它们之间的交换是等价的。不过，实际价值和交换价值只有在供求相等时才是一致的，在现实中，二者经常不一致，二者的差额就是利润。他说：“当一个资本家用他的资本或商品交换劳动，他实际上是以已经制成的劳动产品交换用来制造商品的劳动。”“事实上，它总是交换到多一点，这个多余的部分，便构成利润。”①

在解决价值规律与等量资本获得等量利润的矛盾时，他提出自然力也在劳动和创造价值的观点。他认为，葡萄酒在窖藏期间增加的价值，是通过自然力这个媒介，把一笔等量资本转移到葡萄酒内，即自然本身的作用力在酒桶里生产的。所以，劳动不仅限于人力，一切操作都是劳动，自然力也会劳动，也会创造价值。

麦克库洛赫在与李嘉图学说反对者的论战中，不仅没有坚持李嘉图的劳动价值论，反而转到让渡利润论和自然力创造价值观点上。因此，马克思把麦克库洛赫看做不仅是李嘉图的庸俗化者，而且是詹姆斯·穆勒的庸俗化者，是李嘉图经济理论解体的最可悲的样板。

评议与思考

马尔萨斯、萨伊是与李嘉图同时代的经济学家，但他们在许多理论观点上又与李嘉图相对立。考察他们理论之间的差别是有益的。不过，在讲到萨伊时，把他的理论体系与斯密和马克思的理论体系进行比较可能更有意义。

萨伊批评斯密著作缺乏条理，提出了政治经济学的“三分法”，但是，斯密的《国富论》至少在两个方面上看是很有条理的：第一，斯密考察国民财富的性质和原因，《国富论》全书以此为中心展开，他从对分工的论述开始，在第一篇和第二篇中论述了价值的生产和分配，分析了资本的性质、积累、用途，这实际上是对资本主义财富形式的分析；在第三篇中从西欧历史考察了财富发展的不同途径，这不过是论述了资本主义生产方式的形成史；在第四篇中对早期政治经济学进行了概括、批评，早期政治经济学是资本主义生产方式产生阶段的理论形式；在第五篇中讨论国家，斯密已在国家层次上开始对资本主义生产方式及与其相适应的生产关系和交换关系进行了概括。以后的经济学常常从斯密的论述出发，到现代，经济学已形成拥有理论经济学、部门经济学或应用经济学等许多分支学科的学科群，斯密著作正可以看做现代这种经济学学科群的最初形态。第二，斯密著作中已包含了商品—货币—资本这样一种从抽象上升到具体的展开逻辑，这种逻辑在李嘉图那里已更为清晰，而在马克思那里则发展为一个完整的理论体系。马克思的

① 麦克库洛赫. 政治经济学原理. 北京：商务印书馆，1981：125.

经济学理论体系是一个他本人远未完成的体系，被称为“六册计划”（资本、地产、雇佣劳动、国家、对外贸易、世界市场），其中“资本”册又分为四篇（资本一般、作为资本特殊的竞争、作为资本个别的信用和股份资本），马克思的《资本论》只是其中的“资本一般”。整个理论体系采用从抽象上升到具体的方法，作为出发点的资本是价值形式从商品—货币—资本逐渐展开的结果，而其中包含的内在矛盾只有到世界市场才完全展现出来。

考察萨伊自己的理论体系，虽然按财富的生产、消费、分配表现似乎是有条理的，但在这三个部分中，各自又同时包括了按现代经济学划分的微观部分和宏观部分，仅此一点就已使其理论的叙述陷入不可避免的混乱。

实际上，萨伊的理论体系表现出了与马克思理论体系的根本区别和对立。在萨伊那里，资本、土地、劳动是三种物质要素，共同创造产品价值，产品价值依三要素贡献“合理地”分配给资本家、地主、工人。而在马克思那里，资本不是物，而是一种生产关系或这种生产关系所有表现的形式，马克思也不用土地而用地产表明在土地上反映的资本主义土地关系，对于工人阶级所依据的客观条件，马克思选择雇佣劳动，即采取雇佣形式的劳动，而不是没有特定历史性质的劳动。从萨伊和马克思理论的对立上不难理解为什么马克思把斯密归为古典政治经济学家，而把萨伊归为庸俗经济学家。

关键词

马尔萨斯	《人口论》	有效需求不足危机论	萨伊
《政治经济学概论》	“三分法”	效用价值论	“三位一体公式”
萨伊定律	詹姆斯·穆勒	麦克库洛赫	

思考题

1. 评述马尔萨斯的人口论。
2. 怎样评价马尔萨斯的危机理论？
3. 评析萨伊的“三分法”。
4. 说明萨伊效用价值论在经济学说史上的影响。
5. 评析“三位一体公式”。
6. 什么是萨伊定律？
7. 李嘉图学派为何会解体？

第十章
19 世纪 30—60 年代英法两国的经济学说

本章第一节介绍 19 世纪 30 年代英法两国社会经济和阶级斗争的新变化，即资产阶级和无产阶级之间的矛盾上升为社会主要矛盾，这是资产阶级经济学开始走上为资本主义生产方式辩护道路的基本原因。这一章介绍的西尼尔、巴师夏、穆勒都是这一时期最重要和有特点的经济学家，分别在第二、第三、第四节中说明。西尼尔的纯经济学四命题显示经济学发展的新倾向，这种倾向在后来边际学派那里得到了进一步的发展。巴师夏的和谐经济论和美国凯里的经济理论都表现出了调和阶级矛盾的色彩。穆勒的经济学说则是政治经济学发展到 19 世纪中叶的第一次大综合，其综合的范围不仅包括英法两国的经济理论，还包括了德国、美国经济学理论的最初发展。

本章重点

- 西尼尔的纯经济学和“节欲论”
- 巴师夏的和谐经济论
- 约翰·穆勒在经济学说史上完成的第一次大综合

第一节 概 述

从 19 世纪 30 年代开始，英法两国的社会经济和阶级斗争出现了新的变化。

(1) 19 世纪 30 年代，英法两国工业资产阶级都已夺取了政权。英国于 1640 年爆发资产阶级革命，1649 年成立共和国，1653 年形成克伦威尔的独裁政权。经过长期内乱，在 1688 年确立了“君主立宪”的政体，也即资产阶级和新贵族结成的联盟的专政。当时在英国已形成两党，其中辉格党代表工商业资产阶级和新贵族的利益，托利党代表地主贵族的利益。在“光荣革命”中，两党曾一度合作，但从长期来看，政权是掌握在辉格党手中的。18 世纪前半期，英国逐渐形成了内阁制、上下议院制度。18 世纪 60 年代以后，辉格党势力逐渐衰落，托利党人乘机夺取了政权，执行金融寡头和土地贵族的政策，并于 1815 年通过了有利于土地贵族的《谷物法》。也正是在这一时期，英国出现了资产阶级的激进派。李嘉图的学说也出现于这样一个时期。资产阶级激进派利用拿破仑战争和英美战争后英国工业的萧条，掀起了以改革选举制度为主要内容的民主改革运动，但运动没有取得太大的成果。19 世纪 20 年代以后，英国工业，尤其是重工业发展迅速，工业资产阶级的实力加强了，再加上 1825 年英国爆发了第一次周期性经济危机，国会改革运动再度活跃起来。1830 年，法国的七月革命给了英国改革运动以新的刺激，在群众的广泛支持下，辉格党击败托利党，于 1832 年通过了改革法案。从此，英国工业资产阶级在国会中取得了强大地位，事实上夺取了政权。

法国的革命也经历了一个较长的过程。1789 年，法国爆发资产阶级大革命，经过吉伦特派、雅各宾派和热月党人的统治，最后拿破仑建立了独裁政府，并于 1804 年称帝。1815 年拿破仑垮台，波旁王朝复辟。虽然波旁王朝的政权是封建贵族和大资产阶级的联合专政，但资产阶级实质上处于无权地位。在波旁王朝期间，资本主义生产不断发展，工业资产阶级的力量不断壮大。也正是在这个时期，法国空想社会主义思潮广泛传播，革命形势不断高涨。1830 年 7 月 28 日，法国爆发了七月革命，波旁王朝被推翻。从此，封建势力在法国重建封建政权的企图被彻底摧毁，资产阶级对封建贵族的斗争取得了决定性胜利，并建立起以金融集团为首的大资产阶级专政。

（2）在 19 世纪 30 年代，当英法两国资产阶级巩固了统治权后，无产阶级和资产阶级之间的矛盾和斗争日趋尖锐。在反对封建统治的斗争中，英法两国的无产阶级逐渐成长起来，并发挥了重大的作用，但是斗争的结果是，无产阶级的处境并没有多少改善，无产阶级和资产阶级之间的阶级斗争逐渐上升为社会的主要矛盾。1831 年和 1834 年，法国里昂工人发动了起义，作为独立的政治力量出现于政治舞台上。英国从 19 世纪 30 年代起，工人运动也开始蓬勃发展，在 1836—1848 年间，掀起了广泛的群众性的宪章运动。

（3）英法两国在 19 世纪 50—60 年代社会经济稳步高速发展。英国从 18 世纪 60 年代开始的工业革命到 19 世纪 30 年代末 40 年代初基本完成，工厂制度确立，英国成为第一个机器大工业占优势的国家，并确立了“世界工厂”的地位。在资本主义生产占优势的条件下，英国逐渐取消了关税保护，成为实行自由贸易政策的国家，这种政策为英国 50—60 年代的工业高涨起到了很大的推动作用。英国工人阶级在 1838 年、1842 年、1848 年先后掀起三次宪章运动高潮，虽然最后被镇压，但迫使资产阶级不得不做出各种让步，颁布了一系列工厂法，取得了禁止童工、缩短工时、实行 10 小时工作制等许多成果。法国的工业革命比英国落后许多年，在大革命年代刚开始出现个别采用机器的现象，大规模引进和使用机器是从 19 世纪 20 年代开始的。但法国工业革命发展较快，到 19 世纪 60 年代就已基本完成。法国在波旁王朝和七月王朝统治下资本主义生产发展的基础已逐渐奠定。法国在 1848 年革命中推翻了七月王朝，建立起第二共和国。在第二共和国包括后来的第二帝国时期社会内部较为安定的情况下，法国出现资本主义发展高潮。不过，这个时期也是法国工人运动持续发展的时期，在整个欧洲占有主要地位，并酝酿着建立无产阶级的政权。

在 19 世纪 30—60 年代，资产阶级经济学说也出现了一些新的变化和发展。

第一，阶级利益和阶级斗争形势使资产阶级政治经济学带上了强烈的辩护色彩。马克思认为，19 世纪 30 年代英法两国阶级斗争的发展使得资产阶级政治经济学走上了为资本主义辩护的庸俗化道路。马克思说：“1830 年，最终决定一切的危机发生了。”“法国和英国的资产阶级夺得了政权。从那时起，阶级斗争在实践方面和理论方面采取了日益鲜明的和带有威胁性的形式。它敲响了科学的资产阶级经济学的丧钟。现在问题不再是这个或那个原理是否正确，而是它对资本有利还是有害，方便还是不方便，违背警章还是不违背警章。不偏不倚的研究让位于豢养的文丐的争斗，公正无私的科学探讨让位于辩护士的坏心恶意。"[①] 30年代以后，英法两国为资本主义生产方式辩护的经济学家中最著名的是西尼尔和巴师夏。

第二，资产阶级经济学家探讨经济学方法论，力图完善政治经济学理论体系。在萨伊提出政治经济学"三分法"、詹姆斯·穆勒提出"四分法"以后，英国经济学家理查德·惠特利（Richard Whately）、西尼尔以及约翰·穆勒都对政治经济学的方法进行过新的探讨。经济学方法论的探讨对政治经济学理论体系的演变有着重要的影响。

第三，资产阶级政治经济学在约翰·穆勒的著作中完成了第一次大综合。约翰·穆勒自称追随斯密和李嘉图，同时又吸收了19世纪上半期各种经济学理论和观点，建立起一个折中的经济学理论体系。他的代表著作《政治经济学原理》被译成多种文字广泛传播，是马歇尔的《经济学原理》之前最权威的经济学著作。

第二节　西尼尔的经济学说

一、 西尼尔的生平和著作

纳索·威廉·西尼尔（1790—1864）是19世纪中期英国的经济学家。他出生于英国威尔特郡一个乡村牧师家庭。曾就读于伊顿学院、牛津大学马格达连学院，1811年获文学硕士学位。1819年在伦敦当律师。1825—1830年任牛津大学政治经济学讲座教授。曾在济贫委员会、工厂委员会、教育委员会等单位工作，参与制定1834年的《济贫法修正案》。1847—1852年再次任牛津大学政治经济学教授。1857年任皇家教育委员会委员。他的主要著作有：《政治经济学大纲》（1836）、《论工厂法对于棉纺业的影响的书信》（1837）、《关于政治经济学入门的四次讲演》（1852）等。

二、 政治经济学的对象和方法

西尼尔在萨伊之后，主张把政治经济学改造为"纯经济学"。他曾把政治经济学划分为两类：理论政治经济学和应用政治经济学。应用政治经济学要确定最能促进财富增长的制度，其前提有一些来自理论政治经济学，但还有许多来自对众多现象的归纳，所以，应用政治经济学存在极大的不确定性。理论政治经济学属于纯粹的经济学，把一般立法、行政问题，以及涉及哲学和伦理学的问题等都排除出去，而仅以财富为研究对象，即

① 马克思，恩格斯. 马克思恩格斯全集：第23卷. 北京：人民出版社，1972：17.

“应当以财富的性质、生产和分配为限”①。他认为，理论政治经济学或纯经济学所依据的应当是少数几个一般性的命题，这些命题是观察或意识的结果，是人人熟知的，其结论由逻辑推论导出，具有普遍的真实性。因此，经济学的方法应是抽象演绎法，从最一般的命题推理建立起整个经济学理论体系。

西尼尔为纯经济学建立并提出了四个基本命题：

(1) 每个人都希望以尽可能少的牺牲取得尽可能多的财富。这是从人的经济本性引出的功利主义原则。

(2) 人口原则。他认为，限制世界上人数的，只是精神上或物质上的缺陷，或是各阶级中各个人对于在既有习惯下担心财富不能满足需要的顾虑。

(3) 工业生产力不断地无限扩大的倾向。他认为，劳动的力量和生产财富的其他手段的力量，借助于将由此所生产的产品作为继续生产的工具，可以无限制地增加。

(4) 农业报酬递减倾向。他认为，假定农业技术不变，在某一地区内的土地上不断增加劳动，所得到的报酬会按比例递减。

在上述四个基本命题中，第一个命题被他看做是意识的问题，是一切经济学推论过程中的基本假设，而其余三个命题则是观测的问题，是对第一个基本命题的注解。西尼尔的纯经济学实际上是现代实证经济学的先声。

三、价值理论

西尼尔反对李嘉图的劳动价值学说，认为价值是由资本和劳动这两种牺牲形成的，由它们的报酬利润和工资构成。

西尼尔对价值的论述是同对财富的说明联系在一起的。他认为“财富所包括的是一切有价值的事物，也只包括这些事物。”② 在他看来，财富或价值的构成要素有三个：效用、稀少或供给有限、可以转让。他所说的效用与萨伊所谓的物品的客观使用价值不同。他认为，“效用指的并不是我们称之为有用事物的内在特质；它所指的只是事物对人们的痛苦与愉快的关系。来自各个物体的痛苦和愉快的感受，多由无数成因所引起所变更，是时刻在变化的”③。在西尼尔那里，效用已是一种人对于物品的主观心理感受。所谓供给有限是指事物相对于人的需要而言具有稀缺性，他说：“供给有定限这个词作为一个比较说法时，指的是限制各该商品供给的阻力的比较强度。”④ 它也可称为相对稀少性。西尼尔把供给有限和相对稀少性看做是价值的最主要条件。他认为，人们心理中最有力的两个要素是喜爱变换和喜爱体面，它们影响到财富或价值。由于效用是能直接或间接使人产生愉快或避免痛苦的能力，又由于物品具有稀缺性或供给有限，因而，物品越稀少，人们的评价即效用也越高。西尼尔说：“我们所想望的主要不是在于量的增加，而是在于内容的多样性。不但任何一类商品所能提供的愉快总有其一定的限度，而且在达到这个

① 西尼尔．政治经济学大纲．北京：商务印书馆，1986：10.
② 同①28.
③ 同①18.
④ 同①20.

限度之前，它所提供的愉快早已在越来越迅速地消逝。同类的两件物品所提供的愉快，很少会比1件所提供的增加1倍，10件所提供的，更不会达到2件所提供的5倍。因此，任何物品，如果供应充足，那么已经具备，不再需要增购，或者即使要增购也有限的那些人，为数必然很多，供应越是充足，这类人就越多；就这类人说来，增加的供应已经失去了全部或将近全部的效用。反之，物品越是稀少，需要的人就越多，需要的迫切程度就越加提高；因此，物品的效用，也就是保有某一数量时所获得的愉快，将按比例地增加。”① 所谓可转移性是指财富可以被交换或出卖，用西尼尔的话即“足以产生愉快或防止痛苦的能力的全部或其一部分，是能够或者绝对地，或者在一个期间内被转移”②。

西尼尔把价值看做物品交换的一种比例关系，他认为，确定这种关系取决于两方面原因：(1) 这种商品的需求与供给；(2) 另一种商品的需求与供给。使某一种商品有效用，并使它的供给有定限的那些原因，称为商品价值的内在原因。使和它交换的那些商品有效用，并使其供给有定限的那些原因，称为商品价值的外在原因。财富或价值的生产有三种要素：劳动、资本和自然要素。供给受这三种生产要素或手段的制约。在这三种要素中，劳动是对劳动者安乐与自由的牺牲，资本是资本家对自己欲望的节制。当自然要素随处可取时，它本身不构成价值。在这种情况下，价值就是由劳动者和资本家的两种牺牲生产出来的。劳动者牺牲的报酬是工资，资本家牺牲的报酬是利润，这二者构成生产成本，价值也就是由这种生产成本构成的。他说：“所谓生产成本，我们的意思说的是生产所必要的劳动与节制的总和。”③

西尼尔在对自然要素加入价值生产进行分析时曾研究了独占（也即垄断）问题。他认为，如果生产中得到自然要素协助，商品价值必然高于没有自然要素协助时生产的商品的价值。这种商品叫独占商品，占有这种自然要素的人叫独占者。西尼尔把独占形式分为四类：(1) 独占者作为生产者仅独占某些设备，可以在不减少设备，或者增加设备的情况下增加其产量。(2) 独占者是唯一的生产者，其产品总量不能无限增加，但价格不会因产量扩大而受到抑制。(3) 独占者是唯一的生产者，其产品总量可以在增加劳动和资本的条件下无限增加。(4) 独占者不是唯一的生产者，但占有特殊自然要素的助力，而这些自然要素的助力会随产量的增加而递减。西尼尔是较早研究垄断的经济学家之一。西尼尔的价值理论最终归结为生产成本论和供求论。不过，他对商品效用做出了主观心理的解释，从而成为19世纪70年代边际效用价值理论的思想来源之一。

四、分配理论

在分配问题上，西尼尔继承了三个阶级三种收入的惯常分类，又加入了带有主观心理色彩的“牺牲”“节欲”的说法。

西尼尔认为，社会上的三个阶级即劳动者、资本家和自然要素的所有者，他们相应

① 西尼尔. 政治经济学大纲. 北京：商务印书馆，1986：25-26.
② 同①20.
③ 同①155.

获得各自的收入。劳动者使用体力和智力劳动进行生产，付出了对于自己安乐、自由的牺牲，这种牺牲的报酬是工资。资本家节制自己的欲望而进行生产，做出对于近期的享受的牺牲，这种牺牲的报酬是利润。西尼尔特别推崇资本家的这种节制或节欲（节制消费的欲望），他说："在节制的原则下，放弃我们力所能及的享乐，或者是放弃切近的效用而追求遥远的效果，是人类意志上最艰苦的努力之一。"① 自然要素的所有者通过占有自然要素协助而生产的商品，能获得商品出售价格与生产成本之间的差额，这个差额就是地租。他说："价格与生产成本之间的差额乃是地租。这项利益是从不能到处取得的自然要素的使用中得来的。"② 它不是来自劳动和节制，而是来自自然的赐予。

西尼尔在参与工厂法制定等活动中，还曾提出"最后一小时"的理论，反对当时工人争取 10 小时工作制的斗争。西尼尔在《论工厂法对棉纺织业的影响的书信》中提出，工厂主的利润是在当时流行的 11.5 小时中的最后一小时生产的，如果工作日减少 1 小时，纯利润就会消失，如果缩短 1.5 小时，总利润也会消失。因此，如果工作日缩短到 10 小时，利润会消失，工厂会倒闭，工人也会找不到工作。马克思曾对西尼尔的"最后一小时"理论进行过详尽的批判，指出西尼尔不了解生产商品的劳动的二重性，不了解工人在具体劳动中转移旧价值和在抽象劳动中创造新价值的过程，他不过是以此为资本家的利益进行辩护。

第三节　巴师夏的经济学说

一、巴师夏的生平和著作

弗雷德里克·巴师夏（1801—1850）是 19 世纪上半期法国和欧洲大陆最著名的经济学家，他是阶级利益和谐论的创始者之一，也是当时经济自由主义的最主要代表。

巴师夏出生于法国南部酿酒业地区的一个富商之家。他自幼受到良好教育，18 岁开始随叔父经商，1825 年继承祖父的产业，从事酿酒业。1830 年法国革命时，他当选为本地法官，开始涉猎哲学、社会学、经济学方面的著作。后移居巴黎，积极从事反对垄断和反对社会主义的活动。19 世纪 40 年代英国的自由贸易运动发展到空前的规模，约翰·布赖特（John Bright）和理查德·科布登（Richard Cobden）是当时英国"反谷物法联盟"的领袖和以"曼彻斯特自由主义"著称的运动的核心人物。在经济自由主义的推动下，英国 1846 年取消了《谷物法》，1849 年又取消了《航海法》。英国的自由贸易运动也大大鼓舞和推动了欧洲大陆各国的经济自由主义，巴师夏受经济自由主义思想影响，在法国针对政府的保护关税政策发表文章，予以抨击。1845 年，巴师夏曾到英国，结识了科布登，两人很快成为好友。回国后他发表了《科布登与反谷物法同盟》，宣传、介绍英国的经济自由主义。1846 年，他在巴黎发起成立了争取自由贸易协会，组织全国

---

① 西尼尔. 政治经济学大纲. 北京：商务印书馆，1986：155.

② 同①175.

的自由贸易协会活动。他于1847年收集写过的文章及演说，汇成文集出版，取名《经济诡辩》。1848年2月革命后，巴师夏进入立法大会，继续宣传经济自由主义。由于空想社会主义思潮在法国广为传播，巴师夏又把社会主义作为批判对象，写了《和谐经济论》，并于1850年出版。1850年版的《和谐经济论》只有10章，并不完全。当年，巴师夏去世。1851年，他的友人又将巴师夏已写出但未出版的章节补全，出版了完整的第二版。

巴师夏反对当时的社会主义思潮，反对对资本主义的各种批判，认为建立在以平等交换为基础上的社会是和谐的社会，因此，他要说明社会生活中各个领域、各个阶级和阶层之间存在着的是和谐的关系，社会的根本规律是和谐。他也并不完全否认存在社会矛盾和冲突，但他认为社会的大趋势是和谐。他说："当我们谈及和谐时，绝不认为社会世界的自然秩序已经尽善尽美，没有谬误和邪恶。……若要和谐不伴以某种不协和，除非人不能自由决断，除非人永远不犯错误。我们只能说，社会大趋势是和谐，因为任何错误都导致失望，任何邪恶都会受到惩罚，不协和终将一一消失。"①

二、交换与价值论

巴师夏论证资本主义为和谐社会的主要理论基础是他的价值论和分配理论。

巴师夏认为："政治经济学的研究对象是人，是从需要及满足需要的手段这个角度来考虑的人。因此，当然应该从人和人的本性开始我们的研究。"② 根据巴师夏的观点，人具有感受性，从感受性这个总概念中生出两大类概念：一类为痛苦、需要、欲望、兴趣等，另一类为欢乐、享受、消费、福利等。人又具有活动性，从活动性这个总概念生出努力、劳动、生产等。巴师夏由此以需要、努力和满足作为三个基本概念展开其论证。他说："从经济观点看，需要、努力、满足就是人。我们已经看到，这三个术语中，前后两个的性质决定了它们是不能转移的，因为它们不但在感觉中产生，而且本身就是一种感觉，而感觉是世界上最最属于个人的东西，产生于努力之前并决定着努力的需要是这样。因此，被交换的只有努力，不可能有别的。"③ 在巴师夏看来，"交换就是政治经济学，就是社会的全部。"④ 交换意味着活动，而唯有努力才体现了这种积极精神。巴师夏把被交换的努力又解释为服务或者劳务。他说："我们可以彼此帮助，可以替他人劳动；我们可以相互提供劳务，用我们的能力或源自能力的东西，在得到相应回报的条件下为他人提供劳务。这就是社会。"⑤

交换引起了两种现象，一是将人们的力量联合起来，一是促使人们进行分工。在许多情况下，联合起来的力量大于它们分散时的总和。力量的联合就意味着交换，分工则是联合的另一种形式。在人们的需要和满足之间存在一些障碍；通过交换，可以克服这些障碍。所以，"交换的一般性质是缩小努力与满足之比"⑥。只要交换所节省的努力大

---

① 巴师夏．和谐经济论．北京：中国社会科学出版社，1995：72.

② 同①85.

③ 同①100.

④ 同①99.

⑤ 同③.

⑥ 同①113.

于它所要求的努力，交换就会无限度地扩展。“交换的动机虽不崇高，但无论在其最初的以物易物阶段，还是后来遍布各地的商业阶段，交换都在社会中推动了崇高的趋向。”①巴师夏认为，“人的本性所具有的利己和同情两个动力共同走向一个目标：普遍幸福。这样，我们就无法否认，个人利益和由个人利益驱动的交易——至少就其效果而言——是道德力量的源泉之一”②。在他看来，这种由交换产生的和谐是最主要、最美好、最具决定性、最多产的和谐。

根据巴师夏的观点，有了交换才有价值，价值从交换关系中产生，他说：“所以价值一词的定义，按正确说法，应该不仅同人的努力有关，而且应同人的已交换或可以交换的努力有关。交换不只是确认和测定价值，而且产生价值。我的意思不是说交换产生相互对换的行为或物，而是说交换产生价值的概念。两个人相互让予正在进行的努力或各自先前努力的结果，他们就是互相帮助，互相提供劳务。所以我认为，价值就是两项交换的劳务之间的比例关系。”③

巴师夏认为，价值原理对斯密来说在于物质性和时间性，对萨伊来说在于效用性，对李嘉图来说在于劳动，对西尼尔来说在于稀少性，对施托希（H. von Storch）来说在于判断等。而他自认为他用努力或劳务来解释，弥补了上述各种价值论的不足，并应能使各方面都满意。实际上，巴师夏把价值原理寓于“劳务”而不是劳动，就使各种人的各种活动（作为“努力”）都成为与价值相关的来源；他把价值看做对相互比较的劳务的评价，价值仅成为一种比例关系。

三、 分配理论

巴师夏承认社会中存在着一些祸害，这些祸害破坏了社会的和谐，这些祸害包括垄断特权、战争动乱、奴役贫穷等。不过，巴师夏认为，这些祸害的存在正是人们对自由交换原则缺乏认识和没能正确选择的结果。根据他的观点，资本主义不像李嘉图和马尔萨斯所描述的那样悲观，更不像社会主义者所说的那样邪恶。在他看来，资本主义建立在自由交换基础上的制度是一种和谐的制度，正是一种“人人为我，我为人人”的美好社会。他认为，一切能满足需求的东西都可以称为效用，效用有不同种，一种是上帝无偿赐予的效用，称为无偿效用，无偿效用构成自然财富；另一种是通过人的努力去换取的效用，称为有偿效用，有偿效用构成社会财富。“若能以无偿效用取代有偿效用，那就是成功。这种成功正是人永不休止地追求的目标。”“不断致力于提高满足与努力的比例，乃是人追求利益的本性使然。能否在每一个具体的成果中提高无偿效用与有偿效用的比例，从而达到提高满足与努力的比例之目的，取决于我们与生俱来的智慧。”④ “人孜孜以求的是以一种效用顶替另一种效用，也就是说，力图以自然的无偿效用和较少的努力获得同样的结果。过去只能靠人力完成的一些劳作，现在可以利用风力、重力、热能、

① 巴师夏. 和谐经济论. 北京：中国社会科学出版社，1995：118.

② 同①120.

③ 同①136.

④ 同①71.

气体的弹性等等来完成。”“努力减少意味着劳务减少，劳务减少意味着价值减少。因此，每一个进步都带来减少价值的效果。这种效果是怎样产生的呢？不是削减效用，而是以无偿效用顶替有偿效用，以自然财富取代社会财富。”① “财富按其一般含义说是两种行为，即自然行为和人的行为相结合的结果。自然行为是无偿的和公有的，依附于天公，永远不会失去其特征。只是人的行为才具有价值，从而为人占有。但是，随着智慧的开发和文明的进步，两种行为在创造某一使用性全过程中的比重，一个越来越重，一个越来越轻，从而无偿和共同占有的领域不断向人类内部延伸，价值和所有权领域则按比例退缩。”② 按照巴师夏的观点，随着社会的进步，社会会越来越公有化，根本不必进行社会主义革命，只要实行经济自由，社会就会越来越“和谐”。

巴师夏既然把交换看做是相互提供劳务，那么，社会各个阶级之间，不论是劳动阶级和资本家阶级，还是地主阶级和资本家阶级之间，都构成相互提供劳务的“和谐体系”。对于劳动与资本的关系，他说：“随着资本的增长，资本从总产品中的绝对提取额增加了，而它的相对额降低了。相反，劳动从中提取的绝对额和相对份额都增加了。”③ 他甚至说：“这就是伟大的、令人钦佩的、令人快慰的必要的和不可改变的资本规律。”④ 对于土地关系，他说：“这里没有不公正，也没有有利于地产的特殊性。”“我将要证明，人们也应该为土地资本执行这条我用这段话来表达的总规律：随着资本的增长，资本家或地主和劳动者分享着产品，以至于第一种人的相对提取额不断下降，尽管他的绝对提取额在增加，而第二种人的相对提取额与绝对提取额都在增加。”⑤

第四节 约翰·穆勒的经济学说

一、穆勒的生平和著作

约翰·斯图亚特·穆勒（1806—1873）是19世纪中叶英国最著名的经济学家和哲学家，也是著名的社会活动家和社会改良主义者。他出生于经济学世家，是詹姆斯·穆勒的长子。约翰·穆勒自幼聪明好学，在父亲的教育下，从小学习希腊文、拉丁文，9岁开始阅读希腊文学和历史作品，12岁开始学习逻辑学，13岁开始阅读李嘉图和斯密的政治经济学著作。李嘉图和边沁都是詹姆斯·穆勒的好友，因而约翰·穆勒从小就接触李嘉图、边沁，深受他们思想的影响。他十四五岁时曾游历法国，接触过萨伊，也接触过圣西门。1823—1858年在东印度公司任职，1825年开始发表经济方面的论文，1836年任《伦敦和威斯敏斯特评论报》主编。1865—1868年他曾当选国会议员。1844年出版论文集《经济学上若干未决问题》，1848年出版《政治经济学原理》。他还出版了哲学、逻辑学方面的著作。他的著作主要有：《政治经济学定义》（1836）、《逻辑学体系》（1843）、

① 巴师夏．和谐经济论．北京：中国社会科学出版社，1995：75.

② 同①157.

③④ 同①212.

⑤ 同①283-284.

《论自由》(1859)、《代议政治论》(1861)、《功利主义》(1863) 等。

约翰·穆勒早年是边沁功利主义的信徒，1836 年英国大宪章运动中社会主义思潮广泛传播时，受社会主义思潮的影响。不过，他仅是比较激进的民主主义者，主张社会改良主义。在经济学说史上，约翰·穆勒占据重要的地位。他自认为继承着斯密、李嘉图的英国古典政治经济学的传统。同时，他又广泛吸收了 19 世纪上半期出现的英、法、德等国的各种政治经济学理论、方法、观点，形成了一个具有浓厚折中主义特点的理论体系，因而被认为完成了经济学说史上的第一次大综合。他的《政治经济学原理》在他生前曾六次再版，在 19 世纪 70 年代边际主义兴起时受到重大挑战。尽管如此，这本书一直作为大学中最主要的基础教科书，直到 1890 年马歇尔的《经济学原理》出版，其地位才被完全取代。

《政治经济学原理》的副标题为“在社会哲学上的若干应用”，表明该书不仅仅论述原理，还广泛结合各种具体问题进行分析，表现了约翰·穆勒研究政治经济学的现实精神和对人类福利的密切关注。该书分为五编：第一编为“生产”，吸收萨伊生产创造效用和三要素学说，依次论述了生产要素、劳动（及非生产性劳动）、资本（包括资本主义、基本命题、流动资本和固定资本）、决定生产要素生产力程度的原因、合作或劳动的联合、大规模生产和小规模生产、劳动增加规律和资本增加规律、土地与生产增加规律的关系等。第二编为“分配”，首先论述了所有制，分析竞争与习惯，叙述奴隶制、自耕农、分益佃农等制度，然后分别论述工资、利润和地租。第三编为“交换”，首先论述了价值、供求法则、生产费用、地租与价值之间的关系；然后论述货币、货币供求、货币制度，讨论“供给过剩”（即经济危机）；接着论述国际贸易、国际价值、国际金融；后又论述利率和可兑换纸币的调节；论述各国在同一市场上的竞争；最后论述交换对分配的影响。第四编为“社会进步对生产和分配的影响”，讨论财富增长的一般特征、产业发展与人口，以及与工资、利润、地租的关系，分析利润率下降趋势，讨论静止状态和劳动阶级可能的未来。第五编为“论政府的影响”，分析政府职能、赋税，讨论自由放任原则及其限制。

二、 政治经济学的研究对象和方法

约翰·穆勒把政治经济学看做是研究财富的生产和分配的规律，这里继承了前人已有的观点。他说：“政治经济学家们声称是讲授或研究财富的性质及其生产和分配规律的，包括直接或间接地研究使人类或人类社会顺利地或不顺利地追求人类欲望的这一普遍对象的一切因素所起的作用。”① 他认为，生产财富的各种条件中有些是物理方面的，取决于物质的性质，取决于人们在特定地点和时间对这些性质的了解程度。“政治经济学不研究这些，而只是予以默认，让人们从自然科学或日常经验中去寻找原因。政治经济学把这些有关外部世界的事实同有关人类本性的其他真理结合起来，试图探索出一些次要的或派生的规律；这些规律决定了财富的生产，可用来解释现在和过去贫富的差异，

① 约翰·穆勒. 政治经济学原理：上卷. 北京：商务印书馆，1991：13.

以及预言财富会有什么样的增加。”①

约翰·穆勒在说明经济规律时，把生产规律与分配规律区分开来了。他认为，生产规律是永恒的自然规律，是不依社会制度的改变而改变的。他说：“财富生产的法则和条件具有自然真理的性质。它们是不以人的意志为转移的。不论人类生产什么，都必须按照外界物品构成和人类身心结构固有性质所决定的方式和条件来生产。”② 而分配规律则完全不同，财富的分配完全是人类的制度问题。他说：“财富的分配不是如此。这是一件只和人类制度有关的事情。一旦物品生产出来，人类就可以个别化地或集体地随意处理。他们可按任何条件将这些物品交给自己中意的任何人支配。……因此，财富的分配要取决于社会的法律和习惯。决定这种分配的规则是依照社会统治阶级的意见和感情而形成的。这在不同的年代和国家内是很不相同的。并且，如果人们愿意，差别还可以更大一些。”③

约翰·穆勒的观点比李嘉图有所进步。在李嘉图那里，经济规律是永恒不变的，而穆勒把经济规律中的分配规律区分出来，并看做是可以因社会、历史的不同而变化的。这种观点为他的社会改良主义提供了理论依据。不过，约翰·穆勒的观点也存在着一些错误。他不了解生产规律和分配规律都是一定历史发展阶段的产物，都是属于一定的生产关系的，他把生产规律看做是永恒不变的、与分配规律不同性质的观点乃是错误的。穆勒也不了解生产规律与分配规律的内在联系，不了解生产对分配的决定性作用，他把分配规律与生产规律割裂开来，想通过改善分配关系来调整资本主义的矛盾。

约翰·穆勒在综合各派经济学的基础上，特别总结了政治经济学的研究方法。他的《政治经济学原理》《逻辑体系》《政治经济学定义》在西方经济学方法论发展史上具有重要的意义。

（1）他发挥西尼尔“纯经济学”的原则中以最少牺牲获取最大利益的思想，提出“经济人”的概念。他认为，经济学所研究的经济领域是人类活动领域的一个局部，“经济人”是人类的经济属性的理论抽象。“经济人”是从人类行为各种动机中抽象出来的经济动机，这种动机最主要的是使财富最大化，它受有限的实际收入和对闲暇的喜爱的制约。他的“经济人”概念不包含通常属于经济学考察范围的非经济动机，因此比马歇尔等人的“经济人”概念要狭窄。

（2）演绎法和归纳法。他根据“经济人”概念，认为政治经济学实质上是一门抽象的科学，它所采用的方法是演绎法。演绎法与归纳法是相对立的方法。归纳法以经验为基础，所要求的不是一般的经验，而是特定的经验；而演绎法的精髓在于推理，即从假定的条件中推导出新的结论。演绎法经常建造富有哲理的模型，这些模型在经验中找不到。它所借以推导的假设需要以经验为依据，但这种经验不是归纳法所要求的特定的具体的经验，而是人们的内省和观察，因此，假设不具有直接的事实依据。建立在演绎法基础上的政治经济学结论，就像几何学原理一样，其真实性需借助于思索和联想才能认

① 约翰·穆勒. 政治经济学原理：上卷. 北京：商务印书馆，1991：33.

② 同①226.

③ 同①227.

识到。他认为，政治经济学是许多演绎分析的集合，这些分析立足于各种假设的心理学前提之上。他指出，政治经济学原理在运用时，常会受到各种干扰因素的影响，从而给政治经济学带来不确定性。这种干扰性因素是存在于特定场合的各种未加以研究因而未被认识的环境因素。这些干扰因素也并非无规律可循，人们可以逐渐预测到干扰性因素作用的性质和大小，从而加以控制。他在《逻辑体系》中指出，在作为实验科学的自然科学和半实验科学的数学中，演绎逻辑的作用是很有限的，只有归纳逻辑才是发现新知识的唯一有效的方法。但在社会科学中，情况则完全不同，归纳法失灵，只有演绎法才是唯一适用的方法。这是因为，在社会科学领域，所研究的因果关系互相交织，十分复杂，而且不可能进行可控制的实验。因此，在社会科学领域，他建议用三种方法：第一，几何学的或抽象的方法；第二，物理学的或具体演绎法；第三，历史的或反演绎法。他又认为，第一种方法只适用于一切结果均由单一的原因所产生的场合；第三种方法主要用于在某些有关人类本性的普遍原理的基础上建立有关历史变化的真正法则的场合。这两种方法对政治经济学都不太适合，只有第二种方法才是政治经济学应加以采用的方法。

（3）趋势法则。约翰·穆勒在论述经济理论的验证问题时，提出了趋势法则的概念。所谓趋势法则，是指由于干扰因素的影响，或由于经济理论本身不够完善，所做的判断和预测往往达不到预期的精确性，而只能按照预测和判断的方向指出一个趋势。他不承认会存在什么对法则或原理的例外，只承认存在另一种并存的法则或原理。在自然科学或社会科学中，在验证一种理论观点时，总是程度不等地存在各种假定不变的因素，这些因素的作用与待验证的理论所指出的方向恰好相反。一种科学如果免除这些假定不变的因素，就能达到完善的地步，也即是说，每种对理论所述现象有主要影响的变量都被考虑，理论中的各种变量仅相互作用，不与外界发生关系。但这种情况几乎没有。在大多数场合，只有在假定不变的条件得到满足时，被验证的理论或假说才具有精确性，而做这种假定的目的在于将该理论或假说所论述的变量以外的因素加以排除。约翰·穆勒及后来的许多经济学家都认为，一方面，几乎所有的理论观点实际上都遵循趋势法则；另一方面，这类趋势论断的绝大多数，特别是经济学和社会学论断，彼此间又存在很大的差别。

三、 价值与国际价值理论

在价值学说上，约翰·穆勒形式上继承着李嘉图的劳动价值论，但同时又把生产费用论、供求论等加入进来。李嘉图曾把商品分为两类：一类是由稀少性决定交换价值的商品，另一类是由耗费劳动决定的商品。李嘉图认为后者是能由人类劳动无限增加的商品，并且是政治经济学应主要加以研究的。约翰·穆勒在李嘉图的分类基础上，把商品分为三类：（1）数量有限，供给不能任意增加的商品，如古画、古玩等，它们的价值取决于供求。（2）供给数量可以无限增加，其单位生产费用不会提高的商品，如工业品。他认为，这类商品的价值由生产成本决定，而决定生产成本的主要因素或几乎可以说是唯一的因素是劳动。所以，商品的生产成本对于它的生产者来说，就是该商品在生产中所耗费的劳动。同时，他又说，劳动一词可以用工资来代替，实行垫支的资本家所花费的，就是他曾支付的工资。在约翰·穆勒这样说时，他实际上把价值看做是由工资决定的。他同李嘉图等人一样，不能区分劳动和劳动力，而且他比李嘉图要退步，不能坚持始终用劳动说明价值。他还认为，生产所必需的因素除了劳动以外还包括资本，资本是“节欲”的结果，节欲的报酬就是利润。这样，他把西尼尔的“节欲论”加入其价值论中。(3) 供给数量可以增加，但其单位生产费用会随之提高的商品，如农产品。在这类商品价值说明中，穆勒加入土地收益递减规律，即在不断追加资本或劳动时，所获收益递减。这类商品的价值取决于最不利条件下的生产费用。

约翰·穆勒在说明需求和供给决定市场价值时，也分析了供求均衡问题。他认为，和购买力相结合的想要占有的愿望称为有效需求，而价格决定于有效需求与供给的比率。需求的数量不是固定不变的，而是依价值的大小而变动的。当需求大于供给时，竞争会在买方发生，使价格上涨，只有需求等于供给，双方达到均衡，才能使价格停止上涨。在他的供求分析中，已有了最初的需求价格弹性的思想。他曾讲到，在需求大于供给时，如果是生活必需品价格上涨，那么，即便价格上涨很多，人们也会购买，在这种情况下，假定需求比供给多1/3，可能会使价格上涨不是相同比例的1/3，而是3倍～4倍或更多。他的这种价格分析被后来的经济学家所继承和发展。

约翰·穆勒赞同李嘉图的自由贸易和比较成本学说，并在此基础上提出了国际价值和国际价值规律的观点。他认为，在自由竞争制度下，一个国家的商品同另一个国家的商品相互交换的价值，不像国内商品的价值那样决定于生产费用，而是由为支付进口而出口商品的生产费用来决定，即这个国家的出口总额恰好等于支付进口总额所需的价值。这种国际价值规律，称为需求与供给方程，它是一般价值规律的扩大。由于国际价值规律要受国际需求均衡规律的支配，在两个国家之间进行的贸易中，商品价值经过自行调整，使需求等于供给。也就是说，在商品交换时，一个国家出售的商品，同时也是它所要购买的基金。一方商品的全部供给能力构成了另一方商品的全部需求能力，这实际上是相互需求，一方的需求等于另一方的需求。约翰·穆勒在国际贸易上，对国际贸易利益分配的问题给予了很大的重视。他认为，国际贸易的发展虽然使双方都能获得好处，但是在富国和穷国进行的贸易中，富国在数量上得到的利益要少，而穷国倒能够得到更多的利益。

约翰·穆勒的国际贸易理论已离开了劳动价值论，把价值和交换价值混淆起来。他的国际价值实际上是交换价值，而国际价值规律也不过是用供求规律进行分析得出的论断。

四、分配理论

约翰·穆勒很重视分配问题，由于他认为分配在不同国家、不同历史时期可以有很大的不同，分配制度是能人为改变的，所以，他在论述分配时，首先对所有制进行了大量的叙述和说明。不过，他并不以所有制的起源作为讨论内容。他说：“我们在这里要考察的，不是财富据以分配的法则产生的原因，而是这种法则造成的结果。”①

① 约翰·穆勒．政治经济学原理：上卷．北京：商务印书馆，1991：227.

他对空想社会主义主张的公有制表现出了理解和宽容，同时，他也不认为现存的私有制已很完善了，他主张对私有制加以改良。他主要分析私有财产的概念的含义，以及在私有财产原则应用上的限制。他认为，私有制就意味着可按契约自由取得财产。他反对所有权的滥用，比如买卖人身的奴隶制和各种不合理的独占权和特权。他同李嘉图一样，把私有制作为一种前提，社会经济活动是在这种前提下进行的，只不过，他更注意这种前提的存在及各种不同制度所产生的不同后果。他专门列出“论竞争和习惯”一章，说明竞争并非产品分配的唯一调节者。以前的古典经济学家多从一般意义上把地租、利润、工资等看做是由竞争决定的，穆勒虽在一般意义上承认这一点，但他补充说明，在许多情况下，或者不同程度上，习惯和习俗起着重要的作用。比如他说，只是在较近时期，竞争才在相当大的程度上成为契约的指导原则，而离现在愈远，一切交易和债务受固定习惯的影响愈大。在没有垄断时，价格更多受竞争的影响，而现实中，各种特定条件使价格决定常常取决于习惯。正因为如此，他把奴隶制、自耕农制等作为这方面的事例进行了叙述，这表明，穆勒已认识到，竞争或自由竞争是有条件的，这种条件主要指社会中的各种制度、法规等。

穆勒在所有制论述中，对劳动和资本的所有权给予了充分的肯定，他说：“所有制的根本原则是保证一切人能拥有靠他们的劳动生产和靠他们的节欲积蓄的物品。”① 在他的观念中，劳动是创造财富的源泉，资本则是过去已积累起来的劳动，所以，依靠它们建立的所有制是合理的。对于土地所有权，穆勒是持否定态度的，他说：“任何人都不曾创造土地。土地是全人类世代相传的。对土地的占用完全出于人类的一般利益。如果土地私有不再有利，它就是不正当的。”②

在具体讨论工资时，约翰·穆勒主张的是工资基金理论。他认为，短期的工资决定于供给和需求的关系，即在自由竞争条件下，取决于维持雇佣劳动者生活的资本数量，也即是工资基金和要求就业的劳动者人数的比例。最低工资的规定不能超过平均工资水平。由于工资基金的数量是一定的，因而总有一部分失业工人存在。除了增加用于雇佣劳动的总基金数量以外，工资率是不能上升的。1869 年，约翰·穆勒曾在《双周评论》上发表文章，表示放弃工资基金说，认为劳动的价格不是由工资基金的数量决定，而是劳动的价格决定工资基金的数量，但实际上，他并未完全放弃工资基金说。

在利润问题上，他吸收了西尼尔的“节制论”（或节欲论）。不过，他认为西尼尔的论述不够全面，需加以补充。约翰·穆勒把总利润分为三个部分：利息、保险费和管理工资。他认为，资本家在生产开始时，预付了工人的工资，进行了“节制”，因而利息是资本家节制的报酬。保险费是对资本家承担投资风险的报酬。管理工资则是资本家管理企业、组织领导生产所付出的劳动和技能的代价。他还认为，随着社会进步和破坏性战争的减少或消失，社会上暴力行为减少，教育普及，正义增强，出现了有利于投资的和平环境，人类可能更多地考虑如何发挥聪明才智和实行自我克制。这样，为了将来的发展，就能够对现在的生活做出更大的牺牲，从而资本积累增加，利润率将呈现下降的

---

① 约翰·穆勒. 政治经济学原理：上卷. 北京：商务印书馆，1991：256.

② 同①260.

趋势。

约翰·穆勒的地租理论基本上沿袭了李嘉图的理论。不过，他提到随着科学的发展，新的科学技术成就会被大量和迅速地应用于农业，从而会使农产品产量得到大幅增加，使农产品价格下降。随着经济增长，地租和土地价格会增加，他认为，这一部分财富应收归国家所有，用于社会福利事业。

五、信用周期论

李嘉图、萨伊和马尔萨斯、西斯蒙第曾就经济危机展开过针锋相对的争论。约翰·穆勒总结前人的讨论，提出了一种信用周期论，用来解释商业恐慌，并以此否认普遍的生产过剩经济危机。

约翰·穆勒认为，信用不是生产手段的创造，而是它的转移；随着信用的扩大，数额很小的资本（每人手头以应付不时之需的金钱）也可以用于生产性用途；依靠信用，在现在资本数量不增加的条件下，也可以使能使用的资本数量增加，从而使社会总产量增加。但是，在信用条件下，对商品的需求就不单由一个人所拥有的货币构成，还要由他所获得的信用构成，价格会与货币和信用总和成比例上升。这就决定了国民经济中会出现信用急剧扩大和收缩的现象。商业界人士是否把其信用作为购买力以增加对商品的需求，取决于他们对利润的预期。当预期价格上涨时，他们会增加存货，并吸引投机者加入，投机性购买又加剧了价格的上涨。当人们觉察到投机现象存在，开始出售商品时，价格停止上涨并很快转入急剧下跌的趋势之中。在没有信用存在时，这种现象很少出现，而在信用发达的条件下，常常只靠账面信用扩大购买，就会引起商品价格的大幅上升，转而又会使其暴跌。穆勒认为，这就是典型的商业危机。在此期间，商品总量确实超过货币需求（也即货币供给不足）。由于大量信用突然消失，每一个人都想掌握现金而不愿脱手，几乎人人都是卖主，而几乎没有买主，一般物价确实会急剧下跌。但约翰·穆勒认为这不是西斯蒙第所说的是由生产过剩造成的，而仅仅是过度的投机性购买造成的。因而，补救的方法不是减少供给，而是恢复信用。

约翰·穆勒接受萨伊定律，站在李嘉图的立场上，反对生产过剩危机论。他认为，一切物品的价值都趋向于一定的中心点（即自然价值），在这点上，依据商品各自生产费用的比率进行交换。市场价值会不断波动，“但是，由于供给具有与商品按自然价值出售时所有的需求相适应的趋势，因为这些变动可以自行得到矫正，这样，两种相互对立的力量经过平衡后，反而会趋向于同一中心点”①。所有商品都会出现有时供给不足、有时供给过剩的情况，但“一切卖主必然是，而且最终都是买主”，所以，商品供给一般不会超过购买力；某种物品可能过剩，“要是这样，供给将相应地自行调整，而各种物品的价值则将继续与其生产费用相一致”②。商品的供给一般从不超过消费意愿，因为，“将追

---

① 约翰·穆勒. 政治经济学原理：下卷. 北京：商务印书馆，1991：93.

② 同①97.

加的商品带到市场的人，同时也带来了追加的购买力”①。可以看到，约翰·穆勒虽反对生产过剩危机论，但资本主义危机的现实是难以回避的。所以，他提出了信用周期论。不过，他的信用周期（或危机）论并不影响他把资本主义经济看做是可以自行调整的。

六、自由放任与国家干预

约翰·穆勒受到社会主义思潮的影响，同时资本主义社会矛盾的现实也使他看到现存资本主义存在许多弊病。他曾说：“我们对采取最好形式的私有制或采取最好形式的社会主义能取得什么样的成就都一无所知，因而无法确定这两种制度中哪一种会成为人类社会的最终形态。”② 因此，他主张实行广泛的社会改良，消除现存资本主义的弊端，实现人类的最大幸福。他的改良纲领就是完善私有制的社会。在这方面，具有指导性意义的是他关于自由放任与国家干预的论述。

斯密较早全面论述了自由放任原则，约翰·穆勒坚持了斯密论述的原则，同时又对这个原则进行了补充。约翰·穆勒已经看到，在他所处的时代，是否坚持自由放任原则，是否需要国家干预应被给予更为全面的说明，这关系到资本主义制度的完善，关系到资本主义经济的更顺利发展。他说：“在我们这个时代，无论是在政治科学中还是在实际政治中，争论最多的一个问题都是政府的职能和作用的适当界限在哪里。在其他时代，人们争论的问题是，政府应该如何组成，政府应根据什么原则和规则行使权力。现在的问题则是，政府的权力应伸展到哪些人类事务领域。”③

约翰·穆勒对自由放任原则从哲学、政治、经济等多个方面进行了论证。他认为，自由放任原则的依据有：（1）在人类生活中，每个人都享有一定活动范围，它是不应受到侵犯的，而国家干预可能扩展到对个人自由加以限制。（2）政府职能增加和随之而来的政府权力影响的扩大，可能影响个人思想、言论和行为的独立，影响对人类精神的创造性和个性的维护，而这种创造性和个性是所有真正进步的唯一源泉。（3）政府职能增加会增加政府的工作和责任，从而带来许多弊端。（4）私人经营效率高，政府插手做的绝大多数事情，不妨让具有最大利害关系的个人来做为好。（5）使人民养成共同行动的习惯，培养各种能力，这些人民的能力是国家最宝贵的财富。斯密从人的本性引申出自由放任原则，约翰·穆勒则把自由放任同更为具体的社会政治、经济相关联，反映了时代的发展和他的民主倾向。

穆勒在对自由放任原则进行论述的同时，也论证了政府的职能和政府（或国家）干预的必要性。穆勒把政府的职能分为两类：一类是必要的政府职能，它们是所有政府一向都在行使而未遭到任何反对的那些职能；另一类是任选的政府职能，它们是政府行使还存有疑问的那些职能。他认为，政府的必要职能比大多数人最初想象的要多，而且不能用很明确的分界线划定其范围。比如，“人们应自己照顾自己”的说法，适用于有独立

---

① 约翰·穆勒．政治经济学原理：下卷．北京：商务印书馆，1991：97.

② 约翰·穆勒．政治经济学原理：上卷．北京：商务印书馆，1991：237.

③ 同①336.

行动能力的人，对于未成年人、低能者，法律就不能不照顾他们的利益。在说明任选职能时，穆勒重申了自由放任原则，批评了许多以“错误理论为依据的政府干预”，如保护主义、高利贷法、禁止工人联合的法律等。

穆勒认为，在自由放任的前提下，政府干预也是不可缺少的。他曾列举出以下一些方面：（1）教育。他认为，有些东西，最需要这些东西的人反而最不想得到它们，教育是其中最典型的例子。因此，政府有义务资助初等教育。（2）对儿童和青少年的保护。对未成年人、低能者，不是政府应不应干预个人行为和利益的问题，而是政府应不应让一些人的行为和利益完全听凭另一些人摆布的问题。（3）永久性契约。由于个人对遥远未来的判断往往不一定正确，所以，听凭人们自由契约的原则，在应用于永久性契约时应给予很大的限制。（4）委托经营。穆勒把委托经营看做是政府不能像个人那样妥善处理个人事务的例外。他认为，在委托经营情况下的私人经营同政府官员经营没有太大的区别。在某些行业，私人经营反不如政府经营，比如容易形成垄断的行业。（5）对实现当事人愿望必不可少的政府干预。比如劳动时间从10小时缩短为9小时，只有人们采取一致行动才能实施，单个人行动的结果不是失业就是被扣工资。在这种事情上，常需国家干预。（6）利他行为。他说：“根据个人是自身利益的最好判断者这一原则而反对政府干预的论点，不适用于以下涉及面很广的一类情形，在这种情况下，政府所要干预的不是个人为自身利益采取的行动，而是为他人利益采取的行动。”比如公共救济。（7）其他。穆勒认为，还有其他许多事例都需政府干预，在这些事例中，需要人们提供某些主要的公益服务，但没有人特别愿意提供这些服务，或者即使提供了，也不会自然地得到报酬，比如科学考察、科学研究、道路、码头、港口、运河、医院、学校等事业。

穆勒对政府干预必要性的论证是有一定意义的。他的出发点仍是“经济人”假设。不过，在这里他论证的是“经济人”假设不适用，或需要加以说明和修改的各种例外情况，也即现代西方经济学中所说的“市场失灵”。

评议与思考

把西尼尔的理论和萨伊的理论作一下比较，不仅可以看到英法两国经济学家各自的特点，也可以看到在西方学者认定的古典经济学时期理论发展的动向或趋势。萨伊已强调经济学理论的条理化，西尼尔则进一步提出了“纯经济学”的概念，在西尼尔看来，斯密的《国富论》中只有一部分属于纯经济学，也即类似于在西尼尔提出的四个基本命题基础上能进行推论的部分是纯经济学。西尼尔的价值理论与萨伊相比也发生了变化。萨伊用效用说明价值，但萨伊的效用还是商品的客观的使用价值，而在西尼尔那里，用来说明价值的效用已是一种人对于物品的主观心理感受，稀少性是物品具有价值的重要因素。由此可以看到，用主观效用说明价值的思想即使在古典经济学时期和古典经济学家那里也在不断发展。

约翰·穆勒的著作在马歇尔以前占支配性地位，也是正统或主流经济学的一个标志。穆勒在经济学说史上实现了第一次大综合，尽可能地把他以前的重要经济理论、方法、观点等改组到一个完整体系之中。另外，如果想了解斯密的自由主义，穆勒的论述应是最接近的一种诠释。在穆勒那里，自由放任原则的合理性得到了详尽论证，同时，国家干预的必要性也有了全面的说明。

关键词

纯经济学	三要素学说	节欲论	“最后一小时”
和谐经济论	《政治经济学原理》	生产规律与分配规律	“经济人”
论竞争和习惯	信用周期论	自由放任与国家干预	

思考题

1. 评述西尼尔的价值理论。
2. 怎样理解巴师夏的和谐经济论？
3. 为什么说约翰·穆勒实现了经济学说史上的第一次大综合？

第十一章
19世纪上半期德国的经济学说

本章分为四节。第一节概述德国经济学说的产生及其时代背景。德国相对于英法来说是资本主义经济后起的国家，在很长时间里，经济学说史是外来的，只是在19世纪上半期才形成了具有自己特点的经济理论。第二节介绍的是德国历史学派的先驱李斯特。李斯特把英法古典经济学作为批判对象，从历史视角解释经济发展。他强调国家的作用，这种强调或重视与重商主义已有所差别，重商主义从对外贸易上看到积累货币财富的途径，而李斯特把保护关税更看做一种发展工具或政策，着眼点是本国国民经济合乎规律地快速发展，因而他的生产力理论和国家经济发展阶段论不仅在德国产生了重要影响，而且对后来发展中国家的经济发展都具有重要借鉴意义。所以，他的理论成为后来发展经济学的重要思想来源。第三节介绍19世纪40年代产生的德国历史学派，介绍主要集中在研究对象和方法上。第四节介绍的屠能是历史学派之外的经济学家，他既是边际学派先驱，也是农业区位理论的创始人。他已使用了边际分析方法，在地租理论上独树一帜，李嘉图研究地租主要涉及土地肥力，他研究地租考察的是土地位置。“屠能圈”最突出地表现出了他的理论特点，把耕作制度、经济历史演进、地租、农产品价格等分析都结合在了一起。

本章重点

- 历史学派先驱李斯特的经济学说
- 德国历史学派的经济学说
- 屠能的《孤立国》及其在经济学说史上的地位

第一节　概　　述

一、19世纪上半期德国的社会状况

德国是一个后起的资本主义国家。在19世纪初，德国的封建农奴制还占据统治地位。在历史上，德国的商业资本曾经有过一段繁荣时期。当欧洲各国还处于封建制度的

兴盛时期时，德国的一些城市商业资产阶级就已组成了从事商业贸易的组织，其中最著名的汉撒同盟从 1241 年开始，在二三百年内，差不多垄断了西欧、北欧及欧洲其他许多地方的海运贸易，英国 13—15 世纪的国内市场也几乎全为汉撒商人垄断。汉撒同盟有自己的商业政策、法律，还建立了自己的海军。但是，汉撒同盟不但没有统一德国自己的国内市场，而且从 15 世纪以后还逐渐衰落了下去，大部分贸易被英国、尼德兰（后来的荷兰）及其他国家所取代。德国的其他城市商业同盟，如莱茵同盟、士瓦本同盟等也都逐渐瓦解与衰落。在欧洲的封建割据与纷争中，德国常常是主要的战场与被抢夺的对象。1618—1648 年欧洲的 30 年战争后，神圣罗马帝国彻底分裂为众多的独立小诸侯国。在进入 19 世纪时，德国境内还有 360 个小邦。政治上的分裂和封建农奴制使德国资本主义在 19 世纪以前处于极为缓慢的发展阶段。法国大革命和拿破仑战争对德国封建势力给予了沉重打击。拿破仑曾消灭了德国许多封建贵族，最后把德国 360 个邦合并为 38 个小邦国，从而为德国资本主义的发展扫清了道路。

拿破仑战争后的德国仍被分割为 38 个小邦国，各邦国有独立的政府、军队、法庭、财政制度、货币，各自为政。德国国内交通不便，关卡林立，严重阻碍着资本主义的发展。1833 年，德国各邦组成了关税同盟，取消邦国间的关税，规定对外实行统一关税。1848 年革命后，农业改良得到推进。从 19 世纪 50 年代开始，德国经济出现高涨。同时，德国通过普鲁士的兴盛进行统一大业，实行了自上而下的资本主义改革，封建的容克地主阶级实现资产阶级化，从而使封建地主经济缓慢地向资本主义经济转化。德国通过俾斯麦的“铁血”政策，利用奥、俄和英、法等国的矛盾，经丹麦战争、普奥战争和普法战争，消除异己、扩大领地、巩固政权，最后在征服中于 1871 年完成了统一大业。

德国资本主义发展较晚，但德国工人运动在英、法工人阶级斗争的推动下，却在 19 世纪 30—40 年代蓬勃发展起来，有了自己的组织和纲领。德国是马克思主义的发源地，60 年代以后，工人运动在德国再次趋于高涨，在 70 年代法国巴黎公社失败后成为国际工人运动的中心。

二、 19 世纪上半期德国的经济学说

在 19 世纪以前相当长的封建邦国割据时期，德国各个邦国曾兴起过一种综合的国家说，从政治、哲学、经济各方面分析和说明国家的职能、作用和统治术，其中与经济学有关的部分被称为官房学。早期的官房学研究财政、货币、贸易，通常被看做重商主义在德国的支流。后期的官房学引入了法国的重农主义、英国的古典经济学，并逐渐形成了德国后来经济学发展的一些传统和特点。

在 19 世纪 30 年代，德国资产阶级政治经济学还主要是作为一门外来的科学从英法输入而来的。这时的经济思想家大多并不真正理解英法经济学的理论，只是在原有教条上拼凑成“大杂烩”式的著作。不过，这个时期，一些注重实际的思想家，也开始从德国国家和民族的实际出发去理解英法的政治经济学。在这方面的代表有弗里德里希·李斯特（Friedrich List）等人。李斯特是德国工业资产阶级的思想家和社会活动家，他被看做是后来德国历史学派的先驱。

在19世纪40年代以后，随着德国资本主义的发展，德国产生了自己独立的政治经济学学派——历史学派。德国历史学派在其产生初期，从德国较为落后的状况出发，反对英法的古典政治经济学，强调各时代各民族国家的经济有其各自特殊的发展道路。德国历史学派的形成也有其思想渊源。在19世纪，德国曾兴起一种历史主义的思潮，其中影响最大的是黑格尔的历史哲学。德国历史主义的思潮在经济学领域中的表现即是历史学派，历史学派主张经济学研究方法上的历史方法。历史学派在其发展中经历了两个阶段：旧历史学派（19世纪40—60年代）和新历史学派（19世纪70年代以后）。到19世纪末20世纪初，历史学派一直占据德国经济思想的主流地位，对近代德国政治经济学的发展产生了深远的影响。此外，历史学派还对美国的资产阶级政治经济学产生了重要的影响。

19世纪上半期，德国经济学家约翰·海因里希·冯·屠能（Johann Heinrich von Thünen）在经济学说史上也占据特殊的地位。屠能的经济学说与历史学派没有太大的联系，而是德国农业经营学说发展的一个结果，但他的经济学说使用了边际分析方法，研究了地租，说明了农业耕作制度的演进。他也被认为是边际学派的先驱和农业区位理论的创始人。实际上，德国农业经济思想独特的发展也与德国18—19世纪的社会发展有关。德国位于欧洲大陆中部，18世纪正处于封建割据状态。德国没能像英法那样开展海外殖民扩张，因而德国力图促进财富发展的经济思想就在农业方面发展起来了。18世纪后半期，德国已有许多人建议采用英国农业中发展起来的技术革命，并提出改革农业的各种方案，不断有经济学家的农业经济著作问世。其中尤斯蒂、贝克曼（Beckman）、泰尔（Thaer）等都在农业经济方面留下了重要著述。泰尔（1752—1828）曾写作《合理的农业原理》（四卷）（1809—1821），提出农业静力学原理，被看做是德国农业经营学的创始人和欧洲大陆农业学界的泰斗，而泰尔正是屠能的老师。

第二节　历史学派先驱李斯特的经济学说

一、李斯特的生平和著作

弗里德里希·李斯特（1789—1846）是19世纪初德国著名的资产阶级经济学家，也是一个积极的社会活动家。他于1789年出生于罗伊特林根城一个制革匠家庭。1806年通过自学参加文官考试，进入符腾堡公国的政府机构任书记员，后在图宾根担任中级别的财政官员，同时在图宾根大学学习法学。1815年符腾堡发生有关宪法的争论，他第一次以资产阶级利益代言人的身份出现，反对封建政权的官僚专横，发表文章、创办刊物，要求实行英国式的君主立宪，实现资产阶级民主权利和各种自由。他也要求国家保护和促进工商业发展，解除农民的封建负担。1817年，他被聘为图宾根大学财政学教授，1820年又当选为符腾堡议会议员，从此开始在全德进行政治活动。1819年，他发起成立德国工商业协会，主张废除国内关卡，统一关税。1821年，他起草了一份批评政府的文件，被判处要塞监禁并强制劳动。于是，李斯特逃往法国和瑞士。1824年，他到英国，当年回国时被捕并被驱逐出德国。1825 年，他在美国侨居，1827 年在美国出版了第一部系统的政治经济学著作《美国政治经济学大纲》。1830 年他取得了美国国籍，1832 年以美国公使的身份返回德国，1834 年又任驻莱比锡公使。他在德国积极推动了德国关税同盟的成立，倡导全德铁路系统的建设。为此，他遭到封建势力的反对，1837 年被迫离开德国。晚年，他倡议英德联盟，但遭到拒绝。在晚年失望与生活无着落的情况下，他于 1846 年 11 月 30 日开枪自杀。他的主要著作有：《政治经济学的自然体系》（1837）、《政治经济学的国民体系》（1840）、《农地制度、小农经营及国外移民》（1842）、《德国政治经济的国家统一》（1845—1846）。

二、 李斯特的经济学说

李斯特的经济学说有其自身的特点，他的《政治经济学的国民体系》一书是最主要、最具代表性的著作。该书分为四编：第一编为历史，第二编为理论，第三编为学派，第四编为政策。与英法资产阶级古典政治经济学不同，他从讲述各国经济发展的历史展开他的论述。

（一）世界主义经济学和政治经济学

李斯特对斯密和李嘉图的学说采取了否定的态度。他认为，世界主义经济学和政治经济学是有区别的。在魁奈以前，只有实在地应用下存在的政治经济学。从魁奈开始，研究被扩展到了全人类，而并不以国家概念为考虑对象。魁奈的理论以所有各国商人处于一个商业联邦之下为前提，所以无疑是一种世界主义的经济学，“是从事研究如何使全人类获得发展的那种科学；它与政治经济学，即以研究如何使某一指定国家（在世界当前形势下）凭农工商业取得富强、文化和力量的那种科学是对立的”①。斯密、萨伊等都继承了这一传统，都是以世界主义或世界范围的经济学来代替政治的或国家的经济学。

李斯特认为，在个人与整个人类中间有一中介体——国家，在现实情况下，各个国家的发展水平是不同的，如果像“流行学派”（指英法等国的主流经济学）主张的那样实行自由贸易，那么，“比较落后的国家将普遍屈服于工商业与海军强国的优势之下”。流行学派是把没有出现的情况假定为已实际存在，也即是说，流行学派假定世界上一切国家所组成的只是一个社会，而且生存在持久和平的局势之下。但实际上，人类从原始阶段开始，便是逐渐有家庭的联合、城市的联合、整个国家的联合的，虽然有趋于全世界的联合倾向，但当前的世界仍存在文明与野蛮、先进与落后的区别。因而，“如果任何一个国家，不幸在工业上、商业上还远远落后于别国，那么，它即使具有发展这些事业的精神与物质手段，也必须首先加强它自己的力量，然后才能使它具备条件与比较先进各国进行自由竞争”②。因此，政治经济学或国家经济学与世界主义经济学不同，“它正确地了解各国的当前利益和特有环境，它所教导的是怎样使各个国家上升到上述那样的工

① 李斯特．政治经济学的国民体系．北京：商务印书馆，1961：106.
② 同①5.

业发展阶段，怎样使它同其他同样发展的国家联成联盟，从而使实行自由贸易成为可能，并从中获得利益"①。

李斯特并不是绝对地否定斯密等人的学说，而是认为，那个理论原来是完全正确的，但只有在一切国家都像在国内州省间那样能遵守自由贸易原则时，它才有其正确性。不过，李斯特从历史与实践方面否定了斯密等人的理论。李斯特所主张的是与自由贸易相对立的保护关税，而这与德国当时经济发展相对落后是密切相关的，他主张德国实行保护关税，从而建立和确保国家的民族统一和独立。

（二）生产力理论

李斯特说："要解释经济现象，除了'价值理论'以外，还必须考虑到一个独立的'生产力理论'。"② 他认为，财富的原因与财富本身是完全不同的。财富是交换价值，而财富的原因则是生产力，财富的生产力比财富本身要重要许多倍。斯密重视"分工"的概念，但忽视了对"生产力"的探讨，所以把劳动本身看成是财富的源泉。但如果说财富的起因是劳动，那么，促使人的头脑和手足从事生产等活动的又是什么呢？李斯特认为，促使人劳动的是对个人有鼓励激发作用的精神力量，是使个人努力可获得结果的社会状况，是个人努力能利用的天然资源。其中，社会状况，包括科学艺术是否发达，公共制度与法律是否有利，工商业是否受重视，国家是否强大能保证安全等，是更为重要的。

李斯特把"国民生产力"分成四种类型：（1）人的生产力，包括精神的生产力和肉体的生产力；（2）自然的生产力；（3）社会的生产力；（4）物的生产力。根据李斯特的观点，人的生产力和自然的生产力是不可分离的，而二者在发挥作用时，又必须在一定的社会秩序条件下，即"社会的、市民的、政治的状态和制度下"进行。而物的生产力主要指物质的农业、工业和商业资本的生产力。可以看到，李斯特的生产力概念是一个涵盖很广的综合性概念。李斯特曾说："基督教、一夫一妻制，奴隶制与封建领地的取消，王位的继承，印刷、报纸、邮政、货币、计量、历法、钟表、警察等等事物，制度的发明，自由保有不动产原则的实行，交通工具的采用——这些都是生产力增长的源泉。"③ 他认为，如果仅以价值和交换为研究主题，政治和政治力量可不放在经济学中考虑，但是价值、资本、利润、工资、地租关系到整个国家经济，也同样关系私人经济时，就不能不考虑政治与物质财富的关系。斯密等人把单纯的体力劳动看做是唯一的生产力，因而认为养猪的人是生产者，教育家却不是生产者。但从生产力理论看，养猪的人是生产者，教师、作曲家、医师、法官和行政官员等也是生产者。前者生产交换价值，后者生产生产力，后者的生产性比前者要高得多。一个国家的发展程度，不是决定于积蓄的财富，而是决定于它的生产力发展程度。法律、公共制度虽不直接生产价值，但生产生产力。所以，流行学派认为，国家应像商人一样，向最便宜的供应处采购商品，在国外

---

① 李斯特．政治经济学的国民体系．北京：商务印书馆，1961：113.
② 同①122.
③ 同①123.

可用较低代价买得的商品就不自己动手造，这种观点是愚不可及的。而“保护关税如果使价值有所牺牲的话，它却使生产力有了增长，足以抵偿损失而有余，由此使国家不但在物质财富的量上获得无限增进，而且一旦发生战争，可以保有工业的独立地位。工业独立以及由此而来的国内发展，使国家获得力量，可以顺利经营国外贸易，可以扩张航运事业，由此文化可以提高，国内制度可以改进，对外力量可以加强”①。

（三）国家经济发展阶段论

李斯特总结流行学派的理论体系有三大缺点：第一，不承认国家原则、利益的世界主义；第二，只顾交换价值，不考虑国家精神和政治利益、眼前与长远利益及国家的生产力的死板的唯物主义；第三，狭隘的本位主义和个人主义，只把人类想象为处于未分裂社会下进行自由交换，在这种情况下考虑私人事业。

李斯特认为，“个人主要依靠国家并在国家范围内获得文化、生产力、安全和繁荣，同样地，人类的文明只有依靠各个国家的文明和发展才能设想，才有可能”②。为此，需要探讨国家的发展。李斯特提出了国家经济发展的阶段论。他把国家经济发展分为五个时期：原始未开化时期、畜牧时期、农业时期、农工业时期和农工商业时期。他认为，一个国家从未开化时期转入畜牧时期、农业时期，进而转入工业与海运事业初期的阶段，实现转变的最迅速、最有力的方法是与先进城市、国家进行自由贸易，但要使工业、海运等真正大规模发展，就要依靠国家的干预了。农业不发达、无机会输出农产品的国家应采取君主专制政体，实行自由贸易。如果一国工农业、政治已有发展，具备了精神、物质上的条件和手段，可以建立工业国家，但又面临更先进国家的竞争，这时就需要保护。他说：“历史证明，保护制度来源于国家要求达到独立、强盛地位的自然努力，或是由于战争与优势工业国家施行敌对性商业法制的结果。”③ 他认为，德国已处于第四阶段，应实行保护关税，以迅速向第五阶段过渡。

（四）对李斯特经济学说的评价

李斯特是19世纪上半期德国资产阶级最进步的经济学家。李斯特不仅在德国，而且在美国、法国、比利时、匈牙利等国家，都是作为资产阶级要求发展资本主义、争取民族独立和统一的代表出现的。他的经济学说在发展中国家有着广泛的影响。李斯特生前虽备受迫害，但他的学说在他去世以后不断受到重视。19世纪70年代以后，德国曾出现“李斯特复兴运动”。

李斯特经济学说本身具有强烈的民族色彩，代表着德国工业资产阶级的利益。但德国工业资产阶级在当时处于一种矛盾的地位：一方面，它在国内是最先进的阶级，主张自由竞争；另一方面，它在国外与先进国家的工业资产阶级相比又处于落后地位，不得不抵御先进国家的竞争，从而主张保护关税。作为反映这种矛盾地位的工业资产阶级的

① 李斯特．政治经济学的国民体系．北京：商务印书馆，1961：128－129.

② 同①153.

③ 同①157－158.

经济学说，李斯特经济学说既存在落后性，又存在进步性。李斯特在反对古典政治经济学的过程中揭露了英法两国鼓吹自由贸易的实质是企图永远称霸世界。他提出生产力理论、国家经济发展阶段理论，强调保护关税的重要性。他指出了发展生产力的极端重要性，提出了一系列发展生产力的建议，比如从国外吸收先进技术和经营管理方法；发展本国教育，培养科技人才；制定各种经济宪法；消除封建阻碍等等。他力主在国家干预下加速本国的建设，赶上和超过先进国家。他的这种思想反映了落后国家资产阶级的愿望和要求，在一定程度上符合落后国家争取工业进步、国家统一和独立的利益，因而具有一定的进步性。

但另一方面，李斯特在强调各国历史特点的同时反对古典政治经济学的抽象方法、劳动价值论，否定一般的经济规律，又表现了他的理论落后的一面。他的经济学说缺少价值论的基础，因而并不能正确理解生产力的发展，不能正确探讨资本主义发展的规律，其生产力理论缺少更多的理论分析，其国家经济发展阶段论也不能从生产方式或生产关系的历史变革上加以说明。

李斯特主张从历史的、民族的特点出发去建立政治经济学的国民体系，强调经济发展的民族性，强调国家在经济发展中的作用，研究影响生产力发展的各种政治的、法律的、习惯习俗的、伦理的因素，这些都对德国历史学派产生了重要的影响。

第三节　历史学派的经济学说

一、历史学派的主要代表人物及其著作

19世纪40年代，德国产生了自己的资产阶级政治经济学，即历史学派的经济学说。德国资产阶级政治经济学是在德国资本主义较为落后，而无产阶级和资产阶级之间的阶级斗争又已尖锐化的时期出现的。因此，德国的资产阶级政治经济学不是作为古典政治经济学，而是作为英法古典政治经济学的对立面出现的。马克思曾说："在资本主义生产方式的对抗性质在法英两国通过历史斗争而明显地暴露出来以后，资本主义生产方式才在德国成熟起来，同时，德国无产阶级比德国资产阶级在理论上已经有了更明确的阶级意识。因此，当资产阶级政治经济学作为一门科学看来在德国有可能产生的时候，它又成为不可能了。"①

历史学派虽然继承了李斯特的一些观点，但又与李斯特有明显的区别。李斯特在当时代表着工业资产阶级的利益，而历史学派则适应大资产阶级与封建贵族妥协、反对无产阶级、维护资本主义的要求。

历史学派的主要代表人物有威廉·罗雪尔（Wilhelm Roscher）、布鲁诺·希尔德布兰德（Bruno Hildebrand）、卡尔·克尼斯（Karl Knies）等人。

威廉·罗雪尔（1817—1894）出生于德国汉诺威一个高级法官家庭，曾在哥廷根大

① 马克思，恩格斯．马克思恩格斯全集：第23卷．北京：人民出版社，1972：18.

学和柏林大学学习历史学和政治学。1840 年在哥廷根大学任教，1848 年在莱比锡大学开设政治经济学讲座。他的主要著作有：《历史方法的国民经济学讲义大纲》（1843）、《国民经济学与古典派之关系》（1849）、《国民经济体系》（五卷，1854—1894）、《16—17 世纪英国国民经济思想史》（1851—1852）、《德国国民经济学史》（1874）。罗雪尔是历史学派方法论的奠基者，其五卷本的《国民经济体系》是历史学派的重要著作。

布鲁诺·希尔德布兰德（1812—1878）毕业于莱比锡大学，曾学习哲学、历史学和语言学。1836 年在布雷斯芬大学任教，1841 年在马尔堡大学任教，1844—1845 年曾任马尔堡大学校长。1862 年与别人一同创办《经济学与统计学年鉴》。他的主要著作有：《现在和将来的国民经济学》（第一卷）（1848）、《国民经济学的当前任务》（1863）、《统计学的科学任务》（1866）。希尔德布兰德作为历史学派主要代表，对统计学有较深入的研究。他强调统计学的重要性，认为它在国家学中的地位就像生理学在医学中的地位一样。

卡尔·克尼斯（1821—1898）出生于德国黑森州的马尔堡，曾学习神学和国家学。1846 年任马尔堡大学讲师。1852 年曾到瑞士避乱。1855 年返回德国，任弗赖堡大学国家学教授，同时从事政治活动。1861—1865 年曾任巴登国会的议员。1865 年转到海德堡大学任教，奥地利的经济学家庞巴维克（Böhm-Bawerk）和美国的经济学家克拉克（Clark）都曾是他的学生。他的主要著作有：《历史方法的政治经济学》（1853）、《铁路及其影响》（1853）、《货币和信用论》（1873—1879）。他的《历史方法的政治经济学》对历史学派的经济学研究对象和方法做了较为完整和系统的阐述。

二、 历史学派的政治经济学研究对象和方法

历史学派把政治经济学的研究对象定义为一国经济的发展，把他们的研究方法称为历史方法。罗雪尔认为，政治经济学是国民经济的科学，它是“论述一个国家的经济发展诸规律的科学，或论述它的国民经济生活的科学”[①]。希尔德布兰德批评英法古典政治经济学关于一切资本主义国家都具有共同规律的观点，他认为，经济科学并非从复杂的经济现象中探求不变的、相同的规律，经济关系是依地点和时间的差异而相区别的。所以，经济科学仅仅是研究某一国经济的“国民科学”。克尼斯也认为，人们的经济生活中并不存在什么规律，规律只存在于自然界。在社会中由于总有发展和变化，所以没有发现普遍规律的可能性。社会生活中只有类似，没有等同。历史不会重复，各民族的发展道路是不同的，人们只能找出类似的法则，在经济生活中只存在因果关系。

历史学派把政治经济学的研究对象定义为某一国的经济发展，只承认具体国家的具体发展的特点，因此，他们摒弃英法古典政治经济学的抽象法，提出所谓历史的方法。他们把这种历史方法比喻为社会经济或国民经济的解剖学和生理学。罗雪尔第一次把弗里德里希·卡尔·冯·萨维尼（Friedrich Karl von Savigny）的历史方法引入经济学，为历史学派奠定了方法论基础。萨维尼（1779—1861）是德国著名的法学家，法学历史学

---

① 季陶达. 资产阶级庸俗政治经济学选辑. 北京：商务印书馆，1963：322.

派的主要代表人物。萨维尼毕业于马尔堡大学，获法学博士学位，19世纪40年代曾任普鲁士的立法大臣。他在法学中应用历史方法，对罗雪尔等人有很大的影响。罗雪尔把经济学中的历史方法归纳为四条基本原理或特征：（1）国民经济学的“目的在于论述各个国民在经济方面想了些什么，要求了些什么，发现了些什么；他们做了些什么努力，有了些什么成就；以及他们为什么要努力，又为什么获得成功。这样的论述只有同有关国民生活的其他科学，特别是同法制史、政治史以及文化史紧密地结合起来，才能做到”①。（2）研究国民经济不能仅仅满足于对现代经济关系的观察，对过去各文化阶段的研究同样重要。（3）为发现事物本质和规范性，可采用类比方法从过去的国民经济与新国民经济的比较中得到启示。（4）历史的方法对任何一种经济制度绝对不轻易地一律予以颂扬或一律予以否定。“经济学的主要任务在于指出：为何以及如何逐渐发生‘从合理的变为不合理的’‘从幸福的变为有害的’。”②

历史学派强调各个民族与国家经济发展的特殊性，把经济发展看做一种历史过程，这些都具有一定的合理性，并且是对英法古典政治经济学中把资本主义各种关系看做永恒的观点的批判。但是，历史学派在批判英法古典政治经济学抽象法时又走向了另一个极端，把历史方法和理论方法完全对立了起来，因而在某种意义上是对英法古典政治经济学研究方法的退步。由于历史学派摒弃合理的科学的抽象法，因而他们的著作就只能成为杂乱堆积的历史经济资料，在必要时只能借用英法经济学家的理论概念。马克思曾评价说：“这种形式是‘从历史的角度’进行工作的，并且以明智的中庸态度到处搜集‘最好的东西’，如果得到的结果是矛盾，这对它说来并不重要，只有完备才是重要的。这就是阉割一切体系，抹去它们的一切棱角，使它们在一本摘录集里和平相处。”③

三、历史学派的社会历史发展阶段论

由于历史学派强调对过去经济的考察，所以，历史学派经济学家也在不同程度上，以不同的划分标准，对人类社会历史进行了初步划分。

罗雪尔从生物进化的角度出发，认为人类社会经济的发展也要经历童年、青年、成年和老年等阶段。在国民经济发展中，自然、劳动、资本这三种主要的生产要素都起着作用，不过，这三种经济要素在人类社会经济不同发展阶段所起的作用大小有所不同。以三种要素起支配作用为标准，人类社会可以分为三个大的阶段：在较低阶段，自然要素占支配地位；在中等阶段，劳动要素逐渐上升为支配地位，并促进了城市、市场的产生和发展；在第三个阶段，资本的作用突出了，开始占据支配地位。他认为德国已进入资本阶段。

希尔德布兰德把交换形式作为划分社会发展阶段的标准。他把社会经济发展分为三个阶段：自然经济、货币经济、信用经济。在第一个阶段，人们之间如有交换，采用的是物物交换形式；在第二个阶段，交换的主要手段是货币，商品关系不断发展；在第三

①② 罗雪尔. 历史方法的国民经济学讲义大纲. 北京：商务印书馆，1981：7-8.

③ 马克思，恩格斯. 马克思恩格斯全集：第26卷Ⅲ. 北京：人民出版社，1974：558.

个阶段，各种信用方式不断发展。

第四节 屠能的经济学说

一、屠能的生平和著作

约翰·海因里希·冯·屠能（1783—1850）是19世纪上半期的德国经济学家，农业区位理论的创始人和边际学派的先驱。他1783年出生于德国奥尔登堡耶弗兰，生父精通数学和机械学，但在屠能幼年时去世。继父是商人，喜好数学，对屠能影响很深。屠能智慧过人但体质较弱。14岁在耶弗兰的“高级学校”学习。后接管父亲的田产，从1799年起埋头学习农业，曾求学于汉堡附近的大弗洛特贝克农业学院。1803年，屠能在策勒结识了德国农业经济学家泰尔，泰尔成为屠能终生崇敬的老师。同年，屠能入哥廷根大学学习，不过一年后便中止了学业。从1804年起，屠能在梅克伦堡、安克拉姆、特洛等地经营农庄，其中在特洛的农庄度过了10年隐居生活，一直到1820年。在这期间，屠能边经营农庄，边进行学术研究。他早在1803年大弗洛特贝克农业学院学习时就已有了后来《孤立国》一书中的最初观点，但1820年才出版了一些篇幅较短的关于农业的专门论著。他并未轻易出版他的著作，而是不断进行修改和完善。后来，他的朋友们几乎是强行从他手中夺走书稿送去出版的。1826年，屠能的著作第一卷出版，题为《孤立国同农业和国民经济的关系》（简称《孤立国》），副标题为“关于谷物价格、土地肥力和征税对农业影响的研究”。《孤立国》的出版产生了重大影响，为此，1830年罗斯托克大学哲学系一致通过授予屠能名誉博士学位。1826年屠能曾写了《重要内容的梦想：论工人的命运》。1850年出版《孤立国》第二卷，副标题为“论合乎自然的工资及其与利率和地租的关系”。屠能1850年死于脑出血。在他去世后，他的遗著又被编为《孤立国》第二卷第二节和第三卷，于1863年出版。

在《孤立国》一书中，屠能提出的“屠能圈”理论、地租理论和劳动与资本的最后生产力理论在经济学说史上都具有重要的意义和影响。

二、“屠能圈”理论

屠能曾说过：“在国民经济学方面，亚当·斯密是我的师表，在科学的农业方面则是特尔（也译作泰尔）先生。他们两位是两种科学的创始人，他们的不少学说将永远是无可非议的科学基础。”① 泰尔是德国农业经营学的创始人和欧洲大陆农业学界泰斗。他较早表述了生产经营要以获取最大收益或利润为原则。泰尔比较了各国的农业耕作制度，认为英国的轮栽农作制度是最先进的，主张德国农业向英国学习。屠能继承了泰尔的思想，但也纠正了泰尔的不足。屠能在实践和大量资料的研究中，看到轮栽农作制并非在

① 屠能. 孤立国同农业和国民经济的关系. 北京：商务印书馆，1986：325.

一切条件下都是能获最大收益或最为经济的，因而他要探讨和说明选择农业耕作制的规律。屠能把农产品价格和农业耕作制联系起来，利用一套特殊的或崭新的研究方法，在理论上证明了，轮栽农作制只具有相对的优越性，在不同的条件下，各种农业耕作制都有着各自存在的优越性或合理性。

屠能运用抽象法，利用一系列假设条件，设计了一个孤立国：一个很大的城市坐落在沃野平原的中央，除这个城市外，没有别的市镇，这个城市供应全境一切人工产品，而城市的食品完全仰给于四周的土地，孤立国的平原上没有可以通航的自然水流和人工运河，也没有铁路，平原的土地肥力完全均等，各处都适宜于耕作。离城市最远的平原四周是未经开垦的荒野。那里与外界完全隔绝，所以称孤立国。在孤立国中，城市谷物价格是孤立国的标准，城市周围农村的谷物价格随着与城市距离的扩大而逐渐下降，一直到可耕作的平原的边境地带，那里形成的白银和谷物的价值比例，是孤立国全境决定谷物价格的基础。城市谷物价格是边境地带谷物价格与从边境地带到城市市场谷物运费之和。

屠能认识到，农产品价格与农业耕作制度有着重大的关系，而农林田庄与城市距离的不断增加，其作用相当于距离不变而农产品价格不断下降。所以，屠能在孤立国中实际上是考察其他条件不变，距离逐渐扩大（也即农产品价格逐渐下降）时，农业耕作制度的变化。屠能用欧洲的资料说明，孤立国以城市为中心，随着与城市距离的增加，会形成许多个同心圆，在不同层次内采取不同的耕作制度，它们依次为：自由农作、林业、轮栽作物制、轮作休闲制、三区农作制、畜牧荒野等圈境。在第一圈境自由农作中，可以生产菜蔬、果品、牛奶等，其特点在于，这里的肥料可以购自城市，土地不休闲也不会影响地力。由于农产品价格高及地租高，不允许不加利用的土地存在。当距离增加、农产品价格下降，从而使购买肥料不如农庄生产时，这一圈境到了尽端。屠能假定城市的燃料取自人工生产的林地，因而第二圈境为林业。第三、第四、第五圈境经营农业，其中轮栽作物制废除了土地休闲制，而轮作休闲制和三区农作制是不同的休闲制度，二者的区别在于三区农作制中提供肥料的牧场也纳入轮作循环并进行翻耕。三区农作制依次表现为不同的农业生产集约度和产量，假如一定面积的轮栽作物制可养活 4 000 人，那么，其他两种可养活 3 000 人和 2 000 人。不过，三区农作制的优越是相对的，生产集约和产量高的制度也要花费较多的支出，因而需要距城市较近的距离或较高的农产品价格。第六圈境经营畜牧业，其外是散居在树林中的猎人生活区，再以外是荒野。屠能认为，从孤立国中可以看到各种农牧业制度，它们循序排列，其情景就是一个国家在几百年中农业演进的情景。

屠能的孤立国理论研究了农业生产的集约度和农业生产部门的位置配置，因而被看做农业区位理论的创始人。实际上，他在孤立国中也涉及工业的布局，从而也是工业布局理论的先驱。屠能所描绘的孤立国也被形象地称为“屠能圈”。

三、 地租理论

地租理论是屠能论述孤立国的重要理论基础。屠能从斯密对地租的论述出发，同时又批评了斯密把资本利息和土地收益相混淆的地租概念。屠能指出，田庄的收入与土地的收益是不同的，必须仔细加以区别，他说："在田庄收入项下，扣除房屋、树木、垣篱等一切可与土地分开的东西的价值所生的利息，剩余之数属于土地本身，我称它为地租。"①

屠能所研究的地租主要是级差地租，他在分析地租时并不了解李嘉图的地租理论，但他和李嘉图得出了极为相似的结论，只不过，李嘉图主要从土地肥力角度论述了级差地租理论，而屠能主要从土地位置角度论述了级差地租理论。在屠能的孤立国中，由于到中心城市的距离不同，农产品价格不同，但是"对于买主说来，近地的黑麦与远地的黑麦具有同样的价值，他并不关心这种黑麦的运费贵还是那种黑麦运费贵"。因此，"离城市近的生产者出售黑麦所得，扣除各项费用以后，其余数即是他的纯利润"。"由于这项利润是持久性的，年年都有，所以获得纯利润的田庄也须每年支付租金。""因此，一个田庄的地租是由于它的位置和土地比最劣的、但为了满足城市需要又不得不从事生产的田庄优越而产生的。"② 可以看出，屠能与李嘉图一样，认为地租是由纯利润（实为超额利润）转化而来的，不过，屠能在这里强调地租是土地在位置上优越而产生的纯利润转化而来的。在屠能的孤立国中，距离城市越近的圈境地租越高，而距离城市越远的圈境地租越低，根据屠能的观点，当农产品价格等于生产和运费之和时，地租为零。另外，由于谷物价格会随需要变化而变化，所以，能提供地租的田庄与城市的距离也发生着变化。屠能说："如果谷物的消费增长，则现有的耕地不再能满足城市的需求，而市场供应不足将会引起价格上涨。价格的上涨使最远的、历来没有地租的田庄获得盈余，产生地租。"③ 屠能也认识到，孤立国中对地租的说明还不透彻，因而他实际意识到了绝对地租的存在。

四、 劳动与资本的最后生产力理论

在德国 19 世纪上半期，历史学派正在形成和发展，而与历史学派经济学家不同的是，屠能主张采用抽象演绎法来探讨客观经济规律。他在《孤立国》一书中实际运用了抽象演绎法，力图排除一切偶然的和非本质的因素，在一定的假设下，考察在一种变动因素条件下表现出来的演化过程。由于屠能设置了一个典型的、高度抽象的孤立国，而且他主要考察价格、生产费用、运费等便于实际计算的几项因素的关系及其变化，所以，屠能观察到了作为增量变化而引起的一系列变化过程，这使他能够实际运用边际分析法，并且较早在经济研究中大量使用数学，特别是使用微积分。屠能利用边际分析方法曾提出了一些合理的有价值的观点或结论，比如对级差地租、农业耕作制演变的分析等。但是，他也用边际分析法研究了工资和利息，成为边际生产力理论的创建者之一。

屠能不了解劳动和劳动力的区分，直接把工资看做劳动的价值。他认为工人收入中

① 屠能．孤立国同农业和国民经济的关系．北京：商务印书馆，1986：29.
② 同①191.
③ 同①189－190.

减去工人自己的"资本"（如家具、小工具等）的"利息"之后剩下的余额才是工资。在屠能看来，孤立国可耕平原边境存在大量无主土地，在那里，劳动产品本身就是劳动工资的尺度，也是自然工资形成之地和孤立国全境工资的标准。而无主土地不存在时，劳动产品是劳动和资本的共同产物，应在工人和资本家间分配。屠能用劳动的最后生产力说明工资，他说："工资等于在大规模经营中最后雇用的工人所增加的产品。"①

屠能把资本看做是劳动的产物，是劳动者能生产的高于他们所消耗的那部分东西构成的，但他并不了解资本的本质是经济关系。他把劳动产品看做是工人和资本的共同产物，就把资本看做与工人一样，也具有生产力。从这个角度出发，他观察到资本生产力递减的现象，他说："在扩充资本时，凡是后投入的资本带来的效益比以前投入的要小些。"② 因此，利润或利息决定于最后投入的资本的生产力。屠能说："资本的价格，即出借资本所得的租金，并不根据全部资本对借方提供的效益而定。……全部资本在出借时提供的租金是由最后投入的那部分资本的效益决定的。这是利息学说的意义之一。"③

评议与思考

19世纪上半期（也可以说到70年代）德国的经济学说史是应该被特别关注的。至少有三种重要的、又明显不同的经济学说在德国产生：李斯特以及历史学派的经济学说，屠能的经济学说和本章并未论及的马克思的经济学说。历史学派的经济学说和屠能的经济学说各自采取了不同的经济学方法，即历史方法和抽象演绎法，而马克思的经济学说与前两种存在根本不同的地方在于：马克思的经济学说坚持历史与逻辑的统一，并且代表无产阶级对资本主义生产方式的历史考察。19世纪上半期德国经济学领域的这种繁荣反映了德国这个时期社会、经济、政治的急剧变化和发展，即一方面是德国作为大国的崛起，另一方面是各个阶级之间斗争的尖锐和深化。

相对来说，屠能的经济学说表现为更多的农业经营学的特点，是德国农业经营学发展中的一个标志，只是在经济学说史上的"边际革命"以后才逐渐被较多的人了解，其理论中的边际方法、最后生产力学说，包括地租理论才受到越来越多的重视。在这个时期的德国，除了马克思的经济学说之外，占支配地位的是历史学派。不过，在本章，历史学派的先驱李斯特是重点。

讲到李斯特，总会联想到历史学派，或者关注到他的各种国家干预政策主张。李斯特的理论不仅在德国19世纪的历史上，而且在20世纪后半期落后国家的发展中，都被赋予重要的地位，也产生了重要的影响。但在经济学说史中，对李斯特经济学说的理论意义可以这样考察：马克思在设计自己的理论体系时，前三册（资本、地产、雇佣劳动）分析的是关于资本主义三大阶级生存的客观条件的范畴，在这三个范畴之后又提出"国家"这一范畴，并规定这里的国家是指对资本主义生产关系在国家层次上的概括。从经

① 屠能．孤立国同农业和国民经济的关系．北京：商务印书馆，1986：459.
② 同①449.
③ 同①400.

济学说史的发展来看，李斯特理论的真正意义是在斯密等古典政治经济学基础上，或者说，在商品、货币、资本，以及工资、利润、地租等范畴基础上，再提出一个“国家”范畴而加以论述。英法古典经济学家实际上也都在不同程度上涉及“国家”，不论在斯密那里，还是在李嘉图那里，但明确地从国家层次上概括资本主义生产关系还是应归于李斯特，虽然他实际上只是提出了这个理论任务而没有真正完成。

关键词

官房学　李斯特　《政治经济学的国民体系》　生产力理论
国家经济发展阶段论　罗雪尔　希尔德布兰德　克尼斯
历史方法　社会历史发展阶段论　屠能　《孤立国》　屠能圈
劳动与资本的最后生产力理论

思考题

1. 怎样评价李斯特的经济学说?
2. 评述德国历史学派的历史方法。
3. “屠能圈”理论应用了什么分析方法?
4. 说明屠能的地租理论与李嘉图的地租理论的异同。

第十二章
美国早期的经济思想

本章分为两节。第一节介绍19世纪末以前美国社会经济的发展，第二节介绍美国早期几位具有代表性的经济学家的思想。美国当时是新兴国家，政治经济学对它来说最初是一门外来学科。但在经济的迅速发展下，美国在这个时期形成了一些重要的经济思想传统。汉密尔顿保护关税思想和政策长期在美国居于支配地位，凯里的阶级利益调和论与法国的巴师夏相比，更具有美国的色彩，而乔治关于土地的理论和政策在19世纪末也产生了广泛的影响。

本章重点

- 美国早期经济思想的产生及其特点
- 凯里的阶级利益调和论
- 乔治经济学说及其影响

第一节 19世纪末以前美国社会经济的发展

美国是在18世纪70年代才建立的新兴国家。建国以前，美国曾是英国统治下的殖民地。美国资本主义发展的历史是从殖民地时期开始的。

美洲大陆的原居民是印第安人。15世纪末，美洲印第安人多数还处于原始公社末期。1492年哥伦布“发现”美洲后，美洲成为西欧各国争夺的场所，西班牙人、荷兰人、法国人、英国人先后来到这里进行殖民掠夺和开发。17世纪以后，英国先后战胜其他国家，成为北美最大的殖民者。17—18世纪，英国在大西洋沿岸的狭长地带建立了13个殖民地，它们成为美国独立时的最初版图。在殖民地时期，农业是经济生活的中心，由于自然条件及其他贸易条件等的差别，殖民地各地分别发展起不同的土地制度和农作物经营制度。在北部，自耕农土地私有制不断发展，主要经营谷物和畜牧；在南部，奴隶制庄园逐渐形成，主要经营经济作物（如烟草、蓝靛等）；在中部，封建大地产制度占有优势，经营谷物、畜牧、果木等的条件比较优越。殖民地时期的工业和贸易也逐渐发展起来，随着人口的增加和城镇的扩大，到18世纪，集中的手工工场迅速发展，对外贸易和航运业更是殖民地赖以增长的主要事业。

北美殖民地在经济发展中，与英国统治者的矛盾越来越尖锐。英国把北美殖民地看做它的工业品销售市场和原料供应地，因而制定了种种条例，力图控制和垄断北美殖民地的贸易和经济发展。另外，英国在北美殖民过程中曾培植了大土地占有制，而广大农民为反抗大土地所有者的剥削，纷纷向西部移居，自行垦种。英国在1763年颁布了向西移民的禁令，激化了英国与北美殖民地之间的矛盾。殖民地掀起反英斗争，继而奋起反抗英军的镇压，经过独立战争，于1776年宣告独立。

美国独立之后，开始大规模向西部扩张，到19世纪中期，领土从不到37万平方英里扩大到300多万平方英里。这个西进过程是掠夺和吞并印第安人土地的过程，也是通过购买和战争兼并英国、西班牙、法国在北美的殖民地和墨西哥的大片领土的过程。在西进过程中，主要由移民造成的人口增长极为迅速。1790年美国人口为392万，到1860年就已增加到3 144万。美国政府把新获取的西部土地宣布为国家所有，并出售给移民开垦，通过这种方式，小农场主的农业经营制度获得普遍发展，并由此逐渐形成由自由农民分化的美国式农业资本主义道路。在封建束缚很少的美国式道路中，资本主义得到顺利、快速发展。美国农业资本主义发展成为工业和整个国民经济迅速发展的坚实基础。

独立后的美国通过立法形式，加速资本原始积累，并实行了一系列鼓励工业发展的政策。在殖民制度（向西部扩张）、国债制度、近代赋税制度与保护制度下，美国近代工业逐渐发展起来。1812—1814年英美第二次战争后，美国工业革命大规模展开了，棉纺织业、制铁业、机器制造业都获得发展，蒸汽机使用和公路、铁路修筑极大地推动了美国经济的发展，1810—1860年50年间，美国工业总产值增加了将近9倍。到19世纪中叶，美国工业总产值已仅次于英国而居世界第二位。

不过，独立后美国经济在不同地区之间发展的不平衡也加剧了，南部奴隶制经济发展和南北部之间的经济矛盾也不断扩大。北部资本主义经济要求广大的国内市场、自由劳动、保护关税制和更加集中的国家政权；而南部奴隶制种植园经济限制了自由劳动力供给和国内市场的扩大，并要求自由贸易以促进棉花等产品输出和廉价工业品输入。南北部利益冲突更表现在对西部广大地区建立统治权上。1861—1865年终于爆发了美国南北战争，1862年，北部联邦政府颁布《宅地法》，规定无代价分配给农民土地，1863年颁布《奴隶解放令》，废除了奴隶制。最后，北部联邦政府取得了胜利。美国南北战争为资本主义的迅速发展进一步扫清了道路，到1894年，美国企业生产已跃居世界首位。

美国与德国类似，不具备英国、法国古典政治经济学产生的历史条件。经济学对于美国来说，最初也是一门外来的科学。在美国建立之初，工业化问题、保护关税问题、货币问题、财政问题、土地问题等是非常现实而又急迫的问题，因此，它们成为美国早期经济思想的主要内容。美国早期经济学家的代表有本杰明·富兰克林（Benjamin Franklin）、亚历山大·汉密尔顿（Alexander Hamilton）、亨利·查尔斯·凯里（Henry Charles Carey）等，19世纪后半期影响较大的还有亨利·乔治（Henry George）。

第二节 美国早期的经济思想

一、富兰克林的经济思想

本杰明·富兰克林（1706—1790）是美国著名政治家、思想家，曾参与起草美国1776年的《独立宣言》和《美利坚合众国宪法》。他也是发明电的科学家。富兰克林祖籍英国，生于美国波士顿一个小商人家庭，自学成才，做过印刷排字工人、记者、政府职员等。他作为美国资产阶级启蒙运动的杰出代表，主张废除黑奴制，积极参加反对英国殖民统治的斗争。美国独立后，他曾出任美国立宪会议代表、宾夕法尼亚州三届州长，多次出任外交特使和驻法大使。他针对美国现实经济问题写过一些经济论文，涉及经济学理论。他有关经济的论著有《纸币的性质和必要性的研究》(1729)、《对人类增长的观察》(1751)、《论谷物价格与对穷人的管理》(1766)、《关于国民财富有待研究的几个问题》(1769) 和《贸易原理》(1774) 等。

18 世纪 20 年代，纸币问题是北美殖民地，特别是宾夕法尼亚州经济讨论的中心问题之一。富兰克林参加了当时的货币问题的讨论，并且是当时纸币的积极拥护者，他写了《纸币的性质和必要性的研究》，指出金属铸币在流通过程中转化为价值符号。他认识到货币起源于商品交换的困难，并意识到货币量和贸易量存在一定的比例关系。他说："一定比例量的货币是一个国家自由而普遍地进行贸易所必要的。多于这个数量，对贸易没有益处；而少于这个数量，如果非常少，则对贸易极其不利。"① 他重视商业的作用，曾提出"时间就是金钱"的名言。

富兰克林在讨论纸币时涉及了劳动价值论。他认为，贵金属本身（比如银）并没有某种永久的价值，因此，必须另找一个价值尺度来作为交换的媒介，这种尺度就是劳动，银的价值以及其他东西的价值都可以用劳动来测度。富兰克林在这样说时，已明白而且浅显地、有意识地把交换价值归结为劳动。因此，马克思认为富兰克林是继英国的配第之后看出了价值的本质，并"首先发现价值的真正实质的人中的一个"②。不过，富兰克林还只是不自觉地得出劳动作为价值尺度的结论的，没能像配第那样为古典政治经济学打下一个价值理论的基础。

富兰克林早年受重商主义影响，晚年出使巴黎，与重农学派交往密切，又受重农学派思想影响。他还分析过北美人口的迅速增长，指出北美人口每 20 年增加一倍的趋势。不过，富兰克林的经济思想还只是零散的，并未形成完整的体系。

二、汉密尔顿的经济思想

亚历山大·汉密尔顿（1757？—1804）是美国早期经济思想发展中的又一个重要代

① 富兰克林经济论文选集. 北京：商务印书馆，1989：1.
② 马克思，恩格斯. 马克思恩格斯全集：第 16 卷. 北京：人民出版社，1964：137.

表人物。汉密尔顿是美国著名政治家。在独立战争时期，他曾任华盛顿司令部副官。1789 年联邦政府成立后，他曾任财政部部长。汉密尔顿主张建立一个强有力的联邦制政府，并要求赋予这个政府以广泛的权力。他在 1790—1795 年向国会提交了几个报告，其中重要的有《国家银行报告》《公共信用报告》《奖励和保护工业报告》等。这些报告中包含一系列发展资本主义的经济纲领，对 19 世纪美国资本主义的发展产生了相当深远的影响。汉密尔顿关于资产阶级国家在推动经济发展中起着重大作用的理论，成为美国资产阶级经济学的基本传统理论之一。

在《奖励和保护工业报告》中，汉密尔顿提出了发展工业和保护制度的较为完整的纲领。他认为，自由贸易不利于美国，美国必须采取保护关税政策，美国工业和国民经济才能得到发展。如果实行自由贸易，美国确实能毫无困难地从国外获得它所需要的工业产品，但是，美国自己的商品出口却会遭受许多重大危害性的阻碍，在这种情况下，美国将不能与欧洲在平等条件下进行交换。他认为，美国实行保护关税有七大好处：（1）促进分工的发展；（2）扩大对机器的使用；（3）增加一般无业的社会阶层的就业量；（4）鼓励外来移民；（5）对人们的才能和爱好的差异提供更大的活动空间；（6）为企业提供更广阔和多样化的活动场所；（7）为剩余农产品获得一个更加扎实和稳定的需求。汉密尔顿还为保护关税提出了一整套具体措施。他的报告成为 19 世纪美国资本主义发展的蓝本。

汉密尔顿的政策和建议不仅大大刺激了美国资本主义的发展，而且反映了资本主义后起国家反对英国奉行“自由贸易”政策而进行的斗争。在 19 世纪，保护关税思潮在美国占有支配地位。

三、凯里的经济思想

亨利·查尔斯·凯里（1793—1879）出生于美国宾夕法尼亚州的费城，父亲是一位出版商。凯里从小受到良好教育，并由父亲教授经济学，继承父业经营出版业。1835 年以后专门从事学术研究。他的经济学著述主要有：《工资率研究》（1835）、《政治经济学原理》（三卷）（1837，1838，1840）、《过去、现在和将来》（1848）、《农业、制造业和商业的利益调和论》（1850）和《社会科学原理》（三卷）（1855—1859）。

凯里被看做是美国第一个经济学家，有的人把他称为美国学派的创始人。凯里在《政治经济学原理》和《农业、制造业和商业的利益调和论》中，提出了一套论述阶级利益调和的理论。

凯里曾亲身经历了美国南北战争的动乱，看到南北两种制度之间各种社会矛盾和斗争的日趋激化，这些经历没有促使他深入研究阶级矛盾的根源，反而使他提出阶级利益调和论。他批评李嘉图，把李嘉图的理论体系看做是制造纠纷的体系，还具有挑动阶级之间和民族之间仇恨的倾向。他力图证明社会上的各个阶级之间没有根本性的对抗，其关系应发展为和谐的关系。

凯里的阶级利益调和论是以他的价值论为基础的。他的价值论实际上是再生产费用论。他的阶级利益调和论的逻辑推理如下：“Ⅰ. 一切价值是可以交换的。Ⅱ. 劳动是价值的惟一原因。Ⅲ. 在生产的时候，商品的价值由其所需劳动的数量和质量来测度。Ⅳ. 劳动的质量每有改进，生产一定量商品所需的劳动数量就会随之减少。Ⅴ. 现存资本的价值不能超过其再生产所需劳动的数量和质量，同时，随着劳动质量的每次改进，用以交换的劳动的数量将趋减少。”① 根据凯里的观点，现存资本的价值是受再生产费用制约的，随着再生产费用的减少，资本的价值也将减少，而劳动的价值将逐渐增长。他认为，劳动得到资本的帮助后会有更高的生产率，从而提高劳动的质量，并使被分配的商品量随之增加，这将使工人有能力对生产出来的商品保持一个不断增长的比例，也即不断改进自己的状况。对于资本家来说，他所得的比例会不断减少，但他所得到的商品绝对量仍会不断增加。所以，“资本家和工人的利益彼此是完全调和的，双方都从促使资本增长和劳动生产率提高的每种方法中获得好处，而导致相反效果的每种方法将使双方蒙受其害”②。凯里还以大量篇幅证明，随着人口和资本的增加，政府和资本家所得的比例不断减少，工人所得的比例不断扩大，其数量也迅速增多。他认为这是支配劳动产品分配的伟大规律，是在科学所发现的一切规律中最美妙的，因为它是使人类各个不同阶级之间的现实的和真正的利益达到充分和谐的基础。

凯里把他所发现的规律看做可以适用于一切国家和一切阶级。凯里认为，人们耕种土地，不是像李嘉图所讲的那样从优等地到劣等地，而是先耕作劣等地，因为劣等地便于耕种，然后人们再耕种肥沃土地。在肥沃土地已被地主占有时，租地农场主必须交付地租，作为对地主及其祖先过去投入这块土地上的资本和劳动的一种报酬。这样，地租就成了资本的利息，地主和资本家的实质是一样的，他们之间的利益自然是和谐的。他说：“我们发现，地主与佃农——资本家与工人——种植园主与奴隶——情况是一样的，采用任何方法使一方受害而另一方不同样受害，这是不可能的。我们发现，他们彼此的权利和义务是调和的。”③

凯里在阶级利益调和论之外，还对信贷、农业、工业等方面进行了研究，他在这些方面的一些论述，包括他对马尔萨斯把贫困归罪于劳动人民的观点的批判，他对英国工业垄断和扩张政策对世界市场产生破坏作用的解释等，都有着一定的理论和实际意义。从这些方面考察，马克思认为凯里是“北美唯一的有创见的经济学家”④。

四、亨利·乔治的经济学说

亨利·乔治（1839—1897）是19世纪后半期美国资产阶级经济学影响最大的代表人物之一。他出生于美国费城一个中产阶级家庭，从小深受宗教影响。他的生活道路艰难曲折，1855—1865年10年间，他曾一直过着颠沛流离的生活，当过海员、排字工人，搞过印刷业，办过报纸，经历过失业。南北战争结束后，他的生活才逐渐安定下来。从1865年起，他开始投稿写作，对自由贸易、货币发行、政府债券、选举制度等问题提出

① 凯里. 政治经济学原理：第1卷. 英文版. 费城，1837：140.
② 同①338 - 339.
③ 同①339 - 340.
④ 马克思，恩格斯. 马克思恩格斯全集：第46卷上. 北京：人民出版社，1979：4.

了自己的主张。1879 年出版《进步与贫困》，提出一整套社会改良的纲领，并以此受到社会的普遍赞赏，其声望轰动全球，其著作成为最畅销的经济读物之一。1897 年他再度竞选纽约市长时，突发脑出血去世。他的著作还有：《爱尔兰土地问题》（1881）、《社会问题》（1883）、《保护贸易或自由贸易》（1886）、《劳工状况》（1891）、《政治经济学的科学》（1891）等。

乔治的经济思想受斯宾塞（Herbert Spencer）、穆勒等人的影响很大。斯宾塞曾写作《社会静力学》一书，乔治对此书推崇备至。斯宾塞在《社会静力学》中指出，全部土地不是属于个人所有，而是归一个大法人团体——社会所有。在这种制度下，全部土地可以完全按照同一自由律来圈定、占有和耕种。乔治把这种观点称为斯宾塞的“第一原理”，是政治伦理学的起点。他从这个第一原理引申出两条原则：第一，生活和个人自由的平等权利；第二，使用土地的平等权利。他认为，最基本的权利是人人享有自然的、平等的和不可让渡的使用土地的权利。约翰·穆勒曾提出国家征收土地税，把地租收归国有的思想。这种思想在乔治的《进步与贫困》中得到了发挥。

乔治的理论是以分配理论为核心的。他把“贫困伴随着进步”看做一个“谜”，力图揭示财富分配的规律。他对财富分配规律的分析从生产的三个要素出发。他说：“在劳动能够被使用以前，必须要有土地；而在资本能够被生产出来以前，则必须使用劳动。……劳动只能在土地上被人使用，它又从土地中汲取用以创造财富的物质。因此，土地是个先决条件，是劳动的场所和劳动的原料。其自然秩序为：土地、劳动和资本。资本不是我们的出发点，我们应该以土地为出发点。”① 因此，他的分配论首先论述地租和地租规律，进而推论出工资规律和利息规律。乔治接受李嘉图的地租理论，但未把地租理论与劳动价值论相联系，而是直接把财富分配不均同土地所有权的不平等联系起来。他说：“财富分配不均的主要原因，就在于土地所有权的不平等。土地所有权是一个主要的基本事实，它最后决定着一国人民的社会、政治以及由此而来的知识和道德状况。”② 他认为，地租、土地价值完全是土地私有权、土地垄断的结果，因此，只要把地租交给国家，一切贫困现象、一切社会上的不平等就都会消失。他提出一个公式：因为总产品＝地租＋工资＋利息，所以总产品－地租＝工资＋利息。每个社会中所生产出来的财富，可根据一条由“耕种的边际”所确定的“地租线”划分为两大部分，在这条线以下的部分，支付工资和利息，在这条线以上的部分，作为地租归土地所有者。地租同工资、利息成反比。在其他条件不变的情况下，地租增加，工资和利息减少；地租减少，工资和利息增加。在他看来，劳动和资本之间不存在冲突，劳动和资本为一方，同土地所有权的另一方形成对立与冲突。他认为，从土地关系着眼可以得出地租规律，分别从劳动和资本关系着眼又可以分别得出工资规律和利息规律。三个规律都受政治经济学的基本规律，即人人都以最小劳力寻求其愿望满足的规律的支配。

由于乔治把土地问题看做根本问题，把土地垄断看做古往今来一切罪恶和灾祸的根源，甚至是经济危机的根源，所以，他把医治贫困和一切社会不幸的方法归为使土地成

---

① 亨利·乔治. 进步与贫困. 纽约：先锋出版社，1926：163.

② 同①292－294.

为公有财产。为此，他提出开征单一“地价税”的主张，即通过地租归公，使社会利用原有的国家机关，在毫无冲突和震动的情况下确立土地的公有。

评议与思考

美国是一个后来居上的国家。美国从建国到19世纪末的一百多年时间里经历了一个迅速崛起的过程。在这个时期，美国同德国一样，经济学说是输入的，对美国来说，是从欧洲的英国、法国、德国、奥地利等国输入的。但在这个时期，美国早期经济思想无疑是由美国的社会经济、政治发展状况决定的，从而具有美国的独特性，不论是汉密尔顿的经济政策，还是凯里的经济学说，都充满着美国的历史色彩。结合美国历史考察美国早期经济思想会有很多启示，如果比较中国近代以来外国经济学说的输入和中国经济思想及理论的产生、发展，一定也是很有意义的。

关键词

富兰克林　　汉密尔顿　　凯里的阶级利益调和论　　亨利·乔治的分配理论

思考题

1. 美国早期经济思想的产生背景和特点是什么？
2. 评述凯里的阶级利益调和论。
3. 分析乔治经济学说的历史地位。

第四编

19世纪70年代—20世纪初

本编分为四章。第十三、第十四章介绍边际效用学派的产生和发展。边际学派的发展到马歇尔已完全综合为主流或正统的经济学流派。在这个时期，作为非主流经济学，德国历史学派发展为新历史学派，美国则出现了历史学派在美国的变种——制度学派，这两个学派在第十五章介绍。马歇尔的经济学说是第十六章的内容。

第十三章
边际效用学派（一）

本章分为三节。第一节简单概述边际效用学派的产生和发展。第二节是对边际效用思想的一个历史追溯，分别介绍17—18世纪、19世纪可以称之为边际效用学派先驱的各位经济学家，其中最早的可以追溯到17世纪英国的巴尔本，说明边际效用思想的起源与近代劳动价值论差不多在同一时期。而19世纪50年代戈森出版的著作中，已阐述了被称为“戈森定律”的思想，实际上已具备了边际效用学派全部理论的基础。第三节介绍的奥地利学派是当时影响最大的边际学派分支之一。

本章重点

- 边际学派的先驱
- 庞巴维克的边际效用价值论
- 庞巴维克的时差利息论

第一节　概　述

边际效用学派，简称边际学派，起源于19世纪70年代，是资产阶级经济学的一个主要流派，它以不同于以前的传统经济学的面目出现。但是，边际学派的理论很快被资产阶级经济学家广泛吸取，成为正统的资产阶级经济学的组成部分。

边际效用学派是对19世纪70年代至20世纪初期创建、发展、宣传边际效用价值论，以及以此为基础的其他经济理论的为数众多的人物和学派的统称。它们都主张边际效用价值论，但在资本理论、分配理论上不尽相同；在价值理论上，各自的理论结构、表述方式、具体论点、思想深度和矛头所向也有明显的差异。

19世纪70年代，在奥地利、英国和法国几乎同时出现了以边际效用价值论为基础的经济学理论，这些理论基本上是各自独立形成的，创建这些理论的经济学家分别是奥地利的卡尔·门格尔（Carl Menger）、英国的威廉·斯坦利·杰文斯（William Stanley Jevons）和法国的瓦尔拉斯（Walras）。他们只是在各自的著作都出版之后才相互了解并逐渐建立起某种联系的。奥地利的门格尔与他的两个著名的学生维塞尔（Wieser）和庞巴维克被认为是奥地利学派的最主要代表人物。维塞尔和庞巴维克使门格尔创立的理论更加系统化和通俗化。奥地利学派因强调人的心理动机分析，因而又被看做是边际效用学派中的一个分支，即心理学派。英国的杰文斯和法国的瓦尔拉斯都在各自的著作中使用了数学方法，他们被看做是边际效用学派中的另一个分支，即数理学派的主要代表。瓦尔拉斯曾在瑞士洛桑大学任教，他在洛桑大学经济学讲座的继承人帕累托（Vilfredo Pareto）发展了瓦尔拉斯的理论，并把边际效用价值论从基数效用论转变为序数效用论，在经济学中使用了无差异曲线。到19世纪90年代，美国经济学家克拉克发展了边际效用学派的分配理论，提出边际生产力分配论。英国的经济学家马歇尔在英国传统经济学形式上，吸收了边际分析方法，把边际学派理论从“异端”和“支流”改造为经济学的正统和理论主流，完成了资产阶级经济学说史上的第二次大综合。由于从19世纪70年代开始到20世纪初的经济学发展使资产阶级经济学面貌得到了极大的改变，因而，19世纪70年代以来经济学理论、观点、方法的变化被称作经济学上的“边际革命”。

第二节　边际效用学派的先驱

19世纪70年代是“边际革命”的起始年代。当三个主要奠基人系统地宣传他们的理论时，人们逐渐了解到边际分析方法和效用价值论的思想在更早以前就曾出现了。通过杰文斯，人们知道了赫尔曼·海因里希·戈森（Hermann Heinrich Gossen）；通过瓦尔拉斯，人们知道了安东尼·奥古斯丁·古诺（Antoine Augustin Cournot）；马歇尔的著作中提到屠能，使屠能在边际分析史中的地位突出出来；门格尔的著作中提到历史学派经济学家对埃蒂耶纳·孔狄亚克（Étienne Condillac）、加里安尼等人效用价值论观点的说明，可以看到，从19世纪50年代起德国、奥地利经济学家已对价值的本质、起源、价值尺度进行了长期的争论；而法国历来重视对效用的研究，瓦尔拉斯深受杜尔哥、古诺、萨伊等人的影响。20世纪以来，经济学说史专家们对边际分析起源的研究又有了新的发展，威廉·福斯特·劳埃德（William Forster Lloyd）、朗菲尔德（Longfield）、杜比特（Dupuit）、丹尼尔·贝努利（Daniel Bernoulli）、巴尔本等都被人们重新发现与重新评价。

一、 17—18世纪的边际学派先驱

17世纪英国经济学家尼古拉斯·巴尔本（1640—1698）是近代较早论述商品价值由效用决定的经济学家。他在《贸易概论》（1690）一书中讲到，一切商品的价值来源于它们的效用，而商品的效用在于满足人的需要或欲望。人的欲望分为物质的和精神的，大多数商品具有价值是因为它们满足了人们的精神需要。

瑞士数学家丹尼尔·贝努利（1700—1782）出生于数学世家，曾在巴塞尔大学学习数学和医学。1725年应聘入彼得堡科学院，1733年返回巴塞尔大学任物理学、哲学教授。他是巴黎、柏林、彼得堡科学院和英国伦敦皇家学院成员。他在1738年发表《测定风险新理论之解说》①，提出边际效用及边际效用递减思想，被证明是边际效用概念的最

① 晏智杰. 经济学中的边际主义. 北京：北京大学出版社，1987：3-4.

初发现者。他说:“一物的价值的决定不以该物的价格为基础,而以其带来的效用为基础。一物的价格只取决于该物本身,而且对任何人都是一样的;然而,一物的效用则取决于估价该物的人的特殊情况。一千杜卡特的收益对一个穷人比对一个富人无疑具有更大的意义,尽管两者的收益数是相同的。”① 他还说:“财富的任何增加,不管多么微不足道,总会使效用增加,而且,效用同已经占有的物品量成反比例。……来自财富的任何微小增加量的效用将同先前占有的物品量成反比例。”②

意大利经济学家费迪南多·加里安尼(1728—1787)于1751年出版了《货币论》一书,书中较早地把效用同稀少性联系在一起,从而为边际效用分析打开了道路。加里安尼认识到,人们的想法不同,需要不同,从而引起事物价值的变化。他说:“价值是一种比率,实际上这是用‘效用’和‘稀少’这两个名称来表达的两个比率配合而成的。”③ 他所说的效用,指的是一件事物导致幸福的能力,已不是事物的客观使用价值,而是随人们所处条件不同而发生的相对变化的东西,是人们对物品给予自己满足的主观评价。他所说的稀少,指的是事物的数量和对这一事物的使用之间的比率。效用和稀少之间的关系及其变化形成价值。加里安尼还没有明确提出边际效用概念,但是他提出“稀少”概念,使效用有了主观色彩并成为可变的,所以,他属于边际分析的先驱者之一。

意大利经济学家彼得罗·维里(Pietro Verri,1728—1797)和法国哲学家埃蒂耶纳·孔狄亚克(1714—1780)也论述了与加里安尼类似的思想。维里在《政治经济学研究》中说:“那么什么是构成价格的要素呢?当然它不仅仅建立在效用这个基础上,只要想一想水、空气和阳光就能确信这一点了:它们没有任何价格,但还有什么东西比它们更有用更不可缺少呢?……因此,给予一物价格的,单是它的效用是不够的,然而单纯的稀缺性却可以使它具有价格。……两个原则即需求和稀缺的结合构成物的价格。”④ 孔狄亚克在《商业与政府》(1776)一书中说:“物品不是有成本才有价值,而是有价值才有成本。……物品价值只在于物和我们的需要的关系。……很显然,较强烈的需求感觉会给物品更大的价值。……物品价值随稀缺而增加,随丰裕而减少,直至减少到零。一物如果过多,它便没有价值:谁也不愿使用它,它已完全无用。”⑤

在加里安尼以后的几十年中,劳动价值论占据统治地位,斯密关于钻石与水的价值悖论,在很长时间内是反驳效用价值论的权威性论证。不过,在杜尔哥、萨伊、马尔萨斯等人那里仍可以看到从效用方面说明价值的观点。而这时期边沁的哲学则成为后来边际学派的哲学基础。英国功利主义哲学家和经济学家边沁(1748—1832)把追求个人利益看做是人类一切活动的指导原则和动力,这种最大幸福原则被看做是不证自明的首要公理。他提出政治经济学应是研究效用的科学。所谓效用,是指物品能使人获得幸福和避免痛苦的能力。他把痛苦和快乐看做在数量上可以衡量的东西,强调同一刺激引起的苦乐量往往因人而异,并提出货币通常是衡量苦乐量的最准确的尺度。他甚至提出了幸

① 晏智杰. 经济学中的边际主义. 北京:北京大学出版社,1987:3-4.

② 同①4-5.

③ 门罗. 早期经济思想. 北京:商务印书馆,1985:243.

④ 同①16.

⑤ 同④15-16.

福（也即效用）的递减法则，他曾讲：一个人占有的财产越多，他从增加的财产上所获得的幸福量越少。杰文斯正是依据边沁的哲学原理建立起自己的经济学理论体系的。

二、19世纪的边际学派先驱

较早使用边际效用说明价值的是英国经济学家劳埃德。劳埃德（1795—1852）曾任基督教会数学讲师、牛津大学政治经济学教授。1834年入选美国皇家学会。他的经济学著作主要有：《关于价值概念的讲义》[①]、《牛津的谷物价格》（1830）、《关于遏制人口的讲义》（1830）、《关于济贫法的讲义》（1834）。劳埃德以进一步研究斯密的观点的名义展开了对价值的讨论。他认为，如果物品的数量能使人的欲望完全满足，物品的价值就会消失。他说："价值正是对某物品的感受或估价，当这种物品偶然丧失而使人感觉到丧失了满足时，这种感受和估价就会出现。所以归根结底，价值一词无疑是指心里的感觉，它总会在被满足的欲望和未被满足的欲望之间的边际上表现出来。"[②] 他区分了价值和效用，在他看来，价值仅仅是附着在被占有的物品之上的，而对效用来说，占有与否是无关紧要的。在他的概念中，效用或一般效用都是在物品使用价值上理解的效用，与数量的增减无关。他的概念中的"特殊效用"是与数量变动有关的，也就是后来人们所说的边际效用。他举例说明：某人已有半打上衣，再给他一件，他会说，这件上衣对他没有用。这时他所说的就是在上衣需要已充分供给的情况下，上衣对他的特殊效用。劳埃德认为，这种特殊效用是某人对物品评价的基础。他又用第一、第二、第三盎司……食物对一个饥饿的人的意义来具体说明人们对价值的估价。他说："他的食物短缺时，他对现有食物的估价是很大的，换言之，他置于其上的价值是很大的；当食物供给增加时，他对它们的估价就减低了，换言之，他给予它们较小的价值。"[③] 这实际已揭示了边际效用递减的思想。不同的个人对同一物品会有不同的估价，但市场上价格又只有一个，这如何解释呢？劳埃德提出了个人价值与社会价值的区别。上述说明的是个人价值，而市场上物品的交换价值则是社会价值。

爱尔兰经济学家朗菲尔德几乎与劳埃德同时提出了与英国古典政治经济劳动价值论不同的价值观点。朗菲尔德（1802—1884）出生于牧师之家，1823年毕业于都柏林三一学院，任法官。1832年被聘为三一学院新设政治经济学讲席第一位教授。1834年任法律教授。曾就职于爱尔兰国民教育委员会、都柏林统计协会。主要著作有：《政治经济学讲义》（1833）、《关于济贫法的讲义》（1834）、《关于商业的讲义》（1835）等。他是在重新解释和补充李嘉图价值理论名义下提出他的价值观点的。他对效用和价值的定义为："我把任一物品的效用下定义为它直接或间接满足人的欲望或需要的能力；而价值则被理解为某物品交换其他物品的能力。"[④] 劳埃德认为价值决定于主观效用，而朗菲尔德则认为价值决定于供给和需求。朗菲尔德在说明价值决定时，离开了李嘉图的劳动价值论，他

---

① 1833年演讲，1837年出版。

② 晏智杰. 经济学中的边际主义. 北京：北京大学出版社，1987：53.

③ 同②52.

④ 同②55.

只承认商品价值中只有一部分归结为劳动，即李嘉图关于最不利条件下的劳动的观点。他说："其价值可以这样（用劳动）衡量的是那样一部分：它是在所谓最不利条件下生产出来的；在这种条件下，为生产一定量商品需要花费最多的劳动。"[①] 朗菲尔德在这里实际上提出了边际成本的概念，用来说明价值决定一个方面，即供给。同时，朗菲尔德还提出了边际需求的概念。他认为："一个人对任一商品的需求强度的大小，即是他愿意并且能够为该商品支付的数额，或是他不愿意没有该商品，从而放弃该商品时他所提供的喜悦的数额。"[②] 需求强度有多种，并且因人而异，即使同一个人也可以被认为有不同强度的需求。他说："每个人自己都有一系列强度连续增长的需求；在任何时候引起购买的总是其中强度最低的需求，这个需求对穷人和富人是完全一样的，它调节着市场价格；对富人来说，这个系列增加得更急速，就是说，他的需求强度的增长比之于他的消费的减少要比穷人的场合快得多。"[③] 由此看来，他的价值观是一种边际成本和边际需求的综合，是马歇尔均衡价格论的先驱。

杜比特（1804—1866）是法国工程师。他在研究实际经济问题和政策抉择中运用了边际效用原理与方法，他的论文《公共工程效用的测量》（1844）和《论通行税和运输费用》（1849）是这种运用的集中体现。他关心的是如何衡量公众得自公共工程或设施（公路、铁路、运河、桥梁）的效用或利益，并据此制定国家相应的价格和税收政策，使公众从公共工程或设施的使用中获得最大的利益。

在边际学派先驱中，德国经济学家赫尔曼·海因里希·戈森（1810—1858）占有主要地位。戈森出生于德国西部的迪伦。1829—1833 年在波恩大学攻读法律和公共管理学，1834—1841 年任律师，后曾任地方政府税务官。退休后与他人合办过保险公司，后退出公司专心著述。他的著作《人类交换规律与人类行为准则的发展》一书出版于 1854 年。该书出版时并未受到重视，戈森在失望与痛苦之下，一度要求停止发行并毁书。19 世纪 70 年代，杰文斯发现了戈森的学说，并在他的《政治经济学理论》再版序言（1879）中详细介绍了戈森的理论，并承认其观点先于自己。自此以后，戈森的理论才为人们所知并产生重大影响。戈森在出版自己的著作时曾很自信，他说："我相信，我成功地揭示了使人类能够相互发生关系并不断使人类进步的力量，而且大体揭示了这种力量作用的规律。像哥白尼的发现能够确定天体在无限时间中运行的轨道一样，我自信通过我的发现也能为人类准确无误地指明，他们为一个最完善的方式实现自己的生活目的所必须遵循的道路。"[④] 戈森在这本书中提出了他的主观效用价值论、劳动理论、交换均衡论等。但戈森对经济学说史影响最大的是建立在效用价值论基础之上的"戈森之律"。

戈森以功利主义为出发点，认为"人们希望得到生活享受，他们的生活目的是把自己的生活享受提到尽可能高的水平"。政治经济学的任务就在于发现这些享乐规律以及按这些规律行事的条件，从而帮助人们获得人生最大的享乐。实现享乐的必要条件是获得物品和适当消费，所以理论经济学应阐明消费和生产的最合理方法，以最大限度地增加

---

①② 晏智杰. 经济学中的边际主义. 北京：北京大学出版社，1987：56.

③ 同①57-58.

④ 戈森. 人类交换规律与人类行为准则的发展. 北京：商务印书馆，1997：2.

效用量或享乐量。他说："必须把享受安排得使一生中的享受总量成为最大值。"① 戈森从消费领域着手，提出了享乐法则，并称之为无须加以证明的公理。他的法则或规律被归结为两条。第一个规律："如果我们连续不断地满足同一种享受，那么这同一种享受的量就会不断递减，直至最终达到饱和。""如果我们重复以前已满足过的享受，享受量也会发生类似的递减；在重复满足享受过程中，不仅会发生类似的递减，而且初始感到的享受量也会变得更小，重复享受时感到其为享受的时间更短，饱和感受则出现得更早。享受重复进行得越快，初始感到的享受量则越少，感到其享受的持续时间就越短。"② 这第一个规律实际上就是边际效用递减规律。第二个规律由三个"定理"组成："1. 在任何一种享受中，都有一种主要取决于更经常地或比较经常地重复享受的方式和方法使人们的享受总量最大化。""2. 人们在多种享受之间自由进行选择。但是，他们的时间不足以充分满足所有的享受。尽管各个享受的绝对量有所差别，但为了使自己的享受总量达到最大化，人们必须在充分满足最大的享受之前，先部分地满足所有的享受，而且要以这样的比例来满足：每一种享受的量在其满足被中断时，保持完全相等。"③ "3. 每当成功地发现了一个新的享受——尽管它本身还很小——或者通过自身训练或通过对外部世界施加影响提高某种已为人熟知的享受，都给人们提供了在现在情况下扩大生活享受总量的可能性。"④ 这第二个规律实际上就是边际效用相等法则，或效用最大化规律（法则）。戈森的这两条规律被称为"戈森定律"，它实际上奠定了后来边际学派的理论基础。

第三节 奥地利学派

奥地利学派是19世纪70年代到20世纪初影响最大的边际学派分支之一。奥地利学派的主要代表人物有门格尔、维塞尔和庞巴维克。由于他们都曾在维也纳大学任过教，所以，奥地利学派也称为维也纳学派。

卡尔·门格尔（1840—1921）是奥地利学派的创始人和奠基人。他出生于奥地利加利西亚，父亲为律师。他曾先后入维也纳大学、布拉格大学和克拉科夫大学学习，1867年获克拉科夫大学法学博士学位。毕业后任奥地利内阁新闻局职员。1873年以后任维也纳大学讲师、教授。他曾担任过皇太子鲁道夫的导师，伴随皇太子游历英国、法国、瑞士等国。门格尔曾参加过政府的货币审议会、币制调查委员会等工作。1900年当选为奥匈帝国上议院议员。他的主要著作有：《国民经济学原理》（1871）、《社会科学和经济学的方法的研究》（1883）、《德国国民经济学的历史主义谬误》（1884）。

弗里德里希·维塞尔（1851—1926）是门格尔的学生。他出生于维也纳，毕业于维也纳大学法律系。他曾留学德国，师从历史学派的罗雪尔、希尔德布兰德、克尼斯等人。1872—1884年任州政府文官，1883年任维也纳大学讲师，1884年被聘为布拉格大学经

① 戈森. 人类交换规律与人类行为准则的发展. 北京：商务印书馆，1997：5.
② 同①9.
③ 同①16.
④ 同①27.

济学教授。1903—1922 年任门格尔所在的维也纳大学经济学教授，主持门格尔讲座。1917 年后选为奥匈帝国上议院议员，曾任政府商业部长。主要著作有：《经济价值的起源和主要规律》（1884）、《自然价值》（1889）、《社会经济理论》（1914）、《权力法则》（1926）等。维塞尔是门格尔的女婿。

欧根·冯·庞巴维克（1851—1914）是奥地利学派后期的主要代表。他出生于布隆。早年就学于维也纳大学。曾和维塞尔一同在德国海德堡大学、莱比锡大学、耶拿大学学习政治经济学。1881—1889 年在因斯布鲁克大学任经济学教授。1889—1904 年在财政部就职。曾三次担任奥地利财政部长。1904—1914 年任维也纳大学教授，曾担任过维也纳科学院院长。他的主要著作有：《资本与利息》[第一卷《资本利息理论的历史和批判》（1884），第二卷《资本实证论》（1888）]、《经济财货价值理论纲要》（1886）、《奥地利的经济学家》（1890）、《价值、成本和边际效用》（1892）、《财货价值的最后尺度》（1894）、《马克思体系的终结》（1896）。

一、奥地利学派的方法论——抽象演绎法

在经济学研究方法上，奥地利学派反对德国历史学派，以抽象演绎法同德国历史学派的历史方法相对立。门格尔曾在 19 世纪 80 年代首先对德国历史学派发难，挑起经济学方法论之争。

门格尔认为，经济科学应分为经济史和经济理论两部分，经济史研究的是一定时间和一定场合的个别具体现象及个别现象之间的相互关系；而经济理论研究的则是认识国民经济现象的某些基本形态和这些形态的相互关系，即事物的类型及其相互关系。经济史只能补充经济理论，而不能代替理论的经济学。历史学派是“理论的不生产”。

门格尔认为，理论的任务是提供超出直接经验以上的认识，建立永久的、一般的、普遍的原理。所以，经济学不能用经验的方法，而只能用“严密的方法”，即抽象演绎法。门格尔把经济学看做研究人和物质财富的相互关系的科学，认为政治经济学是探讨一切实在的和最简单的要素的实质。这类要素第一是人的欲望，第二是自然所提供的物质，第三是在可能范围内想完全满足欲望的努力。人类欲望无穷，而自然提供的物质有限，这就产生了如何经济地使用物品的问题，一切经济问题都是从这几个简单要素引申出来的。门格尔说：抽象演绎法就是“使人类经济的复杂现象还原成为可以进行单纯而确实的观察的各种要素，并对这些要素加以适合于其性质的衡量，然后再根据这个衡量标准，以再从这些要素中探出复杂的经济现象是如何合乎规律地产生着”①。在具体进行分析时，门格尔和奥地利学派的其他经济学家通常采取孤立个人的研究方法。他们常从某个孤立的个人出发（如原始森林的居民、沙漠绿洲的居民、一个孤立的农夫、荒岛上的一个无远见的个人等）进行研究。他们认为，这种孤立的个人的经济即是社会经济的缩影，在这种个人与财物关系的分析中，存在着解释复杂社会经济现象的关键。另外，奥地利学派的这种抽象分析以人类追求享乐避免痛苦的心理来解释个人的一切经济行为

① 门格尔．国民经济学原理．上海：上海人民出版社，1959：2.

的动机，从而把政治经济学看做一种实用心理学，经济关系变成人与物之间的一种心理反应关系。由于这种特点，奥地利学派也被称为边际学派中的心理学派。

二、边际效用价值论

奥地利学派的价值理论是由门格尔奠定的，维塞尔最早提出“边际效用”术语。不过，边际效用价值论在庞巴维克的著作中论述得最全面、最系统。

庞巴维克的主要著作是《资本与利息》，这部著作的第一卷《资本利息理论的历史和批判》是专题经济学说史——利息理论的批判史著作，从古希腊的柏拉图和亚里士多德起，一直到与他同时代的经济学家的各种利息理论，他都进行了论述与评价。实际上，他的理论的主要批判对象是马克思的劳动价值论和剩余价值论。他认为，马克思的学说之所以广泛传播是由于“反对它的人力量太差”，因此，需要有像他那样力量不差的人用新理论来做出有效的反对。他在其著作的第二卷《资本实证论》中正面说明了他的理论，特别是与马克思劳动价值论和剩余价值论相对抗的边际效用价值论和时差利息论。

《资本实证论》由序言、导论和七篇正文组成。庞巴维克说他的书论证了两个问题：一是研究“生产资本”；二是研究“获利资本”。在第一篇和第二篇中，他首先说明了资本的性质、作用、分类及资本的构成，资本在生产过程中发挥什么作用等问题。他的出发点是：人们的需要和需要的满足是消费。他认为人们是为追求需要的最大满足而努力的，所以“一切生产的最终目的，是创造满足我们需要的物品，亦即制造用于直接消费的财货或消费品”①。生产有两种：“赤手空拳的生产”（或“不用资本的生产”），即劳动作用于自然，直接生产消费品；“资本主义的生产”，即先生产制造消费品所必需的生产资料。因此，他认为，“资本只是迂回行程中某些阶段里出现的中间产物的集合体”②，即生产资料。这种资本是“生产资本”。另外，资本又是可生产利息的产品，叫做“获利资本”。可以把生产资本称为社会资本，把获利资本称为私人资本，前者同生产有关，后者同分配有关，需研究利息问题。庞巴维克批评以前的经济学，认为把资本单纯看做“勤勉”的结果，或把资本看做“积蓄”的结果的观点都是片面的。在他看来，作为生产工具的资本是劳动和自然共同生产出来的。资本是二者结合的产物，所以它不是独立的生产力（这是批评萨伊的），但它本身是生产的，因为人们可以借助资本进行迂回的、间接的资本主义生产，制造出更多更好的产品。利用资本生产有有利与不利两种后果，有利的是能提高生产力，不利的是要花更长更久的时间。在论述“生产资本”之后，他加了第三篇和第四篇，论述“价值论”和“价格论”。他认为，为了阐明人们为什么能够并愿意积蓄，就必须研究价值理论，价值理论既可以补充他的资本形成论，又可为他的利息理论奠定基础。在这里，他提出了一种主观价值论，即边际效用价值论。

（一）边际效用价值论

庞巴维克批评以往的经济学家只把价值区分为使用价值和交换价值，并且只研究交

① 庞巴维克．资本实证论．北京：商务印书馆，1983：53．
② 同①58．

换价值而忽视使用价值，所以陷入种种矛盾，因此他要重新区分价值。他认为，价值可以分为主观价值和客观价值。他说："主观价值是一种财货或一类财货对于物主福利所具有的重要性。在这一意义上，如果我认为我的福利同某一特定财货有关，占有它就能满足某种需要，能给予我以一种没有它就得不到的喜悦或愉快感，或者能使我免除一种没有它就必须忍受的痛苦，那么，我将说这一特定财货对我是有价值的。"①"客观价值指的是一种财货获得某种客观成果的力量或能力。在这一意义上，有多少种和人有关的客观成果，就有多少种价值。"② 例如，食物有营养价值，木材煤炭有发热价值，肥料有肥田价值等等，它们与物主的福利或损失是无关的。但是，这些客观价值不属于经济关系，而只属于单纯的技术关系。庞巴维克认为，与政治经济学有关的有重要意义的客观价值是财货的客观交换价值，即财货在交换中的客观价值，"即用它来换得一定量其他经济财货的可能性，这个可能性被看做是前一财货的一种力量或特性"③。如一匹马值 50 镑。因此，庞巴维克认为，价值的经济理论有两重任务：解释主观价值的规律；解释客观交换价值的规律。前者是价值论，后者是价格论。在他看来，价格和交换价值名词含义虽不同，但规律是同一的，价格规律包括了交换价值规律。

庞巴维克否定了价值是商品的内在属性，认为价值只是表示某种关系，主观价值是人与福利的关系，客观价值是产品和其成果的关系。同时，他也否认效用是商品的内在属性。他虽宣称效用是价值的来源，产品的效用是它能满足人的欲望的能力，但产品有用与否及其用途的大小都是取决于人的主观判断的，也即是说，效用是从人与产品的关系产生的，而不是产品本身的内在属性，即营养价值一类的东西不是经济学所需解释的，经济学要解释的是对产品潜在使用价值的心理评价。他还认为，效用和价值并不相同，一切财货与人类福利的关系有两个等级：为人类服务的一般能力的较低等级只称为用途，而不仅满足人类需要，而且还是人类福利不可缺少的条件的较高等级才称为价值。比如，一个住在泉水边的人，可不断得到水，这时水虽具有满足他欲望的能力，也即具有效用，但还不具有价值；然而，在沙漠中旅行的一个人，一杯水不仅能满足需要，而且是不可少的条件，没有它人可能死亡，因此这杯水不仅具有效用，还具有价值。所以，不是所有具有效用的物品都会产生人的主观评价，而只有物品具有稀少性时，才会引起人们的主观评价而具有价值。庞巴维克说："一种物品要具有价值，必须既具有有用性，也具有稀缺性。"④

商品价值由人们的主观评价决定，主观评价如何决定价值的大小呢？这就引出了边际效用的概念。庞巴维克认为，一个产品可满足多种不同的欲望，这一系列的欲望的重要性并不一样；同样，在满足某一种欲望时，随着这种欲望得到的满足程度的增加，产品的重要性也不一样。比如喝水，在很渴时，第一杯水重要性极大，随着第一杯水喝下，第二杯水对欲望的满足的重要性就下降了。再例如同一产品的不同满足欲望，在一个原始森林里，一个农民收获五袋谷物，一袋维持一年生活，第二袋使生活更好些，第三袋饲养家禽，第四袋酿酒，第五袋养鹦鹉。同是谷物，用途不同，对这个农民的重要性也

①② 庞巴维克. 资本实证论. 北京：商务印书馆，1983：150.

③ 同①151.

④ 同①155.

不同，其效用也递减。如果第一袋价值为10，第二袋为8，其余依次为6、4、1，最后一袋谷物效用最小，是处在边沿上的效用，叫做边际效用。这最后一袋谷物不仅决定了自己的价值，也决定了其他四袋的价值，都为1。因为这五袋可以互换，所以价值是一致的。他得出结论："决定物品的价值不是它的最大效用，也不是它的平均效用"，而是"由它的边际效用量来决定的"①。他解释说，在各种需要中，比这个边际需要更重要的需要不会因为它损失而受到影响；比它更次要的需要也不会受到影响，因为有没有这个边际需要，它们都不会得到满足。唯一受到影响的就是这个边际需要或最后需要，即物品不损失时原可满足的那个最后的、边际的需要，满足这种边际需要的物品的边际效用当然是决定物品的价值量的。

奥地利学派自认为边际效用价值论解决了经济学上的重大问题。因为原来萨伊等经济学家虽也用效用说明价值，但他用商品的使用价值决定商品价值，很难解释和比较各种不同物品的使用价值，无法解释斯密提出的价值悖论。奥地利学派把效用以心理评价的方式加以解释，效用就成为随人的主观评价而可以变化的量了，因此，面包对穷人来说可以具有较大的效用，钻石可以对他无效用；而在富人那里，钻石的效用可以是很大的，而对面包的评价就很低了。

（二）生产性物品价值论

奥地利学派依据对需要的满足提出价值由主观评价决定，但能直接满足人们需要的只是消费品。生产资料产品或生产性物品的价值如何决定呢？

门格尔提出，生产性物品的价值是由它们生产出来的消费品的价值决定的。他把物品分为若干等级，说明生产资料价值形成过程是价值从消费品转化为生产资料的过程。庞巴维克继承门格尔的方法，把物品依照它们进入消费领域的不同分为不同的等级，例如，把面包作为第1级，把面粉、烤炉和面包师劳动作为第2级，把小麦、磨粉的磨作为第3级，把生产小麦的土地、农具、农民劳动作为第4级。依此类推，生产性物品的价值最终是由它们的最后制成品的边际效用量所决定。

庞巴维克还应用门格尔曾提出的补全物品概念，提出补全物品价值决定理论。所谓补全物品是指用途相互补充的物品，比如针和线、弓和箭、车和马等。生产性物品一般说来都可以看做是补全物品，比如土地、农具和农民劳动就是生产小麦的补全物品。所以，补全物品价值决定规律也就是生产性物品价值决定规律。庞巴维克认为，补全物品的价值是和它作为一个整体所能提供的边际效用相适应的。如A、B、C三件物品形成一组补全物品，它们联合使用在经济中得到的最小效用价值为100，那么这三件物品的总值即为100。庞巴维克还从补全物品价值理论中引申出分配问题。他说："一切产品都是通过三种互相补全的生产要素（劳动、土地和资本）的合作而生产出来的。我们的理论既然能够说明联合产品有多少可以在经济上归由于哪一个要素，从而能够说明各个要素在总价值中所占的份额，那么，它就能够为决定各个要素所应得到的报酬量奠定最有决定意义的基础。"②

---

① 庞巴维克．资本实证论．北京：商务印书馆，1983：167.

② 同①192.

（三）价格论

一物品对于不同的人具有不同的效用，每个人对物品的主观评价也不相同，但市场上的商品价格却相同，这个相同的价格是怎样形成的呢？庞巴维克在其主观价值论的基础上建立了“客观交换价值论”，即价格理论。他的客观交换价值论实际上指的是人们对商品的主观评价通过在市场交换中的竞争而最后确定的市场价格。

庞巴维克认为，资本主义是高度组织的经济社会，在这里，市场上某一类商品越多，在其他条件相同的情况下，这种商品的价值越小；反之，则价值越大。“任何种类的物品越多，决定其价值的边际效用就越小。再则，如果某一种物品的供应很多，多得使一切需要完全得到满足以外，仍然有剩余的物品不能找到有益的使用，那么，它的边际效用就等于零，这一种物品也就无价值。”① 这种边际效用价值论是了解经济生活中最复杂问题的关键。在实际的市场交换中存在三种类型：（1）孤立的交换，即一个买者和一个卖者的交换；（2）单方面竞争的交换，包括一个买者和很多卖者，或一个卖者同很多买者之间的交换；（3）双方面竞争的交换，即很多买者同很多卖者的交换。第三种是最普遍的。庞巴维克注意并分析的是第三种交换，他为此设立了一个马市的例子。假定市场上有 10 个买马者，8 个卖马者，每人都有自己对马的估价，且每个人的估价是不同的。竞争的结果是形成一个为数不多的“边际交换者”，即买方与卖方无论在哪一个场合都是决定价格的，它们被称为“边际对偶”。如下：

	买主对一匹马的评价（低于此价格才愿买）		卖主对一匹马的评价（高于此价格才愿卖）	
	A1	30 镑	B1	10 镑
	A2	28 镑	B2	11 镑
	A3	26 镑	B3	15 镑
	A4	24 镑	B4	17 镑
边际对偶	A5	22 镑	B5	20 镑
	A6	21 镑	B6	21 镑 10 先令
	A7	20 镑	B7	25 镑
	A8	18 镑	B8	26 镑
	A9	17 镑		
	A10	15 镑		

庞巴维克认为，A1～A4 和 B1～B4 之间、A7～A10 和 B7～B8 之间，买卖双方对马的估价相差悬殊，没有成交的可能。A5～A6 和 B5～B6 的估价接近，他们就是“边际对偶”，市场的马价就由他们的主观估价决定。他说：“我们得到这一简单公式：市场价格是由两对边际对偶的主观评价所限制和决定的。”② 在他看来，A1 的评价任何卖主都肯卖，B1 的评价任何买主都肯买，但如果他们都是精明人并想获高利，就要等价格达到一

① 庞巴维克. 资本实证论. 北京：商务印书馆，1983：171.
② 同①219.

定程度才能买和卖。一方面，买主从 15 镑开始竞买，价格会升高，A10 到 A7 一个接一个退出；另一方面，卖主人数在增加，从 15 镑开始，B3～B5 相继参加进来。当价格到 20 镑以上时，A5、A6 和 B5、B6 成为“边际对偶”，有 6 匹需求 5 匹供给；当价格到 21 镑时，剩下 5 个卖主和 5 个买主，买主已无竞争余地，卖主可再抬高价格，但限度在 22 镑以下。因此，价格限度最后被缩小到 21 镑～21 镑 10 先令之间。庞巴维克还认为，价格自始至终是主观评价的产物，在所有评价中，最有能力的竞争对手以外的一切失败者的评价对价格毫无影响，如买主 A7～A10，对价格的形成不起作用，它们可以增加市场上的拥挤，但不构成价格形成的因素。第二类是除最后一个以外的一切实际成交者的评价，他们对价格形成没有直接的贡献，但有间接的贡献，即他们互相抵消，从而使“边际对偶”让给另一对。第三类，即两个边际对偶的评价是直接有效的成分，市场价格是他们合成的结果。

庞巴维克的边际效用价值论和价格论存在根本性错误。边际效用价值论作为主观价值论是和商品生产、交换的实际情况不符的。人们出卖产品不是根据产品对自己的边际效用，也不是揣度购买者对产品的需要程度来研究产品价值的；产品价值是由消耗的劳动来决定的，这种客观的由社会必要劳动量决定的价值量并不会随人们的心理变化而变化。边际效用价值论歪曲了价值的本质，掩盖了价值的真正来源。庞巴维克的价格论用边际对偶的主观评价决定市场价格，但是，市场上买卖双方的主观评价实际上必须以一定购买力为前提，而购买力大小又实际上是以市场上的价格为转移的，所以，说边际对偶主观评价决定价格倒不如说市场上的价格决定了谁可能成为边际对偶。庞巴维克的价格论不过是加入主观评价分析的供求论。

三、 时差利息论

庞巴维克所提出的与马克思主义剩余价值论相对抗的是时差利息论。

庞巴维克批评关于利息的“使用”理论，即利息是使用他人货币的报酬的观点。他认为，产生利息的交易仍是一种商品的交换，发生着所有权的转移。他把物品分为两类：直接满足现在欲望的商品是现在财货或现在物品；满足将来欲望的商品是将来财货或将来物品，将来物品中包括生产资料、土地和劳动。他认为，现在物品和将来物品之间存在价值之间的差别，这种差别就是一切资本利息的来源。他说：“一笔借贷无非是现在物品对未来物品的一个实际而真正的交换。”“这里是两类物品所有权的相互转让，其中之一是另一种的补偿或报酬。虽然两者是完全同质的，不过一个属于现在，而另一个属于未来。”① 他还说：“如果两种完全相同，只有所在地不同的物品进行交换，而这种交换是包括在交换概念之内的，那么，我们有什么理由说，两种完全相同、只是出现的时间不同的物品之间的交换应该排斥在交换概念之外呢？”所以，“时间的差别也可作为相同商品间交换的适当理由了，也要保证（价值更高的）现在物品给予贴水了。这种贴水，不是别的，就是利息。”②

---

① 庞巴维克．资本实证论．北京：商务印书馆，1983：285.
② 同①296.

庞巴维克认为，现在物品和将来物品价值之间有差别是由于人们对现在物品的主观评价更高一些。第一，需要和供应之间的关系在现在和未来之间存在着差别。一些人目前困苦或有急需，对现在可以免其痛苦的一先令的评价自然会比对未来的一先令高。有的人预见未来经济情况会好转，如年轻的艺术家、律师、医生、学生等，他们为得到一笔现在的物品用以建立生活的基础，也不惜在将来付出一笔更大的款项。第二，低估未来。人们一般对未来的需要缺乏健全的想象力并存在意志上的缺陷，再考虑到人的生命短促和境遇多变，因此常常低估未来物品而高估现在物品。第三，现在物品技术上的优越性也会引起对现在物品的高估。现在物品一般是能优先满足人类需要的手段，因此它比未来物品一般具有较大的边际效用。例如，早些把生产手段投放于生产过程，就会比晚些投入给生产者带来更多的利益。

庞巴维克根据现在物品和未来物品这种主观估价的价值差别，建立了他的利息理论，并以此解释全部剩余价值，也即利息、利润和地租。他把利息分为三种形态：

第一是借贷利息。借贷是现在物品与未来物品交换，因前者评价高于后者，债务者在偿还时须在本金外加一差价"贴水"，这个贴水就是利息。这是利息的一般形式。

第二是企业利润。他认为，资本家在进行生产时先购买生产资料和劳动，它们在本质上是现在物品，但在经济上又是未来物品。作为现在物品，它们不能满足人们的消费需要，必须经过一段时间，在生产中转化为消费品。因此，当生产资料和劳动这些未来物品"成熟"为能直接消费的现在物品时，二者之间出现了一个时间上的差额，形成了增加的价值，产生了利润。那种"赤手空拳"的生产，即直接为消费的生产中，这种差别很小，甚至没有；而利用生产资料的迂回生产，即资本主义生产中，这种时间的间隔就很长，价值的差别也较大。所以，资本主义企业的利润正是这种时差的结果。利润是利息的特殊形式。

第三种利息形态是耐久物品的利息。如建筑物、土地等的租金。他认为，耐久物品的价值是由一系列的不同时间的效用总和所决定的。在一系列的效用中，远期效用的价值总是低于近期效用的价值，因而产生了差额，形成耐久物品的利息。例如，可用 6 年的耐久物品，现在价值为 100，年时差为 5%。它的价值不是 $6\times100=600$，而是 $100+95.23+90.70+86.38+82.27+78.35=532.93$。使用一年后，价值为 $100+95.23+90.70+86.38+82.27=454.58$。每年此耐久物品最近期的效用"成熟"为本年价值，其他效用也依次上进一级。第二年现在价值从 95.23"成熟"为 100，总价值仅减 78.35，100 与 78.35 的差额 21.65 就是此耐久物品的租金，土地被认为是一种特殊的耐久物品，它的使用年限是无限的，所以它的最后年效用的现在价值等于零，因而它的全部所得，即当年的现在价值就是租金，或称为耐久物品的利息。

庞巴维克的时差利息论与马克思主义剩余价值论是完全对立的。这种时差利息论颠倒了利息和利润的关系，把剩余价值的各种形态都归结为利息，掩盖了剩余价值生产的真正过程。时差利息论把利息、利润、地租一律说成现在物品和未来物品的差额，歪曲了这些范畴的本质，抹杀了它们的历史性，把它们说成心理的和自然的产物。

评议与思考

费用理论实际上只是价格理论，比如斯密的三种收入只能说明自然价格。价值理论探讨的是商品价值的衡量尺度以及在这个基础上价格的形成和波动。在这个意义上只产生了两种真正的价值理论：劳动价值论和边际效用价值论。边际效用的价值思想在近代几乎与劳动价值的思想同时出现，只不过，边际效用价值论只是到了19世纪70年代以后才逐渐占据重要的地位。斯密的价值悖论是效用价值理论长期受到压抑的重要原因。按斯密的说法，水的使用价值很大，但交换价值很小，钻石的使用价值很小，但交换价值很大，因此，使用价值或效用不可能是交换价值或价值的尺度。边际效用学派的兴起在于重新解释了斯密的悖论：物品（水、钻石）的效用是人对其的主观评估，这种评估的效用会因供求变动而变动，在水的供给无限或非常充足时，其效用（或边际效用）很小，从而交换价值也较低，钻石的供给因极为稀缺而很少，其效用（或边际效用）就会很大，从而交换价值很高。可以看到，边际效用学派的解释中加入了对供求关系的考虑（从而商品可以以稀少性来评估），商品的交换价值及价格可以得到似乎令人满意的解释。但是，边际效用价值论遇到的麻烦不只是斯密的价值悖论，还有衡量尺度本身的问题。效用和劳动一样，在现实中是千差万别的，似乎也可以化为同质的、一般性的衡量单位，但是，一般劳动有自身的天然尺度——劳动时间，而在边际效用学派那里，始终找不到这个一般性效用单位的天然尺度，因而，不得不用货币作为尺度来替代。但是，货币在马克思的解释中，不外是价值或交换价值独立化的形式，当用货币作为替代的尺度时，边际效用价值论又陷入一种循环论证了。

关键词

最大幸福原则	劳埃德	朗菲尔德	戈森定律
奥地利学派	门格尔	维塞尔	庞巴维克
抽象演绎法	边际效用价值论	《资本实证论》	补全物品
边际对偶	时差利息论		

思考题

1. 说明17—19世纪边际效用学派的先驱及其主要观点。
2. 评述戈森定律。
3. 评述庞巴维克的边际效用价值论。
4. 分析时差利息论在经济学说史上的地位和作用。

第十四章

边际效用学派（二）

本章是上一章的继续，分三节介绍英国的边际学派、洛桑学派和美国的边际学派。英国的杰文斯、洛桑学派的瓦尔拉斯同奥地利学派的门格尔是边际学派产生时的三个重要代表人物。洛桑学派的帕累托提出或完善的序数效用论和无差异曲线，使效用价值理论和边际分析获得新的发展。瓦尔拉斯的一般均衡理论则在经济学发展上具有重要的理论分析意义。美国的克拉克提出边际生产力理论，使美国经济学在19世纪末出现了一个理论学派。

本章重点

- 英国的边际学派及其理论
- 洛桑学派及瓦尔拉斯一般均衡理论的产生
- 帕累托的经济学说
- 克拉克的边际生产力理论

第一节 英国的边际学派

19世纪70年代，英国的杰文斯成为边际效用学派的最主要代表和奠基人之一。但是，在英国，约翰·穆勒的影响一直持续到90年代，只是在马歇尔的《经济学原理》出版以后，边际效用价值论和边际分析方法才开始占据支配地位。在马歇尔同时代，菲利普·威克斯蒂德（Philip Wicksteed）、埃奇沃思（Edgeworth）等也都对边际效用价值论和边际分析方法有所论述。

一、杰文斯的“最后效用程度”价值论

威廉·斯坦利·杰文斯（1835—1882）是英国经济学家、边际学派创始人之一，也是数理经济学的早期代表之一。1835年出生于英国利物浦一个制铁机械师家庭，1851年入伦敦大学学习化学、生物、数学等课程，1853年因家庭困难而辍学。1854年去澳大利亚悉尼造币厂工作。1859年返回英国，继续在伦敦大学学习，1862年获得硕士学位。从

1863年起，他先后在曼彻斯特欧文斯学院、伦敦大学任教。1872年当选为英国皇家学会研究员。1882年游泳时不幸溺水身亡。他的主要经济学著作是《政治经济学理论》(1871)。

杰文斯经济学说的特点是以主观心理为出发点，以效用论为基础，以数学分析为工具。他吸收了边沁的追求快乐、避免痛苦的功利主义思想，把主观心理概念用于经济学分析。他在《政治经济学理论》一书的序言中说："在本书，我尝视经济学为快乐与痛苦的微积分学……这个经济学理论与静力学相类似。交换法则颇与杠杆的平衡法则……相似。财富与价值的性质，由无限小量的快乐与痛苦之考虑来说明，正如静力学的理论以无限小量能力的均等为根据。"① 他反复强调经济学的数学性质，认为经济学如果是一种科学，必须是一种数学的科学。他说："我又毫不踌躇地说，只要商业统计能比现今更完全更准确得多，从而能由数学材料赋予公式以精确的意义，经济学即可逐渐成为精确的科学。"② 杰文斯的《政治经济学理论》全书分为八章，分别为：导论、快乐与痛苦论、效用论、交换论、劳动论、地租论、资本论和结论。

杰文斯从边沁的功利主义出发，认为快乐和痛苦的量受强度、持续时间、确定性及远近等多种因素影响，其变化呈现一定的规律：(1) 随着享乐持续时间的延长，享乐量会递减。(2) 预料的感情是未来的实际的感情及间隔时间的某种函数，它随实现时刻的临近而增加。(3) 未来事物具有不确定性，所以，对任何未来事物所带来的感情量应打一定的折扣。

杰文斯从这种苦乐论出发，又进一步说明效用论。他认为：(1) 效用不是物品的内在属性，它是物品同人的需求关系引起的情况，效用的有无和多少以物品与当事人需求间的关系为转移。(2) 效用也不与商品成比例，随着物品占有量增加，人的欲望会降低，效用也会随之减少。(3) 效用应分为总效用和效用程度，总效用是物品所能满足的欲望总量，效用程度则是物品某一单位所满足的欲望强度。(4) 在物品的各种效用程度中，"最后效用程度" 具有最重要的意义，它表示现有商品量中极小的或无限小的最后增量的效用程度。

根据杰文斯的观点，商品的最后效用程度决定了商品的价值。他用市场上的交换来说明这种决定过程。他认为，当在市场上的交换双方都想以对自己效用较小的商品交换对自己效用较大的商品时，"交换将进行到双方都获得一切可能的利益、继续交换将带来效用损失时为止。这时，双方都处于满足和均衡之中，各效用程度达到了均衡。这个均衡点可由这个标准求出，即商品的无限小量依照相同的比例继续交换，将既不会带来效用的增益，也不会带来效用的损失。换句话说，如果商品的增量依照既定的比例相交换，其效用对双方是相等的"③。也就是说，交换比率取决于双方所获商品与自有商品的最后效用程度的比例相等之点。设甲、乙两人交换，甲有 a 量谷物，乙有 b 量牛肉；又设甲以 x 量谷物换乙的 y 量牛肉。y 与 x 之比即交换比率。交换后，甲有 $a-x$ 量谷物和 y

① 杰文斯．政治经济学理论．北京：商务印书馆，1984：2.

② 同①41.

③ 同①96.

量牛肉，乙有 x 量谷物和 $b-y$ 量牛肉。再以 $\psi_1(a-x)$、$\eta_1(y)$ 与 $\psi_2(x)$、$\eta_2(b-y)$ 分别代表甲、乙对谷物和牛肉的最后效用程度。由于达到均衡时，最后效用程度相等，因此，就甲而言，

$$\psi_1(a-x)\mathrm{d}x=\eta_1(y)\mathrm{d}y$$

或

$$\psi_1(a-x)/\eta_1(y)=\mathrm{d}y/\mathrm{d}x$$

由于同一市场、同一时间、同一商品只能有一个价格，所以，$\mathrm{d}y/\mathrm{d}x=y/x$。

同理，对乙来说

$$\psi_2(x)/\eta_2(b-y)=y/x$$

将上述甲、乙双方等式合并，得：

$$\psi_1(a-x)/\eta_1(y)=y/x=\psi_2(x)/\eta_2(b-y)$$

上式表示，两个商品的交换率（也即交换价值）是交换后各个商品数量的最后效用程度的比例的倒数。这被称为杰文斯交换方程式。

杰文斯是相对独立地提出他的主观价值论的，他的“最后效用程度”也即边际效用。在杰文斯的著作中还有其他一些有影响的观点，比如，他把劳动解释为给劳动者带来痛苦的“反效用”，并以劳动者在劳动过程中苦乐感的均衡点来说明劳动日的最佳长度；他把资本的功能与时间因素相联系等。

二、威克斯蒂德的分配规律协调理论

菲利普·威克斯蒂德（1844—1927）是英国经济学家。他被看做是边际效用理论的积极倡导者，也被看做是边际主义分配理论的发现者之一。他的主要经济学著作有：《经济科学入门》（1888）、《分配规律的协调》（1894）、《政治经济学常识》（1910）。他的《分配规律的协调》一书出版后曾引起学术界热烈的讨论。虽然稍后出版的克拉克的理论吸引了人们更多的注意力，但威克斯蒂德的边际主义分配原理更强调价值规律和分配规律的协调，因而在经济学说史上仍占有一定的地位。

威克斯蒂德认为，在研究分配规律时，通常的做法是分别提出某一类生产要素（如土地、劳动、资本），研究该要素在生产中协同动作的特殊条件，作用于支配该要素的人的特殊因素，以及该要素所提供的服务的特殊性质，从所有这些考虑中归纳出调节分配给该要素的产品份额的特殊规律。这种通常做法很难使各个特殊规律协调起来。所以，他主张建立一种统一的协调的分配理论。他认为，如果每个要素所提供的服务的客观尺度能够在它的边际应用上发现，那么就有了协调各种主张的可能。

在威克斯蒂德看来，价值论和分配论是密切相关的，交换价值规律本身就是社会一般资源的分配规律。威克斯蒂德所说的交换价值规律就是边际效用价值规律。他以人的欲望和欲望的满足可以衡量为前提，把社会的总欲望和满足（S）看做各种商品或服务（A，B，C，…）的函数，即 $S=F(A, B, C, \cdots)$。他说：“每个商品或服务的交换价

值，如果可以得到的话，取决于该商品或服务的微小增量的增加或撤销对该共同体总满足的影响（假定其他变量不变）。支配任一商品或服务（K）使人得以对共同体提出要求，这种要求取决于 ds/dk 这个比例（它表示每单位商品或服务的交换价值），这种商品或服务的总量的交换价值就是（ds/dk）· k ·（ds/dk），实际上就是作为满足的生产者（K）的边际效率或重要性。”①

根据这种边际主义的交换价值论，他推导出分配的一般规律。他说：“实际上，我们可以把一个共同体所享受的总满足看做‘产品’，把各种服务和商品看做各种生产要素。于是，每种要素所获得的产品份额就受它（作为生产者）的边际效率的调节。这样我们就有了一般的分配规律……如把被分配的某种产品（P）看做各种生产要素（A，B，C，…）的函数，那么，每个要素的（边际）重要性就取决于该要素的微小增量对该产品的影响（假定其他变量不变）。这就暗示着，任何要素（K）能够坚持共享（否则就有撤回的危险），该产品的比例将是 dp/dk（每单位），它的总份额将是 $dp/dk \cdot K$。”② 这正是萨伊生产要素论和边际学派主观价值论的结合与引申。也就是说，威克斯蒂德所宣称的一般分配规律即每个生产要素得到的报酬依据它的一个单位所提供的服务的边际比率（或边际效率）。他自信能证明，按边际效率决定的各生产要素的分配份额，正好等于全部产品的价值，或正好能把全部产品分光（即各生产要素增量的价值之和等于产品总增量的价值，或各生产要素的价值等于总产品的价值）。威克斯蒂德所讲的这个规律可以用不同方式予以证明，其中最简单的是线性齐次生产函数方法。假定生产是一种线性齐次函数，即生产要素的一定增加会引起产品相等程度的增加；如果每个要素按其边际产品支付报酬，那么总产品将等于各要素的报酬之和。这个原理被称为欧拉定理（Euler's Theorem）。威克斯蒂德自己则是用传统地租理论表述论证的，其论证与克拉克的方法类似。

三、 埃奇沃思的契约曲线

弗朗西斯·埃奇沃思（1845—1926）是英国经济学家。他出生于爱尔兰朗福德郡，1862 年进入都柏林三一学院，后来又入牛津大学。1877 年在伦敦取得律师资格。先后在伦敦皇家学院、牛津大学讲授逻辑学和政治经济学。曾任英国学会经济部主任、皇家统计学会主席、英国科学院院士、皇家经济学会副主席。1891—1926 年间任《经济学杂志》编辑、主编。主要著作有：《伦理学的新旧方法》（1877）、《数学心理学》（1881）。他的经济学论文被皇家经济学会编为三卷本的《政治经济学论文集》（1925）。

埃奇沃思在《伦理学的新旧方法》中探讨了痛苦与快乐的衡量问题，对个人之间的效用比较问题进行了分析。他还曾在《享乐的计算》（1879）论文中独立提出了享乐递减规律。

埃奇沃思在《数学心理学》一书中提出了契约曲线。该曲线是后来帕累托提出无差

① 威克斯蒂德. 分配规律的协调//晏智杰. 经济学中的边际主义. 北京：北京大学出版社，1987：208.
② 同①209.

异曲线的先声。埃奇沃思认为数学论证可以适用于人类社会生活的分析，因而研究了享乐的计算，包括经济计算和功利计算。功利计算的中心概念是最大福利原理，而经济计算的中心是交换或契约条件的分析。根据埃奇沃思的思想，假定A、B两人连续交换 a 和 b 两种商品。随着交换不断进行，各方得到的商品量逐渐增加，其边际效用量逐渐减少；而各方放弃的商品量逐渐减少，其边际效用量逐渐增加。如假定 x 和 y 分别是 a 和 b 商品中相互交换的部分，那么，“A方的效用可表示为 $\psi_1(a-x)+\Psi_1(y)$，B方的效用可表示为 $\psi_2(x)+\Psi_2(b-y)$，这里的 ψ 和 Ψ 是杰文斯公式中 ψ 和 Ψ 的总和。……更一般地说，以 P 表示的A方的效用为 $P=F(xy)$，以 Q 表示的B方的效用为 $Q=\psi(xy)$”①。埃奇沃思认为，在不存在竞争的条件下，交换达到均衡的条件是：

$$\mathrm{d}P/\mathrm{d}x \cdot \mathrm{d}Q/\mathrm{d}y=\mathrm{d}P/\mathrm{d}y \cdot \mathrm{d}Q/\mathrm{d}x$$

在此条件下，P 和 Q 不会同时增加，一方增加，另一方便会减少。用图表示时，可以标出 P 和 Q 两个函数的变动，并找出 P 和 Q 不同时增加或减少的相应点，由这些点构成的轨迹就是契约曲线。如图14－1所示。

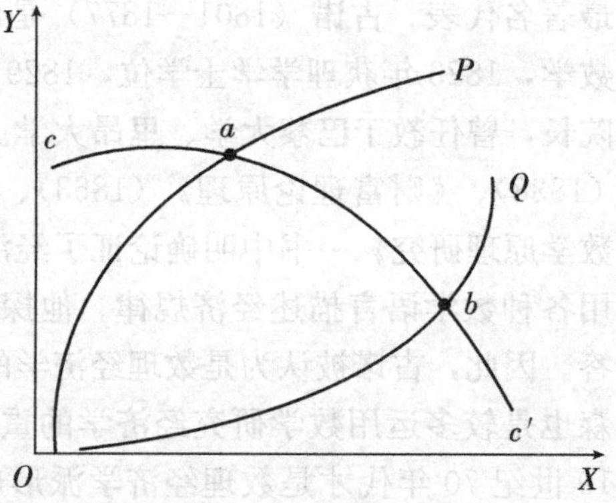

图14－1　契约曲线

在图14－1中，假定A提供劳动，B支付工资，横坐标 OX 表示货币，纵坐标 OY 表示劳动，在 OX 和 OY 之间的任何一点都表示一次契约，契约点随 OX 和 OY 值的变动而变动。不过，存在一种由无数点所构成的界限——一种轨迹，即契约曲线 cc'，埃奇沃思认为，“位于两点之间的契约曲线的这个有效的部分……分别同对交换双方来说是无差别的曲线相交，这些无差别曲线是从原点引出来的”②。也就是说，x 和 y 可以有一系列不同比例的组合，它们的总效用对交换双方是一样的、无差别的。这些组合点连接起来就是无差异曲线，如图14－1中的曲线 P 和曲线 Q。同无差异曲线相交的 cc'（也即 ab）线为契约曲线，它是由劳动和工资交换成交的各点组成的轨迹。

埃奇沃思的无差异概念经帕累托、希克斯（John R. Hicks）等人的发展，成为西方经济学中重要的分析工具。契约曲线概念对帕累托提出福利最大化条件分析及福利经济

① 埃奇沃思．数学心理学//晏智杰．经济学中的边际主义．北京：北京大学出版社，1987：218．
② 同①219．

学的发展具有重要的影响。

第二节 洛桑学派

一、数理学派的产生和洛桑学派

数理学派也称为数理经济学派，被看做是边际效用学派的一个分支，其特点是以边际效用学说为理论基础，运用数学方法研究、论证和表述经济现象的规律，是边际效用学说和数学方法相结合的产物。

数理学派形成于 19 世纪 70 年代，但近代经济学在建立之初就与数学有密切关系。配第曾经把统计作为分析的基础，重农学派和英国的斯密、李嘉图、马尔萨斯等人的著作中也包含许多数学的运用。19 世纪 30 年代以后，在经济学中大量运用数学的情况逐渐多起来。德国的屠能在其《孤立国》中曾运用微积分等数学方法表达经济观点，而法国的古诺更是运用数学的最著名代表。古诺（1801—1877）是法国经济学家，1821 年进入巴黎高等师范学校学习数学，1823 年获理学学士学位，1829 年获理学博士学位。1835 年担任格勒诺布尔科学院院长，曾任教于巴黎大学、里昂大学。主要经济学著作有：《财富理论的数学原理研究》（1838）、《财富理论原理》（1863）、《经济学说简评》（1877）等。古诺在《财富理论的数学原理研究》一书中明确论证了经济理论和数学方法的结合，他用函数表述市场关系，用各种数学语言描述经济规律。他探讨了垄断、寡头的价格决定，并提供了数学上的解答。因此，古诺被认为是数理经济学的鼻祖或数理经济学之父。此后，德国的经济学家戈森也是较多运用数学研究经济学的重要代表，并被称为数理经济学的先驱之一。不过，19 世纪 70 年代才是数理经济学派形成的时代。1871 年英国的杰文斯出版《政治经济学理论》，1874 年法国的瓦尔拉斯出版《纯粹经济学要义》。他们著作的出版被看做是数理学派形成的标志。瓦尔拉斯的继承人帕累托把数理经济学又向前推进了一步。瓦尔拉斯长期在瑞士洛桑大学任教，1893 年帕累托继承瓦尔拉斯在洛桑大学的经济学讲座，因此，瓦尔拉斯和帕累托代表的学派又被称为数理学派中的洛桑学派。

二、瓦尔拉斯的一般均衡理论

莱昂·瓦尔拉斯（1834—1910）是法国经济学家、边际效用学派创始人之一，也是数理学中洛桑学派的创始人。他出生于法国埃夫勒，其父为法国卡因皇家学院哲学和政治经济学教授，曾于 1831 年出版《财富本质和价值起源》。瓦尔拉斯就学于巴黎，1851 年获文学学士学位，1853 年获理学学士学位。曾在铁路部门和银行任职，受父亲影响研究经济理论。1860 年在瑞士洛桑一次讲座会上提出关于租税的观点，受到好评。1870 年被聘为洛桑大学政治经济学讲座教授，1876 年任洛桑大学校长。1892 年退休。他的主要经济学著作有：《政治经济学和公正》（1860）、《社会理想的研究》（1868）、《纯粹经济学要义》(1874)、《社会财富的数学理论》(1883)、《社会经济学研究》(1896)、《应用政治经济学研究》(1898)等。

瓦尔拉斯对经济学进行了重新分类。他认为，交换价值、工业和财产是由物质在数量上的有定限或稀少而引起的三种一般现象，三者都同社会财富相关。对交换价值的研究形成纯粹经济学，对工业及其现象的研究形成应用经济学，对财产的研究形成社会经济学。瓦尔拉斯认为，交换价值在确定以后就部分地含有自然现象的特征，所以，对交换价值的研究就是纯粹经济学理论，它是就其本身来考虑的社会财富理论，就像物理科学中的力学一样。纯粹经济学是从经验中取得某些类型的概念，如交换、供给、需求、市场、资本、收入、产品、服务等，然后从中抽出理想类型的概念（如理想市场、理想价格等），给它们下定义，并据以进行推理。工业的作用在于生产稀少性物品，其目的是使物品的意向服从人类的意向这一人与物间关系的实现。在这方面存在工业技术上的活动和工业经济组织的活动。所以，关于工业的研究构成社会财富的经济生产理论，是分工制度下的工业组织理论，属于应用科学。瓦尔拉斯认为，稀少物质或社会财富的占有是出于人类创造的现象，不是自然现象，而是伦理现象，涉及的是社会财富的分配本身问题。关于这方面的科学是社会经济学。瓦尔拉斯关于这三部分经济学的分析分别反映在他的《纯粹经济学要义》《应用政治经济学研究》《社会经济学研究》中。

按照瓦尔拉斯的说法，纯粹经济学是在假定的绝对竞争（也即完全竞争）制度下的价格决定理论。价格决定和价值决定在瓦尔拉斯的学说中是一回事。他认为："经济学这门科学对价值起源问题提出了三种比较重要的解释。第一种是亚当·斯密、李嘉图和麦克库洛赫提出的，是英国学派的解答，把价值的起源归于劳动。这个解答过于褊狭，因为它对事实上确有价值的那些物质没有能给予价值。第二种解答是孔狄亚克和萨伊提出的，是法国学派的解答，把价值的起源归于效用。这个解答过于广泛，因为它对事实上并没有价值的物质也给予了价值。最后第三种解释是布拉马基和我的父亲奥克斯特·瓦尔拉斯提出的，把价值的起源归于稀少性。这才是正确的解答。"① 瓦尔拉斯把稀少性解释为数量有限的物品对人们的有用性，或消费一定量商品所满足的最后欲望强度。他的最后欲望强度和杰文斯的最后效用程度、奥地利学派的边际效用在本质上是相同的，由于他与门格尔、杰文斯在大致相同的时间分别独立地提出了类似的边际效用价值论，因而他们三人都被称为边际学派的奠基人或创始人。

瓦尔拉斯以边际效用价值论为基础，提出了一般均衡理论。瓦尔拉斯认为，市场上一切商品价格都是互相联系、互相影响和互相制约的。任何一种商品的供求，不仅是该商品价格的函数，也是所有其他商品的价格的函数，因此，任何商品的价格必须同时和其他商品的价格联合决定。他用"卖者喊价"这个概念来说明市场上价格的决定。当卖者喊价后，如果商品的供给和需求不相符，就会出现新的喊价，一直到各个商品的价格恰好使它们的供给量与需求量相等时，价格才最后确定下来，这时市场达于均衡，这时的商品价格为均衡价格，这种均衡价格也就是商品的价值，而这时的均衡就是一般均衡。瓦尔拉斯依据数学上关于方程式数目若等于未知数数目则可推算出未知数数值的原理，

① 瓦尔拉斯. 纯粹经济学要义. 北京：商务印书馆，1989：200.

认为只要列出和商品交换中未知价格的数目相等的联立方程式，表明每一种商品的总供给等于总需求的条件，就可以推算出一切商品在一般均衡状态下的价格。瓦尔拉斯还论证了市场交换的这种一般均衡的确定的解。他得出的一般均衡条件下的价格决定公式为：边际效用之比＝价格之比。一般均衡条件为：两种商品中任何一种的价格（用对方来表示）等于这两种商品用任何第三种商品来表示的价格的比。瓦尔拉斯和杰文斯都利用数学方程式说明市场价格的决定，不过，杰文斯主要分析了两种商品交换时的价格决定，而瓦尔拉斯分析了市场上全部商品交换时的价格决定。因此，瓦尔拉斯被认为是最先建立一般均衡理论的经济学家，并与只分析一种商品价格的局部均衡理论相区别。瓦尔拉斯的一般均衡理论在经济学说史上具有重要的理论分析意义，它探讨了在竞争条件下，在市场上所有商品的供给和需求的相互作用下，商品价格的决定。不过，瓦尔拉斯用一般均衡理论说明商品价值的决定，实际上只是用对经济现象数量关系的描述来取代对经济范畴的本质的分析。另外，西方经济学家也常用瓦尔拉斯的一般均衡理论来赞美资本主义自由竞争的完美。

三、帕累托的序数效用论和无差异曲线

维尔弗雷多·帕累托（1848—1923）是意大利经济学家和社会学家。他的父亲是意大利热那亚贵族，因参与马志尼的密谋而逃亡巴黎，直到1854年政局变化后才返回意大利。帕累托出生于巴黎，1854年随父返回意大利。他就读于都灵大学，学习工程学和数学，1869年获工程博士学位。毕业后在佛罗伦萨任铁路工程师及钢铁公司经理。他的兴趣广泛，1876—1892年间发表过许多经济方面的论文，并逐渐转向经济学研究。帕累托在经济思想和研究方法上受瓦尔拉斯影响，并受到瓦尔拉斯重视。1893年继瓦尔拉斯之后担任洛桑大学经济学教授。他的主要著作有：《政治经济学讲义》（1896—1897）、《社会主义体系》（1902）、《政治经济学教程》（1906）。帕累托建立了以序数效用论和无差异曲线为基础的一般均衡论，成为数理经济学派的主要代表和洛桑学派的创建人之一。

帕累托最初也沿用瓦尔拉斯等人的边际效用价值论观点，但在后来他进行了重要的修改。帕累托认为，效用的量是很难精确测定的，他曾说，人们一直把享乐、使用价值、经济效用和满足欲望的能力当做是一种数量，但是并没有对此做出证明，即使证明了，又如何测定这个数量呢？实际上没有人能够测定快乐，谁能说这个快乐是另一个的两倍呢？他主张以“满足欲望的能力”代替“经济效用”，以“基本满足欲望的能力”代替“边际效用”。在他看来，对某物品的效用不可能说出它的绝对值，但可以比较不同物品效用的大小或等级的高低。因此，他建立起了边际效用序数论，从而与以前的边际效用学说（边际效用基数论）相区别。根据这种思想，他建立了无差异曲线。他认为，人们可以把商品按不同比例组合起来而取得相同的效用，从而可以得到许多可以无限扩展的等效用序列，即无差别序列，并在图上表现为无差异曲线。例如，假定某人有1公斤面包和1公斤酒，在他需求不变的情况下，这1公斤面包和1公斤酒可能同0.9公斤面包和1.2公斤酒对他有相同的效用，根据同样的推理，该人可能有为数众多的其他组合，这些组合对于他来说是没有差别、具有同等效用的。比如：

面包（公斤）	…	1.6	1.4	1.2	1.0	0.8	0.6	…
酒（公斤）	…	0.7	0.8	0.9	1.0	1.4	1.8	…

根据上述各种组合，可以画出如图 14－2 所示的无差异曲线。

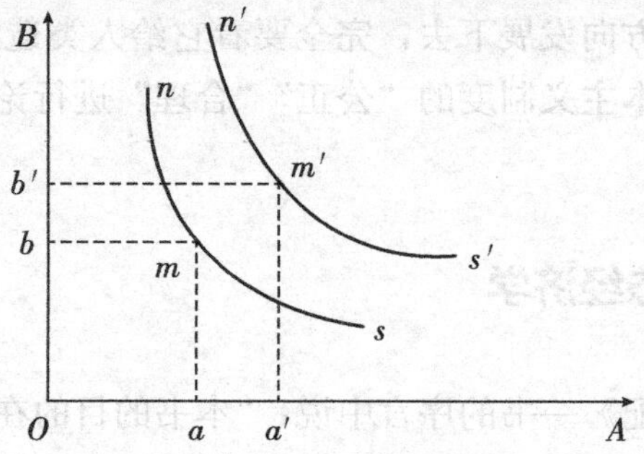

图 14－2　无差异曲线

在图 14－2 中，*OA* 表示面包的数量，*OB* 表示酒的数量，*Oa* 表示 1 公斤面包，*Ob* 表示 1 公斤酒，它们的交点为 *m*，表示它们的组合。把其他各组合的点连接起来就可以得到一条 *nms* 曲线，也即无差异曲线。在这条曲线上的各组合点效用都相等。如果是具有更大效用的组合，则该组合曲线将在这条曲线的上方，如图中的 *n′m′s′*，其中点 *m′* 表示 2 公斤面包和 2 公斤酒的效用。

帕累托的序数效用论被后来的经济学家所沿用，而无差异曲线则成为经济学中的重要分析工具，对福利经济学、最适度资源配置等问题探讨具有重要影响。不过，序数效用论在实质上与基数效用论仍是相同的，它们不仅都属于主观价值论，而且，序数效用论并不能真正回避或摆脱效用计量的难题。

第三节　美国的边际学派

到 19 世纪末，美国在经济上已经赶上和超过了西欧最发达的资本主义国家，此时，美国也逐渐形成了自己的经济学理论流派。在这个时期，美国出现了两大经济学流派，即理论学派和制度学派。美国的理论学派是边际效用学派在美国的分支，其代表为克拉克。

约翰·贝茨·克拉克（1847—1938）出生于美国罗得岛普罗维登斯一个工商业者家庭。曾就读于安默尔斯特大学，1872 年毕业，获文学学士学位。随后留学德国，在海德堡大学师从德国历史学派经济学家克尼斯。回国后先后在卡尔顿学院、斯密学院、安默尔斯特大学、哥伦比亚大学任教。1893—1895 年曾担任美国经济学会会长。他的主要经济学著作有：《财富的哲学》（1886）、《财富的分配》（1899）、《经济学要义》（1907）等。

克拉克继承了凯里的阶级利益调和论，并用边际分析方法进行全新分析，建立起一个以边际效用为基础、以分配为中心的经济理论体系。《财富的分配》是他的成名代表作，并使他成为边际效用学派中边际生产力分配论的主要代表。

克拉克的理论具有为资本辩护的性质，他自己对此并不否认。他曾说：“许多人指摘现在的社会制度，说它剥削劳动”，“如果这种说法被证实，那么，每一个正直的人都应当变成社会主义者”。所以，他认为应很好地对现存的社会制度，尤其是分配进行考察。“现存社会制度究竟有没有存在的权利，要看它是否公正。至于我们是不是要让这个制度自由无阻地按照它自己的方向发展下去，完全要看它给人类造福的程度。”① 他的理论的目的、任务就是对现存资本主义制度的“公正”“合理”进行论证。他的儿子曾说，他的论点是针对马克思的。

一、 静态经济学和动态经济学

克拉克在《财富的分配》一书的序言中说：“本书的目的在于说明社会收入的分配是受着一个自然规律的支配，而这个规律如果能够顺利地发生作用，那么，每一个生产因素创造多少财富就得到多少财富。”② 也就是说，“这个自然规律的作用在于把社会总收入分为性质不同的三类，也就是把全年的社会收入分为三大股——工资总额、利息总额和利润总额”③。在自然规律充分发挥作用下，或者说在自由竞争下，“倾向于将劳动所生产的部分给予劳动者，将资本所生产的部分给予资本家，而将调和职能所生产的部分给予企业家”④。克拉克认为，不论社会是怎样有组织的，在生产活动上，人和自然之间的关系始终不变，社会化生产方法的新特点在于人与人的关系。比如，土地提供原料，人对原料加以改造。现代工厂造钢的工具和史前人类所造的石斧没有什么根本上的不同，不同之处在于原来的各自为政被互相依赖代替了，大的组织代替了互不联系的生产者，这是分工和交换的产物。所以，现时的分配是由三个阶段构成的，社会在各产业团体上的分配是一次分配，产业中各小团体的分配是一次再分配，而小团体内部工资和利息的调整是最后的分配。每个小团体分配是由物价决定的，市场价格是团体分配的前提，但有一个更强大的力量支配正常价格，或“自然价格”，那种使价格趋向于“自然”的活动是人们为获得他们自己的自然收入部分而做的努力。自然价格就是与生产成本一致的价格，也就是导致工资均等和利息均等的均等收入的价格。为了进一步进行研究，克拉克认为应用一种新的经济学分类方法取代传统经济学的三分法或四分法（即萨伊的生产、分配、消费；穆勒的生产、分配、交换、消费），即采用研究不同经济规律的三部分方法。这样，克拉克首次提出了静态经济学和动态经济学的概念。

克拉克认为，根据自然界的划分，可以把经济学分为三部分，即研究经济的“普遍规律”的第一分部，研究静态经济规律的第二分部，研究动态经济规律的第三分部。所谓“普遍规律”是适用于一切社会，存在于人与自然间关系的经济规律，它说明财富的一般现象。所谓“静态经济规律”是抽去人口、资本、技术、组织、消费倾向等变动因素的社会生产与交换、分配、消费的经济规律。所谓“动态经济规律”是存在一切变动

① 克拉克. 财富的分配. 北京：商务印书馆，1983：11－12.
② 同①1.
③ 同①10.
④ 同①11.

因素的社会经济的规律。第一分部属于“普通经济”，第二分部和第三分部可合称为“社会经济”。克拉克认为，动态经济学的主要特点是现实的，静态经济学的结论是假设的，是采取抽象演绎方法得出的结论。但是，静态势力在社会经济中是起主要的、基础性作用的，只有在静态经济中才能发现发挥作用的静态势力，才能发现“正常”“自然”的经济规律。静态经济学不过是抽去动态经济学中的“扰乱因素”“摩擦因素”的一种“均衡”状态分析。在静态经济学分析基础上，才能很好地研究从一种均衡向另一种均衡过渡的动态经济学。所以，他认为：“静态势力决定标准，动态势力引起变动。”①

克拉克的新分类方法为以后的经济学理论发展提供了新的方向和途径。他所说的“普遍规律”主要是指边际效用规律、效用递减规律等。在他的论述中，劳动生产力递减、资本生产力递减、土地收益递减更为明确和系统。他还提出了三个特别的规律：(1) 消费品的级差效用规律，它是自然价值的基础；(2) 生产工具的级差效用规律，它是自然利息的基础；(3) 劳动的级差效用规律，它是自然工资的基础。实际上，克拉克所讲的“一般”或“普遍规律”不过是把资本主义社会的规律看做是适用于一切社会的规律。对于经济学分析来说，静态分析与动态分析只是有用的工具，但克拉克的静态分析与动态分析被用来论证资本主义生产方式的“公平”与“合理”。

二、 边际生产力理论

克拉克的分析以静态分析为主，其理论中心是分配问题，即要在静态分析中发现自然工资和自然利息的规律。他把传统经济学中资本生产力理论和边际效用理论结合起来，创立了边际生产力理论，也称为边际生产力分配论。利润在他看来属于动态经济学范畴中加以说明的问题，动态经济学还进一步补充说明了工资、利息变动的规律。

克拉克继承了资本也具有生产力的理论，认为商品的价值是资本与劳动共同创造的，所以，劳动应得报酬，资本也应得报酬。另外，他又吸取并发挥了边际效用价值论，认为商品的价值在同类物品中由最后一件的效用决定，价值以边际效用为标准。因此，劳动的收入工资、资本的收入利息是由劳动和资本的最后生产力或边际生产力决定的。

克拉克认为，边际效用原则可应用到各个生产要素的生产力上面，比如劳动及其生产力。“在一定面积的田地上，有一个人在那边工作，便会得到一定的平均收获量。但是如果有两个人工作，收获量不会增加一倍，因为第二个工人所生产的要比第一个工人所生产的少些。在一定面积的田地上，接连增加劳动单位，这些单位的生产力的递减，提供了一个普通定律的基础。”② 即使由于劳动组织能提供新的作用，暂时使收益递减被抑制，但到一定程度，收益递减规律仍是要表现出来的。所以，在资本不变、投入劳动增加的条件下，每增加一个劳动供给，市场每一劳动所摊到的装备就会减少，技术条件就会恶化；而在一定技术条件下每一单位劳动生产出来的产品也会递减。最后增加的一个（或一批）工人叫边际工人，其劳动生产力最低，称为边际劳动生产力，它所创造的物

---

① 克拉克．财富的分配．北京：商务印书馆，1983：36.
② 同①149.

品，恰好等于赤手空拳的工人生产出来的产品。而该产品决定工人的自然工资。他说："正像消费品最后单位是决定价格的单位那样，劳动的最后单位是决定工资的单位。"①劳动的边际生产力决定工资的规律可以用图 14－3 表示出来。

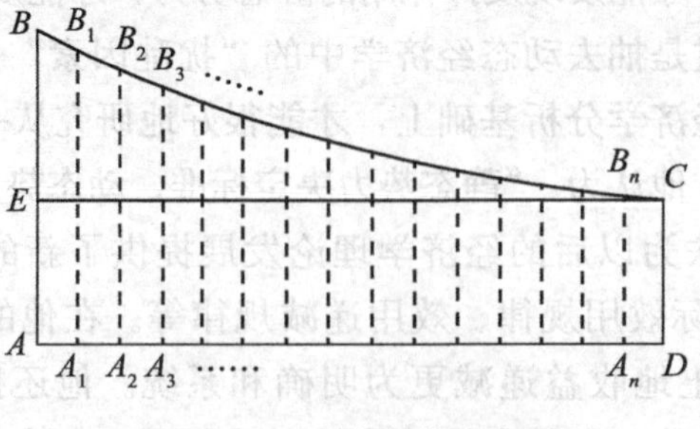

图 14－3 工资形成示意图

图中，AD——劳动单位数；

AB——第一劳动单位生产量；

A_1B_1——第二劳动单位生产量；

……

A_nB_n——第 $n+1$ 劳动单位生产量；

DC——最后劳动单位生产量。

克拉克认为，把上述工资规律稍做改变，就可以得到利息规律。现在假定劳动要素不变，资本按先后顺序不断增加，最后一个资本单位是边际资本，边际资本的生产力相当于没有任何劳动因素参与其中的资本本身所具有的生产力，它决定资本的自然利息。

克拉克的理论很明显要说明商品价值是由工资和利息所组成，由劳动和资本共同创造出来的。他还把工资和利息的决定在地租规律上统一起来。他说："工资和利息虽然是由最后生产力规律决定的，但是也可以应用测量地租的方法来测量它们。这就是说，说明土地收入的李嘉图的公式，同样可以说明全部社会资本的收入：不论哪一种利息都可以使它具有级差收入或剩余的形式。此外，李嘉图的公式还可以用来说明全部社会劳动的收入，因为，就整个来说，工资也是一种级差收入。这样，全部劳动的收入和全部资本的收入，居然与地租完全相似，这实在是最令人惊奇的经济现象之一。如果我们把租金解释为级差的产量，那么劳动的收入和资本的收入就是租金的两个类型。土地的收入，构成这两个类型之一的一个部分。"②

三、动态分析和利润理论

克拉克认为，在静态经济中，资本家得到的收入是利息，企业家和工人得到的收入是工资，不存在利润。在静态经济中，自由竞争使商品价格恰好等于它的自然价格，而

① 克拉克. 财富的分配. 北京：商务印书馆，1983：163.
② 同①174.

自然价格除了工资和利息之外，没有利润的余地。克拉克认为利润是动态经济中才存在的，是动态经济中“动态势力”变动的结果。克拉克提出了五种动态变化，即人口、资本、生产方法、生产组织和消费倾向等变化。其中，克拉克着重分析了生产方法改良使利润产生的问题。他说：“由于一种新的发明，各种东西的生产成本降低了。这首先给予企业家以利润。其次又按照我们所曾经叙述的方法提高工资和利息。”① 克拉克在这里讲的利润实际上是个别企业的一种超额利润，这种超额利润只能是暂时的，当该种新发明普及以后，超额利润就会消失。

克拉克把超额利润的来源归为商品市场价格和自然价格间的差额，认为与生产无关，既不是资本的产物，也不是劳动的产物，而是社会进步造成的额外收入，是流通过程中的现象。克拉克还认为超额利润将增加到工资和利息上去，而且主要增加到工资上去。

克拉克的经济理论在经济学说史上具有深远的影响。根据克拉克的理论，一方面，要使工人就业增加，工人的边际生产力必然降低，从而全部工人的工资都要下降。另一方面，要提高工资，在工人人数不变的前提下只能靠资本增加，所以，资本的积累对工人提高工资有积极意义。为使资本积累扩大，减少对资本家的赋税征收是重要方法之一。所以，克拉克的经济理论是资产阶级降低工人工资或要求削减赋税的理论工具。

评议与思考

价值理论是生产、分配、消费、交换等理论的基础，或者说，确定哪一种价值理论，也就预设了与其相适应的生产、分配、消费和交换理论。从劳动价值论出发，产品的价值就只由劳动这一个因素创造，利润和地租就是工人创造的而由资本家和地主占有的剩余价值；从边际效用价值论出发，产品的价值由劳动、土地、资本三种要素共同创造，工资、地租和利润把三种要素看做各自的独立来源，从而是合理的收入。因此，边际学派在其价值理论基础上必然建立起相应的生产、分配、消费和交换理论，从 19 世纪 70 年代“边际革命”以后，这些理论逐渐在经济学中占据了支配地位，并以边际分析方法为显著特点。可以注意到的是：在经济学说史的发展中，剩余价值的形式在不同经济学家那里的表现是不同的。在配第那里以及在重农学派那里，剩余价值的形式只表现为地租；在斯密那里，地租和利润共同成为剩余价值的形式；在李嘉图理论中，地租不过是利润的一个特殊部分，因此，剩余价值只归结为利润；到庞巴维克时，利息成为剩余价值的一般形式，利润和地租表现为利息的特殊形式；而到了美国的克拉克理论中，地租又似乎成了剩余价值的一般形式。从地租到地租，形成了一个循环，这又可以带给我们什么样的思考呢？

关键词

杰文斯　《政治经济学理论》　“最后效用程度”价值论　威克斯蒂德

① 克拉克. 财富的分配. 北京：商务印书馆，1983：356.

埃奇沃思　契约曲线　数理学派　洛桑学派　古诺
《财富理论的数学原理研究》　瓦尔拉斯　《纯粹经济学要义》
一般均衡论　帕累托　序数效用论　无差异曲线　克拉克
《财富的分配》　静态经济学和动态经济学　边际生产力理论

《思考题》

1. 评述埃奇沃思的契约曲线。
2. 评价瓦尔拉斯的一般均衡理论。
3. 评述序数效用论和无差异曲线的产生。
4. 说明边际生产力理论的产生及其影响。

第十五章

德国新历史学派和美国制度学派

本章共分三节。第一节对这个时期非主流经济学的发展进行概括。第二节介绍的德国新历史学派是第十一章第三节德国历史学派的继续，第三节介绍的美国制度学派是这个时期美国经济思想的一个重要发展，以克拉克为代表的理论学派同时产生，构成具有美国特点的经济学流派，本节主要介绍其创始人和代表凡勃伦的经济思想。

本章重点

- 德国新历史学派经济学说的特点
- 凡勃伦的制度经济学说

第一节 概 述

19 世纪 70 年代到 20 世纪初，德国历史学派在新的历史条件下获得了进一步发展。在美国，受德国历史学派影响，出现了独具特色的制度学派。

19 世纪 70 年代德意志帝国建立，完成了德国统一的历史大业。政治的统一和国内统一市场的形成，为资本主义的进一步发展扫清了道路。通过普法战争，德国又获取了丰富的矿产资源。这些都促使德国资本主义生产迅猛发展。到 19 世纪 80 年代，德国的工业总产量已经跃居世界第三位，90 年代后又赶上英国而仅次于美国。与此同时，通过普鲁士政府推行的自上而下的农业改革，农业中的资本主义生产关系也迅速发展起来。到 19 世纪末，德国已开始进入垄断资本主义阶段。

德国资本主义的迅速发展引起了国内阶级矛盾的激化和工人运动的发展。在第一国际和巴黎公社革命的影响下，德国工人运动日益高涨。德国在 19 世纪 70 年代巴黎公社失败以后成为国际工人运动的中心，马克思主义得到广泛传播。德国工人运动发展促使德国资产阶级与容克地主阶级进一步结合，它们一方面对工人运动进行镇压，另一方面又展开改良性的社会改革运动，力图通过自上而下的改革，加强国家对社会政治、经济的干预、控制，以防止无产阶级革命的发生。

在德国新的历史条件下，一批年轻的经济学家承袭旧历史学派的传统，进一步发展了历史学派的理论，被称为新历史学派。新历史学派的主要代表人物包括古斯塔夫·冯·施穆勒（Gustav von Schmoller）、路德维希·约瑟夫·布伦塔诺（Ludwig Joseph Brentano）、阿道夫·瓦格纳（Adolf Wagner）、谢夫莱（A. Schäffle）、毕歇尔（K. Bücher）等。

制度学派是19世纪末开始在美国产生的美国独有的经济学流派。它与以克拉克为代表的理论学派都是19世纪后半期美国社会政治经济发展在理论上的反映。以克拉克为代表的理论学派受欧洲边际主义经济思潮的影响，制度学派则主要受德国历史学派的影响。美国制度学派的创始人物和早期代表人物是托尔斯坦·凡勃伦（Thorstein Veblen）。

第二节 德国新历史学派

一、新历史学派的形成

进入19世纪70年代，统一后的德国思想领域较为活跃。1872—1873年，一批大学教授在爱森纳赫会议上筹设德国社会政策学会，并展开了新的论战。论战最初由1871年熊伯格的就职演说和1872年瓦格纳关于“社会问题”的演讲所引起，巴姆伯格、特奈切克和布伦塔诺、施穆勒成为论战的主要人物。论战主要反映当时德国自由主义经济思想和社会改良主义思想之间的斗争。原来对政治与社会问题不太关心的大学教授从此开始强烈主张国家采取措施解决“社会问题”。他们因此成为德国自由主义经济学家和报界的攻击对象。德国曼彻斯特学派（主张自由主义）的奥本海姆把他们讽刺为“讲坛社会主义”，而社会政策学会的核心人物施穆勒则公开宣布接受这一名称。属于“讲坛社会主义”的教授们大多是罗雪尔、希尔德布兰德、克尼斯的弟子或接班人。施穆勒把罗雪尔等三人的理论体系称为旧历史学派，而把自己的理论体系称为新历史学派。在学说史上，讲坛社会主义也成为新历史学派的同义语。属于这个阵营的大多是享有盛誉的社会政策论学者和社会改良主义者。

二、新历史学派经济学说的特点

与旧历史学派相比，新历史学派的经济学说具有一些新的特点。(1) 新历史学派怀疑经济学者是否真的能揭示经济规律，尤其否认古典的抽象演绎法。他们提出并论证历史归纳法，认为只有在搜集大量资料以后，运用历史归纳法才能得到某些正确的结论。(2) 新历史学派根据统计学的发展，强调用历史统计法来分析和考察现实经济问题。他们把旧历史学派的方法称为历史的生理学，主张用历史统计法来取代。(3) 新历史学派已不像旧历史学派那样主要与古典经济学说相对立。在19世纪后半期马克思主义广泛传播和社会主义运动高涨时期，新历史学派也与马克思主义和社会主义运动处在对立之中，力图用社会改良取代科学社会主义和国际工人运动。(4) 新历史学派强调伦理道德因素在经济中的地位和作用。新历史学派批评以前的经济学家只从自然的和物质的观点来研究经济，完全忽略了伦理道德等精神因素，认为经济问题只有和伦理道德相联系才能得到说明和解决。这种观点成为新历史学派改良主义政策的理论依据之一。(5) 强调法律对经济的制约关系。新历史学派认为个人的经济地位并不决定于18世纪学者们所主张的“自然权利”，而是决定于法律制度，而法律制度是历史的产物。一个时代的经济制度和法律制度是不可分割的。在财产私有制下，经济自由、财产权利、契约关系等都是以法律为依据的，因而也是能由立法所更改的。这一点成为新历史学派主张利用立法手段进行社会改良的依据。（6）强调国家在社会经济发展中的特殊地位和作用，宣传国家的“超阶级性”。新历史学派认为，人们之间有比个人间和阶级间更基本的一种道义结合，国家就是这种道义结合的具体机构。他们探讨了国家的发展、职能等，并赞美和推崇当时的普鲁士帝国，把它说成是在阶级之上，为整个社会利益而奋斗的社会王国。

新历史学派不仅提出理论，而且热衷于提出各种政策主张。1873年，以新历史学派主要代表人物为骨干，在德国成立了社会政策学会，施穆勒是主要发起人，并在1890—1917年担任该学会主席。他们提出的改良主义政策涉及工厂立法、劳动保险、工厂监督、劳资纠纷仲裁、某些行业的国有化、城市土地私有权的限制、财政赋税改革等。

三、主要代表人物的经济学说

（一）瓦格纳的经济学说

阿道夫·瓦格纳（1835—1917）出生于德国的埃尔朗根。1853—1857年在哥廷根大学和海德堡大学学习法律和国家学，1857年获博士学位。从1858年起，他先后在维也纳大学、汉堡大学任教，讲授财政学、经济学和统计学。曾担任过普鲁士国会下院和上院议员。他的主要经济学著作有：《租税纲领》（1872）、《政治经济学读本》（1876）、《财政学体系》（1877—1901）、《政治经济学原理》（1892—1894）、《社会政策思潮与讲坛社会主义和国家社会主义》（1912）等。

瓦格纳是积极的社会活动家，是基督教社会党的重要组织者和成员、社会政策学会的创立者之一。他积极支持俾斯麦的政策，反对古典经济学的自由主义，也反对马克思主义，提倡洛贝尔图斯和拉萨尔的国家社会主义。瓦格纳强调国家的作用。他认为国民经济的结构可分为三类：营利性经济组织、慈善性经济组织和强制性的共同经济组织。其中，强制性的共同经济组织必须保障历史赋予国家的任务的完成。在社会改良中，他认为国家是最主要的支柱。他曾提出国家社会主义的简短纲领：（1）形成更好的生产程序；（2）防止利用经济周期的变动，制止投机活动；（3）让下层阶级能享受由生产力提高所获得的物质生产成果和文化财富，包括提高工资、缩短工时、废除童工和女工、扶助老弱病残、保护寡妇和孤儿等；（4）经济和社会政策归国家和公共团体管辖；（5）改组财政体制，主要在交通、银行、保险等领域推进“国营化”和“公营化”；（6）筹措财源的目的在于保护下层阶级利益；（7）通过国家“租税政策”干预社会分配。瓦格纳强调社会改良应先上层后下层，其主张立足于上层阶级在道义上的反省和国家的干预。

（二）布伦塔诺的经济学说

路德维希·约瑟夫·布伦塔诺（1844—1931）出生于德国巴伐利亚州阿沙芬堡，先后在都柏林大学、慕尼黑大学、哥廷根大学、海德堡大学和柏林大学学习，获海德堡大学法学博士学位和哥廷根大学经济学博士学位。在柏林大学时，他是统计学家恩格尔的研究生。恩格尔曾鼓励他去英国研究工会问题。他于 1871—1872 年发表《现代工会》，这是他的成名之作。1867—1871 年他在普鲁士统计局工作，1871 年以后先后在柏林大学、布雷斯劳大学、斯特拉斯堡大学、维也纳大学、莱比锡大学和慕尼黑大学任教。他的主要著作有：《论英国基尔特的历史和发展》（1870）、《关于社会的历史和发展以及工会的起源》（1870）、《劳动与今日法律的关系》（1877）、《与生产有关的小时和工资》（1911）、《历史中的经济人》（1923）、《英国经济发展史》（1927—1929）、《我为德国社会发展而奋斗的生活》（1931）。

布伦塔诺主张工人阶级的团结和自由，强调工会的作用。他认为，工会的宗旨构成资本主义经济的组成部分。他不反对资本主义，反而认为资本主义能使社会获得进步，因此，他强调工会的作用是可以使“劳动力”在出售时获得有利的条件，说明工人阶级只有通过自己的团结，才能贯彻自己的“利己心”，从而按“劳动力”价值出卖。布伦塔诺是社会政策学会的积极推动者，他的研究与政策主张许多是以工会和工人为中心的。不过，他是站在反对马克思主义立场上的，从“有组织的资本主义”角度出发，力图以不需更替政权的和平途径来实现社会改革。

（三）施穆勒的经济学说

古斯塔夫·冯·施穆勒（1838—1917）出生于德国巴登的符腾堡，1860 年毕业于图宾根大学，1864 年起，先后在哈勒大学、斯特拉斯堡大学、柏林大学任教，1873 年组织成立社会政策学会并任会长。他曾任符腾堡财政部门官员，1884 年被任命为普鲁士枢密院顾问，1897 年任普鲁士上院议员，1907 年被封为贵族。他的主要著作有：《19 世纪德国手工业史》（1870）、《论社会政策和国民经济理论的若干基本问题》（1874—1897）、《论法律和国民经济的一些基本问题》（1875）、《一般国民经济学大纲》（1900—1904）、《国民经济、国民经济学和方法》（1911）等。

施穆勒在早年曾受自由主义思想影响，但从 19 世纪 70 年代开始，他意识到“旧中间阶层”（包括自耕农、城市手工业者和中小商人）没落的趋势和“新中间阶层”（白领工人、职员、经理、公务员等）的发展，因而认为，为维持资本主义经济秩序的稳定，需要阻止“旧中间阶层”的继续没落，保护“新中间阶层”。

施穆勒强调经济学的历史性及其与道德的关系。他认为，如果人类只立于自然必然性的规律之下，那么，经济学可以称为数学的学问，所研究的也只有自然规律了，并成为永恒的、不灭的真理。然而，经济学属于社会科学，受地点、时间、国民性等制约，必须有历史的基础。在他看来，国民经济学是介乎应用的自然科学和比它更重要的精神科学之间的科学。经济现象既体现自然的、技术的关系，同时又是伦理的、心理的关系，经济组织不外是由这些经济规律和伦理所规定的生活秩序。他把生产、交换、分工、劳动、工资等不仅看做是经济技术的范畴，而且视为伦理心理学的范畴。也因此，新历史学派也被称为历史的伦理学派。

施穆勒在研究社会发展时，区分了经济发展的六个阶段：（1）种族或马克公社经济；

(2) 村落经济；(3) 庄园经济；(4) 城市经济；(5) 领域经济；(6) 国民经济。

施穆勒是19世纪80年代经济学方法论之争的主要论战者。1883年奥地利学派的门格尔发表《关于社会科学特别是经济学方法论的研究》，对历史学派方法论提出挑战。施穆勒很快发表反驳文章《国家科学和社会科学的方法论问题》。1884年门格尔又发表《德国国民经济学中历史主义的谬误》，回击施穆勒。以后，奥地利学派和历史学派之间的争论持续了20年，成为经济学说史上一次重要的“方法论之争”。施穆勒曾在《国民经济、国民经济学和方法》中集中论述了历史学派的方法论。

第三节　美国的制度学派

一、美国制度学派的产生及其特点

美国的制度学派是19世纪末产生的一个重要经济学流派，它是作为传统经济学的批判者面目出现的。制度经济学认为，传统的政治经济学是把制度既定作为前提，采用数量分析的一种关于数量的学说。而现实社会并不总是合理的、自然的，社会制度也不是保持一成不变的。所以，制度经济学要采用“质”的分析方法，要研究社会制度的演化和变迁。

与其他资产阶级经济学流派相比，制度学派在理论内容和方法上都形成了自己的一些特点：

(1) 与传统的资产阶级经济学不同，制度学派并不认为资本主义是一种天然合理、尽善尽美的制度，而是承认它存在缺陷，因而他们对现存资本主义提出了各种批判。不过，他们的批判是改良主义的。

(2) 制度学派吸收了德国历史学派的方法，以历史的、心理的和法律的因素来解释制度，力图探讨各种社会制度的存在特点、产生原因和演化进程等。他们对制度的分析在本质上属于历史唯心主义。

(3) 制度学派以相对的和进化的观点解释社会经济的发展和制度的演变，一般来说，是否认社会发展过程中的革命性飞跃的。

(4) 与传统经济学主张自由放任不同，制度经济学极力主张国家对经济进行积极的干预，强调政府在调节和管理经济中的作用。

(5) 制度经济学在以后长期的发展中，发展出各种制度分析方法，包括结构分析方法、历史分析方法、社会文化分析方法等。

二、凡勃伦的制度经济学说

托尔斯坦·凡勃伦（1857—1929）出生于美国威斯康星州农村中一个挪威移民家庭，17岁时进入明尼苏达州卡尔顿学院，曾受教于克拉克。1880年毕业，获得文学学士学位，继而入霍普金斯、耶鲁、康奈尔等大学，1884年获耶鲁大学哲学博士学位。他曾先后在芝加哥大学、斯坦福大学、密苏里大学等大学和纽约社会研究新学院任教，曾任《政治经济学杂志》主编。凡勃伦学习、研究涉猎很广，包括哲学、心理学、自然科学、历史学、考古学、生物学等。1899年出版的《有闲阶级论》是他的成名作。他的主要经济学著作还有：《企业论》(1904)、《德意志帝国和工业革命》(1915)、《美国的高级学术研究》(1919)、《科学在现代文明中的地位》(1919)、《工程师和价格制度》(1921)、《不在所有权和近代企业》(1923) 等。

凡勃伦以新的"本能主义"心理学①作为他的经济学的哲学基础。他认为，传统经济学以边沁的"苦乐主义"心理学为其哲学基础，断言社会发展具有越来越好的趋势，这种观点是不正确的。因为"苦乐主义"实际上把人看成是被动的，他们只受追求快乐和避免痛苦的动机和感觉的支配，这是一种形而上学的观点。因此，以这种观点为前提的关于自然规律的学说、自由放任的理论等，也都与事实不符。凡勃伦以新的心理学为基础，把本能引入经济学领域，用以解释人类的经济活动。他认为对社会经济生活和制度起决定作用的本能分为三类，即父母的天性、工作的本能和随便的好奇心。他的制度分析就建立在这种心理概念基础上。

凡勃伦对制度曾下过一种定义，他说："制度实质上就是个人或社会对有关的某些关系或某些作用的一般思想习惯；而生产方式所由构成的是，在某一时期或社会发展的某一阶段通行的制度的综合，因此，从心理学的方面来说，可以概括地把它说成是一种流行的精神制度或一种流行的生活理论。如果就其一般特征来说，则这种精神制度或生活理论，说到底，可以归纳为性格上的一种流行的类型。"② 凡勃伦把私有财产、价格、市场、货币、竞争、企业、政治机构、法律、谋利行为等，都说成是广泛存在的社会习惯，也即制度。这些制度构成所谓的生活方式，它们都来源于人类行为的目的和努力，而人类行为的目的和努力又取决于本能或性格上流行的类型。凡勃伦以优胜劣汰的进化论说明人类思想、习惯等制度的演进。他一方面认为现代制度是由它们在远古时代的历史胚胎中演化而来的，另一方面又认为制度今后的进化和发展难以预料，社会形态的演化没有规律。

制度经济学的制度含义十分广泛和庞杂，因而制度经济学所研究的具体制度以及观点也五花八门。凡勃伦就曾在许多方面进行过不同研究。不过，凡勃伦更注重研究"权力"以及"制度"与"权力"之间的关系。

凡勃伦根据自己的标准对资本主义社会进行了分析，认为在人类社会经济生活中有两个主要制度：一个是满足人类物质生活及工具供给的生产技术制度，另一个是财产所有权或金钱关系制度。他说："这些制度——经济结构——按照它们所适应的是经济生活的两个不同目的中的这一个还是那一个而言，大致可以分成两类或两个范畴。按照古典派的说法，这两类制度是营利制度和生产制度；应用前几章在别的关系方面已经使用的名词，是金钱制度和工业制度；还可以用别的措辞来表达，把它们说成是适应歧视性的

① 本能主义心理学是19世纪末流行于欧美的一种心理学流派。与苦乐主义心理学不同，它强调本能在人类行为动机中的作用，认为人类的意志活动包括崇高的道德行为都仅仅来源于本能的冲动，而本能是生来就有的。

② 凡勃伦. 有闲阶级论. 北京：商务印书馆，1964：139.

和适应非歧视性的经济利益的两类制度。前一范畴是同‘企业’有关的，后一范畴是同工业有关的——这里使用工业这个字眼是就其机械意义而言的。”①

凡勃伦认为所谓“有闲阶级”——即有产业而不从事生产的阶级——与经济过程的关系是金钱关系（不是工业关系）、营利关系（不是生产关系），是剥削的而不是服务的关系。他的《有闲阶级论》就是论证从古至今“有闲阶级”的产生和发展，对社会经济生活的作用的。他认为，生产技术制度是出于人类的工作本能，财产所有权和金钱制度是出于人类的虚荣本能，他把人类社会划分为四个时代：（1）野蛮时代；（2）未开化时代；（3）手工业时代；（4）机器方法时代。他进而又详细论述了这几个时代、两种制度的发展和变化。

凡勃伦认为，到了资本主义社会，也即到了机器方法时代，两种制度的具体形式就表现为“机器利用”和“企业经营”。在工业中，机器工业已居统治和支配地位，就所有权来说表现为资本的所有权，而工业技术的运用则完全不以企业家的意志为转移。他说：“企业的动机是金钱的利益，它的方法实质上是买和卖，它的目的和通常的结果是财富的积累。谁要是目的并不在于增加生产，他就不会增加企业，更不会在独立的基础上经营企业。”② 凡勃伦认为，工业和企业的矛盾和对立就是资本主义缺陷的根源。因为“企业经营”统治着“机器利用”，把价格保持在较高水平上，限制了生产的发展和技术的采用，导致了经济萧条。由于“机器利用”和“企业经营”的对立，现代社会又分出企业家和技术人员两个阶级，企业家经营企业，追求商业利益，技术人员管理生产过程。他认为，随着现代工业的发展，技术人员的地位会大大提高，并同企业家抗衡，从而引起社会的改革。凡勃伦主张组织“技术人员苏维埃”，把经济的控制权转到它手中，以此来代替企业经营，这样，以追求利润为目的的企业经营就将被抛弃，由此产生的资本主义的一切矛盾和危机也就自然消失了。

制度经济学在经济学说史上独树一帜，以特有的方式揭示了资本主义制度的矛盾和弊端，并拓宽了对社会制度方面的经济学分析，对经济学说的发展具有重大影响。

评议与思考

德国历史学派和美国制度学派存在着密切的关系，当德国历史学派的方法、理论、观点影响到美国时，就在美国的条件下形成制度学派。历史学派和制度学派在某种意义上成为以国别为标志的经济学理论体系或思潮。如果说经济学说史上的古典学派和新古典学派更多是强调经济学理论的一般性及永恒性的话，那么，历史学派和制度学派则更多是强调经济学理论的特殊性及变动性。历史学派把更多的精力放在经济史资料的搜集与整理上，从而也把与社会经济关系历史变化相关的国家的政治、军事、司法，以及其他各种文化的形式、制度等等搜集来进行分析、研究，这不过是从国家层次考察的、对社会生产所必需的一般社会条件的研究，美国制度学派进行的也是大体相同的工作，只

① 凡勃伦．有闲阶级论．北京：商务印书馆，1964：139．
② 凡勃伦．企业论．北京：商务印书馆，1991：11．

不过称为“制度”研究。美国制度学派明确把正统的或传统的经济学看做制度既定下的数量研究，把制度学派的研究归结为社会制度的演化和变迁的研究，这本身不过表明，资产阶级对资本主义生产方式进行研究而形成的理论体系本身存在着缺陷，不得不由历史学派、制度学派的方法和理论作为补充，但又是在对立的理论体系上实现的补充。

关键词

新历史学派　历史归纳法　历史统计法　瓦格纳　布伦塔诺
施穆勒　制度学派　凡勃伦　《有闲阶级论》

思考题

1. 说明新历史学派的方法。
2. 制度学派的方法有哪些特点？

第十六章
马歇尔的经济学说

马歇尔认为自己的经济理论是继承英国古典政治经济学的传统的，但他也把 19 世纪 70 年代以来边际分析的发展融入自己的理论体系，他的《经济学原理》把原有的供求论、生产费用论、资本生产力论、节欲论等加以改造，并以局部静态均衡方法为基础，形成了一个新的理论体系，被认为实现了经济学说史上的第二次大综合。本章在第一节介绍马歇尔的生平、著作、研究方法。第二节介绍他的均衡价格论。第三节介绍他的分配理论。

本章重点

- 马歇尔的均衡价格论
- 马歇尔的分配理论
- 马歇尔怎样实现经济学说史上的第二次大综合

第一节 马歇尔的生平、著作和研究方法

一、马歇尔的时代

马歇尔是 19 世纪末 20 世纪初英国最著名的经济学家。在马歇尔生活的年代，欧美资本主义已从自由资本主义时代过渡到垄断资本主义时代。各个资本主义国家政治、经济、军事发展不平衡加剧，英国作为海外殖民帝国已经开始呈现衰落之势，美国和德国作为后起的资本主义国家则开始走在各国经济发展的前列。在经济学领域，马克思的《资本论》已于 1867 年出版，马克思主义经济学说成为工人阶级进行斗争的锐利思想武器。同时，资产阶级经济学说也发生了重大变化，不仅出现了德国历史学派和美国制度学派，而且从 19 世纪 70 年代开始的“边际革命”也逐渐改变着资产阶级经济学说的整体面貌。各种新的学说、观点的出现和发展为马歇尔经济学说的建立准备了前提条件。马歇尔的经济学说集 19 世纪以来西方经济学之大成，形成了具有鲜明特点的理论和方法，被看做是完成了经济学说史上的第二次大综合，对经济学说的发展有着深远的影响。

二、马歇尔的生平和著作

艾尔弗雷德·马歇尔（1842—1924）出生于英国西部克拉芬地区的一个中产家庭，父亲是英格兰银行职员。马歇尔幼年笃信宗教，也酷爱数学，中学毕业后入牛津大学学习。1861年他放弃牛津大学的奖学金，进入剑桥大学圣约翰学院学习数学，1865年毕业后留校任研究员，并兼授数学。在这期间，达尔文的《物种起源》和斯宾塞的《第一原理》等书问世，他深受这些书的影响。1868—1877年，他任剑桥大学圣约翰学院讲师，讲授经济学及逻辑和近代哲学。在此期间，他也曾赴德国研究康德哲学和黑格尔的历史哲学，接触过德国历史学派的经济学说，并到美国考察过保护政策。他特别研究过约翰·穆勒的《政治经济学原理》。1877—1882年，他任布里斯托尔大学政治经济学教授和学院院长。1883—1884年他接替牛津大学著名经济史学家汤恩比任巴里奥学院讲师，讲授经济史。1885年马歇尔回到剑桥大学任经济学教授，直到1908年退休。1891—1894年，他曾任皇家劳工委员会委员。退休后，马歇尔继续从事著述活动。他是英国皇家经济学会的奠基人，又是著名的《经济学杂志》的发起人。

马歇尔的第一部经济学著作是与他的夫人合写的《工业经济学》，出版于1879年。从这一年起，他着手撰写《经济学原理》，该书于1890年出版。他的代表性著作还有《工业与贸易》（1919）、《货币、信用与商业》（1923）。马歇尔还写过许多关于工资、税制等方面的论文，他去世后这些论文被他的学生凯恩斯编为《马歇尔官方文献集》。

马歇尔的《经济学原理》一书有着广泛的影响。该书使马歇尔声名显赫。马歇尔长期在剑桥大学任教，他的许多学生成为著名经济学家，比如庇古、罗宾逊、凯恩斯等。他的学生们有的也在剑桥大学长期任教，因此，马歇尔及其学生被称为剑桥学派，马歇尔本人成为该学派的创始人。马歇尔的《经济学原理》被看做是与斯密的《国富论》、李嘉图的《政治经济学及赋税原理》等齐名的“划时代”著作，是对英国古典政治经济学的继承和发展，因此，以马歇尔为代表的经济学说被称为新古典经济学。

三、马歇尔经济学说的研究对象和方法

《经济学原理》分为六篇（导言；若干基本概念；论欲望及其满足；生产要素——土地、劳动、资本和组织；需求、供给与价值的一般关系；国民收入的分配），其中，在导言中讨论了经济学的研究对象和方法；在第二篇讨论了财富、生产、消费、劳动、收入、资本等基本概念；第三篇是对需要与消费的研究；第四篇是对生产的研究；第五篇研究了均衡价格；第六篇分析分配。

马歇尔在《经济学原理》（第1版）的序言中说：“借助于我们自己时代的新著作，并且关系到我们自己时代的新问题，本书打算对旧的学说加以新的解释。”[①] 在这里，他所说的旧的学说指以李嘉图为代表的古典经济学，也包括其他如马尔萨斯、萨伊、西尼

① 马歇尔. 经济学原理：上卷. 北京：商务印书馆，1981：11.

尔、约翰·穆勒、罗雪尔等人的经济学。他所说的新著作，主要指杰文斯、屠能、古诺等人的著作。马歇尔力图吸收和利用边际效用学派的理论和方法，把原有的供求论、生产费用论、资本生产力论、节欲论等加以改造、充实，形成一个新的理论体系。

马歇尔建立起的新的理论体系，是以人的主观的、心理的因素为基础的。传统经济学是把财富作为经济学的研究对象的，而马歇尔对这种说法做了补充。他说："经济学是一门研究财富的学问，同时也是一门研究人的学问。"①"经济学是一门研究在日常生活事务中过活、活动和思考的人们的学问。但它主要是研究在人的日常生活事务方面最有力、最坚决地影响人类行为的那些动机。"② 在经济学研究对象上，马歇尔与以前的传统经济学没有根本的区别，也是以研究人与自然或财富的关系为主，而否认经济学是对社会生产关系的研究。不过，马歇尔更强调人的心理和动机，把他的经济体系建立在心理因素的基础上。以前的边沁的功利主义宣传"快乐"与"痛苦"，马歇尔也一样，不过他把"快乐"与"痛苦"换成"满足"与"牺牲"。马歇尔认为，人类的动机可以归为两类：一类是追求满足，另一类是避免牺牲。人类的经济生活同样是由这两类动机支配的。追求满足促进了人类的某种经济行为，避免牺牲则制约了人类的某种经济行为。但是，人们的动机，就其质量来说，无论高尚还是卑鄙，在性质上都是无法衡量的。即使是"满足"与"牺牲"，在数量上、程度上也是难以直接加以衡量的。但是，马歇尔认为，"满足"与"牺牲"在数量上、程度上可以通过间接的方法来加以衡量，这就是以货币为标准间接地衡量。他认为，经济学主要就是通过货币来对活动着的动力和阻力的数量加以研究。这些动力和阻力大多也是人们的心理。马歇尔认为，经济学之所以比其他社会科学较为先进、科学一些，就是因为人们在这方面的动机所起的作用是很有规律，并且能够加以衡量、预测和证实的。

马歇尔把经济现象归结为心理动机，从而把经济学的对象变成十分抽象的东西。但是，他也不能不看到由经济原因产生的现实社会问题又都是十分具体的。因此，他宣称经济学的最高目的是要对社会实际问题的解决有所贡献。他的贡献就是宣扬渐进的改良主义。这种改良的根据是社会达尔文主义。他认为，生物的发展只有渐进，没有飞跃，支配生物界的进化论原则同样支配着人类社会的发展。

马歇尔作为新古典经济学的创始人，在形式上继承了英国传统经济学的理论和方法，又吸收了边际主义的方法，同时他还在一定程度上调和历史学派和奥地利学派的方法论之争。他认为，经济学需用归纳法，也需用演绎法，但为了不同目的，采用这两种方法的比重会有所不同。他说："没有一种研究方法能够很恰当地称为经济学的方法；但是，每种方法必须用得适当，或是单独采用，或是与别种方法合用。同时存在具有不同才能和握有不同目的的学者，过去常有必要，将来恐怕也是常有必要的，其中有些人致力于事实的研究，有些人致力于科学的分析；就是说，将复杂的事实分为许多部分，研究各部分相互之间以及与相关的事实的关系。我们希望这两派——分析派和历史派——永远存在；每派彻底地进行自己的工作，每派都利用另一派的工作，这样，我们就可获得关于过去的正确的概括，并从其中得到对于未来的可靠指导。"③ 在马歇尔看来，经济学的

① 马歇尔. 经济学原理：上卷. 北京：商务印书馆，1981：23.

② 同①34.

③ 同①49－50.

规律是以直述语气表达的倾向上的叙述，而不是以命令语气表达的道德上的告诫。自然科学的各种规律的准确性是不同的，社会和经济的规律相当于较为复杂和较不精确的自然科学的规律。在经济学上是没有进行一长串演绎推理的余地的，经济学中的方法就是这样："归纳法借助于分析和演绎，汇集有关各类材料，整理它们，并从中推出一般原理或规律，然后演绎法一时又起着主要的作用。它把这些原理彼此联系起来，从中暂时求出新的更广泛的原理或规律，然后再叫归纳法主要分担搜集、选择和整理这些材料的工作，以便核验和'证实'这个新规律。"① 基于经济学研究的复杂性，马歇尔主张经济学研究方法起始于物理学的静态方法而终于生物学的有机方法。

具体来说，马歇尔经济学方法论还有以下三个特点：

第一，运用"连续原理"来分析社会经济现象。马歇尔在《经济学原理》（第1版）序言中说："本书如有它自己的特点的话，那可说是在于注重对连续原理的各种应用。"② 书中虽未明确给出连续原理的定义，但从马歇尔对它的应用中可以看出，所谓连续原理就是指各种社会经济现象之间没有明显的严格区别，它们之间存在连续的关系，比如，资本家和工人在追求金钱报酬上只有程度差别，而没有本质的不同。

第二，运用边际增量方法，分析各种经济因素之间的关系。马歇尔认为，在考察经济现象时，增量的关系比总量的关系更重要。他受古诺、屠能等人的影响和启发，与杰文斯、瓦尔拉斯等人几乎同时独立地运用边际增量分析了需求，他还把这种方法推广到生产、分配、交换等领域的分析中。

第三，运用局部静态均衡分析，研究经济力量相互之间的关系。他所说的均衡状态的研究可以分为两个阶段，在第一阶段假定"其他情况不变"，而到了第二阶段，才使原假定不变动的力量逐渐发生作用，考察更复杂条件下的经济因素间的关系。他在《经济学原理》中以第一阶段的分析为主，实际上是重点进行静态研究。另外，马歇尔把注意力集中于某一特定市场上某一种商品价格的变动。这与瓦尔拉斯注重市场上所有商品价格之间的相互关系有所不同。马歇尔并非不了解一种商品与其他商品在价格决定上的相互关联，而是由于他认为，在现实中，单独考察某一种商品价格，而不去更多涉及与其他商品的关系，这一方法虽然不很精确，但在大多数情况下不会有太大的出入，却往往更为简便，因此，这种局部均衡分析具有更广泛的实用意义。也正因为如此，马歇尔在《经济学原理》中使用的主要方法被称为局部静态均衡方法。

第二节　均衡价格论

一、三类均衡价格

均衡价格是马歇尔理论体系的中心与基础。马歇尔虽然使用价值的概念，但他认为

---

① 马歇尔. 经济学原理：上卷. 北京：商务印书馆，1981：49－50.
② 同①15.

价值就是交换价值，价值或交换价值的货币表现就是价格。他说："价值这个名词是相对的，表示在某一地点和时间的两样东西之间的关系。……用货币表示它们的价值，并称这样表示的每样东西的价值为价格。"① 而且，他不再去研究价值本身，只是把研究的重点放在价格上，以价格为中心，研究在市场上，供给和需求两种相反作用如何达到均衡，从而决定商品的价格。马歇尔研究的是一个市场，假定其他各种条件不变，因而是局部静态均衡分析。

在马歇尔以前，英国以斯密、李嘉图、穆勒为代表的经济学家一般都把商品的价值或自然价值看做是由生产成本构成的，因此，被认为是强调供给方面的因素而说明价值决定的。另外，以门格尔、杰文斯、瓦尔拉斯为代表的边际效用学派经济学家则把商品价值看做是由商品对人产生的主观效用形成的，因此，被认为是强调需求方面的因素而说明价值决定的。马歇尔把两方面的观点加以综合，用均衡价格来说明。马歇尔把均衡价格分为三类：(1) 暂时的"市场价格"(即在几天内甚至更短时间内受各种偶然因素影响而变动的价格)，需求起主要作用。(2) 短期的"次正常价格"(即生产者来不及改变其固定资本比例时形成的价格)，需求和供给起对等作用。(3) 长期的"正常价格"(即生产者有足够时间改变其固定资本比例时形成的价格)，供给起主要作用。上述每三种状况中，两种相反力量的作用大小是不同的，但都是处于某种均衡状态。马歇尔认为，在短期内，一般来说，效用对商品价值决定起主要的作用，而在长期内，生产成本对商品价值决定就起着主要的作用了。按照马歇尔的观点，研究价值受效用支配，还是受生产成本支配的议论，就类似于研究剪刀是以上刃裁纸还是以下刃裁纸的议论一样。马歇尔则把效用论和生产成本论的观点都综合于均衡价格的形成中。

二、 需求曲线

马歇尔的均衡价格是在需求和供给两种相反力量的作用下形成的。

马歇尔与其他边际效用学派经济学家一样，认为人具有欲望，而欲望要通过效用的提供得到满足，在满足欲望过程中，一物对任何人的效用会随人们享用该物数量的增加而递减。不过，马歇尔认为，效用对于购买者来说是无法直接衡量或测定的，只能间接地用购买者愿意支付的货币数量来衡量。在这种认识基础上，马歇尔提出了他的需求分析。

马歇尔继承了斯密、穆勒等人对需求的说明，认为需求不仅包含购买者的欲望，还包含购买者的购买能力，是消费者在一定时间、地点对某种物品或劳务愿意并能够以某种价格购买的数量。斯密称之为有效需求。马歇尔又提出需求价格，它是消费者愿意并能够支付的价格。马歇尔采用边际分析方法，指出一个人购买东西时，他刚刚被吸引购买的那一部分称为边际购买量，他所愿支付的价格是边际需求价格。马歇尔进而指出："一个人所有的一物的数量越大，假定其他情况不变（就是货币购买力和在他支配下的货币数量不变），则他对此物稍多一点所愿付的价格就越小；换句话说，他对此物的边际需

① 马歇尔．经济学原理：下卷．北京：商务印书馆，1983：81.

求价格是递减的。”① 这样，马歇尔把需求具体化为需求价格，把边际效用递减规律具体化为边际需求价格递减规律。经过这样的改造，马歇尔提出了一个边际需求价格递减的“需求表”，它可以表示，对某种商品，购买者心中所有可能有的一系列相对应的购买价格与购买量，说明他在各种不同价格下愿意购买的商品量。表 16-1 为某消费者购买茶叶的需求表。

表 16-1　需求表

茶叶价格（便士/磅）	需求数量（磅）
50	6
40	7
33	8
28	9
24	10
21	11
19	12
17	13

将需求表中的数字用图表示出来，可以绘成一条曲线，即需求曲线，如图 16-1 所示。

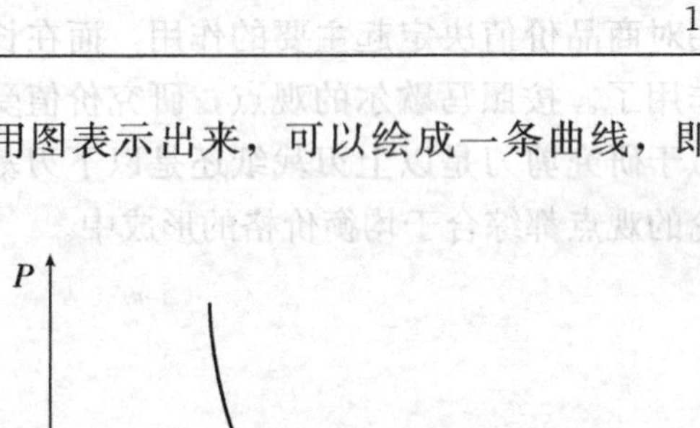

图 16-1　需求曲线

根据上述需求表和需求曲线，马歇尔得出需求的一般规律：“要出售的数量越大，为了找到购买者，这个数量的售价就必然越小；或者，换句话说，需要的数量随着价格的下跌而增大，并随着价格的上涨而减少。”② 在马歇尔看来，某个人的需求表和需求曲线

① 马歇尔．经济学原理：上卷．北京：商务印书馆，1981：114.

② 同①118-119.

都可以这样表现出来，某一种商品的总需求也可以同样形式表现出来，它不外是该商品所有购买者个人需求的总和。

马歇尔在需求分析中提出了弹性概念。他认为，消费者对商品的需求量，受价格上升和下降的影响而相应减少和增加，但不同商品的这种减少和增加的幅度有所不同。马歇尔把需求量受价格影响而变动的程度叫做需求弹性。不同商品可能会有不同的需求弹性。如果价格下跌 1%使销量增加 1%，需求弹性为 1；如果价格下跌 1%使销量增加 2%或 0.5%，则需求弹性是 2 或 0.5。由价格变动引起的需求量变动幅度大于价格变动的幅度，称作需求弹性大；反之，称作需求弹性小。一般来说，生活必需品需求弹性小，而奢侈品需求弹性大。马歇尔还分析了不同收入阶层具有不同商品需求弹性等具体现象。

马歇尔在需求分析中还提出了消费者剩余的概念。马歇尔说，作为消费者，“他宁愿付出而不愿得不到此物的价格，超过他实际付出的价格的部分，是这种剩余满足的经济衡量。这个部分可称为消费者剩余”①。消费者剩余可以用图 16－2 表示。

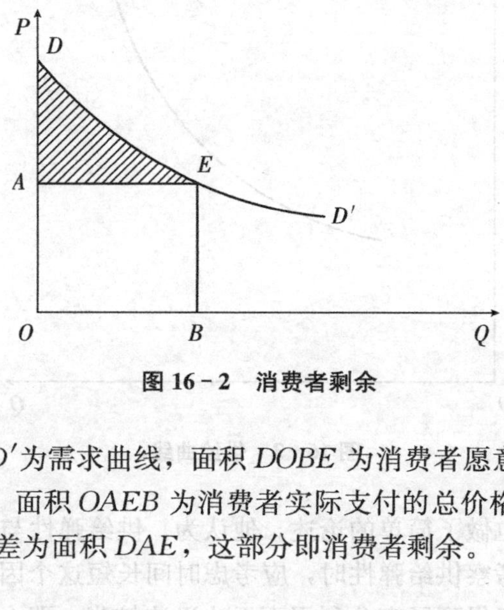

图 16－2　消费者剩余

在图 16－2 中，DD'为需求曲线，面积 $DOBE$ 为消费者愿意支付的 OB 量商品的总价格，OA 为市场价格，面积 $OAEB$ 为消费者实际支付的总价格。消费者愿意支付的价格与实际支付的价格的差为面积 DAE，这部分即消费者剩余。

三、供给曲线

正像把需求转化为需求价格一样，马歇尔也把供给具体化为供给价格。在马歇尔看来，生产一定数量的某种商品，它的生产费用即供给价格，而供给价格又不外是各个生产要素供给价格的总和。作为生产要素的劳动被他看做是工人的“反效用”，是一种痛苦或牺牲；而作为生产要素的资本被他看做是资本家等待或“节欲”的结果，也是一种牺牲。具有这种心理性质的费用是不能被直接衡量的，只能用间接的办法，通过货币来表现，因此，供给价格就表现为生产成本的货币的价格。

与需求表相对应，马歇尔也提出了一个供给表，表现某商品在一定时间内各种不同的价格及其相应的商品供给数量（见表 16－2）。

① 马歇尔．经济学原理：上卷．北京：商务印书馆，1981：142．

表 16-2 供给表

茶叶价格（便士/磅）	供给数量（磅）
24	6
28	7
33	8
40	9
50	10

供给表中价格与数量的变动与需求表中正好相反，价格越高，供给数量越多。供给表中的数字可以用图表示为一条供给曲线，如图 16-3 所示。

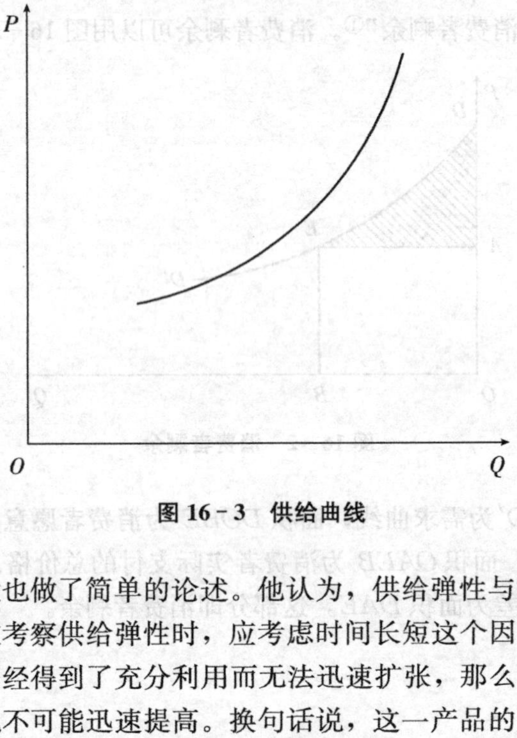

图 16-3 供给曲线

马歇尔对供给弹性也做了简单的论述。他认为，供给弹性与需求弹性相比，有着重要的区别。主要表现在考察供给弹性时，应考虑时间长短这个因素。如果一个工业制造部门所需的大型设备已经得到了充分利用而无法迅速扩张，那么即使它所提供的产品的价格提高了，其产量也不可能迅速提高。换句话说，这一产品的价格上涨在一定时期内对产量的增加不会有显著的影响，即它的供给弹性很小。但是，对手工业产品需求的类似增加，也许会迅速引起供给的扩大。也就是说，手工业产品价格的供给弹性在短期内较大，而在长时期内则较小，或很小。

四、均衡价格决定

根据马歇尔的观点，由于有了供给价格和需求价格，就可以根据市场上供给和需求两种作用，确定商品的均衡价格。所谓均衡价格就是一种商品的需求价格和供给价格相一致时的价格，或供给和需求在市场上达于均衡状态时的价格。马歇尔说："当需求价格等于供给价格时，产量没有增加或减少的趋势，它处于均衡状态之中。当供求均衡时，一个单位时间内所生产的商品量可以叫做均衡产量，它的售价可以叫做均衡价格。”① 之所以称为均衡价格，是因为在这时形成了均衡，“这种均衡是稳定的均衡；这就是说，如价格与它稍有背离，将有恢复的趋势，像钟摆沿着它的最低点来回摇摆一样”②。均衡价格的决定如图 16－4 所示。

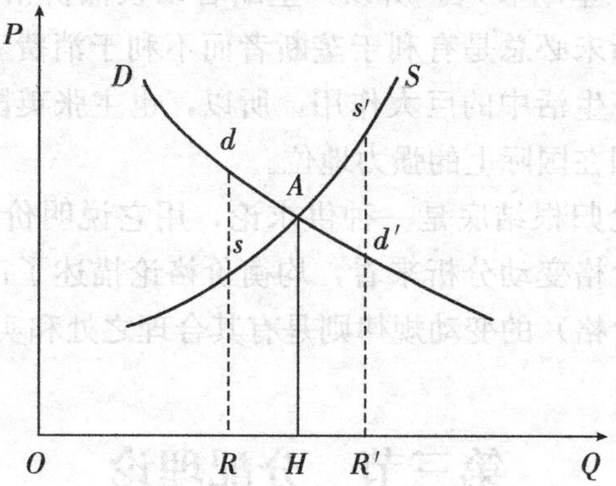

图 16－4 均衡价格的决定

在图 16－4 中，纵轴表示价格，横轴表示商品数量。当实际产量为 OR 时，需求价格 Rd 大于供给价格 Rs，也即购买者愿出较高的价格进行购买，较高的价格刺激生产者增加产量。随着产量增加，需求价格下降，供给价格提高，当产量达到 OH 时，需求价格与供给价格达到一致，位于需求曲线与供给曲线的交点 A 处。如果市场上提供的商品量为 OR'，供给价格则大于需求价格，购买者只愿出较低的价格，而生产者的供给价格（也即成本）很高，生产者必须减少商品的供给。随着供给量的减少，供给价格会下降而需求价格会上升，一直到 A 点时，供给价格与需求价格达到一致，在 A 点形成稳定的均衡。在图 16－4 中，OH 表示均衡产量，AH 表示均衡价格。

五、 垄断与均衡价格

马歇尔在论述均衡价格时是以自由竞争作为前提的，但是，由于 19 世纪末垄断已成为社会经济中较为普遍并趋于支配地位的现象，马歇尔也对垄断进行了探讨。

马歇尔承袭古诺关于垄断的分析，论述了一种商品只有一个供给者的垄断。他认为，在这种垄断条件下，垄断者可以自由调整其供给，垄断者的利益显然不在于把供给和需求调节得使其商品的售价恰好够补偿其生产费用，而在于把它们调节得能够给他提供最大可能的纯收入总额。

马歇尔认为，在现实生活中，除了因稀有的自然条件而形成的垄断外，几乎不存在绝对和永久的垄断。垄断与竞争是并存的，它们之间没有一条明显的界限。他曾指出：“从表面上看来，仿佛垄断产量总是小于竞争产量，它对消费者的价格总是大于竞争价格。

①② 马歇尔. 经济学原理：下卷. 北京：商务印书馆，1983：37.

但事实不然。"① 因为有多种其他因素抑制了这种倾向。马歇尔认为，有时垄断者的平均成本比竞争性企业要低，这至少是两个原因造成的。第一，垄断企业有更多资金进行技术改造和设备更新，并取得生产改进带来的全部利益。第二，垄断企业在广告等开支上具有巨大优势。马歇尔还认为，垄断者如定价太高，可能会吸引别的生产者进入其行业，从而失去垄断地位和高额垄断收入。所以，垄断者以较低价格增加产量可能是有利的。也正由于这个原因，垄断未必总是有利于垄断者而不利于消费者和其他非垄断者。马歇尔看到了垄断组织在经济生活中的巨大作用，所以，也主张英国在政策上不应过于限制垄断，以恢复和保持英国在国际上的强力地位。

马歇尔的均衡价格论归根结底是一种供求论，用它说明价值的决定是根本错误的。不过，如果仅从市场上价格变动分析来看，均衡价格论描述了市场价格趋向于某种中心价格（马歇尔称为均衡价格）的变动规律则是有其合理之处和实用价值的。

第三节　分配理论

马歇尔的分配理论是他的均衡价格论的延续，是他的均衡价格论在分配理论中的具体运用。

马歇尔宣称，分配问题就是国民收入如何分割为各生产要素的份额问题。他说："全部纯产品总量，是所有这些商品的需求价格，从而是生产这些商品所用的生产要素的需求价格的真正来源。换言之，国民收益是一国所有生产要素的纯产品总量，同时又是支付这些要素的惟一源泉：它分为劳动工资、资本利息和土地及生产上具有级差优势的生产者剩余或地租。工资、利息和地租或生产者剩余构成全部国民收益，在其他条件不变的情况下，国民收益愈大，则它们各自的份额也愈大。"② 在马歇尔看来，国民收入是由劳动、资本、土地和企业组织这四种生产要素共同创造的，国民收入也由与这四种生产要素相对应的工资、利息、地租、利润构成。所谓国民收入的分配，就是各个生产要素的价格决定问题，是由它们各自的供给价格和需求价格相一致时的均衡价格决定的。

一、工资

马歇尔认为，工资是劳动的报酬，它的大小由劳动这一生产要素的需求和供给来决定。

劳动在马歇尔的观念中指人类的经济工作，不论是用脑还是用手。他认为，一切劳动都是用来产生某种结果的，那些只是为了娱乐而做的努力不算为劳动。他说："我们可以对劳动下这样的定义：劳动是任何心智或身体上的努力，部分地或全部地以获得某种

① 马歇尔．经济学原理：下卷．北京：商务印书馆，1983：161.

② 同①208.

好处为目的，而不是以直接从这种努力中获得愉快为目的。”① 在他看来，说劳动是生产要素就是说人是生产要素，从劳动供给角度看，就是研究人口在数量上、精力上、知识上和品性上的增加。

马歇尔认为，劳动也像其他商品一样，具有需求价格和供给价格，工资是劳动的需求价格和供给价格相一致时的均衡价格。劳动的需求价格是由劳动的边际生产力决定的。所谓劳动的边际生产力是指，在生产资料不变、劳动生产力随劳动者的增加而递减的情况下，最后一个劳动者所提供的生产力。所谓劳动的供给价格是由养活、训练和维持有效劳动的成本决定的。他说：“从另一方面来看，工资有同培养、训练和保持有效率的劳动的精力所用的成本保持密切关系（虽然是间接而复杂的）的趋势。”②

在马歇尔看来，工人提高劳动生产率就是提高劳动的边际生产力，从而会提高劳动的需求价格并使工资上升。但他又认为，由于劳动的边际生产力递减作用，劳动的需求价格也可能下降并使工资降低。至于劳动的供给价格，由于它的生产费用构成复杂，有时又可能受非经济因素影响，因而它也是不断变动的。

二、利息

马歇尔认为，利息是资本这个生产要素的报酬。

在马歇尔的观念中，资本是为了生产物质财富并获取收益而积蓄起来的设备，作为生产要素，资本不是直接供满足欲望的消费的，而是财富的主要资料。有时，马歇尔把财富和资本当作同义语。他认为，财富的最早形态是渔猎的工具和个人装饰品，以后是动物。当人们定居从事农业后，耕地成为首要财富。而到了近代，以机械为代表的生产工具具有重要地位。马歇尔认为，资本来源于节约和储蓄，而节约和储蓄则是为了将来而牺牲现在的享乐。他说：“财富积累一般是享乐的延期或等待的结果。或是，再换句话说，财富的积累依赖于人的先见，就是他的想象将来的能力。”③ 他用“等待”取代了以前的“节欲”。

马歇尔对利息做了区分，即纯利息和毛利息。纯利息是指纯粹的使用资本的代价，或“等待”的报酬。毛利息除了纯利息之外，还包括运用资本的手续费、经理费、保险费等。这里分析的是纯利息。

在马歇尔看来，资本家把资本借出来必须收取利息，理由在于：（1）资本借出是一种牺牲，资本所有者暂时不能使用和享受；（2）资本借入者可以运用这笔资本得到利益，应该付出一定的代价；（3）资本是“等待”的结果，运用这个成果也应付出一定代价。

马歇尔认为，利息也是资本的供给和需求价格相一致时的均衡价格。资本的需求价格取决于资本的边际生产力，也即边际资本所提供的净产量。资本的供给价格取决于资本家的“等待”和牺牲，也即借贷资本家同意放贷的价格。马歇尔说：“利息既为任何市

① 马歇尔．经济学原理：上卷．北京：商务印书馆，1981：84．
② 马歇尔．经济学原理：下卷．北京：商务印书馆，1983：204-205．
③ 同①249．

场上使用资本的代价，故利息常趋于一均衡点，使得该市场在该利率下对资本的需求总量，恰等于在该利率下即将到来的资本的总供给量。”①

三、利润

马歇尔认为，利润是资本家经营管理企业和组织生产以及承担风险的报酬。

马歇尔曾把组织作为一个独立的生产要素。他认为，资本大部分是由知识和组织构成的。知识是最有力的生产动力，组织则有助于知识。组织有许多形式，比如单一企业的组织、同一行业中各种企业的组织、相互有关的各种行业的组织，以及国家保安和援助组织。所以，最好把组织作为一个独立的生产要素与其他要素区别开来。作为生产要素，组织用来研究分工、生产规模利弊、企业管理等问题，目的是为了提高劳动效率，增加企业收益。马歇尔在分析中提出了“外部的经济”“内部的经济”等概念。

在说明利润时，马歇尔把它看做是企业经营能力或运用资本的经营才能的均衡价格。所谓经营能力的需求价格取决于经营能力的边际生产力，即企业家在最合理使用、安排其他各要素的条件下所能获得的收益。所谓经营能力的供给价格取决于三个方面的因素：（1）资本的供给价格；（2）经营能力的供给价格；（3）企业组织的供给价格。其中因素（1）就是利息。经营能力的供给价格包括维持这些人良好体力和精力所需的必需品的价格，也包括这些人获取才能的成本，也即教育和训练费用，还包括这些人的天赋才能的价格。企业组织的供给价格是把前两个因素结合起来使生产得以进行的代价。

马歇尔认为，利润作为商品的正常生产费用的组成部分，其数额大小，由于替代原理的作用，大致等于资本的供给价格、经营能力的正常供给价格、企业组织的正常供给价格三者的总和。在长期中，利润同这三者的总和相差不远。

四、地租

马歇尔像其他经济学家一样，把地租看做使用土地的代价，也是土地的收益。

在马歇尔的观念中，土地泛指大自然为了帮助人类，在陆地、海洋、空气、光、热等各方面所赐予的物质和力量，它以耕地为最典型的形态。马歇尔认为，土地只有需求价格而没有供给价格，因为土地没有生产费用。

马歇尔也把土地的收益分为两部分：（1）基于自然赋予的特性，而不是由人为的努力取得的收入，这是土地的纯收入，是真正的地租。（2）对土地的投资使土地改良获得的收入。

在对真正地租的分析上，马歇尔认为，土地的供给可以看做是固定的，且由于土地没有供给价格，因此，地租只受土地需求的影响而取决于土地的边际生产率。他肯定农业报酬递减规律的存在，认为在同一土地上，不断追加资本和劳动，农产品总产量虽可以继续增加，但总产量的增加率是递减的。马歇尔并不否认在技术改良和组织改良等情

① 马歇尔. 经济学原理：上卷. 北京：商务印书馆，1981：206.

况下，资本与劳动的增加可产生农业报酬递增的倾向，但他认为：“在任何情况下，因资本和劳动的增加而增加的报酬，迟早是要递减的。”① 当农业报酬减到仅够偿付耕作者的开支和他自己的劳动时，就达到了“耕作边际”。总产量超过这个边际产量的余额，就是农业生产者的生产者剩余，也是地租。

马歇尔还提出了“准地租”的概念。他认为，工资、利息、利润和地租在某种程度上是类似的，受和地租大致相同的原则支配。只要出现供给不变的条件，单纯受需求影响时，就能够产生准地租。比如，如果资本投入转化为固定的和具体的厂房设备，那么它的收入与其说是利息，不如说是一种租金更为合适。高级技术人员由于具有级差性的较高能力，所以可以获取超过正常工资额的较高收入，这种收入因其级差性，也可称为准地租。至于利润，它在很大程度上属于天才因素的结果，也属于准地租。马歇尔把他的准地租看做是他的连续原理的很好说明。

马歇尔的分配理论，在总体上是萨伊“三位一体”分配理论的新变种，不过他综合吸取了各种分配理论。该分配理论力图证明竞争市场的优越性，宣扬现存各阶级利益的和谐。

评议与思考

马歇尔的理论体系应该由三本书共同构成：《经济学原理》《工业与贸易》《货币、信用与商业》。但他的《经济学原理》是影响最大的，并成为现代微观经济学理论部分的基础。马歇尔的《经济学原理》，或者也可以说现代微观经济学，被许多人看做是斯密《国富论》第1篇第7章内容的展开。由此可以看到，对财富的生产、分配、消费、交换的研究（也即所谓经济学原理的研究）曾经经历了一个怎样的历史过程。这个历史过程表现了从劳动价值论到边际效用价值论的转变所带来的一系列理论形式。探讨总是从资本主义市场上的价格变动现象出发的，配第尝试寻找价格及其变动的基础，提出自然价值范畴，并把决定自然价值的因素归为劳动。人类或人的财富，用人的活动或劳动生产出来的观点加以解释是再自然不过的。斯密在配第的基础上探讨价值，在他看来，商品具有使用价值和交换价值，来自常识的判断使他确定使用价值或效用不能决定交换价值的量（斯密的价值悖论），所以他在寻找价值尺度时，考察谷物、货币、各种其他商品以及劳动，确定劳动是衡量交换价值的真实尺度。实际上，斯密，包括魁奈以及其他古典经济学家，不论是有意识还是无意识，都把物品的效用看做是不变的，即使在看到物品效用有变化时也把效用设定为不变。从逻辑推理上来看，这一点是必要的，也就是说，在确定物品的交换价值时，必须首先设定使用价值或效用不变，只有在使用价值或效用确定的质上，才能确定这特定的质的使用价值或效用具有多少量的交换价值。因此，在古典经济学家那里，使用价值或效用不仅不能决定交换价值的量，还被设定为不变的，从而，用劳动衡量交换价值的量成为占支配地位的思想。但是，市场上的价格总是随着供求的变化而变化的，供求的变化也使使用价值或效用的质发生变化，或者说，供求变化

---

① 马歇尔. 经济学原理：上卷. 北京：商务印书馆，1981：166.

就是物品使用价值或效用由于本身数量的变化而发生的质的变化。因此，价值理论在说明使用价值或效用不变时交换价值量的决定之后，还应继续分析供求变动时（也即使用价值或效用的质变动时）交换价值量的决定。（在马克思那里，这个工作是应在"竞争"或"许多资本之间的关系"中进行的，被马克思列为"资本"册四篇中第二篇的重要内容，从而是马克思未完成的计划。）边际效用价值理论实际上就是研究了供求变动条件下使用价值或效用的质的变化（也即物品稀少性程度，或物品偏离供求一致时的使用价值或效用），并且在这个范围内具有合理性。边际效用价值理论的错误在于，物品使用价值或效用的质的变化（稀少性程度变化）虽然会影响物品的交换价值量，但这只能说明具有不同的质（由供求状况决定的物品使用价值或效用的质）的使用价值或效用包含着不同的交换价值量，而无论如何也不能说明物品的使用价值或效用（哪怕是边际效用）决定（或创造）了交换价值。持边际效用价值论的经济学家最终都以各种形式把货币加入进来进行价格分析，在这时，价值论的探讨就转变为单纯的价格论，在马歇尔这里也就形成了均衡价格论。均衡价格论中包含了生产和消费理论，价格的分析方法应用于分配也形成了分配理论。斯密在《国富论》第1篇第7章中只讲三种收入构成的自然价格，这种由费用或成本构成价格的生产、消费、分配和交换的理论在马歇尔这里则以展开的形式表现了出来。

关键词

马歇尔	《经济学原理》	连续原理	边际增量方法
局部静态均衡	均衡价格	需求、需求价格、需求表和需求曲线	
需求弹性	消费者剩余	供给、供给价格、供给表和供给曲线	
供给弹性	外部的经济	内部的经济	准地租

思考题

1. 为什么说马歇尔实现了经济学说史上的第二次大综合？
2. 评述马歇尔的均衡价格论。
3. 马歇尔的分配理论有哪些特点？

第五编

20世纪初—20世纪40年代

本编介绍20世纪前一阶段经济学说的发展。在这一时期，新古典经济学在理论体系上获得完善和补充。20世纪20—30年代的世界性经济危机对经济学领域产生了巨大影响，一方面，出现了主张国家干预经济的凯恩斯经济学说，另一方面，也形成了重新解释自由主义的新自由主义思潮。本编共七章，第十七章介绍新古典学派，第十八章的瑞典学派也属于广义新古典学派；第十九、第二十章介绍新自由主义的三个学派，即新奥地利学派、伦敦学派和芝加哥学派；第二十一章介绍美国制度学派在这一时期的继续发展；第二十二章介绍具有独自特点的熊彼特的经济学说；第二十三章介绍引起“凯恩斯革命”的凯恩斯经济学说。

第十七章
新古典学派

本章介绍马歇尔之后新古典经济学理论的进一步发展。第一节对新古典学派及其理论发展有一个简明的概述。这种发展本章主要介绍四个方面：成本曲线的研究、序数效用论的发展、不完全竞争理论和福利经济学，它们分别构成本章第二、第三、第四、第五节的内容。

本章重点

- 成本曲线研究和序数效用论的发展
- 不完全竞争理论的建立
- 福利经济学的产生和发展

第一节　概　述

一、新古典学派

新古典学派（Neoclassical School）是经济学说史上关于经济学流派的一种称谓。它有广义与狭义之分。从广义上说，它是19世纪70年代"边际革命"出现以后发展起来的许多经济学派的通称，包括剑桥学派、洛桑学派、奥地利学派、瑞典学派、美国学派等（见萨缪尔森《经济学》）。从狭义上说，它专指以马歇尔为首的英国剑桥学派（见《新帕尔格雷夫经济学大辞典》）。

新古典学派之所以被称为"新古典"，一方面说明它与古典经济学有承继关系，另一方面又说明它在许多方面发展出新的概念和方法。所谓古典学派，在多数西方学者的概念中是指18—19世纪中期西方的主流经济思想，其代表人物包括亚当·斯密、边沁、大卫·李嘉图、萨伊、约翰·斯图亚特·穆勒等等。古典学派的核心要义如下[①]：(1) 自利的经济行为。人的行为都是追求自身利益的，这是由人的本性所决定的。例如，企业提供产品和劳务是出于获取利润的目的；工人提供劳动是为了获得工资；消费者购买产品是为了满足自身的一些需要。自利行为是古典学派的一个最基本的理论假设。(2) 利

---

① Stanley L. Brue. *The Evolution of Economic Thought*. 6th ed. London：The Dryden Press，2000：53-54.

益和谐观点。绝大多数古典经济学家认为在市场经济中个人之间的利益是和谐的，而且，在个人追求自身利益的同时，整个社会利益也会得到改善。这就是著名的“看不见的手”原理。（3）最低限度的政府干预。古典学派认为，最好的政府是管得最少的政府。自由、竞争的市场会引导人们的行为，处理好有关生产、交换和分配等方面的问题。市场经济能够实现自我调节，能够实现充分就业。政府的职能仅限于维护产权、提供国防、提供公共教育等方面。（4）一切经济资源和经济行为都可以增加一国的财富，包括土地、劳动、资本、农业、商业、国际贸易等。（5）古典学派认为，市场经济的运行是有规律的，古典学派提出了许多定律，例如收益递减规律、萨伊定律、货币数量理论等。

不过，新古典学派虽然在上述核心要义上与古典学派是一致的，但它又提出了与古典学派有重大区别的新概念与新方法。门格尔、杰文斯、瓦尔拉斯分别提出了边际效用价值理论；克拉克提出了边际生产力分配论；帕累托提出了序数效用论，并完善了埃奇沃思的无差异曲线；瓦尔拉斯提出了一般均衡理论；维克塞尔（K. Wicksell）提出了“累积过程”理论；马歇尔将边际学派的主观效用价值论与传统三要素成本论相结合，通过需求曲线和供给曲线相交，构建了均衡价格理论。这些成果集中起来，逐渐形成了现代微观经济学的基本构架。所以，萨缪尔森说：“今天的所谓微观经济学是由新古典学派经济学者逐渐建立起来的。”① 新古典学派所创立和发展的理论被称为新古典经济学。

二、新古典经济学的进一步发展

新古典学派的理论在19世纪末20世纪初已基本形成，不过，这一理论构架在20世纪30年代又得到进一步补充。这种补充也被看做是以马歇尔为代表的新古典经济学理论的发展。

新古典经济学在这个时期的发展主要包括：成本曲线的研究、序数效用论的发展、不完全竞争理论、一般均衡理论、货币理论、福利经济学等，其中，一般均衡理论和货币理论在其他章节中已有所介绍，本章主要介绍其他各项。

第二节 成本曲线的研究

根据一个企业生产函数的特点，可以知道企业的成本曲线是什么样的，这个贡献是由雅各布·维纳（Jacob Viner，1892—1970）做出的。1931年，加拿大经济学家维纳提出了现在非常熟悉的短期和长期成本曲线。

维纳在他的著名论文《成本曲线和供给曲线》中指出，由于劳动市场是完全竞争的，任何企业都可以在现行的工资率水平下雇用所希望的劳动力数量，所以，在短期内，随着劳动力边际产量的提高，边际成本会下降；当劳动力的边际产量开始下降以后，边际成本就会上升。

① 萨缪尔森. 经济学：下册. 北京：商务印书馆，1986：296.

维纳还区分了边际成本（*MC*）和平均成本（*AC*）。*MC* 曲线和 *AC* 曲线都是 U 形的，它们体现了收益递增（U 形线的下降部分）和收益递减（U 形线的上升部分）的作用。当 *MC* 小于 *AC* 时，*AC* 下降；当 *MC* 大于 *AC* 时，*AC* 上升；在 *AC* 的最低点，*MC* 等于 *AC*。

维纳还指出，长期 *AC* 曲线可以根据所有短期 *AC* 曲线获得。接下来，维纳犯了一个著名的错误，他认为：长期 *AC* 曲线是由每条短期 *AC* 曲线最低点相连接而构成的，他也要求他的绘图师这样画出长期 *AC* 曲线来。尽管绘图师抱怨那样的长期 *AC* 曲线根本画不出来，但维纳还是这样坚持。实际上，长期 *AC* 曲线应该是短期 *AC* 曲线的包络线，是所有切点的连线。后来，维纳明白了他的错误，但是在那篇论文重印的时候，维纳仍然保留了那个错误，他说："错误没有纠正过来，这样可以使未来的老师和学生们分享指出前人错误时的快乐：要是我知道'包络线'，我不会给我聪明的绘图师那个技术上不可能、经济学上不合理的绘图任务……"①

第三节 序数效用论的发展

一、罗宾斯反对使用基数效用

20 世纪 30 年代有一场关于经济学分析中要不要规范分析、要不要加入价值判断问题的大争论。在这场争论中，罗宾斯（L. Robbins）的观点占了上风。罗宾斯认为，经济学和伦理学的结合在逻辑上是不可能的，经济学不应该涉及伦理的或价值判断的问题；经济学中具有规范性质的结论都来自基数效用的使用，因此经济学应该避免使用基数效用。虽然罗宾斯的观点在西方经济学界不乏反对者②，但其影响还是很大的。正如在半个世纪之后，美国经济学会会长鲍莫尔（W. J. Baumol）所说，"即使是那些最不同意书中观点的人也都承认，书中观点是坚实的，并且已经改变了经济学的进程，迫使经济学家们明确地区分开从严格基于逻辑和经验证据的分析可以推导出的结论和依赖于观察者的个人伦理规范所得出的结论"③。

在这种情况下，不需要进行效用度量的序数效用论逐渐取代了基数效用论，需求理论也被重新加以表述。

二、希克斯对需求理论的发展

希克斯（1904—1989）在无差异曲线、预算约束线、效用最大化概念的基础上得出了价格变化产生消费量的变化是替代效应和收入效应的结论。替代效应是指在保持效用

---

① Stanley L. Brue. *The Evolution of Economic Thought*. 6th ed. London：The Dryden Press，2000：283.

② 吴易风. 当前经济理论界的意见分歧. 北京：中国经济出版社，2000：22 - 33.

③ W. J. Baumol. *Foreword of Robbins*：*An Essay on The Nature and Significance of Economic Science*. 3th Edition. London：The Macmillan Press Limited，1984：ⅶ.

水平不变的情况下，仅仅由于相对价格的变化所引起的消费量的变化；收入效应是指仅仅由实际收入变化所引起的消费量的变化。

希克斯对替代效应和收入效应的区分有助于认识正常品、低档品和吉芬商品，可以解开吉芬之谜：吉芬商品的收入效应很特别，它使消费量发生变化的方向不但不同于替代效应，而且还超过了替代效应。吉芬商品往往是那些在消费者支出中占绝大部分比重的商品。

以序数效用论为基础的需求理论得出了与基数效用论基本一致的需求曲线，同样较好地解释了消费者的行为，因此，序数效用论的需求理论被纳入了新古典的理论框架中。但是，直到20世纪70年代，在经过很长时间的探索和研究之后，人们才认识到了序数效用论的缺陷：虽然序数效用论可以对消费者行为做出比较合理的解释，研究消费者行为仅使用序数效用论就足够了，但对于社会选择问题，仅使用序数效用论就遇上了麻烦，会出现各种各样的不可能性。

三、 福利经济学中的序数效用论

希克斯还从帕累托的思想中发掘出了与序数效用论相一致的、可以判断社会状态的一个标准，这就是在福利经济学中广泛使用的帕累托标准。参见本章第五节“福利经济学”部分。

第四节 不完全竞争理论

一、 完全竞争理论的缺陷

马歇尔的完全竞争理论假设，市场上有许多买者和卖者，他们所生产的产品是完全同质的，任何人在市场上都没有什么影响力，卖者可以在现行价格下出售任何数量的产品，不需要广告、没有商标等。这些假设构建了一个非常抽象的、简化的世界。虽然完全竞争理论提供了许多重要的见解，但是，它不仅在理论上存在不一致，而且与现实之间的距离也越来越明显。完全竞争理论受到了来自现实和理论的双重挑战。

（一）来自现实世界的挑战

完全竞争理论曾被认为最适合应用于农业，但是随着农业的发展，在许多地方的市场上出现了只有很少买者购买农产品的情况，例如烟草、肉类、奶制品等市场。而且，完全竞争理论无法解释政府对于农业市场的干预行为，以及国际贸易市场上的情况。

（二）来自斯拉法的批判

斯拉法（1898—1983）在他的一篇著名论文《竞争条件下的收益规律》中指出，马歇尔理论中的规模收益递增与完全竞争假设是矛盾的。

首先，在完全竞争条件下，规模收益递增或成本递减的作用会使一个企业无限制地扩大生产规模，最后将成为市场上的垄断企业。

其次，在完全竞争条件下，企业所面临的需求曲线是一条水平线，企业可以以相同的价格出售任意数量的产品；同时，在生产要素市场上，企业可以以一定的价格购买任意数量的生产要素，企业的长期边际成本曲线是水平的。这样，边际收益曲线和边际成本曲线就根本不会有交点，企业的供给决策也就根本无法做出。马歇尔的局部均衡理论是行不通的。

斯拉法的批判揭示了马歇尔完全竞争理论的缺陷，也引发了西方经济学家们对完全竞争理论的进一步研究。罗宾逊和张伯伦（Chamberlin）的理论就是对马歇尔完全竞争理论的修补。

二、张伯伦的垄断竞争理论

张伯伦（1899—1967）于1933年出版了成名作《垄断竞争理论》，分析了既不是完全竞争也不是纯粹垄断的市场上的行为。张伯伦认为，大多数市场价格是由垄断因素和竞争因素共同决定的。

张伯伦的分析从提出“产品差别”（product differentiation）的概念开始。产品差别是指产品能够区别于其他企业产品的任何特征。产品差别的存在意味着每个企业面临的需求曲线是向下倾斜的，边际收益曲线位于需求曲线下方。根据利润最大化假设，张伯伦指出，一个垄断竞争企业的决策可以用图17－1表示。①

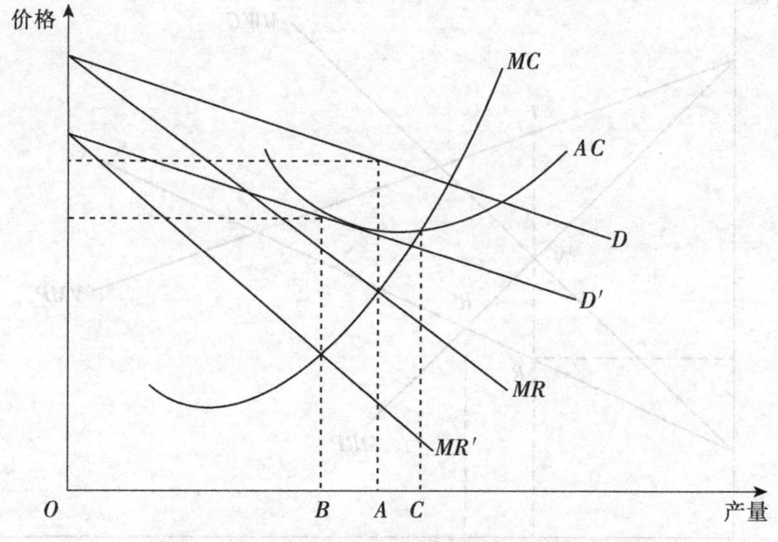

图 17－1　张伯伦提出的垄断竞争企业的决策

如图17－1所示，给定需求曲线 D 和边际收益曲线 MR，利润最大化产量为 A，可

① Stanley L. Brue. *The Evolution of Economic Thought*. 6th ed. London：The Dryden Press，2000：349.

以获得利润。随着新企业的进入，企业面临的需求曲线向下移动，最终，需求曲线和边际收益曲线分别为 D' 和 MR'，利润最大化产量为 B，利润为零。

因此，相对于完全竞争的生产方式（产量为 C，价格为最小的平均成本），垄断竞争企业的产量较低，价格较高，存在过剩的生产能力，资源配置非效率（allocative inefficiency）。

三、 罗宾逊的不完全竞争理论

琼·罗宾逊（Joan Robinson，1903—1983），剑桥大学经济学教授，是马歇尔的学生。她在许多方面都有重要的理论贡献，例如凯恩斯主义理论、经济发展理论等，这里仅介绍她在发展马歇尔理论体系方面所做出的贡献，即她的不完全竞争理论。

罗宾逊于 1933 年出版了《不完全竞争经济学》（比张伯伦的书晚几个月），提出了与张伯伦非常相似的理论。

罗宾逊在垄断竞争概念的基础上增加了"买方垄断"（monopsony）的概念。所谓买方垄断是指，市场上只有一个买者，或者所有的买者组成一个集团共同行动。罗宾逊分别分析了产品市场的买方垄断和要素市场的买方垄断。

如图 17－2 所示，罗宾逊指出，在买方垄断的劳动市场上，买方即雇佣者的边际工资成本曲线 MWC 位于市场供给曲线 S 的上方，买方利润最大化的雇佣数量为 A 而不是 B，所支付的工资率为 R 而不是 R'。在这样的情况下，罗宾逊定义买方垄断的剥削量为 NR，是边际收益产品 MRP 超过所支付工资率的部分。

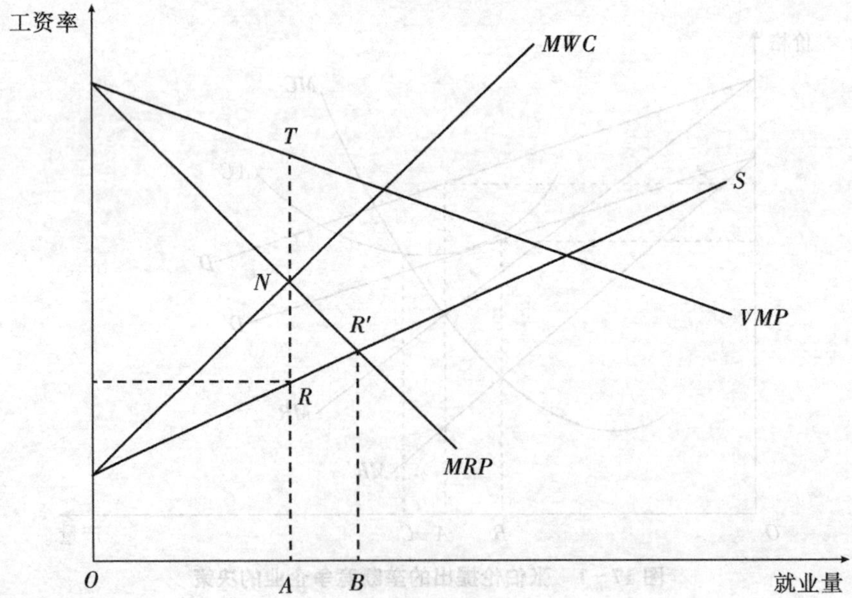

图 17－2 罗宾逊提出的买方垄断企业的决策

在产品市场存在垄断或者垄断竞争的情况下，罗宾逊定义垄断的剥削量为 TN，是边际产品价值 VMP 超过 MRP 的部分。

第五节 福利经济学

一、旧福利经济学

1920年，英国经济学家庇古（1877—1959）出版了代表作《福利经济学》，标志着旧福利经济学体系的形成。庇古也因此被称为“福利经济学之父”。

庇古出生于英格兰。1900年获剑桥大学文学硕士学位，长年任教于剑桥大学。1927年被选为英国科学院院士。曾任通货汇兑管理委员会委员、皇家所得税委员会委员，主要著作有：《财富与福利》(1912)、《论失业问题》(1914)、《福利经济学》(1920)、《公共财政研究》(1928)、《失业理论》(1933)、《静态经济学》(1935)、《就业与均衡》(1941)、《凯恩斯的〈通论〉回顾》(1950)。

作为马歇尔的继任者，庇古忠实地维护马歇尔的体系，并以剑桥大学为基地，培养了大批出色的经济学家。马歇尔的理论体系因而得以更为广泛地传播和流行。庇古认为，他所研究的社会福利方面的问题仅限于经济福利，即可以用货币直接或间接地加以度量的福利；社会总福利可以用一国的国民收入来表示；如果国民收入增加，并且没有收入分配不均的情况，那么经济福利就会增加；如果收入分配不均，那么以一定的方式把富人的一部分货币转移给穷人，社会总经济福利就会增大，因为货币的边际效用是递减的，富人的货币边际效用小于穷人；要增加社会总福利，就必须增加社会总产品量，而增加社会总产品量，就必须使社会的生产资源得到合理的配置；如果生产间接地给他人带来利益，那么社会边际产量就大于私人边际产量，如果生产间接地给他人带来损害，那么社会边际产量就小于私人边际产量。对于上述情况，政府都应该采取一定的措施，或者征税，或者补贴。

以庇古为代表的旧福利经济学，其主要特征是：(1) 经济学是解决物质福利(material welfare)问题的，个人的福利可以用效用来表示，整个社会的福利应该是所有个人效用的简单加总。(2) 使用物质福利或效用来表示个人福利概念。这样的效用概念基本上等同于生产能力，如人的健康状况等，它与人的生产能力有关，进而与经济效率有关。因此，这样的效用概念是客观性的、是可以度量的，而且可以进行一般的人际比较。(3) 继承了英国效用主义伦理学的传统，认为社会应该使整体福利总和达到最大，但是另一方面也指出，收入的边际效用是递减的，所以有利于穷人的收入分配可以提高整个社会的福利。

不过，旧福利经济学也存有争议：旧福利经济学以基数效用论为基础，但是当时的一些西方经济学家们认为，效用是人的主观感受，是不可以用基数来度量的；一个人的效用和另一个人的效用是不能够进行比较的；适用于所有人的基数效用的度量单位是不存在的；尤其是货币的边际效用递减意味着富人的货币应该转移一些给穷人，西方经济学家对此最为忌讳；等等。这些成为效用主义和旧福利经济学的主要特征。而且，许多人认为，这些特征同时也是效用主义和旧福利经济学的重要缺陷。

二、 新福利经济学

20 世纪 30 年代的一场大争论使西方福利经济学发生了一次大的转折：旧福利经济学被新福利经济学所取代。"……正是罗宾斯（1932）《经济科学的性质和意义》的出版，引起了该问题（指福利问题。——引者注）上的大飞跃，促进了微观经济学家们一种新的研究课题的产生，这就是习惯上所称的'新福利经济学'。"① 新福利经济学从 1939 年希克斯的《价值与资本》出版开始流行，到 1950 年阿罗不可能性定理的提出为止。

新福利经济学的基本概念和基本思想离不开帕累托的经济思想，所以，新福利经济学也被称为帕累托经济学。

帕累托认为效用是不可以度量的；借用埃奇沃思的无差异曲线来表示消费者的偏好程度，虽然人们不能确定消费者消费两种商品中任何一种的效用是多少，但是消费哪一种获得的效用比较大，却是可以知道的。帕累托还通过对当时许多国家关于收入分配方面的统计资料的研究得出结论：任何收入再分配的努力都无济于事，社会收入不平等的状况是基本稳定的，并没有因为采取了一些收入再分配的措施而有所改观。

帕累托对新福利经济学最有影响的思想是他关于最大效用状态的判断条件。他在《政治经济学讲义》中指出："我们看到，要取得一个集体的福利最大……如某些分配标准为既定，我们就可以根据这些标准去考察哪些状态将给集体的各个人带来最大可能的福利。让我们来考虑任何一种特定的状态，并假定在与各种关系不相矛盾抵触的情况下做出一个极小的变动。如果我们这样做以后，所有各个人的福利都增加了，显然这种新状态对他们每个人都有利；相反，如各人福利均减少了，这就是不利。……但是，另一方面，如这个小变动使一些人的福利增加并使别人的福利减少，这就不能再说此变动对整个社会是有利的。因此，我们把最大效用状态定义为：做出任何很小的变动不可能使一切人的效用，除那些效用仍然不变者外，全都增加或全都减少的状态。"②

新福利经济学的主要特征是：(1) 经济学是解决稀缺性问题的；(2) 使用偏好来表示效用概念，相对地更具有主观性；(3) 只使用序数效用，避免效用的人际比较；(4) 普遍使用帕累托标准及有关的边际条件；(5) 关于补偿检验的争论。

一些学者认为，新福利经济学取代旧福利经济学是经济学发展历史上的进步。另一些学者则持有不同看法。

新福利经济学能够取代旧福利经济学而流行，"……其理由据说是因为序数论能够不依赖于效用的可衡量性和边际效用的递减而推导出向右下方倾斜的需求曲线。实际上，序数论的这种优点仅仅是形式上的"③。"它在实际上仍然是一个比较牵强的说法。"④

---

① Jackson. Welfare Economics//Maloney, John. *What's New in Economics*?. Manchester: Manchester University Press, 1992: 103.

② 胡寄窗. 西方经济学说史. 上海：立信会计出版社，1991：342.

③ 高鸿业. 西方经济学. 2 版. 北京：中国人民大学出版社，2000：128-129.

④ 同③131.

关键词

新古典学派	成本曲线	基数效用论和序数效用论
不完全竞争理论	《垄断竞争理论》	张伯伦
《不完全竞争经济学》	罗宾逊	买方垄断
庇古与《福利经济学》	旧福利经济学与新福利经济学	

思考题

1. 新古典经济学是怎样形成和发展的?
2. 评述不完全竞争理论的创立。
3. 新旧福利经济学有何差别?

第十八章 瑞典学派

瑞典学派的发展可以分为三个阶段：理论渊源阶段、形成阶段和第二次世界大战后的发展阶段。本章介绍前两个阶段的代表人物及其著作。第一节是瑞典学派整体发展的一个概述。第二节介绍这个学派理论的渊源，即维克塞尔的经济学说。第三、第四、第五节分别介绍以小国为特点概括的开放经济理论、在国际贸易理论上具重大贡献的俄林的经济学说、以宏观动态均衡理论为特征的缪尔达尔和林达尔的经济学说。

本章重点

- 维克塞尔的经济学说及其影响
- 瑞典学派的开放经济理论
- 瑞典学派的国际贸易理论和货币理论

第一节 概　　述

瑞典学派也叫斯德哥尔摩学派或北欧学派，是当代西方经济学重要的流派之一。它的发展大体可以划分为三个阶段：第一阶段是理论渊源阶段，这一阶段的主要经济学家是维克塞尔、卡尔·古斯塔夫·卡塞尔（Karl Gustav Cassel）和大卫·达维逊（David Davidson，1854—1942）。其中，维克塞尔对瑞典学派的形成影响最大。他在1898年提出的“累积过程”原理，成为瑞典学派的理论基础和出发点。

20世纪20—30年代是瑞典学派的形成阶段，代表人物主要有：卡尔·冈纳·缪尔达尔（Karl Gunnar Myrdal）、埃里克·罗伯特·林达尔（Eril Robert Lindahl）、埃里克·菲利普·伦德伯格（Erik Filip Lundberg）、贝蒂尔·俄林（Bertil Ohlin）。其中，1931年缪尔达尔的《货币均衡论》的出版标志着瑞典学派的形成。

第二次世界大战以后是瑞典学派发展史上的第三个阶段，即发展阶段。代表人物主要是阿萨尔·林德伯克（Assar Lindbeck），他是瑞典学派的集大成者。

由于维克塞尔长期任教于瑞典的隆德大学，他的重要著作又是用德文或瑞典文写的，所以他的经济学说长期未被英美经济学家所了解。20世纪30年代初期，瑞典经济学家中的一些人（如缪尔达尔、林达尔、俄林等）在经济学界日益受到重视，于是作为他们的老师的维克塞尔也引起了英美经济学界的注意，他的一些名著才被译成英文出版。[①]此时，维克塞尔已去世好几年了。在英美经济学界，大力介绍并推荐维克塞尔，并使其在西方经济学说史上居于重要地位的是熊彼特和罗宾斯。熊彼特甚至在其名著《经济分析史》中将维克塞尔与瓦尔拉斯、马歇尔并列为1870—1914年间三位“最伟大的”经济学家。[②]

第二节 维克塞尔的经济学说

一、生平与著作

约翰·古斯塔夫·克努特·维克塞尔（1851—1926）是瑞典学派的主要创始人，出生于瑞典首都斯德哥尔摩，1868年进入乌普萨拉（Upsala）大学学习，毕业后任一所专科学校的教师。青年时期特别关心伦理问题，1880年发表“饮酒原因及其对策”的演说，认为饮酒的原因在于贫困，而贫困的原因在于人口过多。这个演说引起了一场激烈的争辩，因有人批判他缺乏经济学知识，由此他毅然由数学研究转向经济学研究。1885—1890年，他先后去英国、德国、奥地利、法国等国留学，深入研究了古典经济学和边际效用学派经济学。他特别崇拜李嘉图、庞巴维克和瓦尔拉斯，受他们的影响极大。他于1889年在斯德哥尔摩的工人集会上发表了“依据新经济理论的价值、资本和地租”的演讲，此演讲稿于1893年以《价值、资本和地租》为书名出版。维克塞尔在1895年获经济学博士学位，任乌普萨拉大学讲师，1900年转入隆德大学任副教授，1904年任教授，1911年获法学博士学位，1918年退休后继续从事研究工作。

在哲学上，维克塞尔信仰无神论；在政治上，反对帝制，倡导言论自由、实行普选和让妇女参政；在经济上，主张平等分配财富、稳定币值、废除金本位制和节制人口。他思想活跃，曾参加激进主义运动，主张斯堪的纳维亚地区非军事化。1908年在斯德哥尔摩发表题为“王座、祭台、宝剑与财货”的演说，由于思想激进，被判渎神罪监禁两个月。

维克塞尔的主要著作有：《价值、资本和地租》（1893）、《利息与价格》（1898）、《政治经济学演讲录》（两卷本）（1901—1906）。

维克塞尔学说的中心是累积过程理论。这一理论既是他的货币价格理论，也是他的经济周期理论。维克塞尔的累积过程理论为20世纪30年代缪尔达尔和林达尔的宏观动态模型的建立提供了基础，他的分配制度改革论为缪尔达尔和林德伯克所继承，并被发展成为社会民主主义制度学说。这两者的结合构成了瑞典学派经济理论最基本的传统特征。

---

① 《价值、资本和地租》的英文版于1933年在伦敦出版，《利息与价格》和《政治经济学演讲录》的英文版于1934年在伦敦出版。

② 熊彼特．经济分析史：第3卷．北京：商务印书馆，1994：473-483.

二、维克塞尔的累积过程理论

维克塞尔认为，货币数量论的错误在于以一些不现实的假设条件作为理论的基础：(1) 货币数量论假定，每个人比照其业务或支出范围以一个不变的平均水平保持他的货币余额，或者说，货币的流通速度似乎是一个固定不变的数值。然而，实际上它是一个自动变化的数值。(2) 货币数量论假定，全部交换业务或至少其中有一个固定的部分，是用硬币或纸币来进行的。(3) 数量论还假定，流通中的金属货币总存量同窖藏的部分，或者同用作装饰或财宝而从流通中退出的部分，是可以明确划分的。维克塞尔指出，由于这些假定特别是关于货币流通速度的假定与现实相背离，所以货币的数量被看成是一个直接的价格决定力量是不正确的，价格水平与货币数量之间的那种确切的关系是无法加以决定的。

维克塞尔认为，在一个银行业充分发展的有组织的信用经济中，除了应付日常零星支付所需的纸币之外，现金保有和贷款业务以及汇票、纸币、支票和清算方法的使用都集中在银行手中，因此，一切支付都可用银行账户上的账款转移来完成。在这种条件下，一般价格水平取决于银行提供信贷的条件或贷款利率，但是仅有这个条件还不够。因为如果把价格水平与利息率进行直接对比，那么可以看到价格上涨不但可以与低利息率并存，同样也可以与不变的或高利息率并存；价格下跌可以与不变的或低利息率并存，也可以和高利息率并存。

维克塞尔把利息率区分为货币利息率和自然利息率，前者是金融市场上的实际利息率，后者是预期的均衡利息率（实际上是资本的边际生产率或资本的边际利润率）。他认为，这是由于货币经济与实物经济之间存在着本质的差别所造成的。在实物经济下，一切借贷不使用货币而以实物资本形态进行，这种资本供求关系决定的利息率就是“资本的自然利息率”，它决定于实物资本的边际生产率。因此，实物资本的总供给关系始终是平衡的，所以萨伊定律是成立的。但是，在货币经济中，实物资本不再被借贷，而是被买卖，因此，资本品供求关系的变动，并不表现为利息率的升降，而是表现为价格的涨跌；借贷资本一般采用货币的形式，这种由金融市场上的借贷关系所决定的利息率就是货币利息率或市场利息率。维克塞尔还认为，在任何时期和任何情况下，金融市场上总有某一个与自然利息率相一致的利息率，这个利息率就被称为“资本自然利息率的现时价值”或“正常利息率”。正常利息率实质上是自然利息率的货币表现，或者说，是市场利息率与自然利息率相一致时的那种货币利息率。这时的金融市场与实物资本市场上的供求正好相等，则投资和储蓄相等，价格和生产稳定不变，整个经济处于均衡状态。这是因为投资的边际利润率恰好等于借款所付的利息率，增加投资无利可图，而减少投资又会减少利润，所以投资不增不减，价格与经济处于均衡状态。如果自然利息率高于市场利息率，此时增加投资有利可图，因而投资增加，社会收入增加，物价上涨，经济处于扩张状态。这种扩张带有累积的性质，直到经济扩张对货币贷款的需求把市场利息率拉到与自然利息率相一致的水平为止，即资本的边际利润率与市场利息率相等，经济回复到平衡状态。如果自然利息率低于市场利息率，此时资本的边际利润率为负，于是投资减少、收入下降、消费缩减、物价下跌，从而开始了经济活动的累积收缩过程，直到货币需求减少到使市场利息率下降到与自然利息率相等时为止，经济在一个较低的水平上恢复了均衡状态。这是一个与上述向上的累积过程相反的向下的累积过程。维克塞尔认为，只有当金融市场上的供求均衡时，商品市场上的供求才能平衡，价格水平也就稳定了，换句话说，只有在货币利息率与自然利息率相一致时，货币才是中性的。但是，这种情况在市场力量的自发作用下是很难实现的。因此，在货币经济中萨伊定律不一定成立。

维克塞尔根据这一理论，提出了中央银行调节市场利息率以平抑经济周期波动、维持经济稳定的政策主张，办法是以价格变动为指示器，当价格上涨时将利息率提高，而当价格下降时则将利息率降低。

三、分配制度改革论

维克塞尔认为，在资本主义经济制度下，自由竞争通常被人们视为一个实现最大化生产的充分条件。但是，这个生产最大化却总和劳动要素在分配中的份额的减少相结合。因此，劳动者在收入分配中的地位就越来越恶化。恶化的主要原因是劳动要素由于人口增长而没有合比例地增加，劳动者人数的这种不合比例的增加，在其他条件不变的情况下，势必日益降低劳动的边际生产力，从而降低工资。另一个原因是，机器的广泛使用和技术的进步把一部分劳动者从工厂中排挤出去，从而使失业者的状况更加恶化。但与此同时，资本家的利润却随着劳动者收入份额的减少而增加。

针对这一制度上的弊端，维克塞尔提出了通过收入再分配来缩小劳资之间的贫富差距，并以此来提高整个社会总效用的水平。因为从富人那里取走一小部分货币对富人而言，其损失的消费的边际效用是很小的，但是将从富人那里取来的部分货币转移给穷人，那么穷人所增加的消费的边际效用将是很大的，所以整个社会的总效用是增加的。维克塞尔主张实施收入平等化、规定最低工资和最大工作时数、改善劳动者的工作条件等社会改革措施，以便给所有人带来“尽可能大的幸福”。但是，他的改革是严格局限在分配领域的，维克塞尔强调，需要救治的弊端仅只与社会的收入分配问题有关，而与经济上最为优越的生产方式无关。

维克塞尔理论在西方经济学说史上占有重要地位。19 世纪和 20 世纪之交，资本主义国家正经历垄断资本主义向国家垄断资本主义的过渡，当时的西方经济学也在酝酿一场从自由放任主义到国家干预的变革。维克塞尔则是这一变革时代中的一位承前启后的人物，他的学说影响力远远超过了瑞典学派的范围。在理论上，维克塞尔以利息率为纽带，将过去互不联系的价格论和货币论加以沟通，建立了统一的货币价格理论，并用来解释经济周期现象；在经济政策上，维克塞尔提出通过调节利息率来克服经济周期波动的宏观货币政策主张。利用利息率而不是货币数量作为经济杠杆，正是凯恩斯主义与货币数量论的区别之一。因此，维克塞尔的经济理论在某种程度上也是凯恩斯主义的先导。

第三节 开放经济理论

瑞典是一个开放的工业化小国，它的经济严重依赖于世界市场，对外贸易在国民经济中占有举足轻重的地位，世界市场上的经济动荡对瑞典经济波动有着决定性的影响。因此，瑞典经济学家把对外经济关系作为自己的研究课题，并提出了一些颇有特色和影响的开放经济理论。

一、 卡塞尔的购买力平价理论

（一）卡塞尔的生平与著作

卡尔·古斯塔夫·卡塞尔（1866—1945）1866年10月20日出生于瑞典首都斯德哥尔摩，曾就读于斯德哥尔摩大学和乌普萨拉大学，1895年毕业于乌普萨拉大学并获博士学位。1904—1938年任斯德哥尔摩大学政治经济学和财政学教授，1916年应德国邀请研究德国问题。1920年，他参加布鲁塞尔国际经济会议，受国际联盟（联合国的前身）的委托对货币问题发表见解，并向大会提交了《世界货币问题》的备忘录，他的货币外汇理论为他赢得了国际声誉。1921—1922年他两次作为瑞典代表团成员出席国际商会会议，1922年再次参加在日内瓦召开的国际经济会议，同年出任苏联新开办的国家银行顾问。1928年接受美国众议院银行委员会的邀请，在审定稳定美元提案的会议上发表意见，主张实行以美元价值为基准的金汇兑本位制。在美国期间，他到许多大学做演讲，在芝加哥大学和哥伦比亚大学分别做了题为“战后货币稳定”和“国际资本运动”的报告。他曾任瑞典财政部的顾问。1922年卡塞尔获得瑞典皇家科学院金质奖章，1926年担任该院院长。1929—1932年，他担任国际联盟金融委员会的委员。1945年1月14日，卡塞尔去世。

卡塞尔的主要著作有：《利息的本质和必要性》（1903）、《社会经济理论》（1918）、《世界货币问题》（1921）、《1914年以后的货币与外汇》（1922）、《世界货币制度的危机》（1923）、《经济学的基本思想》（1925）、《经济学中的数学思想》（1935）、《金本位的崩溃》（1936）。

卡塞尔最著名的两本书是《社会经济理论》和《1914年以后的货币与外汇》。在《社会经济理论》中他首次提出了“价值论无用”论；在《1914年以后的货币与外汇》中他从货币数量论出发，系统阐述了汇率理论——购买力平价理论。

（二）购买力平价理论

购买力平价理论（theory of purchasing power parity，PPP）是一种比较古老的学说，在19世纪就已经出现。但是直到瑞典经济学家卡塞尔于1916年提出这一主张，并于1922年在《1914年以后的货币与外汇》一书中进行了系统的阐述后，购买力平价理论才得到人们的重视。

购买力平价理论有两种形式：绝对购买力平价和相对购买力平价。购买力平价理论的主要观点是：人们之所以需要外国货币，是因为它在外国具有对一般商品的购买力，外国人之所以需要本国货币，也是因为它在本国具有购买力。因此，一国货币对外汇率，主要是由两国货币在其本国所具有的购买力决定的，两种货币购买力之比决定了两国货币的交换比率，即汇率。卡塞尔认为，世界各国实现自由贸易，国际价格（即不同货币的相对购买力）保持稳定时，国际收支将趋于平衡，因此，可以从两国物价水平求得均衡汇率。这就是所谓的绝对购买力平价理论。假设有一组商品，在英国（外国）购买需要1英镑，在瑞典（本国）购买则需要2克朗，两国货币购买力之比为2∶1，那么，这两种货币的汇率（直接标价法）就是1英镑＝2克朗。根据购买力平价理论，均衡汇率等于两国物价水平的比率，其计算公式是：

$$R = P_h / P_f$$

式中，R 表示两国间的汇率，P_h 表示本国的物价水平，P_f 表示外国的物价水平。

相对购买力平价理论则把汇率的升降归因于物价或货币购买力的变动。也就是说，在一定时期内，汇率的变化要与同一时期内两国物价水平（或者是通货膨胀水平）的相对变动成比例。相对购买力平价①是以平价为轴心，用物价指数求得均衡汇率，汇率随物价涨落而变动。例如，在上例中，本国的物价指数由100上升到360，而外国的物价指数则由100上升到240，那么，新汇率就等于旧汇率乘以两国物价指数的比率，即 $2\times[(360/100)/(240/100)]=3$。

卡塞尔系统阐述购买力平价理论后，在西方经济学界引起了很大的争论，毁誉参半，但是该理论在外汇理论中占有重要地位是毋庸置疑的。多年来，西方国家对购买力平价理论做了许多实证研究，一般的结论是：这个理论从长期来看是可以成立的，尤其在发生通货膨胀或通货紧缩的情况下，但在短期内该理论并不适用。购买力平价理论也有严重的缺陷，首先，它的限制条件比较严格，要求两国的生产结构和消费结构大体相同；其次，它的理论基础仍然是货币数量论。

二、 小国开放经济周期理论

瑞典经济波动深受国际市场价格波动的影响，其波动机制也有其独特之处。瑞典经济周期的上升通常开始于出口的增加，当国际市场对瑞典出口商品的需求增加时，瑞典出口增加；随着出口的增加，本国（瑞典）的生产扩大、利润上升，生产的扩大进而扩大了对劳动的需求，因而个人的工资也随之上升，所以整个社会收入上升，增加了国内需求。需求的增加会产生两种后果，一是国内库存投资和固定投资增加，二是价格上涨。国内商品一时不能满足扩大了的国内需求，于是进口增加。进口的增加在繁荣阶段的晚

---

① 相对购买力平价的计算公式是 $R'=[(P_{1h}/P_{0h})/(P_{1f}/P_{0f})]R^0$，这里的下标0和1分别表示基期和下一个时期（计算期），下标 f 和 h 分别表示外国和本国，P 表示物价水平，R^0 表示按绝对购买力平价公式计算出的汇率。

期往往会超过出口的增加，因而国际收支出现赤字。在繁荣阶段的高峰时期，由于国际市场对瑞典出口商品需求的降低，会导致瑞典出口的下降，因而国内生产增长率变缓，国内投资下降，利润和工资下降，社会需求减少，进而进口减少，国际收支得到改善，价格水平也因需求的减少而下降。于是萧条阶段开始，直到国际市场上出现新的景气，对瑞典出口商品的需求增加，才开始新的一轮周期（如图 18－1 所示）。

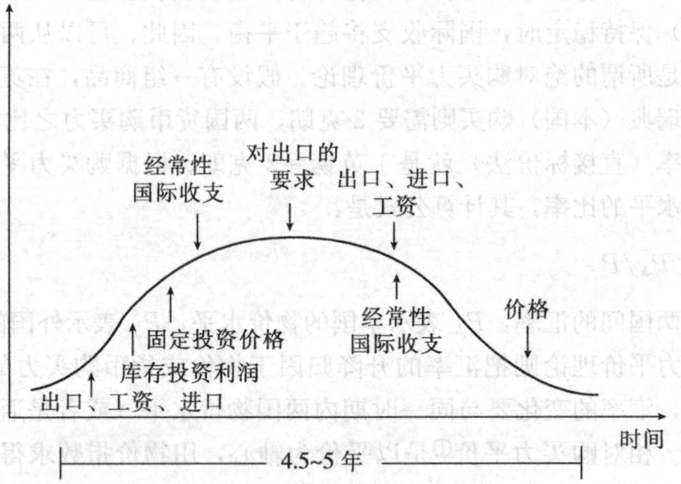

图 18－1　小国开放经济周期模型图

三、 小国开放经济通货膨胀理论

战后瑞典经济的特点是就业水平高、国际收支比较均衡，但通货膨胀率很高，并且深受世界性通货膨胀的影响。瑞典经济学家用部门结构和世界通货膨胀传导机制来解释这一现象，并建立起独特的通货膨胀理论。该理论最早由挪威经济学家奥德·奥克鲁斯特（Odd Aukrust）提出，后为瑞典经济学家格斯塔·埃德格伦（G. Edgren）、卡尔·沃尔夫·法克森（K. O. Fazen）和克拉斯·艾里克·奥德纳（C. E. Odhner）三人在《小国经济的建设》（1970）一书中发展而成。所以该模型通常称为奥克鲁斯特模型或者 EFO 模型（EFO 为上述三名瑞典经济学家的名字的首字母的合写），这一模型后来在西方经济学界广为传播，因其创始人都是斯堪的纳维亚人，所以该模型又称为斯堪的纳维亚模型或北欧模型。

该模型把小国开放式经济体系分成两大部分：开放式经济部门和非开放式经济部门。开放式经济部门主要由商品生产部门组成，其产品进入国际产品市场；非开放式经济部门主要由服务性部门和建筑部门组成，其产品不进入国际产品市场。这一模型的数学表达式为：

$$\pi=\pi_w+a_c(\lambda_o-\lambda_c)$$

式中，π 表示该国的平均通货膨胀率，π_w 表示世界性的通货膨胀率，下标 o 表示开放式经济部门，下标 c 表示非开放式经济部门，λ_o 和 λ_c 分别表示开放式经济部门和非开放式经济部门的劳动生产率的增长率，a_c 表示非开放式经济部门在该国经济中所占的比重。该公式的经济学意义是：一国的通货膨胀率等于世界通货膨胀率加开放式经济部门和非开放式经济部门劳动生产率的增长率的差额与权重的乘积（权重为非开放式经济部门在全部经济中所占的比重）。

在斯堪的纳维亚模型中，世界通货膨胀主要是通过下列途径传递的：

(1) 国际贸易。在固定汇率条件下，开放式经济部门的通货膨胀率随世界通货膨胀率的增长而增长；进入国际市场的产品价格等于该产品的国际价格。

(2) 货币工资增加率。假定不考虑利润的变化，开放式经济部门的货币工资增加率取决于该部门的通货膨胀率和劳动生产率的增长率，即该部门的工人根据该部门产品价格和劳动生产率提高的情况提高货币工资。

(3)“看齐”作用。非开放式经济部门的货币工资向开放式经济部门的货币工资看齐，在充分就业条件下，这是防止该部门劳动力外流所必不可少的手段，同时也将通货膨胀传递给了非开放式经济部门。

最后，将这两个部门的通货膨胀率分别用两部门在该国经济中所占的比重加权相加，就可以得到该国的通货膨胀率。

这种通货膨胀理论利用世界通货膨胀和部门结构来说明通货膨胀现象，也称为部门结构式通货膨胀理论。此外，瑞典学派还运用部门结构因素解释失业现象，从而建立起部门结构式停滞膨胀理论，从另一个侧面说明通货膨胀和失业并存的局面。

第四节　俄林的经济学说

贝蒂尔·俄林（1899—1979），瑞典经济学家、政治家。1899 年 4 月 23 日出生于瑞典克利潘的一个律师家庭，15 岁考入大学，求学于隆德大学和斯德哥尔摩大学，1919 年获斯德哥尔摩大学文学学士学位。1922 年获斯德哥尔摩大学经济学硕士学位，同年，在其导师赫克歇尔（E. F. Heckscher）的指导下，写了一篇关于贸易原理方面的论文，受到卡塞尔的赞扬，1924 年获该校博士学位。1925—1930 年在丹麦哥本哈根大学任教，在此期间，他曾赴英国剑桥大学和美国哈佛大学做研究或任教。1930 年受聘为斯德哥尔摩大学教授，1965 年退休后被聘为该校名誉教授。他曾任美国加利福尼亚大学客座教授。

他的研究成果主要表现在国际贸易理论方面。其主要著作有：《贸易理论》（1924）、《世界经济萧条的过程与阶段》（1931）、《国际经济重建》（1936）、《就业稳定问题》（1949）、《对外贸易政策》（1955）等。其名著《地区间贸易与国际贸易》于 1933 年出版。该书的出版使他成为现代国际贸易理论的创始人之一。

1977 年，俄林和英国的米德（J. E. Meade）因对“国际贸易与国际资本流动的理论做出创造性的贡献”而获得了诺贝尔经济学奖。

俄林不但是一位经济学家，而且还是一名活跃的政治家。作为政治家的俄林，其名声甚至大于作为经济学家的名声。他于 1934—1939 年担任瑞典自由青年联盟主席，1944—1967 年任瑞典自由党领袖，1938—1970 年一直是瑞典国会议员，1944—1945 年出任瑞典的贸易大臣。

俄林是卡塞尔的学生，其基本观点多以其老师的理论为基础。古典经济学的理论原则经过 100 多年的实践检验，到 1933 年尚未发生根本动摇的原则不多，李嘉图的比较成本说（comparative cost theory）是其中的一个。俄林原则上是接受李嘉图的比较成本说的，但他指出李嘉图理论中未说明比较利益产生的原因。1919 年俄林受赫克歇尔关于生产要素比例的国际贸易理论的影响，在 1922 年开始修改国际贸易理论，即运用一般均衡分析来加以改造，从价格须彼此依存的理论出发，后来又进一步运用生产要素价格分析。俄林根据卡塞尔的价格形成理论，假定如下的六种关系：（1）商品的需求等于供给，也等于生产；（2）生产一定量的某种商品，如技术不变，需使用一定量的（即技术系数）某种生产要素，则一切产业的某种生产要素的总需求等于总供给；（3）如技术发生变化，则技术系数决定于生产的实际情况和生产要素的价格；（4）商品的价格等于生产成本，而生产成本则是由各种生产要素的需要量乘以其价格而得出的；（5）商品的需求由其价格、个人收入和嗜好而定；（6）收入受生产要素价格及所有权条件的支配。概括地说，商品价格决定于生产成本，生产成本又决定于生产要素的价格，生产要素的价格则决定于供求。

需求取决于两个条件：消费者的欲望、嗜好及购买能力；生产要素的所有权形式。而供给则取决于三个条件：生产要素的供求、生产要素的价格和生产的自然条件。

俄林的理论集中在生产要素价格形成上，并根据一般均衡分析认为价格形成是相互依存的。这是他的贸易理论核心，既适用于国内各地区之间的贸易，也适用于国际贸易，而国际贸易只是区域贸易的特例。俄林的整个理论体系大致如下。

各独立地区的所有财货的相对价格决定人们对财货的需求和生产它们的可能性。各地区内的价格机制建立在两个基本点上，即商品的价格和生产要素的价格须同时决定。两个地区之间的相对价格之差决定于两方的需求情况和生产要素的供给情况，所以，商品的相对价格也就取决于生产这些商品的生产要素的相对稀缺性。因此，两地区间不等的生产要素的相对价格（或稀缺性）即为两地区间成立贸易关系的必要条件（但还不是其充分条件）。另一个条件为生产要素缺乏可分性（divisibility），就导致了内部经济与外部经济的出现。简单地说，贸易导致生产要素价格均等化，一方面两地区间商品的流动可理解为生产要素的移动，另一方面也是生产要素的移动代替了商品的移动。

国际贸易是这种区域贸易理论的扩展和运用，只是在国际贸易中这些（生产要素和商品）移动可能受到较多的阻碍。但不像旧的比较成本理论那样认为自然资源绝对不能移动，劳动力的移动会受到语言及其他原因的限制，资本的移动会受到法律的限制。俄林认为即使在国内贸易中，各地区间的要素移动也会出现各种困难和阻挠，与国际贸易相比只是程度上的差别而已。为此，俄林提出了在国际贸易中更要注意生产要素禀赋（factor-endowment）的比例问题。所以在国际分工和国际贸易体系中，各国出口的应是那些以自己相对丰富的要素生产的产品，进口的应是那些需要用本国相对稀缺的要素生产的产品。这就是通常所说的赫克歇尔-俄林模型或 H-O 模型。这是俄林对西方经济学说的最大贡献。

俄林在现代西方经济学说史上的第二个贡献是他在经济稳定政策方面的成就。从 20

世纪20年代起，他就致力于建立宏观经济理论，注重研究总有效需求水平同总供给水平的关系。第二次世界大战前，他重点研究经济萧条及其对策，极力主张政府实行扩张性经济政策。1934年，他在一本论述扩张性经济政策的小册子中，强调了公共工程对收入、生产和就业的影响，研究了乘数作用，考察新增投资的资金来源问题，并且区别了税收来源的投资和借款来源的投资的不同经济效果。他对传统货币数量论进行了批判，认为货币供给是一种被动因素，他的变动取决于货币需求，而且具有灵活的周转速度。因此在某种程度上他为凯恩斯的《通论》开了先河。

俄林重视对动态过程的研究，即研究事前的投资和消费计划怎样根据过去时期的经验制定、怎样以各种方式走向不均衡，造成价格和就业的不可预期的变化。

对于瑞典这样一个严重依赖国际市场的小国来说，他认为扩张性经济政策的关键在于留给它的国际空间有多大，由此注重研究怎样借助于汇率的变化和进口管制来控制国际收支平衡。第二次世界大战后，俄林的研究重点转向过度需求和通货膨胀问题。20世纪40年代后半期，他研究当时的"超充分就业"问题，认为需求过度的压力会造成频繁的劳动力流动和生产效率的下降，他主张制定一种最佳充分就业目标，这一目标应低于当时的"超充分就业"水平。

第五节 缪尔达尔和林达尔的经济学说

缪尔达尔和林达尔在修正维克塞尔累积过程理论的基础上，建立了瑞典学派的宏观动态均衡理论。

一、缪尔达尔的经济学说

(一) 缪尔达尔的生平与著作

卡尔·冈纳·缪尔达尔（1898—1987）是瑞典经济学家，1974年诺贝尔经济学奖获得者。[①] 他于1898年12月出生于瑞典达拉纳的古斯塔夫教区一个芬兰移民的家庭。1923年毕业于斯德哥尔摩大学的法学院，毕业后从事律师工作，1927年获斯德哥尔摩大学经济学博士学位，并留校任讲师。1925—1929年，他先后留学英国、德国和法国，1929—1930年作为获洛克菲勒奖金的研究员去美国进行研究工作，1931—1932年任日内瓦国际研究生院副教授，1933—1939年任斯德哥尔摩大学教授。1938年获得哈佛大学的荣誉学位。1938—1940年受卡内基公司的委托赴美国研究黑人问题，1942年返回斯德哥尔摩大学继续任教，1945年被选为瑞典皇家科学院院士。1961—1965年任斯德哥尔摩大学国际经济学教授，同时筹建国际经济研究所，并任所长。1973—1974年出任美国加州圣巴巴拉的民主制度研究中心特约研究员，1974—1975年担任美国纽约市立大学客座教授。退

---

① 这一年他与奥地利的经济学家哈耶克（F. A. von Hayek）共同获得了诺贝尔经济学奖。

休后，他被聘为斯德哥尔摩大学的名誉教授，仍然坚持研究与写作。

缪尔达尔还是一位政治活动家。他 1940 年担任瑞典筹划预算制度委员会委员，1934 年和 1942 年，先后两次作为瑞典社会民主党人当选为瑞典参议员，1943—1944 年任瑞典驻美国使馆经济顾问，1945—1947 年被任命为瑞典战后经济计划委员会主席和瑞典政府商业部长，1947—1957 年任联合国欧洲经济委员会执行秘书。1957 年受 20 世纪基金会的委托，他开始对南亚和东南亚 11 个国家的政治经济问题进行研究，该研究至 1967 年结束，研究的结果就是三卷本的《亚洲的戏剧》。

缪尔达尔的著作比较多，主要有：《经济理论发展中的政治因素》(1953)、《货币均衡论》(1931)、《财政政策的经济效果》(1934)、《美国的两难处境：黑人问题和现代民主》(1944)、《亚洲的戏剧：一些国家的贫困的研究》（三卷）(1968)、《世界贫困的挑战：世界反贫困大纲》(1972)、《反潮流：经济学评论集》(1973)。

（二）缪尔达尔的经济学说

1. 宏观动态均衡模型。

1931 年缪尔达尔出版了其代表作《货币均衡论》，在该书中他指出，维克塞尔所使用的方法是“静态的方法”。在静态经济中，维克塞尔的三个货币均衡条件，根据假设是可以同时满足的，而且“把分析限制在一个特定的时点上，对于货币均衡这一概念和对于联系到货币均衡形势来决定任何既定的情况都是重要的。然而，这样的分析只能当作是准备的步骤”①。但是，“维克塞尔的理论……是试图分析一个动态的过程……这种过程，当然不能是均衡的”②。但是，在动态中和货币均衡不一致的其他条件，如物价水平稳定，在静态的假设下也能获得满足，从而无法判断哪些是货币均衡的基本条件，哪些不是，以及它们之间的关系是什么。维克塞尔就这样把这些问题遗留下来了。

缪尔达尔认为，要解决静态分析所固有的缺点，必须在经济理论中引进“时期”概念，以便把时点分析和时期分析结合起来。他说：“动态问题的本身牵涉到从一个时点到第二、第三等等时点的发展问题。因为时期是两个时点之间的间隔，很明显，在一个时点上的即时分析不仅是完全解决有关的动态问题的准备工作，而且是进一步分析这些问题所必要的基础。”③ 因此引进时期概念，就是为了对“次一时点以前在时间上的因果发展”④ 进行分析。

缪尔达尔还在“时点”与“时期”概念的基础上阐述了“事前”(ex-ante) 和“事后”(ex-post) 的内涵。他认为，在分析动态问题时所涉及的变量中，有些只是直接涉及一个时点上的量，如资本价值、需求价格和供给价格等，而另一些变量则包含一个计算它们的时期，如收入、收益、储蓄和投资等。在计算这些变量的数值时，“预测的方法与回顾的方法存在着重大差别……根据所研究的时期终点的计算来确定的数量，可当作是事后的；根据该时期的起点所计划的行动来确定的数量，可当作是事前的”⑤。事后的计

①② 缪尔达尔. 货币均衡论. 北京：商务印书馆，1982：41.

③④ 同①42.

⑤ 同①44.

算是指已经实现的量，事前的计算则是指预期、估算和计划的量。

缪尔达尔在区分了事前和事后的概念后，特别强调了预测量在货币经济运动中的决定作用。他指出，不论发生多大的变化，事后实现的数值在“簿记”中自然总是“平衡的”；而事前预期的值则不一定是平衡的，它们往往在实现这种事后平衡所需要的时期内发生变化。这些预期却决定着经济主体的行为，因而也决定了整个经济体系中的相关变量在该时期内实际上作为个人行动的结果而发生的变化，推动着动态过程向前发展。所以，在货币经济分析中，重要的并不是簿记中没有意义的事后平衡，而是人们开始时对有关变量的计划值或预期值，归根结底，“全部货币问题决定于预期这一因素”①。

在明确了“时点”“时期”“事前”“事后”等概念之后，缪尔达尔从以下几个方面对维克塞尔的货币均衡理论进行了新的表述。

维克塞尔关于货币均衡的三个条件是：(1) 货币利息率与“自然利息率”一致，即货币利息率必须等于真实资本的边际生产率；(2) 利息率必须能使储蓄的供给与需求相等；(3) 利息率应能保证一个稳定的价格水平，主要是消费品价格水平。② 维克塞尔认为，满足这三个条件，则商品市场与货币市场必然同时达到均衡，即实物分析与货币分析相互结合起来。

缪尔达尔对此做了如下修正：

第一，用预期利润率取代“自然利息率”。因为“自然利息率”或实物资本边际生产率在货币经济条件下是无法确定的，它只是“在十分抽象的理论的虚假世界中决定的”东西，“是这个世界中所没有的概念”③，所以缪尔达尔主张用真实的资本预期利润率来取代“自然利息率”。因为“自然利息率”的概念要求我们假设只有一个生产要素，并且只生产一种产品，且这二者都是同属于同一实物性质的。然而，这些假设不适用于现实的经济条件，所以这个概念对于现实分析是没有意义的。

第二，维克塞尔的第二个货币均衡条件，即“利息率必须能使储蓄的供给与需求相等”以现代经济学的术语来说，就是储蓄等于投资。这一分析对现代西方经济学有非常大的启发意义。但缪尔达尔认为，维克塞尔没有真正说明储蓄和投资究竟是什么。缪尔达尔强调指出，如果把过去时期内被吸收的储蓄和已投入的实际投资加以事后的比较，那么它们必然是相等的，不管这一时期中维克塞尔累积过程有了什么样的变化。因此，它们对于货币均衡的条件是没有用途的，而与货币均衡观念有关的就必须是在特定时点上事前确定的数量，因为只有这种预期才能诱导出这两个相关变量之间在整个时期内所发生的实际变化，因而它们往往是不平衡的。据此，缪尔达尔认为，维克塞尔的第二个均衡条件应改写为：

$$R_2=W=S+D$$

式中，R_2 为实际投资总额（包括再投资和新投资，以货币计量的新真实资本的预期生产成本来计算），W 为可供处理的自由资本，S 为储蓄，D 为预期的资本价值变动。

① 缪尔达尔. 货币均衡论. 北京：商务印书馆，1982：34.

② 同①37.

③ 同①49.

缪尔达尔认为，从理论上说，从上述公式中可以得出新投资=储蓄（$R_2-D=S$），但实际上“不可能在实际资本构造中，分出一个具体的数额作为能够从所有投资总额中拣选出来、并能够和再投资区分开的新投资”①。因此，维克塞尔的资本市场均衡的条件应正确表述如下：如果货币利息率能使实际投资总额与储蓄加上真实资本预期价值变动总额相等，这种货币利息率就是均衡利息率或正常利息率。

缪尔达尔指出，在上述均衡条件下，如果企业家对真实资本的未来收益率发生了更加“乐观”或“悲观”的变化、货币利息率有了降低或提高，或储蓄曲线发生了变化，因而总储蓄增加或减少，那么，货币均衡 $R_2=W=S+D$ 就会被扰乱，真正投资和可供处理的自由资本就有了差异，这就促发了一次向上的或向下的维克塞尔累积过程。

第三，缪尔达尔指出，维克塞尔的第三个均衡条件实际上是不成立的。他说：“假如均衡的价格关系得到满足，绝对货币价格与之一致的任何变动不会扰乱货币均衡，无论这种一般价格的变化是否为预期的，并不影响这个结果。”因此，“货币均衡本身不决定绝对价格变动，但会充分决定上述的某些相对价格关系”。可见，“维克塞尔……错了：价格水平的发展似乎与货币均衡无关”②。

2. 循环累积因果原理。

瑞典在20世纪30年代的世界性资本主义经济危机中，一方面，工人阶层失业增加，民众生活贫困，教育、居住、卫生状况都很差。但另一方面，社会上有人却拥有巨额财富，造成了极大的社会贫富差距。因此，具有社会责任感的缪尔达尔开始对社会平等问题产生兴趣并进行了深入的研究。这样，自20世纪30年代后期，他就转向了制度经济学的研究。

缪尔达尔在《美国的两难处境：黑人问题和现代民主》中提出了“循环累积因果原理”，在此后的著作中，他不断加以论述和完善。他认为，经济制度是发展着的社会过程的一部分。在一个动态的社会过程中，社会各种因素之间存在着因果关系。某一社会经济因素的变化会引起另一社会经济因素的变化；而第二级的变化反过来又加强了最初一级的变化，并导致社会经济过程沿着最初那个变化的方向发展。这种因果互相加强的累积过程可能是上升的运动，也可能是下降的运动。例如，增加发展中国家贫穷大众的收入，就会改善他们的营养状况；他们营养状况的改善，就可以提高劳动生产率；而劳动生产率的提高，又进一步增加了他们的收入。从最初的收入增加，到收入的进一步增加，这是个因果循环。但这不是简单的循环流转，而是有着累积效果的，所以称为“循环累积因果原理”。缪尔达尔强调，社会改革的目的是促进社会的发展，所以社会改革的政策就在于选定能促进上升运动的因素并加以推动，使其实现。同时，由于事物的循环运动具有累积效应，所以运用这一原理，可以对实行某项改革的效果进行预测。

这种因果关系存在于各种有关的社会因素中间，因此经济学的研究对象不能局限于纯粹的经济关系，而是要对经济因素以外的其他有关因素同时进行研究。所以，他强调指出，在经济学的研究中，不能把社会现象区分为“经济的”和“非经济的”，而只能区

---

① 缪尔达尔. 货币均衡论. 北京：商务印书馆，1982：94.

② 同①112.

分为“有关的”和“无关的”。

这种原理表明事物的常态是动态变化的累积倾向，而不是像传统经济学所说的那样，经济因素之间总是由均衡到非均衡再恢复到均衡。由此可见，这一原理是其动态经济理论在制度经济学中的自然延伸。但这个原理不承认在社会一切因素中存在一种基本的或根本的因素，从而容易使人陷入“循环决定”论的迷雾之中，而抓不住解决问题的关键因素和环节。

二、林达尔的经济学说

（一）林达尔的生平与著作

埃里克·罗伯特·林达尔（1891—1960）是瑞典经济学家。他出生于瑞典首都斯德哥尔摩，1919 年获得瑞典隆德大学博士学位，并留校工作，1920—1924 年任隆德大学助理教授，1924—1932 年任乌普萨拉大学助理教授，1932—1937 年任哥德堡大学经济学教授，1939—1958 年任隆德大学经济学教授。此外，他还担任过瑞典财政部顾问、国际经济学会会长。

林达尔的著作主要有：《征税的权利》（1919）、《货币政策的范围和手段》（1929）、《1861—1930 年瑞典的国民收入》（1937）和《货币和资本理论的研究》（1939）。其中，《货币和资本理论的研究》是一本总结早期瑞典学派理论的经典著作。

（二）林达尔的经济学说

林达尔是瑞典学派的重要成员，研究领域涉及动态经济学、经济周期理论、国民收入理论和货币理论等方面。

在经济学研究范围上，他把经济学分为说明过去经济现象的经济史学和研究现实经济问题的理论经济学，又把理论经济学分为研究一般经济学原理的一般经济学和研究具体问题的特殊经济学；在方法论上，他认为经济学的研究不仅要广泛地收集各种资料和信息，还要寻找各种经济现象之间的因果关系。他特别强调了预期的作用，这与他长期从事动态经济学的研究有密切的关系。

林达尔在瑞典学派中的作用主要表现在两个方面：一是发展了维克塞尔的动态概念，二是进一步强调利息率在经济分析中的作用，补充了维克塞尔的累积过程理论。

林达尔在《货币和资本理论的研究》中强调指出，时间和预期在动态分析中具有举足轻重的作用，他利用缪尔达尔的“事前”和“事后”概念，提出了序列分析方法和以“计划”为核心概念的动态理论。

林达尔指出，既然动态经济学研究从一个均衡到另一个均衡的移动过程，并认为均衡是暂时的、瞬间的，而不均衡则是不断的，那么，研究动态过程除了采用均衡分析法之外，还可以采用非均衡分析法。前者把动态过程看成是由一系列短暂的均衡状态组成的，后者则把动态过程看成是由一系列不均衡状态所组成的。他认为，非均衡分析法更符合现实。为了建立非均衡分析，他把各种经济变量视为时间的函数，但并不是连续的时间函数，因此，可以运用缪尔达尔的“事前”和“事后”概念，把动态过程循序划分为若干不等的短的期间，依次分析各个期间的经济变动：首先确定各个期间分界点上的经济变量的数值，然后求出各个期间有关变量的总和，即可得出经济变动全过程中各个变量的值。林达尔建立的这一分析方法称为期间分析法、序列分析法或过程分析法。

林达尔强调指出，动态分析只有引入预期因素才有可能。因此，他对人的活动提出了一个基本的假设：人们在将来的一个或长或短的期间内的活动，不过是为了完成某些计划，而这些计划是在该时期之初根据某些原则确定的。拟订计划是为了达到某种目的，因此，它还依赖于人们对将来的预期，而这种预期又受到人们对过去事件的看法的影响。围绕“计划”这一核心概念，林达尔的动态理论可分为三大部分：(1) 关于研究制订计划所依据的原则、技术条件、社会制度、心理状态等各种前提；(2) 研究一定期间内计划的内容，并说明修改计划的原则；(3) 研究计划执行中经济演变的动态过程。因此计划理论就成了动态经济理论的中心。他认为，经济计划具有普遍性。资本主义社会有三种计划：劳动与资本所有者使自己收入最大化的私人计划，厂商实现利润最大化的厂商计划，政府与整个国家经济政策有关的公共计划。其中，公共计划对社会经济发展过程的影响是十分巨大的。林达尔进一步指出，中央计划经济可以分为三种：(1) 对生产和消费加以管制的中央计划经济；(2) 消费自由的中央计划经济；(3) 允许私人储蓄的中央计划经济。

林达尔认为，由于人们预期和评价标准的改变，或由于内在的和外在的种种经济和非经济因素的变化，一方面使得计划不得不做出相应的修改，另一方面，也使确定计划修订的原则成为计划理论中最困难的部分。

此外，林达尔还强调了利息率对物价水平的影响。他认为，利息率通过对个人名义收入、储蓄比例、消费品供给量的影响而影响价格。同时，利息率还通过对生产资源再配置的影响和对投资、生产和就业的影响而影响个人总收入和商品量。因此，利息率的迅速上升或下降都会对生产从而对整个国民经济产生不利的干扰作用。

林达尔提出的政策主张也超前于当时的经济学家。1927 年，瑞典政府成立了失业委员会，调查失业的情况，研究对策。1931 年，失业委员会聘请哈马舍尔德（Hammarskjold）、缪尔达尔等知名经济学家加入。1935 年，由哈马舍尔德等撰写的《失业委员会最后报告书》发布，提出以宏观货币政策为主，宏观财政政策、商业政策、工资政策为辅的消除失业的政策建议。林达尔则批评这种财政政策是“消极的财政政策”，他主张提高财政政策在反经济周期中的作用，变平衡财政预算为补偿性财政预算，实行“积极财政政策”：在萧条时期减少税收，增加对公共工程的支出；在繁荣时期则增加税收，削减公共工程的支出，用繁荣时期的财政盈余弥补萧条时期的财政赤字，而不必拘泥于一年一度的财政预算平衡。

《关键词》

瑞典学派　　维克塞尔　　《利息与价格》　　累积过程理论

货币利息率和自然利息率　　货币中性　　卡塞尔

购买力平价理论（PPP）　　绝对购买力平价与相对购买力平价

小国开放经济周期理论　小国开放经济通货膨胀理论　EFO模型　俄林
H-O模型　缪尔达尔　林达尔　宏观动态均衡模型　事前与事后
循环累积因果原理　《货币均衡论》　《货币和资本理论的研究》
资本主义社会的计划　中央计划经济

思考题

1. 评述维克塞尔的累积过程理论。
2. 简论购买力平价理论及其影响。
3. 瑞典学派的通货膨胀理论是否适用于开放经济大国?
4. H-O模型对李嘉图比较成本学说有哪些发展?

第十九章
新奥地利学派和伦敦学派

本章介绍主张新自由主义的两个学派。第一节概述这个时期新自由主义思潮的起源，并对新奥地利学派和伦敦学派的产生作了简明介绍。第二节介绍新奥地利学派代表人物米塞斯的经济学说。第三节介绍伦敦学派主要代表人物坎南、罗宾斯的经济学说。第四节介绍20世纪20—30年代关于社会主义的讨论，新自由主义经济学家是这个讨论中的积极参与者，这一节还介绍了作为新自由主义经济学家对立面的经济学家的观点。

本章重点

- 20世纪20—30年代的新自由主义
- 新奥地利学派和伦敦学派的经济学说
- 20世纪20—30年代关于社会主义的讨论

第一节 概 述

英国是古典经济学的主要发源地之一，尤其自斯密之后，经济自由主义长期居于支配地位。19世纪末20世纪初，以马歇尔为代表的英国新古典经济学以剑桥大学为基地，继承了英国经济自由主义传统，在经济学领域产生了重大的影响。19世纪70年代在奥地利形成的奥地利学派也是主张经济自由主义的。不过，20世纪20—30年代的世界性经济危机对经济学领域形成了巨大的冲击，一些经济学家开始对传统的经济自由主义产生怀疑，逐渐转向主张国家干预。在这个时期，一方面出现了凯恩斯的经济学说，逐渐形成了一整套国家干预经济的政策；另一方面，仍然坚守自由放任传统的经济学家重新解释自由主义，逐渐形成了新自由主义思潮。这时新自由主义出现了四个中心：奥地利的维也纳大学、英国的伦敦大学、美国的芝加哥大学和德国的弗赖堡大学。

维也纳大学曾是旧奥地利学派的活动中心，到20世纪20年代，它又成为新奥地利学派的活动中心。新奥地利学派的成员包括梅耶（Meyer）、施特里格尔（Strigl）、哈伯勒（Haberler）、麦克洛普、摩根斯特恩（Morganstern）、哈耶克等人，路德维希·冯·米塞斯（Ludwig von Mises）则是这个学派的领袖人物。米塞斯等人继承并发展了门格尔、庞巴维克、维塞尔等人的传统，并对经济行为理论、资本理论、经济周期理论、货币理论等方面进行了进一步的研究。不过，自 20 世纪 30 年代初至第二次世界大战前，新奥地利学派的许多成员曾离开维也纳大学，移居英、美等国，新奥地利学派失去了原来的地域概念。如其成员哈耶克曾在英国伦敦大学和美国芝加哥大学从事学术活动，也被看做是伦敦学派和芝加哥学派的重要代表人物。

剑桥大学历史上曾是英国经济自由主义的中心，但是 20 世纪 20 年代以后，曾在剑桥大学任教的凯恩斯逐渐转向国家干预，并于 1936 年出版了《就业、利息和货币通论》，使经济学领域形成了"凯恩斯革命"，以后的新剑桥学派已竖起了凯恩斯主义的旗帜。因此，英国的另一所大学伦敦经济学院成了 20 世纪 30 年代继承和宣扬经济自由主义的中心，以伦敦经济学院为活动中心的一批经济学家及其理论被称为伦敦学派。伦敦学派的先驱者和奠基人是埃德温·坎南（Edwin Cannan），罗宾斯、格雷高里、哈耶克被看做是这个学派的重要成员。希克斯、尼古拉斯·卡尔多（Nicholas Kaldor）、勒纳（A. Lerner）、艾伦（Allen）等在不同程度地转向凯恩斯以前，也是这个学派的成员。坎南从 19 世纪末就开始在伦敦经济学院任教，宣传传统的经济自由主义，罗宾斯是坎南的学生，也是伦敦学派的中坚。1931 年，哈耶克从维也纳大学来到伦敦经济学院，加强了伦敦学派的影响。一直到 20 世纪 50 年代，伦敦学派积极参与了关于社会主义的讨论，并在经济周期、货币理论等方面与凯恩斯进行争论。1950 年，哈耶克应邀赴芝加哥大学，芝加哥大学在新自由主义发展上的影响开始越来越突出。

第二节　米塞斯的经济学说

一、米塞斯的生平与著作

米塞斯（1881—1973）是奥地利经济学家。1881 年 9 月 29 日生于奥匈帝国的莱姆堡市，1900 年入维也纳大学，1906 年获法学博士学位。在学校时，曾受教于维塞尔和庞巴维克。1909—1934 年，他作为维也纳商会的经济专家，一直是奥地利政府的主要经济顾问。1913—1934 年任维也纳大学教授，主持经济理论的研讨班，1926 年，在洛克菲勒基金会的资助下，赴美访问讲学，回国后，创办奥地利经济周期研究所。1934—1940 年因奥地利受纳粹势力侵扰，米塞斯去瑞士日内瓦国际经济学院任教授，1940 年移居美国，1973 年 10 月 10 日逝世，终年 92 岁。

米塞斯的主要著作有：《货币信用理论》（1912）、《社会主义国家的经济计算》（1920）、《现代经济理论》（1932）、《社会主义》（1936）、《人的行为：经济学研究》（1949）、《反资本主义思想》（1956）以及《奥地利学派的历史背景》（1969）。

在受过奥地利式训练的经济学家中，有名望的包括路德维希·冯·米塞斯、弗里德里希·冯·哈耶克、约瑟夫·熊彼特等。其中，米塞斯以更直接和不妥协的方式继续了奥地利学派的传统。他是社会主义最坚决的反对者，认为社会主义经济制度没有可行性，因为社会主义没有合理的定价方法。在他以前只有庞巴维克对社会主义的批评能与他相提并论。他强烈地坚持自由放任，凯恩斯主义盛行及各国公共政策不断扩张后，米塞斯坚持自己观点的强硬立场使他成为保守主义经济学家的代表之一。

二、米塞斯的经济理论

（一）行为理论

米塞斯试图在行为科学的基础上解释经济问题。他认为，古典经济学家的局限性在于他们的理论基础“太狭窄”，这个基础就是劳动价值论。古典学派的学者虽然也涉及经济行为，但只注意利润动机引起的经济行为。米塞斯宣称，主观学派突破了古典学派的局限，把劳动价值理论转变成主观价值理论，把比较狭窄的经济学变成了选择行为理论，使经济学变成了人的行为科学。米塞斯认为，行为科学是一门系统的理论科学，它研究的是行为人的行为本身，它的陈述和例题是演绎的，是先于历史和经验的。实际上，米塞斯的行为人不过是奥地利学派的孤独的个人的另一种说法而已，他的行为科学是一种不依赖于实践和历史的先验理论。

（二）对边际效用价值理论的修补

米塞斯根据行为理论对奥地利学派的边际效用基数理论进行了修改和补充。他承认，效用无法用基数来衡量。按照米塞斯的说法，效用概念指的是消除不满足感觉的因素。满足程度只能凭主观感觉，而不能计算。为了在逻辑上寻找出路，米塞斯求助于行为科学。他说，行为的目的是想以比较满足的状态代替不满足的状态，这种代替叫做交换。交换就是以比较不满足的状态来换取比较满足的状态。为了取得后者，必须放弃前者，放弃前者是付出成本，取得后者是获得收益。如果交换的结果比行为所想改变的状态坏，就遭受亏损。交换后的状态比原来的状态好，意味着行为人的幸福增加；交换后的状态比原来的状态坏，意味着行为人的幸福减少。米塞斯认为，这一切纯粹是主观的，是既不能计算也不能衡量的心理现象。不难看出，米塞斯对边际效用基数论的修补，除了更加突出主观心理因素之外，主要是承认效用不能计算和衡量，这无异于已经被迫承认奥地利学派边际效用基数理论的破产。

（三）货币经济周期理论

米塞斯对一些经济学家根据边际效用学说推论出货币数量与物价水平同方向、同比例变动的结论提出了异议。他认为，当货币增加时，只有市场中的少数人取得此次货币增量，而不是全体个人平均取得货币增量，这就改变了财富分配；取得货币者，根据他的支出类型增加其支出，因而改变了物品间的相对价格，并推动价格上涨。在价格上涨的过程中，不同的个体对上涨趋势有不同的预期与反应，因而相对价格继续变动。所以，货币数量的变动不必同物价水平同比例变动。

在此基础上，米塞斯展开了他的通货膨胀分析。他认为，通货膨胀通常经历三个阶段：第一个阶段是政府为增加支出而增加货币供给量，这通常会引起一般物价水平的上涨，但由于预期的作用和政府的宣传，公众相信物价上涨是暂时的，并且可能回落，因而，他们所保存的货币余额将增加，物价上涨比率低于货币供给增加率。由于物价上涨相对缓和，货币当局便继续采取扩张性的货币政策，经过一段时期以后，公众的预期状态及对经济未来的看法发生改变，这使得通货膨胀进入第二个阶段，物价继续上涨，物价的上涨侵蚀人们手中货币的购买力，且预期未来物价仍会上涨，这样，人们便减少手中的货币余额，因此，物价上涨率将大于货币供给量的增加率。在这种情况下，整个社会便会感觉货币不足。如果此时货币当局为满足这种公众对流动性的需求而提高货币供给增加率，就会面临通货膨胀的第三个阶段，也就是恶性通货膨胀及整个货币制度的崩溃。因此，米塞斯主张金本位制度，认为由黄金数量来决定货币数量，不致像纸币本位那样易于发生通货膨胀现象。

米塞斯是从维克塞尔的市场利息率和自然利息率分析出发来阐发他的经济周期理论的。他指出，当市场利息率低于自然利息率，资本预期收益率提高时，企业家会进行更长期的投资。在这种情况下，即便社会并无新增加的计划储蓄，企业家仍会以借自银行的货币把生产要素从消费品生产吸引到资本品生产上来，结果消费品供给减少、价格上升。消费品价格的上涨形成了生产投资品所需要的强迫储蓄。由于价格和工资都比预期的高，企业家势必向银行借款，以促使长期计划的实现，这种借款又促使价格进一步提高，结果使企业家的借款需要继续累积，最终产生恶性通货膨胀及货币制度崩溃。因此，挽救货币制度的唯一办法是使市场利息率等于自然利息率，使企业家获得的货币减少，这样，局部投资计划不能实现，生产要素转为其他用途，使累积膨胀过程告一段落。在这里，米塞斯所强调的仍是相对价格的变动及货币变动对经济社会影响的作用过程。

（四）社会主义经济资源合理配置问题

从1920年起，西方经济学界就社会主义可行性问题进行了一场长达20年之久的大辩论。首先挑起这场辩论的是米塞斯。他在《社会主义国家的经济计算》一文和《社会主义》一书中，宣称社会主义国家不可能有合理的经济计算，不可能实现资源的合理配置。他指出，合理的经济行为必须先有合理的成本计算。要有合理的成本计算，必须先有生产资料私有制和在这个制度基础上形成的生产要素价格和生产要素市场。米塞斯说，如果没有企业家对利润、土地所有者对地租、资本家对利息、工人对工资的追求，整个市场机制就不可能成功地运行。而市场是资本主义的核心和本质，只有在资本主义制度下，它才是可行的，在社会主义制度下，它是不可能被人为地仿制的。因此，米塞斯断言，在社会主义制度下，生产要素大部分归社会所有，这样就不存在生产要素市场，也就没有生产要素价格，而没有生产要素价格，就不可能对资源进行合理配置。他还断言，由于价格不再是供给和需求之间联系的尺度，不再是纠正生产方向的指示器，因而社会主义制度就不可能纠正生产的错误方向。米塞斯最后得出的结论是：社会主义制度下只可能是混乱和计划制定者的专横，社会主义是对合理经济的抛弃。

（五）经济自由主义

新奥地利学派经济学家普遍主张经济自由，反对国家干预，米塞斯更是著名的现代经济自由主义者。米塞斯竭力维护传统的自由放任政策，他说，他的“自由”一词是在

19 世纪的意义上使用的，这就是：以自由企业和市场经济代替资本主义以前的生产方法，以代议制代替君主制或寡头专制制度，以个人自由代替形形色色的奴役制度。米塞斯反对任何形式的国家干预，认为政府的干预往往意味着暴力行动或者暴力行动的威胁。他认为，要求扩大国家干预，说到底就是要求较多的强制和较少的自由。米塞斯的这些观点，现代西方经济自由主义者认为过于极端。因为一般说来，现代自由主义并不完全反对政府干预，而是有条件地认为政府可以在一定范围内采取某些调节经济的措施。

第三节　坎南和罗宾斯的经济学说

一、坎南、罗宾斯的生平和著作

（一）坎南的生平和著作

埃德温·坎南（1861—1935）是英国著名经济学家，伦敦学派的奠基者。坎南 1861 年出生于西班牙的马德拉群岛，在英国伯恩茅斯度过童年，1880 年进入牛津大学，1884 年获文学学士学位，1887 年获文学硕士学位。从 1895 年起到伦敦大学任讲师，从 1907 年起任教授，1926 年退休后任名誉教授，1932 年被选为皇家经济学会会长。他编校的《国富论》一书被认为是最标准的版本。他作为主持伦敦经济学院经济学讲座的名家培养了一大批学生，为后来伦敦学派的建立和发展储备了人才，并使自己成为这个学派的奠基者和领袖。

坎南的主要著作有：《初级政治经济学》（1888）、《1776—1848 年英国政治经济学中生产与分配理论史》（1893）、《英国地方税史》（1896）、《财富论》（1914）、《货币论》（1918）、《经济理论述评》（1929）、《现代通货及其价值的调节》（1931）、《经济大恐慌》（1933）等。

坎南在经济学上的主要贡献并不在于提出了什么新的理论，而在于以下三个方面：(1) 在第一次世界大战以前，主要从事经济学说史方面的教学与研究；(2) 编校亚当·斯密的有关著作，他编校的《国富论》曾被认为是最标准的版本；(3) 传授传统的经济思想，培养了一批学生。坎南深受英国经济学传统理论的影响，并与同时代的马歇尔一样以折中的态度综合各派的观点，同时，他也部分地接受了历史学派的观点与研究方法。

（二）罗宾斯的生平和著作

莱昂内尔·罗宾斯（1898—1984）是英国著名资产阶级经济学家。1898 年出生于英格兰米德尔塞克斯，毕业于伦敦经济学院，他是坎南的学生。1929—1961 年任伦敦经济学院教授，并长期担任经济学系的系主任，1962—1967 年任英国科学院院长，并在伦敦经济学院兼职教授。1941—1945 年任英国首相丘吉尔战时内阁办公室经济组组长，1961—1970 年任《金融时报》杂志社社长。1954—1955 年，他被选为英国皇家经济学会会长，1959 年获终身贵族爵位。1968—1974 年担任伦敦经济学院理事会理事、主席。

1950年哈耶克离开伦敦经济学院以后，他就成了伦敦学派的唯一领袖。

罗宾斯的主要论著有：《经济科学的性质和意义》(1932)、《大萧条》(1934)、《经济计划和国际秩序》(1937)、《和平与战争时期的经济问题》(1947)、《英国古典政治经济学的经济政策理论》(1952)、《政治学与经济学》(1963)、《经济思想史中的经济发展理论》(1968)、《现代经济理论的进展》(1970)、《反通货膨胀》(1979)。

罗宾斯在经济学上的贡献主要表现在他对经济学宗旨和方法论方面的研究。在这方面，他对经济学研究领域的界定以及与其他社会科学的区别，对经济学家确定经济科学的性质、经济思想史教学与研究等产生过重大的影响，并长期坚持经济自由主义思想，确立了伦敦学派的学术地位。值得注意的是，罗宾斯在理论研究中很少有经济计量学与数理经济学的成分，但在他执掌下的伦敦经济学院成了经济计量理论的中心。

二、坎南的经济理论

(一) 货币理论

英国在第一次世界大战后废除了金本位制，使得战争后初期的货币流通量急剧增加，英镑受此波及不断贬值。20世纪20年代初期，英国又陷入了经济危机之中，致使20年代的出口额只达到了战前水平的2/3。严峻的经济形势直接导致政府考虑是否恢复金本位制的问题。

针对这一问题，英国的经济学家分成了两大派别。一派是以剑桥大学经济学家凯恩斯为首的反对恢复金本位制的经济学家；另一派是以坎南、格雷高里为首的伦敦学派，他们坚决主张恢复金本位制。从历史的角度看，这是伦敦学派与剑桥学派的首次分歧，也被认为是伦敦学派形成的起点。

坎南主张恢复金本位制的主要理由可归结为如下几点：

(1) 对通货的需求不同于对一般商品的需求。

坎南从边际效用论出发论证了这一观点，他认为边际效用对黄金和一般商品的作用是相同的，这是因为人们对待黄金与对待一般商品一样，都要求获得相等的边际效用。如某种商品因数量增多而边际效用下降到相等程度以下，人们就不会再需要它了。可见，人们对商品的需求是受边际效用限制的。对黄金的需求也是这样，要受黄金边际效用的限制。但对于通货则不同。人们之所以对通货产生需求，是希望用它去购买其他商品，它的边际效用也就表现在对其他商品的购买上，由于人们对一般商品的需求从总体上说是无限的，当然对通货的需求也就无限。通货的边际效用并不会因其数量增多而下降，人们对通货的需求也就不像对一般商品的需求那样，要受边际效用的限制。因此，坎南指出：那种认为货币数量增多，其价值就会减少，从而物价会上升的货币数量论的观点是站不住脚的；相反，还有可能出现货币数量减少，货币价值也减少的情况。这样，坎南便从根本上否定了凯恩斯的通货管理主张所依据的货币数量论这个重要的理论基础。

(2) 物价水平并非只受货币数量的影响。

坎南认为，货币数量论不能正确地说明货币数量与物价水平之间的关系，因为这种理论只看到了货币数量这一个因素，而忽略了其他因素对物价水平的影响。在坎南看来，虽然货币数量增多，有可能使货币价值减少，但如果人们对它的需求增加，其价值还可能上升，结果货币的价值可能不变甚至上升。货币数量论的错误就在于它把对货币需求等影响货币价值从而影响物价水平的因素都视为不变的既定前提。坎南由此得出的必然结论就是，既然影响货币价值从而影响物价水平的因素是复杂的，而不单纯是货币数量，那么，凯恩斯等人以货币数量论为依据的通货管理主张也就不可能是正确的。

(3) 通货管理政策无效。

坎南认为，通过中央银行去管理通货，无论是调整利率还是控制信贷数量，都意味着人为地对自发运行的市场经济秩序的干扰，而人为的干预并不能达到预期的目的。坎南指出，实际上，并非中央银行“合适的”贴现政策产生“合适的”货币数量，而恰恰相反，是通货发行所受到的限制迫使银行采取适当的贴现政策。他还指出，中央银行控制信贷数量的政策与货币数量之间的关系也是如此，不是对信贷数量的控制产生“合适的”货币数量，相反，是通货发行所受到的限制迫使银行去控制信贷数量。总之，在坎南看来，企图通过货币政策来控制货币数量是做不到的。

基于以上分析，坎南主张恢复金本位制。坎南认为，恢复金本位制就能使货币流通数量自然地受到控制，从而保证物价稳定，而不需要人为地去干预经济生活。

(二) 经济危机理论

20 世纪 30 年代的资本主义经济危机引发了资产阶级经济学界一场激烈的争辩。在这场争辩中，首先要面对的一个问题就是如何解释经济危机产生的原因。以庇古为代表的剑桥学派的经济学家们坚持认为这是破坏了市场机制的结果。以凯恩斯为代表的经济学家们正在从剑桥学派中分化出来另寻新的理论解释，而以坎南为代表的伦敦经济学院的经济学家们则支持庇古的观点。这样，在 20 世纪 30 年代经济危机的背景下，传统的经济自由主义的中心就由剑桥大学转移到了伦敦经济学院，伦敦学派也就正式形成了。

坎南对经济危机原因的解释是：

(1) 工资过高论。

伦敦经济学院的经济学家们普遍认为，经济危机是工会的垄断阻挠了工资下降的结果。

坎南认为，在完全自由竞争的条件下，资本主义市场机制能使经济自发地处于均衡状态，避免严重的生产过剩和失业，但由于工会垄断力量的存在，使工人提出了过高的工资要求，妨碍了雇主雇用较多的工人，于是就出现了大量的失业。在他看来，在一个工厂或一个工业部门中，如果对产品的需求是有弹性的，则在工资率较低的情况下，能够雇用较多的工人。从全社会来看，因对产品的需求也是有弹性的，因此，如果工人不要求太高的工资，任何数量的工人都可以就业，直到充分就业为止。所以，他认为失业是工人要求太高工资的结果。

(2) 否认金本位制是经济危机的原因。

在伦敦学派的宣传和鼓动下，英国于 1925 年 4 月恢复了金块本位制。金块本位制是一种以金块办理国际结算的变相金本位制，又称金条本位制。金块本位制与金本位制的不同之处主要在于：政府不需要生产金币，金币也停止在市场上流通。流通中的纸币虽然也有确定的含金量，但在兑换中不能自由地兑换等量的黄金，而只允许购买400盎司重的金块（条）。这按当时的金价，一般人是难以购买的，金块只可能在进行国际结算时使用。但金块本位制并没有给英国的经济带来什么福音，在1929年爆发的经济危机中，金块本位制在经济衰退、贸易逆差等问题面前无能为力。因此，英国政府于1931年取消了金块本位制。虽然这一举措表明金本位制已不适应当时英国经济的发展，而且已有明显的消极影响，但此时的伦敦学派仍然坚持恢复金本位制的政策，并否认金块本位制是产生经济危机的原因。坎南在1931年出版的《现代通货及其价值的调节》一书的序言中提到，他仍有必要重复一下在1918年出版的《货币论》中提出的关于金本位制有种种优点的看法，坚持不必放弃金本位制。

三、 罗宾斯的经济理论

在伦敦学派中，罗宾斯的理论最有影响力，他在经济学方法论、经济理论、经济政策和经济思想史等方面都做出了重大贡献。

（一）方法论

罗宾斯关于经济学方法论的观点对西方经济学界影响很大，这集中体现在他的《经济科学的性质和意义》一书中，其中关于经济学的定义成为传诵一时的经典性定义。

关于经济学的定义和对象，他认为经济学是“研究目的和有可替代用途的手段之间关系的科学”，在这一定义中他特别强调资源的稀缺性与选择的必要性。罗宾斯认为，经济学的主题不应是一个特定的活动，而应是人类行为的一个方面，这就是经济稀缺性的事实。但他并未认为经济学是关于稀缺的科学，他只是认为稀缺是经济事实的一个方面，因而应受到重视。实际上，他也看到并承认相反的情况——失业存在与持续，但认为这并不与稀缺性的存在相违背，因为在他看来，稀缺强调的是经济决策人受到限制，所以在大多数情况下这些限制都是有效的，而人们的欲望是无止境的，永远得不到充分满足。

在研究方法上，罗宾斯坚持抽象的演绎法，反对历史归纳法、心理分析和价值判断，认为经济学包括理论假设、概括、特定命题和广泛推论几个部分。

罗宾斯强调经济理论的验证。他认为虽然不能在任何时候都进行经验验证，但至少应指出决定理论正误的条件。他指出真实性与经验内容是有区别的，对经济关系的表述与对事实的表述无关。

罗宾斯还认为，经济研究应超越价值判断，使经济学成为一门具有客观真理性质的实证科学。基于这种认识，他将经济研究分成两类，一类研究财富和福利，要对福利做出主观价值判断，超出了经验科学范围，不可能具有客观真理性质；另一类研究目的与手段的均衡关系，研究“是什么”的问题，因而具有客观真理性质。罗宾斯认为经济学应该是后者，既要把它和前者区分开，也要把它和其他社会科学区分开。

（二）主要经济理论

罗宾斯在微观与宏观理论方面都有建树。他开创了劳动供给的微观分析。尽管在分析工资变动对劳动供给的影响时，他未明确区分收入效应与替代效应，但他已经清楚地说明了劳动时间对实际工资率变动所做出的反应很不确定的原因。他说，劳动供给以劳动时间表示，收入等于工资率乘以劳动时间，收入增长率则等于工资率的增长率加上劳动时间的增长率。在他的论证中，收入价格和收入需求弹性是两个重要的概念。收入价格用劳动时间衡量，是指得到每单位收入所需付出的劳动代价，即工资率的倒数；收入需求弹性衡量人们的收入需求对劳动时间变化的反应程度，如果它大于1，那就意味着当工资率增长时，劳动时间也增加。他认为，如果收入是一种正常商品，则收入的需求就随着其价格的下降而增加。对于一个给定的收入价格，就有一个既定的收入需求与之相对应，而既定的收入价格与相应的收入需求的乘积就是劳动时间的供给量。因此，劳动时间的供给决定于收入需求，最终取决于收入的价格。随着收入价格的下降，则收入需求增加，如果收入需求弹性大于1，则劳动时间供给也增加。因此，在弹性难以确定的情况下，工资率变化时劳动供给如何变化也就难以确定了。

另外，罗宾斯对当时占主导地位的马歇尔经济学的某些理论提出了批评，如马歇尔的代表性厂商概念。在马歇尔看来，一个行业的各厂商经营条件不尽相同，因此在分析行业或厂商均衡时就必须找一个各方面条件都处于中等正常水平的企业作为研究对象，这个企业被称为代表性厂商。罗宾斯认为代表性厂商的概念无助于厂商均衡或行业均衡的理解，所以应该从微观经济体系中去掉。这是因为，在一个均衡不断变动的动态环境中，代表性厂商不再是一个，其原因在于管理的性质各厂商不尽相同，而马歇尔忽视了这一特点。

罗宾斯是一个序数效用论者，在效用问题上，反对庇古的基数效用论。他认为效用是人们的主观心理评价，难以客观度量，所以不能用基数来衡量其大小，但可依顺序来排列其重要性。因此，他反对消费者剩余的概念，也反对庇古的福利经济学，认为收入分配均等趋向于增加社会福利的观点就是建立在效用的人际比较这一主观判断上的，因而不具客观性，以此出发制定的福利政策与其说是经济政策，不如说是伦理改革，显然是不可取的。

（三）经济政策

第二次世界大战前，罗宾斯主张自由放任。战后，罗宾斯经济政策的基本点是赞同凯恩斯的政府干预经济生活的观点，认为市场体制需要补充政府干预以维持合适的总需求。

他提出了政府的政策目标，认为应该是既避免通货膨胀又避免通货紧缩，但他反对以充分就业为目标来制定经济政策，这是因为：第一，充分就业的统计定义难以确定；第二，失业并不总是需求不足的结果，如国际供求状况的变动就会产生结构性失业；第三，在经济繁荣时，工资也在增加，这将引起失业，或是产生通货膨胀，在这种情况下，是让失业继续增加还是让通货膨胀继续恶化就成为经济政策的两难选择。

在货币政策上，他认为货币因素是通货膨胀的一个重要原因，而货币供给是政府易于控制的工具，所以货币政策是可行而有用的，尤其是在处理通货膨胀问题时。但他又指出，在恶性通货膨胀环境里，仅依赖于货币政策既不明智也不能达到令人满意的效果，因为引起通货膨胀的因素是多种多样的。至于反通货膨胀的措施，他认为，作为权宜之计，政府对价格和收入实施严格控制的做法是可行的，因为只降低通货增长率以削减总需求的做法会使就业与产量受到太大的影响。

罗宾斯坚持公共部门内部实行收入政策的必要性，但他认为并不排除可以把收入政策当作暂时的权宜之计；而财政政策和货币政策应该是政府主要的政策措施。

第四节　20 世纪 20—30 年代关于社会主义的讨论

一、争论的起因、过程和意义

（一）争论的起因

1917 年，俄国十月革命胜利，世界上诞生了第一个社会主义国家。这使社会主义是否具有社会历史发展的必然性和现实性的问题成为人们关注的中心之一。

社会主义的理想最早在欧洲 16 世纪已经出现，19 世纪空想社会主义者圣西门、傅立叶、欧文等人的思想曾风靡一时。19 世纪中叶，马克思主义将社会主义发展为一种科学体系，并日益成为无产阶级和广大人民进行斗争的目标。实际上，社会主义在资产阶级经济学家中也不断被作为理论研究的内容，19 世纪末 20 世纪初，维塞尔、帕累托、巴罗尼等人就曾创立了"实质上是有关社会主义经济的纯理论，从而对社会主义学说做出了社会主义者自己也从未做出的贡献"①。按熊彼特的观点，价值、成本、估算报酬等基本概念在维塞尔等人看来不是资本主义独有的，这些概念是一般经济逻辑的构成要素，也是经济行为的构成要素，而经济行为在集中的社会主义模式中可以更清楚地显现出来，所以，在维塞尔等人那里，发现经济行为的一般逻辑的努力，都会带来作为副产品的社会主义经济理论。维塞尔等人的理论已肯定了经济计划的可能性，探讨了存在市场及其体系的社会主义经济以及这种经济的运行形式。当社会主义在苏联变为现实，有关社会主义的问题很自然地在经济学说领域引起了人们更为密切的关注。

苏联建国后，很快就开始了大规模的经济建设。1929—1933 年执行第一个"五年计划"，苏联的经济建设取得了举世瞩目的成就，显示了社会主义制度的优越性。与此同时，西方国家在 1929 年 10 月以美国纽约股票市场大跌为标志，发生了一场世界性的经济危机。危机暴露了资本主义制度的局限性，使自由市场经济天然合理的神话破灭了。在这种情况下，对社会主义的争论就更加热烈起来。这场论战的内容主要集中在社会主义经济制度的可行性以及它同资本主义制度孰优孰劣等问题上，而争论的焦点是社会主义能否进行经济计算，从而能否合理配置资源的问题。

（二）争论的过程

争论的一方是奥地利学派、伦敦学派的米塞斯、哈耶克和罗宾斯，他们认为社会主

① 熊彼特. 经济学说史：第 3 卷. 北京：商务印书馆，1994：334.

义与中央计划无法取代私有制与自由市场所起的经济作用，力图从理论上否定社会主义和计划经济。另一方是 H. D. 迪金森（H. D. Dickinson）、M. 多布（M. Dobb）、M. 泰勒（M. Taylor）、A. 勒纳以及 O. 兰格（O. Lange）等人，他们承认资本主义自由市场存在许多弊端，认为中央计划的方法有其存在的合理性。

争论分为两个阶段。第一阶段是 20 世纪 20 年代的争论。1920 年米塞斯发表了《社会主义国家的经济计算》一文，揭开了这场争论的帷幕。米塞斯声称，没有市场机制就不可能有合理的价格制度，没有合理的价格制度就不能进行经济计算，因而就不可能合理地配置资源。1928 年，美国著名经济学家泰勒在美国经济学会第 41 届年会上发表了题为“社会主义国家的生产指导”的演说，反驳米塞斯的观点，认为社会主义在决定生产什么时的计划方法具有合理性，因而可以解决资源的有效配置问题。美国经济学家迪金森支持泰勒的观点，在他的《社会主义的价格形成》一文中，针对米塞斯对社会主义的价格问题的责难提出了自己的看法。

第二阶段是 20 世纪 30 年代的争论。1934 年罗宾斯出版了他的著作《大萧条》，接着，哈耶克在 1935 年将米塞斯等人反对社会主义经济计划的论著译成英文，并连同他自己的两篇文章《问题的性质和历史》和《辩论现状》，一起汇编成论文集在伦敦出版，这将争论引向一个新阶段。他们调整了米塞斯认为社会主义经济计算在理论上行不通的看法，而强调社会主义在实践中是不可行的，因为资本主义社会中自由竞争市场所具有的资源有效配置的功能是社会主义经济无法具备的。1935—1937 年，在美国的波兰经济学家勒纳和兰格，以其在《经济研究评论》上发表的一组论文，对社会主义的反对派进行了回击，这些观点后来被称为“兰格-勒纳方案”“早期市场社会主义”。1939 年，迪金森又出版了《社会主义经济学》，深化了他以前的观点。

（三）争论的意义

（1）这场争论在西方经济学中产生了很大影响，被认为是西方比较经济学领域内极为重要的一次理论争论，对该领域的发展产生了深远的影响。

（2）这场争论推动了市场社会主义理论的发展。通过争论，一些学者开始注意到不同经济体制的共同点和一种经济体制可能出现的不同形态，特别是在涉及计划与市场、集权与分权对资源最优配置的影响等问题上，对社会主义经济理论的认识逐步深化，从而最终提出了市场社会主义理论。

（3）这场争论也有着重要的现实意义。这场争论提出了有关社会主义经济运行的理论问题。有的学者认为，自从争论之后，社会主义经济的特征发生了戏剧性的改变，这一变化大部分缘于中央计划的具体经验和这次争论所带来的影响。因此，正确理解这场争论的整个过程对于解决今天的社会主义经济实践中所遇到的问题会有所帮助。

二、 20 世纪 20 年代的争论

（一）米塞斯对社会主义理论的挑战

20 世纪 20 年代初，米塞斯在他的《社会主义国家的经济计算》一文中声称社会主

义没有合理的价格机制，因此不可能使资源达到有效配置，从而对社会主义提出了挑战。

首先，他分析了资本主义制度下经济计算的作用，认为市场机制为经济计算提供了三个有利条件：（1）在私有制下，价格机制能起到使个人的计划与整个社会的需求相吻合的作用。这是因为价格是无政府生产中的航标，它使得整个社会中分散的生产决定联合为一个整体。当某一位生产者在其会计计算中使用价格时，他就无意中考虑了市场中消费者与生产者估价的复杂情况，没有价格这样的机制来联结分散的生产决定，生产的部分无政府状态就会变成完全的混乱。（2）价格反映了所有市场参与者的经济活动，所以通过交换价值进行的计算能够控制对商品的使用。这就是说，会计实践能够显示支出一定数量的货币是否获得了利润，经济活动的盈亏能够自发地引导资源达到较为合理的配置。（3）经济计算要求产品估价具有相同的标准，在资本主义条件下，货币充当了经济计算中的这一标准。尽管米塞斯认为货币具有一定的局限性，但他仍然认为货币能作为经济计算的单位而发挥作用。

其次，米塞斯声称经济计算在中央计划经济下无法发挥作用，而没有经济计算，就根本不可能制定合理的经济计划。他认为在公有制和私有制的社会中，货币的意义是不同的。在社会主义国家中，货币不可能担当它在竞争社会中在决定生产资料价值方面所起到的作用，因为在社会主义制度下，生产资料完全公有，无法进行自由买卖，所以，货币只在消费品的交换中起媒介作用。这样，用货币进行计算是不可能的。另外，只有在市场交易中，才能形成所用的一切种类的货物和劳动的市场价格，所以自由市场的存在是经济计算得以顺利进行的前提条件。中央计划排斥市场的存在，也就不存在价格机制，而没有价格机制，也就没有经济计算。而中央计划经济也是必须进行经济计算才能达到合理的经济活动。但是，社会主义经济无法进行经济计算，因此米塞斯认为“社会主义就是取消合理的经济”。

再次，他否定运用劳动时间作为社会主义制度下经济计算单位的可行性。他认为用劳动时间进行计算有两个方面的缺陷：一是它无法计算生产中的不可再生的自然给予的因素；二是它忽视了劳动的质的差别。在社会主义条件下，中央计划者无法以劳动时间作为单位来计算物质的生产要素的使用，同时劳动时间之间有许多质的差别，因此，这样进行的经济计算是不可行的。

最后，米塞斯反对“市场社会主义”的观点。有些社会主义者认为，社会主义社会可以通过建立生产资料的人为的市场来解决经济计算问题，他们认为社会主义同资本主义一样必须建立市场机制，使所有商品和劳务由市场决定价格，这样，社会主义社会能使它的计算和资本主义企业家的计算一样易于实现。米塞斯反对这种观点，他认为市场和价格机制是与生产资料私有制相联系的。生产资料私有制使资本家生产的目的是追求最大利润，而正是资本家追求利润的动机，才使整个市场机制得以成功地运转。市场是资本主义社会制度的核心，只有在资本主义条件下，它才是可行的，在社会主义条件下，它不可能被人为地制造出来。另外，与资本主义国家的企业家不同的是，社会主义的企业经理无法像资本家一样认同企业及其个人的利益，他们不以追求最大利润为己任，因此也就不可能使市场机制得以正常运转。

米塞斯最终的结论是：社会主义与市场经济无法结合，经济计算只有在市场经济条件下才能进行，社会主义无法进行经济计算，因此社会主义不可能让资源达到合理配置的状态。

（二）泰勒对米塞斯观点的反驳

1929年，美国经济学家泰勒发表了著名的《社会主义国家的生产指导》一文，对米塞斯的观点进行反驳。

泰勒首先界定了"社会主义国家"的概念，指出社会主义并不指称某种意识形态，而只是一种不同于资本主义的别样的生产和组织方式。社会主义国家作为一种国家机器，它控制了整个社会的生产组织，集中了一切生产活动的指导权，国家是唯一负有责任的生产者，是唯一被授权运用社会的经济资源来生产商品的法人。国家以货币向公民购买生产性服务，又把生产的商品卖给他们。因此，在社会主义国家，决定生产什么的方法与资本主义社会的决策过程并没有本质的区别，都可以表示为两个步骤：（1）国家确保每个公民获得一定的货币收入；（2）国家授权公民用其收入任意选购国家生产的商品，即授权居民对国家经济当局究竟生产什么商品发出指令。

泰勒指出，经济当局做好生产计划需要四个假定前提：第一，国家必须保证每个公民得到一个确定的货币收入；第二，国家权力机关在确定收入分配时，必须使之体现为一种既符合公民的一般利益要求，又符合作为一个有机整体的集团的利益要求的总收入分配形式，因为只有这样的收入分配形式，才能保证公民对各种商品的相对重要性的判断必然是社会的判断，由此产生的商品价格才能反映商品的社会重要性的价格；第三，公民在决定是否将对某种特定商品和生产提出需要时，他事先必须确定自己愿意按什么价格购买该商品；第四，在制定某一特定商品的销售价格时，经济当局将使这种价格等于为生产这一商品所花费的成本。

泰勒认为社会主义国家符合计划的一般特征，即国家决定公民的货币收入，公民指令国家为他们的收入生产何种商品。另外，社会主义国家指导生产计划的四个假定也是合理的。泰勒着重讨论了第四个假定，认为这一假定是有理由的，因为这种等于生产成本的价格是唯一与假设的已经被确定的收入体系相一致的价格。

从泰勒的论证可以看到，社会主义国家在决定生产什么时所遵循的计划方法具有合理性，计划经济也可以使资源得到合理的配置。

为了寻求计划方法在技术操作上的可行性，泰勒讨论了"试错法"（即用一系列假设的解去试验，直至其中一个被证明是正确的为止）。他认为，经济当局制订生产计划时应当把商品的生产成本理解为因生产该商品引起的社会经济资源的消耗，因此，社会主义国家必须确定原始要素在生产过程中的有效重要性，即解决所谓的"归因问题"，否则国家就无法计算每种商品的资源成本，也就无法确定该商品的售卖价格，计划方法就无法使用。

为了解决"归因问题"，泰勒提出应使用"试错法"。这样做时，计划当局关键是要注意按它们编定的要素估价表所运行的经济过程的运行结果，这些结果将表明它们的估价正确与否，然后对那些错误的估价做必要的调整，直至与正确的估价不再偏离为止。

泰勒的"试错法"是一种从具体技术上论证中央计划合理性的方法。这一方法在奥斯卡·兰格那里得到了继承发扬和补充。

三、20世纪30年代的争论

（一）兰格的市场社会主义

米塞斯对社会主义责难的要害之处在于资源的有效配置问题，而解决这一问题的关键取决于社会主义能否进行经济计算。为了回答这一问题，兰格提出了“市场社会主义理论”，认为社会主义可以通过“试错法”来达到这一目的。

1. 兰格认为，在自由竞争市场上靠试验错误来实现分配。

市场的均衡需要三个条件：A. 经济体系的所有参与者使他们的效用、利润或者生产资料所有权的收入最大化；B. 每种商品的需求等于其供给；C. 消费者的收入等于他们转让他们所拥有的最终生产资源（劳动、资本和自然资源）的使用权的收入，加上企业家的利润（均衡时为零），其中A为主观均衡条件，B为客观均衡条件，C为经济制度的社会组织条件。根据这三个条件建立起来的经济均衡方程式，在理论上看来是可以求解的；在现实的经济运行中可以通过“试错法”来解决。兰格认为，从随机给出的一组价格出发，根据这一组随机价格，每个人满足他的主观均衡条件并达到他的最大位置，对于每种商品就有了一个需求数量和供给数量。如果每件商品的需求数量和供给数量碰巧相等，整个情况确定下来，就能确定均衡价格。这样，主观和客观条件均得到满足，市场处于均衡状态。不过，如果需求量和供给量不等，买主和卖主的竞争将改变价格。结果得到一组新价格，作为各人努力满足其主观均衡条件的新基础，主观均衡条件实现后，得到一组新的需求和供应数量。如果对于每种商品供求不等价格再度改变，就有另一组价格，又作为个人重新安排选择的基础，并且得到一组新的需求和供给数量。该过程继续下去，直至客观均衡条件被满足并最终达到均衡。

2. 市场社会主义。

假设保持消费选择自由和职业选择自由，并且假设用需求价格表示的消费者的偏好是生产和资源分配中的指导标准，这就是兰格的市场社会主义模式。兰格模式中只存在消费品市场和劳动市场，没有生产资料市场和资本市场。

兰格模式需要三个均衡条件，主观均衡条件A可以通过市场上的消费者追求效用最大化，生产者遵循中央计划局制定的两条原则来达到，这两条原则是：（1）必须规定选择使平均生产成本最小的要素组合；（2）必须使边际成本等于产品价格，以决定生产规模。客观均衡条件B是价格取决于每种商品的需求数量等于供给数量。兰格模式有两套价格：一个是消费品与劳动的价格，是真正的市场价格，可以通过竞争市场来达到；另一个是中央计划局规定的生产资料价格，这只是为会计目的确定的现有的选择指数。只有在价格为已知的情况下，才能实现主观均衡条件。价格决定过程与竞争市场中的过程很相似，中央计划局起着市场的作用。它规定组合生产要素和选择一个工厂的生产规模的规则，确定一个产业的产量规则、分配资源的规则以及在会计中将价格当参数使用的规则，它规定物价，以便每种商品的供求数量平衡。由此可知，用计划代替市场的功能是可能和可行的。条件C是借助于最终生产资源的服务价格和为了分配社会分红而采用的原则来决定消费者的收入。

兰格的结论是，在社会主义经济中和在资本主义经济中必须“求解”完全同样性质和同等数目的“方程”，不少也不多，“解”这些“方程”的人也是完全同样的人，那就是消费者和厂家的经理们。他们只要注意需求数量和供给数量就能求出正确的价格。只要供不应求就提高这种商品或服务的价格，只要情况相反就降低价格，依靠“试错法”，找到供求平衡的价格。

兰格断言，在社会主义经济中不但可以使用试错法，而且工作得比竞争市场模式还要好得多。因为中央计划局对整个经济体系中正在发生什么事情的了解比任何私人企业家都要多，因此，它可以用一个比竞争市场短得多的系列的相继试验达到正确的均衡价格。

应该指出的是，兰格的理论最早在理论上突破了斯大林模式，认为社会主义可以有多种模式，从而对社会主义经济模式的探讨起了很大的推动作用。他认为社会主义与资本主义的资源配置是由形式上类似的共同原则指引的。他的市场机制可以与所有制相分离的观点，也是有意义的。

兰格理论的缺陷是：未脱离社会主义计划经济的总体框架，是公有制加上计划模拟市场的二元机制；缺乏动力机制，企业的管理者是被动的，没有刺激机制；没有生产资料市场，市场机制难以发挥作用。

（二）哈耶克对社会主义计划的批评

哈耶克在其1935年编辑的《集体主义的经济计划》一书中支持米塞斯等自由主义者的观点，加入了有关社会主义是否可以进行经济计算的争论。

米塞斯从逻辑上论证了社会主义条件下经济计算不可行，而哈耶克认为社会主义条件下经济计算在理论上是可行的，只是在实践中无法真正完成经济计算的任务。

首先，求解方程需要若干信息，信息搜集的任务超越了人类的能力。这是因为：第一，中央计划必须考虑到诸多技术细节，比如某种原材料的贮存，必须将各种机器、工具、建筑物区别对待，必须区分不同的产地、不同的包装、不同的出厂时间等，这在实践上往往很困难。第二，在解释竞争体制的均衡时，理论上假定了某一类特定的技术知识是“给定”的，而在中央计划的社会中，只有一切知识都能应用到中央权威计算之中，才有可能从已知的技术方法中做出最恰当的选择。就是说，在实践中，这些知识必须凝聚在一个或至多是很少几个实际制定求解方程者的头脑中，这显然是不可能的。第三，还必须掌握关于不同品种和数量的消费品的重要性的资料。在一个消费者能够自由花费收入的社会中，这些消费品可以在各种可得到的消费品价格的可能组合条件下购买，生产中的一些数据必然会具有基于过去的经验对未来进行估计的性质，但是，过去的经验并不能提供所需的全部知识，况且由于消费者的口味经常发生变化，因而各种商品数量的排列也将会处于不断的变化中。

其次，假设资料收集工作完成了，中央计划者要根据资料做出决策。进行这种必要的数学运算的工作量将和产品的数量相等，而在相当发达的社会中，产品数量是成千上万的，这就要求在每一个连续的时点上，每一个决策都要根据成千上万个联立微分方程的解做出。这个任务对当时已知的手段来说，是终身都完成不了的。此外，这些决策不但要连续地制定出来，而且还要把它迅速地送到执行决策的人手里，显然这在现实中缺乏可操作性。

哈耶克认为，上述现实困难的存在决定了社会主义条件下中央计划者进行经济核算在实践中是不可行的。

兰格模式提出之后，哈耶克提出了两方面的批评。第一，关于集中统一定价与真正的竞争市场中的价格参数之间的关系。哈耶克认为，兰格在这方面的设想是自相矛盾的，因此不可能实现。（1）价格机制对市场状况的灵敏反应是其本质的功能，而兰格模式对价格应当如何变动却无明确认识，而且，集中控制的价格变动也不同于真正的市场竞争，需要有一系列信息上传下达的过程，因此这些变动必定是迟延的，这就使价格的作用受到极大影响。（2）中央集中定价在实践中还会遇到极其困难的问题，因为价格的制定者无法为数目众多的产品一一确定一个合理的价格，因而，中央计划者只能为一类产品确定一个统一价格，这就使得产品因不同的质量、不同的产地及时间而形成的产品差别在价格中得不到反映，这样的价格就不是合理的价格。由于集中统一定价，兰格提出的使价格具有参数功能和使企业经理按照等于价格的最低边际成本组织生产的原则就无法奏效。企业家的职能已被中央计划局所取代。第二，关于经理的责任。哈耶克认为，社会主义企业的经理并非企业财产的所有者，他与企业经营的好坏没有直接的利害关系，在集中定价的条件下，他也没有多少经营权和经营积极性，他只需被动地按上级的指示来进行生产经营活动，因此，他对所负责的企业实际上没有任何责任可言。对公有财产和企业负责的只能是那些实际上远离生产过程的上级官员。可想而知，在这种体制下，公有企业经营成败到底由谁来负责就成了一个无法解决的现实问题。

关键词

新奥地利学派　伦敦学派　新自由主义　米塞斯　行为理论
《社会主义国家的经济计算》　坎南　罗宾斯　《经济科学的性质和意义》
关于社会主义的讨论　泰勒　兰格　试错法
市场社会主义　《集体主义的经济计划》

思考题

1. 简述米塞斯的货币经济周期理论。
2. 坎南是如何解释经济危机的？
3. 罗宾斯是怎样论述经济学的定义和方法的？
4. 试述20世纪20—30年代关于社会主义的讨论。

第二十章
芝加哥学派

本章介绍主张新自由主义的又一个学派，即在美国芝加哥大学形成的芝加哥学派。第一节是对芝加哥学派整体发展的概述。第二节介绍芝加哥学派早期重要代表人物奈特、西蒙斯的经济学说。哈耶克是新自由主义最著名的经济学家之一，他曾任教于维也纳大学、伦敦大学、弗赖堡大学和芝加哥大学，因此，他与新奥地利学派、伦敦学派、弗赖堡学派和芝加哥学派都有关联。本书把他放在芝加哥学派中加以介绍，构成本章第三节的内容。

本章重点

- 美国芝加哥学派的产生和发展
- 奈特和西蒙斯的经济学说
- 哈耶克的新自由主义理论

第一节 概 述

美国在19世纪后半期，社会经济获得迅速发展，成为世界上经济增长最快的国家，总体经济实力迅速上升。进入20世纪，美国经济继续保持快速增长的势头，并逐渐成为世界经济的中心。

在经济学领域中，美国经济学的地位也在上升。近代经济学是在欧洲起源并发展起来的，一直到20世纪初，经济学的发展主要还在英国、法国、德国、奥地利等国。在美国，真正具有较为完整体系的经济学理论产生于19世纪末，即以克拉克为代表的理论学派和以凡勃伦为代表的制度学派。不过，进入20世纪以后，随着美国成为世界经济中心，在第一次世界大战与第二次世界大战期间，欧洲向美国移民增多，许多欧洲经济学家进入美国，经济学学术活动的重心也开始移向美国。这种经济学重心的转移在美国从两个学派的发展中可以比较明显地看出。一个是宣传并发展凯恩斯理论的新古典综合派的发展，另一个就是宣传并发展新自由主义的芝加哥学派的发展。

芝加哥学派指在美国芝加哥大学任教并推崇经济自由主义的经济学家所形成的一个经济学流派。它形成于20世纪20年代，当时与新奥地利学派、伦敦学派、弗赖堡学派同为新自由主义活动的中心。芝加哥学派的创始人是弗兰克·奈特（Frank Knight），亨利·西蒙斯（Henry Simons）是该学派早期的重要代表人物。1950 年哈耶克转到芝加哥大学后，芝加哥大学成为新自由主义思潮的大本营。

芝加哥学派在第二次世界大战以后获得新的发展，其代表人物包括哈耶克、米尔顿·弗里德曼（Milton Friedman）、施蒂格勒（G. J. Stigler）等人。在 20 世纪 50—60 年代，以芝加哥大学为中心，在美国出现了所谓的“新自由派”运动，用新古典分析方法广泛、深入地探讨多方面的经济学理论，并坚持自由主义的传统。这些探讨涉及货币理论、人力资本理论、产权理论、公共选择理论，对这些理论做出贡献的有弗里德曼、贝克尔（Becker）、罗纳德·哈里·科斯（Ronald Harry Coase）、道格拉斯·C. 诺思（Douglass C. North）、詹姆斯·布坎南（James Buchanan）、戈登·塔洛克（Gordon Tullock）等，他们或在芝加哥大学任教、学习，或与芝加哥学派有着不同寻常的关系。虽然在一个较长时期内，凯恩斯主义一直占据支配地位，但 20 世纪 70 年代以后，凯恩斯主义政策“失灵”，随之而兴起的货币主义、理性预期以及新古典主义和新制度经济学都可以在芝加哥学派的理论中找到自己的起源。

第二节　奈特、西蒙斯的经济学说

一、奈特的经济学说

弗兰克·奈特（1885—1972）出生于美国伊利诺伊州，1911 年获米利根学院文学学士学位，1913 年获田纳西大学文学硕士学位，1916 年获康奈尔大学哲学博士学位，先后任艾奥瓦大学、芝加哥大学教授，退休后任芝加哥大学名誉教授。主要著作有：《风险、不确定性和利润》（1921）、《经济组织》（1933）、《经济秩序与宗教》（1945）、《竞争伦理学及其他》（1951）、《论经济学的历史与方法》（1956）、《智力与民主行为》（1960）。

奈特主张应用实证的分析方法，注重实证研究。他认为，经济学不是对历史进行描述的科学，而是通过概括程度相当高的一些概念和原则说明经济运行的实证性科学。作为经济理论的基本组成部分的纯粹原则不具有历史的或规范的含义。比如，最大化原则是一个纯粹原则，如果说它在经济学中也具有某种规范性含义的话，它只意味着经济活动应该有效率地进行。他认为，经济理论分析应以实际经验为根据，离开现实的纯理论分析是“没有肉的骨头”。

奈特在经济学上最重要的贡献是在《风险、不确定性和利润》中提出的利润理论。19 世纪的法国经济学家萨伊明确区分了资本的收入和企业家经营的收入，前者为利息，后者为利润。边际效用学派经济学家庞巴维克把时间因素加入经济分析，用现在物品和将来物品的时间差别造成的价值差别说明利息，并把利润作为利息的一种形式。美国经济学家克拉克则认为利润是在动态经济中产生的，在动态经济中，由于发明、拥有先进技术等因素而得到的超过工资、利息之上的部分形成利润。进入 20 世纪以后，关于利润存在的原因又出现了两种新的解释：一种是熊彼特的创新理论，把利润归于企业家敢于冒风险大胆“创新”的报酬；另一种就是奈特的利润理论。

奈特肯定了把企业家才能与企业家所支配的资本区分开来的做法，也认为应把企业家才能作为一种生产要素，并由此出发寻找利润的来源。但他与熊彼特的不同点在于：他反对利润存在的原因是冒风险的观点。奈特主张严格区分风险与不确定性。他认为，企业家在经营时所遇到的变化可以分为两种：一种是可以估计或计量的，称为“风险”，这种风险可以通过保险的方式加以避免或补偿；另一种是事先无法预料或计量的，称为“不确定性”，这种不确定性是造成利润或损失的原因。在奈特看来，如果企业家在经营过程中仅仅遇到可以估计的风险，即可以事先预料并且有一定法则可循的变化，在竞争的经济中，这种变化造成的损失的可能性就会通过竞争而变成形式固定的“保险”活动，企业家的“风险”可通过保险得到补偿，而产品的价格等于包含保险费的生产成本，在这时，既没有利润，也没有亏损。但是，无法预料并无法计量的变化，作为一种“不确定性”正是利润存在的原因或根据。另外，奈特也认为，由于难以准确地确定生产要素或生产性劳务的均衡价格，利润很难从各种收入中精确分离出来，很难准确地加以衡量。奈特的“不确定性”概念对后来的经济学发展产生了重要的影响。

二、 西蒙斯的经济学说

亨利·西蒙斯（1899—1946）出生于美国伊利诺伊州，1920 年获密歇根大学文学学士学位，毕业后在艾奥瓦大学任教，1927 年转入芝加哥大学任教授，1946 年不幸早逝。

西蒙斯受奈特影响很大，按哈耶克在《经济自由主义思想的传播》一文中所说，奈特的人身影响远远超过他的著作的影响，当时美国青年经济学者，凡是真正懂得而且拥护自由经济的，无一不是奈特的学生。在这样的青年学者中，最著名的就是西蒙斯。西蒙斯在世时出版的主要著作有《自由放任的实证计划》（1934）、《个人所得税制》（1938）。1948 年，芝加哥大学以《自由社会的经济政策》为书名出版了西蒙斯发表于各刊物上的论文及尚未发表的遗稿，他的学术思想引起了广泛的重视，并被认为是芝加哥学派早期最重要的代表。

西蒙斯与所有自由主义经济学家一样，认为好的政治经济秩序的必要条件是保障、促进及适应个人的选择自由。不过，西蒙斯进一步指出，消极的自由放任政策并不足以维持自由的经济秩序，政府在经济社会中必须从事一些有限但又重要的活动。政府干预经济活动的无限扩张的主要原因是难以区别哪些干预是必要的、可行的，哪些干预是过度的。因此，西蒙斯提出一种原则：政府的责任是维持一个自由经济成功运行的经济结构和制度，维持的方法靠严格的法治（一般普遍适用而又无人身歧视），而不能靠行政管理。他特别强调，政府不能干预工资、物价、投资决定等属于经济主体活动的核心部分，政府只应着力维持货币金融的稳定与平等的竞争环境。在西蒙斯看来，除了个人选择自由以外，平等是仅次于自由的另一价值标准，应把平等作为一个重要的社会目标去追求。这也是他关于美国税制改革的理论基础。

第三节　哈耶克的经济学说

一、 哈耶克的生平和著作

弗里德里希·冯·哈耶克（1899—1992）是现代著名经济学家。他出生于维也纳，1921年获维也纳大学法学博士学位，1923年获政治学博士学位，20世纪20年代初曾留学美国，回国后任维也纳大学讲师（1929—1931）、奥地利经济研究所所长（1929—1931）。1931年应英国伦敦经济学院邀请，到该校执教，任经济学教授与统计学教授，并加入一场有关萧条原因和对策的辩论中。1945年任英国研究院研究员，1950—1962年任美国芝加哥大学教授，1962—1970年任联邦德国弗赖堡大学教授，1970—1974年任奥地利萨尔茨堡大学教授，1974年获诺贝尔经济学奖。他所任教的维也纳大学、伦敦经济学院、芝加哥大学、弗赖堡大学都是经济自由主义的中心，因此，他也就成了特别引人注目的新自由主义学派的代表人物。

哈耶克的著述颇丰，是一位多产的经济学家，截至1974年获诺奖时，共出版了15部书、10本小册子，发表了130多篇论文。其中主要有：《货币理论与经济周期》(1929)、《物价与生产》(1931)、《集体主义经济计划论》(1935)、《自由与经济制度》(1938)、《利润、利息和投资》(1939)、《资本纯理论》(1941)、《通向奴役的道路》(1944)、《个人主义与经济秩序》(1948)、《自由的宪章》(1960)、《法律、立法与自由》(三卷本，1973、1976、1978)、《货币的非国家化》(1976)。

二、新自由主义理论

哈耶克以亚当·斯密的经济自由主义为思想基础，继承了奥地利学派和剑桥学派的理论观点，形成了以自由市场经济为特色的新自由主义理论。哈耶克的新自由主义表现得最为彻底，它从伦理学角度探讨自由与平等的含义；反对一切形式的国家干预，倡导实行竞争性私人货币制度下的自由市场经济；认为实行计划经济是通向奴役的道路，将社会主义、封建主义和法西斯主义三者混淆在一起，统称为极权主义；反对凯恩斯主义的经济政策。哈耶克新自由主义的主要观点较集中地反映在他的《通向奴役的道路》《自由的宪章》《哲学、政治学和经济学研究》《法律、立法与自由》等著作当中。

哈耶克的新自由主义理论的主要内容有：

(1) 私人企业制度和自由市场制度是目前能选择的最好制度，私人企业制度和自由市场制度存在的基础是完全的个人自由主义。

(2) 个人自由是自由主义的基本出发点。社会是由单个自由人构成的，社会财富的增进源于自由人的活动。只有个人能够自由选择实现其目的的手段，才能保证社会的发明和创造。国家不应干预个人的自由。

(3) 自由必须受法律的制约和保证。一个国家的法律应建立在个人自由原则的基础上，体现并制约着个人自由的发展。政府的一切行动受这种体现自由精神的法律约束。他强调社会应是法治的社会而不是人治的社会，人治导致独裁与权力膨胀，法治能够限制个人权力膨胀和权力被滥用。

（4）主张从伦理学出发，建立一种理想的以私有制为基础的、法治的、公正的社会制度。

需要指出的是，哈耶克新自由主义理论的特点是摆脱了以往经济学的实证分析方法，强调价值判断的重要性。他认为运用数学方法来决定和预测各种数值会导致空洞的研究，不可能对实际经济问题做出有益的解释。他认为，一个美好的社会是私有制条件下的自由市场经济、货币非国家化和机会平等的社会，人们摒弃对一切新旧偶像的崇拜，根据价值判断准则来支配个人行为。因此，对价值判断准则的探讨比数学演算要重要得多。

三、市场机制理论

哈耶克指出，市场机制能使资源得到有效配置，从而产生经济效率，经济效率是经济增长的原动力。他通过信息分散论和消费者主权论论证了他的市场机制理论。

（一）信息分散论

哈耶克认为，资源配置是最基本的经济问题，资源配置的决策必须依赖有关的信息和知识，而这些信息和知识分散在千百万人手中，中央计划当局不可能拥有或收集到全部的信息，因而难以做出对资源进行正确配置的决策。因为有效配置资源的信息只有经过个人的交换去获取，即通过市场过程进行交换和传递，所以让个人利用其掌握的信息分散行动、相互竞争，才是满足人们目的的最佳方式。市场机制交流和传递信息的媒介是价格体系。价格体系是交流信息的机制，它最重要的特点是运转所需要的知识很少，获得信息的代价小；价格体系是信息交流的网络，竞争是信息发现的过程，个人借助信息不断试探并纠正自己的决策，改善个人所处的环境。每个人都考虑与自己有关的信息，追求个人利益，结果使得信息在市场中扩散，培育了市场秩序，促进了资源的合理配置。

（二）消费者主权论

哈耶克指出，消费者在市场上进行购买，就是对商品进行货币选票的投票，这就是消费者主权。各个生产者根据消费者在市场上的货币投票，了解消费趋势和需求信息，然后，安排劳动力和生产资料进行生产，并在生产过程中不断改进技术，降低成本，在满足消费者需要的同时实现利润最大化目标，而这一切都是通过市场机制的自发作用来完成的。

哈耶克认为，市场机制的作用在于把经济资源配置到各种商品中去，这种配置是根据消费者的需求决定的，它充分体现了消费者主权原则。这种原则即使在经济中存在垄断或经济中广泛使用计算机的情况下也不会失效。

哈耶克认为垄断公司尽管有相当大的定价权，但是，公司仍然要通过市场才能实现利润最大化。市场机制迫使垄断公司还是要按消费者的意愿来安排生产和销售，所以，消费者主权不会因为垄断性大公司的出现而失去意义。计算机的普及和使用给经济研究和制定经济计划提供了方便，但是，市场上的产品千差万别，消费者的需求差别很大、变化多端，价格也变化无常，最先进的计算机技术也难以及时、迅速地收集和处理如此复杂的信息，同时也难以判断计算结果在多大程度上符合市场的客观情况。正因如此，与先进的计算机相比，上述多重困难通过生产者和消费者在市场上的无数次自发的交换活动，也就是市场机制的作用就可以自行解决。因此，消费者主权原则不会因为计算机技术的应用而失去价值。

四、关于计划经济的理论

哈耶克在《通向奴役的道路》一书中，把计划经济看成是一条“通向奴役之路”，是对自由经济制度的威胁。哈耶克认为，社会主义的目标是社会正义、更大程度的平等和安全等，然而，社会主义取得这些目标的方法意味着取消生产资料私有制，建立生产资料公有制，创造一种计划经济制度，以中央计划机构代替为利润目标工作的企业家。人们通常拥护社会主义目标，但是社会主义的方法与个人自由的价值观背道而驰，因此，人们反对社会主义的方法。他从经济效率、政治和思想等方面论证了计划经济的缺陷。

（一）计划经济与经济效率

哈耶克认为，计划经济导致经济的低效率。用计划的控制来代替个人的自由选择，经济的发展将失去基本动力。现代化大生产使得劳动分工和社会需求日益复杂化，单一的计划不可能收集和处理复杂且分散的信息，价格体系也不能正确地反映经济的变动情况，计划决策无法获得充分的信息来做出正确的判断，结果导致集中管理的失败，造成资源的非合理配置。计划体制使得人们失去自由选择工作的机会，为每个人提供不变的收入，打击了人们的积极性和创造性，结果带来经济的低效率。

（二）计划经济与政治

哈耶克认为，计划经济必然引起政治上的集权，从而导致最坏者当政。由于社会中每个人的目标与总体计划的目标之间必然存在着矛盾，解决两者矛盾的手段只能是权力，如果这种权力没有一定的规则加以指导，就会变成专制。他认为，在一个市场经济社会中，如果某人拒绝我们自由选择，我们可以转向另一个人。但是，当面对一个垄断的政治组织时，我们只能唯命是从。在计划经济下，计划当局不仅可以决定可供利用的商品和劳务在各地区、各集团之间的分配，而且也能在人们之间实行它所喜欢的任何程度的差别待遇。这种权力几乎是无止境的，谁拥有这个权力，谁就能控制一切，在这种极权主义情况下，一切经济社会问题都变成了政治问题。在走向极权主义的过程中，一些具有低级道德标准的人为了获得权力，他们可以破坏道德，不择手段，这些人特别有机会成为极权主义机构的成员乃至领袖，于是出现了最坏者当政。

（三）计划经济与思想

哈耶克认为，计划经济必然要求实行国有化，与工业的国有化相伴的是思想的国有化，思想的国有化导致思想的僵化。在采取极权主义制度的国家，为了保持人民思想上的一致性，政府的所有宣传都向人们灌输当权者的价值标准。在这种情况下，对真理的无私的、客观的探求是不允许的。对官方观点的阐释与辩护成了各门科学，特别是社会科学的唯一目标，凡是对政府的怀疑与批评都将被压制和禁止，这最终会导致“真理的末日”。因此，计划经济意味着思想的强制，等于通向奴役的道路。

五、 货币理论

哈耶克坚持货币中性理论，发展了维克塞尔的中性货币的观点，指出货币数量变化引起的一般价格水平的变动不会影响实际总产出，因而货币的作用是中性的，如果增加货币供给数量，会等比例地提高价格水平，但实际总产出不变，但他又认为货币数量的变化会影响相对价格结构，从而影响现实经济。这里主要介绍哈耶克两个方面的观点。

（一）强制储蓄的经济影响

强制储蓄是指货币数量的增加使商品价格上涨，商品价格的提高迫使靠固定收入生活的人减少消费，将其剩余转入储蓄，出现了新的实际资本的非自愿储蓄。哈耶克认为，强制储蓄有利于资本积累。这是因为：（1）强制储蓄形成的低利率会造成信用的膨胀和生产结构的扭曲，导致生产资料生产的增长大于消费品生产的增长，由于价格上升的速度快于工资收入者可支配收入的增长速度，强制储蓄增加了实际资本；（2）在消费者进入消费以前就出现强制储蓄时，厂商可以得到额外的、用于生产的资本，生产进入高涨阶段，出现过度投资，因而，强制储蓄增加了投资，有利于资本形成。当然，在高涨时期建立的新资本会在经济周期不景气时遭到破坏，从而加剧经济的周期波动，对经济产生负面影响。

（二）私有货币理论

哈耶克认为，人们的交换活动依靠货币，政府会利用货币发行的垄断权来增加财政收入，使政府财政获利。在纸币代替金属铸币后，政府垄断了纸币的发行，加强了政府的力量，现实经济中失业和通货膨胀的根源就在于此。市场机制充分发挥作用的前提是存在健全的货币。私人经济本来是可以自行提供这种健全的货币的，然而国家对货币发行权的垄断不允许私人提供健全的货币，所以市场机制发挥不了应有的作用，市场信息无法及时传递，经济也不可能正常地运行，资源不能优化配置，企业不能提供良好的就业机会，从而出现失业。政府有权创造货币，就会根据财政支出的需要，增加货币供给，引起通货膨胀。因此，他反对凯恩斯主义和货币主义的政策主张。他指出凯恩斯主义者提出的宏观需求管理政策无效，因为这些政策破坏了货币中性，使得市场机制不能充分发挥作用，扩张性货币政策尽管在短期内能刺激经济，减少失业，但在长期中会使高通货膨胀率和高失业率并存。货币主义者提出的控制货币数量的政策没有改变政府对货币发行的垄断权，仍然破坏了货币的中性，所以也就不能避免货币的过度发行和经济不稳定。

六、 经济周期理论

哈耶克以货币非中性和迂回生产的观点来解释经济周期波动。迂回生产指的是原材料要经过一些中间生产环节后才能生产出满足人们需要的产品。哈耶克指出，影响生产力的变量主要有利率、储蓄和货币供给量的变化，这些变量的变动引起经济波动。

迂回生产过程中利率的变化引起经济波动。在资本预期收益不变时，利率下降增加了资本收益，从而会刺激投资。在利率较低时，较长的生产过程更为有利可图，利率下降有利于多使用资本的生产过程，新的储蓄也会在生产资本化的各个阶段被新的投资所吸收，所以利率的下降延长了生产过程。如果利率的下降是货币供给增加引起的，那么货币供给增加量的变化会引起利率的变化，从而导致经济波动。

迂回生产过程中的储蓄和货币供给引起经济波动。哈耶克指出，当货币扩张以银行信贷的方式注入经济后，生产者的收入会增加，而消费者收入暂时不变，结果出现强制储蓄。经济资源从生产消费品的部门流向生产资本品的部门，生产资本品部门的生产更加资本化，生产过程更加迂回。信贷扩张导致市场利率低于自然利率，进一步刺激投资扩张。然而，这种扩张是不稳定的，因为银行的信贷规模要受到准备金等因素的限制，不可能无限地扩张，这最终使利率上升，资本预期收益率下降，继而引起对资本品需求的减少和价格的回落。同时，在信贷扩张过程中，一部分要素收入增加，导致消费增加，这又减少了储蓄。而后，需求结构和相对价格的反方向变动迫使生产收缩和生产结构改变。在生产收缩的过程中，信贷扩张停止，市场利率回到自然利率水平，资本扩张也被迫中止，生产过程中资本供给不足，新增加的投资迟迟不能形成生产能力，资本收益下降。资本收益下降使一部分生产资本品的部门的资本流向生产消费品的部门，一些难以转向其他行业又不能形成生产能力的资本品出现闲置。因此，出现资金短缺、产品滞销、存货积压和价格下降，经济陷入萧条或危机。

哈耶克通过货币的非中性解释了经济周期的原因，指出利用信贷政策难以刺激消费需求，只会加深生产过程的结构失衡，引发经济危机，导致失业增加。他认为要避免经济波动必须做到：货币供给数量基本不变，保持货币中性；所有的价格都要有灵活性，防止货币数量变化引起的相对价格变动形成的错误信息对生产的误导。

关键词

芝加哥学派　奈特　西蒙斯　“新自由派”运动　《风险、不确定性和利润》
哈耶克　消费者主权论　《通向奴役的道路》

思考题

1. 简述奈特的利润理论。
2. 评述哈耶克的新自由主义理论。
3. 新奥地利学派、伦敦学派和芝加哥学派有什么关系？

第二十一章 美国制度学派的发展

在凡勃伦创立了美国制度学派以后，制度经济学在美国长期以来获得不断发展，并具有广泛的影响。本章在一个简短的概述之后，在第二、第三、第四节分别对20世纪上半期美国制度学派的主要代表人物康芒斯、米契尔、艾尔斯与贝利的经济学说进行介绍。

本章重点

- 康芒斯的《制度经济学》
- 米契尔的经济周期理论
- 艾尔斯、贝利对制度经济学的发展

第一节 概 述

美国制度学派的开创者是凡勃伦。凡勃伦从制度发展的角度论述制度变革与社会经济之间的关系，强调制度因素对经济活动的重要作用，树立了一种与正统经济学不同的经济学研究传统。凡勃伦的经济思想受德国历史学派的影响，同时又具有美国特定政治、经济、文化的特点。由于凡勃伦的经济学说抨击了正统经济学方法论上的缺陷，又不避讳揭露资本主义制度的缺陷和弊病，并主张依靠国家的力量从制度和经济结构上改革资本主义，因而在美国产生了日益广泛的影响，逐渐形成了一个松散的学派。

美国在20世纪初以后，出现了一大批采用制度分析方法的经济学家，他们虽然应用的具体方法各有不同，研究的具体内容千差万别，但他们都把"制度"的差别、演进作为研究的对象。在这些经济学家中，比较著名的有约翰·罗杰斯·康芒斯（John Rogers Commons）、韦斯利·克莱尔·米契尔（Wesley Clair Mitchell），以后又有米恩斯（G. Means）、阿道夫·奥古斯图斯·贝利（Adolf Augustus Berle）和克拉伦斯·埃德温·艾尔斯（Clarence Edwin Ayres）等。

第二节　康芒斯的经济学说

一、康芒斯的生平和著作

约翰·罗杰斯·康芒斯（1862—1945）是凡勃伦的继承者，他于1862年出生于俄亥俄州的荷兰堡，1882年入奥伯林学院，1888年获文学学士学位后，进入约翰·霍普金斯大学深造。1890年，康芒斯开始其教书生涯，曾在卫斯理大学、奥伯林学院、印第安纳大学和威斯康星大学等大学（学院）执教。

康芒斯是当时美国著名的劳工问题专家。他的有关美国工会运动起源与发展的理论至今仍被人们普遍接受，该理论认为美国工会运动是对产品市场做出的反应。他认为，个别工人为保护其工作权利而抵制廉价的劳工是工会运动的起源。工会是否能改善工资与就业条件，关键看工会是否能控制并标准化该行业产品市场的状况。此外，由于大部分商品的市场范围已包括了整个国家，所以在这种情况下，工会能否成功也要视它能否组织整个产业工会而定。康芒斯还曾协助起草多项法律。

他一生除在大学执教许多经济学及其他课程如人类学、犯罪学、都市行政学等之外，也从事许多社会、宗教、立法、政治活动，其学术和生活均相当复杂。因此，他的著作多且杂，其中较为突出的成就是在美国劳工史和劳动立法方面的著作。① 在经济学方面，其代表作是《财富的分配》（1893）、《制度经济学》（1934）和《集体行动经济学》（1951）。②

二、康芒斯对“制度”的论述

康芒斯认为，制度是“控制个体行动的集体行动”。集体行动不仅指国家行动，还包括众多的工人、农业企业及自愿性组织等的行动。实际上，康芒斯的集体行动概念包括了所有的制度。

康芒斯从集体行动的观点建立了交易的概念，并以此作为研究的基本经济单位。交易包括社会与个人的行动，它是由一连串的活动所构成的。此概念是从凡勃伦思想而来，不过康芒斯将其泛化以便应用于任何有组织的经济行动，包括相互冲突的利益集团。他把交易归纳为三种类型：买卖的交易、管理的交易和限额的交易。

买卖的交易是指通过在法律上平等的人们自愿的同意，转移财产的所有权；管理的

① 这方面的著作主要有《美国产业社会史》（1910）、《美国劳工史》（1918）和《资本主义的法律基础》（1924）。

② 《财富的分配》是康芒斯出版的第一本著作，它与6年后出版的J.B.克拉克的名著同名。在这本书中，康芒斯指责垄断利润是不正当的，因而被视为社会主义者，也因此被迫辞去印第安纳大学的教职。中国著名经济学说史专家认为此书内容平平，但也有人认为此书“独具巧思，企图融合边际学派经济学与（德国）历史学派”。《集体行动经济学》则是在其去世后出版的。

交易是指用法律上的上级的命令创造财富，是上下级的交换关系；限额的交易是指由法律上的上级指定，分派财富的负担和利益，主要是政府与个人的关系。运行中的组织就是把这三种交易合为一个大单位，通过业务规则使交易运转不停。他认为交易是地位平等的人们之间或者是上下级之间的社会活动，所以它们的性质，从而制度的性质是伦理的、法律的和经济的。

业务规则是表示一切集体行动所共有的因果或目的的普遍原则，这些业务规则决定了人们彼此之间有关的和交互的经济关系。他认为，这些规则与控制从广义上来说就是法律；它们是经验的自然产物，并使个人行动有序成长成为可能。某些成型的裁决最后将决定工作规则的适用性。因此，美国最高法院是本国政治经济学上的最高权威机构。康芒斯认为，习惯标准经常变化，因而它缺乏精确性，并引起有关利益的冲突和争执。但美国法院、劳动及商事仲裁法庭等有组织的团体把习俗弄得非常精确，它们通过判决利益冲突来创造新法律的习惯法的方式来做到这一点。比如，法院判决企业的“无形财产”（企业商誉）获利能力的合理程度，从而最后形成习惯法的“合理价值”的概念。法院做出判决，其目的是要从利益冲突中产生人们行动必须遵循的“合理标准”和“合法程序”。

三、康芒斯的《制度经济学》

凡勃伦创立了制度主义的理论，但没有写过一部系统的制度经济学著作，康芒斯的《制度经济学》是该学派第一部系统的理论著作。

在《制度经济学》中，康芒斯用了近一半的篇幅论述了从重农学派的魁奈到马尔萨斯的经济学说的发展过程，着重分析了以往的学说如何看待人们交换活动中的“合理价值”与“集体行动”。他认为，交换活动不是一般经济学所研究的个人在财货和劳动之间的实物交易，而是人们之间财产权利的相互转移，通过这种物质财货的未来所有权的转移，才使人们能够生活。因为只有通过这些所有权的事先协议，劳动者才能生产，消费者才能消费，物质的商品才能交付给别人。但是这些交换活动是一种“集体行动”，各种组织（包括政府、企业等）通过此行动以使未来的生产与未来的消费能实现“合理价值”。因此，康芒斯把制度经济学定义为“一种关于集体行动在控制个人行动方面所起作用的理论”，是法律学、经济学和伦理学的综合，既承认人们利益之间的冲突，也承认他们之间的相互依存关系以及预期或秩序稳固的必要性。

《制度经济学》的最后一章，即第十一章，将第一次世界大战后出现的三种政治经济制度，即“俄国的共产主义、意大利与德国的法西斯主义和美国的银行家资本主义”，从经济理论、社会哲学及世界历史等三个不同的角度进行了比较分析。

从经济理论角度，康芒斯考察了三种制度下的需求与供给、生产成本、边际生产力以及欲望的满足程度。从社会哲学角度，他考察了人类的本性及其所追求的目标在三种制度下的状况。所谓世界历史角度考察，是从17世纪的英国产业革命开始，再研究18世纪后期法国资产阶级革命以来直至第一次世界大战的各次世界革命战争之间所出现的各种新观点和新理论。康芒斯的结论是，这三个角度的考察是分不开的，必须结合起来加以研究，制度经济学的目标就是进行这种综合分析。总之，他认为传统的个人自由交换形式及其经济理论已经过时，代之而起的应是“集体行动”。

康芒斯从他的“交易论”出发，认为如果管理的和限额的交易成为社会哲学的出发点，结果就是共产主义、法西斯主义和纳粹主义的命令和服从；如果买卖的交易是出发点，其趋势就是走向机会均等、公平竞争、讨价还价的自由主义及有节制的资本主义。他混淆了共产主义和法西斯主义之间的根本区别，表示宁愿选择美国的资本主义。但是，他不得不承认现代资本主义苦于普遍的生产过剩和失业。康芒斯顺序地考察了商业资本主义、工业资本主义、金融资本主义和管理的资本主义，说明了资本主义发展的一般过程，认为美国资本主义正在走向最后一个阶段。同时，他又认为，“美国资本主义有可能在‘经济计划委员会’的伪装下趋向法西斯主义”。

第三节　米契尔的经济学说

一、米契尔的生平与著作

韦斯利·克莱尔·米契尔（1874—1948）1874 年出生于美国伊利诺伊州的拉什维尔，就学于芝加哥大学时曾是凡勃伦的学生，1899 年获得博士学位，留在本校任教。1903—1913 年在加利福尼亚大学任教，1913 年以后一直任哥伦比亚大学经济学教授。1920—1931 年任纽约社会研究新学院院长，1920—1945 年任其主持建立的国民经济研究局局长，1929—1933 年任社会动向研究委员会委员，1933 年任全国计划局成员。米契尔一生都在从事与经济周期有关的研究及其统计资料的收集，到去世时还在写作《经济周期内发生了什么事情》。他的主要著作有：《经济周期》①（1913）、《经济周期：问题及其解决》（1927）、《经济周期的衡量》（1946）和《经济研究与经济科学及公共政策的发展》（1946）。

米契尔早年的著作主要探讨货币的作用及其与南北战争期间物价与革命之间的关系。1899 年，米契尔完成了研究货币问题的博士论文，1903 年增修出版，书名为《美元纸币史》（*A History of the Greenback*）②。这是研究美国国内战争时期通货膨胀的权威著作。随后出版的《美元纸币本位下的黄金、价格与工资》（1908）对 1862—1878 年间的经济现象做了大量的统计调查研究。此时，米契尔已从纸币美元的研究中确立了指导自己经济思想的重要观念：经济学是研究实际人类行动与社会制度的科学，其理论必须建立在观察与测量的基础上，而统计学就是观察与测量的重要工具。米契尔毕生致力于经济资料的收集与统计方法的改良，因此使统计方法在不同范围内的应用效果大为改观，包括商品与证券价格指数的编制、生产指数的编制、国民所得及其细目的计算，以及金融与

---

① 英文书名为 *Business Cycles*，旧译为《景气循环》。

② 该书又被译为《绿背纸币史》。实际上，在学生时代米契尔就在《政治经济学杂志》（1896 年 3 月）发表过《货币价值的数量理论》，否定了货币数量论的观点。后来，他又在该杂志上（1904 年 6 月）发表了《数量理论争论中的真正问题》，纠正了自己早期的观点。

其他货币交易的测量等。

二、米契尔的经济周期理论

1913年，米契尔的代表作《经济周期》问世，该书成为后来经济学中周期研究的先驱与指南。特别是该书的第三篇在1941—1959年间多次重印，这部分至今仍是西方经济学术界解释经济周期过程的佳作。后来的西方学者常引用其1927年出版的著作为代表，实际上其理论要点均包括在本书之中。

米契尔对当时的经济周期理论颇为不满，所以他主张对事实进行研究并全面地验证这些理论。因此在《经济周期》中，他对各种周期理论做了客观的表述，论证了各周期阶段的必然连续过程，均以大量的统计史料为依据。他对经济周期的研究，放弃了一般经济学家所采用的均衡分析方法，而是从整个经济活动的经验探索中，去寻找经济波动的内在不稳定性。米契尔观察到经济周期仅出现于以赚取、花费货币所得为基础的经济生活中。经济周期不仅仅是随机的干扰使经济体系暂时偏离了均衡状态，相反地，经济周期是现代经济制度本身所产生的广泛扩散的与累积的波动。虽然经济周期是不定期的，但是不断重复出现的。每一次经济周期在特征上都与以前的不同，原因在于每一次经济周期都受独特的历史事件的影响，同时，经济体系的结构与反应也随着时间而逐渐改变。他把这种不稳定性根源首先归于谋取货币的过程，他认为，经济周期的自行调节是近代资本主义货币经济的历史运动的同音词。这种生产依存于现实的或预期的利润，而利润又依存于成本、价格和其他因素之间的关系，对所有这些相互影响的关系的调整往往会出现失误，于是形成周期的波动。

在不断扩张的周期中，繁荣传播至各企业、产业、地区，以及各种不同类型的经济活动中，繁荣因此而累积，价格与实际交易量同时提高。但是渐渐地，压力也开始增长。在许多部门，成本已开始超越售价。原材料价格迅速上涨、银行贷款利率上升、劳动效率下降，开始使用旧设备，管理上浪费的现象增加，所有上述这些因素都使成本上扬。同时，由于契约的约束、习惯和政府管制等原因，销售价格的上涨受到限制。某些产业由于新投资计划的完成，生产能力增加，但无法以所希望的高价出售商品。此外，银行因准备金的减少也不愿进一步增加贷款，因而造成资本与货币市场的紧缩。这些因素使投资者延缓其投资计划，投资者发现当前的融资成本与建造成本出奇地高，他们预期这些成本不久会下跌。因此，繁荣孕育了危机，或转而成为收缩，并再度在经济体系内累积和传播。

然而，当衰退仍在进行时，复苏的力量已逐渐形成。边际企业开始重新组织开工，呆账已被冲销，而存货也已减少，所以企业能够重新开始有效率的经营。效率较低的员工被解雇后，剩余的员工为保住职位不得不更努力工作。银行准备金情况开始改善，借贷成本开始下降。原材料价格也开始下跌，成本与销售价格之间也恢复了合理的关系。同时，商品需求也缓慢复苏，这是由人口逐渐增加、使用多年的耐用品必须替换、已经耗竭的存货有待补充，以及投资机会逐渐增加（也包括新嗜好、新产品、新技术或其他外在有利因素）等因素所促成的。这就使萧条开始转向复苏，一个新的经济周期又宣告诞生了。

米契尔试图减少他研究课题中的复杂性，不过他更注意到不能将问题过分简化，因此，他的经济周期理论是综合理论。然而，即使是简单地描述这种分析方法，也必须强调经济周期是一个过程。米契尔认为这种过程的普遍性与连续性主要是因为经济体系面对许多不可预测的变化时所产生的制度性反应。这些反应的落后在动态周期中具有重要的意义：扩张与收缩这两种累积运动的基本特征在于，支出通常落后于收入，销售价格落后于订货价格。此外，投资支出与交货也落后于投资决策。

虽然米契尔对各种经济周期理论做过广泛的研究，但他选出了一些特殊的要素，如银行因素、气候的周期变化、储蓄过多、消费不足、投资过多或投资不足等，作为解释周期运动的先验依据。他并未以这些理论中的任何一种为依据来进行分析，而只是从对事物的实际研究出发。米契尔作为一个制度主义者，除保持了重视社会制度或“流行的社会习惯”这一传统外，在理论上并没有太大的建树。他在统计资料方面的数十年辛苦努力虽未在周期问题上帮助他创立一个独立的理论，但毕竟给人们留下了值得怀念的地方。此后，米契尔还改进了自己的分析方法。在1927年的著作中，米契尔发现，重新研究之后的结果并不改变自己对经济周期本质与方法的基本观点。现代货币主义者弗里德曼就曾从他的《经济周期》中汲取了某些有关周期理论的分析工具。

第四节 艾尔斯与贝利的经济学说

20世纪30年代后期，由于凯恩斯革命的冲击，制度主义的影响力急剧下降，制度主义者纷纷转向信奉凯恩斯主义。制度主义在经过短暂的辉煌后，一下子坠入沉寂期，直到20世纪60年代。制度主义的沉寂期固然和凯恩斯主义的兴起与冲击有关，但其根本原因正如美国经济学家施蒂格勒所总结的那样：一是对经济学“标准”理论采取一种仇视的态度；二是缺乏某种实证的研究纲领和方法（理论）。

在这种艰难时刻，仅有少数制度主义者如艾尔斯、贝利、米恩斯等人坚持凡勃伦的分析传统，并对这一传统进行充实。他们着重从社会和企业结构的角度来分析资本主义社会的经济问题以及所有权和管理权（经营权）的分离对资本主义权力结构的影响。此外，他们还从评价标准的角度和技术进步的性质来考察社会经济现象，分析了工业化和工业化之后的社会发展趋势。

一、艾尔斯的经济学说

克拉伦斯·埃德温·艾尔斯（1891—1972）是美国制度经济学家和社会哲学家。1891年出生在马萨诸塞州的洛厄尔。1912年获得布朗大学文学学士学位后，在哈佛大学学习一年，1914年又返回布朗大学攻读文学硕士学位。此后，从布朗大学转到芝加哥大学攻读哲学和经济学课程，1917年获得哲学博士学位。1917—1920年在芝加哥大学任哲学讲师，1920—1923年任里德学院的哲学副教授，1924—1925年任《新共和》杂志的副主编，1930—1968 年担任得克萨斯大学经济学教授。

艾尔斯的主要经济学著作有：《经济进步理论》（1944）、《工业经济》（1952）、《走向一个合理的社会：工业文明的价值》（1961）。在第一本书里，他已经勾画出了他的整个学说的轮廓，并使他成为当时制度经济学的主要理论家，后两本书则对第一本书中的思想进行了锤炼和深化。艾尔斯是在新、旧制度主义之间起着承上启下作用的人物，他的思想既继承了旧制度主义（凡勃伦）的基本思想，又包含了新制度主义的萌芽。

艾尔斯首先明确了制度主义的哲学基础——实用主义。实用主义在艾尔斯时代已经是一种成熟的哲学体系。实用主义或者工具主义强调科学考察的问题解决本质，强调考察过程的因果循环，认为考察过程必然涉及价值判断，而价值判断的标准就是判断对象的工具性。据此，艾尔斯把全部社会行为划分为技术体系和礼仪体系两类。

礼仪体系源于迷信、无知以及对未知事物的恐惧，是保守的。礼仪体系可以在技能、知识、工具等技术力量不断变化的条件下保持不变，并且通过感情交流和集体灌输的方式在人们中间得到传播。技术体系则是人类实用主义特征的体现，是指人类合理运用手和脑等来解决问题从而有益于人类进步的各种活动。技术体系是为了追求人类生命的延续和生活质量的提高，是进步的。这两个体系是相互对立的，社会的进步就是在技术体系不断克服礼仪体系的阻碍的过程中实现的。

在艾尔斯理论中，技术是至关重要的。他认为，技术包含工具、技艺和知识；技术进步的原因是工具的“自发组合”功能。技术的行为必然引起工具的使用，而各个时代的工具具有连续性，文明的连续性就在于工具的连续性，一切艺术和科学都是从工具的连续性中获得存在的理由和发展的源泉的。技术发展和文化进步是一个统一的过程，科学和艺术的进步源于各种工具能进行多种新形式的组合。艾尔斯抛弃了技术进步中人的主导因素，并将技术进步视为必然，是工具的“自发组合”，从而社会进步也就是必然的。对礼仪体系的消解则可以通过教育来实现。

价值问题是艾尔斯理论中的另一个核心问题。在礼仪体系和技术体系的基础上，艾尔斯区分了价格经济和工业经济。他指出，价格经济是“价格价值”（price value）的源泉，工业经济是“工具价值”（instrumental value）的源泉。正统经济学的价值概念就是“价格价值”，这种经济学把价值关系简单地理解为价格关系，从而经济体系中的核心问题等价于价格问题。艾尔斯认为价格经济产生的这种价值概念在很大程度上是礼仪的或者说是虚构的，是以神话和传统信念为基础的，对社会福利的提高没有用。比“价格价值”更基本的价值是“工具价值”，也就是在工业经济技术过程中产生的价值概念，由科学和技术来决定的价值才是真正的价值。因为科学和技术进步的结果才能强化人类生命的连续性。

艾尔斯强调“工具价值”，是因为它是实用主义或者工具主义哲学意义上的价值，“工具价值”源于人类的生命过程，同时工具价值的实现又将有利于人类生命过程的延续。艾尔斯把经济学视为追求实现工具价值的价值科学。

艾尔斯对凡勃伦传统的贡献在于：（1）他确定了制度主义的哲学基础；（2）强调了技术是社会进步的根本动力；（3）强调工具价值是制度主义根本的判断标准。但艾尔斯理论的缺陷也是明显的：第一，他割裂了凡勃伦二分法的两个组成部分，忽视了礼仪体系对技术体系可能的促进作用；第二，他将社会进步（技术进步）视为必然，忽略了产生破坏人类生命连续性的技术的可能性；第三，艾尔斯的社会变革思想中已经抛弃了凡勃伦理论中的激进因素，趋于改良主义。虽然有这些缺点，但艾尔斯还是坚持了凡勃伦的传统，而且在价值理论中还发展了这一传统，因此，在制度主义中被称为“凡勃伦-艾尔斯传统”。

二、贝利的经济学说

阿道夫·奥古斯图斯·贝利（1895—1971）是 20 世纪 30 年代从旧制度学派向新制度学派过渡时期的重要代表人物之一，也是当时的政治家和法学家。他于 1895 年 1 月出生于美国波士顿，早年就读于哈佛大学，1916 年获得博士学位。毕业后曾在波士顿当律师，第一次世界大战时参军，1925—1927 年在哈佛大学任教，1927 年后一直在哥伦比亚大学任教。此外，1938—1944 年他还担任助理国务卿，1945—1946 年任美国驻巴西大使，还曾作为专家参加过巴黎和会，并参与过罗斯福新政。

贝利对制度学派最主要的贡献是与米恩斯一起提出了所有权与经营权分离的观点。[①]他在对 200 家大公司进行调查的基础上，分析了现代公司的一个基本特点——所有权与经营权分离。大型股份公司的发展已使股票高度分散，作为公司法律上的所有者的股东，大多数已失去了对公司的控制权，而几乎没有股份的管理者取得了对公司事实上的控制权。这样，实际进行决策的不是业主，而是担任经理的企业家（管理者）。所有权与经营权的完全分离导致了两大对立集团的形成：所有者与管理者。管理者集团的强大使他们不仅有可能支配国家，而且还侵犯了私有产权，即把部分收入转归自己。虽然贝利反对这种趋势，主张公司要置于社会的控制之下，无论是所有者还是管理者，都不能利用公司来为自己谋取私利，而应为社会谋利，但他对两权分离所带来的问题没有提出可行的解决办法。实际上，企业家为决策所获得的信息是需要付出费用的，但他们无法掌握全部信息，也没有充足的时间和能力来评价所有可供选择的行动方案，因此，传统厂商理论中的利润最大化是无法实现的。他强调公司的管理应成为一种纯技术管理，政府应平衡各种力量并调节收入。贝利对现代公司的分析是凡勃伦制度经济学的发展，这些分析，尤其是公司结构分析，对新制度主义有很大的影响。现代经济学中的经理厂商理论和行为厂商理论就是这种分析的延续。

贝利的其他主要著作有：《公司财务法研究》（1928）、《现代公司与私有财产》（与米恩斯合著，1932）和《20 世纪的资本主义革命》（1954）等。

关键词

康芒斯　《制度经济学》　买卖的交易　管理的交易　限额的交易

① 有关其“所有权”和“经营权”分离的思想，详见其著作《没有财产的权利》（北京：商务印书馆，1992）；或者见他与米恩斯合著的《现代公司与私有财产》。

集体行动　三种政治经济制度　米契尔　《经济周期》
艾尔斯　技术体系和礼仪体系　价格经济和工业经济　贝利
所有权与经营权分离

思考题

1. 凡勃伦之后美国制度学派的代表人物有哪些？
2. 简述康芒斯的经济学说。
3. 如何看待米契尔的《经济周期》？
4. 艾尔斯和贝利对制度经济学有哪些发展？

第二十二章
熊彼特的经济学说

熊彼特很难归于任何一个经济学流派，他的理论自成体系而又影响重大。本章分五节对他进行介绍。第一节是对熊彼特生平、著作、理论贡献的概述。第二、第三节分别介绍熊彼特的经济发展理论和经济周期理论。第四节介绍熊彼特关于资本主义和社会主义的理论。熊彼特的《经济分析史》是经济思想史上的经典之作，是第五节介绍的内容。

本章重点

- 熊彼特的理论贡献与影响
- 熊彼特的经济发展理论与周期理论
- 熊彼特的《经济分析史》

第一节 概 述

熊彼特是20世纪上半期最重要的经济学家之一，其理论自成体系。熊彼特曾说，作为一名经济学家，应兼备数理学家、统计学家和历史学家的素质。他自己就以知识广博而著称。熊彼特通晓多国文字，对英美经济和欧洲大陆各国经济学都有广泛和深入的了解，这也使其自身的理论受到多方面的影响，颇具特色。

一、熊彼特的生平与著作

约瑟夫·熊彼特①(1883—1950）出生于奥匈帝国莫拉维亚省特里希镇的一个中产阶级织布厂主家庭。1901年，他进入维也纳大学攻读法律，曾游学于伦敦，1906年获法学博士学位。熊彼特精通古典文学、历史、艺术史、社会学、数学及经济学，通晓拉丁语、希腊语、法语、意大利语、德语和英语，但他的真正贡献是在经济学。1909

① 有人认为，熊彼特与哈耶克都是独立的经济学家，未建立什么学派，也不属于什么学派。（胡寄窗. 1870年以来的西方经济学说. 北京：经济科学出版社，1988.）但也有专家认为，熊彼特多才多艺，“是本世纪（指20世纪。——编者注）最杰出的经济学家之一”。（于宗先. 经济学百科全书：经济思想史. 台北：聊经出版事业公司，1986.）

年起执教于切克诺维茨大学和格拉茨大学；1918 年任德国社会民主党“社会化委员会”顾问；1919 年被当时的外交部部长推荐出任奥地利财政部部长；1921 年被迫辞职后，任私营比得曼银行的行长，1924 年银行破产。1925—1932 年，熊彼特从政界、商界回到学术界，应德国教育部邀请任波恩大学经济学教授，在此期间他曾两次到哈佛大学讲学。1932 年，由于政治上的歧视，熊彼特迁居美国，从此终身在哈佛大学任教，直到 1950 年去世。除教书立说外，他还积极从事各种学术活动。1930 年，他与世界上其他著名经济学家共同倡议成立了计量经济学会，并于 1937—1941 年担任该学会会长。1948—1949 年任美国经济学会会长，他是以非美国人的身份当选该学会会长的第一人。1949 年，当代的一些经济学者筹设国际经济学会，曾一度同意由熊彼特担任第一届会长，后因其去世而作罢。

熊彼特在维也纳大学曾师从维塞尔和庞巴维克等，但是，在所有经济学家中，他最推崇的是瓦尔拉斯，此外，他对埃奇沃思与克拉克也给予了极高的评价。[①] 熊彼特一生笔耕不辍，共写过 15 本著作和 200 多篇论文，逐渐形成了自己的理论体系与风格。

他的第一部重要著作是 1908 年出版的德文著作《理论经济学的本质与内容》，该书对于静态理论能够以及不能够解释的部分都有清晰明白的论述，是一部杰出的一般均衡论著。该书使熊彼特一举成名。

1912 年，熊彼特以德文出版了《经济发展理论》[②]，该书主要探讨了动态理论，包括企业的功能、银行体系的角色，以及信用的创造；在该书中，他首次提出了“创新理论”，这一理论对后世影响尤为深远。

1939 年，他以英文出版了《经济周期：资本主义过程之理论的、历史的和统计的分析》，全书两大卷，共 1 100 余页。[③] 这是“一座体现了理论上敏锐博识、苦心钻研学者风度，以及执著追求精神的丰碑”[④]。

1942 年，他以英文出版了《资本主义、社会主义与民主》[⑤]，在该书中，熊彼特结合了社会学分析与经济分析，提出了一些关于资本主义与社会主义的“奇谈怪论”。该书一出版就成为“畅销书”，在其生前出版到第 3 版。

《从马克思到凯恩斯十大经济学家》[⑥]（1952）是熊彼特用英文和德文所写的传记和评论的汇编。

最后一本是其最有名的代表作——《经济分析史》（1954），这是迄今西方经济学界“关于经济学说史，特别是关于经济分析方法的演变方面最广泛、详尽，而追根溯源又比较深透、分析评论又多具特色的第一本巨幅专著”[⑦]。最后两本书是由其夫人伊丽莎白·熊彼特编辑出版的。

---

① 熊彼特. 经济分析史. 北京：商务印书馆，1991.

② 中译本是《经济发展理论——对于利润、资本、信贷、利息和经济周期的考察》（北京：商务印书馆，1990）。

③ 这本巨著目前还没有中译本。

④ 哈伯勒（G. Haberler）语。详见 1950 年 8 月《经济学季刊》悼念熊彼特的文章。

⑤ 同名的中译本已由商务印书馆于 1979 年出版。

⑥ 同名的中译本已由商务印书馆于 1965 年出版。

⑦ 张培刚《经济分析史》中译本序言，详见熊彼特《经济分析史》（共三卷）。

二、熊彼特的理论贡献与影响

熊彼特不仅是一个经济学家，而且还熟悉历史、社会学、数学等，他认为把经济现象与非经济现象分开只是为了科学研究的方便，绝不能因此而割裂它们之间的内在联系。西方经济学家称他为“社会科学家”①，因为他的立论的基础常常超出传统经济理论的范围。首先，他首开“创新理论”的先河，并在《经济周期》和《资本主义、社会主义与民主》两本书中加以运用和发挥，形成了以“创新理论”为基础的独特的理论体系。该理论对西方的经济增长理论、经济发展理论和经济发展阶段论都有着重要的影响。其次，熊彼特探索的问题往往具有错综复杂的特点，如经济分析史、经济周期。有人指出，如果在熊彼特的著作中没有读者所期望的那种数学般的简洁性与准确性，那不是他思路不清，而是问题本身的复杂性所致。最后，熊彼特的广博知识和语言才能使他能广泛阅读各种文献，倾听不同的见解，然后兼收并蓄，最终形成自己的理论体系。熊彼特撰写《经济分析史》时，经常引用的书刊名单（由伊丽莎白·熊彼特编写提供）就多达 50 多本，涉及拉丁文、英文、法文、德文和意大利文等，马克思的《资本论》也在其中。

熊彼特的理论特色与其方法论是分不开的。他说：“我们想了解的正是人类历史时期内经济的变化，毫不夸张地说，我们的基本目标就是了解一个清晰完整的历史，而不仅仅是危机或经济周期，而是整个经济过程，在这个过程中，理论仅仅提供一些工具和图式，统计仅仅是全部资料中的一部分。只有历史知识能回答个别因果关系和机制方面的问题，如果没有历史知识，对时间序列的研究将是毫无结论的，理论的分析也是空泛的。”② 熊彼特主张应从整体上把握历史，突破各学科之间的界限。

熊彼特试图实现社会科学的统一。这种统一不仅包括社会科学的不同分支的统一，而且包括把理论的、历史的、统计的方法融入社会研究中。他认为，经济学研究可以使用多种研究方法，如理论方法、数学方法、历史方法、制度方法、心理分析法、静态分析法、动态分析法等。③ 他还提出了有关方法论“容忍”的观点，认为不同方法具有不同的规则，这些规则在总体上是正确的，它们虽然有时相互排斥，但它们之间是相互联系的。

虽然熊彼特用发展的观点研究资本主义的产生、发展和没落，实现了理论方法、历史方法和数学方法的统一，但是，熊彼特的方法论在本质上是历史唯心主义和形而上学的，从而否定了马克思的阶级分析法和历史辩证规律。

---

① 1951 年，为纪念熊彼特去世两周年，哈佛大学特地出版了一本专集，题名就是《熊彼特——社会科学家》。

② Schumpeter. *Business Cycles*: *A Theoretical Historical and Statistic Analysis of the Capitalist Process*. Vol. 1. New York：McGraw-Hill Book Co.，1939：220.

③ 熊彼特认为静态经济学是“纯经济学”，动态经济学是“经济逻辑”和“经济现象的逻辑”，静态经济学的理论都是抽象的。由于静态经济学的研究范围通过抽象历史事实而形成，所以在静态经济学中只有理论——数学的方法是有效的。

第二节　经济发展理论

经济发展理论是熊彼特经济理论的重要组成部分。熊彼特通过对资本主义生产过程本身的研究得出结论：经济发展是经济自身发生的一种非连续的变化；经济发展的源泉是“创新”活动。

一、经济循环流转

熊彼特在分析经济发展时首先用静态方法分析了“经济循环流转”，然后从“动态”的和发展的观点提出了“创新理论”，并用该理论对资本主义的发展现状进行了深入分析，最后提出了实现“创新”的条件和创新带来的后果。

熊彼特在分析资本主义经济时，先假定存在着一种没有变化、没有发展的静态经济，生产过程只是简单地循环往返，即存在“经济生活的循环流转”。在这种状况下，不存在企业家，没有创新，企业总收入等于总支出，生产管理者所得到的只是“管理工资”，因而不产生利润，也不存在资本和利息；经济中存在两个经济主体、两种生产要素；产品的价值等于产品的成本，没有增值。生产过程在这种状态循环往返，周而复始。①

二、创新理论

在解释了经济循环流转之后，熊彼特引进了自己的“创新理论”，用于解释资本主义发展过程。在熊彼特之前的传统经济学基本上不涉及生产方法的变更，当时的“经济发展”往往更多地是指人口、资本、工资、利润、地租等在数量上的增加。

引起经济发展的因素很多，但可以分为外部因素和内部因素两种。熊彼特认为，引起经济发展的外部因素主要有五种：(1) 战争、革命运动以及天灾人祸；(2) 金钱的大量供应源的发现；(3) 新地域、新国土的发现；(4) 人口数量与年龄分布的变化；(5) 同一经济体制下税务制度与关税制度的变化。但他特别强调指出：“我们在解释引起经济波动的原因时应抽象掉外部因素。”②

熊彼特认为，引起经济发展的内部因素主要有：(1) 消费者品位的变化；(2) 生产要素的变化；(3) 商品供给方式的变化。他首先把消费者品位的变化这一因素排除，认为它与理解经济发展过程无关。他最关注的内部力量是“在循环流转轨道中发生的非连续的变化，在工业和商业领域中，在均衡中心发生的干扰，而不是消费者对最终产品产

---

① 这相当于马克思经济学中的简单再生产过程。但按照马克思的分析，即使在简单再生产条件下，资本家照样获得利润，掠取剩余价值。可是，在熊彼特这里，他完全否定了资本主义简单再生产情况下所存在的剩余价值剥削及其转化形式——利润和利息。

② Schumpeter. *Business Cycles: A Theoretical Historical and Statistic Analysis of the Capitalist Process*. Vol. 1. New York: McGraw-Hill Book Co., 1939: 7.

生的欲望”①。

影响生产要素变化的有两个因素：人口的增加和生产者物品存货的增加，但这两个因素在经济发展过程中并不是最重要的因素。

商品供给方式的改变就是生产手段“执行新的组合”，熊彼特认为这是资本主义经济发展最重要的力量，也是发展理论和周期理论讨论的核心。

所谓创新，熊彼特解释说，就是“经济发展”，是“建立一种新的生产函数”，或者说，把一种从来没有过的关于生产要素和生产条件的“新组合”② 引入生产体系。熊彼特非常强调企业家的作用。他认为企业家不同于资本家，应具备如下特点：(1) 具有“首创性”“远见性”“权威性”；(2) 有善于抓住机遇的特长；(3) 拥有专家的知识；(4) 以自我为中心，其独特的任务在于打破旧传统，创造新模式；(5) 具有克服“新组合”困难的能力。熊彼特强调企业家是从事“创新”工作的，进行生产要素的“新组合”，他们是资本主义发展的主要力量。所谓的经济发展就是指整个资本主义社会不断地实现这种新组合。

熊彼特所说的创新、新组合和经济发展，包括下列五种情况：(1) 引进新产品；(2) 引用新技术，即新的生产方法；(3) 开辟新市场；(4) 控制原材料新的供应来源；(5) 实现企业的新组织。

熊彼特解释说，创新是一个“内在的因素”，经济发展是“来自内部自身创造性的关于经济生活的一种变动”。企业家的工作就是在生产过程中对生产要素重新组合，即对新产品、新市场、新的生产方法和组织的开拓以及对新的原材料来源的控制。熊彼特还用创新重新解释了资本。他认为，资本是企业家为了实现新组合，“把各项生产要素和资源引向新用途”的一种“杠杆”和“控制手段”。资本不是具体商品的总和，而是可供企业家随时提用的支付手段，是企业家和商品世界之间的“桥梁”，其职能在于为企业家进行创新提供必要的条件。创新论的特点是把创新视为企业家的唯一职能，于是，企业家成了资本主义的“灵魂”，创新是资本主义经济发展自身的内在的创造作用。没有创新，资本主义经济就不可能产生，更谈不上发展。

这里熊彼特强调生产技术革新对资本主义经济发展的积极作用，并在一定程度上引用了“变动”和“发展”的观点。但他完全抽象掉了资本主义生产关系，掩盖了资本主义的基本矛盾。

第三节 经济周期理论

熊彼特的《经济周期》这部巨著的贡献是：给资本主义的经济周期运动提供了较为丰富的历史统计资料，在理论方面坚持“创新”是决定周期波动的基本因素。他认为，资本主义经济发展并不是平稳的，而是呈现波浪式的运动。

① Schumpeter. *Business Cycles*: *A Theoretical Historical and Statistic Analysis of the Capitalist Process*. Vol. 1. New York: McGraw-Hill Book Co., 1939: 65.

② 熊彼特. 经济发展理论. 北京：商务印书馆，2000：73，290.

一、经济周期的形成

熊彼特认为，当创新出现时，造成了对银行信贷和对生产资料的扩大需求，对生产资料的扩大需求促成了新工厂的建立和新设备的增加，同时也增加了对消费品的需求，经济处在繁荣阶段。当创新扩展到较多企业，获利机会趋于消失之后，企业对银行信贷和对生产资料的需求便减少，经济进入衰退阶段。由于"第二次浪潮"的影响，经济进入一个病态的失衡阶段，即萧条阶段；随着"第二次浪潮"的反应逐渐消失，经济进入一个必要的调整、恢复阶段，即复苏阶段。熊彼特把这种经济波浪式的运动称为经济周期。总之，创新是经济周期的内在原因，即使排除外部因素，资本主义的经济周期仍然会存在。同时，在资本主义的历史发展过程中，创新多种多样、千差万别，对经济发展的影响也大小不一，因而所形成的经济周期也就长短不一。

二、二阶段经济周期模式

这是排除一切外来因素干扰的纯粹模式，是只包括上升期（繁荣）和下降期（衰退）的两阶段模式。

假定在一个一般均衡的经济体系中，最先实行创新的企业家能正确地对未来做出预期，后起的企业家能正确地预期创新可能留给他们什么。"创新"浪潮的出现和消失，使资本主义经历了繁荣和衰退两个阶段。随着"创新"浪潮的到来，企业家扩大对生产资料的需求，这样生产资料价格上涨，而为了应付支出，企业家便扩大了对银行信贷的需求，引起信贷的扩张，促成经济的上升，即进入繁荣阶段。创新无疑对初始的均衡状态是一次大破坏。但是，由于企业家纷纷扩大生产资料的需求，生产资料价格上升，成本提高，同时创新和模仿造成产品的产量大量增加，以致产品价格下降，这些因素都削弱了公司获取利润的能力，企业对银行信用的需求开始紧缩，企业的利润趋向于零，经济处于下降阶段，即衰退阶段，直至经济达到新的均衡状态。

三、 四阶段经济周期模式

四阶段经济周期模式是指一个完整的经济周期，包括繁荣、衰退、萧条和复苏四个阶段。

繁荣阶段：熊彼特认为，企业家的创新增加了信用需求，由此促成了新工厂的建立和新设备的增多。但同时，由于整个社会出现大量的投资机会，过度投资和投机活动也随之出现，这又增加了对信用的需求，这种信用需求与创新无关，仅为一般企业和投机活动所使用。

衰退阶段：在繁荣中，一些鲁莽的、有欺骗行为的企业出现了，产品的大量增加导致了价格的下跌。在繁荣背后存在一种恐慌，熊彼特称之为"可怕的螺旋"①，它带来了

---

① Schumpeter. *Business Cycles: A Theoretical Historical and Statistic Analysis of the Capitalist Process*. Vol. 1. New York: McGraw-Hill Book Co., 1939: 148.

两个方面的影响：（1）当经理们试图以更低的价格出售产品以保留一定数量的现金时，产品价格将大幅度下跌。在这种通货紧缩的情况下，“受惊吓的银行”将会崩溃，这些银行寻求各种方式以便在“安全”的水平上保持资产的流动性。（2）恐慌增加了人们从乐观向悲观转变的可能性。但他认为，这种转变并不重要，只是一种“第二次浪潮”的现象，这种现象扭曲了纯粹模式中衰退的客观事实。

萧条阶段：熊彼特把迫使“收缩螺旋”中断的方式称为“萧条商业”，它是指当萧条扩大时，仍然会有一些组织和公司可获得实现经济收益的机会。一个生产者的破产可使另一个生产者加入任何一个市场空缺中，此时投入品的价格比实际商品的价格下跌得更快。这种机会的到来取决于企业家对经济现象所采取的态度和做出的反应。在萧条时期，虽然悲观预期占上风，但不排除仍抱有乐观情绪的人，他们准备采取新的经济行为以改变经济状况。

复苏阶段：一旦萧条形成，经济周期分析的关键在于说明什么原因能使萧条结束，熊彼特称之为“恢复点问题”。为了弄清楚恢复点的实际存在，熊彼特提出了一些归纳性因素，这些因素会使“收缩螺旋”结束，这种趋势具有一种自我保持原状的特征。也就是说，位于萧条最低点的非均衡状态为一些公司的适应和调整带来了机会。

四、“三种周期”论

在总结前人论点的基础上，熊彼特认为在资本主义历史发展过程中，同时存在着长、中、短三种周期理论[①]，他把这三个周期叫做复合循环图式或三循环图式。

第一种是经济长周期（long cycle）或长波（long wave），又称“康德拉捷夫周期”[②]。熊彼特继承前人的观点，把百年来的资本主义的经济发展划分为三个长周期，并且以创新理论为基础，以各个时期的主要技术发明和生产技术的发展作为各个长周期的标志：

第一个长周期，从18世纪80年代到1842年，是所谓的“产业革命时期”；

第二个长周期，从1842年到1897年，是所谓的“蒸汽机和钢铁时代”；

第三个长周期，从1897年到20世纪20年代末，当年提出时，该长周期还未结束，是所谓的“电气、化学和汽车时代”。

第二种是经济中周期，又称为“尤格拉周期”（Juglar cycle）。该周期由法国的克莱门·尤格拉于1860年提出，每一周期长度平均为9～10年。

第三种是经济短周期或短波，又称为“基钦周期”（Kitchin cycle）。该周期由美国的约瑟夫·基钦于1923年提出，每一周期平均长度为40个月（约3年半）。

熊彼特指出，上述几种周期并存和相互交织的情况，正好进一步证明了自己的创新

① 实际上，西方经济学者提出的资本主义经济周期不仅限于这三种。西蒙·库兹涅茨（Simon S. Kuznets）在1930年出版的《生产和价格的长期运动》一书中就提出了在主要资本主义国家存在着平均长度为22年（从15年到25年不等）的长波的观点。这种周期又称为“库兹涅茨周期”（Kuznets cycle）。西方学者关于经济周期的种种分析，对我们研究资本主义经济发展有一定的参考作用。

② 长周期首先由苏联的尼古拉·D. 康德拉捷夫于1926年提出，故有“康德拉捷夫周期”之名。该周期历时50年或略长一点。

理论的正确性。他认为，从历史统计资料来看，各种经济周期，特别是长周期的变动，同各个时期的生产技术革新有相当密切的关系。概括地说，一个长周期大约包括 6 个中周期，而一个中周期大约包括 3 个短周期。但同时，熊彼特也承认，除了长周期外，很难就中周期，更不能就短周期，具体地指出某一个周期的上升波动是和某一种工业的发展或某一种生产技术的革新有关的。

五、 经济危机的救治

熊彼特认为，资本主义经济危机通过资本主义体系的自我调整就能救治。因此，“作为资本主义产业的危机，将比资本主义制度更早地消亡”①。救治危机的办法有两种：(1) 发展资本主义国有企业和大联合企业。因为国有企业或者大联合企业进行新的基本建设延迟到不景气时期，似乎是对新联合体成群出现的结果的一种缓和，也似乎是对繁荣时期通货膨胀和不景气时期通货紧缩的一种冲淡，因而似乎是减轻周期运动和危机的一种有效手段。(2) 改进对经济周期的预测法和发展托拉斯组织。熊彼特解释说，对危机最为重要的长期救治并且是唯一不会引起反对意见的做法，是对经济周期预测法的改进。这一事实连同托拉斯组织逐渐形成的事实一道，成为使得危机现象变得越来越弱的主要原因。

第四节 资本主义和社会主义理论

熊彼特的《资本主义、社会主义与民主》自 1942 年初版到他去世的八年间共出版了 13 版，是其著作中的畅销书。在该书中，他以创新理论为基础，回答和解释了下列两个问题：

第一，“资本主义能活下去吗？”熊彼特的回答是：“不，我认为它不能活下去。”

第二，“社会主义行得通吗？”熊彼特的回答是：“当然行得通。”

一、 关于“资本主义发展前途”的问题

熊彼特认为，资本主义是商品交换经济和私有财产占统治地位的经济形式。资本主义的发展经历了两个阶段，即自由竞争的资本主义和托拉斯化的资本主义。自由竞争的资本主义是指 1910 年前的资本主义，其特点是企业家受到的约束较少；企业家之间的竞争是弱肉强食；资本主义反复出现企业的建立和倒闭、利润的获得和亏损的过程。托拉斯化的资本主义是指 1910 年以后的资本主义，其特点是垄断化，企业规模大型化，它只会提高生产水平和生活水平，而绝不会降低生活水平和生产水平，垄断所带来的技术进步常使商品价格下跌。

在西方经济学家眼中，熊彼特独树一帜地论述了资本主义必然被社会主义代替的问

① 熊彼特. 经济发展理论. 北京：商务印书馆，2000：282.

题。他认为，“资本主义在本质上是经济变动的一种形式或方法”，它从来不是静止的。它本身将“不断地从内部革新经济结构，即不断地破坏旧的，不断地创造新的结构”，是一种“创造性的破坏过程”，又可称之为“产业突变”。[①] 因为企业家的创新职能将使“经济进步日趋非人身化和自动化，机关和委员会的工作日渐代替个人的活动”，“创新本身已降为例行事物”，“企业家将无事可做”。于是，企业家的职能日益减弱，投资的机会也日益消失，出现一种或多或少的静止状态，资本主义就会萎缩下去，最后资本主义将消失，会“自动地出现”社会主义。[②]

但同时，熊彼特又认为，当代垄断资产阶级巨头如卡内基、洛克菲勒等是“社会主义的真正开路人”。因为他们是真正的企业家，“不断革新技术”，“创造了资本主义的成就和自动化”，终于不得不使“资本主义自动进入社会主义”。他们既是“资本主义的功臣”，又是“社会主义的先驱”。

二、关于“社会主义能否行得通”的问题

熊彼特认为，社会主义“当然行得通”。但他所说的社会主义与马克思列宁主义所提出的社会主义是不一致的。熊彼特认为，社会主义社会是指一种制度模式，在这个社会中，对生产资料和生产本身的控制权是授予一个“中央当局”的，社会的经济事务原则上属于公众，而不属于私人。因此，他把社会主义定义为“由公共权力机关控制生产资料，决定怎样生产、生产什么、谁该得到什么东西的那种社会组织”[③]。除理论研究外，熊彼特还对当时苏联正在实践的社会主义进行了实证分析与研究，并归纳出如下特征：(1) 实行生产资料公有制；(2) 实行高度集中的计划经济体制；(3) 实行公共分配制；(4) 存在竞争；(5) 具有效率。

熊彼特还考察了从资本主义到社会主义过渡的三种形式：

(1) 成熟状态下的社会主义化；

(2) 不成熟状态下的社会主义化；

(3) 变法前的社会主义（国有化）政策。

在这三种形式中，熊彼特极力赞扬并主张第一种“成熟状态下”的和平过渡；对第三种所谓的“国有化”政策也表示了赞同；但他反对使用暴力的所谓“不成熟状态下”的革命转变。他解释说，这是因为“在资本主义体制范围内的逐步社会主义化，不仅是可能的，甚至是最明显的可以指望的事情”。

第五节 《经济分析史》

1954 年《经济分析史》英文版首次出版，这部巨著立刻引起学术界的高度关注，被

① 熊彼特. 资本主义、社会主义与民主. 北京：商务印书馆，1979：79.

② 同①102.

③ 参见熊彼特的《资本主义、社会主义与民主》和他的《长驱直入社会主义》一文。

译成多种文字，畅行于经济学界。1980 年英文版已出到第 11 版，中译本就是根据该英文版翻译的，被商务印书馆收入“汉译世界学术名著丛书”于 1991 年出版，1996 年进行了第二次印刷。

一、写作背景

熊彼特花费了一生中最后 9 年的时间，即从 1941 年到 1950 年，完成了《经济分析史》的写作。但从更广泛的意义来看，这部巨著花费了他一生的时间，他早年的著作和授课都在为本书做准备。

1911 年，熊彼特在奥地利的切克诺维茨大学就曾讲授过“社会科学的过去与未来”的专题，后来改写成 1914 年出版的德文版的《经济学说与方法史略》，也就是本书的雏形。熊彼特在哈佛大学任教期间所讲授的“高级经济理论”和“经济思想史”等课程，后来都成为《经济分析史》第四篇和第五篇的主要内容。1948 年熊彼特在美国经济学会年会上所做的题为“科学与意识形态”的会长演讲，探讨了方法论上的一些问题，后来构成了《经济分析史》第一篇的部分内容。

二、该书的结构

《经济分析史》内容广泛，结构宏大，分三卷出版，共有五篇 31 章。第一篇为“导论：范围与方法”，由 4 章组成，分别是“导论与计划”“插曲Ⅰ：经济分析的技术”“插曲Ⅱ：同时代其他科学的发展”“经济学的社会学”①。第二篇为“从开始到初期古典学派境地（约到 1790 年）”②，由 7 章组成，分别为“希腊—罗马的经济学”“经院学者和自然法哲学家”“顾问行政官和小册子作者”“计量经济学家③与杜尔哥”“人口、报酬、工资与就业”“价值与货币”“‘重商主义’文献”。第一篇和第二篇构成了第一卷。

第二卷只包含第三篇，题为“从 1790 年至 1870 年”。它由 7 章组成，分别为“导言与计划”“社会政治背景”“知识背景”④“部队的检阅”⑤“普通经济学：一个截面”⑥“普通经济学：纯理论”⑦“货币、信用与周期”。

第三卷包括第四篇和第五篇。第四篇为“从 1870 年至 1914 年（及以后）”，它由 8

① 这一章主要讨论了经济学史是否构成意识形态史、经济分析史如何区别于政治经济学体系史和经济思想史等问题。

② 1790 年是英国著名经济学家亚当·斯密去世的一年，熊彼特选择这一年作为“经济学”这门科学建立的完成时间是有其意图的。

③ 熊彼特对于在经济学中推广使用数学起过积极的作用。1946 年，年逾花甲的他与同事 W.L. 克鲁姆（W. L. Crum）合写了《经济学者和统计学者需用的数学初步》（纽约，1946 年）。

④ “知识背景”一章主要包括哲学（尤其是边沁的功利主义和孔德的实证论）、社会学、政治学、进化论、心理学、逻辑学和马克思以前的社会主义。

⑤ 这一章主要讨论了李嘉图、马尔萨斯、西尼尔等人的经济学说，也探讨了法国、德国、意大利等主要欧洲大陆国家（美国除外）的经济学成就。

⑥ 主要研究了约翰·穆勒的经济学说。

⑦ 主要对比研究了英国古典经济学与马克思经济学中有关价值、资本、分配等问题。

章构成，分别是“导言与计划”“背景与形态”“邻近学科的某些发展”①“社会政策与历史方法”②“这一时期的一般经济学：人物与派别”③“一般经济学：性质与内容”“均衡分析”“货币、信用和循环”。第五篇为“结论：现代发展的梗概”，它由5章构成，分别是“引言与计划”“源出于马歇尔-维克塞尔工具的发展”“‘极权主义’国家的经济学”“动态学与经济周期研究”“凯恩斯与现代宏观经济学”。

三、该书的主要内容与特点

《经济分析史》共分五篇。第一篇是导论，讨论了经济学科的研究范围和研究方法。本篇集中反映了熊彼特的治学观点、态度和作风。他认为，经济学是一门“科学”，需要我们以严肃和认真的态度去对待。研究经济学的方法和技术有多种，包括经济史、统计学、经济社会学、政治经济学以及应用领域的各个学科。熊彼特强调说，经济学的发展与相关学科的贡献是密不可分的，这些相关学科是社会学、逻辑学、心理学和哲学。熊彼特十分重视分析方法和分析工具以及它们的演变和发展。“本书的主题就是叙述人们在描述和解释经济事实并为此提供各种工具方面所作的努力。”④ 这也是熊彼特把该书命名为《经济分析史》而不是“经济思想史”的主要原因。

第二篇到第四篇则按年代顺序，分别评述了从公元前四五百年希腊—罗马时期起，到20世纪40年代为止的2 400多年的经济分析发展史，包括各个时期的重要任务、思想观点、学说体系、分析工具和方法、贡献和影响、评价等等。第二篇包含的时间最长，从亚里士多德、柏拉图的“希腊—罗马经济学”开始，历经经院学派、重商主义、“自然法”观点、自由放任思想、重农学派，到威廉·配第和亚当·斯密为止，上下2 200多年。

第三篇从1790年到1870年，包含80年。本篇首先阐述了经济学说各派的学术思想渊源，如功利主义、浪漫主义、环境决定论、达尔文“进化论”及其他类型的“进化论”、早期社会主义等；然后评述了李嘉图、马尔萨斯、萨伊、西尼尔等经济学家；最后阐述了马克思的学说体系，尤其是马克思的利息剥削理论，并分别评述了马克思和李嘉图关于利润率下降规律的学说。

第四篇从1870年到1914年及其稍后的一段时间，共40多年。这是一个重要的年代：现代西方经济学的形成、边际分析方法和数理分析方法的兴起、马克思主义的兴起与传播、自由资本主义向垄断资本主义过渡等都发生在这个时期。熊彼特也着重描述和评论了这个时期。本篇的前4章主要讨论该时期的背景材料和有关学科的发展情况。后4章⑤则详细说明了现代西方经济学的发展概况、基本内容、主要流派等；涉及的内容包

① 在熊彼特眼中，邻近学科指的是历史学、社会学、心理学等学科。

② 这一章主要讨论了“新”“旧”历史学派及其代表人物。

③ 主要人物是指杰文斯、门格尔、瓦尔拉斯、埃奇沃思、马歇尔、帕累托、马克思、克拉克、费雪；主要派别是指法国学派、奥地利学派（或称维也纳学派），以及意大利、荷兰和斯堪的纳维亚地区各国、美国等国家的经济学说，还有马克思主义经济学（包括修正主义）。

④ 详见伊丽莎白·熊彼特所作熊彼特《经济分析史》（共三卷）编者绪论。

⑤ 实际上，第四篇的第七章“均衡分析”的主要内容是熊彼特在哈佛大学开设“高级经济理论”的授课内容。

括经济学流派、现代西方经济学基本知识、局部均衡和一般均衡、马克思的学说（包括与李嘉图的对比）、货币、银行信用、危机与经济周期的货币解释理论等。

第五篇的标题虽为“结论”，但其副标题“现代发展的梗概”更能反映本篇的内容。本篇主要论述了1925—1950年25年间的理论经济学发展情况；涉及的内容包括静态分析和动态分析、数理学派和计量经济学、现代厂商理论（当然是熊彼特时代的“现代”）、垄断竞争理论、瑞典学派①、凯恩斯与宏观经济学、宏观动态经济学与经济周期变动等。实际上，如果能认真学习第四篇和第五篇，那么我们就能把握现代微观经济学和宏观经济学的形成与发展及其基本知识。

第一，《经济分析史》的一个显著特点就是内容广博、结构宏大。本书不仅涵盖了经济学的各个领域，而且还广泛涉及其他社会科学，如社会学、心理学、历史学、哲学等学科。这一特点也正反映了熊彼特本人学识渊博、造诣深厚的特点。

第二，强调发展观点和历史的方法。熊彼特坚持以对经济的科学分析为中心线索，并强调分析方法和分析工具的演变与发展。但其“发展观”是否认社会制度的“突变”的，这不同于马克思主义的发展观。熊彼特强调历史的方法与他的方法论有密切的关系。当代西方著名经济史学家厄谢尔（A. P. Usher）指出：“他（指熊彼特。——编者注）把不同的分析工具加以综合运用，是具有高度创见性的。”“当时除了马克思文献的领域外，是难以见到这种有成就的综合运用的分析工具的。”②

第三，强调追根溯源，查明来龙去脉，重考据和历史事实，治学严谨，注解详明。③任何一位读者只要翻开《经济分析史》，就会感受到这一点。伊丽莎白·熊彼特说：“在某种意义上，整个这部分析史就可以看成是一个参考书的目录。”④

第四，《经济分析史》的一个突出特点是学术性极强。书中广征博引，内容丰富，分析评论中肯独到。美国著名经济学家萨缪尔森在1961年就任美国经济学会会长⑤的演讲中曾谈到，季德和里斯特所著的《经济学说史》是一本“单纯的教科书”，而熊彼特的《经济分析史》则是一部“学术性著作”。英国著名经济学家埃里克·罗尔⑥也称《经济分析史》“是一部不朽之作”，又说“我们应该有这样的自由：既可采用经济学的某种‘分析性’的混合物，也可采用更‘通俗’类型的经济学”。

针对《经济分析史》，著名经济学家西蒙·库兹涅茨⑦的一段话或许是最为中肯的，他说：“一部崇高而又宏伟的著作：其所以说是崇高，是因为他是一位学识渊博、兴趣广泛、具有卓越的洞察力以及具有敏锐而尽管不稳定的判断力的学者所撰写；其所以说是宏伟，是因为它的设计规模是如此的庞大，以致即使花费一生的长期努力，也难免不留下宽阔的空隙和厄猝补缀的痕迹。”⑧

---

① 因语言等因素的影响，瑞典学派的一些真知灼见一直不被以英美为首的西方主流经济学界所了解。

② 厄谢尔. 经济发展理论的历史意义//哈里斯. 熊彼特：社会科学家. 剑桥：哈佛大学出版社，1951.

③ 张培刚.《经济分析史》中译本序言//熊彼特. 经济分析史. 北京：商务印书馆，1991.

④ 伊丽莎白·熊彼特：《经济分析史》编者绪论//熊彼特. 经济分析史. 北京：商务印书馆，1991.

⑤ 熊彼特曾在1948—1949年担任过该职。

⑥ 埃里克·罗尔. 经济思想史. 北京：商务印书馆，1981.

⑦ 西蒙·库兹涅茨（1901—1985），出生在俄国的美国经济学家和统计学家，1971年诺贝尔经济学奖获得者。

⑧ 库兹涅茨.《经济分析史》书评. 经济史杂志，1955（15）.

关键词

熊彼特　《经济发展理论》　创新理论　经济周期　《经济分析史》

思考题

1. 熊彼特的创新思想有何特色？它对后世的创新学说有何影响？
2. 简述熊彼特的经济周期思想。
3. 如何看待熊彼特的资本主义和社会主义理论？

第二十三章
凯恩斯的经济学说

凯恩斯的经济学说是这一时期经济思想发展上最具影响力的。本章分为三节。第一节介绍凯恩斯的生平与著作；第二节对凯恩斯学术思想的发展进行一个简明的叙述；第三节介绍凯恩斯的《就业、利息和货币通论》（简称《通论》），通过对这部在经济学说史上具有重要意义的著作的全面诠释来介绍凯恩斯著作中涉及的有效需求原理、乘数理论、利息和工资理论，以及他关于经济政策的主张。

本章重点

- 凯恩斯学术思想的发展
- 凯恩斯《通论》的含义与历史地位
- 凯恩斯的有效需求原理

第一节　凯恩斯的生平与著作

约翰·梅纳德·凯恩斯（1883—1946）是英国著名经济学家。1883 年 6 月 5 日生于英格兰的剑桥。他的父亲 J. N. 凯恩斯（John Neville Keynes）是剑桥大学潘布鲁克学院的院士，也是著名的经济学家和逻辑学家。他的母亲弗罗伦丝是剑桥大学纽罕学院的毕业生，一生热心社会公共事业，曾任剑桥市市长。因此，他在青少年时代就有机会接触一些经济学家和哲学家，如哲学家兼经济学家西迪维克（H. Sidgwick）和马歇尔等。

凯恩斯在伊顿公学接受了全英国最好的教育，其后因获得数学及古典文学奖而进入剑桥大学的皇家学院，主修数学，1905 年以优异的成绩毕业。凯恩斯毕业后留校一年，为了准备英国文官考试，跟从马歇尔、庇古等人学习经济学。1906 年，在该项考试中，凯恩斯名列第二，被派到财政部印度事务处工作。凯恩斯两年后（1908 年）返回剑桥大学，经马歇尔推荐到皇家学院任经济学教师，讲授货币学，并专注于印度通货的研究。1913—1914 年被任命为皇家委员会调查印度通货和财政的委员，其后调任财政部顾问。

第一次世界大战爆发后，1915 年凯恩斯被召回财政部工作，此后 10 年的生活颇为多姿多彩，他研究数学、经济学，著书立说，编杂志，从事投资，经营公司等，并赚了不少钱。1919年，他以英国财政部首席代表的身份出席巴黎和会，会上他反对协约国对德国提出的战争赔款标准，又因自己提出的对德国赔款问题的意见未被接受，愤而辞去代表职务回到剑桥。为此，他撰写了《和约的经济后果》(1919) 一书，阐述了自己的观点，并引起欧美各界的争论，一时成为欧洲经济复兴问题的中心人物。他先后出版了几部名著，如《概率论》(1921)、《货币改革论》(1923)。在《货币改革论》中，凯恩斯针对当时英国处于战后初期，经济严重失调，国民经济处在慢性萧条困境的情况，提出：(1) 应容许温和的通货膨胀，用适度的扩张货币政策去解救衰退，他反对当局采取的通货紧缩政策，并认为正是这一政策使得物价水平不断下跌，招致产业萧条；(2) 主张采取管理本位的货币制度，坚决反对英国朝野提出的恢复金本位的政策。此外，凯恩斯还担任权威刊物《经济学杂志》及其他刊物的主编[①]；从事证券投资活动，获利数十万英镑，并兼任不少公司的顾问或董事，开办艺术剧院，还担任过皇家学院的总务长。同时，他还参加一些自由党的党派活动，被聘任为政府一些有关经济会议的委员或顾问。

1930年，凯恩斯担任英国内阁经济顾问委员会主席，目睹了1929—1933年资本主义世界前所未有的世界性大危机。为了寻找大危机的根源及应对之策，凯恩斯于1936年出版了具有里程碑意义的著作——《就业、利息和货币通论》(*The General Theory of Employment, Interest and Money*)。这本书为凯恩斯赢得了世界性的声誉，奠定了他在经济学说史上的地位。成为国际知名人物的凯恩斯，不仅在学术方面，而且在公共事业方面积极投身于各种活动，如第二次世界大战时担任英国财政部顾问，为战事出谋划策。1941年，他又出任英格兰银行董事，1942年被英皇赐封为“勋爵”。1944年，他率领英国代表团出席布雷顿国际货币金融会议（布雷顿森林会议），筹划组建国际货币基金组织、国际开发银行等，并担任这两个国际银行金融组织的董事。他还代表英国同美国进行财政援助谈判。为此，他频繁往返于英美两国之间，最后因操劳过度，心脏病突发而去世。

凯恩斯是位多产的作家，既有通俗性的论文和小册子，又有学术性的专著。此外，他还有大量的书讯和演讲词。英国皇家经济学会曾把他的全部作品编辑成《凯恩斯选集》，共计30大卷。其主要著作有：《印度通货与金融》(1913)、《和约的经济后果》(1919)、《概率论》(1921)、《和约的修订》(1922)、《货币改革论》(1923)、《劳合·乔治[②]能做得到吗?》[与汉德森 (Henderson) 合著，1929]、《货币论》(两卷本) (1930)、《劝说集》(1931)、《就业、利息和货币通论》(1936)、《如何筹措战争经费?》(1940)。[③]

---

① 从1911年开始，凯恩斯除在剑桥大学授课之外，还担任《经济学杂志》的主编，一直到1945年为止。

② 劳合·乔治 (1863—1945)，英国自由党首领、首相 (1916—1922年)，历任贸易大臣 (1905—1908年) 和财政大臣 (1908—1915年)。这本小册子主张通过举办公共工程来解决失业问题，并以此加强国家对经济的干预。

③《如何筹措战争经费?》这本小册子是凯恩斯抱病写成的，主要内容是：提出一个新的预算政策，即先估计个人收入流量和可供消费的商品流量，以确定征税数额，使总支出等于商品数量，借此避免通货膨胀。这本身虽没有什么新的理论意义，但英国政府因此开始编制国民收入统计表。《货币改革论》《货币论》《通论》是凯恩斯最重要的三本学术性专著。

第二节　学术思想发展概述

一、时代背景

维多利亚王朝的64年（1837—1901年）是大英殖民帝国经济的极盛时代。直到第一次世界大战爆发时，英国经济还比较活跃，市场机制运转也比较灵活。从凯恩斯出生到1915年他应召到财政部工作，这32年约占其一生的一半岁月，包括他的童年、在剑桥大学受教育的青年时代，以及1908—1915年在剑桥大学担任经济学讲师时的早期学术生涯。这些都是在英国的“黄金时代”度过的。尽管此时的英国已届“黄金时代”的尾声，但总的来说，各种矛盾并未激化，国事还算昌盛，经济也较繁荣。凯恩斯终身相信资本主义制度，并且相信只要有“正确的”经济理论和各种经济政策，资本主义的各种弊端都是可以克服的。他的这种基本态度与其前半生的时代背景是有密切关系的。

第一次世界大战是大英帝国经济发展的转折点：受战争的沉重打击，英国由债权国变成了债务国，海外许多传统市场被美国、日本等国夺走，航运和国际贸易受到极大削弱。英国既是这场战争的胜利者（赢得了战争），又是这场战争的失败者（失去了帝国地位）。此时，帝国瓦解初露端倪，大战前累积的各种矛盾在大战结束后纷纷暴露出来，并且日益尖锐。

英国第一次世界大战后及整个20世纪20年代面临的重大经济问题是：（1）巴黎和约与战争债务；（2）通货紧缩政策；（3）恢复金本位制度。凯恩斯认为，它们的严重后果集中表现为英国整个20年代独特的长期慢性萧条，工人失业率曾高达10%以上。[①]

从其学术背景来看，凯恩斯的学生时期，也正是马歇尔的经济理论垄断英国经济学界的时代，尤其是他就读的剑桥大学。马歇尔试图将从亚当·斯密到约翰·穆勒的英国古典学派理论融合为一个明确的体系；此外，他还采用了19世纪后半期新发展的边际分析方法，并将边际分析方法与英国传统理论相结合，建立了价值的一般理论[②]，他认为，此理论已接近永恒的真理。因此，他认为未来经济学家的工作就是将他所建立的一般原理应用于各个特殊的研究部门。凯恩斯也完全接受了马歇尔的原理，并决定钻研货币理论。在他的第一部著作《印度通货与金融》中，他对印度货币制度的运作做了敏锐的分析。第一次世界大战后，他与当时的经济学者一致谴责通货膨胀的罪恶；1920年，在英国、美国的通货膨胀消失后，凯恩斯虽然强调剧烈的通货紧缩也会产生危害，但他还没有远离当时的主流思想。在赞成货币制度能确保一般物价水平稳定的同时，他仍与同时代的经济大师费雪、卡塞尔等人的思想保持一致。

不过，此时凯恩斯已开始逐渐脱离传统的经济理论。例如，他反对英国重建战前的英镑平价，因为这将导致更严重的通货紧缩。在1920—1921年的通货紧缩之后，英国面

---

① 凯恩斯. 货币论. 北京：商务印书馆，1997：中译本序言.

② 这一理论被后人称为局部均衡理论，以区别于瓦尔拉斯的一般均衡理论。

临着严重的失业。凯恩斯开始主张以公共政策作为治疗对策，但是，传统的观点认为公共政策根本不能增加就业，因为公共支出只不过是把原先用于私人部门的资金转移到公共部门，这笔资金在私人部门也会创造同样的就业机会。

二、凯恩斯学术思想的发展

凯恩斯是才华横溢的思想家，思想敏锐又具有辩才。他兴趣广泛，对于学术与其他活动总是精力充沛，对问题的解决总抱有乐观态度；他曾致力于经济理论以外的各种学术活动，尤其注重经济理论在现实经济问题中的应用；在个人生活方面，他爱好文学艺术，精通桥牌，也是古籍与图书的收藏家，只是对体育活动毫无兴趣；凯恩斯的妻子是出生在俄国的芭蕾舞演员，家庭生活美满。这一切为他乐观而孜孜不倦的著书和公共活动创造了有利条件。

凯恩斯不崇拜个人，更不崇拜传统的教条，他敢于坚持自己的独立见解，一旦发现客观新情况便能很快地放弃旧观点，提出新观点，故有人说他是“多变的凯恩斯”。但他是典型的爱国主义者，一切从英国的利益出发，经常把在一定条件下被英国人奉为真理和他们认为明智的事物（包括信念）夸耀成一般的永恒真理和明智。这就使凯恩斯的建议和学说存在着某种片面性。

凯恩斯在剑桥大学攻读数学时，曾写过一篇关于政治学方面的论文并获奖。1913 年出版的《印度通货与金融》反映了他早期关于金汇兑本位制和管理货币的观点。在该书中，凯恩斯估计了货币管理对物价和进出口的影响，而且估计了它对生产与就业的影响，这在当时是很新颖的观点。

《和约的经济后果》一书使 36 岁的凯恩斯一举成名。在巴黎和会上，很多人都想让战败的德国支付尽可能多的战争赔款，以惩罚德国，弥补自己的战争创伤。凯恩斯从货币经济理论出发，坚决反对迫使德国支付过多的战争赔款，认为恢复整个欧洲经济才是当务之急。但这种主张在当时的条件下除了德国之外是很难被一般人接受的。他的基本观点不是从德国有无支付巨额赔款的可能性来考虑，而是从国际价格的传递影响的角度来论证巨额赔款对欧洲经济恢复的不利影响。他的理由是，赔款国大量支付赔款必然使本国货币对外国货币的价值相对降低，也就是赔款国物价水平相对低于外国，从而有利于赔款国的出口，其结果将是赔款国支付的赔款会通过进出口贸易的有利差额得到补偿，最后，不仅是获得赔款的国家实际上代德国支付了赔款，而且不利于这些国家的出口，也不利于经济的恢复。由于经济不能很快恢复将引起普遍的不满情绪，尤其是在德国，因此很可能导致另一次战争。[①] 凯恩斯的观点是否正确，无法得到事实的验证，但他对赔款无力实现的预测倒是得到了证实。此外，有一点他未意识到，即美国对德国的放款数额超过了德国的赔款数额，等于后者没有支付赔款。第一次世界大战后不到 20 年，希

① 这一问题引起了 20 世纪 20 年代的一场争论。瑞典经济学家俄林在 20 年代末提出了一个与凯恩斯相左的观点，他认为，赔款的支付引起收入的传递，即收入由支付国转到收受国，这种传递实际上是将支付国的货物转移到收受国，对后者仍是有利的。1922 年凯恩斯出版的《和约的修订》对《和约的经济后果》的论证稍加改正，但无太大的变化。1931 年出版的《劝说集》对别人提出的批判做出了一些理论性辩护。

特勒取得政权后就挑起了第二次世界大战。

因此，凯恩斯不惜违背协约国四巨头之一的英国首相路易·乔治的意旨，愤然辞去财政部首席代表的职位，从此断送了他很有希望的政治前途，返回剑桥大学，并出版了《和约的经济后果》这一著作。这一惊人之举不在于理论上有什么创新之处，而在于他坚持自己观点的勇敢行径，故此书一出就迅速被译成多国文字出版，不论是赞成者还是反对者，都对他的行为赞赏有加。

《和约的经济后果》还有一个特点，即它是从社会和经济的整体来探讨问题的，表现了凯恩斯注重整体分析的特点。

在凯恩斯的几部名著中，《概率论》虽与纯经济理论无直接关系，但也应稍加提及。一个以热心公共事业活动而出名的人，从事概率这样精密的数学课题的研究，并同样取得了不俗的成绩，这表明了他具有多方面才能。此外，凯恩斯在研究数学时往往和哲学联系起来一起考虑，因此，他否定频率理论（frequency theory），认为概率是一种逻辑关系，一般不能用数字来计量，它只能通过经验知识和直觉感受所组成的信念的强度去理解。但是，现代经济学家，特别是计量经济学家大都倾向于接受频率理论是与概率论更为相近的观点，因为它可以与历史统计结合，也能得出数字结果。现代西方经济学更多考虑不确定情况下的预期和经济决策问题，故概率论较20世纪初与经济学具有更密切的关系。在当时，提及凯恩斯的《概率论》的，往往是哲学家多于经济学家。

从《概率论》1921年出版到1936年，这15年是凯恩斯从事经济理论研究的黄金时期。在此时期，他出版了具有代表性的三部名著：《货币改革论》（1923）、《货币论》（1930）和《通论》（1936），另外还出版了其他许多著作，发表了许多论文。凯恩斯撰写著作和论文的目的是要使经济理论能为现实经济问题服务，不是为了研究而研究。不管凯恩斯的主观目的如何①，在客观上其著作为维护垄断资本主义利益提供了理论依据。

虽然《通论》是凯恩斯最重要、影响最大的著作，但他本人是从货币经济理论起家的。实际上，在《货币改革论》和《货币论》这两部著作中，偶尔也能看到《通论》的影子。

《货币改革论》和《货币论》是凯恩斯货币调节学说的姊妹篇，都是研究后期剑桥学派货币金融学说的重要著作。《货币改革论》是对20世纪20年代初期大争论的总结，《货币论》是对20年代中期和晚期大争论的总结。在《货币改革论》序言中他简要提到了“储蓄—投资”关联问题，而在《货币论》中则较深入地分析了储蓄和投资两者之间的均衡和矛盾，构成“新”型货币调节理论中十分重要的组成部分。原属单一的利率范畴，在《货币论》中则分解成市场利率和自然利率。同样，利润这一概念，在《货币论》中也分解成企业家正常报酬和意外利得。但从凯恩斯的经济思想发展过程来看，《货币论》是深入研究其从后期剑桥学派转变为《通论》“新经济学”发展过程的一部重要著作。在该书中，凯恩斯提出了一些新概念，如书中有关人们保有货币的动机的分析，后来在《通论》中发展成了著名的保有货币的三类动机（即交换动机、预防动机和投机动机）；公众以某种流动形式保存资产的相对偏好，即后来所谓的灵活偏好；新资本的预期

① 凯恩斯曾在《劝说集》中写道：“人们在阶级斗争中会发现，我是始终站在有教养的资产阶级一边的。”（陶大镛. 外国经济思想史新编：上册. 南京：江苏人民出版社，1990：481.）

收益即后来所谓的资本边际收益率。现代货币主义的经济学说和政策主张同凯恩斯《货币改革论》中的货币调节方案在理论基础、调节机制上颇有类似之处。现代货币主义代表人物弗里德曼对《货币改革论》一书推崇备至。后期剑桥学派的货币金融学说是现代货币主义的思想渊源之一，因此，研究《货币论》有助于深入研究现代货币主义。

第三节 《就业、利息和货币通论》

一、《通论》的影响和历史地位

《就业、利息和货币通论》这部名震一时的划时代著作把西方经济学推上了一个新的台阶。凯恩斯自称："我坚信自己正在写作一部关于经济理论的书，这部书将在此后的10年里……彻底改变现有的思考经济问题的方式。"① 尽管《通论》从出版到现在已有80多年，但人们仍然基本上同意萨缪尔森对凯恩斯的评价：凯恩斯对经济学的影响是"20世纪经济科学中最重大的事件"② 或宏观经济学是他的创造。

《通论》的出版标志着凯恩斯完成了从传统的古典经济学理论向自己创立的新经济理论体系的过渡，标志着凯恩斯学说已发展成为一个独立的理论体系，这在西方经济学界和政界引起了巨大反响。一些经济学家把《通论》的出版称为经济理论上的"凯恩斯革命"，并把它与斯密的《国富论》和马克思的《资本论》并列为经济学说史上三本同样伟大的著作。

此后，凯恩斯的理论逐渐取代了传统经济学，成为西方经济学的正统理论，资本主义各国政府也纷纷采用凯恩斯的需求管理政策，并将他的理论与建议作为制定政府经济政策的指导思想。20世纪60年代末以前，通过凯恩斯的追随者对其理论的不断补充和完善，凯恩斯经济理论已基本上被西方经济学界看成是现代宏观经济学的同义词。所以，从《通论》出版到60年代中期也称为"凯恩斯时代"。③

然而，自从《通论》出版以来，西方经济学界对《通论》一书的基本思想及其政策主张的争论一直没有停止过。就其内容而言，《通论》的体系不够严密，而且各种理论概念有时又含混不清，前后不一致。一方面，在凯恩斯学派内部，以英国的罗宾逊为首的凯恩斯派和以美国的萨缪尔森为首的凯恩斯派一直论战不休④；另一方面，新奥地利学派、货币学派等不断地从外部抨击凯恩斯主义，特别是包括理性预期学派（也称为货币经济周期学派）和实际经济周期学派在内的新古典宏观经济学对凯恩斯主义的理论和政策主张进行了全面的攻击，严重地动摇了凯恩斯主义在西方宏观经济学中的统治地位。但这并不妨碍《通论》对西方经济学的影响。

凯恩斯主义在理论上缺乏微观基础，不能同传统的微观经济学保持一致，在实践上

---

① 布赖恩·斯诺登，霍华德·文，彼得·温纳齐克. 现代宏观经济学指南. 北京：商务印书馆，1998：54.

② 同①75.

③ "在剑桥乃至整个自由世界，经济学说被约翰·梅纳德·凯恩斯的高超智慧所支配。"（玛乔里·谢泼德·特纳. 琼·罗宾逊与两个剑桥之争. 南昌：江西人民出版社，1991：71.）

④ 玛乔里·谢泼德·特纳. 琼·罗宾逊与两个剑桥之争. 南昌：江西人民出版社，1991.

无法解释经济停滞和通货膨胀并存（即滞胀）的现象，在滞胀面前束手无策，因而陷入了严重的危机之中。为了挽救凯恩斯主义，80 年代形成的新凯恩斯主义经济学力图提供微观基础，并重新表述凯恩斯主义的理论和政策主张。

二、《通论》释义

《通论》作为一本具有高度复杂性、争议性和影响性的著作，能使具有不同信念的经济学家在其中找到论据以支持他们对凯恩斯基本观点的解释。约翰·肯尼思·加尔布雷思（John Kenneth Galbraith）认为，对于“这部天才的著作”，其模糊性是赢得众多皈依者的重要原因。因为《通论》的贡献主要在于“它能带来各种各样的研究纲领”，这些纲领反映着人们考察宏观经济的许多可能的方式。

(一)《通论》的含义

凯恩斯曾一再声明他以《通论》作为书名的特殊含义。“通论”的英文是“general theory”，此术语和正统经济学中的“纯理论”（pure theory）是同义词，指不考虑货币因素的有关价值、生产、分配等理论的分析。货币学在习惯上被视为应用经济学，不属于“纯理论”范围，凯恩斯的《通论》有意识地要改变这一现象。《通论》第 1 章开始的第一句话就解释说：“本书命名为《就业、利息和货币通论》，着重在通字。命名用意，在把我的想法和结论，与经典学派对于同类问题之想法与结论对照起来。……我将说明：经典学派之前提，只适用于一种特例，而不适用于通常情形；经典学派所假定的情形，是各种可能的均衡位置之极限点，而且这种特例所含属性，恰不是实际经济社会所含有的。结果是理论与事实不符，应用起来非常糟糕。”① 他的这种解释并不能使人们明白无误地了解“通”的确切含义。1939 年，他在为该书的法文版所作的序言中说：“我把我的理论称为‘通’论，其含义是我主要是把经济体系的行为作为一个整体来考虑，即整个经济体系的收入中未用于现行消费的储蓄数量是，而且必须是正好等于净新投资数量；这一储蓄等于投资的关系无疑对整个体系来说必须是适用的，而对个别人则完全不能适用。”

(二)《通论》的理论框架

《通论》全书共六篇 24 章。第一篇“引论”，共 3 章（第 1 章～第 3 章），批评李嘉图及其以后的经典学派的经济学家，如约翰·穆勒和马歇尔、庇古的两个“前提”：工资等于劳动力的边际产物；当就业量不变时，工资的效用等于该就业量的边际负效用。凯恩斯认为，这两个假定只适用于一种特例，不适用于通常情形。进而，本篇又分析了“有效需求原则”，即总供给函数与总需求函数相交时的数值，就业量就决定于这个相交点。第二篇“定义与观念”，共 4 章（第 4 章～第 7 章），主要阐述预期、所得、储蓄及投资的定义、使用者成本等问题。第三篇“消费倾向”，共 3 章（第 8 章～第 10 章），分析了消费倾向的客观因素和主观因素、边际消费倾向与乘数的关系。第四篇“投资引

① 凯恩斯. 就业、利息和货币通论. 北京：商务印书馆，1963：7.

诱”，共8章（第11章～第18章），分析了资本边际效率、长期预期状态、灵活偏好与利率、资本性质、利息与货币工资的特征。第五篇“货币工资与物价”，共3章（第19章～第21章），分析了货币工资的变动、就业函数、物价等。第六篇“通论引起的几篇短论”，共3章（第22章～第24章），分析了商业循环，论述了重商主义、禁止高利贷法、加印货币以及消费不足说，最后是结语，论述了《通论》可能引起的社会哲学。

凯恩斯是在马歇尔的剑桥学派传统熏陶下成长起来的应用经济学家，在那里，经济学的魅力在于它能把世界变得更好。早期的凯恩斯也是“萨伊定律”的信奉者，但在《通论》中，凯恩斯尖锐地抨击了萨伊定律，并对当时新古典学派的掌旗人庇古教授进行了猛烈的批判。他认为，根据萨伊定律，即“供给创造需求”，那么，社会总供给能造成相应的总需求，社会就不会出现一般的生产过剩，从而也不存在一般的长期失业现象，或者说，社会经济能通过供求关系的自动调节达到一般的充分就业。但20年代的英国长期经济萧条和1929—1933年的资本主义世界性的大危机动摇了这种信念。一向注重对经济现实问题进行研究的凯恩斯认为，这主要是因为传统经济学根本不考虑任何一个萧条时期的生产、消费与分配问题，造成理论与现实的脱离。面对萧条，他提出了一个与萨伊定律相反的理论，即扩大需求以刺激供给。这一创新的思想被后人总结为“凯恩斯定律”，即“需求创造供给”。

至此，我们可以将《通论》的核心内容归纳如下：

凯恩斯所面临的是就业问题，解决此问题是他建立《通论》理论体系的目的。所以，凯恩斯理论体系的核心是“有效需求原理”，他强调有效需求机制决定就业水平，认为资本主义大量失业的出现是有效需求不足（包括消费需求不足和投资需求不足）的结果。而有效需求不足是由三个基本心理因素造成的，即消费倾向偏低，造成消费不足；资本边际效率偏低，造成投资不足；灵活偏好偏高，造成利息率上升，阻碍投资。所以，提高就业、减少失业的对策就是提高消费倾向和扩大投资，其中起主导作用的是扩大投资，因为它通过“乘数”作用可以引起多倍于投资量的国民收入和就业量的增长。因此，凯恩斯主张扩大国家干预经济的权力，通过财政和货币金融政策来增加公共支出，以刺激消费需求；降低利率，以刺激投资需求。如此，充分就业可望实现。

三、《通论》的重要理论

《通论》涉及的理论范畴很多，下面只探讨一些人们公认的重要理论。

（一）有效需求原理

《通论》中的理论创新和中心命题是有效需求原理[①]，以及产出变动而非价格变动的调节作用。《通论》中对数量而非价格调节的注重与传统经济学（古典模型）甚至凯恩斯

① 马尔萨斯在19世纪初同李嘉图和萨伊的争论中就已提出“有效需求”这一概念，但由于李嘉图和萨伊强调生产的理论取得支配地位，所以有效需求概念长期以来无人提及。（陈孟熙. 经济学说史教程. 北京：中国人民大学出版社，1992.）J. M. 克拉克在其《生产能力与有效需求》一文中曾提及该概念，但未引起人们的重视。（汉森. 凯恩斯学说指南. 北京：商务印书馆，1963：15.）

本人的早期著作《货币论》(1930) 中的观点形成了鲜明的对比，在《货币论》中，储蓄和投资的矛盾使价格水平摇摆不定。

有效需求原理认为，在一个封闭的有闲置资源的经济中，产出水平（即就业）取决于总的计划支出，计划支出包括两个部分：居民的消费支出（C）和厂商的投资支出（I）。《通论》中没有明确分析直接由政府支出刺激的支出变动的结果或间接由税收变动而带来的支出变动的结果。因此，《通论》中有两个部门（居民户和厂商），计划支出由下列方程给出：

$$\text{收入}(Y)=\text{产品价值}=\text{消费}(C)+\text{投资}(I) \tag{23-1}$$

方程（23-1）说明，总需求（对凯恩斯而言即是总收入）包括两部分：消费（C）和投资（I）。对消费品的需求取决于消费者的收入，在短期内 C 是稳定的。[①] 而资本或投资品需求则取决于企业家对未来获利的可能性的预期，获利的可能性预期大则投资多；反之，则投资少。由于预期的可能性常常是由“动物精神”所驱使，预期利润率肯定不稳定，故此部分的总收入常是不稳定的，所以，总收入不可能总是等于总供给，于是凯恩斯否定了萨伊定律。

相对于一定就业量的总需求就是该就业量所产生的产品价值，此产品价值又形成总收入，所以，他根据常识及传统的看法得出下列简单公式组[②]：

$$\text{储蓄}(S)=\text{收入}(Y)-\text{消费}(C) \tag{23-2}$$

由方程（23-1）和方程（23-2），我们可以得到：

$$\text{储蓄}(S)=\text{投资}(I) \tag{23-3}$$

凯恩斯用了较大的篇幅来论证这些公式的有效性和普遍性，但实际上这些简单的公式只在一定的条件下才能成立。

凯恩斯认为，有“三个基本心理因素”分别支配着消费需求和投资需求，从而决定着有效需求和就业量。这三个基本心理因素是：“心理上的消费倾向”“心理上的灵活偏好”“心理上对资本的未来收益的预期”（凯恩斯称之为资本边际效率）。消费倾向是凯恩斯最为独特的概念，也是其理论体系中很重要的一个组成部分。所谓的消费倾向是消费与收入的比例关系，即 C/Y。但凯恩斯注重的是所谓的“边际消费倾向”，是指消费的增量（用 ΔC 表示）和收入的增量（用 ΔY 表示）之间的比例关系，即 $\Delta C/\Delta Y$，或者说，每增加的单位收入中有多少用于消费。凯恩斯认为，与这个“基本心理因素”相联系的是一条“基本的心理规律”，即随着收入的增加，人们虽乐于增加自己消费的绝对数额，但其消费的增加总不如收入增加得快，也就是边际消费倾向小于1$\left(\frac{\Delta C}{\Delta Y}<1\right)$。结果，消费部分在收入中的比例将随收入的增加而不断下降，该社会的收入与消费之间的差额将越来越大，从而导致对消费品需求的不足，即消费需求不足。

至于投资需求不足，凯恩斯认为原因有二：一是所谓的“资本边际效率”过低。因

---

① 凯恩斯. 就业、利息和货币通论. 北京：商务印书馆，1963：84.

② 同①56.

为这个心理因素受到另一个"基本心理规律"的支配，即在其他条件相同的情况下，资本家对利润率的"预期"将随着投资的增加而降低。二是利息率过高。他认为，利息率的高低是由货币的供求决定的，而货币的需求取决于人们的另一心理因素，即"灵活偏好"：人们为了投机活动而总想把一部分货币保留在手头的愿望。凯恩斯认为，利息是对人们放弃这种"灵活偏好"的报酬。如果人们保留货币的"愿望"强烈，则资本家为获得货币资本就必须支付较高的利（息）率。如果资本家对利润率的预期低于利息率，则资本家就不愿进行投资，造成"投资需求不足"。所以，在现代经济社会（资本主义社会）里，一方面，由于其潜在的和闲置的生产能力很大，为了维持充分就业，其所需投资来弥补的收入与消费之间的差额也很大；另一方面，由于资本边际效率有持续下降的趋势，而利息率有上升的趋势（依赖货币供应的调节），导致投资的数量不足以弥补这一差额，因此在这种情况下，其就业水平总是低于充分就业水平。有效需求理论的基本结构可用图 23-1 来总结。

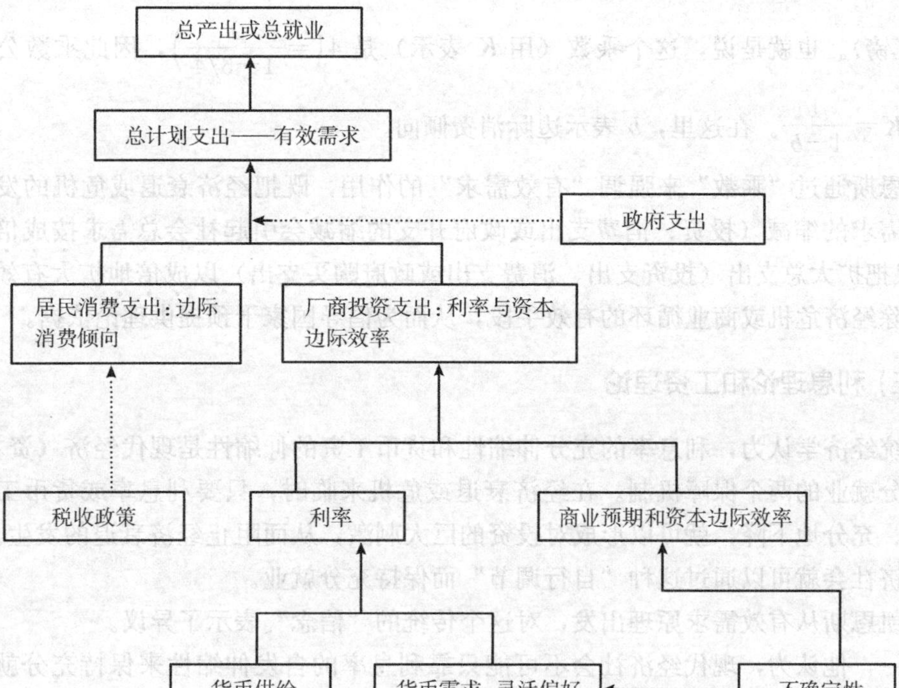

图 23-1 产出和就业的决定

资料来源：布赖恩·斯诺登，霍华德·文，彼得·温纳齐克. 现代宏观经济学指南. 北京：商务印书馆，1998：82.

总之，按照凯恩斯的分析，由于上述三个基本心理因素及其心理规律的作用，由社会的消费需求和投资需求所构成的有效需求往往低于社会的总供给水平，从而导致就业量总是小于充分就业水平，总会存在一部分"非自愿失业"。在上述三个基本心理因素中，他认为居主导地位的是资本边际效率。他把商业循环（经济危机）主要归结为资本边际效率的周期性变化，危机的爆发是资本家对投资的前景失去信心，使资本边际效率

“突然崩溃”的结果。

（二）乘数理论

所谓乘数理论①是指投资乘数理论，即投资支出的增加必然会导致国民收入的成倍增加。例如，如果新增加的投资（用 ΔI 表示）为 50 亿镑，则首先会使社会增加 50 亿镑的收入（表现为某些部门或企业的利润、利息、租金、工资等收入的增加）。凯恩斯认为，收入的增加绝不止此。因为假设社会的边际消费倾向（用 b 表示）为 0.75，则获得收入的经济主体会花费 37.5（$=50\times0.75$）亿镑去购买消费品，从而出售消费品的经济主体增加 37.5 亿镑的收入，他们又会把这新增加收入中的 0.75 用于消费，即 28.125（$=37.5\times0.75$）亿镑。这又会使下一级出售消费品的经济主体收入增加 28.125 亿镑，他们再去消费……这个过程将循环下去，其累积的结果是：50 亿镑的初始投资将会增加 200 亿镑的收入。因为几何级数公式告诉我们，$50+37.5+28.125+\cdots=\left(\frac{1}{1-3/4}\right)\times50=$ 200（亿镑）。也就是说，这个乘数（用 K 表示）是 $4\left(=\frac{1}{1-3/4}\right)$，因此乘数公式可以写成：$K=\frac{1}{1-b}$。在这里，$b$ 表示边际消费倾向。

凯恩斯通过“乘数”来强调“有效需求”的作用，既把经济衰退或危机的发生归结为有效需求的缩减（投资、消费支出或政府开支的缩减会引起社会总需求按成倍比例缩减），又把扩大总支出（投资支出、消费支出或政府购买支出）以成倍地扩大有效需求说成是消除经济危机或商业循环的有效手段，从而为倡导国家干预提供理论依据。

（三）利息理论和工资理论

传统经济学认为，利息率的充分伸缩性和货币工资的伸缩性是现代经济（资本主义）社会充分就业的两个保障机制。在经济衰退或危机来临时，只要利息率或货币工资率能及时地、充分地下降，就可以形成对投资的巨大刺激，从而阻止经济衰退的发生。这样，现代经济社会就可以通过这种“自行调节”而保持充分就业。

但凯恩斯从有效需求原理出发，对这个传统的“信念”表示了异议。

第一，他认为，现代经济社会不可能只靠利息率的自发伸缩性来保持充分就业。因为凯恩斯的利息理论是以灵活偏好为基础的，而传统的利息理论是以“时间偏好”② 为基础的。他批评传统经济学家只看到交易性的货币需求，而完全忽视了另一种重要的货币需求——投机性的货币需求，而这种货币需求对于利息率却有很大的弹性。特别是当经济衰退发生，利息率已经降到很低时，投机性货币需求的弹性可以变到无穷大，会阻止利息率的进一步下降。而且，极低的利息率意味着证券价格极高，证券价格再上涨的可

---

① “乘数”这一概念，凯恩斯说是卡恩（R. F. Kahn）首创的。（凯恩斯. 就业、利息和货币通论. 北京：商务印书馆，1963：98.）但近代学者指出，这个概念在 19 世纪就已有人使用，到 1930 年前后就已出现了较明确的计算方法。总之，乘数理论是经凯恩斯的整理和宣扬才成为西方经济学的一条基本原理的。

② 简单地说，时间偏好就是人们对当前财货的估价往往高于对未来财货的估价，相应地，利息被看成是对人们放弃当前财货的享用的报酬。

能性已极小，而证券价格下跌的可能性极大，投资者都不愿再购买证券。同时，此时的利息率已极低，今后再下降的可能性极小而只可能上升，因此人们宁愿把货币保存在手头而不会去投资（如购买证券），这自然也不能使利息率进一步下跌。这种情况被人们称为“流动性陷阱”，也叫凯恩斯陷阱。

第二，凯恩斯针对传统经济学关于工资率的充分伸缩性的主张提出了“工资刚性”假说。他反对在经济衰退时降低货币工资率的主张，认为这种做法不仅无效，而且有害。他说，用降低工资率的办法来鼓励企业投资，就个别企业来讲可能是正确的，但是就整个经济而言，降低货币工资率也会相应地降低社会的总需求，使市场进一步萎缩。不仅如此，降低货币工资率，在政治上具有较大的风险，往往会导致工人群众的反对。

与传统经济学家相反，凯恩斯认为货币工资是“刚性”的。他不同意传统经济学家把“经济失调的责任归诿到这个‘刚性’（即货币工资不能及时下降）身上”，也不认为“工资刚性”是“小于充分就业的均衡”赖以成立的基石。但他强调，在现实生活中，降低货币工资率是十分困难的事，因为“工资刚性”是事实。他认为，在经济衰退时，通过物价上涨使实际工资下降的办法，要比传统经济学所主张的直接降低货币工资的办法更好（这样才能提高资本效率，从而扩大投资），而且也比较容易实行。他说：“只有愚蠢之徒才会挑选有伸缩性的工资政策，而不挑选有伸缩性的货币政策。”①

（四）关于经济政策的主张

凯恩斯认为一国的兴衰取决于有效需求是否充分，而有效需求不足的最终原因在于心理因素，经济机制是无能为力的，因此，调节经济的重任就自然落在国家身上。他强调说，实行国家调节既是使现代经济避免全盘毁灭的唯一切实可行的办法，也是使个人才能得以成功地发挥作用的必要条件。

凯恩斯认为，国家调节的重心在于管理有效需求，为此他设计了一套调节机制：刺激消费；提高资本边际效率，刺激投资；反对传统预算平衡观念，实行财政赤字；扩大商品与资本输出等政策。后来，凯恩斯的追随者发展、归纳出一整套管理有效需求的财政政策和货币政策（有时也被称为有效需求管理）。其财政政策的主要内容是：在经济衰退时，政府应扩大政府开支和减税，甚至实行赤字财政和发行公债，以扩大总需求；在经济高涨时，政府则应紧缩政府开支和增税，以减少总需求。至于货币政策，则应配合、支持财政政策，即在经济高涨时减少货币发行、提高利息率、抑制私人投资，以达到减少总需求的目的；而在经济衰退时，则增加货币供应量、降低利息率，刺激私人投资，以达到扩大总需求的目的。在凯恩斯的政策设计中，财政政策在调节需求方面应处于主导地位，货币政策则处于从属、辅助地位。

关键词

凯恩斯　《通论》　储蓄与投资　市场利率与自然利率　凯恩斯定律

---

① 凯恩斯．就业、利息和货币通论．北京：商务印书馆．1963：228．

有效需求原理　乘数理论　流动性陷阱

思考题

1. 简述凯恩斯学术思想的发展。
2.《通论》的主要理论贡献及其影响是什么？
3. 凯恩斯经济学缘何又称为“萧条经济学”？
4.“凯恩斯革命”是一场真正的革命吗？

第六编

20世纪40年代以后

本编介绍凯恩斯经济学出现以后20世纪后一阶段经济学说的发展。对凯恩斯理论的不同诠释发展出两个重要学派：新古典综合派和新剑桥学派，它们分别是第二十四、第二十五章的内容。属于新自由主义的弗赖堡学派在第二十六章介绍。第二十七、第二十八章的美国新制度学派和瑞典学派是上一阶段这两个学派在这一时期的新发展。第二十九、第三十、第三十一章介绍现代货币学派和供给学派、公共选择学派、新制度经济学学派，它们都是这个时期新出现的重要学派。第三十二章介绍新古典主义和新凯恩斯主义，它们是到20世纪末新古典传统和凯恩斯传统发展的结果。第三十三章介绍后凯恩斯主义。第三十四章和第三十五章对20世纪以来经济学在经济管理学、经济计量学、发展经济学、比较经济学、人口经济学、信息经济学、演化经济学和实验经济学等方面的发展作了简明的概括。

第二十四章
新古典综合派

凯恩斯的《通论》出版以后，特别是第二次世界大战后，凯恩斯的追随者纷纷对凯恩斯的经济理论进行解释、补充和发展，力图使凯恩斯理论“动态化”和“长期化”（凯恩斯《通论》一书一般被称为是一种短期的、比较静态的分析），因此形成了形形色色的经济波动论、宏观经济学、动态经济学等。所有这些在凯恩斯的《通论》基础上发展起来的经济理论，一般统称为“后凯恩斯经济学”。

把新古典经济学和凯恩斯经济学相结合，形成了战后流传最广、影响最大的新古典综合派。本章在第一节对于这种结合过程进行简明的概述。在第二、第三、第四、第五节中分别介绍在新古典综合派形成中产生重要影响的主要经济学家及其学说。其中，萨缪尔森的《经济学》被认为实现了经济学说史上的第三次大综合。

本章重点

- 新古典综合派的形成和发展
- 汉森、托宾的经济学说
- 希克斯的 *IS—LM* 模型和哈罗德、多马、索洛的经济增长模型
- 萨缪尔森的《经济学》与经济学说史上的第三次大综合

第一节　概　述

新古典综合派（neo-classical synthesis）是第二次世界大战后形成并发展起来的现代凯恩斯主义的一个主要流派，也是现代西方经济学在世界流传最广、影响最大的一个经济学流派。其理论观点和政策主张对资本主义国家经济政策的影响，远远超过其他经济学流派。它在西方经济学中占据统治地位，直到 20 世纪 60—70 年代随着资本主义滞胀局面的出现才开始动摇，并且受到其他学派越来越严厉的批评。

新古典综合派的主要代表人物有保罗·萨缪尔森（Paul Samuelson）、詹姆斯·托宾（James Tobin）、罗伯特·索洛（Robert Solow）、佛朗哥·莫迪利安尼（Franco Modigliani）、阿瑟·奥肯（Arthur Okun）、阿尔文·汉森（Alvin Hansen）、华尔特·海勒、詹

姆斯·杜森贝里（James Duesenberry）等。

“新古典综合”一词由萨缪尔森首先提出，他在其《经济学》教科书第三版中，开始用此名称来表明其经济理论的特征。他所谓的“新古典”是指凯恩斯以前的西方正统经济学，主要是马歇尔经济学，所谓“新古典综合”就是把凯恩斯的经济理论同马歇尔的新古典经济学“综合”起来，建立一套新的理论体系。

一、新古典综合派的特征及背景

新古典综合派的出现并非偶然，而是有其深厚的历史背景和理论背景的。

第二次世界大战后，国家垄断资本主义进一步发展。西方国家政府为了避免再出现20世纪30年代那样的大危机，纷纷采取国家干预经济的政策。战后，为恢复战争创伤，适应新科技大规模生产的需要，国家对经济的干预进一步加强，以致整个资本主义经济在不知不觉中逐渐演变成公私两方面的主动性和控制权相互结合的混合经济，既有市场机制发挥作用的自由市场经济，又有国家对经济生活进行干预和宏观调控的经济。混合经济的出现对经济理论的创新提出了要求。

此外，凯恩斯《通论》的出版使西方同时存在两种既有关联又自相矛盾的理论体系。一方面，传统的西方经济学以个量分析为主，得出资本主义市场能自行调节各种矛盾的结论，并据此主张实行自由放任、国家不干预经济的政策。另一方面，凯恩斯偏重于总量变数，得出资本主义市场不能自行解决失业的结论，并据此主张国家干预经济的政策。这对将两种观点调和提出了理论要求。

实际上，凯恩斯也并未完全否定古典学派的理论，他在《通论》行将结束的时候说：“我们对已被接受的古典学派理论的批评，重点不在于找出它的分析中的逻辑错误，而在于指出，它所暗含的假设条件很少或者从来没有得到满足，其后果为，它不能解决现实世界中的经济问题。然而，如果我们的中央控制机构能够成功地把总产量推进到相当于现实中可能达到的充分就业水平，那么，从这一点开始，古典学派的理论仍然是正确的。”① 这意味着，如果接受他的政策建议，使有效需求增加到充分就业水平，那么新古典的经济理论仍然有效，即在一定条件下，凯恩斯的理论体系有可能与新古典的理论结合。

新古典综合派把古典的西方经济学当作研究个量问题的微观经济学，把凯恩斯经济学称为考察总量问题的宏观经济学。它宣称：前者以充分就业为分析的前提，后者则着重研究各种不同水平的就业量，因此，两种理论是相辅相成的，可以被纳入同一体系中，而传统的自由放任和凯恩斯的国家干预的主张不过代表同一理论体系所涉及的两种不同的情况。所以，新古典综合是一个折中主义的大综合体系。

二、新古典综合派的形成和发展

20世纪30年代《通论》出版之后，希克斯和汉森对其进行解释、修补和延伸，并

① 凯恩斯. 就业、利息和货币通论：重译本. 北京：商务印书馆，1999：392.

基于新古典经济学的立场试图将新古典经济学和凯恩斯经济学进行对比，甚至沟通，建立了 *IS—LM* 模型，这是新古典综合派的开端。

20 世纪 40—50 年代，帕廷金（Patinkin）和萨缪尔森根据希克斯一般均衡理论的结论，更深入、广泛地进行凯恩斯理论和新古典经济学的沟通工作，并以教科书的形式进行传播，“新古典综合”的名称正式形成。

20 世纪 70 年代，滞胀使新古典综合饱受批判，萨缪尔森在 1972 年的《经济学》（第 8 版）中取消了“新古典综合”的术语，自称为“后凯恩斯主流经济学”，后来，他又在 1976 年的第 10 版中启用“现代经济学”的名称，但内容并没有重大的修订。1985 年的第 12 版进行了萨缪尔森所说的最彻底的一次修订，主要是在原有的新古典综合的基础上，把后来形成的主要宏观经济学流派，如货币学派、供给学派和理性预期学派的思想进一步综合起来，企图建立一个能为各派所接受的折中体系。

第二节 汉森、托宾的经济学说

一、汉森的经济学说

阿尔文·汉森（1887—1975）出生于美国南达科他州，1910 年获扬克顿学院文学学士学位，1915 年和 1918 年分别获威斯康星大学文学硕士和哲学博士学位。先后在威斯康星大学、布朗大学、明尼苏达大学、斯坦福大学、哥伦比亚大学和哈佛大学任教。曾任美国国际经济关系政策委员会研究主任、社会安全顾问委员会委员、联邦储备局特别经济顾问。他的主要著作有：《经济周期理论》（1927）、《财政政策与经济周期》（1914）、《国民经济中的国家与地方财政》（与 H. S. 珀洛夫合著，1944）、《经济政策与充分就业》（1947）、《凯恩斯学说指南》（1953）、《美国经济》（1957）、《美元与国际货币体系》（1965）等。

汉森是新古典综合派的先驱，也是凯恩斯理论在美国最积极的鼓吹者和传播者。

汉森是较早用“混合经济”说明当代资本主义社会的经济学家，他认为，19 世纪末以来的资本主义社会已不是纯粹的私人资本主义经济，而是私人经济与社会公共经济并存的混合经济，生产领域中除私人企业外，还有政府企业与政府投资，在消费领域中除私人消费外，还有社会保险和社会福利等由政府支出的部分。他认为，从 20 世纪 20 年代以后，由于资本边际效率递减、人口增长放慢等多种原因，资本主义经济进入长期停滞，要打破这种停滞就要由政府干预经济。所以，汉森是凯恩斯理论的支持者，他应用希克斯提出的 *IS—LM* 模型对凯恩斯理论进行深入浅出的解释，他的《凯恩斯学说指南》成为解释凯恩斯主义的权威经典之作。他也弥补了凯恩斯只强调投资的收入影响，忽略收入对投资影响的不足，把凯恩斯的乘数原理同加速原理结合起来分析经济周期。汉森长期在哈佛大学任教，培养出萨缪尔森、托宾、奥肯等著名经济学家，因此被看做是新古典综合派的奠基人。

（一）汉森的经济周期理论

汉森的理论工作主要是研究经济周期和失业问题。他所得到的结论是凯恩斯主义的，认为失业是由于私人投资不足以吸收充分就业水平上的储蓄。但是，在分析私人投资为什么不足时，汉森引进了技术进步、人口增长以及疆土扩张等长期动态因素，从而讨论了短期的周期波动与长期的经济增长的关系。

汉森首先研究了静态经济。在静态经济的循环流转中，全部净产出（收入）都被用来消费，不存在储蓄和投资，也不存在技术进步。汉森认为，研究静态经济的目的是研究资源如何在价格的作用下得到合理配置，但是，价格体系本身不能引致经济增长。

接着，汉森分析了经济增长的因素和形式。汉森认为，经济增长是由独立于价格体系之外的三个外生因素决定的，它们是人口的增长、疆土的扩张和技术的进步。由人口增长和疆土扩张引起的投资和增长称为外延型投资和增长，由技术进步引起的投资和增长称为内涵型投资和增长。汉森主要从需求方面讨论人口增长和疆土扩张的影响，同时分析了它们在刺激投资方面的作用。汉森认为技术进步的作用主要表现在对投资的刺激上。

汉森认为静态经济不会出现波动和危机，因为在静态经济中所有的收入均被消费，不存在储蓄和投资。波动和危机只出现在动态经济中。为了突破不变的循环流转的状态，必须存在储蓄和投资。在动态经济中，全部收入分为消费和储蓄，消费可以自动成为新的收入，但是储蓄不是如此。如果收入水平处于充分就业，则当没有足够的投资吸收该收入水平上的储蓄时，收入就会下降。所以，投资是否均衡决定着经济是否出现波动。而投资本质上是“自发”的，它由人口增长、疆土扩张以及技术进步等外生因素决定。由于这些外生因素，特别是技术进步的出现不是连续和平稳的，因而造成了投资的不平稳，并最终造成经济的不平稳。

汉森除了强调经济波动的原因在于投资的变化外，还说明了经济周期是经济增长和经济进步不可避免的副产品，这是汉森经济周期理论的重要特点。汉森说，当人口增长、疆土扩张或技术进步造成投资需求旺盛的时候，价格体系就偏离了原来的静态均衡，经济摆脱不变的循环流转进入动态增长的轨道。但是，由于引起投资增长的因素不是连续的，在缺乏机会的时候，投资活动就会减缓甚至暂停，这时一些不易改变的因素（例如制度、风俗、习惯等）就会阻止价格体系的调整。在这种情况下，投资的减少借助于乘数—加速数的作用使得有效需求和收入大幅度下降，导致萧条。至此，经济达到了低收入和低就业水平的均衡，只有等待下一次技术进步等增长因素的到来，再次大规模刺激投资，才能把经济提高到繁荣的水平。

汉森在他的经济周期理论中提出了政策主张。他认为，目前资本主义经济的外延型扩张已经基本停顿，内涵型扩张正在缩小，整个经济增长受到威胁。在这种情况下，政府应当采取积极的行动，通过举办公共工程来增加投资，或者以有意识的扩张活动来弥补私人投资的不足，同时，政府的扩张活动也会在一定程度上刺激私人投资。于是，整个经济可以免于出现停滞的危险，而且，随着人口增长速度的下降，经济增长将意味着人均收入和生活水平更加迅速的增长。

（二）汉森 45° 线的收入支出模型

收入支出理论是新古典综合派的核心理论。汉森在对凯恩斯收入决定理论进行修补的基础上构建了自己的模型——汉森 45°线模型。

汉森在 1949 年出版的《货币理论和财政政策》一书中提出，由于 45°线上的任何一点都具有横坐标和纵坐标的数值相等的性质，因此可以用它来表示收入随着消费和投资的变化而变化的确定数值，从而建立起一个以 $C+I$ 曲线与 45°线交点为核心的宏观经济模型（见图 24－1）。这个模型后来经过萨缪尔森加以改进被公认为是对凯恩斯收入决定理论的一个重大发展。图中横轴 OY 代表国民收入，纵轴 OC、OI 代表消费与投资，45°线代表总供给等于总需求，$C+I$ 曲线是消费加投资曲线。$C+I$ 曲线与 45°线相交于 E 点，这时，总供给等于总需求，这就决定了在既定的消费和投资水平下，国民收入为 Y_0。

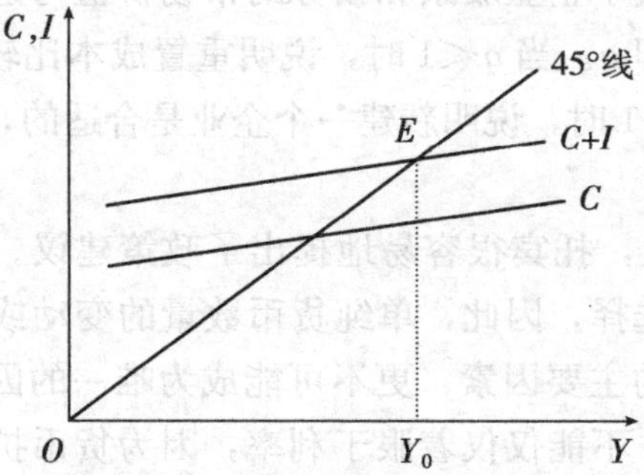

图 24－1 宏观经济模型

二、托宾的经济学说

詹姆斯·托宾（1918—2002）是美国著名经济学家，新古典综合派主要代表人物之一。他生于美国伊利诺伊州，曾就读于哈佛大学，1947 年获博士学位，并先后在哈佛大学、耶鲁大学任教。他还曾任肯尼迪总统的经济顾问、经济计量学会会长、美国经济学会会长，因创立“资本构成选择理论”（或称“资产持有形式理论”）而获得 1981 年度的诺贝尔经济学奖。

托宾对西方宏观经济理论的发展做出了重大贡献。他阐明和扩展了凯恩斯关于货币工资、通货膨胀、货币需求、消费和储蓄以及财政和货币政策的宏观经济理论；发展了不确定条件下有价证券选择理论，包括资产定价模型及其在宏观经济学中的应用；把货币和通货膨胀纳入增长理论；对消费、储蓄、资产需求进行了经验性研究；创立了“Q”理论。托宾还对计量经济学作出过若干技术性贡献，创立了一种“托宾分析”的方法，用以估计对用概率表示的因变量进行解释的统计关系式，诸如失业的概率、迁徙的概率等。

托宾的主要著述有：《美国商业信条》（与哈里斯合著，1956）、《国民经济政策》（1966）、《经济学论文集：宏观经济学》（1971）、《新经济学的过去十年》（1972）、《增长过时了吗?》（1972）、《十年来的新经济学》（1974）、《经济学论文集：消费和经济计量学》(1975)、《经济学论文集：理论和政策》(1982) 等。

(一) 资产持有形式理论

资产持有形式理论是托宾研究的核心。托宾对资产类型进行了分类。公众可以持有货币、债券、股票等形式的资产，在绝大多数宏观经济模型中，这三种资产被简化成两种，就像在凯恩斯《通论》中被简化成货币和债券一样。因为这些模型假设，债券和股票在投资者的资产组合中是完全可以替代的，从而被当作是等价的。托宾否定了这个假设，将资产分为货币、债券和股票，认为研究人们对资产形式的选择和资产分配的均衡才是货币理论的重点。

托宾认为，人们总是根据各种资产的相对收益率来选择资产持有形式。货币的收益率是利率，针对债券和股票的收益率，托宾提出了著名的"Q"理论。托宾认为投资者是否会持有债券和股票取决于企业股票和债券的市场价值与这些企业在当前价格上的资产重置成本之间的比率，即 q。当 $q<1$ 时，说明重置成本比较大，这时投资者不会增加对这项资产的投资；当 $q>1$ 时，说明新建一个企业是合适的，投资者会增加对这项资产的投资。

在"Q"理论的基础上，托宾很容易地提出了政策建议。托宾认为，由于面对变化时，改变的是资产形式的选择，因此，单纯货币数量的变动或货币流通速度的变动不可能成为影响国民经济变动的主要因素，更不可能成为唯一的因素。这样，判断货币政策对实际产出和收入的效应，不能仅仅着眼于利率，因为货币扩张或收缩的最终标准不是利率，而是 q。而 q 发生变化的原因可能是金融部门中的变化改变了投资者所持有债券和股票的收益，也可能是投资者的预期发生了变化。因此，金融部门中影响总需求的主要方式是改变 q 值，货币政策虽然导致了这种变动，但货币、债券和股票的资产偏好的变化也能起到相同的作用。从这个意义上说，货币政策仅仅是改变通货膨胀和失业率的因素之一，并不绝对就是最重要的因素。

(二) 资产平衡学说

凯恩斯认为，人们在货币和债券之间选择是以获得最大利润为目的的，人们将根据利息率和预期利润率之间的差额来决定应该保持哪项资产。在这里，凯恩斯很少提到投资风险的问题。托宾认为，人们在进行投资时，固然要选择最有利的投资机会，获取最大利润，但由于必须考虑不同投资的风险程度，因此人们会对资产结构进行安排，使资产组合在抗拒风险方面达到均衡。

托宾建议投资者权衡投资收益的平衡值与投资收益的方差。当资产价格变动时，金融资产的收益率取决于利率和资本的盈亏概率，因此，给定利率，金融资产的收益可以用平均收益来说明；给定资本盈亏概率，则可以用收益的方差来说明。所以，选择某种资产组合是根据投资者对高均值和低方差与低均值和高方差的偏好来进行的。

自从托宾提出资产平衡学说以后，金融工程学逐渐发展起来。

第三节　希克斯、哈罗德和多马的经济学说

一、 希克斯的经济学说

约翰·理查德·希克斯（1904—1989）是英国著名经济学家。他出生于英格兰的沃里克郡，1932年获牛津大学博士学位，先后在伦敦经济学院、剑桥大学、曼彻斯特大学、牛津大学任教。1943年，希克斯被选为英国科学院院士，1961—1962年任皇家经济学会会长，1966年被晋封为爵士。

希克斯在价值理论、积累理论、经济周期理论、利息理论、社会核算理论、经济增长理论和福利经济学等方面都有相当的造诣。西方经济学家认为，希克斯对现代宏观经济学和微观经济学的发展有较大的影响，特别是在均衡理论方面有开创性的研究，因而他被授予1972年诺贝尔经济学奖。

希克斯的研究领域相当广泛，经济学方面的著述主要有：《工资理论》（1932）、《福利经济学的基础》（1939）、《价值与资本》（1939）、《经济的社会结构》（1942）、《对经济周期理论的贡献》（1950）、《需求理论的修正》（1956）、《资本与增长》（1965）、《货币理论评论文集》（1967）、《经济史理论》（1969）、《资本与时间》（1973）、《凯恩斯经济学的危机》（1974）等。

（一）一般均衡理论

1. 序数效用论。

序数效用论是希克斯一般均衡理论的基础。希克斯批判了基数效用论，认为效用只能用序数表示，不能用基数进行计算和加总。他分析了无差异曲线的性质，用“边际替代率”的概念取代了“边际效用”的概念，用边际替代率递减规律取代了边际效用递减规律。希克斯首先区分了替代效应和收入效应，他的这些分析很快被西方学者接受，融入了教科书中。

2. 一般均衡理论。

希克斯建立在序数效用论基础上的一般均衡理论从消费问题的研究开始，着重研究各种经济因素之间的相互关系，采用联立方程式，用数学模型分析整个经济体系的均衡。

希克斯将均衡分为静态和动态两种。他的静态一般均衡是超时间的，包括交换的一般均衡、生产的一般均衡和市场均衡。交换的一般均衡是指竞争市场中的交易者在一定收入的限制下和特定效用函数下，为取得最大效用进行交换。生产的一般均衡是指商品生产者在一定技术的限制下，以获取最大利润为目的进行生产。市场均衡是指为了达到经济体系的一般均衡，要求每一种商品的需求量等于供给量。在静态均衡的基础上，希克斯加入时间因素，建立了动态的一般均衡模型。动态的一般均衡理论是指从一个暂时均衡到另一个暂时均衡的均衡移动过程序列。

希克斯的一般均衡理论是把马歇尔的局部均衡分析同瓦尔拉斯和帕累托的一般均衡

分析相结合的产物。希克斯承认，他关于一系列暂时均衡的论述追随马歇尔的传统，而关于动态体系运行的论述是“非常凯恩斯式”的。

3. *IS—LM* 模型。

希克斯按照他的一般均衡理论对凯恩斯的收入决定模型做了修正，建立了 *IS—LM* 模型。

按照凯恩斯的理论，灵活偏好和货币数量决定利息率，利息率和资本边际效率决定投资水平，投资水平和消费函数决定收入水平。希克斯指出，凯恩斯体系中存在着循环因果关系。因为要知道利息率，就必须知道灵活偏好；要知道灵活偏好，就必须知道收入水平；而要知道收入水平，就必须知道利息率。在这样的循环因果关系中，根本无法确定利率水平和收入水平。为了克服凯恩斯体系的这一缺陷，希克斯对凯恩斯的国民收入理论做了如下补充和修正，得出了 *IS—LM* 模型。

希克斯将凯恩斯收入决定理论的要点用产品市场和货币市场同时均衡的数学模型来表示：

(1) $s = s(y)$ ——储蓄函数；

(2) $i = i(r)$ ——投资函数；

(3) $s = i$ 或 $s(y) = i(r)$ ——产品市场均衡条件；

(4) $L = L_1(y) + L_2(r)$ ——货币需求函数；

(5) $\frac{M}{P} = m = m_1 + m_2$ ——货币供给函数；

(6) $m = L$ ——货币市场均衡条件。

根据 (1)、(2)、(3) 可以求得 *IS* 曲线，根据 (4)、(5)、(6) 可以求得 *LM* 曲线，求解 *IS—LM* 的联立方程，就可以求得产品市场和货币市场同时均衡的利率和收入。

IS—LM 模型的特点在于收入和利率是同时决定的。希克斯通过 *IS—LM* 模型将凯恩斯体系已有的四个基本概念结合成一个整体，为解释均衡收入的决定提供了更为一般的均衡方法。该模型被认为是把微观的瓦尔拉斯方法用于宏观的凯恩斯理论的一项重大发展。

(二) 经济周期理论

希克斯认为一个国家一定时期的生产和就业，决定于该国总的消费支出和投资支出，其中投资支出的变动是影响经济周期各阶段的决定性因素。希克斯用投资影响收入的乘数原理和收入变化影响投资的加速原理的相互作用来解释资本主义经济的周期波动。在分析方法上，希克斯选择经济体系中几个变数的总量（如总收入、总投资、总消费和总储蓄等），建立一套反映这些变数的函数关系的方程式，运用数学方法来论证和说明资本主义周期波动的动态序列或过程，并对经济周期做出预测和提供反危机措施的依据。

希克斯的经济周期理论实际是把凯恩斯的宏观静态均衡理论发展为宏观动态体系。希克斯虽然不是第一个用乘数—加速数原理来解释经济周期的经济学家，但他严格地根据乘数—加速数原理的相互作用建立了较为系统完整的经济周期理论。

（三）通货膨胀理论

希克斯提出了“结构性通货膨胀理论”，并用“两种价格体系”的分析来解释通货膨胀与失业并存的滞胀现象。

1. 结构性通货膨胀理论。

希克斯认为，通货膨胀是由劳动市场结构和工资结构方面的原因造成的。希克斯分析了第二次世界大战后按各种专业划分的劳动市场和按工业增长程度划分的劳动市场上工资变动的特点。他提出了处于不同部门和不同增长程度的劳动市场上工资水平的“公平原则”，即每个工人认为只有自己的工资增长率同其他部门、其他不同工业增长程度的劳动市场上工人的工资增长率相等才是“公平”的。这样，每当增长程度高的部门工资提高，提高工资的社会压力就处于统治地位，其他增长程度低的部门工资也提高了。结果，工资的上升在某种程度上普遍化，引起通货膨胀。通货膨胀又造成实际工资下降，工人又要求增加工资，最终形成工资—物价螺旋上升。

2. 两种价格体系的分析。

希克斯认为，经济中存在着两种价格——固定价格和弹性价格，相应地存在两种市场——固定价格市场和弹性价格市场。在固定价格市场，固定价格不取决于供求关系，而由生产者决定，固定价格随生产成本的变化而变化。弹性价格市场的弹性价格则取决于供求规律。希克斯认为，在弹性价格体系中，由于价格能够根据市场情况而变动，所以工资会随价格进行全面的调整，不会影响就业情况，而会出现“膨胀性均衡”，不含有充分就业的意思。所以，在通货膨胀的情况下，失业的存在是可能的。在固定价格体系内，价格上涨不会形成膨胀性均衡，这种不处于均衡状态的通货膨胀也是可以与失业并存的。希克斯指出，膨胀性均衡不会对经济造成危害，而膨胀性不均衡是真正有害的。实际上，劳动市场和其他许多商品市场正是这样的固定价格市场。

据此，希克斯认为，这种结构性通货膨胀不是凯恩斯主义政策所能解决的，只有经济平衡增长，才是应付滞胀的新方法。

二、 哈罗德-多马的经济增长理论

罗伊·福布斯·哈罗德（Roy Forbes Harrod，1900—1978）是英国著名经济学家。他出生于英国的诺福克，先后在牛津大学、剑桥大学学习。在剑桥大学曾师从凯恩斯学习经济学，以后长期在牛津大学任教。哈罗德曾任联合国就业与经济稳定委员会委员、联合国货币基金会经济顾问。他致力于使凯恩斯的理论动态化和长期化，主要贡献是经济增长模型。他对不完全竞争理论、国际贸易和经济周期理论也做出了贡献。主要著作包括：《国际经济学》（1933）、《动态经济学导论》（1948）、《经济学论文集》（1952）、《货币论》（1969）、《动态经济学》（1973）。

埃弗塞·D. 多马（Evsey D. Domar，1914—1997）是美国著名经济学家。他出生于波兰的罗兹，1947 年获哈佛大学哲学博士学位，先后在密歇根大学、哈佛大学、芝加哥大学、麻省理工学院等校任教。他对经济增长理论进行了深入研究。主要著作是《经济增长理论论文集》(1957)。

哈罗德和多马对经济增长理论的研究成果被人们称为“哈罗德-多马模型”。第二次世界大战后，有效需求不足问题逐渐淡出经济学研究范围，经济增长理论成为经济学家研究的焦点。哈罗德-多马模型是最早研究经济动态增长的模型。哈罗德-多马模型中经济增长率（G）等于边际储蓄率（s）与资本产出比（$v=K/Y$）的比率，即$G=s/v$，这个方程被称为哈罗德-多马模型的基本方程。如果基本方程中的v是资本的实际变化量与国民收入的实际变化量的比率，那么由此决定的经济增长率就是实际增长率。哈罗德还提出了有保证的增长率的概念，即当企业家满意的资本产出比等于实际的资本产出比时，国民收入就按照有保证的增长率增长。

但是，哈罗德-多马模型面临两个难题：一是经济是否存在一条均衡增长途径，这被称为“可能性问题”；二是经济一旦偏离均衡增长途径，是否能够重新回到均衡增长的道路上，这被称为“稳定性问题”。对于“可能性问题”，由于预期不确定性、外部环境等因素，企业家愿意的资本产出比不一定等于实际的资本产出比，因此经济不会长久地按照有保证的增长率增长下去。而且，即使实际增长率等于有保证的增长率，还要考虑充分就业，这就要求有保证的增长率等于自然增长率。因此，哈罗德认为，在资本主义条件下，实现充分就业均衡增长的可能性是存在的，但是这种可能性很小。据此，哈罗德-多马模型的增长途径被形容为像锋利的刀刃一样，“可能性问题”也被称为“刃锋问题”。对于“稳定性问题”来说，当实际增长率偏离了有保证的增长率之后，在乘数的作用下，不仅不会回到均衡位置，还会离均衡位置越来越远。这意味着，资本主义经济发展很难稳定在一个不变的速度上，容易出现剧烈波动。

第四节　索洛、莫迪利安尼和杜森贝里的经济学说

一、索洛的经济增长模型

罗伯特·索洛（1924—　）是美国著名经济学家。他出生于美国纽约，1951年获哈佛大学博士学位，长期在麻省理工学院任教。他曾任美国经济学会会长，1961年获约翰·贝茨·克拉克奖，1986年获诺贝尔经济学奖。他的主要贡献是提出了新古典经济增长模型，主要著作有：《线性规划与经济分析》（与多夫曼和萨缪尔森合著，1958）、《资本理论与利润率》(1963)、《经济增长理论：一种解说》(1969)。

索洛的增长模型建立在哈罗德-多马模型的基础之上。索洛认为，哈罗德-多马模型假设边际储蓄率s是外生的，资本产出比v不变，因此增长率只可能有唯一值，即存在“刃锋问题”。索洛提出资本和劳动之间存在替代性，有不同的配合比例。不同的资本劳动配合比例就会引起资本产出比的变化，“刃锋问题”就能解决。因此，哈罗德-多马模型假设劳动和资本比例固定是不合理的。基于以上认识，索洛提出了新模型。

索洛提出了一个生产者通过调节资本和劳动的配合比例来影响产出的总量生产函数：

$$Y=f(K,L)$$

这一总量生产函数表明产出量（Y）是资本（K）和劳动（L）投入量的函数。当考察产出的增加量即经济增长时，经济增长率（G）等于资本和劳动的增长率乘以它们各自的边际生产力。这样，就可以通过调节生产要素投入的边际生产力，即资本劳动配合比例来实现理想的均衡增长。生产要素的边际生产力又通过要素市场供求作用于要素价格——利息率和工资率的变动来实现。

索洛还进一步解释了资本和经济增长之间的关系。他说，当假定劳动力按一个不变的比率 n 增长，而且不考虑技术进步时，经济增长率就仅由资本增长率来决定。在对一系列公式进行了变形和推导之后，索洛得出人均资本的增加（Δk）等于人均储蓄（sy）减去装备新工人的资本（nk）与替换折旧的资本（δk），即索洛模型的基本方程为：

$$\Delta k = sy-(n+\delta)k$$

$(n+\delta)k$ 可以理解为资本的广化，Δk 是资本的深化，所以上面的公式又可以表述为：资本深化＝人均储蓄－资本广化。这样就建立了资本、产量和储蓄（投资）之间的相互依赖的体系，资本增长由储蓄（投资）决定，储蓄又依赖收入，收入又视资本而定。

通过基本方程，索洛很容易得到这样的结论：储蓄（投资）的增加会促进经济增长；人口的过度增加会降低资本深化的程度，从而影响经济增长；技术进步会增加总产出。

二、莫迪利安尼的生命周期消费理论

佛朗哥·莫迪利安尼（1918—2003）是美国著名的经济学家。他出生于意大利罗马，1940 年移居美国，1939 年和 1944 年分别获罗马大学和纽约社会研究新学院博士学位，并先后在哥伦比亚大学、伊利诺伊大学、麻省理工学院任教。他曾任联邦储备系统管理委员会学术顾问、布鲁金斯经济活动专门小组高级顾问、美国经济计量学会会长、美国经济学会会长。1985 年因在财政理论和消费理论方面做出了突出贡献，特别是提出了消费和储蓄的生命周期假说以及关于公司与资本成本估价的假定而荣获诺贝尔经济学奖。他的主要著作有《莫迪利安尼文集》。

凯恩斯的消费理论假定人们在特定时期的消费与他们在该时期的可支配收入相联系，莫迪利安尼则从整个人生的角度研究消费者如何分配他们的消费。莫迪利安尼认为，消费者之所以储蓄，主要是为了老年消费的需要。他假定，消费者希望一生中的消费水平保持平稳，消费支出的来源包括一生的收入和最初的财富。假设消费者生命周期为 L 年（从开始工作时算），其中工作有工资收入的年限为 N，消费者自参加工作起计划其个人终生消费，退休年限为 $L-N$ 年，T 代表消费者获得财富的年龄，则消费者每年的消费支出等于财富（W/P）的 $1/(L-T)$ 加上对工资的边际消费倾向乘以预期的可支配收入 Y，即消费支出水平取决于现期财富状况和生命周期内的收入状况。莫迪利安尼的消费函数如下：

$$C=a\frac{W}{P}+cY \qquad \left(a=\frac{1}{L-T},\ c=\frac{N-T}{L-T},\ N\geqslant T\right)$$

莫迪利安尼的生命周期假定提出了影响储蓄率的一些不确定性因素，认为人口的年龄结构是决定消费和储蓄的主要因素。如果社会上年轻人和老年人比例增大，则消费倾向会提高，如果社会上中年人比例增大，则消费倾向会下降。因此，总储蓄和总消费会部分地依赖于人口的年龄分布，当有更多人处于储蓄年龄时，净储蓄就会上升。

三、 杜森贝里的相对收入消费理论

詹姆斯·杜森贝里（1918—2009）是美国经济学家。他1947年获密歇根大学博士学位，长期在哈佛大学任教。他还曾任美国总统经济顾问委员会委员、波士顿联邦储备银行董事长。他的主要著作有：《收入、储蓄与消费者行为理论》（1949）、《经济周期与经济增长》（1957）等。他提出相对收入假说，认为消费支出不像凯恩斯所说的取决于绝对收入水平，而是取决于相对收入水平。

相对收入假说认为，消费者会受自己过去的消费习惯以及周围消费水准的影响。

杜森贝里说，依照人们的习惯，增加消费容易，减少消费困难。从短期来看，假如消费者的收入水平相对于过去有所下降，消费者并不会立即降低他们现在的消费水平，他们宁可动用储蓄来维持现有消费水平，也不愿意改变消费习惯。这样，在社会的收入减少时，消费习惯有可能使消费支出不变或只有轻微下降，从而不至于影响社会需求量，这被称为消费的“棘轮效应”。但是，当消费者的收入水平较过去有所提高时，他们便会立即提高消费支出水平。

从长期来看，当经济稳定增长时，消费为收入的固定比率。可见，短期消费函数不同于长期消费函数。长期消费函数为$C=\beta Y$，短期消费函数为$C=C_0+\beta Y_0$。其中C为消费，β是边际消费倾向，Y为收入。短期消费函数正截距的产生是由于经济周期波动造成了不同的消费行为，而消费者长期消费倾向比较高。

相对收入的另一个含义是，消费者的消费行为要受周围人们消费水准的影响，这被称为“示范效应”。低收入家庭为了顾及社会的相对地位，不得不提高自己的消费水平。这种心理会使短期消费函数随社会平均收入的提高而整体向上移动。

第五节 萨缪尔森和他的《经济学》

保罗·萨缪尔森（1915—2009）是美国著名经济学家，新古典综合派重要代表人物。他祖籍波兰，出生于美国印第安纳州，1941年获哈佛大学博士学位，长期在麻省理工学院任教。他曾被选为美国经济学会会长，1960—1968年任美国总统经济顾问，并担任美国数届政府财政金融机关的顾问和众多其他职务。1970年，他因发展了动态和静态经济理论，提高了经济科学的分析水平而成为获得诺贝尔经济学奖的第一个美国人。萨缪尔森的主要著作有：《经济学》（第一版，1948）、《经济分析的理论基础》（1948）、《线性规划和经济分析》（1958），他还写了300多篇论文，大部分被收集在《萨缪尔森科学论文集》中。

自从资产阶级经济学说出现以来，曾经有三本流行的教科书。第一本是约翰·穆勒的《政治经济学原理》，其流行的时间为1848—1890年。穆勒的著作在1890年为马歇尔的《经济学原理》所代替，马歇尔的《经济学原理》一直被使用到第二次世界大战前夕。战后，萨缪尔森的《经济学》取代马歇尔著作的地位成为第三本流行的教科书，并被认为实现了经济学说史上的第三次大综合。

萨缪尔森的《经济学》自1948年初版以来，随着世界经济的变化和经济理论的发展，不断得到修改和补充，多次重版，至今已印至第16版。该书被译成日文、法文、德文、西班牙文、意大利文、葡萄牙文、俄文、中文、阿拉伯文等多国文字，目前总发行量超过1 000万册。这本书能够比较准确地反映全部西方正统经济理论，因此，理解和评论这本书的意义并不限于理解和评论萨缪尔森个人的经济思想，而是全部西方的正统经济思想。

一、 什么是经济学

萨缪尔森对经济学下了定义，他认为，经济学研究个人和社会如何做出最终抉择，分析改善资源配置模式所需要的代价和可能得到的利益。也就是说，经济学研究的是在资源稀缺的情况下，如何以最大化或最小化为目的进行选择的行为，它是一门研究资源配置的学问。从这个定义出发，他把不同社会制度的经济问题归结为：生产什么、生产多少、如何生产、为谁生产。萨缪尔森的这个定义成为西方经济学最流行的定义。

现代西方经济学是一门范围比较广泛的学科，《经济学》不仅包括微观经济学、宏观经济学等核心的经济理论，还包括财政学、会计学、经济统计、货币银行、公司财务、劳动经济学、经济计量学、经济学说史、比较经济制度、国际贸易与金融等方面，几乎涉及了西方经济学所有的领域。为此，有人把这本书称为“小型的西方经济学百科全书”。

萨缪尔森的经济理论体系建立在数学分析的基础上。他认为，既然经济学是研究资源稀缺下的选择问题，那么经济学研究无非可以归纳为两个相关问题。其一，最大值和最小值问题，在有限条件下，如何使社会或经济单位获得最大的福利和利润，这是最大值问题；如何使成本最小，这是最小值问题。在最大或最小问题上，经济学和数学不过是一个问题的两个方面，这就是萨缪尔森著名的“对应原理”。其二，均衡问题，即如何使总供给和总需求达到均衡状态以及如何维持均衡状态的问题，这个问题同样可以归结为研究不同变量之间相互作用的数学问题。用数学来分析经济学，为经济学带来了非常广泛和深远的影响。

二、 折中的综合体系

以马歇尔为代表的新古典经济学把单个消费者、单个厂商和单个行业当作分析单位，而凯恩斯经济理论则依靠大批的总量概念，如总消费、总投资、总收入等，进行研究。为此，它们分别被称为“微观经济学”（“个量分析”）和“宏观经济学”（“总量分析”）。在《经济学》（第10版）和以前的版本中，萨缪尔森把二者加以“综合”，形成他所说的“新古典综合派”或“后凯恩斯主流经济学”。自从第二次世界大战以后到20世纪60年代中期为止，这一学派在西方经济学界居于正统地位，成为绝大多数西方经济学者所信奉和宣传的教义。

在《经济学》中，萨缪尔森沿袭了汉森的说法，把现代资本主义称为“混合经济”，一部分是私营部门；另一部分是公营部门，即国家干预经济生活的部分。他断言，国家干预经济生活的政策可以补救资本主义自发作用的不足，宏观经济学开出的药方能够治疗资本主义的各种疾病，使它成为微观经济学所颂扬的“理想制度”。

关键词

新古典综合派　汉森　45°线模型　托宾　资产持有形式理论　希克斯

IS—LM 模型　乘数—加速数原理　结构性通货膨胀理论

哈罗德-多马模型　索洛的增长模型　莫迪利安尼及其生命周期消费理论

杜森贝里及其相对收入消费理论　萨缪尔森及其《经济学》

思考题

1. 简述新古典综合派的产生和发展。
2. 简述汉森在经济学说史上的影响。
3. 什么是资产持有形式理论？
4. 希克斯有哪些重要的经济学理论贡献？
5. 简述哈罗德-多马和索洛的经济增长模型。
6. 为什么说萨缪尔森的《经济学》实现了经济学说史上的第三次大综合？

第二十五章
新剑桥学派

把凯恩斯理论同新古典学派传统理论分开是新剑桥学派的特点，也因此使它与新古典综合派形成对立。本章第一节比较详细地介绍了新剑桥学派的形成、新剑桥学派的方法论，以及新剑桥学派与新古典综合派相对立中强调的理论及其特点。在新剑桥学派中，罗宾逊、斯拉法、卡尔多和卡莱斯基等人的理论都具有各自鲜明的特点，本章在第二、第三、第四节中分别加以介绍。

本章重点

- 新剑桥学派的形成和特点
- 罗宾逊的经济增长与分配理论
- 斯拉法的《用商品生产商品》
- 卡尔多和卡莱斯基的经济学说

第一节　概　述

一、新剑桥学派的形成

新剑桥学派（Neo-Cambridge School）是在第二次世界大战后经济学界纷纷修正和创立经济增长理论和模型的热潮中，以琼·罗宾逊为首的一些英国经济学家，同以美国萨缪尔森为代表的新古典综合派，就增长理论、资本理论、分配理论等进行激烈论证的过程中形成的。由于这个学派的主要成员——罗宾逊、斯拉法、卡尔多、帕西内蒂等都在英国剑桥大学任教，而他们的经济理论、分析方法与政策主张又和以马歇尔为代表的剑桥学派有所不同，因而被称为新剑桥学派。新剑桥学派是现代凯恩斯主义的一个重要分支，与另一个重要分支——后凯恩斯主流经济学（新古典综合派）相比，它属于非主流学派，又称后凯恩斯主义、新凯恩斯主义、英国凯恩斯主义学派等。由于该学派代表人物斯拉法和帕西内蒂的原籍是意大利，所以这一学派也被称为“英国—意大利学派”或“意大利—剑桥学派”。此外，这个学派论证的对手——萨缪尔森和索洛等任教的美国麻省理工学院（MIT）所在地也叫剑桥，因此他们之间的争论也叫“两个剑桥之争”。

1956年罗宾逊出版了《资本积累论》一书，卡尔多也在《经济研究评论》上发表了题为《几种不同分配理论》的论文，各自提出了自己的经济增长理论模型。两者的共同点是从凯恩斯的投资—储蓄分析出发，把经济增长理论与分配理论结合起来，这一观点标志着新剑桥学派的形成。

新剑桥学派的另一个独特之处在于：其基本观点不是由一个代表人或创始人所建立的，而是由一些代表人物的观点综合形成的。例如，否定边际生产力的观点是斯拉法早在20世纪20年代提出的，主张回到李嘉图的传统观点也是他在20世纪60年代初的倡议；强调投资对国民收入分配的影响，主要得益于波兰经济学家米哈尔·卡莱斯基[①](Michal Kalecki)；把经济增长理论与阶级的收入分配结合起来的观点，则是罗宾逊和卡尔多的贡献。

新剑桥学派的主要经济学说是以凯恩斯的收入分配理论为依据，主张恢复李嘉图的传统，建立一个以客观价值论为基础、以现代收入分配为中心的理论体系，同时，探讨和制定向没有食利者阶层和文明生活过渡的生活政策，企图通过改变资本主义现存的分配制度来挽救资本主义。所以，这一学派也被称为“新李嘉图学派”或“凯恩斯左派”。

二、新剑桥学派的方法论

无论在理论上还是在方法上，新剑桥学派都有自己的鲜明特征。新剑桥学派的方法论可归纳如下：

第一，恢复凯恩斯的历史分析法，强调历史（特别是时间）、制度（尤其是私有财产）、关系（重点是劳资关系）等；摈弃新古典学派的均衡分析方法。

罗宾逊认为：“在理论方面，《通论》的主要论点是打破均衡的束缚，能考虑现实生活的特性——昨天和明天的区别。就这个世界的现在来说，过去是不能召回的，未来是不能确知的。例如，对收入分配就必须从历史因素着手分析，而不能单纯从生产要素的投入量来分析。无论什么时候，货币工资率水平多少是一种历史偶然的事，它依赖过去长时期劳工市场上的种种条件。”[②] 这就是说，经济的运行是一个历史过程，目前的经济行为必须依靠对过去、未来的看法来做出决定。但是，人们对未来知之甚少，因为“未来本质上是不确定的”，理性的选择行为是不存在的，人们只能按照惯例或主观推测来做出经济决策。因此，人们的预期常常会落空，而按照常规所做出的判断也往往被现实打破，从而经济的波动是无法避免的。总之，经济过程是一种通过“历史时间”的运动，它只能是单向的，在波动中从过去走向不确定的未来。

罗宾逊指出，新古典学派把经济的运行描绘为像“摆锤”一样的机械运动，从而抽象掉了昨天和今天的区别，抽象掉了历史，并由此认为资本主义是一个“一般均衡的制度”。而新古典综合派抛弃了凯恩斯的历史分析方法，完全继承了新古典派的均衡概念。

---

① 米哈尔·卡莱斯基（1899—1970），波兰著名经济学家和经济实践家。详见本章第四节。

② 外国经济学说研究会. 现代国外经济学论文选：第一辑. 北京：商务印书馆，1979：5.

罗宾逊指出，一旦引入时间概念，这种机械的均衡观“就站不住脚了”①。他们的微观基础基本上就是马歇尔的均衡价格论与要素供求均衡价格决定收入的分配论；他们宏观分析的核心就是找到储蓄曲线与投资曲线相交的均衡点。而这恰恰抛弃了《通论》的精髓。

第二，主张凯恩斯经济理论的统一性，将宏观长期动态分析与微观短期静态分析相结合。

新剑桥学派认为，价值问题，尤其是分配问题，同整个经济活动水平密切相关，应作为分析全面经济动态的基本问题，从宏观上加以把握。而凯恩斯经济理论作为一种宏观经济理论体系，其主要缺点是没有价值论和分配论的微观分析基础。要使宏观经济学具有微观经济学基础，就应研究价值论和分配论。新剑桥学派明确主张：（1）价值应具有“客观”“物质”的基础，即价值主要由生产条件来决定，而不能把价值视为主观的概念。（2）分配论应研究收入分配的相对份额是如何决定的，它们又是如何变动的，其变动趋势是什么。（3）价值论和分配论是不可分的。若没有价值论的探讨，收入分配问题也就不能得到解决，而不研究收入分配理论，价值理论也就无从谈起。新剑桥学派从价值论与分配论入手，把宏观经济学与微观经济学结合起来，与凯恩斯的经济理论相比有了新的发展。例如，新剑桥学派的经济学家在设计宏观模型时，吸收了卡莱斯基的分析方法：用动态的总量分析补充凯恩斯所采用的比较静态的分析方法；用分解为工人和资本家两个阶级的收入、储蓄和消费等总量，来代替凯恩斯的有关概念。这样，各个总量之间的动态关系不仅说明了收入水平的变动，同时也反映了两个阶级在收入分配中的利益对立关系及其变动趋势，从而把宏观动态理论同微观分配理论紧密地结合在一起。

第三，确定结构分析与制度分析，摈弃边际分析。

新剑桥学派认为，价值的决定与部门的生产结构和技术条件有关，收入分配制度则取决于制度因素。因而，他们主张以收入分配的制度分析作为收入分配格局决定的基础，从而反对新古典综合派坚持的边际分析方法。例如，斯拉法在其1960年出版的《用商品生产商品》一书中尖锐地指出：如果消费的数量和投入的数量一直保持不变，则既无边际效用又无边际产品，这样就什么都没有了。

三、新剑桥学派理论的基本特点

新剑桥学派除在方法论上有着共同特点外，在理论上也有一些共同特点：如强调收入分配理论，摈弃边际生产力分配论和强调货币是导致经济不稳定的重要因素等。

（一）强调收入分配理论

研究收入是凯恩斯以来任何学派都日益重视的理论问题。新剑桥学派则力图把经济增长理论和收入分配理论融为一体，着重考察经济增长过程中工资（劳动收入）和利润（财产收入）在国民收入中相对份额的变化，回到古典学派特别是李嘉图的政治经济学的主题——国民收入在社会各阶级之间的分配上来。

---

① 外国经济学说研究会．现代国外经济学论文选：第一辑．北京：商务印书馆，1979：22.

在收入分配理论的研究方面，它们从凯恩斯的有效需求理论出发，肯定投资是资本主义经济活动中最为重要的因素，并提出了两个特殊的观点：

（1）新剑桥学派认为，在投资与储蓄的关系上必须摈弃传统的“储蓄支配投资”的旧观点，应坚持“投资支配储蓄”的凯恩斯新观点。传统观点认为，任何时候作为投资的基金来源的储蓄额是一定的，故投资受储蓄的支配。而凯恩斯理论认为投资与储蓄的决定是由不同的人做出的，投资多少由企业家支配，并不受公众储蓄的支配，只有增加投资才能增加收入和就业。因此是投资支配储蓄，而不是相反。

（2）新剑桥学派认为，投资量不仅决定着生产水平和就业水平，而且是工资和利润在国民收入分配方面的主要决定因素。因为国民收入最后分解为工资和利润两大部分，两者相对份额的大小直接依存于利润率的高低。因为该学派假设，工人没有或只有微不足道的储蓄，储蓄主要来自企业（资本家），而做出投资决定的又是企业家（资本家）[①]，故利润率的高低对国民收入中工资与利润的相对份额起着决定作用。利润率越高，则利润总额在国民收入中的比重越大，工资总额的比重越小；反之亦然。如果国民收入一定，则工资与利润总是呈反方向变化。

新剑桥学派根据其收入分配理论和经济增长理论[②]，考察现代经济社会（资本主义）而得出的结论是：资本主义经济的增长将更加有利于利润收入集团，而不利于工资收入集团，工资在国民收入中所占比例将越来越低，或者说具有下降的趋势。所以，资本主义经济增长必然带来“富裕中的贫穷”，收入分配的失调才真正是资本主义社会的病根。于是，新剑桥学派给出的对策是，要消除资本主义社会的种种弊端，就应改进它的收入分配制度。

（二）摈弃边际生产力分配论

1926 年斯拉法在《经济学杂志》上发表了一篇题为《竞争条件下的收益规律》[③] 的文章，着重批判了边际生产力分配论。该文章虽然在西方经济学界没有引起太大的震动，但对新剑桥学派产生了极大的影响。

新剑桥学派认为，所谓边际生产力不外乎是增加一个单位劳动或资本所增加的单位产品的价值，其货币表现即为产品的价格。但要计算产品的价格，必须先知道各投入因素如劳动和各种资本设备的价格。而这些投入因素的价格如不知道它们的工资率、利率和利润率又无从计算。因此，用来决定分配份额的工资率、利率和利润率的边际生产力本身还得用工资率、利率和利润率来计算。这完全是一种循环论证，根本不能说明什么问题。此外，若根据边际生产力理论，则生产要素对产品价值的贡献与其获得的相应的报酬是对称的；它们之间的收入分配份额即使有差距，甚至是很大的差距，在客观上也是公平合理的。这种结论与新剑桥学派坚持通过人为调整收入分配格局以减小贫富差距的主张是不相容的。因此，新剑桥学派坚持用自己的分配理论来代替边际生产力理论。

---

① 在这里，企业的经营权与所有权是统一的。

② 详细介绍见本章第二节和第四节。

③ Sraffa. “The Law of Returns under Competitive Conditions,” *Economic Journal*, 1926, 36: 535-550.

（三）强调货币是导致资本主义经济不稳定的重要因素

新剑桥学派认为资本主义是一种货币经济。货币之所以存在、之所以重要，是因为未来是“不确定”的、是不可预知的；而货币是一种流动性最大并且风险最小的价值贮藏手段，可以在“现在”与“不确定”的未来之间提供一个“确定”的环节。所以人们愿意把一部分收入或财富用货币的形式保存起来，一切契约（包括债务的、交易的）也用货币来计量和规定。但是在另一方面，也正是货币的存在加剧了资本主义经济的不稳定性。具体表现在两个方面：第一，由于货币的存在使收入和支出、储蓄和投资不一定相等，这也就使得商品的生产与销售不一定相等，从而无法实现充分就业。第二，货币和信贷制度的存在为企业家（资本家）的投资提供了融资的便利，使他们的投资不受自有收入或财富的限制。这样，企业家（资本家）可以把生产资源较多地投向利润高的投资品的生产，而较少地投向工人所需要的消费品的生产，这意味着工人得到的实际工资份额相对下降。这就产生了不稳定因素，即货币工资与实际工资之间发生了偏离。在这种情况下，工人不得不要求提高货币工资，而工资的提高导致物价水平的上升，形成工资—物价、物价—工资螺旋式上升的通货膨胀[①]，最后造成信心崩溃、增长停止，经济陷入萧条，产生大量失业。

因此，新剑桥学派坚持凯恩斯传统，认为一般物价水平的变动决定于货币数量的流行理论是不能说明问题的；物价水平主要是由货币工资率决定的。按照其理论观点，工业制成品的价格一般是在产品的直接成本（工资和原材料费用）的基础上加一定比例的毛利或利润而形成的。这个加成比例的大小是由产品的“垄断程度”决定的。在垄断程度不变的条件下，工业制成品的价格主要是由直接成本的变动，特别是货币工资率的变动决定的，而货币工资率则是由劳资双方谈判决定的。这样，在接近充分就业的条件下，工资谈判将成为政治问题，从而导致阶级冲突——工人为保持他们的工资在总产量中的份额而斗争，企业则为提高自己的利润而希望降低工资的份额。这种为增加各自所得的相对份额而进行的斗争，又不可避免地导致工资—物价、物价—工资的螺旋式通货膨胀。此时，大量的失业也无法阻止物价水平的持续上升。这就是新剑桥学派对第二次世界大战后资本主义世界出现的通货膨胀和失业并存——“滞胀”现象的解释。

第三节 罗宾逊的经济学说

一、罗宾逊的生平与著作

琼·罗宾逊[②]（1903—1983）是英国著名经济学家。她1903年出生在英国英格兰的

① 琼·罗宾逊称这种情况为“通货膨胀关口”（inflation barrier）。

② 罗宾逊在出嫁前的名字是琼·维奥列特·莫里斯（Joan Violet Maurice）。琼兴趣较广，尤其热爱美术和古典文学。西方评论家称罗宾逊夫人为“有史以来在经济理论方面取得杰出成就的唯一女性”。

坎伯利的一个军官家庭。在当时，“除了少数突出的学生有资格继续去文法学院学习外，州立学校的学业都是在 14 岁时结束。大学教育几乎完全是为特权阶级服务的”①。由于她所在的莫里斯家族与剑桥大学有着千丝万缕的联系，所以琼选择剑桥大学也是很自然的。1921—1925 年琼在剑桥大学经济学系攻读经济学。1926 年，她和当时在剑桥大学任教的经济学家奥斯汀·罗宾逊（Austin Robinson，1897—1993）结婚，并一起去了印度。1929 年返回英国，在取得经济学硕士学位后，琼（罗宾逊夫人）开始在剑桥大学任教，1949 年任讲师，1965—1971 年任剑桥大学经济学教授，退休后被聘为剑桥大学经济学名誉教授。1983 年去世。②

莫里斯家族“曾获得许多渗透着革新精神的成就，并有过许多英勇的行为”③。琼的家庭背景有助于解释其独到的思想。此外，剑桥大学是许多著名经济学家汇集的世界经济理论中心之一，既有不少具有不同观点的正统经济学家，也有马克思主义经济学家，而且还是马歇尔新古典学派和反古典传统的凯恩斯学说的发源地。在这种环境下，琼的经济思想与传统教条越来越对立也就不足为奇了。

在琼的学生时代，“马歇尔的《经济学原理》是圣经”，自然琼也是马歇尔的信徒。琼的第一本出版物是一本写有教学法内容的小册子——《经济学是一门严肃的学问》④（1932）。在书中她阐明了这样一个信念：经济学家们如果运用相同的假设，那么他们就会取得一致的意见。但在那时马歇尔理论无法回答下述两个问题：一是传统理论以完全竞争为前提无法与垄断理论相结合；二是经济周期与失业问题。1926 年斯拉法在其《竞争条件下的收益规律》一文中指出，在自由竞争条件下资本主义经济不可能达到均衡。这对琼·罗宾逊启发极大，从印度返回剑桥后，她就致力于研究以不完全竞争为前提的价值理论。1933 年出版的《不完全竞争经济学》使她赢得了很高的学术声誉。

凯恩斯的《通论》问世后，琼·罗宾逊成为凯恩斯理论的忠实信徒和有力的传播者。《就业理论论文集》（1937）和《就业理论导论》（1937）两本书是凯恩斯理论的通俗化读本，因此她被公认为最有影响的凯恩斯主义者之一。随后的《论马克思主义经济学》（1942）为她赢得了“凯恩斯左派”的称号。在该书中，她将马克思与凯恩斯的经济理论进行了对比，并倡议当代西方经济学家向马克思学习。⑤ 此后，在 1950—1983 年间，琼在《每月评论》上发表了 14 篇论文。在这些文章中，她不仅批判了美国沙文主义者和传

---

① 玛乔里·谢泼德·特纳. 琼·罗宾逊与两个剑桥之争. 南昌：江西人民出版社，1991：2.

② 琼在印度的 3 年生活使她接触并了解了一个落后（欠发达）经济社会的人们的生活。虽然她从未说明在印度的生活是否影响到她的经济学观点，但她曾说：“希望它（指经济学。——编者注）会有助于我理解什么是贫穷以及如何去改变它。”她以后的短期旅行主要集中在发达国家。在 1953—1972 年间，琼先后 7 次来到中国，对社会主义中国始终保持友好态度。首次访华时，她是英国国会对华贸易促进会的副主席。详见《琼·罗宾逊与两个剑桥之争》的第一章、第七章和附录，及胡寄窗的《1870 年以来的西方经济学说》。

③ 同①3.

④ 这本小册子传到美国后，熊彼特读后认为：“原则上我们的看法完全一致——经济学家的目的应当是成为生理学家而不是去做经济有机体的医生，他的实际贡献应当在于分担‘医生’的培训工作”，“我也同意这样一点，即我们不应当再把学生当成低能者那样去对待”。这本小册子传播开后，当时还是芝加哥大学本科生的保罗·萨缪尔森就阅读过它。

⑤ 艾得勒对琼的评价是：“她基本上是一位有爱国热情的英国妇女，并且还显然是一位国际主义者，她既不是一位马克思主义者，也不是一位共产主义者，她也不打算成为其中的一员。”“她以独立思考而著名。”（同①119.）

统经济学家，而且还抨击了“左”倾和右倾的马克思主义者。由于琼不是政治活动家，她的左派名声主要是靠这些文章中宣传的观点而得到的。

第二次世界大战后，琼·罗宾逊的研究兴趣主要集中在长期经济增长理论方面。这方面的代表著作是《资本积累论》(1956) 和《经济成长论文集》(1962)。她的经济增长理论主要是把凯恩斯理论长期化和动态化，更重要的是强调国民收入分配与经济发展之间的依存关系，并以此作为改进资本主义社会收入分配不均的政策主张的理论根据。

20世纪70年代（退休后），琼·罗宾逊继续出版了不少经济学著作。其中，她与剑桥三一学院的青年教师约翰·伊特韦尔（John Eatwell）合著的《现代经济学导论》(1973) 一书基本概括了琼在各个经济理论领域的基本观点。她在《发展与不发展》(1979) 和《经济学论文集》(5卷，1979) 等著作中认为，“应该把道德观点带回到经济思想和社会思想中去”①。

二、罗宾逊的经济思想

(一) 不完全竞争理论

琼·罗宾逊对经济学的早期贡献主要是在微观经济学方面。她提出并系统阐述了不完全竞争理论，对建立在完全竞争概念基础上的传统经济学的价值理论、价格理论进行了批判。《不完全竞争经济学》在否定传统的垄断理论的同时，提出了不完全竞争理论。现在该理论及其分析方法已经成为当代西方经济学的一个重要组成部分。② 特别是该书的新的价格分析方法为当代经济学提供了一套分析工具。熊彼特对此书的评论是：“不论就其开创性的成就或其流畅明白的表达方法而言，这本书都是一件令人钦佩的工作。”③这本著作的主要特点是：

(1) 广泛使用“边际收入”概念。马歇尔在其数理分析中曾提及此概念，但没有形成一个正式的概念和术语。后经琼·罗宾逊的分析和运用，并结合早已流行的边际成本概念，使边际收入和边际成本决定价格的原则成为被当代西方经济学广泛接受的理论，同时，也把传统的供求决定价格原则提高到更高的分析水平。

(2) 价格歧视。马歇尔在其《工业和贸易》一书中就曾使用过此术语，但琼·罗宾逊认为价格歧视是不完全竞争的一个重要特征。她说：“一旦市场存在某种程度的竞争不完全，商品价格就会出现某种程度差别，这是由于各个市场的需求弹性不相同。”她认

① 这是安特卫普州立大学的马克·范多尼（Maec Vandoorne）在《经济学杂志》上发表的对琼的著作的评论。（玛乔里·谢泼德·特纳. 琼·罗宾逊与两个剑桥之争. 南昌：江西人民出版社，1991：230.）

② 在琼·罗宾逊出版其《不完全竞争经济学》的前几个月，美国经济学家张伯伦出版了其代表作《垄断竞争理论》(*The Theory of Monopolistic Competition*)（1933）。当时他在美国哈佛大学任教。两人都把竞争和垄断经常交织在一起的客观经济现象作为出发点来研究其特点及其运行规律，但两人研究的重点与分析方法又有所不同。当代西方经济学较多地使用“垄断竞争”，并不是因为它比“不完全竞争”更为合理，而是因为它更像一个专门的经济学术语。

③ 详见熊彼特《政治经济学杂志》1934年4月号。琼自称为“向分析经济学家……提交了一箱子工具”。转引自《琼·罗宾逊与两个剑桥之争》第40页。

为，所谓价格歧视是指企业可以对不同的购买群规定不同的价格。但企业要做到这一点必须具备两个前提：一是要求企业能够确切地知道不同市场的价格需求弹性；二是市场是分割的，以便企业能够防止消费者从一个市场转移到另一个市场。总之，企业应使各个市场在价格歧视条件下企业总产出的边际成本等于总的边际收入，以期达到利润最大化。她利用此概念解释了一些现实社会中的经济现象：诸如医生对贫富不同的患者动手术收取不同的手续费、铁路部门对不同旅客制定不同的客运价格等。

（3）买方垄断。琼·罗宾逊认为，一个从事生产的垄断者必然是其所使用的生产要素的买方垄断者，此时，关于垄断者的理论如边际收入应等于边际成本、价格歧视等也同样适用于买方垄断。琼还使用这一概念对劳动市场做了深入的分析。但由于劳动市场的复杂性，故西方经济学家对此问题存在着较大的分歧。

（二）经济增长与分配理论

在写作《不完全竞争经济学》过程中所运用的马歇尔的分析方法后来被琼·罗宾逊所摈弃。从这个意义上讲，有两个琼·罗宾逊。一个是以“马歇尔理论为核心”的琼·罗宾逊，这个罗宾逊从《经济学是一门严肃的学问》到《不完全竞争经济学》保持一致。但不久就出现了第二个琼·罗宾逊，这个罗宾逊成了凯恩斯主义的追随者。

琼·罗宾逊的经济增长理论的特点在于她将有效需求理论运用到长期经济增长理论的分析，并着重探讨了经济发展与收入分配之间的关系。

最早试图将凯恩斯理论长期化的是哈罗德，他在1948年出版了《动态经济学》。但琼·罗宾逊的《资本积累论》（1956）一书不仅在经济增长理论方面做了较全面和周密的分析，而且还论述了经济发展与收入分配之间的关系。

首先，琼着重考虑了历史的时间因素，区分了过去、现在与未来等概念。“过去”是不可改变的，故应注意历史的影响；“现在”相当于马歇尔的“短期”，即不必注意资本设备存货的变动；“未来”具有某种不确定性。其次，琼着重考察了制度的影响。她指出：“我们须先指明模式是应用于何种经济体系，因为不同经济体系有它们的不同的惯例。”[①] 其模型主要是用来分析现代资本主义世界的经济。在此经济体系中，生产是由私人企业组成，消费则由家庭组成，两者相互作用。

在增长理论中，琼·罗宾逊用“黄金时代”来描述一种在充分就业情况下的经济增长状况，它是指产出量按一个相当于劳动力增长率加上中性技术进步率的比率而增长的状态；此时，利润率与资本产出比均无变动，真实工资率的增加与人均产出的增加率相一致，而总收入中的利润与工资的份额也保持不变。经过琼整理、发挥后的“黄金时代”一词现在已成为当代西方经济学增长理论中的一个常用概念。

为了说明在经济增长过程中投资怎样决定国民收入在利润与工资之间的分配，琼还提出了自己的增长模型。[②]

---

① 琼·罗宾逊. 经济增长理论论文集：英文版. 伦敦：帕尔格雷夫·麦克米伦出版社，1962：38.

② 琼认为自己的模型受到卡莱斯基的影响。（琼·罗宾逊，约翰·伊特韦尔. 现代经济学导论. 北京：商务印书馆，1982.）

琼·罗宾逊把国民收入分为利润和工资两部分，即工人和资本家两个阶级的收入；把生产分为消费品和投资品（资本物）两个部门。琼先假定经济运行符合下述两个条件：(1) 工人所得的工资全部用于消费，没有储蓄（$S_w=0$）；储蓄都出于资本家的收入——利润。这样，从整个经济来说，利润率（π）取决于资本积累率（g，投资对现有资本的比率）和利润中的储蓄比率（S_p），它们之间的关系是

$$\pi=\frac{g}{S_p} \tag{25-1}$$

(2) 全部利润都不用于消费（即 $S_p=1$）而用于投资，则利润率等于资本积累率（$\pi=g$），从而利润等于投资，即利润在国民收入中的份额相当于投资在生产中的比率。因为在上述两个简单假定（$S_w=0$，$S_p=1$）下，资本家的投资量和现有技术设备条件（通过乘数作用）决定就业和收入水平，同时决定投资品和消费品生产之间的分工与这两类产品的总额。消费品的生产实现工人的消费支出，投资品的生产实现资本家的投资支出。这样，在工人的工资收入全部用于消费和资本家的利润收入全部用于投资的假定下，两个部门工人的工资就相当于消费品的产量，两个部门资本家的利润就相当于投资品的产量。因此，国民收入在工资和利润之间的分配，可以从生产在消费品和投资品之间的分配中反映出来。投资品在生产中的比率越高，利润在国民收入中的份额也越高（相对于工资来说），即利润在国民收入中的份额是随着投资率的增长而增长的。

虽然这个结论是在上述两个简单的假定条件下得到的，但并不随这两个假定条件的改变而改变。

如果改变第一个假定条件，即工人不把工资收入全部用于消费，而有一部分用于储蓄，或持有少量的有价证券（如股票、债券）以取得利息或红利，新剑桥学派的帕西内蒂分析说，在这种情况下，利润率决定公式$\left(\pi=\dfrac{g}{S_p}\right)$仍适用，工资—利润的关系也不受影响。不同的是，“职能收入”（即工资收入和利润收入）的划分与社会阶级（即工人与资本家）的划分已不一致。或者说，投资的增长对工资和利润这两种职能收入在国民收入中的份额所起的作用是一样的，只是在工人的收入中除了工资之外，有了一部分利息、红利的收入。但是，新剑桥学派认为，只要社会上还存在有利润收入（或财产收入）的阶级，那么，上述有关国民收入在工资和利润这两大范畴之间分配的结论就不会因这些复杂因素而有所改变。

如果改变第二个假定条件，即资本家的利润不全部用于投资，其中一部分用于消费，那么国民收入和生产的情况将如下所示：

收入	支出
	投资
利润（资本家收入）	资本家消费
工资（工人收入）	工人消费
国民收入额	生产额

从上可以看出，国民收入额和生产额是相等的，在工人将全部收入用于消费的情况

下，工人的工资等于消费，两者相抵，上述关系式就变成：

利润＝投资＋资本家的消费支出　　(25-2)

(25-2) 式说明，资本家的利润大小及其在国民收入中所占的份额，取决于其投资支出和消费支出的大小。只要资本家增加自己的支出，无论是花费在投资上还是花费在消费上，其结果都会增加他们的利润。总之，第二个假定条件的改变不会改变“利润在国民收入中的份额随着投资率的增长而增长”这个基本结论。

（三）价值与价格理论

在与新古典学派的长期论战中，琼·罗宾逊批判新古典的“边际生产力理论”，并阐述了自己的观点。

第一，她认为，财富的创造归根到底应归于劳动。当然，劳动者使用工具或者机器设备可以大大提高生产率，这些工具和机器设备的购置需要资本。但这些生产手段都是劳动的产品，资本本身也是长期积累起来的劳动。生产率的提高归根于劳动生产率的提高。

第二，她认为，作为商品的资本，其价格与价值，也应同其他商品一样，最终应用劳动量来测量，应采用斯拉法的方法把它们“还原为有时间的劳动量”[①]。

针对新古典学派将边际生产力与价格决定论结合在一起的做法，罗宾逊进行了尖锐的批评。[②] 她认为，按照边际生产率理论，企业家在一个特定的工资率条件下决定要雇用多少人，取决于他所要生产、出售的产品的价格有多高，所耗费的生产资料费用为多少，借款的利息成本有多高。整个纯产品就是他雇用一名工人所预计可增加的全部产品的价值减去所增加的全部费用。如果说一个工人的工资等于他本人劳动的边际纯产品，那么，为了测定这个纯产品，又须计算他所生产的商品的全部生产费用。这是循环论证。

第三，罗宾逊认为，所谓资本边际生产率的概念是“形而上学的”。因为资本由“资本货物”来体现，即由机器设备之类的生产资料来体现。这些设备中蕴涵技术，可使得劳动具有更高的生产能力。怎么能从中给“资本货物”分离出资本的“生产率”？况且，利息是支付给财富持有者而不是支付给机器设备，如何确定贷款与“资本货物”的“生产函数”呢？

第四，现代生产越来越复杂，投入很少像（新）古典学派所假设的那样只有一种。在多因素投入情况下，要想区分每种生产因素的实物边际生产率是很困难的。例如，在农业生产劳动中，要区分劳动、资本、土地、肥料、种子等生产要素各自的生产率是十分困难的。

第五，按照新古典学派的边际生产率理论，劳动、资本、土地等生产要素都可根据各自提供的生产率而“公平”地获得应得的报酬（工资、利息和地租）。但要做到这一点，则要求三方当事人都有“平等的谈判能力”以及每个集团内部都有“自由竞争”。但在现实经济生活中，很难满足这些条件。

---

① 详细介绍见下一节。

② 琼·罗宾逊，约翰·伊特韦尔. 现代经济学导论. 北京：商务印书馆，1982.

第六，罗宾逊认为，生产率的提高和纯产品的增加应视为劳动生产率的提高。如果土地的肥力增大以至每亩土地的产量增加，则应该认为是劳动的边际生产率提高了，地租的水平应该下降。反之亦然。但这绝不是因为劳动的生产率比其他生产要素的生产率更低，而是由于劳动这个要素比其他要素更稀缺。所以，新古典学派关于工资会自动趋近于劳动的边际产品的说法，纯属是“形而上学的”。

第三节 斯拉法的经济学说

一、斯拉法的生平与著作

斯拉法是英籍意大利经济学家。他出生于意大利都灵的一个法学教授家庭，1920 年毕业于都灵大学法学院。他在学生时代就与社会主义者有密切的接触，并为他们的刊物翻译德文、英文的论著。1921 年曾短期赴伦敦与英国的马克思主义者接触，并初次与凯恩斯会面，从此对货币问题产生了兴趣。1922 年应凯恩斯之邀为英国《经济学杂志》撰写了两篇关于意大利银行改革问题的论文，其中一篇曾以四种语言发表。1924—1926 年，斯拉法被聘为佩鲁贾大学政治经济学教授，在此期间，他把凯恩斯的《货币改革论》译为意大利文。此时的斯拉法将兴趣转移到纯经济理论方面。1925 年，他用意大利文发表了一篇批评马歇尔价值论的论文《成本和产量之间的关系》，后应凯恩斯之邀将其改写为英文，于 1926 年发表在《经济学杂志》上，这就是他著名的论文《竞争条件下的收益规律》。[①] 1926—1927 年，斯拉法任卡利亚里大学政治经济学教授。由于当时意大利处在墨索里尼独裁统治的气氛下，年轻的斯拉法教授感到这不利于自己的研究工作，于是在 1927 年夏移居英国，接受了凯恩斯为他提供的剑桥大学讲师的职位。从 1928 年秋到 1931 年，斯拉法在剑桥大学讲授“价值理论史”课程。后来，他不再讲课，而是专心于研究工作。从 1930 年起，他受皇家经济学会委托开始编撰大卫·李嘉图著作全集，1932 年开始主持马歇尔图书馆工作（此职务一直担任到 20 世纪 70 年代）并任剑桥皇家学院研究室指导员。但他一直是剑桥的杰出人物，也是凯恩斯研究小组的活跃成员之一，对《通论》的思想体系的形成提出了自己的意见。

从 20 世纪 30 年代开始，斯拉法就着手收集、考订和编辑《李嘉图著作和通信全集》，在最后阶段，由于莫·多布的协助，在 1951—1957 年间，完成了《李嘉图著作和通信全集》的编辑工作，共 10 卷，先后于 1951—1973 年由剑桥大学出版社出版，成为当代研究李嘉图的权威著作。

斯拉法到剑桥大学后就开始酝酿《用商品生产商品》[②] 一书的理论体系，经过 30 多年的研究，终于在 1960 年由剑桥大学出版社出版。这本书虽然只有薄薄的 98 页（中文

---

① 这篇论文对新剑桥学派影响很大，琼·罗宾逊就是在这篇论文的影响下才开始研究不完全竞争经济学的。

② 《用商品生产商品》的副标题是“经济理论批判绪论”，最初是以英文出版的（原文是 *Production of Commodities by Means of Commodities——Prelude to a Critique of Economic Theory*）。中文版由巫宝三翻译，1963 年商务印书馆出版了中文第一版。本节的引文则出自该书中文版的 1991 年第 3 次印刷本。

版只有96页），但自出版之日起，该书就引起了巨大的反响，成为当代很受重视，而且直到现在还颇有争议的名著。

斯拉法的理论不仅是新剑桥学派基本观点的最主要部分，而且在马克思主义和反马克思主义的经济学家中都有不少拥护者和反对者。通过他的关系，吸引了不少意大利学者到剑桥学习和研究，使新剑桥学派又被称为英国—意大利学派；他对李嘉图著作的整理和编撰，不仅使新剑桥学派被称为新李嘉图主义，而且在西方掀起了一股回到李嘉图主义的潮流。

二、 斯拉法的经济思想

（一）对马歇尔理论的批判

斯拉法在1926年的文章中指出，马歇尔的局部均衡理论在理论上是难以成立的，因为马歇尔的两个最基本的概念（自由竞争和报酬递增定律）在逻辑上是矛盾的。他认为，在古典经济学中，收益递减规律主要是与地租问题相联系，属于分配理论；而收益递增规律是与分工及经济发展相联系的，属于生产理论。马歇尔的新古典学派试图把这两个规律拼凑成一个规律，利用它在价格理论中建立起一种成本与产量之间的函数关系。这种函数关系就构成向上倾斜的供给曲线，与相应的向下倾斜的需求曲线相对立。斯拉法承认，一个部门的生产水平的变动会导致本部门的单位成本变动，但是，导致这些变动的因素是多种多样的，其中有的因素对其他部门的成本产生影响。因为在使用稀有生产要素的场合，产量增大会促使要素价格上升、成本增大；而在规模经济的场合，规模的增大将使成本下降。所以，在讨论中的这个部门的成本的变动将意味着其他部门可比数量的成本的变动，而不能像马歇尔的局部均衡理论那样把一个部门的成本变动孤立起来考察。

同时，斯拉法还提出了“斯拉法之谜”来批判新古典学派的完全竞争。他指出，所谓的完全竞争意味着个别厂商在市场决定的产品价格下愿意出售多少产品就能销售多少产品。如此，则产量越大，其单位成本将越低，有什么力量足以限制厂商的无限扩张呢？如果无限扩张从而囊括了整个市场，那么，哪里还有完全竞争？这就是人们常说的“斯拉法之谜”。

自马歇尔的《经济学原理》出版后约40年的时间里，人们对完全竞争假设及据此建立的局部均衡理论深信不疑，故斯拉法的批判在剑桥引起了震动。斯拉法揭露了传统经济学所普遍使用的完全竞争模式的突出弱点。他认为，经济体系中的许多摩擦和不完全性并非偶然发生的，而是在生产方面蓄意创造的，规模上的收益递增是与有限的生产相一致的。所以他断定，从垄断方面出发分析比从竞争着手将会更好。

（二）《用商品生产商品》——新剑桥学派的价值论基础

新剑桥学派认为，分配论和价值论是紧密结合的，前者是后者的引申，没有对价值论的探讨，就不可能解决分配理论问题，价值论是分配论的基础。而价值概念又不是主观的，应该有一个客观、物质的基础，即不变的价值尺度。总的来说，新剑桥学派的分配论是以斯拉法的价值论为基础的。琼·罗宾逊说："斯拉法关于一定技术条件下工业产品在工资和利润间的分配的分析，为理解私营企业经济的分配问题提供了必不可少的结构。"①

斯拉法与古典经济学家李嘉图一样，把工资和利润在国民收入中占有的相对份额及其改变对利润与商品价格的影响看做是他的研究的中心问题，说明了在生产中劳动与生产资料的比例对于商品价格的决定作用，以及剩余产品的分配及其改变对于利润率和商品相对价格的影响。古典经济学家李嘉图着重分析的是各阶级收入如何对立及在社会经济发展中各阶级收入变化的趋势。他认为价格决定于国民剩余产品如何分配给社会各个阶级，主要是在工资和利润之间进行分配，两部分的相对份额和利润率有重要关系。利润率越低，工资总额在国民收入中的比重越大。反之，利润率越高，利润总额在国民收入中的比重就越大。在一定的国民收入水平上，工资和利润总是呈反方向运动。因为价值（价格）等于成本加利润，成本是已知的，利润率确定了，从而也就确定了这项剩余。而要衡量利润率，以确定价值，则必须寻求一个无论工资、利润的分配比例如何变动也不致使商品价值发生变化的不变的价值尺度。这就是李嘉图的难题。斯拉法指出："李嘉图赋予不变标准的两种含义必须清楚地区分开，第一，当技术不变而收入在工资与利润之间的分配改变时相对于商品而言的生产资料的不变价值。第二，在生产技术随时间变化时的不变价值。……斯拉法在《用商品生产商品》中提出，可以通过创立一种'标准商品'来解决第一个问题……至于第二个问题，用劳动量作为衡量标准显然是有意义的。"②

第一，关于李嘉图第一种含义的不变标准，新剑桥学派认为，斯拉法在他的《用商品生产商品》中，通过建立一种"标准体系"，把"标准商品"作为一种"不因产品的分配的变化而变化"的价值尺度，解决了利润率的难题，并据以确定了工资和利润之间的分配关系，对李嘉图-马克思的价值理论做出了重大发展，填补了从李嘉图经过马克思，到凯恩斯的理论上的"空白"，形成了一种客观价值理论，并为新剑桥学派的收入分配理论提供了一个价值论基础。因而，罗宾逊说："斯拉法以李嘉图的价值论为基础……得出了在既定的生产技术条件下各种生产部门的产品价格、工资率和利润率的计算模式，解决了经济学的最大难题，实现了'经济理论的第二次革命'。"③ 这一革命的实质是向古典经济方法的"回归"。那么，斯拉法用以解决经济学最大难题的"不变价值尺度"又是如何确定的呢？

首先，斯拉法从两种产品到三种产品或更多产品开始，然后推广到一般情形，建立了简单的仅能维持生存的生产方程。

假设有 a，b，…，k 种商品，每种商品由不同的生产部门生产；A，B，…，K 分别为 a，b，…，k 商品的年产量；A_a，B_a，…，K_a 分别为生产 a 的生产部门每年使用

① 琼·罗宾逊，约翰·伊特韦尔. 现代经济学导论. 北京：商务印书馆，1982：340.
② J. R. 沙克尔顿. 当代十二位经济学家. 北京：商务印书馆，1992：268.
③ 杨德明. 琼·罗宾逊谈西方资产阶级经济学和资本主义经济危机. 世界经济，1978 (2).

商品 a，b，…，k 的数量；A_b，B_b，…，K_b 分别为生产 b 的生产部门每年使用相应商品的数量等，以上数量为已知数；设 P_a，P_b，…，P_k 为各种相应商品的单位价值，为未知数，则生产方程为：

$$A_aP_a+B_aP_b+\cdots+K_aP_k=AP_a$$
$$A_bP_a+B_bP_b+\cdots+K_bP_k=BP_b$$
$$\cdots\cdots$$
$$A_kP_a+B_kP_b+\cdots+K_kP_k=KP_k$$

其中，$A_a+A_b+\cdots+A_k=A$，$B_a+B_b+\cdots+B_k=B$，…，$K_a+K_b+\cdots+K_k=K$。

若把任何一种商品作为价值标准，令其单位价格等于1，则其余 $k-1$ 个商品的相对价格可从方程体系中解出。

按照这一没有剩余的生产方程体系，不同商品的交换比率或相对价格取决于生产这些商品所需的各种生产资料之间的数量配合关系，也就是说，取决于生产方法。斯拉法将这种交换比例称为“交换价值”或“价值”。若生产方法不变，则各种商品的相对价格也不会改变。

然后，斯拉法说明了具有剩余的生产，即资本主义生产体系中生产价格的决定。在资本主义生产条件下，各生产部门在每期终了时所获得的各种商品总量，除补偿该期生产过程中所消耗的各种生产资料以外，还有一个剩余，这一剩余必须足以支付工资和利润，否则不值得继续生产。(1) 他把“具有剩余的生产”定义为所生产的多于更新所需要的最低数量、有一种可以分配的“剩余”的经济。① (2) 假定这种剩余作为利润来分配。(3)“剩余（或利润）必须按照每一生产部门垫支的生产资料（或资本）的比例进行分配；而在两种异种物品总量之间的这一比例（换言之，即利润率），在我们知道商品价格之前，是不能决定的。另一方面，我们不能把剩余的分配推迟到价格决定之后，因为，我们就是要说明，在求出利润率之前，价格是不能决定的。结果是，剩余分配的决定，必须和商品价格的决定，通过相同的机构，同时进行。”② (4) 说明“利润率作为一个未知数（利润率对所有生产部门必须划一），称为 r”③。(5) 在分析中，斯拉法接受了古典经济学对必需品和奢侈品的划分，区分了基本产品与非基本产品，并认为这个划分是由于产品出现了剩余的结果。他认为，区分的“标准在于一种商品是否参加（直接地或间接地）所有商品的生产。那些参加所有商品生产的商品，我们将称之为基本产品，那些不参加的商品，称之为非基本产品”④。基本产品的特点是：既是产品，又是生产资料，它的生产方法的改变将会引起所有价格，从而引起工资—利润关系的改变。因而，基本产品在每种产品的价格中都具有决定性的作用；而非基本产品，即“奢侈”产品的特点是：它在“生产其他产品中，既不作为生产工具之用，也不作为生存用品之用”⑤，而仅在自身生产或其他非基本产品的生产中得到利用。这种产品价格是随着基本产品价格的

① 斯拉法. 用商品生产商品. 北京：商务印书馆，1991：11.
②③ 同①12.
④ 同①14.
⑤ 同①13.

变动而变动的。它的生产方法的改变，只改变本身价格及与之有关的产品间的交换比例，但基本产品的交换比例和工资—利润关系不会改变。(6) 斯拉法认为，在有资本家和工人参加的情况下，在有剩余生产的经济体系中，工人工资不仅能维持自己的生存，还可能分享一部分剩余产品。根据传统的工资概念，并遵从通常的习惯和为了分析上的方便，斯拉法把工资看做是全部从剩余产品中划分出来的一部分。于是他“假定，工资作为年产品的一部分，是事后支付的。……假定劳动在质量上是一致的……因此，每一单位劳动所得工资相同。我们称 L_a，L_b，…，L_k 是在生产部门中生产 A，B，…，K 数量的不同产品分别使用的年劳动量，并且规定它们是社会全部年劳动量的各个部分，社会年劳动量等于 1，所以

$$L_a+L_b+\cdots+L_k=1$$

我们称 W 是每单位劳动的工资”①，这样，具有剩余的生产方程成为：

$$(A_aP_a+B_aP_b+\cdots+K_aP_k)(1+r)+L_aW=AP_a$$
$$(A_bP_a+B_bP_b+\cdots+K_bP_k)(1+r)+L_bW=BP_b$$
……
$$(A_kP_a+B_kP_b+\cdots+K_kP_k)(1+r)+L_kW=KP_k$$

斯拉法认为，这一体系的“国民收入，是由许多商品组成的，这些商品是从总国民产出品一项一项地除去用于更新在所有生产部门中消耗完了的生产资料余留下来的。这许多商品的价值，或者可以称为‘合成商品’，形成国民收入，我们使它等于一。……所以我们有另外一个方程：

$$[A-(A_a+A_b+\cdots+A_k)]P_a+[B-(B_a+B_b+\cdots+B_k)]P_b+\cdots$$
$$+[K-(K_a+K_b+\cdots+K_k)]P_k=1\text{”②}$$

这样，整个生产方程有 $k+1$ 个方程，$k+2$ 个变量，k 个价格，工资为 W，利润为 r。斯拉法强调，如果工资水平为已知的外生变量，则利润率和所有商品的价格就可以确定。斯拉法据此断言，在资本主义经济体系中，生产价格（即相对价格）不仅决定于生产方法（即各种生产资料投入量之间的技术关系），而且还决定于剩余在工资与利润之间的分配关系。为此，斯拉法把工资规定为一个从 1 到 0 的连续值，用来表示工资和利润在国民收入中的相对份额变化。若工资 $W=1$，即全部国民收入都用于支付工资时，则利润率 r 等于 0。“在这种工资水平时，商品的相对价值是和商品的劳动耗费成比例的，就是说，和直接间接用于生产商品的劳动数量成比例。”③

若工资降低了，即 $W<1$，就会产生一种利润率，这时，“工资变动造成相对价格变动的关键，在于不同生产部门中使用的劳动和生产资料的比例不相等”④，工资和利润的相对份额的变动就会引起相对价格的改变。“显然，如果在所有生产部门中这种比例是相同的，那么，不管不同生产部门中生产资料的商品组成是如何多种多样，都不会产生价

---

① 斯拉法. 用商品生产商品. 北京：商务印书馆，1991：11.
② 同①17.
③④ 同①18.

格改变。因为，在每个生产部门中，工资的同等消减都可以产生恰好同样的、足以按照相同的比率支付生产资料的利润，而毋须扰乱现存价格。”“由于同一理由，‘比例’不相等时，价格不可能仍然不变。”① 因而需要找出“不变的价值尺度”，即关键是要有一种部门，它按照准确比例使用劳动和生产资料。斯拉法把这种比例称为“临界比例”。但是，工资和利润间分配变动引起的各生产部门产品价格变动的情况是很复杂的。因为，“两种产品的相对价格变动，不但取决于它们各自生产时所使用劳动对生产资料的‘比例’，而且取决于这些生产资料本身被生产时使用的‘比例’，还取决于这些生产资料的生产资料被生产时所使用的‘比例’，等等”②。因此，很难在现实世界中找到这样一个“临界比例”，以确定不变的价值尺度。所以，斯拉法提出一个“混合商品”或叫“合成商品”“标准商品”的概念，建立了一个商品系列以合乎以上要求。所谓“合成商品”是把许多基本产品所使用的各种生产资料均假定为具有一定比例，然后，将由这些相同的固定比例组成的抽象混合物作为标准合成商品。由于它的生产资料的比例是不变的，故价格（价值）也是不变的，可充当不变的价值尺度，以衡量一般商品的价格和价值，为达到这一目的，应建立一种生产这种“合成商品”的体系。这个体系具有如下性质：“各种商品在其生产资料总量中和在其产品中的比例都是相同的。”③ 因而，斯拉法指出：“我们将称这种类型的混合物为**标准合成商品**，或者简短点，称为**标准商品**；而称采取这种比例生产标准商品的这些方程（或者这些生产部门）为**标准体系**。……在标准体系中，各种商品生产数量超过生产中消耗数量的比率都是相同的。……适用于个别商品的这种比率，自然也是标准体系中全部产品超过它的生产资料总量的比率，或者是这个体系的纯产品对生产资料的比率。我们将称这个比率为**标准比率**。……在这种标准体系中，无论纯产品在工资和利润之间的分配如何变动，并且无论由此而产生的价格如何变动，纯产品对生产资料的比率仍会相同。”④

斯拉法将这一标准比率，即剩余总额的相对价值，也就是剩余总额（纯产品）对投入的生产资料总额的比例记为 R，R 是由各部门的生产技术条件决定的。当剩余总额分为工资和利润时，无论工资和利润之间的分割比例如何变化，R 值均不变。或者说，作为价值尺度的标准商品的价值本身不变。这样，斯拉法建立的标准体系便解决了李嘉图所寻求的不变价值尺度，可以计算出利润率及利润和工资的相对份额。由此，当把利润率 r 看做是利润额在投入的生产资料（非全部垫支成本，因为不含垫支工资）中所占的比例时，设投入的生产资料总额为 C，剩余总额（即国民收入总额）为 Y（假定为 1），工资占国民收入的比重或纯产品中支付工资的份额为 W，利润占国民收入的比重为 $1-W$，利润额为 P，则：

$$r=\frac{P}{C},\ R=\frac{Y}{C}$$

① 斯拉法. 用商品生产商品. 北京：商务印书馆，1991：18-19.

② 同①21.

③ 同①25.

④ 同①25-27.

$$\therefore \frac{r}{R}=\frac{P/C}{Y/C}=\frac{P}{Y}=1-W$$

$$\therefore r=R(1-W)$$

或者用图 25-1 表示如下：

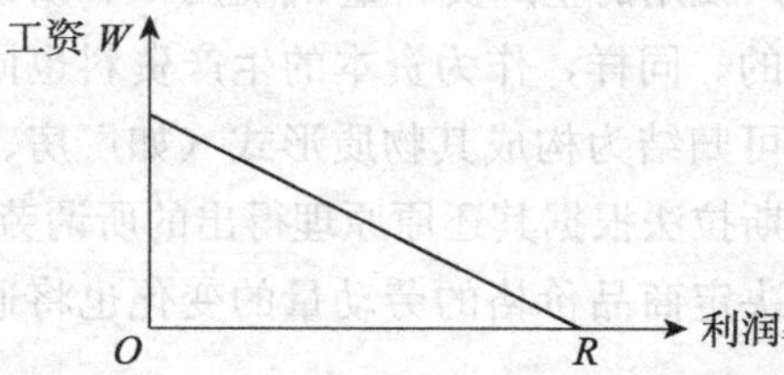

图 25-1　工资（作为标准纯产品的一部分）和利润率之间的关系

资料来源：斯拉法．用商品生产商品．北京：商务印书馆，1991：28.

根据这一公式，新剑桥学派把利润率定义为：用于支付利润的那部分纯产品对生产资料的比率。

这一公式表明：第一，纯产品对生产资料的比率完全由技术关系决定，而不受收入分配变动和与之相联系的价格变动的影响。第二，只要知道 R 和 W，就可以得出利润率 r，从而可以确定所有商品的价格。“在标准体系中，利润率是作为商品数量之间的一种比率而出现的，无论它们的价格如何。”① 第三，“在工资从 1 减到 0 时，利润率的增加和工资的全部扣除成正比例”②。即工资越高，利润率越低；反之亦然。因而，在资本主义生产关系中，工资与利润率处于此消彼长的对立关系中。斯拉法又认为，收入分配本身，即工资与利润的相对份额是由生产以外的因素——历史因素和社会所有权关系决定的，而分配关系的变动必然影响利润率，从而又影响商品相对价格。

第二，为了找到李嘉图第二种含义的不变标准，斯拉法还表明，有一种更具有实体的尺度决定商品的价格，“这个尺度就是‘用标准纯产品所能购买的劳动量’”③。他把每种价格决定的方程还原为劳动的函数。如上述合成商品体系中 A 商品的价格决定方程式为：

$$(A_aP_a+B_aP_b+\cdots+K_aP_k)(1+r)+L_aW=AP_a \qquad (25-3)$$

令　$(A_aP_a+B_aP_b+\cdots+K_aP_k)=\alpha$

则　$AP_a=L_aW+\alpha(1+r) \qquad (25-4)$

由于 α 就是所使用的上期生产出来的生产资料本身的价格，也是按上述同一方法确定的，即 $\alpha=L_{a_1}W+\alpha_1(1+r)$，式中，$L_{a_1}$、$\alpha_1$ 分别为上期生产本期所使用的生产资料所耗费的劳动量和生产资料量，所以，(25-4) 式可写成：

① 斯拉法．用商品生产商品．北京：商务印书馆，1991：27.

② 同①28.

③ 同①38.

$$AP_a = L_a W + L_{a1} W(1+r) + \alpha_1 (1+r)^2$$

同理，$\alpha_1 = L_{a2} W + \alpha_2 (1+r)$，依此类推，则：

$$AP_a = L_a W + L_{a1} W(1+r) + L_{a2} W(1+r)^2 + \cdots + L_{an} W(1+r)^n + \alpha_n (1+r)^{n+1}$$

由于追溯到最远时期生产使用的生产资料量 α_n 趋于 0，所以，一种产品的价格可最终归结为全部是由劳动决定的。同样，作为资本的生产资料也同一般商品一样，由劳动量决定。因此，一切资本都可归结为构成其物质形式（如厂房、机器设备等）的价值总和，可还原为劳动。这就是斯拉法根据其还原原理得出的所谓劳动价值论这一理论说明，是劳动决定了商品价格，而决定商品价格的劳动量的变化也将通过对商品价格的作用而影响到标准工资和利润率。

第三，斯拉法还说明，如果生产方法与分配的条件这两个因素不变，机器使用寿命的改变会使机器的现值发生相应的变化，从而引起各种商品生产价格的变化。因而，固定资本的使用寿命也是生产价格的决定因素之一。

总之，斯拉法的价值论表明，（1）无论在简单商品生产还是在资本主义生产条件下，商品的相对价格与边际效用、边际成本、边际产量等概念无关，仅仅依存于生产方法、分配关系和固定资本的使用寿命这些物质的和制度的因素。因而，他说："本书（指《用商品生产商品》）专门研究一个经济体系的那些性质，它们不取决于生产规模和'要素'比例的改变……因为如果在一个生产部门规模上或在'生产要素比例'上没有改变，就既不能有边际产品，也不能有边际成本。"① 依此，"我现在发表的这套命题有一个特征，虽然它们没有对价值和分配的边际学说进行任何讨论，但它们仍然是为了批判那一学说的基础而设计的"②。琼·罗宾逊也说："斯拉法依据的要点之一就是要证明，离开工资和利润之间纯产品的分配，资本的价值量就是毫无意义的。关于利润是由'资本的边际产品'决定的思想也就是空洞无物了。"③（2）由于各种商品都是由投入的劳动和各种生产资料生产的，若生产条件一定，投入的产出量一定，则剩余产品一定。斯拉法认为，工资是由经济体系以外的因素（历史的生活水准、工人分享剩余的能力等）决定的，则剩余产品减去工资后的余额，即归于生产资料所有者的利润份额也一定，利润率就可以确定。若全部国民收入用于支付工资，利润就没有了。若工资降低，利润就会产生。由于不同生产部门使用的劳动与生产资料比例不等，从而利润不等，价格也会不等。因此，应有一个全社会统一的工资和利润率。可见，斯拉法的价值论就是他的分配论。因而，尽管斯拉法本人并未打算直接探讨资本主义社会的分配问题，但他运用的"不变价值尺度"，特别是由此得出的标准体系中工资和利润率此消彼长的关系以及工资与利润决定于外部条件的理论，成为新剑桥学派建立收入分配体系的一个重要理论基础，《用商品生产商品》也就成为新剑桥学派在经济理论上进行"第二次凯恩斯革命"的思想武器。

---

① 斯拉法. 用商品生产商品. 北京：商务印书馆，1991：6.

② 同①7.

③ 琼·罗宾逊，约翰·伊特韦尔. 现代经济学导论. 北京：商务印书馆，1982：237.

第四节　卡尔多和卡莱斯基的经济学说

一、卡尔多的经济增长理论

(一) 卡尔多的生平与著作

尼古拉斯·卡尔多（1908—1986）是新剑桥学派代表人物之一。他 1908 年出生于匈牙利首都布达佩斯的一个犹太律师家庭，1925 年进入柏林大学学习，1927 年转到英国伦敦经济学院就读，1930 年获学士学位，1932 年获得硕士学位并留校任教直到 1947 年。其中，在 1935—1936 年作为洛克菲勒基金访问学者在美国学习，1942 年任伦敦经济学院高级讲师，1943—1945 年任全国经济计划与社会研究学会非正式研究员，1945 年任美国战略轰炸调查局计划参谋长，并参加英国轰炸调查处工作。1947—1949 年，卡尔多任日内瓦联合国欧洲经济委员会研究与计划处处长，1949 年任联合国充分就业国际衡量专家组成员，从 1949 年起转到剑桥大学任教，直到退休。他还曾任英国皇家利润与所得税委员会委员，印度、智利、斯里兰卡、墨西哥、土耳其、伊朗、委内瑞拉等国政府的经济顾问。1974—1976 年，他被选为英国皇家经济学会会长，1974 年被封为非世袭终身贵族，1975 年从剑桥大学退休后被聘为该校皇家学院名誉教授、研究员。

卡尔多的著作主要有：《英国充分就业问题的数量内容》(1944)、《广告支出与出版收入的统计分析》(与 A. 西尔伯斯顿合著，1948)、《充分就业的国内与国际衡量》(主笔，1949)、《消费税》(1955)、《印度赋税改革》(1956)、《价值与分配论文集》(1960)、《经济稳定与增长论文集》(1960)、《经济政策论文集》(两卷本，1964)、《赋税报告》(两卷本，1979)、《经济论文集》(八卷本，1960—1979)、《货币主义的灾难》(1982)。

(二) 经济增长理论

卡尔多的经济增长理论受到哈罗德理论的影响，是将凯恩斯和卡莱斯基的理论织合起来而形成的。他的理论与琼·罗宾逊的经济增长理论一起被人们称为“后凯恩斯的增长理论”，以区别于另一个凯恩斯支派的“新古典增长理论”。卡尔多和罗宾逊的理论的共同特点是：强调投资依存于企业家过去的投资决策，与消费倾向无关；强调来自利润的消费倾向大于来自工资的消费倾向；强调在总生产函数中避免使用总资本存货概念。但两人的理论观点是有区别的，卡尔多的观点更有代表性。琼自己也承认，她的稳定增长的“黄金时代”模式只不过是一种作为论证之用的简单形式，实际的发展道路由于各种因素的影响是不大会稳定的。而卡尔多却利用他的增长均衡理论来说明经济发达国家的实际增长过程。

第一，卡尔多假设经济体系是充分就业的。他认为，凯恩斯的低于充分就业的均衡是一种短期现象，与经济增长的长期均衡是不相称的。

第二，卡尔多强调投资在其模式中起着主导作用，储蓄的作用是被动的，只在于适应投资的量。这一点与《通论》不同。《通论》运用储蓄—投资机制是为了决定国民收入，卡尔多运用储蓄—投资机制是为了决定分配关系，故资本家和工人的储蓄倾向要加以区分。他指出，当充分就业的产量和就业数量既定时，储蓄调整自己以适应投资的变动就不是通过国民收入的变动来实现的，而是通过分配份额的变动来实现的。既然资本家的储蓄倾向大于工人阶级的储蓄倾向，那么，如果投资意愿大于储蓄意愿，则分配的相对份额将转为有利于利润而不利于工资，直到储蓄最后追上投资为止；反之亦然。

为了使问题简化，卡尔多假设投资全部来自利润，即忽略工人阶级的储蓄，这样，国民收入中的利润的相对份额的决定，用公式表示为：

$$\frac{I}{Y}=s_c P / Y \quad （收入中的投资份额） \qquad (25-5)$$

$$\frac{P}{Y}=\frac{I}{Y}(1/s_c) \quad （收入中的利润份额） \qquad (25-6)$$

式中，Y 为收入，I 为投资，P 为利润，s_c 为资本家阶级的储蓄倾向。

(25-6) 式说明国民收入中的利润份额$\left(\frac{P}{Y}\right)$是投资份额$\left(\frac{I}{Y}\right)$和资本家阶级储蓄倾向的倒数（$1/s_c$）的乘积。在 s_c 既定时，投资比率越大，则国民收入中的利润份额也越大；反之亦然。在卡尔多模型中，储蓄是一个已被决定的要素，投资起着主导作用，分配关系的变动是通过储蓄和投资的均衡来保证总需求和总供给均衡的。由于有这种关系，所以卡尔多认为，哈罗德的实际增长率和有保证增长率的彼此持久背离是不可能的，有保证增长率和自然增长率在经济发展的“黄金时代”是可以相等的。

第三，卡尔多认为，储蓄—投资机制和乘数作用决定着收入的分配；同时，他否定边际生产力决定分配和能保持经济稳定增长的理论。在这一点上，他和琼·罗宾逊是一致的。卡尔多否定以一般生产函数为基础的增长理论（即不包括技术进步，仅从个别生产要素的微小增加所提供的产量增加来研究经济的增长）。他指出，人均资本的增加必然会带来更先进的技术，技术创新能够提高劳动生产率，需要有更多的人均资本（如采取更先进的机器设备），所以，技术进步和资本积累的关系很密切，如将二者的作用在经济增长理论中割裂开来是令人不能接受的。

第四，卡尔多的经济增长模型考虑了加速原理的影响。他认为投资是生产增长本身所导致的。由于技术进步，产量比资本存货增加得更快，于是加速原理的作用也将使资本存货的增长率增加。但加速作用使资本存货率的增加达到与产品增加率相交之点就不能再增加了。这时，产量和资本积累以同一速度增加，经济就走上了“黄金时代”的增长道路。所以，在卡尔多的模型中，加速原理对资本存货增加率的作用受到产品增长率的制约并使其与产品增长率保持一致发展。

在 20 世纪 50 年代后期出现的各种经济增长模型中，卡尔多的模型是较先进的，并被许多学者所接受。因为它把技术进步的影响和投资结合起来考察，并且还发展了琼·罗宾逊的增长理论。但该模型最根本的缺点是从充分就业假设出发，这一点不如琼的“低于充分就业”假定更合乎凯恩斯理论。但是，建立起这样的模型，“除了用来论证哈罗德的 G_w（有保证的经济增长率）和 G_n（自然增长率）可以相等和‘黄金时代’可以持续稳定成长不能存在的空想外，别无意义"①。

除了在经济增长理论方面颇有建树外，卡尔多还对福利经济学和分配论的发展做出了贡献。早在20世纪30年代，他就因在福利经济学领域提出"补偿原理"思想而闻名。他认为，当一个社会的经济状态发生变化后，只要补偿办法使全体人的境况不致恶化，而且有部分人的境况相对改善，那么这种经济状态的变化就会更为人们所偏好，从而弥补了"帕累托标准"的不足。在公司与竞争理论方面，他赞成琼·罗宾逊和张伯伦提出的在不完全竞争市场上制约企业规模的需求边际界限的观点，认为在西方现代社会中完全竞争和市场均衡不可能一致，因此，收益递减规律的调节作用不能够用于解释企业的规模。在收入分配理论方面，他以 *IS—LM* 原理为基础加入储蓄函数的分析揭示出投资率与资本收入的储蓄率之间的依存关系，从而形成了一套系统的"凯恩斯主义宏观分配理论"。

二、 卡莱斯基的经济学说

（一）卡莱斯基的生平与著作

米哈尔·卡莱斯基②（1899—1970）是当代著名的经济学家。他1899年6月12日出生于波兰的罗茨，1917年入华沙工业大学学习，1919年因应征入伍被迫中断学业，1921年复学后转入格但斯克工业大学，1923年大学即将毕业时因其父破产、家庭经济困难而被迫离开学校，开始自谋生路。一个偶然的机会，他进入一家金融信托所任业务员，从此开始对经济研究产生兴趣。他通过卢森堡女士的著作学习了马克思的经济学说，特别是对两大部类再生产图示产生了兴趣。他一边工作，一边为《工业与贸易》《经济观察》《经济博览》等刊物撰写文章。他对现实经济问题的实证分析和对市场问题的深刻见解引起了当时经济学界的注意，1929年他被推荐到华沙的商业循环与物价研究所工作。1929—1939年是卡莱斯基奠定其经济学说基础最关键的时期，除与他人合作写了几篇有关国民收入的论文外，他还专门从事经济周期理论的研究。1935年，卡莱斯基在《计量经济学杂志》上发表了《经济周期理论概要》，第一次运用马克思再生产理论的两大部类方法辅以数学公式来揭示有效需求原理，以论证经济周期产生的原因。1936年获洛克菲勒基金会资助，他先去瑞典，后去英国剑桥大学、伦敦大学学习，同年，侨居英国。1940年，卡莱斯基进入牛津大学统计研究所工作，1945年去加拿大蒙特利尔国际劳工事务局工作，1946—1953年在联合国秘书处任职（经济稳定与发展署署长），同时受聘担任波兰中央计划处和财政部经济顾问，其间，他对发展中国家经济发展问题产生了兴趣，长期进行深入研究。他还曾就任许多国家，特别是发展中国家的经济顾问。1954年卡莱斯基回国，以极大的热情投入波兰社会主义经济建设和理论研究中。1957年任波兰国家

① 胡寄窗. 1870年以来的西方经济学说. 北京：经济科学出版社，1988：537.

② 卡莱斯基不是真正的新剑桥学派成员，但他的经济理论对新剑桥学派影响很大，故将其归在新剑桥学派下介绍。

经济委员会副主席，后任波兰国家长期发展计划委员会主席。1956 年由波兰政府授予其教授职衔，1957 年当选为波兰科学院通讯院士，1966 年当选为院士。自 1961 年起，卡莱斯基在波兰中央计划统计学院任教授，主要讲授资本主义动态经济学和社会主义经济增长理论，培养了一批卓有成就的青年经济学家。1970 年 4 月 17 日，卡莱斯基在华沙去世。

卡莱斯基的主要著作有：《经济波动理论论文集》（1939）、《1933—1939 年经济周期理论研究》（1966）、《社会主义国家增长理论入门》（1969）。这些著作以及其他许多论述后来均收集在《米哈尔·卡莱斯基文集》（1982）中。文集共六卷：第一卷是《资本主义：市场波动与就业》；第二卷是《资本主义：经济动态过程》；第三卷是《社会主义：职能与长期计划》；第四卷是《社会主义：经济与投资效益》；第五卷是《发展中国家》；第六卷是《经济分析》。

（二）卡莱斯基的经济思想

1. 国民收入分配理论。

卡莱斯基对西方经济学的贡献主要体现在他的国民收入分配理论上。1938 年卡莱斯基在《计量经济学杂志》上发表的论文《国民收入分配的决定》中，以马克思再生产理论模型为基础发展了自己的国民收入分配理论。首先，他把两大部类的生产进一步划分为三种生产部门，即将生产消费财货的第Ⅱ部类再分为生产资本家消费财货和生产工人消费财货的部门。这样，第Ⅰ部门生产投资财货，第Ⅱ部门生产资本家消费财货，第Ⅲ部门生产工人消费财货；第Ⅲ部门的资本家把本部门产品卖给本部门工人后的剩余产品（从价值角度来看为本部门资本家的利润），转卖给第Ⅰ部门和第Ⅱ部门的工人。任何部门的产品价值（V）都等于其利润（P）加工资（W），故第Ⅲ部门的利润等于第Ⅰ和第Ⅱ两部门工人的工资。

$$P_3=W_1+W_2 \tag{25-7}$$

第Ⅰ和第Ⅱ两部门的产品价值是：

$$V_1+V_2=P_1+P_2+W_1+W_2 \tag{25-8}$$

由（25－7）式和（25－8）式，可得：

$$V_1+V_2=P_1+P_2+P_3 \tag{25-9}$$

（25－9）式说明，总利润等于第Ⅰ部门和第Ⅱ部门的产品总价值，或者说是等于投资财货的价值（I）加上资本家消费财货的价值（C_c），即：

$$P=I+C_c \tag{25-10}$$

此外，从国民总收入与国民总支出的角度考察三个部门的产品的收支平衡表则为：

部门Ⅰ	总利润(P)	总投资(I)
部门Ⅱ		＋资本家消费(C_c)
部门Ⅲ	＋工资与薪金(W)	＋工人消费(C_w)
	＝总国民收入(Y)	总国民支出(Y)

此表是一个封闭的经济体系模型，假定不存在对外贸易，也不考虑政府的支出和税收，并且假定工人工资全部用于消费品的购买，没有储蓄。这样，在平衡表的收入栏中存在：三部门的利润收入（P）加上三部门的工资和薪金收入等于总国民收入，即 $Y=P+W$。在支出栏中存在：三部门的资本家除将利润收入的一部分作为消费外，其余作为投资支出，即 $Y=I+C_c+C_w$。

在一定时期的社会再生产平衡情况下，总国民收入（Y）等于总国民支出（Y），由于工人阶级的工资收入全部用于购买消费品，故总收入项目中的工资收入（C_w）和总支出项目中的工人消费支出相等（C_c），即 $C_w=C_c$，所以存在：$P\equiv I+C$。该结论与前面从产品总价值角度考虑所得出的结论是相同的。

这是封闭经济条件下的基本模型，如果考虑政府投资、税收及对外贸易等因素，虽然情况较为复杂，但这个基本原理仍然是适用的。

这个简单的公式在卡莱斯基的收入分配理论中具有极其重要的意义。

第一，第Ⅲ部门的利润已作为第Ⅰ、第Ⅱ两大部门的工资支出而被抵消，而第Ⅰ、第Ⅱ两大部门的资本家的消费支出也来自他们的利润，故总利润就等于第Ⅰ、第Ⅱ两大部门的生产总价值。这说明，国民收入只扩展到利润等于资本家的消费和投资之点上，它与资本家的投资和消费支出水平联系在一起，工人阶级的总收入仅是资本家们各自支出决策的产物。因此，资本家能够直接通过增加他们的利润中用于投资的量来进一步增加其利润；即使资本家把利润收入全部花费在消费上，不用于增加投资，也不会使其利润下降。或者说，国民收入的扩张及其分配完全决定于资本家把利润用于投资或消费的决策。基于这一基本原理，卡莱斯基概括出一句名言："工人们花费他们所得到的，资本家得到他们所花费的。"① 既然资本家得到其所花费的，那么他们的决策就可以决定国民收入分配，所以要改善分配状况就必须从资本家的利润份额着手。这就是新剑桥学派收入分配观点的理论渊源。

第二，该理论还说明，国民收入部分用于工人消费，部分用于资本家消费，剩下一部分利润作为储蓄，如果这部分储蓄不能转化为投资（支出），则总产品中就会有一部分产品无法销售出去。所以，国民收入中的储蓄和投资必须相等，这样，总产品的销售才能顺利实现。用凯恩斯理论术语来说，这就是有效需求问题。卡莱斯基就是这样把有效需求理论纳入国民收入分配的分析并肯定有效需求决定着国民收入及其分配。

第三，在该理论中，形成国民收入的产品价格不是由完全竞争市场决定的，而是以不完全或者垄断的竞争市场为假设前提，即生产者可以自己决定其产品价格，但在制定价格时还须考虑竞争者的反应。这就把垄断竞争的价格或价值理论纳入其国民收入分配理论体系中了。

第四，在投资转变为收入的过程中，卡莱斯基运用了类似凯恩斯理论的乘数理论，并根据资本家的消费倾向来确定乘数的大小。

---

① 详见卡莱斯基的《1933—1970 年的资本主义经济动态学论文集》（英文版，1972）一书第 79 页。琼·罗宾逊十分推崇这句话，她的分配理论观点实际上受到卡莱斯基的影响，详见本章第二节或者是其《现代经济学导论》一书。

正是由于卡莱斯基的上述观点与凯恩斯理论极其相似，所以他的理论被新剑桥学派所接受，并成为新剑桥学派收入均等化观点的理论基础。

2. 卡莱斯基对社会主义经济增长理论的贡献。

卡莱斯基耗其半生精力，潜心研究资本主义经济的运行，得出悲观结论：资本主义制度对抗性的生产关系和分配关系决定了其经济增长过程的畸形性质、波动特性和呆滞趋势。社会主义制度下的经济增长的目的和手段之异化的回归，为实现最佳资源配置的经济增长开辟了广阔的空间。

他的主要理论贡献在于两个方面：一是在第二次世界大战前，他从马克思的再生产理论出发，对资本主义经济周期问题进行了深入的分析，向资产阶级自由主义派和新古典学派理论发起挑战。他在国民收入决定理论（就业理论）的分析中，用工人和资本家两个阶级的总量概念来代替相应的社会经济总量，并引入不完全竞争和垄断价格等制度因素的作用，从而强调了投资对国民收入分配的影响。他的这些观点对新剑桥学派影响很大。他被公认为“凯恩斯体系”许多部分的独创者。甚至连凯恩斯的学生和同事、《通论》的最早权威解释者琼·罗宾逊也不得不承认：“卡莱斯基的论述在某些方面是比凯恩斯的《通论》更为真正的‘通论’。”二是他对社会主义经济增长问题进行了深入分析，提出了著名的“卡莱斯基模型”。这一模型的基本公式是：

$$r=\frac{I}{D}\cdot\frac{1}{k}-a+u$$

式中，r 为国民收入增长率；$\frac{I}{D}=i$ 为投资率；k 为边际资本效率系数；a 为折旧率；u 为生产设备改进系数。

卡莱斯基认为，社会制度方面的制度性或结构性因素是动态经济学的一个基本组成部分，因此，脱离现代资本主义、社会主义和混合经济所特有的具体条件的一般的即普遍适用的经济增长模式是不存在的。他指出，一方面，战后兴起的西方经济增长模式在一定程度上是可以应用于社会主义的，因为它们所涉及的问题和所提到的一些范畴能够很容易地转化为社会主义经济的相应范畴。另一方面，西方经济增长模式中经常集中注意的问题，如现代资本主义的“有效需求”问题，在社会主义经济中并不存在。社会主义可以通过国家计划，控制产品的价格和工资，保证在没有通货膨胀的条件下最充分地利用生产潜力，而这正是资本主义无法做到的。另外，在西方经济增长模式中，没有出现过“长期增长的瓶颈”这个问题。但在社会主义的长期经济发展过程中，当国民收入以高速度增长时，经常会出现某些部门的产品由于组织方面或技术方面的原因，其供应量小于对它们的需求的情况，这将对国际收支和经济增长产生重大影响。他认为，发展中国家在计划其经济发展时，因其在经济、政治和社会等方面所具有的特点，所以与发达资本主义和发达社会主义国家均有不同。发展中国家在发展其经济中首先遇到的问题是粮食供应的增长不能与经济发展的需要相适应。其次，发展中国家的经济发展主要依靠私人投资，因而容易造成某些部门的投资过少，而有限的投资资金却被投放于满足富裕阶层的奢侈生活需要的那些部门。

社会主义制度本身应该能够通过集中的中央计划来有效地控制工资和价格，从而有可能充分与合理地利用经济剩余，为广大劳动人民当前和未来的消费谋福利。因此，卡莱斯基坚决主张实行中央集中计划，同时指出社会主义计划工作首先必须解决的核心问题是确定经济发展的战略目标，这实际上是确定一定时期内国民收入的增长速度。为此，计划决策者面临着一个重大抉择，即处理好积累与消费这个顾此失彼、进退两难的问题：一方面，提高生产性积累在国民收入中所占比重，将提高短期内国民收入的增长速度，从长期来看，这也将提高国民收入的绝对水平，并提高人民的生活水平；但另一方面，提高生产性积累在国民收入中所占比重，将导致短期内消费水平的停滞甚至下降。所以，短期内积累与消费的矛盾，在一定意义上也是近期消费与从长期来看的未来消费的矛盾，而这里所说的长期，并非西方经济增长模式中所指的若干代人，而是一代人在其生命周期中若干年的问题。卡莱斯基还强调，如果忽视发展生产中可能出现的种种障碍，以至于企图达到的高发展速度脱离了现实的可能性，那么，高积累率不仅在短期内会影响消费，而且从长期来看也有可能妨碍人民生活水平的提高。

关键词

新剑桥学派　罗宾逊　《资本积累论》　《不完全竞争经济学》
“黄金时代”　斯拉法　《用商品生产商品》　卡尔多
后凯恩斯的增长理论　卡莱斯基　国民收入分配理论

思考题

1. 什么是“两个剑桥之争”？主要争论焦点有哪些？
2. 评述新剑桥学派的增长理论。
3. 简述斯拉法在经济学说史上的影响。
4. 如何评价卡莱斯基的名言：“工人们花费他们所得到的，资本家得到他们所花费的”？

第二十六章

弗赖堡学派

弗赖堡学派是20世纪新自由主义经济学中的一个重要流派，也是德国经济学中有世界影响的一个重要流派，其经济思想对德国经济的发展、德国的社会市场经济体制的构建有直接且深远的影响。从经济思想史和经济学流派发展演变的角度讲，弗赖堡学派本应指20世纪30年代开始形成，到50年代发展成熟，以德国西南部城市弗赖堡大学教授欧肯、贝姆等为代表的一批经济学家及法学家们的学术集体及其经济观点（它与哲学上的弗赖堡学派没有关系）。但在中国及世界其他一些国家的经济理论界和有关经济读物中，人们多把第二次世界大战后德意志联邦共和国的主流经济思想，特别是社会市场经济体制的理论基础，都归结为弗赖堡学派的观点，把一些同弗赖堡学派没有直接联系，但观点相近的经济学家也称作弗赖堡学派。有些著作则直接把以欧肯等为代表的学术集体称作狭义的弗赖堡学派，而将其他德国自由主义经济学家乃至德国社会市场经济体制的理论家统称为广义的弗赖堡学派。① 中国经济理论界也曾把这种广义的弗赖堡学派称作西德新自由主义学派。本章第一节和第二节介绍以欧肯为代表的弗赖堡学派的形成、发展及其主要观点，特别是欧肯的理论观点；第三节介绍德国社会市场经济体制的主要理论家和实践者路德维希·艾哈德（Ludwig Erhard）的经济思想，以及与社会市场经济体制有关的理论和实践问题。

本章重点

- 弗赖堡学派的形成和发展
- 欧肯的经济秩序理论：形态学体系学说
- 艾哈德与社会市场经济理论

① 梁小民．弗赖堡学派．武汉：武汉出版社，1996：第一章；沈越．德国社会市场经济探源．北京：北京师范大学出版社，1999：第一章．

第一节 弗赖堡学派的形成和发展

一、弗赖堡学派形成的历史与理论背景

弗赖堡学派（Freiburg School）的形成与19—20世纪德国的经济形势直接相关。相对于英法资本主义的发展来说，德国是一个后起的资本主义国家，但在第二次工业和科技革命以后，特别是1871年德意志第二帝国建立以后，德国资本主义利用其后发优势，在较短的时间内迅速发展起来，到第一次世界大战前，德国的工业生产总值已位居世界第二。其间，德国的经济体制基本上是以自由竞争为主的市场经济。但就在此时，随着市场经济的发展、竞争的加剧，垄断势力开始出现并日益壮大，对自由市场经济形成了威胁和挑战，而来自讲坛社会主义等其他方面的理论与实践也对资本主义市场经济和自由竞争制度提出了质疑和挑战。第一次世界大战期间及战后，国家对经济的干预逐渐增多，特别是1929—1933年世界性经济危机对德国的影响，使德国人逐渐失去了对资本主义自由市场经济制度的信心，尤其是魏玛共和国时代的高通货膨胀、经济秩序混乱、经济增长缓慢等不如意的经济现实，在一定程度上促成了希特勒及纳粹党的上台及其法西斯主义经济政策的实施。然而希特勒的经济政策和政治军事行动给德国乃至世界带来了一场浩劫。在纳粹统治下，实行高度集中的管制经济制度，当时德国政府对经济生活的干预在资本主义国家中是空前的，而其经济绩效却不尽如人意。随着德国的战败，人们对经济体制与经济秩序问题进行了全面的反思，经过认真思考和争论以及实践的检验，新自由主义思潮逐步占据了主流地位，并形成了一套有德国特色的理论与实践模式。弗赖堡学派正是在这样一种历史背景下产生和发展起来的。

从理论史的渊源来看，19世纪上半叶之前德国的经济学没有多少独立的建树。由于经济本身不发达，资本主义成熟程度远落后于英国、法国等资本主义先发展起来的国家，所以德国的经济学家主要是学习和重复英国、法国经济学家的理论。19世纪下半叶，随着德国资本主义经济的起步和发展，出现了德国经济学史上第一个为世界经济学界认可和重视的经济学派——历史学派。简言之，特殊的时代、特殊的历史背景造就了德国历史学派。作为后发展起来的资本主义国家，如果仅重复发达资本主义国家主流经济学的观点，只按照这些国家的发展模式亦步亦趋，那么后发展起来的这些国家就永远是发达国家的小学生，不可能超越发达国家而迅速地发展起来。因此，德国历史学派特别强调各个国家历史进程的差异性，要求国家在经济发展中起一定的作用，特别是在与发达资本主义国家竞争时，在国际贸易中，不能完全按照那些发达国家的意愿实行完全的自由贸易，而是要用一定的保护主义政策来捍卫自己国家的利益和发展权利。历史学派的这些观点和主张，对德国19世纪下半叶及20世纪初的经济发展起到了一定的促进作用，但对于那些主张实行完全竞争的市场经济的自由主义思潮来说，历史学派的观点则是对市场机制自主运行的一种限制。欧肯和其他弗赖堡学派的成员及德国社会市场经济的理论家们，总体上是主张自由主义市场经济的，但与欧美其他自由主义派别的成员不同，

他们一般都在一定程度上承认国家的经济作用或政府干预经济的必要性，这与德国历史学派的传统应该是不无关系的。

二、 弗赖堡学派的形成

弗赖堡学派的形成过程大体可分为三个阶段：20 世纪 20—30 年代是其萌芽阶段，1933—1945 年是其形成阶段，1945 年后是其成熟阶段。

从第一次世界大战后到 1933 年，德国经济发展很不顺利，从战时的经济管制开始，国家对经济生活的干预和调节改变了自由竞争的市场经济制度，但其绩效很不理想，尤其是魏玛共和国时期天文数字的通货膨胀，用历史学派的方法是无法治理的。这就使得开始还接受某些历史学派观点的欧肯转而研究边际主义经济理论，并逐步萌生出一些自由主义的经济思想。1923 年欧肯出版了《德国货币问题的批判考察》一书，其中已经包含了一些弗赖堡学派经济理论观点的萌芽，如从研究方法上采取先建立一些抽象的理论观点，再以之解释说明具体的经济实践问题的研究思路；在市场经济与货币问题上，重视研究物价稳定与货币供应量问题；在经济秩序方面，主张人为地建立起某种经济秩序来促进经济发展；等等。1929—1933 年世界性的经济大危机也危及经济本就不景气的德国，而当时的德国政府拿不出治理危机的有效方案，欧肯等人于是进一步坚定了其自由主义的经济观点。这时欧肯致力于资本理论的研究，并力图从中阐明经济秩序与经济过程的关系；而贝姆等则从法学的角度对经济秩序问题进行了初步探讨。

从 1933 年希特勒上台到第二次世界大战结束，德国的经济一直处于法西斯统治之下，国家对经济的干预和管制日渐加强，政府对经济的统一集中控制程度是以往的任何资本主义国家都从未有过的。当然，从经济制度的性质上讲，法西斯德国仍然是资本主义私有制经济占主体地位，市场经济也仍然是其国民经济的主要运行方式，但政府对私人市场经济进行了多方面的管制，如取消就业和迁徙自由，强行解散工会，对劳动力进行集中管理，强迫企业加入卡特尔组织进行集中经营管理，成立行业管理组织，规定工资限额，管制某些商品的价格，管制外汇，对一些原材料的供给实行配给制，把私人投资置于国家的控制与监督之下，用统一的管理机构控制农产品的生产、运输和交易，等等。不但如此，希特勒政权还在思想文化领域实行管制，压制不同意见。不符合纳粹思想倾向的知识分子遭到严酷的迫害，许多学者被迫流亡他国，留在德国国内的学者也不能自由发表自己的观点。在这个阶段，欧肯一直在弗赖堡大学任教，他的经济思想也逐步形成。同时，法学家贝姆和格罗斯曼-道艾尔特也先后来到弗赖堡大学任教，他们从法学角度研究了关于经济秩序的思想。他们三人合作，一起编辑“经济的秩序”丛书，并形成了以欧肯为核心的弗赖堡学派。1940 年欧肯的著作《国民经济学基础》出版，为该学派奠定了坚实的理论基础。应该指出的是，弗赖堡学派是在纳粹统治时期极其艰苦的条件下产生的，但它的奠基人在纳粹的高压下并没有屈服，没有做纳粹的传声筒和理论工具，而是走了一条独立研究探索的道路，不过也正因为如此，在当时的德国，弗赖堡学派的思想并未得到广泛宣传，更未在经济生活中被采纳。

第二次世界大战后，到 20 世纪 50 年代中期，弗赖堡学派趋于成熟。1945 年纳粹垮台后恢复了自由的学术研究环境，在战后德国经济体制何去何从问题上，弗赖堡学派提出了自己的观点，对战后联邦德国社会市场经济体制的最终形成起到了很重要的作用。1950年欧肯去世后，虽然他的夫人、同事以及学生仍在坚持研究，并整理出版了他的一些遗著，发表了其他一些论文，但作为一个学术团体的狭义的弗赖堡学派应该说在20世纪50年代中后期就逐渐消亡了，而其思想影响则长期存在于德国乃至世界经济学界，成为20世纪经济思想史诸学说流派中独树一帜的一个重要流派。

三、弗赖堡学派的主要代表人物

弗赖堡学派的学术代表和领袖人物是瓦尔特·欧肯（Walter Eucken，1891—1950）。欧肯1891年1月17日出生于德国中部城市耶拿的一个知识分子家庭，其父鲁道夫·欧肯（1846—1926）是一位哲学家，并曾于1908年获诺贝尔文学奖。其长兄阿诺尔德·托马斯·欧肯是著名的化学家。出生于这样一个书香门第家庭的欧肯，有深厚的家学渊源，自幼喜欢独立思考，在上中学时就喜欢上了历史学与经济学，在选择大学的专业时他曾在这两个专业中摇摆不定，但这两方面的兴趣也恰恰促使他在后来的学术研究中把经济学与历史学结合起来。他先后就读于基尔大学、耶拿大学和波恩大学，1914年获波恩大学博士学位。他的博士论文《海运联盟的产生》研究了卡特尔问题。在欧肯攻读学位的时代，德国经济学界中历史学派占据统治地位，欧肯也深受历史学派的影响。当时，波恩大学的经济学教授海尔曼·舒马赫是历史学派的代表人物之一，他的观点对欧肯经济思想的形成有一定影响。但欧肯并未完全接受历史学派的观点，而是有分析地吸取各个学术派别的观点与方法。欧肯同时在听当时波恩大学的另一位经济学教授、边际主义理论家海因里希·迪采尔（Heinrich Dietzel，1857—1935）的课程并参加了其主持的研讨班。第一次世界大战期间欧肯应召服役四年，战后他随舒马赫到了柏林的波恩大学，1921年以论文《世界氮肥供应》取得了在大学授课的资格。他先是在柏林大学做了几年私人讲师，然后于1925年起任蒂宾根大学教授，1927年以后一直任弗赖堡大学教授，其中在1933—1945年纳粹统治期间，在严酷的学术和社会氛围中，他不为纳粹的高压所屈服，坚持科学研究，保持自己独立的学术观点，并成为弗赖堡学派的领袖人物。1945年纳粹倒台后，弗赖堡学派在战后初期德国经济体制选择的大论战中发挥了很大作用，为德国社会市场经济体制的最终建立做出了重要的理论贡献，其中欧肯功不可没。欧肯还曾兼任联邦德国政府经济部咨询委员会委员。可惜的是，1950年他应邀到伦敦大学讲学时，因流感于当年3月25日去世，享年59岁。①

弗赖堡学派的另一位代表人物是法学家与经济学家弗兰茨·贝姆（Franz Böhm，1895—1977），其父是巴登大公国的文化大臣，其母也出身官宦人家。巴登地区的思想界有把自由主义和基督教关于国家和人的观念结合起来的传统，贝姆在家庭和社会氛围的熏陶下，继承了这一传统。第一次世界大战期间，他担任军官。战后，从1919年起他在弗赖堡大学学习法律，1924年任弗赖堡市的检察官，1925—1932年任帝国经济部卡特尔

① 梁小民．弗赖堡学派．武汉：武汉出版社，1996：9-10．

部的负责人。1932年他在弗赖堡大学的博士论文通过，1933年获得在大学授课的资格，同年出版了《竞争与垄断的斗争》一书。他从法律的角度分析了垄断问题，提出了反垄断的政策主张。他主要从事经济法方面的研究，从法律的角度阐释和论证了经济秩序的重要性。他同欧肯一起编辑“经济的秩序”丛书，推介弗赖堡学派的经济与法学观点和经济政策主张。他的代表作还有《竞争秩序与国家宪法》（1950）、《竞争自由与卡特尔自由》（1958）等。

弗赖堡学派中另一个有影响的法学家是汉斯·格罗斯曼-道艾尔特（Hans Grossmann-Doerth，1894—1944），他从1916年起在汉堡学习法律，获得法学博士学位。他在汉堡研究国际贸易中的经济问题，1928年凭借这方面的研究论文获得在大学任教的资格。从1933年起，他在弗赖堡大学任法学和国家科学教授，从事经济法方面的理论研究。他也从经济法的角度论证弗赖堡学派的经济秩序观念和相关经济政策，是弗赖堡学派的重要成员之一。

贝姆和格罗斯曼-道艾尔特都是从经济法方面的研究中得出有关经济秩序理论的，他们在反垄断等具体经济与法律问题的研究中，得出相应经济理论和经济政策主张，并从该方面充实了弗赖堡学派的理论基础。所以，将经济理论研究同法律问题、法学研究结合起来，是德国经济学研究中一个较常见的现象。

说到弗赖堡学派的成员，就不能不提欧肯的夫人艾迪特·欧肯-艾茨克（Edith Eucken-Erdsiek，1896—1985），她早年倾向于自由主义的生命哲学，并主办过宣传这一理论的刊物，后来她一直研究历史、文化哲学和政治，并从这些方面论证弗赖堡学派的经济与社会秩序观念。在欧肯去世后，她和欧肯的学生一起编辑了欧肯的一些遗著，继续宣传弗赖堡学派的理论观点。

20世纪30年代，弗赖堡大学师从欧肯的一些人，如米克施、卢茨、恩塞尔、麦耶尔、梅耶等，多是在欧肯的指导下获得博士学位的，他们从不同方面为弗赖堡学派理论的形成和宣传做出了贡献。利昂哈特·米克施（Leonhard Miksch，1901—1950）是弗赖堡学派的宣传家，他长期在德国著名的大报《法兰克福汇报》工作，又曾担任过艾哈德政府的经济官员，他把经济理论与实践结合起来，大力宣传弗赖堡学派的理论观点和政策主张，使该理论得到了更多人的理解和更广泛的传播。弗里德里希·卢茨（Friedrich Lutz，1901—1975），1925年获蒂宾根大学博士学位，从1929年起到弗赖堡大学担任欧肯的助教，1932年他在欧肯的指导下完成了其大学任课资格论文《国民经济学的经济波动问题》，对经济周期理论给出了自己的分析和论证。1938年卢茨移居美国，任普林斯顿大学教授，1953年又移居瑞士，任苏黎世大学教授。卢茨后来成为有世界影响的经济学家，主要致力于货币理论、资本理论、利息理论以及国际金融和货币政策方面的研究。保罗·恩塞尔（Paul Hensel）一直追随欧肯，致力于比较经济体制和经济秩序的研究，并力图按照欧肯的要求建立起一套关于“集中管理的经济”的理论。卡尔·弗里德里希·麦耶尔（Karl Friedrich Maier，1905—1993）则是货币方面的专家，他一直致力于把货币理论与一般微观经济理论结合起来。梅耶（1907—1980）最初也致力于研究货币理论和货币政策，后来则转向经济秩序问题的探索，并积极参与制定有关市场经济秩序的经济政策，他曾长期负责编辑弗赖堡学派的机关刊物《奥尔多》（*Ordo*）杂志。

此外，盖斯特里西（Gestrich，1895—1943）、泼菲斯特尔、迪策（Dietze）等也是弗赖堡学派的成员。盖斯特里西主要从事货币理论和货币政策研究，并长期在报界和国家银行从事实际经济工作，是弗赖堡学派的货币理论家之一。泼菲斯特尔主要研究财政政策与社会政策问题。而迪策则是农业经济专家，专门研究农业中的经济秩序与经济政策问题。他们的研究成果共同构成了弗赖堡学派的理论体系。①

第二节　欧肯和弗赖堡学派的经济思想

一、欧肯和弗赖堡学派经济思想的理论基础与核心内容

关于秩序的世界观、个人主义的社会哲学和边际主义的经济思想，是欧肯和弗赖堡学派思想理论的三大支柱②，可以说，整个弗赖堡学派的经济理论与德国社会市场经济的体制与政策都是建立在这三个理论支柱基础上的。

（一）秩序、经济秩序和经济的秩序

秩序的概念在弗赖堡学派的理论中占有核心地位，可以说这个学派的理论和政策都是围绕他们对秩序的理解和阐释展开的。秩序一词源自拉丁语“ordo”，弗赖堡学派赋予了它新的、深刻的含义。德语中的秩序“ordnung”一词等于拉丁语的“ordo”和英语的“order”，一般的德国学者都把这三个词当作同义语，但欧肯认为，应对秩序进行理论上的区分，尤其是经济秩序，可以从理论上将其分为两种。一种经济秩序是实证性的，是现有的或历史上存在过的经济事实，它可以是合理的，也可以是不合理的，无论其合理与否，都是存在或曾经存在过的经济秩序，德语叫做“wirtschaftsordnung”，可称作经济秩序。而欧肯认为，更重要的是另一种秩序，它是合乎本质的秩序，即一种合乎人或事物本质的秩序、合理的秩序，这种秩序可看成是一种本质秩序（wesensordnung）或自然秩序（naturordnung），对经济秩序而言，就是存在着一种合理的、规范的经济的秩序，它是经济理论研究的对象，是经济政策追求的方向或目标。经济理论要研究事实上的经济秩序，或者说要研究经济的历史与现状，但更应研究本质上的经济的秩序，因为它才是本质的、理性的、规范的、值得追求的一种经济的秩序（ordnung der wirtschaft），即“ordo”（奥尔多）。由于对秩序做了这种区分，并把秩序“ordo”作为研究的主要内容，所以弗赖堡学派也被称为奥尔多自由主义。从 1948 年起，德国经济学界每年编辑出版的大型权威理论著述合集就以“ordo”命名（即前述弗赖堡学派的大型理论刊物，现已成为德国经济理论界的一个重要年刊）。

所谓的经济的秩序或奥尔多概念，是欧肯及弗赖堡学派的一大理论基础。从思想渊

---

①　梁小民．弗赖堡学派．武汉：武汉出版社，1996：13－15．

②　参见左大培的《弗赖堡经济学派研究》（长沙：湖南教育出版社，1988）一书的第一篇第一章和梁小民的《弗赖堡学派》的第三章。

源上说，在欧洲，秩序观念早在古希腊时代即已提出，到中世纪逐步定型，近代以来发展为一种以个人主义和自由主义为基础的自然秩序观。在经济学领域，从古典经济学开始，就接受了以自然秩序的学说来指导和研究经济问题，但把秩序概念作为整个经济学说基础，在欧肯与弗赖堡学派那里是很突出的。欧肯的秩序观点，既是源于个人主义的世界观，极力推崇个人自由，把它置于至高无上的地位，同时又承认国家和法制的作用，强调要用国家法制来维护个人自由。这就可以使人明白，为什么从理论流派上说，弗赖堡学派属于自由主义阵营。但它同时又主张一定的国家干预，或要求国家在维护经济自由秩序上要有所作为。就像德国经济体制的名称社会市场经济所表明的那样，这种受弗赖堡学派影响很大的经济理论与实践，落脚点虽在自由市场经济，但又要在前面冠以“社会”字眼，即要求社会从某种角度或方面去促进市场经济的顺利运行与发展。

作为现代德国的著名经济学流派，弗赖堡学派的理论分析方法与德国历史学派是截然不同的。但在研究经济问题时要关注历史或现实，把历史与现实中的经济秩序作为研究的一个重要方面，这一点又是历史学派与弗赖堡学派的共通之处。弗赖堡学派在研究中虽然把经济的秩序即奥尔多作为研究的主要对象和规范、作为经济体制发展和追求的方向，但它同时也注重研究现实的经济秩序，以及经济秩序和经济的秩序之间的差别与联系。

（二）个人主义社会哲学

个人主义社会哲学在欧洲思想界由来已久，一般而言，西方经济学家普遍尊崇个人主义社会哲学，并以之作为其经济理论的社会与哲学基础。相对而言，自由主义经济思想家更加推崇个人主义社会哲学，例如奥地利新自由主义思想家和经济学者哈耶克认为，个人主义的基本特点就是把个人当作“人”来尊重，也就是承认在他自己的范围内，纵然这个范围被限制得很狭窄，但他的观点也是至高无上的，也就是相信人应能发展自己个人的天赋和爱好。① 个人主义的价值观以个人为中心，认为人就是终极的价值目标，人本身就是最高的价值，社会只是达到个人目的的手段，所有人在道德上都是平等的，不能把任何人看做是仅仅为别人谋幸福的手段。个人主义社会哲学强调个人自由，认为人在不违法的情况下有权支配自我、控制自我，有不受外人干扰的行动与思想自由，人是平等的，人应受到别人的尊敬，也同样应尊敬别人。

这种个人主义思想并非极端为我、排斥他人的利己主义，特别是德国的个人主义思想家，他们一般都是在推崇个人自我价值的同时，也承认国家与法制的必要性和重要性，认为个人的自我价值实现过程也是对社会做贡献的过程。他们强调个人的自由，反对国家对个人的控制，要求国家为个人的自由发展提供外部环境和法制基础，政府的首要职责就是保护个人自由。

欧肯的这种社会哲学思想是其经济秩序理论的社会哲学基础，他所认为的理想的经济秩序首先应是个人自由得到保障的秩序，如果人人都能自由地追求自己的个人经济目标，那么就会使社会经济处于一种近于理想的秩序中。当然，这种秩序也需要维护，但

① 哈耶克. 通向奴役的道路. 北京：商务印书馆，1962：19.

这种维护应是对个人自由的维护，并要有对破坏自由秩序的行为及时匡正的机制。

基于这种社会哲学观，欧肯对社会主义思想是持批评态度的。他认为无论是公有经济还是计划经济，都是对人的自由的侵害，而这是违反人的本性的，也不会得到好的经济绩效。

(三) 边际主义的经济思想

欧肯的经济思想是从历史学派转向边际主义的，而边际主义的经济分析方法则成为其经济理论的基本理念和分析工具。19 世纪的后 30 年，经济学领域发生了所谓的边际革命，边际分析方法成为西方经济学的基本分析方法。欧肯在读大学时就接触了边际分析理论，在其经济思想形成后更是完全摒弃了历史学派的分析方法而转向以边际分析为主的分析方法。

欧肯认为，边际主义的经济理论主要有三个原理：边际效用递减规律、边际收益递减规律和迂回生产理论。这三个规律是经济分析应遵循的基本原理，是适用于任何时代、任何经济的普遍的经验法则。

边际效用递减规律最初由德国经济学家戈森提出，因此也被称作戈森第一定理。他认为，人们对各种物质与精神享受的评价，是由这些享受对人的效用决定的，而一般情况下这种效用会随着人们所得到的享受的增加而下降，也就是递减，最后一单位某种物品的效用就是其边际效用。在商品市场上，边际效用决定商品的价值，这种价值是交换的基础，从而也是价格的基础。这样就由边际效用递减规律引出了边际效用价值论，并成为其经济学价值理论的基础。

边际收益递减规律是说，生产中各种生产要素的投入都会引起产量的增加，从而带来收益的增加，但与边际效用递减规律类似，追加投入的生产要素所带来的产量与收益也是递减的，即边际收益递减是一个规律。边际收益递减规律被用来说明市场经济中的分配，即各种生产要素的边际生产力决定要素所有者的收入。例如，生产中使用劳动和资本两种生产要素，当资本量不变时，增加一单位劳动所带来的产量增加即为劳动的边际生产力，劳动收入即工资由劳动的边际生产力决定。同样，当劳动量不变而资本量增加时，增加一单位资本所带来的产量即为资本的边际生产力，资本的收入即利息由资本的边际生产力决定。在完全竞争的市场经济中，各生产要素都能按照其边际生产力得到报酬，市场是均衡的，分配也是合理的。

迂回生产理论也叫迂回生产道路增加产出率定理，最初由边际学派的代表人物、奥地利经济学家庞巴维克提出，1889 年他在《资本实证论》中对这个理论做了系统的阐述。他认为，人们的生产活动最终是为了消费，而要满足人的各种消费就需要把各种资源投入生产过程，然而，并不是把所有资源都直接投入生产人们直接消费的产品上就能使社会受益最大，相反，如果能把一定比例的资源作为资本品投入生产中，虽然在这一时间减少了直接消费品的产出，却会在将来的生产中由于资本品发挥更大作用而带来更多的消费品，这是一种迂回地增加消费品从而提高产出率的道路，因而将其称为迂回道路增加产出率定理。显然这是一种对资本作用加以肯定的理论，是一个突出资本作用、为资本唱赞歌的“定理”。这一理论被认为是整个生产理论中最重要和最基本的命题之一，是边际学派利息理论和经济周期理论的基础。它同样证明了市场经济竞争秩序的合理性。

欧肯根据自己对秩序的理解和其个人主义社会哲学的理念，把边际主义的经济思想作为其经济理论基础，把以上三个规律作为其市场经济秩序理论的分析工具，由此证明市场经济秩序合理性的基础，并构建起他的关于经济秩序的整个理论框架。

二、欧肯的经济秩序理论：形态学体系学说

欧肯和弗赖堡学派成员的经济理论是建立在对经济秩序研究的基础之上，围绕着经济秩序问题展开的。他们把历史上的以及现存的各种经济秩序称为经济秩序，把一种理想的、规范的、合乎人和事物本质的经济秩序称为经济的秩序，即奥尔多。他们认为，对于经济秩序的各种表现形态要加以研究，但不能只对历史与现实中的各种各样的经济秩序进行直接的、单纯的描述，那样做既无理论意义也无现实意义。经济研究必须以一定的理论抽象来分类归纳各种经济秩序的现象形态，在这种分析归纳和逻辑推理中找出某些最基本的或纯粹的经济秩序形态，这是经济秩序研究的基础。[①] 因此，欧肯首先在理论上创立起一个经济秩序的形态学体系。

（一）经济秩序的形态学体系与纯粹形式

对经济秩序的各种形态进行研究、分类归纳，找到某些最基本的经济秩序形态，然后再以这种基本的秩序形态来分析历史与现实中的经济秩序，这就构成了欧肯经济秩序形态学的体系。他认为，就经济形态的纯粹类型而言，主要存在两种纯粹的经济秩序，即集中领导的经济与交换经济，所有历史和现实中的经济秩序都是这两类纯粹经济秩序的不同程度的变异和组合。

欧肯的形态学体系是建立在他对理念类型与现实类型区别理解的基础上的，他认为存在某些所谓的理念类型，这些理念类型是经济秩序纯粹形式要素的中心特征，或者说，所谓经济秩序的纯粹类型就是一种理念类型，它们是从现实的经济秩序类型中抽象出来的，是一种观念上、理论上的经济秩序，现实的经济秩序是这种抽象秩序的不同组合与表现。

之所以要抽象出这样一种纯粹秩序形态或理念类型，是因为在欧肯看来，经济研究的基础就在于有这样一些基本理念作为分析的基础。在他看来，理念类型只有认识论的意义而无道德规范的含义，或者说不同的理念类型并无好坏高低之分，它们只是研究问题的必要抽象。理念类型也不反映具体的经济现实，不是对某种历史或现存经济形态的描述，它只是研究、认识现实的一个工具。但理念类型又不是凭空设想的单纯的头脑的产物，而是历史与现实的反映，是对历史与现实诸形态的理论抽象。这种抽象是为现实经济研究服务的，它把具体经济现实中的某些方面归纳成一种纯粹的形式，以便人们研究和把握，并从中找出规律性。理念类型不受时代地域的限制，带有普遍意义，它可以

① 参见左大培的《弗赖堡经济学派研究》的第二篇第四章和梁小民的《弗赖堡学派》的第五章。

概括历史与现实中的各种具体经济秩序类型及其组合变异。

（二）集中领导的经济

欧肯把经济秩序的基本类型划分为两大类：集中领导的经济与交换经济。集中领导的经济是指由中央计划来控制的经济，它又可分为简单的集中管理的经济与集中管理的经济。前者的范围较小（比如几十人的一个经济体），如家庭、家族，其领导者本人可以直接控制全部经济过程，无须价格等的核算和管理手段；后者则规模较大，要由专门的机构来管理整个经济。欧肯研究的主要是后者。

集中领导的经济还可细分为以下四个类型：完全集中领导的经济；自由交换消费品的集中领导的经济；消费选择自由的集中领导的经济；自由选择职业和工作地点的集中领导的经济。这些经济形式都是由中央计划控制的经济运行模式，只是中央计划控制的范围有所不同。欧肯认为，无论何种集中领导的经济，都是以实物计划管理为主的，在这种经济中不可能达到合理的经济计算，从而不可能实现资源的合理配置。他是从其个人主义哲学和经济秩序理念出发做出这种判断的。他认为中央计划机关不可能做出合理的经济决策，因为中央计划机关只会根据自身的需要来安排生产，这就必然导致资源不能得到最佳配置。以边际主义的经济分析方法来分析，集中领导的经济秩序是不可能实现精确的经济计算、不可能合理配置资源的。因为中央计划当局无法也不可能掌握完整而准确的经济数据，它所进行的实物计划管理不可能安排社会各个方面的生产与消费活动。它的计划和控制只能基于一种粗略的统计，也没有强制力使经济计算得到切实的实施，因为在这种经济中只有中央有决策权、管理权，是否实现了经济计算无人监督。而且，中央计划分配的消费品和资本品无法保证最好、最大限度地满足个人与企业的需要。

总之，以欧肯的分析，集中领导的经济秩序不但不能实现经济计算，而且总是处于不均衡状态。在这种经济中，个别经济体可以按照经济原则行事，但中央管理机构从而整个社会经济不能普遍实现经济原则，中央计划机构无法按经济的要求合理安排计划，从而也就不可能实现资源的合理配置。相比较而言，集中领导的经济的产出或效益不如交换经济。

（三）交换经济

交换经济是欧肯主要研究的经济形式，它是指整个社会中有两个以上的经济单位，每个经济单位各自有自己的经济计划，经济单位之间的联系靠市场交换。在这种经济中存在着企业（或称作工场）和家庭（或称作家务）两种类型的经济单位。企业购买资本品和劳务用于生产，其产品提供给市场，形成市场的供给；家庭则是消费单位，是市场的需求方。市场的形式可分为封闭与开放两大类，凡是准许供给方或需求方任意进入，可任意向市场提供产品或劳务，任意购买所需产品从而形成新的需求的市场即是开放型的市场；反之，不能任意进入市场，成为新的供给或需求的市场即是封闭型的市场。从这个意义上，可把市场划分为供给与需求都是开放型，供给与需求都是封闭型，供给是开放的、需求是封闭的，以及供给是封闭的、需求是开放的四种市场类型。

欧肯认为，每个经济单位都会通过其自身的“计划体制”和“资料体制”来决定其经济行为。这里的计划体制大体可以理解为经济单位的决策方式与结构，资料体制则可大体理解为经济单位的信息传导、获取途径与方式。正是从这种分析方法出发，欧肯把市场分为五类纯粹形式，即垄断、部分垄断、寡头垄断、部分寡头垄断和竞争，这也是他的形态学体制中最有特色的一部分。他认为，无论是供给方还是需求方，都可能存在这样一些基本的纯粹的形式。垄断即是一个经济单位（供给方或需求方）成为市场上它生产的产品的唯一提供者或是某种商品的唯一需求者。部分垄断则是除了一个大的供给者或需求者外，还有若干小的供给者或需求者与之并存于一个市场上。例如，从供给方面看，部分垄断即是指一方面大垄断企业对某种产品有举足轻重的影响力；另一方面存在生产同种产品的小企业，尤其是小企业联合起来的产量占到这种产品总产量的相当比例时，大企业也必须考虑这些小企业的反应。寡头垄断则是指一种产品的供给或需求为几个大的供给者或需求者所垄断的情况，处于这种市场形态下的企业，其决策不仅要考虑市场的状况，而且要考虑同行竞争对手的情况。部分寡头垄断是指一个市场一方面有一些小的分散的供给者或需求者；另一方面又存在几个大的有相当实力和市场影响力的供给者或需求者，这样的市场必然是垄断与竞争并存的。竞争型的市场形态，即市场上的供给者与需求者数量都很多，无论哪一方都不可能对市场构成绝对的影响和垄断。显然，不同的企业或家庭由于决策与信息的结构、方式不同，在市场上所处的态势不同。或者也可以反过来说，在不同市场态势中，经济主体的决策与信息的结构方式是不同的。

欧肯在对以上这种纯粹的形态进行划分以后指出，市场是供给与需求双方结合起来形成的，因此，根据他的这种形态学研究，从供给方面看可形成从垄断到竞争的五种市场供给类型，从需求方也可形成从垄断到竞争的五种类型，二者的结合则会产生出 5×5＝25（种）市场类型或形态，包括从供给需求双方的竞争到双方的垄断，以及中间的各种不同的供求双方结合形式。这也只是一种市场状态下的情况，如上所述，欧肯把市场分为开放的与封闭的两大类，而且每一类又可从供给方与需求方再细分，所以，从供求和开放与封闭角度划分的四类市场，每类又可以有 25 种不同的竞争或垄断形态，也就是共有 100 种不同的市场形态，当然这只是就交换经济而言的。

以上所谓的形态学体系，看似与一般经济学原理中的垄断竞争理论和厂商理论大体相同，但欧肯对垄断竞争理论是持批评态度的，他认为，垄断竞争理论的缺陷在于只研究了供给方面的不同情况，而忽略了市场经济中还有举足轻重的另一方——需求方的存在。并且他还认为，垄断竞争理论把垄断竞争作为市场的常态也是错误的，他不承认现实中有垄断竞争存在，不承认大多数市场是垄断与竞争的混合。之所以得出这样的结论，是因为欧肯的研究方法与垄断竞争论者的研究方法不同，他不是单纯从市场的参与者数目、产品的同质性、经济主体对价格的影响等方面来划分市场形态，而是从决策与信息结构上做这种划分的，这是他的形态学体系独特的地方。

除此之外，欧肯的形态学体系还研究了货币制度与交换经济的秩序形式问题。他在这方面的分类，首先是把交换经济分为自然交换经济和货币经济两大类，前者的交换不需货币，后者则必须以货币作为交换的媒介。就货币制度来说，他又划分为三种纯粹的形式。第一种形式是以某种物品作为货币，如以粮食、贝壳或贵金属作为货币的情况；第二种形式是货币作为对供给物品或劳务的报酬而产生，在买者购买物品或劳务时创造出来的情况；第三种形式是指货币由发放信贷的人创造的情况。他把这些纯粹的货币形式与不同的市场形态相联系，共同构成其庞大的经济秩序形态学体系。

三、欧肯和弗赖堡学派的其他经济思想

(一) 竞争秩序理论

欧肯和弗赖堡学派的中心思想是关于经济秩序的理论，他们认为一个合理、有效的经济秩序应该满足以下一些基本原则：一是在这样的经济秩序中能够准确评价各种资源和物品的效用；二是能以边际成本原则配置稀缺资源，使全社会达到边际成本等于边际收益的最佳经济状态；三是各种经济控制机制能有机结合，协同发挥作用；四是能利用价格机制，或者说能以“稀缺价格”进行调节从而达到均衡。在满足上述条件的同时，作为一种理想的经济秩序，还应能达到一般均衡，因为只有实现一般均衡，才能使全社会的供求相等，效用最大化，并实现充分就业和国际收支平衡。这种经济秩序在国际经济关系中的作用则应达到国际贸易的自动均衡，为此要有一个合理的国际货币体系，能保持汇率稳定，防止通货膨胀或通货紧缩，从而实现整个国际经济的顺利运行。这种经济秩序要在自由中建立并能保障每个人充分的自由，同时还必须能防止因滥用个人自由原则而妨碍他人自由的现象发生。比如有限制权力过度集中的机制、反垄断的措施等。这种经济秩序还要有与之相适应的法律秩序及其他社会秩序相配套，经济秩序应能同法制秩序及其他社会秩序相协调。这种经济秩序还应能解决社会经济生活中不断出现的问题，或者说它应有随时纠正社会经济中各种负面现象的能力，如解决工业化所带来的负面影响、垄断、失业、权力过分集中、通货膨胀等各种社会经济问题的能力与机制。这种经济秩序不可能是不稳定的，或者用现代系统论的用语来说，它应是一个自稳定系统。以欧肯的经济秩序形态学体系来说，只有简单集中领导的经济即家庭经济和完全竞争的市场经济是符合这种条件的。因此，欧肯和弗赖堡学派的理论中有关竞争秩序的理论，是其非常重要的组成部分。

欧肯和弗赖堡学派的竞争秩序主要是指在完全竞争的市场中的一种合理的、有序的竞争秩序，它完全不同于无任何限制的自由放任。在这种秩序下，经济秩序的形式是由国家根据秩序政策制定的，国家要保证家庭经济外的一切经济活动都遵循完全竞争原则，在不能完全按完全竞争原则进行经济活动的地方和场合，国家要制定政策措施来调节经济活动，使之尽量像在完全竞争状态下那样运行。欧肯和弗赖堡学派成员的这种完全竞争秩序理论，同一般西方经济学讲的完全竞争理论基本思想是一致的，但又有其独特之处，即是以经济主体的决策与信息的结构和方式来考察完全竞争，他们认为集中管理经济形态或体制是由国家和计划机关来主导经济活动，各种垄断形式下则是由垄断者或垄断集团之间的合谋来主导经济过程，这都是不好的经济秩序和资源配置方式，必须以完全竞争的市场来建立经济秩序和配置资源才是最好、最合理的一种经济秩序，而其中最主要的就是保持完全的竞争。至于完全竞争的标准，从企业自身来看，如果它是市场价格的接受者而不是制定者、操纵者的话，就可认为存在完全竞争；从外部与企业的关系

看，如果存在一些属于完全竞争市场经济的不正常行为，如贿赂客户、不平等的折扣、垄断竞争性价格、倾销等，则完全竞争的秩序就必然会受到破坏。

总之，在欧肯和弗赖堡学派看来，竞争秩序的标志是完全竞争，这种竞争的目的是提高效率而不是以邻为壑，相互拆台；是向同一目标、同一方向前进的竞赛，而不是相互干扰。这种竞争秩序的核心是存在完全竞争的价格，人们在市场上根据竞争性的价格做出判断和决策，使资源得到合理配置和利用。在这种竞争秩序中，各经济主体有充分的经济自由，人们就是在自由竞争中、在追求各自利益的过程中实现资源的最优配置的。

这种竞争秩序的建立要遵循以下一些基本原则：第一，要有一个完全竞争的价格体系。价格是市场的核心机制，如果价格被各种人为因素所扭曲，则资源配置和人与人正常的经济关系就会遭到破坏，市场经济就无法顺利运行。就边际学派的理论来说，就是只有在完全竞争条件下，才可能做到全社会各个经济单位的边际成本都等于边际收益，从而实现资源的最优配置。第二，要有一个完善、稳定的货币制度。在市场经济条件下，物价稳定是市场机制能顺利运行的基本条件。如果货币方面出了问题，必然引起市场信号的扭曲变形和经济关系的变动错位，所以必须保持货币的稳定。一般说来，自由主义经济学的各个派别都是极其重视货币问题的，尤其是欧肯和弗赖堡学派成员，在他们的政策主张中，货币政策往往是先于财政政策的，这是因为他们把稳定的货币制度看成市场的内在稳定器，他们追求的货币制度是一种能起到自动调节作用的货币制度。第三，要求市场具有开放性。前述欧肯的形态学体系曾提到，欧肯从供给者与需求者的角度，以开放还是封闭为标准，把市场分为四类：供给方和需求方都开放或都封闭的两类；供求双方有一方开放、有一方封闭的另两类。在欧肯看来，只有供求双方都开放的市场才可能成为完全竞争的市场，因为如果进入或退出市场都会受到某种阻碍的话，自由市场经济就无法正常运行了。第四，实行生产资料的私有制。本来欧肯并没有把私有制同竞争秩序直接联系起来，在他的形态学体系中也研究了不同所有制的运行问题，但对于他理想的完全竞争的经济秩序来说，只有在实行私有制的条件下才能实现完全竞争，因为他认为，公有制特别是国有制可能导致市场秩序，尤其是完全竞争秩序的破坏。但是，他也同时指出了，即使是私有制，在不同的市场形态中起的作用也是不同的，在那些诸如寡头垄断的场合，私有制就不能起到在完全竞争条件下合理配置资源的作用。因此在他那里，私有制是同市场经济秩序特别是竞争秩序相联系的。第五，在这种竞争秩序中要有完全的契约自由。一方面，没有契约自由就没有自由市场经济的存在和发展；另一方面，这种契约自由是有条件的，就是不能对自由市场经济秩序造成损害。第六，应有一定的责任原则，即在市场经济条件下，在竞争中要把权力和责任结合起来，特别是经济决策者要负相应的责任，要把市场利益与责任对应起来。第七，经济政策要有稳定性，不能朝令夕改、变化无常，特别是税收之类的涉及经济主体利益的政府经济政策应较为稳定，这样有利于减少经济风险，使竞争有序进行。最后，要把以上原则配套结合起来，这些原则既是竞争秩序的前提条件，又是其顺利运行的必然要求，只有将它们结合起来使之共同作用，才能实现理想的竞争秩序。

在这种完全竞争的经济秩序建立起来后，还要有一些调节原则来维护其正常运行。因为随着市场经济的发展，必然会出现这样那样偏离完全竞争轨道、有违自由竞争的市场秩序的现象，这时就需要进行一定的经济调节。经济调节的基本原则包括：第一，禁止垄断。垄断对自由竞争的破坏是不言而喻的，而市场运行中又不可避免地会出现垄断现象，这时就需要国家来进行一定的调节，给予某种必要的限制和规范。例如以法律形式来限制垄断组织和垄断行为；对各种偏离市场价格的行为进行调节和限制，同质同价；对一些垄断性行业或公共产品的价格予以管理、管制和调节等。第二，通过累进税制等措施调节人与人之间的经济关系。完全竞争条件下的市场分配可能会出现较大的收入分配差距，为了社会的稳定，需要国家对此进行调节。一方面，这是保证市场顺利运行的必不可少的措施，因为毕竟市场经济的主体是各自独立的、有不同经济利益的个人，如果人与人之间的关系不能得到协调，市场经济最终不会如人所愿地顺利运行；另一方面，这种调节又需以市场的顺利运行和完全竞争秩序的维护为皈依，否则就失去了调节的意义。第三，国家在必要时可以对市场经济主体不符合社会总体利益的经济行为进行调节。私有制下的经济主体在市场中的逐利行为，可能会有一些不利于社会发展进步的地方，主要是一些所谓的外部不经济的情况，只靠市场主体本身是不能解决社会效益问题的，这就要求国家对其进行调节。第四，国家对劳动市场也必须予以适当调节，主要是指在一些反常情况下进行必要的干预，例如当劳动力供给增加而工资却上升，或劳动力供给减少而工资却下降时，为了维护正常的劳动市场乃至整个市场经济秩序，国家就需出台一些诸如最低工资法之类的措施加以调节。有了这些基本原则，竞争秩序才能正常运转。①

（二）货币与经济周期理论

弗赖堡学派的货币与经济周期理论以萨伊定律、货币数论量和货币经济周期理论为前提。在此基础上，结合其特有的经济秩序理论，弗赖堡学派在货币制度、国际货币体系和经济周期等方面形成了如下一些关于货币问题的基本观点。

第一，弗赖堡学派的货币理论是对金本位货币制度的理论分析。与其经济秩序的理论相适应，欧肯认为金本位货币制度是一种理想的货币制度，因为金本位制与完全竞争的市场秩序是最相容的，在包括国内市场和国际市场在内的全部市场体系中实行金本位制，会使完全竞争秩序真正得以实现。金本位货币制度的优点在于它可以使流通中的货币量与商品量相适应，能根据市场状况自动调节货币量，保持物价和汇率稳定，从而使经济秩序得以维护，经济活动得以顺利进行。

第二，弗赖堡学派的货币理论是对所谓的第三种货币体系的批判。弗赖堡学派的货币理论中有所谓的三种货币体系的区分：在第一种货币体系中，货币由某种物品转变而成，如以贝壳、粮食或贵金属作为货币就属于这种货币体系；在第二种货币体系中，货币是作为对供给物品或劳务的报酬而产生的，或者说货币是在市场上的购买行为中产生的；在第三种货币体系中，货币是由发放信贷的人创造的，比如由中央银行强制发行的纸币，是由商业银行发放贷款所创造的货币等。这是三种抽象意义上的货币体系，在现实中它们可以与不同的市场形态相结合，演化成各种复杂的经济关系和经济现象。弗赖

---

① 参见梁小民的《弗赖堡学派》的第三章第一节。

堡学派对第三种货币体系的批评主要是认为这种由债权人通过发放贷款来创造货币的体系会造成货币发行的失控，使流通中的货币量伸缩性加大，造成币值和物价不稳，进而引起社会经济中一系列严重的后果，在货币经济领域主要表现为通货膨胀与通货紧缩，从而引起经济的周期性波动。

第三，在国际经济秩序与货币制度方面，弗赖堡学派主张国际经济关系中的自由贸易和完全竞争，因此，与之相适应的国际货币制度就要像一国范围内的金本位货币制度一样，是严格规范的，能促进经济顺利运行，使规范的竞争秩序得以建立和巩固，从而对国际经济起到积极的推动作用。同时，作为一种国际货币机制还应能促进汇率的稳定。这种货币制度应是自动运行的，各国中央银行的领导人不能因政策见解的不同而任意改变总体的货币政策，它应成为一个强有力的货币稳定器。出于这样一种认识，弗赖堡学派的经济学家们对两次世界大战中和战后初期的国际货币制度是持批评态度的，他们的理想是在国家间建立起一种类似金本位货币制度的国际货币制度。当时，美国经济学家格雷欣（Gresham）提出建立一种商品储备通货，把货币的价值与一种商品组合的价值联系起来，就像把货币价值同黄金价值联系起来那样，以此建立一种国际货币制度，从而稳定国际商品价格和储备水平，同时又稳定各国货币的币值，保证各国货币的自由兑换和汇率的稳定。欧肯对此极为赞赏，并把它作为一种适合完全竞争经济秩序的货币制度。

第四，在经济周期研究方面，弗赖堡学派总的来说是否定存在一般的经济周期的，它认为每个经济周期都有其特殊性。它在经济周期问题上总的看法是，把各种经济周期看成是由于垄断及第三种货币体系的存在而产生的一种偏离正常经济秩序的经济现象，因此它的经济周期理论主要是用它的经济秩序理论、竞争秩序理论和货币制度理论来论证的。弗赖堡学派中较早研究经济周期问题的是卢茨，他的基本观点是认为经济周期必须个案研究，而不应存在一种一般的经济周期理论，因为经济学理论体系的基本思想是均衡，它与经济周期存在必然性或一般规律的提法或认识是矛盾的。欧肯也非常认同这个观点，这是整个弗赖堡学派在经济周期问题上的主要倾向。因此，对现实中存在的经济危机和经济周期，弗赖堡学派多是以其经济秩序理论来解释，把各种不同时期不同表现的经济周期问题，用从不同角度对经济秩序的破坏来加以解释和说明。例如，把国家间的保护主义过多、国内政府干预过滥等作为出现经济危机与周期的原因。①

（三）弗赖堡学派的资本与利息理论

弗赖堡学派的资本与利息理论建立在迂回生产理论的基础上，以边际学派的理论为基本分析方法。所谓迂回生产理论，简要地说就是把一定量的资源不用于现实消费而是投入再生产中，这种投入也即迂回生产的方式会造成今后某个时候生产的增加。而这种牺牲现实消费的迂回生产最重要的就是需要一定的资本，它使得今后的社会生产得以发展扩大，因此资本的贡献必须予以补偿，利息即是这种必要的补偿。同著名的所谓时差利息论一样，从某种程度上说，迂回生产理论也是一种为资本唱赞歌、以时差的存在来解释利息的理论。

---

① 参见梁小民的《弗赖堡学派》的第三章第二节。

欧肯的资本与利息理论实际上是把生产的时间因素作为资本与利息的决定因素，并从生产的时间结构来研究资本和利息问题。生产的时间因素是指各种资源在用于不同生产时，从投入到产出有不同的时间间隔，就生产的最终目的来说，这些资源肯定是用于消费，但作为投资来说又不是即期消费，而是不同时间段之后的消费，这就存在一个生产的不同时间间隔的问题。怎样的时间分配才是合理的，或者说资本投入何种生产才最终能实现产出最大，并使资本得到适当的利息，这就是生产时间结构的问题。

生产的时间结构是指生产不同产品所需的时间不同，为了合理利用资源和从长期来看使产出最大，从而更好地实现经济计算，或者说为了达到最佳的资源配置效果，更好地、全面地满足人们近期和中远期的需要，就需要把一定的资本投入不同生产时间的产品上，使这些生产时间的结构最合理、最经济。为此就不能把所有资源都用于当期消费，而是要把一定的生产资料“放回”到生产中，这样做看似“延长生产道路”，实际上恰恰是为了长期产出的增加。例如，不是把产出的谷物即期消费，而是将其作为种子用于今后的生产，就是一种“放回”和“延长生产道路”，但最终的结果是今后谷物的增产。欧肯设计了一个经济学模型来研究生产的时间结构问题，试图找到一种合理而经济的时间结构，使生产能持续发展，近中远期的产出都能达到最大、最经济。

欧肯还把这种生产时间结构的研究同他的经济秩序形态分类联系起来，他认为在不同的经济形态下，实现生产的合理时间结构的途径是不同的。例如，在简单集中领导的经济中，由于经济活动较简单，并在一个掌握较全面信息资料和有经济决策权的领导者领导之下进行，合理安排生产时间结构较为容易做到。而在各种交换经济和货币体系下，原则上说，只有在完全竞争和实行第一种货币体系的情况下，才能达到一个合理的生产时间结构。因为只有在这种经济秩序中，货币的币值稳定，价格体系才能正确反映市场和供求双方的真实情况，不存在垄断等扭曲经济信号的现象，各经济主体可依据市场信号做出合理决策，安排中远期的生产，从而达到资源的最优配置。而这之中，资本及其应得的利息也就有了保证。

早期在弗赖堡师从欧肯，后来到美国继续进行研究的卢茨，是国际知名的资本理论、货币理论和利息理论家，他的资本和利息理论已超出了弗赖堡学派的理论范围，但并未摆脱弗赖堡学派特别是欧肯分析方法和基本理念的影响，卢茨的资本与利息理论还是以完全竞争的经济秩序和生产时间结构理论为核心的。①

第三节　艾哈德和社会市场经济

一、艾哈德和其他社会市场经济理论家

路德维希·艾哈德（1897—1977）是德国社会市场经济体制的主要理论家和实践者。他 1897 年 2 月 4 日出生于德国巴伐利亚州富尔特市，1913 年中学毕业后随父经商，在第

① 参见梁小民的《弗赖堡学派》的第三章第三节。

一次世界大战中应征入伍，在战争即将结束时负伤，休养一段时间后于1919年重新入学，在纽伦堡高等商科学校学习，获得经济学学士学位。1923年，他到法兰克福大学继续深造，获经济学博士学位。在20世纪20—30年代的德国，纳粹主张横行，艾哈德因一贯反对纳粹的思想和做法而不能在大学执教，还曾经因为拒不参加纳粹组织的团体而失去了在德国制成品经济观察研究所任副所长的工作。也正是在这期间，他同弗赖堡学派有了一些学术上的联系，其自由主义的经济思想逐渐形成。在第二次世界大战快要结束的时候，他已清楚地看到了纳粹体制的灭亡命运，开始着手研究战后如何在德国建立合理的经济体制的问题。战后初期，1947年10月，艾哈德任巴伐利亚州经济部长，两年后任美英占领区财经管理委员会货币信贷处主任，1950年任美英占领区经济管理委员会美方主席，在这一年的6月，他签署了影响深远的货币改革法令，联邦德国开始向社会市场经济体制转轨。1949—1963年艾哈德一直担任联邦德国经济部长，1963—1966年他担任了一届联邦德国总理。在他任经济部长期间，联邦德国发生了战后经济增长的奇迹，艾哈德也成为联邦德国经济奇迹的化身和世界上最成功的经济部长。1966—1967年他担任联邦德国基督教民主同盟主席，后任名誉主席。1947年和1949年，艾哈德分别被慕尼黑大学和波恩大学授予名誉教授称号，1966年他下野后仍然到处演讲，宣传社会市场经济的理论与政策主张，1977年5月5日艾哈德去世，享年80岁。艾哈德不是一个有很多著作的理论家，他的成就更多地体现在领导战后联邦德国经济发展的实践中。他的比较重要的经济著作有：《德国重返世界市场》(1953)、《大众的福利》(1957)[①]、《1949—1959年德国在复兴中》(1959)、《德国的经济政策》(1962)、《成功的经济学》(1963) 等。

除了艾哈德以外，社会市场经济的另一位重要理论家是艾尔弗雷德·米勒-阿尔马克 (Alfred Müller-Armack，1901—1978)，社会市场经济的概念最早就是由他提出的。米勒-阿尔马克在艾哈德政府的专家委员会中长期任职，担任过联邦政府欧洲问题的国务秘书，他的经济思想对战后德国经济政策的影响很大。米勒-阿尔马克也是从学者走向政坛的，早年他继承了马克斯·韦伯 (Max Weber) 的传统，将经济学与社会、文化、宗教问题结合起来进行研究，对经济周期、经济政策、社会政策、经济社会学和宗教社会学都有所涉猎，在此基础上逐渐形成了他的关于社会经济问题的理论学说和政策主张，并将其运用于战后联邦德国经济的实践。他一生著作甚丰，在经济学和社会学等领域都有论述，其主要著作有：《景气政策的经济理论》(1926)、《经济风格谱系学》(1944)、《我们经济状况的诊断》(1947)、《经济控制和市场经济》(1947)、《社会地看秩序经济》(1948)、《社会安定》(1950)、《社会市场经济的风格和秩序》(1952)、《社会市场经济中的经济政策》(1955)、《宗教和经济》(1959)、《社会市场经济的第二阶段——用新的社会政策样板对它的补充》(1960)、《共同市场的经济秩序》(1965)、《经济秩序和经济政策》(1966)、《社会市场经济和它的对手》(1972) 等。[②]

① 这本书的英文译名是《来自竞争的繁荣》，中译本有1983年商务印书馆版本，亦名为《来自竞争的繁荣》，武汉大学出版社1995年出版了中文新译本，名为《大众的福利》。

② 沈越. 德国社会市场经济探源. 北京：北京师范大学出版社，1999：121－122.

德国新自由主义经济理论家中，威廉·罗普凯（Wilhelm Röpk，1899—1966）也是很有影响的一位，他同哈耶克、欧肯、米塞斯等同为德语国家中有世界影响的自由主义经济学家。他担任过耶拿大学、格拉茨大学、马尔堡大学的教授，1933年因反对纳粹而被流放。他先后在土耳其伊斯坦布尔大学和瑞士日内瓦大学研究生院任教授。其主要经济学著作有：《经济学理论》（1937）、《当代社会危机》（1942）、《人类文明》（1944）、《国际秩序》（1945）、《论供求》（1958）等。他的研究继承了新奥国学派的传统，主要研究基本经济理论、经济周期、国际经济关系等问题，他也很关注社会与经济问题的联系，把社会作为一个整体，从经济学的角度研究社会问题，特别是国家、社会和经济的关系问题，他的后期著作和研究致力于创造一种人道的社会、政治、经济的伦理基础。在新自由主义者中，他特别强调国家的作用，赋予国家更广泛的任务，甚至主张利用国家的力量实现经济的分散化。他虽长期不在德国国内，但他同艾哈德等人一直保持着密切的联系，他的观点和政策主张得到德国国内的认可和采纳，被认为是德国战后经济奇迹的主要缔造者之一。

亚历山大·吕斯托夫（Alexander Röstow，1885—1963）是另一位有特色的社会市场经济理论家，他曾在政府的经济管理机构中工作过，1937年受纳粹迫害流亡土耳其，在伊斯坦布尔大学任教。他的研究范围极广，类似马克斯·韦伯所说的那种文化社会学。早在20世纪30年代他就提出了同弗赖堡学派相近的政策主张。他长期从事对世界历史文化的批判性研究，力图找到当代基本社会秩序问题的历史根源，以及这些社会文化发展的各种可能性，并以此作为其自由主义学说在社会经济历史文化发展方面的理论基础。在这些研究领域，他是以改革家的立场出现的，他主张通过各种经济社会改革来调整社会结构、改善人们的生活状况。

同前述弗赖堡学派的宣传家米克施一样，福克马尔·姆泰苏斯（Volkmar Muthesius，1900—1979）也是一个德国经济自由主义思想的宣传家。从20世纪40年代末50年代初开始，他长期在新闻界工作，写了大量关于经济学、货币理论、经济政策的论著，极力以新自由主义的观点来影响公众舆论，他的观点更近于米塞斯的自由主义，而不赞成弗赖堡学派利用国家力量反垄断的政策主张。①

二、 社会市场经济的产生与基本理论

（一）社会市场经济体制的产生

第二次世界大战以后，西部德国处于美国、英国、法国三国的占领和管制之下，经济凋敝，民生局促。如何探索一条适合德国国情的经济发展之路，建立怎样的经济体制以促进经济的恢复与发展，增强和提高国力，保障并不断提高人民的生活水平，是战后德国经济体制选择中必须解决的重大问题。当时的争论是很激烈的，分歧意见很多，各

① 左大培. 弗赖堡经济学派研究. 长沙：湖南教育出版社，1988：22-23；梁小民. 弗赖堡学派. 武汉：武汉出版社，1996：15-18.

派政治力量、各种经济理论都在极力发表自己的见解，力图推行自己的主张，最终的结果则是社会市场经济的构想成为胜利者。

如前所述，社会市场经济的概念最初是米勒-阿尔马克提出的，当时他只是勾勒出一个经济体制的基本轮廓，后来为德国的理论和实践所不断发展和完善，成为一种成功的经济体制理论和实践。应该说明的是，在战后初期经济体制选择的论战中，狭义的弗赖堡学派的观点并未得到当政者的采纳，因为人们对弗赖堡学派那种新自由主义观点，特别是追求完全竞争秩序的主张并不认同，且认为在当代实践中也难以真正实现。但是，正如一些评论所说，在这场论战中，弗赖堡学派的观点虽未被完全采纳，但它不是这场论战的输家，实际上，它的基本主张在社会市场经济体制的构架中绝大部分得到了体现，以至世界上多数国家的经济政治学者的评论都认为，社会市场经济的成功就是弗赖堡学派的成功。实际上，在这场体制选择论战中，真正失败并从此失去其在德国经济理论阵地主流地位的，是当时的民主社会主义者，他们的经济思想和体制纲领、他们所主张的实行社会主义计划经济的设想没有得到支持。这同德国人对其经济实践的反思是密切相关的。如前所述，20 世纪上半叶德国经济体制的探索走了不少弯路，尤其是纳粹统治下的集中管理与决策体制并没有创造出预期的高效率，反而给德国造成了无尽的灾难，在第二次世界大战后初期的体制选择中，德国人选择了走自由市场经济体制的道路，从某种程度上说，也是一种对历史经验教训反思的必然。①

经过第二次世界大战后初期关于经济体制选择的大论战，联邦德国采取了社会市场经济体制这种可以称为有德国特色的资本主义市场经济体制，它有自己独特的理论体系和实施措施，半个多世纪以来取得了举世瞩目的巨大成就。社会市场经济体制本身也在不断发展变化、调整和完善，例如，当社会民主党等偏“左”的政党执政时，就加入某些带有民主社会主义倾向的政策，而当基督教民主同盟和基督教社会同盟及自由民主党等偏右的政党执政时，则出台更多的非国有化等政策措施。不过总体上说，第二次世界大战后几十年来，包括 1990 年德国重新统一以来，社会市场经济体制一直是德国的基本经济体制。

（二）社会市场经济的基本理论

1. 社会市场经济的基本理念。

社会市场经济的基本理念，即市场经济体制是有效的，应成为经济体制的基础，但市场经济又是有一定缺陷的，对这些缺陷要由社会（这里没有用国家或政府的概念，而是用社会的概念，这是很重要的，这也是德国经济体制的特色所在）来加以平衡、补充或匡正。

米勒-阿尔马克认为，社会市场经济即是以社会补充和社会保障为特征的以市场规律运行的市场经济，可以把它理解为一种经济秩序思想在经济体制中的体现和贯彻，其目的是把自由竞争基础上的市场主体的积极性与社会的补充和保障结合起来，最终达到社会进步。这种体制应是私有制的自由竞争原则与社会平等原则的结合，既要以市场竞争

① 参见沈越的《德国社会市场经济探源》的第二章。

为主体和基础，又要使自由创新同社会发展结合起来、统一起来。社会市场经济不是那种一切放任不管的自由市场经济，而是一种有意识地加以指导的，也就是社会指导的市场经济。①

实行社会市场经济的前提是有效的竞争制度，而这种制度又是在私有制市场经济的基础上产生的，或者说私人经济主体的自由的、有规则的市场竞争是这种体制的前提条件。它同传统的自由市场经济主张的不同之处就在于市场经济前冠以"社会"二字，要求以社会力量对市场进行一定程度的干预乃至管理，但这种干预或管理是为市场经济的顺利运行服务的，是个人自由和有效竞争的保障。

罗普凯认为，社会市场经济顺利运转，还必须有相应的法律措施与道德规范，要有限制垄断、保障竞争、稳定货币的相关政策。就像足球比赛需要有相关规则和场上裁判一样，社会市场经济中的社会就应担当起这种规则制定者和执法者的责任，私人经济主体是经济活动中的运动员，他们不能自己制定规则，无权也不能对别的经济主体执法，但社会必须承担起相应的职责，像足球比赛的规则和裁判保证了足球赛的正常进行一样，社会要保障市场经济的正常运行。

艾哈德在领导德国经济的实践中进一步发展了社会市场经济的基本观点，他认为，社会市场经济就是要以实现全民福利为基本目标，社会市场经济秩序要以自由市场机制的调节为主，但必须辅以必要的社会干预，国家应具有不可替代的作用，特别是在反垄断方面，要通过各种社会的干预和管理反对垄断，从而使市场经济能顺利、公正、有效地运行。

2. 社会市场经济的主要原则。

概括地说，社会市场经济的基本理论主要包括市场自由和国家干预两大原则。在这些德国经济工作者和理论学家看来，自由是首要原则，或者说市场经济的基本要求就是自由原则。这又是在私有制基础上的市场自由，是在完全有效竞争下的经济自由。他们认为，竞争是获得繁荣和保持繁荣的最有效手段，只有竞争才能使作为消费者的人们从经济发展中得到实惠。公众的富裕要靠经济的发展，而经济的发展最重要的是要有创新精神和创新动力，以及相应的经济运行机制。自由竞争能激发起人的积极性和创新热情，能最终达到经济繁荣的目标。因为没有竞争也就没有了前进的动力，从而也就没有了社会的进步。

就自由竞争的市场经济来说，还须包含以下一些基本内容才能真正实现经济的自由和效率的提高，从而实现社会市场经济的总体发展目标。这些基本内容大体有四个方面：第一是货币的稳定，这是市场经济正常运行的基本条件。德国可以说是饱受通货膨胀之苦，习惯于有条有理的社会秩序、严谨而认真的德国人，在经历了魏玛共和国时期天文数字的通货膨胀、希特勒的管制经济和战后初期的通货膨胀之苦以后，对货币的稳定尤其重视，认为货币的稳定是平衡经济发展和促进社会进步的基本条件。第二是自由定价制度，也就是说应该严格地遵守市场决定物价的法则，只有这样才能促进微观主体的平等竞争和优胜劣汰，达到真正的经济繁荣。第三要保证契约自由，无论是自然人还是法

① 丁冰．现代西方经济学说．北京：中国经济出版社，1995：195．

人，抑或是自然人与法人之间，都必须实现契约自由，这样，市场才能顺利运转。第四是对外贸易自由，这是自由原则在国际范围内的运用，在一个开放的世界、开放的经济中，这无疑也是非常重要的。

除了自由原则外，对社会市场经济来说，更重要的是国家干预原则。这是德国新自由主义既不同于传统自由主义又不同于国家干预主义的特色所在。在社会市场经济的学者们看来，市场自由虽是第一位的，但又必须有国家干预的存在，一定意义上说，这时的国家干预成了市场经济、自由竞争原则不可缺少的一部分。因为市场自发发展可能会造成破坏自由竞争秩序的后果，这时就必须有国家干预。但社会市场经济中的国家干预又不同于凯恩斯主义，他们认为，凯恩斯主义的国家干预是一种事后的经济调节，是一种人为的、市场力量之外的分配资源的经济行为，效果令人怀疑，而社会市场经济的国家干预是在事前对市场竞争秩序的维护，是一种为市场经济顺利发展服务的积极干预。由此决定了德国的国家干预措施主要是：反对市场上各种形式的垄断；通过国家干预使得劳动力和资源在市场上得到更加合理的配置；打击不法市场行为，如哄抬物价、囤积居奇等，以保持市场的正常秩序；促进劳资合作，化解劳资纠纷，使市场主体减少有损效率的摩擦；实现公平分配，通过国家在分配方面的各种干预措施，协调各阶级、各阶层、各行各业不同利益主体之间的经济关系。

三、 社会市场经济的主要政策

对任何经济理论来说，从理论到实践的桥梁都是一定的经济政策，在德国社会市场经济中尤其如此。与其他国家的经济政策相比，德国较有特色的一点就是在德国理论界和官方的文献中，对经济政策有一个较宽泛的规定和分类。它们先是把所有经济政策分为制度性政策与过程性政策两大类，然后再把每一类经济政策分为单项调节、结构调节和水平调节三个小类。也就是说，整个经济政策体系被细分为六类，其中制度性政策往往是以法律形式出现的：单项调节的制度性政策如生产法、市场法等；结构调节的制度性政策如区域经济和经济结构方面的一些法律和政策等；水平调节的制度性政策如货币法、财政法等。过程性政策也同样如此：单项调节的过程性政策如价格政策、数量政策等；结构调节的过程性政策如对地区和部门进行调节的各种政策；水平调节的过程性政策则是指一般市场经济国家常用的货币政策、财政政策和收入政策等。由此可见，德国的经济政策是一个较宽泛的概念，在德国的大学里，经济政策是一个专门的学科。除此之外，德国人还把经济政策和所谓的社会政策明显区分开来。就经济政策而言，主要是指对微观经济主体进行规范的一系列政策和对宏观经济进行调节控制的另一系列政策。就社会政策而言，主要是与社会保障相关的一系列政策。

（一）微观规制政策

在德国社会市场经济中，政府对微观经济主体的规制主要是在经济活动外部为微观主体创造良好的社会环境，通过立法和执法及必要的行政措施来规范企业和个人的经济行为，保证竞争的有序进行，保证私有财产制度实施和基本的经济自由，如自由择业、自由迁徙、自由竞争、自由贸易等。这方面有详细的立法和严格的执法，特别是在企业制度的建设方面，不但有一般发达市场经济国家中存在的现代企业制度，而且有许多有德国特色的制度规定，如股份公司的监事会制度，各种企业中的劳资共决制度等。微观经济政策中最主要的莫过于一系列的反垄断政策了，一定意义上说，社会市场经济中最主要的政策就是维护竞争秩序的政策，而反垄断是其中最重要的环节。在制定一系列的反垄断法规的同时，德国还出台了反不正当竞争的一系列政策措施。在这方面德国也有很长的历史和很丰富的经验。早在1896年德国就出台了反不正当竞争法，以后根据情况的变化屡有修订。德国的反不正当竞争政策不但有总体的原则，还有很细的分门别类的规定，如买卖行为中的附赠应遵循什么原则，打折销售的规范，交易条件的规范，商标、专利、计量、包装、标价等方面的种种规定，在外人看来似乎过于烦琐，但正是这种种经济政策法规的出台和严格执行，才使得社会市场经济体制得以顺利和高效运行。

（二）宏观调控政策

与凯恩斯主义的宏观调节相比，社会市场经济中的宏观调节更注重经济手段的运用。相比之下，以凯恩斯主义为指导的宏观调节，多以财政政策为主实施宏观调控，而社会市场经济中的宏观调控，则一般是先出台货币政策进行经济调节，财政手段往往放在货币手段之后。与一般发达市场经济国家的宏观调控目标相似，德国的宏观调控目标也是以经济增长、充分就业、物价稳定和国际收支平衡四大目标为主，相互配合，尽量使这个“魔方四边形”能得到合理的搭配。他们尤其注重币值物价的稳定，认为这是社会市场经济得以正常运行的基本条件。也因此在现实的宏观调控中，货币政策往往充当了极其重要的角色。在德国的宏观金融调节中，不但熟练运用一般市场经济国家惯用的公开市场业务、最低准备金率和再贴现率三大法宝，而且其三个月借贷利率（这是德国人创造的一个专门的利率机制，即中央银行依据经济形势出台发布和不断调整的三个月内拆借指导利率，中文音译为“伦巴德贷款利率”）更成为宏观调控的一个晴雨表。当然，财政政策、外贸政策等也是德国社会市场经济宏观调控中不可缺少的手段。所有这些宏观调控的主要方式都是一种“逆经济风向调节”，即在经济低迷时出台促进经济发展的“松”的政策以促进经济的增长与发展，而在经济过分高涨时出台“紧”的政策加以一定的抑制，以此来调控经济发展的方向和力度，达到健康平稳增长的目的。

（三）社会政策

德国经济体制中的所谓社会政策主要是指与社会保障制度相关的涉及社会方方面面的各项政策，它是作为社会市场经济的一个不可分割的有机组成部分而存在和发展的。因为在私有制的市场经济中，广大工薪阶级的养老、失业和医疗方面的问题，如果没有制度性的保障，会造成整个经济体制运行的不稳定甚至产生危机或崩溃，至于经济的发展、社会的进步就更谈不上了。所以必须有一种相对完善的社会保障制度，使之成为市场经济顺利运转不可缺少的“安全网”“减压阀”“防摔垫”。可以说，社会保障制度和相应的社会政策是社会市场经济不可缺少的，是维护社会经济秩序的一种必要的制度建设和运行成本。

德国的社会保障制度有很长的发展历史，一般研究社会保障史的著作多把19世纪下半叶俾斯麦时代出台的工伤医疗保险法令作为现代社会保障制度的先驱。在社会市场经济中，社会保障制度和社会政策已较为发达和完善。整个社会保障制度以社会保险为主体，其中又以医疗、养老和失业保险为主要内容。这种社会保险不是绝对无偿的，也非一切费用都由政府开支，它是以一种制度化的方式，以市场经济的一般原则为指导建立起来的社会经济活动中的具体制度，它要求人们在有工作能力、有工作岗位、有收入的时候，必须依法缴纳社会保障费（税），也即是说，人们必须为自己积累养老、失业和医疗基金，当人们有了相应的需要时，则由社会保险支付相应的资金，以保障人们的基本生活。就时间而论，从纵向来看，人们是在自己年轻有劳动能力和工作岗位时，为自己积累养老、失业和医疗资金；从横向来看，每一个时代又是有劳动能力并在岗的人，为失去劳动能力和不在岗的人提供一定的生活保障基金。

随着经济的发展和社会的进步，人们的生活水平也必将不断提高，就社会来说应该有越来越多的福利提供给全社会所有成员，这也是社会市场经济的一个重要目标。德国是福利型国家，在社会保险之外，还有不少社会福利政策不断出台。社会福利与社会保险不同的一点就是，它不必先交社会保险税，只要符合相应规定，属于应该享受社会福利的人群，就可以得到相应的福利，如针对全体社会成员或针对老人、妇女或儿童的社会福利。社会福利大体包括社会救济、社会安置、对家庭与教育的鼓励措施及各种针对特定人群的福利措施和手段等。同所有所谓的福利国家一样，德国社会市场经济中也存在一定的社会福利病，如社会保障开支庞大，绩效低下，没有达到调节社会各阶级阶层利益关系的目的等。

除了社会保障制度的相关政策外，德国社会市场经济中还有一些介于经济政策和社会政策之间的政策措施，包括针对全国或地区、行业的某些特殊情况而制定的社会政策，例如促进失业工人再就业的政策，鼓励夕阳产业中的从业者转岗的政策，对低收入阶层或特定人群予以特别关注的政策等。

关键词

弗赖堡学派　欧肯　秩序　经济秩序和经济的秩序

经济秩序的形态学体系　集中领导的经济和交换经济

生产时间结构　艾哈德　米勒-阿尔马克社会市场经济体制

思考题

1. 弗赖堡学派的主要代表人物及其主要观点是什么？
2. 德国新自由主义经济思想有哪些特点？
3. 社会市场经济的理论基础和主要原则是什么？
4. 联邦德国的经济和社会政策有哪些主要内容？

第二十七章
美国新制度学派

美国制度学派自 19 世纪末建立以后曾颇为流行，但是，20 世纪 40 年代以后，由于凯恩斯主义在美国日益盛行，制度学派显得相对有些消沉。从 50 年代起，美国制度学派又继续发展，并在六七十年代产生了广泛影响，在学说史上被称为新制度主义（或新制度学派）。

本章第一节对新制度学派出现的社会背景、新制度学派理论和方法的特点做一个简明概述。在第二、第三节中对新制度学派的重要代表加尔布雷思、鲍尔丁的经济学说分别进行介绍。

本章重点

- 新制度学派的特点、方法、价值判断标准
- 加尔布雷思的理论贡献及其影响
- 鲍尔丁的经济学说

第一节 概 述

一、新制度学派出现的社会背景

20 世纪 60 年代末 70 年代初，新制度学派影响日盛，这主要是由凯恩斯主义的衰落所造成的。凯恩斯主义认为，刺激总需求就可以对付失业；抑制总需求就可以减少通货膨胀。但是，20 世纪 60 年代末 70 年代初，在西方各国出现了“停滞膨胀（滞胀）”的现象，即经济衰退与通货膨胀并存的局面。按照凯恩斯主义的方法，医治经济衰退的对策会加重通货膨胀，而医治通货膨胀的对策又会加重经济衰退，凯恩斯主义处在两难的境地。针对此局面，新制度学派声称，只有制度经济学才能彻底地解决资本主义制度面临的种种紧迫问题。

新制度学派关于制度经济学“复兴”的社会背景也有自己的说法。他们认为，自第二次世界大战以来，由于科学技术的巨大进步，资本主义制度已经发生了重大的变化。这种变化归纳起来主要有两个方面：一是由于大公司和工会等经济利益集团的发展，资本主义社会的权力结构与过去相比已有很大的不同；二是随着技术的进步和生产力的提

高，资本主义工业社会已进入“后工业社会”。这个社会由公私两部分经济组成，而公共部分变得越来越重要。因此，政府作为经济生活中的一个因素，正发挥着越来越大的作用。上述第一方面的变化说明资本主义价格制度（市场经济）的作用范围正在不断地缩小，而国家实行计划管理的必要性正在加大。第二方面的变化说明随着国家经济权力的扩大，实行经济计划管理的条件正在逐渐形成。新制度学派认为，对社会经济进行计划管理是工业化过程的必然要求。美国经济学家格鲁奇认为，资本主义在经历了自由放任的资本主义和福利资本主义这两个阶段之后，现在已进入了有指导的资本主义阶段。他们认为，有指导的资本主义需要解决的问题，首先是要制定国家发展的方向和经济发展的目标。为此，要协调各主要利益集团的利益，特别是政府、大公司和工会之间的利益。对于这些问题，凯恩斯主义的经济政策是无法解决的。加尔布雷思说：“一个经济时代的经济知识，在下一个时代就变得完全陈腐了。”① 因此，对于新出现的“滞胀”，只有在新制度学派的理论指导下才能找到“医治”的对策。

二、 新制度学派的基本特点

（一）理论渊源

在理论上，新制度学派主要继承了旧制度学派的理论，尤其是凡勃伦的理论。凡勃伦制度学派一贯反对传统经济学的均衡论与和谐论，强调分析现代经济社会（资本主义经济社会）制度的“缺陷”和“弊端”，主张依靠国家的管理和指导，从制度或结构上去改革资本主义。凡勃伦传统主要体现在以下两个方面：第一，经济关系是社会文化关系的一部分，而社会是一个演进的过程，所以经济关系也是一个演进的过程。这个演进过程是由社会工业化过程中的技术变革推动的。所以经济学要研究的，不是孤立的经济现象的量的增减，而是社会经济关系在制度上或结构上的变化。第二，经济学的研究任务，既不像传统经济学那样是为了说明个别决策者的快乐与痛苦的消长，也不是为了说明经济变量变动的均衡位置并分析影响经济增长的因素，而是为了从制度上或结构上为资本主义社会的“弊病”寻找原因，从而提出改革制度的主张和建议。

虽然新制度学派秉承了旧制度学派的传统，但两个学派之间还是存在重大差异。一般说来，旧制度学派主要研究企业的权力结构，讨论所有权和经营权的分离、所有者和管理者之间的矛盾等问题。新制度学派在继续研究企业权力结构的同时，着重研究社会权力结构，认为现代经济社会存在着有利益冲突的社会集团，制度经济学要探讨这些利益集团之间的关系并寻找协调它们之间利益关系的办法，从而促进整个社会健康、稳定地发展。

（二）经济学的研究对象与方法

制度学派对于经济学的研究对象有其独特的看法。他们认为，经济学的研究对象不

① 加尔布雷思．没有把握的时代与世界经济．经济学家（增刊），1978．

应仅限于经济问题，还要研究正在变化的经济制度①以及与制度有关的其他一切事物。新制度学派强调说，这里的“经济制度”不是一般人所了解的市场制度，而是市场制度处于其中的经济体制；“其他一切事物”则是指政治、社会以及心理等方面的各种问题。新制度学派指责传统经济学的研究范围过于狭小，从而使经济学成了关于稀缺资源如何配置的“抉择科学”，或者说经济学成了只局限于研究某种合理行为效果的“效率科学”。经济学被分割为宏观经济学和微观经济学两个部分更是一种不幸，因为这些做法并没有解决现实社会中存在的各种重大问题。它认为，经济学必须研究“整个社会制度，包括对经济领域具有重大意义的其他一切事物”②。由此可见，新制度学派主张的经济学研究对象是在经济中起主要作用的结构因素或制度因素，而这些因素在很大程度上涉及政治、社会、文化、心理等非经济因素，实际上它包括了经济学、政治学、社会学、心理学以及法学的内容。不过，这又使制度经济学失去了明确的研究对象。这是制度经济学至今没有形成一个统一的、系统的经济理论的原因之一。

虽然新制度学派（包括旧制度学派）没有自己完整的理论体系，但在方法论上有共同的特点，即重视历史和制度对经济生活的影响作用。它的方法论就是所谓的“演进的、整体的”（evolutionary and wholistic）方法。

新制度学派认为，由于科学技术是不断变革的，现代经济制度是一种“因果动态过程”，所以对经济问题的研究要用演进的方法，即要研究变化、研究过程，而不是研究静止的横断面。它主张用“演进”的概念来代替传统经济学的“均衡”概念。因此，新制度学派反对新古典学派的静态均衡分析法。因为静态均衡分析法忽略了各个经济利益集团之间的矛盾和冲突，不能正确反映现实。它还反对传统（正统）经济学的研究方法——抽象演绎法。加尔布雷思认为，抽象演绎法是脱离实际的“个人主义研究方法”，因为它是把个人从特定的社会经济关系中抽象出来，并以对个人经济行为的分析作为说明社会经济关系的关键。这一方法的认识论基础是简单的或机械的算术论，即社会不过是个人单纯的算术总和，社会经济是个人经济单纯的、机械的综合。因此，新制度学派主张要对经济现象做出符合实际的解释，就必须对具体历史条件下的“集体行为”进行分析。

新制度学派的整体方法和演进方法是相互联系的。它认为，在经济学研究中，应该把注意力从传统经济学的作为选择者的个人和企业，转移到作为演进过程的整个社会。经济学认为整体要大于经济的各个组成部分的总和，研究问题不能像传统经济学那样先研究各个组成部分，然后再进行加总。新制度学派认为，与自然科学相比，达尔文研究生物进化的方法、爱因斯坦研究相对论的方法就是整体的方法。加尔布雷思说：“把现代经济生活当做一个整体观察时，才能更清楚地了解它”；“专门化固然是方便的，但这是错误的根源”。③

新制度学派的整体分析方法与凯恩斯主义的总量分析方法也是不同的。凯恩斯主义所说的总量是指一国在一定时期内的经济活动水平，包括总供给、总需求、全社会的消

① 这里所说的“制度”（institution）不仅指有形的机构或组织，如公司、政府、家庭等，还包括无形的制度（狭义）和习俗，如所有权、生活方式、社会习俗等。

② Myrdall. “Institutional Economics,” *Journal of Economics Issues*, 1978, 12: 774.

③ 加尔布雷思. 新工业国. 波士顿：霍顿·米夫林出版公司，1967：6，405.

费、投资、储蓄等。这些总量的概念是可以用数字表示出来的。而新制度学派所说的整体不仅仅是经济概念，它往往不能用数字来表示。例如，“大公司的权力”这一概念，既包括经济权力，又包括政治权力和社会影响，它无法用数字来计量。因此，新制度学派反对单纯的数量分析，排斥某量等于某量的均衡概念，而主张把对制度因素的分析放在首位。所以，人们通常把新制度学派的分析方法概括为结构分析法或制度分析法。

（三）新制度学派的价值判断标准

新制度学派主张扩大经济学的研究范围、采用整体性的研究方法，这与他们的价值判断标准是相联系的。价值判断标准是一个伦理概念，是指判断是非善恶的标准，或者说是评价社会经济活动是好是坏的标准。新制度学派认为，传统经济学的价值标准是有问题的，因为传统经济学往往以国民生产总值的大小或增长的快慢作为判断标准。国民生产总值提高了，就是好事；否则，就是坏事。新制度学派认为，社会经济活动并不这么简单。国民生产总值只是一种经济价值，而经济价值只是各种社会价值的一种，它不能取代其他的价值。新制度学派强调，除了经济价值外，价值还应该包括诸如社会的平等、生态的平衡、都市的整洁，以及美、尊严、生活的乐趣等。它指出，一个健全的社会不能以牺牲其他价值为代价而去追求经济价值。新制度学派提出，要考虑经济增长的代价，比如增加生产是以牺牲多少自然的美为代价的。加尔布雷思把经济价值以外的其他价值称为“文化的价值”。如果把文化的价值和经济的价值综合起来用一个指标来表示，那么这个指标就是“生活质量”。

新制度学派提出价值判断标准问题，也是为了说明，人们的价值判断标准的不一致是因为目标的不同。公司的目标是产出的增长和利润的最大化，而国家以及公共经济应追求更高的目标——提高社会福利水平、改善人们的生活质量。正因为在现代经济社会中存在着目标上的不一致，所以国家要肩负起协调目标的责任。这就是新制度学派倡导社会改良或社会改革的基本理论根据。

第二节 加尔布雷思的经济学说

一、加尔布雷思的生平与著作

约翰·肯尼思·加尔布雷思（1908—2006）是美国著名经济学家，新制度学派的代表性人物。他 1908 年出生于加拿大安大略省的一个农场主家庭，1930 年毕业于安大略农学院，获文学学士学位。他毕业后前往美国，在加州大学伯克利分校研究农业经济学，1933 年获硕士学位，1934 年获加州大学伯克利分校农业经济学哲学博士学位，并留校任教。两年后，他转到哈佛大学任讲师，一直到 1939 年。其间，他曾在 1937 年远赴英国任剑桥大学社会科学研究委员会委员一年。他于 1939—1940 年任普林斯顿大学副教授，1941—1943 年任美国物价管理局局长助理，1945—1946 年任美国战略轰炸调查组主任。从 1949 年起，他又回到哈佛大学任经济学教授，直到 1975 年退休。其间，在第二次世界大战后曾任印度、巴基斯坦和斯里兰卡政府顾问；1956—1960 年任民主党经济顾问委员会主席；1961—1963 年任美国驻印度大使（被肯尼迪总统认为是最称职的大使），离任后回哈佛大学继续任教。1972 年，他当选为美国经济学会会长。此外，他还担任过《幸福》杂志编辑。

加尔布雷思是一个知识面广博的学者，他思想敏锐，文采飞扬，笔触辛辣，一生的著作颇丰，主要有：《美国资本主义：抗衡的力量》（1952）、《1929 年的大崩溃》（1955）、《丰裕社会》（1958）、《自由主义时代》（1960）、《经济发展》（1964）、《新工业国》（1967）、《经济学、和平与欢笑》（1971）、《经济学和公共目标》（1973）、《不确定的年代》（1977）。其中，《经济学和公共目标》[①] 是其新制度主义理论的最完整的论述。

二、早期经济学说

（一）“抗衡力量”论

加尔布雷思承认，在现代资本主义市场中，占统治地位的是为数不多的销售者的市场，即寡头市场。在这种市场结构中，寡头具有一定的垄断力量，可以通过控制价格来获取高额的垄断利润。虽然资本集中形成了少数几家大公司，从而削弱了市场竞争，但在另一方面引起了对立的、中和的和抗衡的力量如工会、合作社、连锁商店、新出现的联合组织和国家的力量等的反抗。在强大的卖主和买主之间、在大公司和工会之间常形成一种相互对抗的力量，各方都想捍卫自己的利益而削弱对方的利益。在这种抗衡局面下，双方会注意消费公众的影响作用，所以有时能促进公众消费者的福利。但是，随着经济的发展，各方的力量会发生变化，为了防止某一方经济力量的过分强大和滥用权力，不能寄希望于此组织本身，需要相对抗的另一方对其进行阻挠；同时，国家或政府应出面协助抗衡力量较弱的一方，使双方力量趋于平衡。

加尔布雷思对各种“抗衡力量”进行了解释。他认为，在劳动市场上，寡头是强大的买主，而工人是弱小的卖主。但工人长期遭受寡头的剥削促使他们组织工会，并使工会发展成为一种与寡头抗衡的力量。寡头的势力越大，工会的力量也就越强。这样，工人不但能保护自己，而且能分享部分垄断利润。因此，工会作为一种强大的“垄断势力”与大公司一样成为既得利益者。工会势力过大是造成非工会会员就业困难的主要原因。所以，他主张把非工会会员组织起来，改变其弱小的卖方地位，以提高其议价的能力，即抗衡力量。

小生产者通过建立合作社组织，可以形成同寡头抗衡的一种力量。在消费品市场上，消费者虽然自己并不组织抗衡力量，但他们要求零售商为消费者的利益而组织抗衡力量。[②]

① 中文版的《经济学和公共目标》（蔡受百译）由商务印书馆于 1980 年出版。该书共有 31 章，前 20 章基本上是对其《丰裕社会》和《新工业国》的浓缩和主要论点的修正，后 11 章才阐述作为其理论特色的“社会改革”学说和具体的政策建议。它是加尔布雷思经济理论体系（二元体系）的进一步发展。

② 加尔布雷思在这一点上，观点是有所变化的：1954 年他把零售商的这种行为解释成是由于零售市场的紧张竞争，1973 年他又认为消费者为了本身的利益应该直接组织起来，成为一种抗衡力量。（胡寄窗. 1870 年以来的西方经济学说. 北京：经济科学出版社，1988.）

在生产资料销售市场上，厂商数目虽然不多，但作为买方的大公司钳制了作为卖方的大公司。例如，作为钢铁大买主的美国福特汽车公司的垄断力量抑制了作为卖主的美国钢铁公司的垄断权力。或者说，垄断权力的运用会产生一种与其自身抗衡的力量，前者为后者所“抵消”。

在他看来，抗衡力量是在垄断资本主义条件下产生的一种代替竞争的自动调节机制，因此，“抗衡力量的增长使自动调节经济的力量得到加强”①。抗衡力量的产生与增强使现代资本主义既摆脱了垄断统治，又清除了竞争的破坏性作用。因此，他否定了市场机制能自动趋于稳定和均衡的传统经济学的观点。

（二）“丰裕社会”论

加尔布雷思在《丰裕社会》一书中指出，“传统智慧”不仅无法解决而且加重了“丰裕社会”中出现的各种失衡现象，他提出对经济增长和社会福利重新进行评价，并说明只有采用其提出的新概念和新对策来取代“传统智慧”，才能使“丰裕社会”摆脱各种枷锁而日臻完善。

加尔布雷思认为，长期以来，人类处于贫困的状态，但时至今日，许多国家，尤其是美国，已经进入了“丰裕社会”。他还进一步指出，在丰裕的美国，并没有出现日益不平等的现象。这主要是由于产量增加和低收入者的就业情况“大大改善”，因此“不均作为经济问题的兴趣已趋下降，很少有比这更明显的事了”②。但是，人们依然被建立在贫困假设上的传统经济学的思想即传统智慧所束缚，因而出现了理论和实际的脱节，引起了许多问题：

第一，经济周期波动加剧。“传统智慧”认为，生产越多就越能满足欲望和增进福利。事实上，消费者的迫切需求已经得到满足。消费者的许多欲望是生产者的广告和推销术创造出来的。推销术和分期付款的发展使许多人债台高筑。当相当多的人不能按期付款、广告令人麻木时，投资者失去信心，萧条和失业就会接踵而来。过去只有投资的变动令人捉摸不透，现在，信用的扩张与收缩也令人难以捉摸，再加上争取顾客的手段又使消费不稳定，这就加剧了经济波动的幅度。

第二，通货膨胀。通过广告、推销术和分期付款创造出来的需求，往往是在新投资尚未导致产量增加以前就已形成，结果造成需求大大超过供给，出现通货膨胀。

第三，生产和消费的结构性失调。“传统智慧”只研究生产和消费在数量上的均衡，而不考虑或很少考虑在结构方面也有均衡的需要。从生产结构方面看，公共部门提供的服务短缺，如学校和医院不足、治安欠佳、交通不畅、环境污染等，而私人部门却大量生产毒品、黄色书刊等危害社会的产品。

第四，投资的结构性失调。加尔布雷思指出，经济增长包括资本形成和技术进步，而“传统智慧”只专注于资本的形成，误认为技术进步是偶然的，从而导致对后者的投资不足。

---

① 加尔布雷思. 美国资本主义：抗衡的力量. 波士顿：霍顿·米夫林出版公司，1952：118.

② 加尔布雷思. 丰裕社会. 上海：上海人民出版社，1965：1.

针对上述弊端，他认为，首先要抛弃不合时宜的传统经济理论，改变人们关于经济增长和福利的旧观念。福利的增进不是生产水平的提高，而是减轻社会冲突和不均衡；不迫切需求的商品生产已不值得叫人忍受残酷的市场机制和物竞天择的折磨。这样，人们才能享受丰裕的果实。

第一，通过课征销售税来克服市场和消费的结构性失衡。加尔布雷思反对加重个人所得税和公司所得税的做法，主张利用销售税增加政府收入。他认为，“丰裕社会”改变了过去人们反对征收销售税的理由，因为各种日用消费品的销售税即使提高两三倍，对人们的生活影响也很小，所以不会遇到阻力。此外，销售税可以削减富裕人民对非必需品或有害物品的购买。随着经济发展和私人消费的增加，政府的销售税收入同样增加，这样，政府就可以利用它来解决公共服务所需资金不足的问题，并维持私人消费和集体消费间的均衡。

第二，实施“商业循环分等补偿制”和人力投资政策来解决失业和贫困问题。加尔布雷思认为，建立和发展各种社会福利或“公共服务”设施是必要的，但现存的失业救济制度使人们不必就业就可获得经济保障，加剧了生产和需求之间的失衡与通货膨胀。为此，他建议实行“商业循环分等补偿制”，即失业增加时，失业补偿金也增加；当接近充分就业时，失业补偿金就减少。此外，加尔布雷思认为，对“丰裕社会”存在的少数贫穷人或贫困地区，政府与公众应超比例地提供学校、文化和卫生设施等，以补救人力投资的不足，使其恢复对社会贡献的能力，并提高下一代的谋生能力。

第三，削减军费，发展科技。加尔布雷思认为，不值得进行军备竞赛，应尽可能同假想的敌人达成谅解，削减军费，并以此来加速科技事业的发展。尽量以自动化代替单调的工作，使人们获得更多的闲暇和接受教育与训练的时间，以取得非物质消费所能提供的幸福。他甚至认为，在“丰裕社会”，经理、科技人员、教师以及诗人等的地位特别重要，其人数也在增加，已形成一个新的阶级，应加速新阶级的扩展。

加尔布雷思的《美国资本主义：抗衡的力量》和《丰裕社会》为其新制度经济学奠定了基础，其思想在他 1967 年出版的《新工业国》一书中得到了进一步发展。

(三)“新工业国”论

1967 年加尔布雷思出版了《新工业国》，该书对美国战后 20 余年的社会经济制度与政治结构的变化做了系统的分析。他认为，在现代经济社会中，科学技术进步对社会发展具有决定性的影响，致使以现代大公司为基础的美国社会经济的性质发生了重大变化，进入了一个崭新的发展阶段——新工业国阶段。新工业国具有如下特征：

第一，权力从资本家手中转移到“技术结构阶层”①。所谓的技术结构阶层是指现代大工业中受到高度训练的专家阶层，包括工程师、科学家、管理人员、经济学家、律师、外勤人员、广告人员和其他专业人员，他们各自具有稀有技巧和难得的知识，在巨大而

① 技术结构阶层（technostructure）一词系加尔布雷思在《新工业国》中首创，也有将该词译为“技术结构”或“技术专家体制”的。这是他继承凡勃伦的技术决定论的思想，结合当时流行的企业家职能思想所发展出的新观点。

技术先进的组织中日益代替名义的经理和不起作用的股东做出决策。加尔布雷思认为，在不同的历史时期，“最难获得或最难替代的”生产要素是不同的；谁拥有这种“最难获得或最难替代的”生产要素，谁就可以控制其他生产要素，谁就拥有权力。在农业社会中土地是最重要的生产要素，地主掌握了土地，所以地主成为社会和经济领域中的掌权者。在工业社会中资本是最重要的生产要素，资本家掌握资本，因此资本家是工业社会中的掌权者。但根据他自己对战后20余年美国社会经济发展情况的观察和研究，加尔布雷思认为，由于工业的迅速发展和科学技术的不断进步，资本的供给日益充足，社会上出现了储蓄过多的倾向；而工业和技术发展所需要的专门知识则成了企业发展和成功的决定性要素。于是，资本所有者手中的权力就转移到了专门知识拥有者——“技术结构阶层”的手里。由于现代企业的决策需要综合的信息，而个人的知识和能力都是有限的，因此，“技术结构阶层”的掌权和决策必然是集体的掌权和决策。任何个人如果想更改集体的决策，必须求教于另一批专家，让另一批具有同样专门知识的专家来判断。这样，权力或决策权仍然落在技术结构阶层。

由于权力的转移，现代公司的结构已发生了重大变化。现代公司的最外层是普通股东，向内一层是生产工人，再向内一层是基层管理人员，最内一层是“技术结构阶层”，因为他们的事业心、技术兴趣和责任感把他们与公司密切地联系在一起。普通股东之所以在最外层，是因为他们同公司的关系纯粹是金钱关系，他们关心的只是手头的股票能赚多少股息。如果赚得少，他们会毫不犹豫地把股票抛掉，投资于其他地方。因此，这些没有专门知识的普通股东，对公司的经营因其无知而无权过问，也不想过问。

第二，公司目标发生了变化。加尔布雷思认为，权力转移到“技术结构阶层”手中的公司都是“成熟的公司”。“成熟的公司的目标将是技术专家组合目标的反映。……成熟的公司并不一定要使它的利润最大化，它也不这样干。”① 因为“技术结构阶层”的收入主要是薪水和奖金，而不是股息，出于自身利益的考虑，他们力求做到使企业利润保持一定的水平，不至于让股东们把股票卖掉，造成股市下跌；如果追求最大利润，那么得到最大利益的将是最不忠于企业的股东们，而“技术结构阶层”却要为此承担风险。因此，“技术结构阶层”把企业的“稳定”和“增长”作为自己的也是公司的主要目标。

第三，“生产者主权”取代“消费者主权”。加尔布雷思强调，消费者主权主要存在于工业发展的早期阶段，边际效用原理反映的是这一时期的消费模式。但是，在“丰裕社会”里，由于收入很高，人们已经不满足于基本的生活消费需求，心理的需求变得越来越重要，或者说，人们对满足某种虚荣心、舒适感、美感等的需要显得越来越重要。在心理需要的领域，边际效用递减原理将不再适用。这样，生产者就有可能通过广告、推销术等手段对消费者进行“劝说”和“干预”，就有可能改变个人的偏好，刺激大众的需求。另外，现代大公司在“技术结构阶层”的控制下，以稳定为目标，因此大公司之间可能达成某种“谅解”，避免激烈的价格竞争和价格崩溃的危险，它们可采取一致行动来保持产品价格的稳定，并使消费者接受该“计划价格”。他指出，在现代资本主义（新工业国）条件下，由于消费者主权让位于生产者主权，所以大公司可以按照自己制定的

① 加尔布雷思. 新工业国. 波士顿：霍顿·米夫林出版公司，1967：160-161.

计划来进行生产，制定价格，然后通过无孔不入的广告和各种各样的推销术向消费者兜售产品，从而使生产和销售实现“计划化”。

第四，工业资本战胜银行资本。一方面，过去，银行（金融）资本控制工业（产业）资本，但加尔布雷思认为，在“丰裕社会”或“新工业国”里，技术结构阶层控制的企业以稳定为目标，尽量减少对银行信贷资金的依赖，以免受银行的控制。另一方面，现代大公司本身为实现内部积累提供了条件，它们通过生产者主权保证了一定的利润水平，其中作为股息分配给股东的部分并不多，从而保存了“大量未分配收入”。因此，他断言，过去曾经存在的情形，即银行“从它所供给资金的生产者单位那里获取特权”①，今天已不存在了。

第五，资本主义和社会主义的趋同。加尔布雷思预言，资本主义和社会主义不过是现代工业社会的不同技术组织形式，而经济和技术发展必然使这两种制度“接近”或“趋同”。这种趋同主要表现在以下三个方面：（1）经济计划正在逐步加强，市场作用在渐渐削弱。因为这两种制度都实行对需求、价格和工资的计划管理。虽然在管理方法上稍有不同，但“计划化”的实质是一样的，即大生产本身要求消除“市场和消费者的最高权力”。（2）在两种制度下，“技术结构阶层”都成了事实上的掌权者。（3）两种制度下的国家都加强了对人员的培训。因为在现代经济社会中，科学技术和专门知识是“最难得或最难替代的”生产要素，任何国家的经济要发展，必须依靠科技的进步。这样，“人力投资”越来越大，政府在教育和培训计划中所起的作用也就越来越大。

三、“二元体系”论

“二元体系”是加尔布雷思在《经济学和公共目标》中所宣扬的核心观点，也是他的成熟思想。他认为，当代美国经济不是由自由竞争的私人企业组成的单一结构，而是“二元体系”，即美国经济中存在两个体系：“计划体系”（planning system）和“市场体系”（market system）。计划体系是指一些能够实行计划生产和销售的大公司，其权力掌握在技术结构阶层手中；市场体系是指受市场机制支配的小工商企业。

加尔布雷思估计，在美国，属于计划体系的大公司约有 1 000 家，属于市场体系的小工商企业约有 1 200 万家，这两部分的产值大约各占国民生产总值（不包括国家经营的部分）的一半，但两者的权力相差甚远。计划体系的主要特征是：大公司有操纵价格的权力，消灭了贫困，不存在阶级对立，企业目标是追求稳定和增长而不是利润的最大化，生产者主权取代了消费者主权。市场体系的特征则是：小工商企业技术简陋、力量单薄，无法支配价格和消费者，反而受市场支配。因此，在国民经济中，计划体系占支配地位，而市场体系处于被支配的地位，导致市场体系中的小工商企业必然受大公司的剥削，使两者更加不平等。

二元体系的存在给社会经济带来了严重的后果：第一，它造成了社会经济发展的不平衡；第二，它造成了两个体系之间人们收入上的不平等。在计划体系中，大公司能规

① 加尔布雷思. 新工业国. 波士顿：霍顿·米夫林出版公司，1967：284.

定其产品的价格，即使在通货膨胀情况下，它们也有条件随着工资的上升而提高产品的价格，使自己不受损失。相反，市场体系中的小工商企业则只能听命于市场价格，一旦发生通货膨胀，它们必然蒙受损失，加剧了两者的不平等。

加尔布雷思认为，计划体系对市场体系的剥削正如发达国家对发展中国家的剥削一样，甚至在美国国内更甚。他说："计划体系的参加者得到的是比较可靠和有利的收入，而市场体系的参加者得到的则是不那么可靠和不那么有利的报酬。"① 他还指出，由于现今失业普遍存在，市场体系中的人员是很难进入计划体系的，这样就造成了"持续的不平等"。他把这两种体系的对立看成是美国现代社会的基本冲突，也是一切弊端产生的根源。因此，他主张政府、公众应支持小企业，如由政府研究机构代替小企业进行有关它们发展问题的研究，支持弱者在市场体系中组织工会，实行最低工资法和规定最长工作时间（包括自营小业主及其家属）。

加尔布雷思主张提高市场体系的地位和扩大它的权力，同时，限制计划体系的权力并消除它对市场体系的剥削。只有这样才能使这两个体系的权力相等，"缩减两个体系收益的不平等，提高市场体系的谈判能力，减少计划体系对它的剥削"②。他把这种措施称为"新社会主义"。

那么，由谁来推行他所说的"新社会主义"或这种社会改良呢？加尔布雷思认为，这要由政府来实行。不过，政府为了能胜任改良的任务，它本身首先要从计划体系的控制下解放出来，或者说，政府不要再把计划体系的目标当作公共目标。那么，又由谁去解放政府呢？是国会。他指出，就政府的解放而言，国会处在关键的地位。为此，就要说服立法人员（议员），并造就一大批具有新观念的立法人员。这是科学教育界的任务，所以改良的责任最终落在科学教育界的肩上。

加尔布雷思认为，改良的起点是"信念的解放"。信念的解放是改良中最艰巨的任务，其他各项改良都有赖于它的实现。他指出，所谓的信念的解放是指人们的思想观念要从传统观念中解放出来，具体地说，就是要从传统经济学的束缚下解放出来。他说，传统经济学教导人们不是去为自己谋利益，而是为计划体系效劳。传统经济学是由消费者主权、企业追求最大化利润和从属于市场这三个命题支撑的，这表明它是把注意力放在千万个小企业上，而看不到对整个经济起决定性影响的大公司的作用。于是在经济学的分析中排除了权力的概念。而排除权力分析的经济学是过时的、有害的，其最大害处在于把大公司的目标说成是公共的目标。加尔布雷思反驳说，计划体系的目标是经济增长，但对整个社会而言，真的是商品生产得越多越好吗？他说，香烟生产得越多，癌症患者就越多；汽车生产得越多，交通事故就越多，空气污染就越严重；等等。所以，他把希望寄托在具有新观念的知识分子和教育界上。

加尔布雷思认为，政府从计划体系的控制下、从传统观念的束缚下解放出来以后，才成为"公共的政府"。这时它就可以采取措施进行改良。重要的改良行动是制定和实施政策。具体地说就是要进行"结构改良"和"权力均等化"：

① 加尔布雷思. 经济学和公共目标. 北京：商务印书馆，1980：50.
② 同①217－218.

第一，改良计划体系和市场体系之间的关系，实现权力均等化。

第二，整个二元体系的改良必须以公共目标作为国家目标的先决条件。

第三，对工人也应采取收入均等化的措施。

第四，提高市场体系的权力，减少两个体系在收入上的不平等。

加尔布雷思的“改革论”（实际上是“改良论”）是不彻底的改良论。第一，他的“新社会主义”理论试图用两个体系的矛盾取代资产阶级和无产阶级的矛盾。第二，他企图依靠资产阶级政府来“限制”垄断资本。第三，他把本质上仍然由资本（或者说是由资本的人格化代表——资本家）统治的社会看成是由所谓“技术结构阶层”统治，进而寄希望于由知识分子和教育界来启蒙和改良这个社会。

加尔布雷思和其他新制度学派经济学家一样，尽管揭露了资本主义社会的种种问题，并提出了制度改良要求，但他绝不是要消灭资本主义制度本身。正如他自己一再表明的那样：“我是一个改革论者，不是革命论者。”但是他的二元体系论把对大公司的权力结构的分析发展到对社会经济结构的分析，这是加尔布雷思对制度经济学的重要发展。

第三节　鲍尔丁的经济学说

肯尼思·尤尔特·鲍尔丁（Kenneth Ewart Boulding，1910—1993）是美国经济学家。他 1910 年出生在英国的利物浦，1922 年获得施福顿伯爵奖学金进入利物浦高等学校学习，1928 年获牛津大学新学院自然科学奖学金进入牛津大学学习，一年后转入人文科学，1931 年获牛津大学文学学士学位及牛津哲学、政治学和经济学院第一名的荣誉，1932—1934 年获国家研究员奖学金在美国芝加哥大学留学。1934—1937 年在爱丁堡大学任教，1937—1941 年任柯尔凯大学讲师，其间在 1939 年获牛津大学文学硕士学位。1941 年在美国普林斯顿国际联盟经济与金融部门任职。1942—1943 年任费克斯大学教授，1943—1946 年任艾奥瓦大学副教授，1946—1947 年任加拿大麦吉尔大学经济系教授兼系主任，1947—1949 年任艾奥瓦大学教授。1948 年加入美国国籍。1949—1967 年任密歇根大学教授，1968—1977 年任科罗拉多大学教授，1977 年成为该校杰出经济学教授。1980 年退休后为科罗拉多大学杰出经济学名誉教授。自 1967 年以后，他一直兼任科罗拉多大学学位科学研究所一般社会经济动态规划研究室主任。他的主要著作有：《经济分析》(1941)、《和平经济学》(1945)、《经济学的重建》(1950)、《组织革命》(1953)、《意象：生活与社会中的知识》(1956)、《经济学家的技巧》(1958)、《冲突与辩护：一般理论》(1962)、《社会科学的影响》(1966)、《作为一门科学的经济学》(1970)、《经济动态学》(1978)。他的论文很多，收集在五卷本的《论文集》(1971、1973、1975）中。

鲍尔丁认为，人类行为只有结合所有的知识（理性的、天赋的和神秘的）才能被理解，经济问题包含伦理和其他社会成分。要理解和解决经济问题，就必须突破传统经济学的范围，把各学科的知识融为一体并运用于经济分析。因此，经济学必须走新的道路，在融会各门学科的情况下重建经济学。新的经济学必须超越传统的范围成为能在总体上研究人的一般科学，它不仅要实现自然科学和社会科学在经济学中的统一，而且要吸收和运用宗教精神。理解人类行为的任务和改善人类行为的任务是密不可分的，要完成这些任务，就必须把科学和宗教结合起来。要实现高尚的道德目的，只有善良的意志是不够的，必须有科学知识，而宗教对于完善人类的品质和行为，对于人们合乎道德地利用知识是大有裨益的。经济学家不应该在“人们如何获取所需”这个问题上止步，不能单纯地利用经济标准判断经济行为和经济政策，而是必须进行价值判断。他认为传统的边际分析方法是不符合实际的，利润最大化也不是厂商的唯一目标。在批判传统经济学的基础上，鲍尔丁主张建立一门运用各门科学知识和宗教进行经济行为分析，实现理性分析和价值判断相结合的新型经济学。他认为经济理论还要关心非市场行为，并提出了研究不进行交换的那一部分经济的赠与经济学。

鲍尔丁还从社会组织论的角度论证了建立综合性经济学的必要性。他认为，社会有三个组织者：爱、恐惧和交换，即由出于爱而产生的各种社会福利设施所组成的联合系统，由维持社会安定的各项法律制度（包括税收）所组成的威胁系统，单纯开展市场经济活动的交换系统。这三者对于任何社会的生存和发展都是必不可少的。交换系统有分配资源和影响决策的作用，但是如果没有威胁系统和联合系统的有力配合，则经济就不会顺畅地运行。这是因为大部分经济活动及其动机是超出市场和市场力量以外的。因此，如果像经济自由主义者那样只限于从交换的角度来观察问题、研究问题，就必然会误解经济生活的一般性质。

鲍尔丁还提出了他的社会演进论，用来反对马克思的阶级斗争理论和社会发展阶段论。他认为阶级斗争违反了宗教原则，过于野蛮和残酷，不是社会发展的动力。经济增长和社会发展从根本上来说是演进的，人类社会的发展是起因于知识增长的演进过程，这个过程分为三个阶段：（1）前文明时期，其特征是人们都靠打猎和采集野果维持糊口的生活水平；（2）文明时期，其特征表现为农业是国民经济的支柱，农民占总人口的75%～80%，这个时期起因于农业的发明和城市的兴起；（3）后文明时期，它处在技术高度发展的状态，是一个繁荣、正义和自我实现的时期。向这个时期的过渡是在20世纪初才真正开始的，有些国家还没有完成这个过渡。在从前文明时期向后文明时期的过渡中，农业的发展、新形式的社会组织的创造和技术的发展是三个关键因素，而知识的增长则是推动社会前进的最关键因素。知识以意象的形式表现出来，在高水平的人和社会中，演进过程可以在人们关于未来的意象的指导下发生，成为人们有目的的活动的结果。

关键词

新制度学派　整体方法和演进方法　加尔布雷思　《新工业国》
《经济学和公共目标》　“抗衡力量”论　“丰裕社会”论　技术结构阶层
生产者主权　趋同　计划体系与市场体系　鲍尔丁

思考题

1. 简述加尔布雷思的“丰裕社会”论。
2. 如何看待“权力向技术结构阶层转移”的观点？
3. 评述加尔布雷思的“二元体系”论。

第二十八章 瑞典学派

上一编第十八章已介绍了瑞典学派发展的前两个阶段，本章介绍瑞典学派第二次世界大战以后的发展。本章只有两节，第一节对第二次世界大战以后瑞典学派的发展做一个简明概述，第二节集中介绍瑞典学派理论集大成者林德伯克的经济学说。

本章重点

- 林德伯克的著作和影响
- 林德伯克的社会民主主义经济制度理论

第一节 概　述

瑞典学派也称斯德哥尔摩学派或北欧学派。从维克塞尔、卡塞尔开始，经缪尔达尔、林达尔、俄林等，瑞典学派在经济学说史上产生了重要影响。第二次世界大战以后，瑞典学派继续发展，其代表人物主要有林德伯克、丹麦的本·汉森（Bent Hansen，1920—2002)、挪威的拉纳尔·弗里希（Ragnar Frisch，1895—1973）等。林德伯克是这个时期瑞典学派的集大成者。林德伯克 1930 年出生于瑞典的乌默奥。他于 1953 年获得斯德哥尔摩大学理科硕士（社会科学）学位，1963 年又获得该校的哲学博士（经济学）学位。这期间，他还曾游学于美国，与美国著名经济学家萨缪尔森交往密切。1964—1971 年任斯德哥尔摩经济学院教授，1971 年起担任斯德哥尔摩大学国际经济研究所教授、所长。这期间，他还在美国和澳大利亚的许多大学担任客座教授，如 1968—1969 年在哥伦比亚大学、1969 年在加州大学伯克利分校、1970 年在澳大利亚国立大学、1976 年在耶鲁大学、1977 年在斯坦福大学任教等。他是瑞典皇家科学院诺贝尔经济学奖评选委员会委员、主任，瑞典电信学会理事成员，经济计量学会研究员，经济合作与发展组织(OECD)、联合国和世界银行的专家顾问。他还是美国经济学会的名誉会员。

林德伯克的主要著作有：《货币分析研究》(1963)、《农业部门经济学》(1973)、《通货膨胀——全球性、国际性和全国性问题》(1980)。其影响最大的著作是《新左派政治经济学：一个局外人的看法》(1971) 和《瑞典经济政策》(1975)。

在《新左派政治经济学》中，他从新古典综合派和社会民主主义的理论观念出发，全面地评述近年来在西方世界影响迅速扩大的激进派经济学的理论观念。他认为“新左派”在政治上没有统一的纲领，在经济学上也构不成一个严谨而独立的学派。同时，他还全面阐述了自己带有强烈的社会民主主义色彩的新古典综合派的经济思想。他指出现代经济制度应该是一个至少包括七个方面的多维性概念，而不应简单地分为资本主义和社会主义两类。

在其另一代表作《瑞典经济政策》中，林德伯克从瑞典经济政策目标、战后经济政策的主要内容、战后瑞典经济政策的成就与失败三个方面详尽地论述了战后瑞典实行社会民主主义的混合经济政策。他试图对货币和宏观理论的微观基础做出贡献，强调微观基础对厂商行为、家庭和各种利用财政及货币政策工具的信贷机构的影响。在经济政策上，他强调将政治家的行为内生化，而不是把分析的范围仅仅局限在假设的政策后果上。从这一点来说，他更接近新古典综合派，主张实行以市场经济为基础，又有政府干预的社会民主主义经济制度。他认为瑞典的经济政策就属于这种类型，这一政策在实现充分就业、经济增长、国际收支平衡和收入平等化方面取得了可观的成就，但也引起了严重的通货膨胀以及福利政策降低了社会经济效率等问题。

第二节 林德伯克的经济学说

林德伯克提出了社会民主主义经济制度理论，其要点如下：

(一) 经济制度的概念

林德伯克认为，传统的讨论经济制度的方式带有一般的政治争论的性质，简单地把现代经济制度归纳为资本主义和社会主义已经过时了。因为现代经济制度是一个多维性问题，应当用多维性概念去描述它。因此，他给出的经济制度的定义是：某种经济制度是在一定地域内对生产、收入和消费进行决策和实施这种决策的一系列机制和机构的总和。

(二) 经济制度的七个方面

林德伯克认为，对经济制度的多维性至少应从以下七个方面加以描述：(1) 在决策过程中是集权还是分权；(2) 在资源配置方面是用市场机制还是用政府管理机制；(3) 在商品分配过程中是用均衡价格还是实行配给制；(4) 在所有制方面是私有制还是公有制；(5) 在调动个人的工作积极性方面是用经济刺激还是用行政命令；(6) 在企业之间和个人之间的经济关系方面是竞争还是垄断；(7) 在对外经济关系方面是国际化还是闭关自守。

(三) 理论上存在的经济制度模式

林德伯克认为，在理论上，当代经济制度至少存在五种形式：

(1) 无政府主义方案。这种经济制度方案的特点是拒绝承认任何有组织的权威。他认为这种方案只存在于文艺作品中，因为在文艺作品中，世界经济问题是用象征的手法解决的，而在现实经济生活中应用这种方案是不可思议的。

（2）自由放任方案。无政府主义加上市场制度，构成自由放任经济制度。这种方案主张取消政府管制，削减政府经济政策目标，减少福利国家措施，增加现有企业数量，加强竞争。林德伯克认为这种制度具有纯粹市场制度所固有的缺陷：经济不稳定、分配不平等、环境问题无人过问、集体消费无人关心等。

（3）社会民主主义方案。政府干预经济，消除第二种方案中的市场经济的缺陷，奉行经济稳定政策、收入再分配政策、环境保护政策、反垄断政策、集体消费政策等，构成社会民主主义经济制度。

（4）市场社会主义方案。提高社会民主主义福利国家中的国有化程度，使公有部门在国民经济中居于统治地位，这就是市场社会主义经济制度。

（5）非市场公有制方案。这是一种排除市场制度，实行行政管理的中央集权经济制度。

（四）当代世界上实际存在的三种经济制度模式

林德伯克认为，在实践上，许多理论家和社会活动家都简单地把一种经济制度要么归为资本主义，要么归为社会主义，有意或无意地造成制度对抗和理论混乱。这种简单线性思维对理论和实践都是有害的。因为现实经济生活中至少存在三种不同的经济制度模式：（1）以瑞典为代表的西方混合经济模式；（2）以南斯拉夫①为代表的市场社会主义模式；（3）以苏联②为代表的中央集权经济制度模式。

林德伯克对这三种模式进行了详细的比较研究，认为这三种模式有如下特征：

（1）在集权和分权的关系上：西方混合经济模式偏重于分权；苏联模式偏重于集权；南斯拉夫模式介于二者之间，集权分权兼而有之，但相对地偏向分权。

（2）在市场和行政管理的关系上：西方混合经济模式偏重于市场制度；苏联模式偏重于行政管理；南斯拉夫模式介于二者之间，但略偏向市场制度。

（3）在所有制方面：西方混合经济模式以私有制为主；苏联模式以公有制为主；南斯拉夫模式介于二者之间，但偏向公有制——集体所有制。

（4）在经济刺激和行政命令的关系方面：对待个人，三种模式都偏重于经济刺激；对待企业，西方混合经济模式偏重于经济刺激，苏联模式偏重于行政命令，南斯拉夫模式介于二者之间而略偏重于经济刺激。

（5）在竞争问题上：就个人关系而言，西方混合经济模式和苏联模式都偏重于竞争；就企业之间的关系而言，西方混合经济模式偏重于竞争，苏联模式偏重于垄断，南斯拉夫模式介于二者之间而偏重于竞争。

（6）在对外经济关系方面：西方混合经济模式偏重于国际化；苏联模式偏重于闭关自守；而南斯拉夫模式则介于二者之间。

---

① 这里是指东欧剧变之前的南斯拉夫。下同。

② 这里是指东欧剧变之前的苏联。下同。

（五）混合经济的理论依据——分权和集权之间的关系

林德伯克认为，分权有两层意思：一是将决策权分散到个人和企业；二是将决策权在企业内部再度进行分散。后者叫做决策民主参与制。分权的重要性在于：第一，关于偏好、技术和市场关系这类社会经济事实的知识和信息，极其零碎地分散在千千万万的民众当中，收集这些信息的代价极其高昂，很难做到完整收集，特别是关于特殊个人的偏好和特殊工厂生产特殊商品所采用的不同的工艺技术，其转移和交流都十分困难。第二，分散决策效应的直接感受者是决策者本人，他们易于而且乐于及时地调整不正确的决策，不像集权制度那样，决策者和感受决策效应者是完全不同的两类人。

集权之所以必要，原因有三：第一，某些带有比较和综合性质的信息，如国民经济统计方面的信息等，集权机构比个人和企业更易于收集，而且观察也比较深刻；某些生产技术和管理方法，在集权制度下也比较容易推广。第二，公共产品问题和个人决策所产生的外部性问题，如某些生产过程对自然环境的污染、破坏等，在集权制度下比较容易处理。第三，收入和财富的分配和再分配、宏观经济稳定等，天然要求对经济政策集中规划和集中实施。

因此，他认为任何经济制度都是集权和分权的某种程度的组合。西方混合经济理论就是为了寻找集权和分权的合理组合。其解决方案是：普通消费品生产和消费决策权归个人和企业；而基本的研究统计、环境保护、公共产品的生产、集体消费、收入再分配等方面的宏观决策权归政府掌握，政府推行相应的经济政策，特别是福利国家政策。由此可见，社会民主主义混合经济理论的特点在于强调福利国家政策、强调分配的平等。

（六）市场经济和中央计划经济的关系

林德伯克认为，在每个实行劳动分工的比较发达的经济中，为了保持经济的正常运行，必须解决下述五个方面的问题：（1）获取关于消费偏好的信息；（2）按照这些偏好在各个部门中配置资源；（3）决定采取何种生产技术；（4）刺激对资源的合理利用、投资和发展新技术；（5）协调众多的生产企业和消费者的决策，使每个行业所生产产品的品种和数量符合众多消费者和其他行业的需求。

这五个方面的问题，归纳起来就是交流信息、配置资源、协调决策。他指出，要达到此目的只有两种方式：一是通过市场机制；二是通过行政机制——中央计划机制。没有市场机制的中央计划机制要达到上述目的，需要收集有关生产能力和消费偏好这两方面的信息，并借助于最先进的电子计算机制订出最优资源配置方案。但电子计算机的功能是有限的，收集的信息也会存在某种缺陷，因而上述目的很难达到，结果会造成社会资源配置不当、投入—产出不均衡、计划调节不够灵活，从而出现商品短缺、排长队、各种供应票证泛滥成灾等现象，形成所谓卖方市场①，由此产生大规模的官僚主义和腐败。

官僚主义是用行政意志取代市场调节的必然结果。因为在企业、消费者和最高决策

---

① 卖方市场是西方经济学术语，简单地讲是指对消费者不利、对厂商有利的一种市场结构。

当局之间存在着许多中间层次，当信息在这些机构层层过滤和传递时，大部分信息丧失，剩下的也面目全非，并且过时。同时，这种层次重叠的金字塔式的等级制，使上层决策者没有时间和精力来考虑下层存在的种种问题，也无法吸收下层人员中的某些符合实际的见解和建议。因此，中央集中计划只能补充而不能代替市场机制的作用。没有中央集中计划指导的纯粹的市场经济，也不能全面解决交流信息、配置资源和协调决策的问题。因为在纯粹市场经济中，基层企业往往不知道或不愿考虑宏观的经济信息，它们根据自己的市场判断来组织生产，因而就整个社会而言，企业的生产计划带有很大的盲目性，结果经常出现生产与需求不符、经济动荡的现象。由此可见，在现代发达经济中，中央计划离不开市场机制的调节，而市场机制也离不开中央计划的指导，需要把计划机制和市场机制有机地结合起来。林德伯克指出，20 世纪 60 年代的东欧等国的计划机制逐渐向市场机制发展，第二次世界大战后的法国、日本、北欧地区的国家等市场经济国家也相继制订指导性的中央计划的原因就在于此。

（七）公有制和私有制的关系

林德伯克认为，全盘公有制并不能克服资本主义制度的许多弊病，反而会造成新的矛盾——经济缺乏刺激和官僚主义。他主张采用社会民主主义的所有制方案——在私有制经济占主导地位的同时，实行部分国有化。部分国有化包括两个方面：一是对某些生产公共产品的基础设施如铁路、电信等行业实行国有化；二是收入和消费的国有化，即通过累进税制将一部分国民收入纳入国家财政预算，作为社会保险和供应集体消费品的资金。

林德伯克反对新自由主义者哈耶克关于国有化必然导致独裁和专制的观念，他指出，在历史上，国有化和独裁的顺序与哈耶克所断言的恰好相反，在当代，所有共产主义国家（苏联除外）和实行国有化的非共产主义国家都是先有独裁后有国有化。迄今为止，还没有一个国家的经验证明国有化会产生独裁。但这并不是说国有化对独裁没有任何影响，经济结构与政治结构之间没有任何关系，而是说二者之间的关系很复杂，不是哈耶克的简单论断所能包括的。国有化所引起的权力集中必然影响个人自由，这是毫无疑问的，但更普遍、更严重的危险是官僚主义，是缺乏主动精神，而不是法西斯式的独裁。解决之道是在实行国有化的同时保存或导入市场机制，这既有助于实现经济制度的分权化，又有助于实现政治制度的民主化。林德伯克反对全盘公有制的根据是：

第一，在现代社会中，资本有两种：一是物质金融资本；二是人力资本。后者是通过教育和训练而获得的。近年来，在发达资本主义国家中，人力资本的发展比物质金融资本发展还要快，人力资本所获得的收入对收入不平等的影响比物质金融资本对收入不平等的影响还要大。而人力资本是不能国有化的，因为奴隶制是不可接受的，所以通常的国有化只能是物质金融资本的国有化，而物质金融资本的国有化只不过是将资本总量中的一部分，而且是其比重日益减少的那部分从私人手中转移到集体手中，因此不能从根本上解决收入和财富分配不平等的问题。要解决人力资本分配不平等的问题办法有二：一是通过累进税制对人力资本的部分收入实行国有化；二是改进教育制度，发展教育，大力培养人才，使尽可能多的人通过教育和培训获得人力资本。前者是治标的办法，后者是治本的办法。

第二，公有制不能解决权力分配不均的问题。在现代发达资本主义国家中，随着经济实力的集中，政治权力也日益集中到少数人手中，他们拥有左右国家政策的权力，而大多数人则处于无权的地位。公有制也许可以消灭旧的特权，但新的特权必然随之产生。因为在公有制的集权经济政治制度下，少数领导人不仅掌握着支配物质资产的经济权力，而且还掌握着政治和军事权力，权力分配的不平等使问题更加严重。

第三，公有制难以发挥主动精神，不易解决创新问题。在公有制条件下，创新决策有两种途径：一是由居于高层的领导人决断；二是实行议事民主，用选举表决的办法征得大多数人的同意，通过多数人的决议加以解决。但位居高层的领导人往往最害怕失去现有的地位，他们认为降低失去现有地位的风险的最佳办法是减少或避免进行任何创新性的冒险。而事无巨细，统统要征得多数人同意才能实施，那也是不现实的。因此，调动广大群众的主动进取精神，防止官僚主义，是国有化经济中没有解决的基本问题之一。

(八) 经济刺激和行政命令的关系

在任何社会中，人们只按照两种方式进行生产和工作：刺激和命令。林德伯克认为，刺激主要是经济刺激，在某些特殊情况下和特殊时期，其他非经济刺激可能也很重要，如友谊、权力欲、爱国心、慈善心等等。但一般而言，它们不可能代替经济刺激和命令。在任何社会中，都必须把经济刺激和命令结合起来，只是结合程度不同而已。经济刺激有两种主要形式：利润差别和工资差别。利用利润差别有助于提高企业生产和管理的效率，因为利润是企业效率的重要标志。工资差别是鼓励个人提高工作效率的重要手段。此外，他认为，不同行业的利润和工资差异还是在全社会重新配置资源的重要杠杆。同时，他承认，现代西方社会工资差别过于悬殊。但他认为这是人力资本分配不均的结果。根据瑞典的经验，林德伯克指出，适当地缩小工资差别，不但不会降低效率，而且可能提高效率，因为它有助于保持整个社会的稳定、防止政治动荡。

(九) 竞争和垄断的关系

林德伯克认为，在现代社会中，竞争是普遍存在的现象，企业之间、国家之间，甚至个人之间都存在竞争。总之，竞争是经济和社会发展的强大推动力量。

企业间竞争的作用在于：(1) 迫使企业提高效率，调整生产以适应消费者的需求；(2) 迫使企业开发新产品和新技术；(3) 迫使企业将价格降低到平均成本的水平。他认为，企业间的竞争与企业制订生产计划是相辅相成的，二者并不矛盾，原因在于：第一，企业内部存在着严密的计划，因此企业之间在市场上竞争的总和可以看成是一种分散的计划体系。第二，有关充分就业、经济增长、环境保护、公共消费、基本设施投资等内容的中央计划基本上是建立在对私人部门的普遍经济刺激基础上的，其目的在于促进私人部门的发展，其实施也以私人部门的发展为前提。既然企业间的竞争是企业提高效率的重要手段，当然就与中央计划并不矛盾。

国际市场上的竞争使实行开放经济的国家，特别是瑞典这样的小国，承受了巨大的压力。为了提高在国际竞争中的地位，这些国家必须努力提高本国生产部门的效率，这是经济发展的强大动力，这种动力是实行保护主义的国家所不具备的。

个人之间的竞争不仅存在于经济领域，也存在于政治、军事、文化、教育等社会生活的各个领域，它迫使人们尽最大的努力去工作、去提高工作效率，以便在竞争中获胜。此外，从社会的角度来看，竞争是按照个人的能力和爱好分配职业的有效手段。

林德伯克认为，在企业、国家和个人三种场合，都存在竞争和垄断两种趋势：人们在自己活动的领域和行业中力图建立自己的垄断，而在其他领域或行业中则极力鼓吹自由竞争，目的在于为自己谋取最大利益。第二次世界大战后各个行业的垄断虽然都在不断增加，但竞争不但没有削弱，反而空前激烈起来，这是因为：(1) 地区和国际竞争大大加强，国内某一部门硕果仅存的一个垄断企业，比50年前同一部门内同时存在的5～10个企业所遇到的竞争环境还要严酷得多。(2) 地区经济一体化的发展、共同市场的建立、商业限制的取消，促进了竞争的发展。(3) 由于科学技术的发展，新产品、新行业层出不穷。这些新产品、新行业往往同成为替代对象的旧产品、旧行业展开激烈的竞争，如垄断性铁路部门与汽车、航空甚至是电视行业的竞争，旧纺织业与塑料制品、人造纤维部门的竞争等。

林德伯克认为，一个缺乏竞争的社会，在经济上必然是效率低下的，其产品短缺、质量粗劣；在社会关系的其他方面也是弊病丛生的，如在人力资源配置上，不是行政命令，就是搞特权、走后门、流行裙带风气。在一个阶级等级森严的社会中，人们靠遗产和家族关系决定自己的地位，因此，在人力资源配置方面，竞争的作用就很小，人们没有选择职业的自由；相反，在一个没有等级观念的社会里，不存在任何种族歧视和家庭出身歧视，因此，在人力资源的配置上，竞争的作用就很大，人们就有了选择职业的自由、施展才能的机会。

林德伯克提出的"自由社会民主主义"制度理论，实质上是要在政治上保留西方的"民主制度"，在经济上实行部分国有化、福利国家和市场经济的三结合。这一理论带有浓厚的瑞典社会民主党的色彩。

关键词

林德伯克　《瑞典经济政策》　经济制度　分权和集权

市场经济和中央计划经济　社会民主主义的所有制方案　竞争和垄断

思考题

1. 林德伯克是如何分析经济制度的？
2. 如何评价林德伯克对市场经济和中央计划经济关系的论述？
3. 如何评价社会民主主义的所有制方案？

第二十九章

现代货币学派和供给学派

现代货币学派和供给学派是第二次世界大战以后出现的新学派，20世纪六七十年代资本主义国家出现普遍滞胀时其影响扩大。这个背景在第一节概述中介绍。第二节介绍现代货币学派的主要代表弗里德曼的经济学说。第三节介绍供给学派的主要代表拉弗、费尔德斯坦的经济学说。

本章重点

- 现代货币学派和供给学派的产生
- 弗里德曼的现代货币数量论及其影响
- 供给学派的主要理论

第一节　概　述

现代货币学派是20世纪50年代出现的一个新自由主义学派（或称新保守主义学派）。它以对抗凯恩斯革命的面目出现，以制止通货膨胀和反对国家干预为主旨，以现代货币数量论为旗帜，主张实行“单一规则”的货币政策。现代货币学派的理论又被称为“货币主义”。

第二次世界大战以后，主张国家干预的凯恩斯主义盛行，从而使许多人认为，不仅国家有干预经济的必要，而且似乎国家只要适时实行经济干预，就会使经济不断顺利地发展。对美国经济周期及货币史进行过系统研究的弗里德曼分析了20世纪30年代的世界大危机，认为这次危机不是资本主义制度的危机，而是货币政策的根本性错误造成的。他力图通过重新说明货币数量论建立起一种理论，即新自由主义理论。在他看来，国家适时实行经济干预的重要性并不像有些人所看到的那样明显，由于时滞、预测不准等多项原因，国家干预带来的很可能是经济动荡加剧。弗里德曼提出了一种新货币数理论，包括永久性收入、通货膨胀、国际收支与汇率等理论及货币政策。随着六七十年代美国等西方资本主义国家出现滞胀，弗里德曼又进一步阐述了他们关于货币政策的分析，其影响也愈益扩大。在弗里德曼新货币数量论的基础上，形成了一个人物众多的现代货币学派，其主要代表人物除弗里德曼之外，还有美国的卡尔·布鲁纳（Carl Bruna）、利奥纳尔·安德逊（Anderson），英国的艾伦·沃尔特斯、戴维·莱德勒、迈克尔·帕金(Michel Parkin)，奥地利的赫尔姆特·弗里希等。

供给学派是20世纪70年代中期出现的又一个新自由主义学派。供给学派批评凯恩斯主义从需求着眼的稳定经济的政策带来了经济滞胀，主张经济学应着重分析社会经济的供给方面，从供给出发提出稳定经济的政策，因此被称为供给学派。

供给学派并未形成一个统一的理论，但这个学派中的成员的理论都被认为是“萨伊定律”的再现，并与“凯恩斯定律”相对立。这个学派的理论与当时美国总统里根的经济政策有密切关系，里根就任总统不久便提出了“经济复兴计划”，许多人认为它体现了供给学派的主要观点和政策主张。供给学派也因此在美国经济学界轰动一时。

供给学派有极端供给学派和温和供给学派之分。极端供给学派又称为纯粹供给学派或激进供给学派，主要代表人物是阿瑟·拉弗（Auther Laffer）、保罗·罗伯茨（Paul Roberts）、万尼斯基（A. Wanniski）、蒙代尔（R. Mundell）、吉尔德（G. Gilder）等人。温和供给学派的主要代表人物是马丁·斯图亚特·费尔德斯坦（Martin Stuart Feldstein）、埃文斯等人。

第二节 弗里德曼的经济学说

米尔顿·弗里德曼（1912—2006）是美国经济学家，出生于美国纽约。1932年获罗格斯大学文学学士学位，1933年获芝加哥大学硕士学位，1946年获哥伦比亚大学博士学位。他长期任教于哥伦比亚大学，曾任美国国家资源委员会经济研究员、全国经济研究局研究员、财政部租税研究组首席经济顾问、尼克松总统经济顾问委员会委员等，并获1976年诺贝尔经济学奖。他的主要著作有：《实证经济学论文集》(1953)、《消费函数理论》(1957)、《货币稳定方案》(1959)、《1867—1960年美国货币史》(与施瓦茨合著，1963)、《通货膨胀：原因与后果》(1963)、《货币分析的理论结构》(1970)、《自由选择》(1979)。

弗里德曼的经济学说包括现代货币数量论、通货膨胀和失业理论，以及他的政策主张。

一、 货币主义的三个中心命题

弗里德曼将货币主义的中心命题规定为三个：(1) 货币最重要，货币的推动力是说明产量、就业和物价变化的最主要因素；(2) 货币供应量的变动是货币推动力最可靠的测量标准；(3) 货币当局的行为支配着经济周期中货币供应量的变动，因而调节经济波动应该唯一地通过货币当局对货币供应量的调节来实现。

二、现代货币数量论

(一) 货币需求方程

弗里德曼在建立他的现代货币数量论时，首先对欧文·费雪（Irving Fisher）的“交易方程式”和庇古的“剑桥方程式”进行了对比分析。他认为，前者强调货币在支付过程中的作用，而后者强调货币作为资产的作用。他说，因为剑桥方程式更便于用马歇尔的供求原理来说明货币与物价的关系，因此他是沿着剑桥方程式的思路来表述现代货币数量论的。同时，他认为凯恩斯的流动偏好理论实际是货币需求理论，这种理论把收入和利息看做对货币需求的决定因素。弗里德曼的货币数量论正是建立在剑桥方程式和凯恩斯货币需求理论基础上的。

弗里德曼提出了现代货币数量论的货币需求方程，它表明影响个人实际货币需求量的因素有四个：

第一，永久性收入（Y）。这是弗里德曼对经济学的一个重要贡献。永久性收入是指以不变价格计算的过去、现在和未来预期的实际国民收入。他认为，人们为了保存财富，总是习惯在收入中按一定比例以货币的形式保存下来，因此收入是决定货币需求的一个重要因素。但是，不变现期收入在短期内会出现不规则的波动，为了准确估量收入对货币需求的影响，便选用了永久性收入的概念。由于永久性收入相对来说是稳定的，而且是影响货币需求的决定性因素，因此，弗里德曼的货币需求函数是比较稳定的。

第二，非人力财富在总财富中所占比重或来自财产的收入在总收入中所占的比重（W）。他认为，W 的数值越大，对货币需求越小；反之，则越大。

第三，各种非人力财富的预期报酬率，包括货币、债券、股票和物质财富等四种有形资产的预期报酬率。一般地，各种有形资产预期的报酬率越高，愿意保存的货币就越少。但是，各种预期报酬率对货币需求的影响有时可以相互抵消。例如，当货币的预期报酬率下降时，债券和股票的预期收益率将上升，因此，总的来看，对货币需求的影响不大。

第四，其他不属于需求方面的因素。这主要是那些决定货币流动性，从而影响到货币需求的变量，例如对未来经济稳定程度的预期，当预期经济不稳定时，人们对货币的需求就大。

(二) 名义国民收入决定理论

弗里德曼首先把凯恩斯主义简化的收入—支出理论和传统的货币数量理论结合起来，塑造出“简单的共同模型”，然后在共同模型的基础上，推导名义国民收入决定理论。共同模型由 6 个方程式组成：

$$C/P=f(Y/P,r) \tag{29-1}$$
$$I/P=g(r) \tag{29-2}$$
$$Y/P=C/P+I/P \tag{29-3}$$

$$M_D = P \cdot L(Y/P, r) \tag{29-4}$$

$$M_S = h(r) \tag{29-5}$$

$$M_D = M_S \tag{29-6}$$

方程（29－1）是消费函数，表示实际消费（C/P）取决于实际收入（Y/P）和利息率（r）。方程（29－2）是投资函数，表示实际投资（I/P）取决于利息率（r）。方程（29－3）是收入—支出恒等式，表示当实际收入等于实际消费和实际投资之和时，市场处于均衡状态。以上三个方程是凯恩斯主义简化的收入—支出模型。方程（29－4）是名义货币余额的需求方程，实际是弗里德曼的货币需求函数的简化式，它表示实际货币需求量（M_D/P）取决于实际收入和利息率。方程（29－5）是名义货币的供给函数，表示货币供给是利息率的函数。方程（29－6）是货币供求相等的市场均衡方程。

在“共同模型”的基础上，弗里德曼提出了一系列假设条件：货币需求的实际收入弹性为1；名义市场利息率等于预期实际利息率加预期价格变动率；预期实际利息率和预期实际收入增长率之差固定不变，并由外生因素决定；货币需求量和货币供给量会得到充分而及时的调整。这样，弗里德曼得到名义国民收入决定方程：

$$Y(t) = V(r) \cdot M(t)$$

这个方程表明，在任何时期，名义国民收入水平$Y(t)$都取决于货币流通速度$V(r)$和货币供应量$M(t)$。其中，货币流通速度由利息率决定，根据弗里德曼的分析，利息率对货币需求的影响很小，因此$V(r)$有长期稳定性，于是货币供给量直接影响名义国民收入。货币供给量的增加会提高名义国民收入，同时也会提高物价水平，因此，实际收入并不会变化。

三、通货膨胀和失业理论

（一）通货膨胀是一种货币现象

弗里德曼根据现代货币数量论和名义国民收入决定理论，认为产量和物价水平的变化主要不是来自对货币的需求，而是来自货币的供给。从长期来看，货币供给的增长只会引起通货膨胀的加剧，而不会引起产量的增加；在短期内，由于时滞，货币供应量的增加部分引起物价上涨，部分引起产量增加。他驳斥那种把通货膨胀归咎于企业家的“贪婪”、工会的“得寸进尺”以及消费者的“挥霍”和石油输出国组织抬高油价等说法。他认为，这些因素只会引起部分商品价格上涨，而不会引起物价水平普遍持续的上涨。弗里德曼提出，只要货币数量的增长快于产量的增长，就会产生通货膨胀，所以通货膨胀始终是，而且处处是一种货币现象。第二次世界大战后，通货膨胀具有普遍和持续的特点，这是货币供应增长过快的结果。

（二）自然率假说

弗里德曼在论证货币政策对通货膨胀率和失业率的关系问题时，提出了自然率假说。

劳动市场上由于嫌工资低而失业的人数在劳动大军中的比例称为自然失业率。自然失业率是在没有货币因素干扰的情况下，让劳动市场和商品市场自发的供求力量发挥作用时所应有的、处于均衡状态下的失业率，它也是指可以和零通货膨胀率或某种稳定的通货膨胀率相适应的失业率。自然失业率的高低取决于经济、社会中诸如风俗习惯、自然资源和技术水平等原因，与货币数量无关。

（三）对失业和通货膨胀关系的分析

弗里德曼认为，在短期内，菲利普斯曲线所表示的通货膨胀和失业之间此消彼长的关系是存在的，因为这时人们还没有形成通货膨胀的预期，工人的实际工资水平随着物价上涨而下降。在长期中，人们最终会预期到通货膨胀率，并将预期的通货膨胀率调整到现实的水平，其结果是失业率又重新回到自然失业率水平。因此，弗里德曼认为，在长期内，通货膨胀和失业之间的交替关系不存在，将失业率降低到自然失业率以下的做法只会加剧通货膨胀。

四、政策主张

（一）“单一规则”的货币政策

弗里德曼的各种理论的核心是要证明：资本主义经济体制本质上是稳定的，只要让市场机制充分发挥作用，经济就能在一个可以接受的失业水平下稳定地发展。新古典综合派主张的财政政策不仅没有抚平经济的波动，反而加剧了经济的不稳定性。因此，他主张，货币政策是唯一有效的政府稳定经济的手段，并且认为政府的货币政策目标应放在控制货币供应量上，而不是放在控制利息率、失业率和物价水平上。

弗里德曼在现代货币数量的基础上，根据对美国过去 100 年经济数据的分析，提出应实行以控制货币供应量为目标的“单一规则”的货币政策：把货币供应量的年增长率长期地固定在同预计可能具有的经济增长速度大体一致的水平上。弗里德曼说，这种政策虽然不能完全避免经济活动的短期波动，但是与其他学派的政策相比，却可以为经济提供一个稳定的货币环境。

（二）收入指数化

20 世纪 70 年代后期以来，为了应付滞胀，主要西方国家都不同程度地推行了“收入政策”，即对工资和物价实行冻结或管制的政策。弗里德曼认为，工资和物价管制不是医治通货膨胀的好方法，收入指数化是可行的方案。这一方案的基本内容是：将工资、政府债券以及其他收入等，同生活费用，主要是物价指数紧密地联系起来，即对各种收入实行“指数化”，使它们随物价指数的变动而及时调整。他认为，通过实行收入指数化，就可以抵消物价波动对实际收入的影响。但是弗里德曼也认为，收入指数化并不是彻底医治通货膨胀的方法，因为经济活动中的所有合同或契约不可能都及时地随物价水平的变动而调整。

第三节 拉弗、费尔德斯坦的经济学说

一、 拉弗的经济学说

阿瑟·拉弗 1940 年出生于美国，曾任美国里根政府经济顾问委员会委员，是一位经济学家、税收专家，因提出说明税率和税收关系的“拉弗曲线”而闻名。

（一）拉弗曲线

拉弗曲线被称为供给学派的思想精髓，它反映了政府税率和税收量之间的关系，说明边际税率和税收量既可能同方向变动，也可能反方向变动。拉弗认为，政府的财政收入取决于税率的高低和国民收入的多少。高边际税率会阻碍投资，降低资本存量；使人力资本投资减少；降低企业纳税后的投资收益；在消费价格不变的情况下，提高将来投资的成本；还会引起资本外流。这样，人力资本和非人力资本存量的下降，使生产率增长速度放慢，收入水平降低，所以高税率不一定就能获得高税收。而低边际税率能鼓励投资，调动人们的积极性，提高人力资本和非人力资本存量，这样，随着国民收入的增加，政府同样可以获得较多的财政收入。所以，税率与税收并不是总按同方向变化的。拉弗曲线如图 29－1 所示。

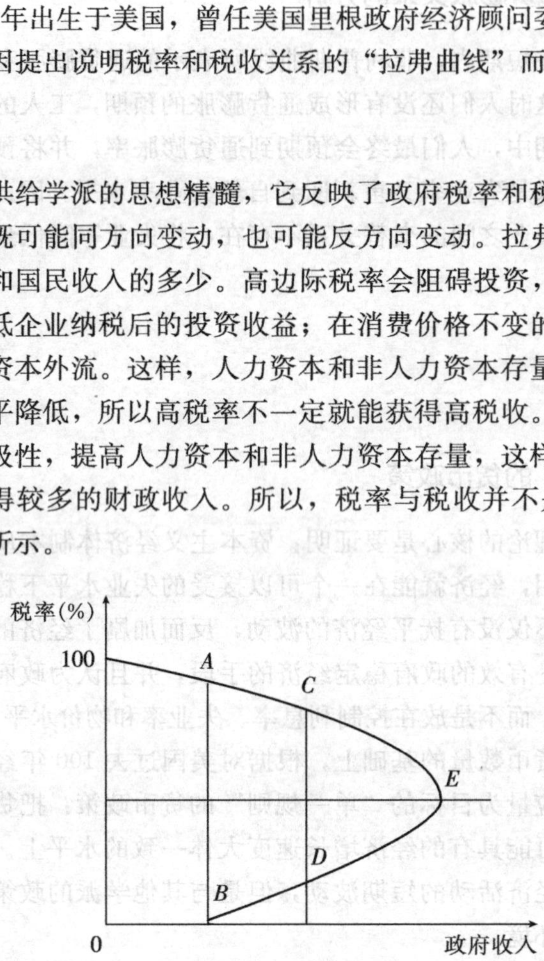

图 29－1 拉弗曲线

从图 29－1 可以看到，当税率为 100％时，由于人们的所有劳动成果都被征收，人们将不愿在货币经济中工作，没有什么可供征收的税源，政府的收入等于零。当税率为零时，人们得到全部成果，政府收入为零，政府也就不可能存在。拉弗曲线是上述两种情况之间表示税率与政府收入不同组合的曲线。A 点的税率很高（接近 100％），B 点的税率很低（刚刚高于零），但为政府提供了相等的税收收入；从 A 点向 C 点移动，表示税率降低而政府收入增加；从 B 点向 D 点移动，表示税率上升，政府收入也增加；E 点是随税率上升，政府收入从增加向减少转变的转折点。

拉弗分析了拉弗曲线形成的原因：（1）高税率促使人们在地下经济中工作，不向税务当局申报收入，结果减少了政府税收。同时，高税率还鼓励人们寻找税收漏洞，这种企图耗费了资源，降低了效率。（2）在低税率情况下，地下经济失去吸引力，寻找逃税的成本与低税率相比太高，所以，税基扩大，政府税收相应增加。

（二）拉弗的供给观

拉弗认为，美国20世纪70年代出现的经济问题不在于需求方面，而在于供给，是供给不足造成了70年代美国经济的滞胀局面。他认为，出现供给不足的原因在于长期奉行凯恩斯主义，人为地刺激需求，结果降低了储蓄率。储蓄率的降低又导致投资率下降，从而削弱了供给能力，同时又增加了消费需求，其结果便造成供给不足。另外，又由于长期实行赤字财政，增加货币供给量，刺激社会需求，结果又导致通货膨胀。于是，形成了停滞与通货膨胀并存的经济局面。

拉弗认为，摆脱滞胀的主要途径在于发展生产，增加供给。拉弗特别强调，供给是使需求得以保持的唯一源泉，经济的发展不可能由于需求不足而出现产品过剩，购买力会永远等于生产力，这实际上又回到了萨伊定律。拉弗认为，增加供给的关键是增加投资，增加投资不能用凯恩斯的降低利息率的办法，而应该增加储蓄，增加储蓄的办法是降低税率，实行减税。

因此，拉弗批判凯恩斯主义刺激需求的政策，主张通过扩大供给来解决美国的滞胀问题。

（三）政策主张

在拉弗曲线的基础上，拉弗提出了与凯恩斯主义截然不同的政策主张：

第一，他主张减税，特别是降低边际税率。他认为美国当时的税率已经过高，特别是累进所得税税率、资本收益税率已经进入禁区，必须减税。

第二，他主张削减政府开支，平衡预算，反对赤字财政。拉弗认为，当时美国财政开支过分庞大，造成的财政赤字迫使政府举债，还挤掉了私人投资，压制企业的积极性，导致通货膨胀。另外，过多的社会福利影响了人们工作的积极性，滋长了穷人的依赖心理。

第三，停止国家干预，减少政府对企业的限制，更多地依靠自由市场经济的内在刺激作用，发挥企业的创造性。

第四，主张恢复金本位，抑制通货膨胀。拉弗认为，恢复金本位可以使美联储在控制货币数量时有所依据，恢复对美元的信心，保持物价稳定。

二、费尔德斯坦的经济学说

马丁·斯图亚特·费尔德斯坦（1939—2019）是美国经济学家，出生于纽约。他于1961年获哈佛大学文学学士学位，1967年获牛津大学博士学位，先后在牛津大学和哈佛大学任教。他还曾任美国全国经济研究局局长，1982年任总统经济顾问委员会主席，并于1977年获得美国经济学会颁发的约翰·克拉克奖。他的主要著作有：《资本税收》

(1981)、《通货膨胀、税收规则与资本形成》(1981)、《税收政策分析中的行为模拟方法》(1981)。

在1967年以前，费尔德斯坦还是一个凯恩斯主义者。在研究了罗斯福和约翰逊总统的政府政策和计划后，他看到政府干预经济往往以好的意愿开始，以坏的结果告终，于是，他转向推崇市场调节的供给经济学。费尔德斯坦是温和供给学派的主要代表人物。

（一）费尔德斯坦和拉弗的区别

温和的供给经济学和极端的供给经济学无论在政策主张上，还是在对政策主张的理论论证上，都存在分歧。

在政策主张上，拉弗等人认为政府大幅度削减税收是既简单又一劳永逸地解决经济难题的办法。费尔德斯坦认为，拉弗等人的减税就能包治百病的观点是“天真”的，增税也可以对付通货膨胀。费尔德斯坦主张通过既降低税率又增加税收的办法来解决美国的经济问题。

在政策效果上，他们的分歧在于：第一，拉弗等人认为，只要减税，通货膨胀就可以在整个社会不付出痛苦代价的情况下得到有效的控制。费尔德斯坦则认为，在存在财政赤字的前提下，提高通货膨胀率，可以相应提高资本形成率；降低通货膨胀率可以降低资本形成率，也就是说，在存在财政赤字的情况下，可以通过牺牲增长率来降低通货膨胀率。基于这种认识，费尔德斯坦在20世纪80年代初主张为解决通货膨胀问题，必须牺牲经济增长和资本形成率，并通过增加税收来实现预算平衡。第二，费尔德斯坦认为，在减税的同时，必须减少政府支出予以配合，这样才不会引起通货膨胀。拉弗等人则认为，从比较完整地衡量税负方法的观点来看，由于政府因素导致无利可图，因而实际上没有发生的生产也是税负的一部分。因此，减税的同时即使没有相应削减支出予以配合，仍会有实质性效果。因为边际税率的降低改变了相对价格，促使人们以工作代替闲暇，以投资代替消费。第三，费尔德斯坦认为减税的效果在于最终能增加实际收入和提高生活水平，这一过程的关键是增加储蓄和投资，而投资和储蓄并不像拉弗认为的那样可在短期内有明显增加。有人认为，1981年以来的经验证明了费尔德斯坦是正确的。

（二）费尔德斯坦曲线

费尔德斯坦假定，存在货币、政府债券和作为实际资本的私人有价证券三种资产形式，在充分就业的条件下，当财政赤字增加到一定程度后，政府必须用经济手段去弥补赤字，弥补的手段无非增加货币供给或发行政府债券。货币供给增加会造成通货膨胀，新债券的发行将使政府债券和私人证券的利率水平发生相对变化，私人证券的需求趋于减少，这使资本形成率降低，不利于经济发展。

在充分就业情况下，财政赤字使通货膨胀率和资本形成率之间的关系在以通货膨胀率为纵轴、以资本形成率为横轴的图中就成了费尔德斯坦曲线，这是一条向右上方倾斜的曲线。这条曲线表明，在财政赤字刚性时，高通货膨胀率降低了资本形成率，资本形成率的下降影响了劳动生产率、减少了供给。其政策含义是：（1）可以通过牺牲一定的资本形成率与经济增长率，减少赤字，平衡预算，降低通货膨胀率；（2）可以通过增加税收，减轻财政赤字，抑制过度需求，减轻利率上升的压力，维持一定的资本形成能力。

关键词

现代货币学派　供给学派　弗里德曼　永久性收入　名义国民收入决定理论
自然率假说　“单一规则”的货币政策　收入指数化　拉弗
拉弗曲线　费尔德斯坦

思考题

1. 如何评价弗里德曼的新货币数量论？
2. 如何看待“自然率假说”？
3. 评述拉弗曲线。

第三十章

公共选择学派

把经济学分析方法引入政治主题形成了公共选择学派。本章分为三节。第一节对公共选择学派的形成、主要代表人物和著作、主要方法进行概述。布坎南是这个学派最具代表性的人物，第二节以他的经济学说为介绍内容。公共选择涉及的政治主题较为广泛，本章第三节分类对公共选择的一些重要理论进行概述。

本章重点

- 公共选择学派的形成、渊源与方法
- 布坎南对公共选择理论的贡献
- 公共选择理论中的投票规则、政党理论和官僚经济理论

第一节 概　　述

公共选择学派是西方经济学中以经济学分析方法研究政治问题的一个重要理论流派。它以新古典经济学的基本假设（尤其是“理性人”假设）、原理和方法作为分析工具，研究和描述政治市场上主体（选民、利益集团、政党、官员和政治家）的行为和政治市场的运行。公共选择学派的研究主题与政治学的主题一样，包括国家理论、投票规则、投票者的行为、政党政治学、官员政治等，但它遵循了经济学的基本行为假设，即人是自利的、理性的、追求效用最大化的。因此公共选择学派的理论被认为是经济学和政治学的交叉学科。

公共选择学派认为，人类社会由两个市场组成：一个是经济市场，另一个是政治市场。经济市场的主体是消费者和厂商，政治市场的主体是选民、利益集团、政治家和官员。由于在经济市场和政治市场活动的主体是同一个人，因此应受同样的动机支配并追求同样的目标。

公共选择理论研究了三类政治市场：初级政治市场、政策供给市场和政策执行市场。在初级政治市场上，政治家把政策卖给选民，选民则为此支付选票。这个市场上的供求分析构成公共选择理论的基本原理。在政策供给市场上，官员为了当选将采用不同的行政手段。对这些行政手段的供求分析则构成官员经济理论、政府增长理论和政府失灵理

论等。在政策执行市场上，主要分析政策执行的影响，说明人们如何调整自己的行为来适应法律的要求。

与西方主流经济学和政治学相比，公共选择理论的主要特点是：第一，试图建立一种严谨的、原理式的政府一般理论；第二，把政治看做个人相互交易的市场，并用新古典经济理论对其进行分析；第三，通过分析有关的政治活动来说明政府作用的局限性，强调个人自由。

一、公共选择学派的形成与渊源

第二次世界大战以后，随着政府对经济干预的加强，政府部门和公共经济活动逐渐扩大，刺激了对公共经济活动理论的分析。同时，国家干预经济所引起的各种弊端促使人们不仅关注经济政策及其效果，而且通过分析非市场的集体决策过程来探讨国家干预失误的原因。另外，20 世纪 30 年代以来新福利经济学的发展，使人们开始思考这样的问题：在存在外部性、公共产品和规模经济的情况下，如何确立对资源进行有效配置所需要的条件？这就促使人们直接研究在这些情况下显示个人偏好的非市场决策过程，这方面的研究成果构成了实证的公共选择理论。

20 世纪 40 年代末 50 年代初是公共选择理论的发源时期，60 年代公共选择理论逐渐成形，以弗吉尼亚大学的托马斯·杰斐逊中心为基地。随着公共选择学派影响的逐渐扩大，布坎南和塔洛克于 1969 年在弗吉尼亚工艺学院创建了“公共选择研究中心”，并推出了《公共选择》杂志。1982 年，公共选择研究中心从弗吉尼亚工艺学院转移到乔治·梅森学院，这一时期，公共选择理论受到广泛重视，其主要代表人物布坎南于 1986 年获诺贝尔经济学奖。

公共选择学派的理论大致有三个理论渊源：

第一，公共财政理论。布坎南认为，维克塞尔是公共选择理论最重要的先驱，他的《财政理论研究》（1896）提供了公共选择理论的三个构成要素：方法论上的个人主义、经济人以及看做交易的政治。维克塞尔从立宪的观点分析了公共财政，对那种认为仁慈君主和国家谋求公众利益的观点提出警告，指出要注重使政治代理人的政策选择受到规则的制约，认为改革的努力必须是变动决策规则而不是通过影响参与者的行为来修正预期结果。

第二，20 世纪初意大利的公债理论和国家学说。意大利学者把古典边际价值论分析的模式运用到公共行动方面的方法，对公共选择理论的形成产生了积极的影响，而且，他们提出了两种国家模型，其中民主或合作的国家模型被现代公共选择理论所接受。这种模型认为公共决策的基本单位是个人，每一成员既是决策的参与者又是决策后果的承担者。

第三，19 世纪霍布斯、洛克等人的社会契约理论。社会契约理论家认为，人们通过相互订立契约，把部分自然权利让给社会，以保证生命、自由与财产的自然权利得到公正的裁决，于是产生了国家和政府，政府的权力要受宪法的制约或限制。这种自然法思想和有限的政府学说构成公共选择理论中的国家学说的潜在基础。

此外，18 世纪和 19 世纪的投票数学研究和芝加哥学派创始人之一奈特的经济自由学说都对公共选择理论产生了影响。

二、主要代表人物和著作

公共选择学派的代表人物有美国经济学家詹姆斯·布坎南、戈登·塔洛克、邓肯·布莱克（Duncan Black）、安东尼·唐斯（Anthony Downs）、威廉·尼斯坎南（W. Niskanen）、约翰·罗尔斯（John Rawls）、曼库尔·奥尔森（Mancur Olson）、查尔斯·蒂布特（C. Tiebout）和丹尼斯·缪勒（D. Muller）等人。

布坎南和塔洛克是公共选择学派的创始人。两人在 1962 年合著的《同意的计算》，为公共选择理论奠定了基础，成为公共选择学派的经典文献。1963 年 6 月，他们在美国弗吉尼亚工艺学院成立了"公共选择研究中心"，并出版了《公共选择》。两人的研究方向各有侧重，布坎南主要研究宪法选择，分析决策规则；塔洛克则偏重于官僚政治的经济学分析，注重立宪后的公共选择者的行为分析。

塔洛克的代表作除《同意的计算》外，还有《官僚政治学》（1965）、《社会困境：战争与革命经济学》（1974）等。

唐斯与塔洛克类似，都是用经济方法来研究官僚政治、考察官僚组织、分析政治问题。他的代表性著作是《官僚经济论》（1975）。

尼斯坎南与唐斯一样，以经济学方法研究官僚政治，他更侧重于分析官僚机构的内在组织和外在环境，偏重于供给方面，首次在公共选择的框架内系统地研究了官方机构。他的代表作是《官僚与代议制政府》。

罗尔斯分析了立宪阶段的公共选择原则问题，其契约主义理论对经济学尤其是公共选择理论产生了持久而广泛的影响。他的代表作《正义论》不仅是公共选择学派的经典著作之一，还是对伦理学和政治学的一大贡献。

三、公共选择学派的方法论

（一）经济学不是选择科学而是交易科学

公共选择学派的经济学说认为，经济学不是一门选择或资源配置理论，而是一门交易科学，它研究个人的交易倾向、交易过程和个人在自由交易中自发产生的秩序。政治过程和经济过程一样，其基础是交易动机、交易行为，是利益的交换。集体行动是以个人行为为基础的，集体行动可以看做是一个集团全体成员之间的复杂交易或契约。市场是自动交易过程的制度体现，个人是按照各自的交易能力进入自动交易过程的。

公共选择学派认为，经济学的核心原理不是节约方法，不是一定约束条件下求客观衡量的函数的最大值，而是自动秩序原理或市场自动协调原理。所谓自动秩序原理，是指对各种不同的、相互冲突的利益的协调方式做出描述和解释的一种理论。它试图描述在最低限度的政府干预下不同的个人利益怎样通过自愿的交易过程得到协调。这是一种有关社会秩序、社会中人们相互作用的理论。这种理论主要不是关注人们的行为相互作用的结果，而是集中考察人们行为的相互作用过程以及人们的相互作用赖以发生的社会制度的基础，即集体选择的制度结构和程序。这些制度结构和程序是约束参与自愿交易的各方当事人的规则。因此，对公共选择学派来说，经济学是对从分散过程中产生的秩序原则的认识，也是对从自动调节过程中产生的秩序原则的认识。与主流经济学家认为经济学是在规则范围内进行选择的科学不同，公共选择理论家认为经济学是在各种规则之间进行选择的科学。与此相对应，主流经济学家认为效率是用数字和产量来衡量的，而公共选择理论认为效率是用有关制度使个人的最终目的向普遍利益看齐方面的成功或失败来衡量的。

由于人们的相互作用过程是通过参加活动者的行动所产生的结果来实现的，每一活动者的行动又取决于其他活动者的行动，因此公共选择理论倾向于使用博弈论的分析方法。

（二）个人主义的方法论

个人主义的方法论认为，个人是评价、选择与行动的最基本单位。公共选择理论认为，无论是在集体活动还是在私人活动中、在市场过程中还是政治过程中，不管产生总体结果的过程和结构多么复杂，个人都是最终的决策者、选择者和行动者。

公共选择理论试图建立一个统一的经济和政治两个市场上的个人行为模型。在分析经济过程或市场过程时，主流经济理论坚持了个人主义立场。但在政治过程的分析中，主流经济学家先将政府视为实体，然后论述其形成、演变与运行。公共选择理论认为，经济学应当从研究市场过程转向研究政治过程，政府只是个人相互作用的制度复合体，个人通过制度复合体做出集体决策。这就是说，集体与集体活动是由个人和个人行为构成的，只有个人在选择与行动，而集体既不选择也不行动（虽然在选择与行动时的相互作用借助于特定的集体组织结构而产生了无意的总体结果）。既然个人是集体中最基本的行动主体，那么集体状况改善与否，或个人通过集体进行的行动所产生的总体后果的好坏，也只能由个人评价，其标准最好是一致同意规则。

从实证的角度看，公共选择理论强调方法论上的个人主义不同于哲学上的个人主义。方法论上的个人主义是把所有的政治问题归结为个人面临的种种可选择的对象，并就此做出自己的选择，它是客观的。哲学上的个人主义是把价值的最终源泉完全定位于个人身上，明确接受某种价值标准，例如强调个人价值、个人利益，它是主观的。但是，从规范的角度看，在分析宪法改革时，布坎南实际上又引进了哲学上的个人主义概念，以补充方法论的个人主义。所以，在公共选择的规范理论中，不仅使用了方法论的个人主义，而且引用了哲学上的个人主义。

布坎南还将公共选择理论方法论上的个人主义与主流经济学家的个人主义相区别。布坎南认为：第一，公共选择理论方法论上的个人主义并不是说个人在选择与决策时不受制度环境的影响；第二，个人选择所追求的目标可以是利己的，也可以是利他的；第三，个人选择方案与选择的结果是有区别的，总体结果是个人选择的不经意结果。

（三）政治活动中的“经济人”范式

公共选择理论模型的基点是把“经济人”范式扩大到公共选择活动中，个人参与政治活动的目的也是追求个人利益最大化，也以成本—收益分析为根据。公共选择理论将政治制度看做一个普通的市场——政治市场。在政治市场上，单个选民的投票动机与单个消费者在商品市场上的选择动机是一样的，他希望他投票赞成的政治家能够给他带来最大的满足程度。政治家的基本行为动机也是追求个人利益最大化，而政治家追求的个人目标未必符合公共利益或社会目标。

但是，公共选择理论的“经济人”范式不同于在选择对象间配置稀缺资源以求效用最大化的行为范式。公共选择理论认为，个人在面临选择机会时，他会挑选得更多而不是更少，交易制度、市场制度都是这种选择的结果，个人选择会随着环境的变化而变化。主流经济学则把个人看做孤立的个人，只考虑他在既定的交易制度、市场制度下的效用最大化行为，并且忽略了交易费用。同时，公共选择理论强调宪法规则会对个人对自身利益最大化的追求产生限制。政治的基本任务是提供这种宪法规则，在宪法规则的范围内个人有充分的选择自由和捍卫这种自由的权利。

正因为个人的行为规范要受法律的左右，而且政治家的行为会受个人利益的支配，所以，公共选择理论用“经济人”范式说明了市场失灵、政府失灵或政治失败的原因。

第二节　布坎南的经济学说

一、布坎南简介

詹姆斯·布坎南（1919—2013）是美国经济学家，出生于美国的田纳西州。他于1948年获芝加哥大学哲学博士学位，先后在田纳西大学、佛罗里达州立大学、弗吉尼亚科技学院、乔治·梅森学院任教。1962年与塔洛克共同创建公共选择学会。他还曾任美国经济学会副会长。他的主要著作有：《同意的计算》（1962）、《成本与选择》（1969）、《公共选择理论》（1972）、《自由市场与国家》（1974）、《自由的限度》（1975）、《征税的权力》（1980）等。

布坎南最突出的理论贡献是创立了公共选择理论，并因此获得1986年诺贝尔经济学奖。布坎南将政治决策的分析和经济理论相结合，研究非市场决策，试图用政治市场运转理论来完善商品或劳务市场上的生产和交换理论。此外，布坎南在分析政治决策结构的基础上批评了凯恩斯的宏观经济政策，澄清了机会成本理论。

二、“经济人”假设

“经济人”假设是西方经济学最重要的知识遗产之一。布坎南最重要的理论突破之一是将传统上运用于市场行为分析的“经济人”假设拓展到政治决策领域，假设参加政治决策的选民和官僚都是最大净财富的追求者，是一个自私自利的人，甚至是一个无赖。这与西方主流经济学家习惯于接受的“仁慈君主”模型截然不同，该模型假设政府官员总是为追求最大化的社会利益而行使其职能和权力。

布坎南没有从“经济人”假设是否符合政治经验事实这个角度进行争辩，而是从公共选择理论的根本宗旨——制度比较分析学这个古典意义的角度来论证“经济人”假设的合理性。布坎南认为，设立“经济人”假设的原因并不在于政府官员事实上总是这样，而是这样的假设有助于在制度上及时预防这种最坏的可能性，以增大制度的适应性，这符合对策论中的“极小极大原则”。因此，布坎南认为，“经济人”假设运用于政治过程的实证分析不仅具有很大的合理性，而且比运用于单纯预测和描述政府官员的政治选择行为更有意义。

布坎南将政府模式划分为三种类型：第一种被称为慈善的专制者，这种政府将社会利益最大化作为政策目标，同时有绝对权威；第二种被比喻为拥有独立利益的巨物，这种政府的目标就是追求自身利益最大化；第三种是西方民主的政府模式，全体社会成员通过选票的形式参与政治决策，政府的政策取向受制于公共选择。布坎南认为，慈善的专制者只存在于主流经济学家的想象中，不具有现实意义。现代资本主义国家的政府实际处于民主模式和巨物模式之间，即政府是通过民主投票程序产生政策的机构，政治家总是在现存民主制度的规则下寻求自身利益的实现。

基于“经济人”假设，构造和设计最大限度地限制某些人对另一些人的利益侵犯并保护每个社会成员的利益的规则和宪制成为布坎南经济理论最核心的主题。

三、 政府失效理论

布坎南分析了美国战后凯恩斯主义的功能财政理论及其历史实践，提出了政府失效理论。

根据凯恩斯主义理论，为了弥补有效需求的不足，扩张性的财政政策是必要的手段，财政预算应该为实现充分就业服务，预算平衡不是终极目标。这样，功能财政的思想取代了古典经济学家倡导的预算平衡理论。但是，功能财政并没有完全否定财政平衡原则，只是认为在经济萧条年份产生的财政赤字可以由经济高涨年份的盈余来弥补，从整个经济周期看，财政预算依然是平衡的。

布坎南说，第二次世界大战后几十年的经济史表明，赤字财政并没有换来经济持续稳定的增长，凯恩斯主义的推理和许诺并没有实现。布坎南将这种情况归咎于凯恩斯主义经济学家忽略了经济政策赖以制定和实施的政治现实，即公共选择所起的作用。他指出，由于民主政治的作用，政治决策由当选的政治家做出，他们仅对投票者和幕后官僚的要求做出反应。这样，在一个民主社会中，存在着产生预算赤字的内在偏向。政治家为了争取多数人的选票，往往向公众许诺较多的社会福利，这必将造成较大的政府开支，同时，增税又容易失去选民的支持。虽然在萧条时期能够采取扩大支出和减税的赤字政策刺激经济增长，但在繁荣时期不曾出现过预算盈余的政治背景。这样，凯恩斯主义关于功能性财政政策会使财政赤字和财政盈余交替出现而在整个经济周期内抵消的神话被打破。政府收支的不平衡通常只向一个方向发展，正如第二次世界大战后美国经济史所证明的那样，政府的赤字越来越大。

布坎南还强调，政府并不是凯恩斯所设想的由一群精英组成，凯恩斯彻底低估了民主政体中集体决策的复杂性。经济学家通常并不是经济政策的制定者，他们仅仅提供理论分析和政策建议，这些分析和建议转化为政策的过程，则在不同程度上受到公共选择复杂程度的制约，所以任何一种经济政策，如果不考虑其政治条件，不论其内容设计得多么完美，都是危险的，会导致经济理论上不可预计的后果。

布坎南进一步指出，市场失灵本身并不意味着国家干预就是必然和合理的，国家干预本身也会带来和市场失灵一样的不利后果，甚至超过后者，凯恩斯主义提倡国家干预所导致的严重的“滞胀”正说明了这一点。

四、宪制理论

宪制理论是布坎南的主要理论之一。布坎南区分了两种法：高级法和普通法。宪制是高级法，它确定了制定普通法的规则；普通法是在宪制规定的规则中产生的。在此基础上，布坎南将人们的决策划分为两个阶段或两个层次：第一阶段是人们关于政治秩序和政治决策基本规则的选择，即宪制选择；第二阶段是在已确定的宪制下对具体行动策略的选择，即后宪制选择。布坎南强调的是宪制选择。他认为，政府失灵的根源是宪法约束失灵，改革的努力应该放在约束决策或政策制定的规则上，由于宪法是根本性的规则，因此改革的最高阶段是宪法改革，只有通过宪法改革才能从根本上解决政府失灵的问题。

布坎南主张用一种宪法民主政治来取代西方国家现行的民主政治，“宪法民主”强调个人自由的价值，认为只有在宪法的规则能够约束或限制集体政治行动的规模和程度的前提下，政治平等才能得到保证。可见，布坎南的宪法民主思想是古典经济学方法论上的个人主义和市场自愿交易原理的发挥和应用。

布坎南在宪制理论的基础上，针对 20 世纪 70 年代和 80 年代的现实，提出了一些立宪改革的建议：

第一，对现行财政货币政策的立宪改革。布坎南主张设立财政货币宪法，约束财政政策和货币政策制定过程。布坎南和瓦格纳（R. Wagner）设想的财政制度改革包括两个步骤。第一步，确立一个宪法规则，这个规则使政治家和政府官员在税收水平下降的情况下，能够遏制已经增长的公共支出需求；第二步，明确地重新确立财政账户收支平衡的原则。对于货币政策制定过程，布坎南建议确立一个公开的货币供应规则，它一方面可以为公众提供稳定的价格预期，另一方面也可以限制政治家在货币方面的随意处置权。

第二，税收制度改革。布坎南和布伦南（Brennan）曾经提出过一种垄断政府模型，为了约束政府的无限膨胀，税收制度、税收立法和基本税收结构改革是必要的。布伦南-布坎南税收模型试图通过公民来寻求对政府官员、机构施加宪法约束，把政府的税收收入限制在一个既定的数量水平上。由于政府的税收收入取决于税基和税率，布伦南和布坎南提出的建议是：税制改革应把集体选择的对象由选择税制安排具体化为选择税基和税率结构。

第三，对简单多数制的修正。布坎南主张用一致同意标准的决策规则来制定宪制，因为决策规则越接近一致同意标准，一种获准通过的方案覆盖的受益者就越多，政治家满足更多选民要求的压力就越大。事实证明，立法中的简单多数制在助长政府支出过度增长方面的作用不容忽视。布坎南建议在国会两院通过预算方案时必须达到2/3的多数才能通过。

五、寻租理论

寻租理论是20世纪60—70年代经济学家们在讨论垄断、关税和政府管制所造成的社会损失的过程中形成和发展起来的。布坎南在塔洛克和克鲁格研究的基础上将寻租活动划分为三个层次。第一个层次的寻租发生在人为创造的稀缺资源不能平均分配或随机分配时，这是早期寻租理论所讨论的主要内容。第二个层次的寻租是指当政府职位的薪水和额外收入高于私人部门类似职位的待遇时，潜在的政治家和官员将会花费大量的资源来谋取这种政府职位。布坎南认为，对于寻租分析来说，这个层次的寻租更重要。第三个层次的寻租是指个人和集团为维持对自己有利的差别待遇或避免对自己不利的差别待遇所进行的活动。

布坎南还区分了三种类型的寻租支出，认为这些支出都是对社会资源的浪费。这三种支出是：(1) 为谋求垄断地位所付出的努力和支出；(2) 政府关于接受或抵制潜在垄断者支出的努力；(3) 垄断本身或政府政策作为寻租活动的结果而引起的第三方扭曲。

对于寻租产生的原因，布坎南认为它与政府在经济中的活动范围大小，以及公共部门的相对规模直接相关。只要政府活动主要限于保护个人权利和产权，监督自愿达成的契约，市场过程主导经济行为，任何经济租金都由竞争性的进入力量来耗散，寻租活动便没有存在的余地。但是，如果政府的活动范围大大超出了保护国家所规定的范围，如果政府干预市场调整过程，那么租金耗散的趋势就受到阻碍，租金就会存在，寻租活动就不可避免。

第三节 公共选择理论的发展

一、投票规则

在现代西方民主制度下，有两种非市场决策或集体决策体制：直接民主制和代议民主制。在直接民主制下，个人或选民可以通过投票直接表示对公共产品的偏好；在代议民主制下，公共产品的需求由投票人或选民先选举代表如议员，然后由议员投票决定。投票规则是把个人偏好合成集体决策的方法，不同的投票规则有不同的性质，相应产生不同的资源配置效率。

（一）一致同意规则

一致同意规则是指一项决策或议案，须经全体投票人一致赞同或没有任何一个人反对才能获得通过的投票规则。在这种集体决策方式下，每一个人都有否决权。根据这个规则做出的集体决策可以满足所有投票人的偏好，能够实现帕累托最优。但是一致同意规则有三个明显的缺点而不能被普遍采用：首先，这种规则的决策成本太高。其次，这一规则会鼓励策略性行为。每个成员都诚实投票的假定是不现实的，每个人都会反对任何一个对于自己来说是次优而对于他人来说是最优的议案，选择最有利于自己的策略行为导致每个人都隐瞒自己的真实偏好，从而妨碍议案的通过。最后，这一规则容易导致威胁和敲诈。只要有任何一个人否决，议案就不能通过，那么就存在敲诈那些想使议案通过的人的可能性。

（二）多数票规则和投票悖论

多数票规则是指一项决策或议案须经 1/2 以上投票人赞成才能通过或采用的一种投票规则。多数票规则又分为简单多数和比例多数。简单多数是指只要赞成票超过半数，议案就能通过；比例多数是指赞成票必须高于规定的一定比例，议案才能通过。

如果待定议案有多个，多数票规则就会发生投票悖论，即不能在多个备选方案中达成均衡而在各种选择之间循环。针对投票悖论，经济学家提出了以下解决方法：

第一，表决程序安排。在多数票规则下，如果首先确定一个投票程序，集体选择将会获得确定的结果，投票循环就不再发生。孔多塞 1785 年提出的解决投票循环的方法是按照预先设计好的程序对各种备选方案进行两两比较，在每一对方案比较中挑出多数票支持的方案，得到最终的获胜者。另一种安排称为“序数程序”，每个投票人按照自己的偏好次序来排列各种备选方案，并按照偏好次序对备选方案计数，然后加总各个投票人对同一方案的计数，获得最多点数的方案获胜。还有一种程序安排是“淘汰程序”，它是在每一轮两两比较中淘汰得票最少的议案，获胜的方案再同剩下的方案进行角逐，最后剩下的就是获胜者。可见，多数票规则的一大缺陷是通过操纵投票程序可以控制表决结果。

第二，中间投票人定理。针对投票悖论，布莱克提出，通过适当限制个人偏好以适应某种特殊模式，就能产生均衡的投票结果。一般地，只要所有成员偏好都是单峰分布（单峰分布是指某一成员对备选方案中的一个偏好程度最高，对其他的备选方案偏好程度都持续下降），那么中间投票人（在单峰分布时，投票人为奇数，偏好的方案位于所有方案中间的人为中间投票人）的第一偏好，即中间投票人偏好的议案就能通过。如果一些成员的偏好是双峰分布（双峰分布是指离开某一偏好程度较高的议案向其他议案移动，偏好程度不是始终下降的，而是先下降后上升），则多数票规则就不能产生唯一的结果，投票结果会出现循环。所以，投票悖论的出现与备选方案的数量和投票人的数量成正比。

多数票规则虽然比一致同意规则节约成本，但是仍然存在一些缺陷，例如投票交易和多数票规则的再分配效应。由于多数票规则忽视了少数人的利益，所以位居少数的投票者可能会采用互投赞成票或其他投票交易技术。多数票的再分配效应是指福利会在多数人和少数人之间再分配，少数人的利益会遭受损失。

二、从决策成本最小化的角度看，投票的最优规则既不是一致同意规则，也不是一个人说了算的决策规则，而是最优多数规则。

二、 公共选择者行为理论

政治家和投票人是政治市场上的两个行为主体，是政治市场上的供给者和需求者。公共选择学派的经济学家分析了政治家、投票人和官僚之间发生相互关系的政治过程。

政治家是经选举产生的从政者，负责提供公共产品。政治家有利己、利他和介于利己利他之间三种类型。由于政治是不完全竞争的，巨额的竞选费用是进入政治市场的障碍，所以政治家享有一定的垄断权，可以为自己或自己代表的集团牟利，从而牺牲选民的利益。而且，政治竞争的不完全性使政治家从强有力的少数集团获得的选票比从松散的大多数选民得到的选票多，所以，政治家并不总是支持多数人的观点。

投票人是利己主义者，他们希望政府提供的公共产品最大限度地符合自己的偏好，同时承担的税收尽可能低。唐斯的“理性无知”模型认为，投票人在成本—收益原则的指导下投票，投票是理性的。但是，由于投票人搜集候选人详尽信息的成本高昂，同时考虑自己的一票所起决定性作用的概率，权衡损益之后，投票人的理性行为会导致无知的后果：投票人将不去搜集信息，保持对政治、政党和候选人的无知，即唐斯所称的理性无知。投票人只从大众传媒获得免费信息，并且理性地认为他的选票不能影响投票结果，从而不去参加投票。麦克林和奥尔森等人对唐斯模型改进之后认为：选民越多，投票率越低；信息越容易获得，投票率越高。这更好地解释了现代西方政治中投票率低的原因。

三、 政党理论

政党的竞选纲领实际上是一揽子公共产品。如果竞选纲领中的公共产品是单维的，选民的偏好呈单峰正态分布，竞选人为两人，则观点与中间投票人一致的候选人获胜。如果竞选纲领中的公共产品是多维的，选民偏好也呈多峰分布，就会出现循环现象，导致竞选结果的不确定和不稳定，这样，各政党候选人在制定竞选纲领时就会有策略行为，出现投票交易。

政党的数目与选举规则有关。在半数制规则下，通常会产生两党民主制，或党派合作形成两个政党联盟。在允许有多个代表的比例代表制下，获得票数最多的几位候选人当选，或是参政党根据得票多少分配议席，议席数与所获选票成正比，这就可能产生多党。

四、 利益集团理论

利益集团是指任何一个力图影响公共政策的组织，这种组织由少数有共同利益，特别是有共同经济利益的投票人组成。集团的活动主要是进行政治游说，力争使有利于自己的立法或政策获得通过。利益集团对公共产品的影响是明显的，它们左右议案的方式有：一是为缺乏信息的选民提供免费信息，鼓动他们支持自己；二是向政治家和议员游说，向他们提供专业技术信息；三是给予议员政治资助；四是同其他利益集团联手，互投赞成票。

奥尔森和麦克林还对利益集团进行了分类。奥尔森认为，利益集团分为三类：一是特权集团，规模比较小，集团成员承担所有的成本；二是中级集团，集团成员通过互相监督、威胁和允诺实现有条件的合作，承担部分成本；三是潜在集团，每个成员不愿意提供或参与集团的公共产品，但选择性刺激使潜在集团变为现实集团，消除“搭便车”的行为，促使人们参与集团活动。麦克林将利益集团分为生产者集团、消费者集团和利他主义集团，其中生产者集团力量最强，利他主义集团力量最弱。

五、 官僚经济理论

公共选择学派将各级行政机关统称为官僚机构，认为它是一种客观存在的正式组织，其特点是复杂的管理登记制度、专业化的技术与任务以及用规章制度对官僚机构的权力做出明文限制。公共选择学派的官僚经济理论包括垄断官僚经济理论、交易官僚行为理论、官僚机构效率和增长理论等。

尼斯坎南分析了垄断官僚机构对资源配置的影响。他认为，官僚的目标函数是预算最大化。官僚机构从政府那里得到预算拨款，政府或立法机构对其进行行政管理，官僚机构提供公共产品，预算资金就是公共产品的价格。政府对于公共产品每一增量愿意增加的拨款称为边际评价，它随着产量的增加而递减。官僚机构提供公共产品的成本则随着产量的增加而递增。当预算资金大于或等于最低成本时，官僚机构的产出即为预算最大化下的均衡产出。由于官僚机构具有垄断性，所以，对于社会来说，在预算最大化的条件下，官僚机构的边际收益小于边际成本，社会资源配置效率低下。

在尼斯坎南之后，公共选择学派最具有代表性和影响的官僚理论是布雷顿和温托布的交易官僚行为理论。这种理论的基本观点是，官僚在机构中的行为是不断进行选择的，由官僚之间的交易决定选择高效率的表现还是低效率的表现。交易发生在上下级之间，由上级发出指令，下属选择遵从还是违背，上级据此予以奖励或惩罚。

官僚机构的效率分为配置效率和X-效率。配置效率是以整个社会来判断，X-效率是组织内部的效率。由于官僚机构的垄断性和需求显示方式，官僚机构资源配置无效率。官僚机构也难以实现X-效率，原因有四：一是官僚机构目标笼统、抽象、难以度量，需要设置具体化的操作目标，而操作目标只是近似替代，即使实现操作目标也不是最优，因此组织是X-无效率；二是在官僚机构的多重目标中存在目标冲突，从而产生官僚之间的不合作，引起X-无效率；三是公共产品的产出难以定义和度量；四是交易成本高和信息传递失真。

与官僚机构低效率相伴随的是官僚机构规模过大和增长过快，造成这种现象的原因有以下几点：第一，官僚机构中官僚的利益随着本部门的扩大而增加，例如官僚的津贴、升迁机会等都随着本部门的扩大而增加；第二，立法部门的议员通过相互捧场也从官僚机构的扩张中受益；第三，选民也误以为可以从扩大官僚机构规模中享受更多的公共服务。

关键词

公共选择学派　布坎南　塔洛克　“经济人”假设　政府失效理论
寻租理论　投票规则　公共选择者行为理论　官僚经济理论

思考题

1. 什么是公共选择理论？
2. 如何评价公共选择学派的方法？
3. 评述布坎南的公共选择理论。
4. 投票方式有哪些？它们的利弊是什么？

第三十一章
新制度经济学学派

把新古典经济学分析方法运用于制度研究，形成新制度经济学学派，这个学派与以凡勃伦为创始人的制度经济学学派有重要的区别，是在20世纪下半期才发展起来的新的流派。本章分为五节，第一节介绍这个新学派的形成和特点。在第二、第三、第四节分别介绍在这方面的研究有重要影响的三个代表人物：科斯、诺思和威廉姆森。新制度经济学在20世纪80年代以后有广泛的发展，本章第五节对这些发展进行了简明概括。

本章重点

- 新制度经济学的产生与发展
- 科斯的企业（制度）起源理论
- 诺思的制度变迁理论
- 威廉姆森的交易费用经济学

第一节 概 述

新制度经济学学派是20世纪下半叶形成和发展起来的经济学流派。它不同于19世纪末形成的美国制度学派及其后的新制度学派，它以新古典经济学的基本分析方法为基础来研究制度，并且影响愈益扩大。

在经济学说发展进程中，古典经济学及其后的新古典经济学长期以来居于主流或正统的地位，并形成了经济学分析的一些基本假设、基本原则、基本分析方法，成为经济学研究中的主流传统，例如“经济人”假设、追求最大利益原则、边际分析方法等在经济分析中被普遍遵循和运用。古典经济学或新古典经济学的研究方法以抽象演绎法为主，常常在设置了一定的假设前提下，通过比较严密的推理过程（或数量推导），论证特定经济范畴之间的关系。古典经济学或新古典经济学的研究方法在经济学说史上曾受到德国历史学派、美国制度学派的批评。德国历史学派批评古典经济学忽视经济发展的历史性和不同民族、国家社会经济发展的特殊性，忽视国家、法律、道德等在经济发展中的地位和作用。美国制度学派也是作为古典经济学和新古典经济学的对立面出现的，它批评古典经济学和新古典经济学不进行社会经济“质”的方面的研究，只关注社会经济中的

"量"的关系。美国制度学派把"制度"作为经济研究的主要对象，对各种社会"制度"的形式、演进、变迁、影响进行了广泛的研究。德国历史学派主张在经济学研究中使用历史方法，美国制度学派在很大程度上受历史学派的影响，并更为广泛地发展了哲学、法学、社会学、心理学等方法在经济制度分析上的应用。德国历史学派和美国制度学派的批评表明，古典经济学和新古典经济学在理论体系和研究方法上存在着重大的缺陷与不足。

实际上，在古典经济学家和新古典经济学家的视野中并不是没有"制度"的。亚当·斯密、约翰·穆勒、门格尔、马歇尔等人的著作中都有对各种"制度"的叙述和分析。古典经济学家和新古典经济学家也并非绝对地排斥抽象演绎法之外的其他方法，马歇尔就曾明确地说要在不同的经济分析中分别使用抽象演绎法和历史方法。只不过他们的研究重心是在资本主义私有制的既定前提下讨论财富的生产、分配、交换和消费，或者说，稀缺资源的合理配置。在古典经济学的产生过程中，古典经济学家曾经在不同程度上论证了国家、私有制的起源，论证了资本主义所有制的合理性，而在近代资本主义发展初期，资本所有权关系在现实中是相对简单的，而且在法律上也是被明确了的。因此，对"制度"的研究就没有再引起古典经济学和新古典经济学的重视，更没有把对"制度"的考察纳入其基本理论体系之中。德国历史学派和美国制度学派对"制度"的研究也只是在主流和正统经济学之外对经济学理论发展的一种"补充"。

但是，主流或正统经济学理论体系缺乏对"制度"弊端的研究，随着资本主义所有制关系的发展而日益凸显。进入 20 世纪以后，科学技术的不断发展引起工业组织结构以至整个社会经济结构的巨大变化，发达国家和发展中国家不同经济发展道路以及它们之间矛盾、冲突的加剧，尤其是第二次世界大战以后，资本主义所有权与经营权的进一步分离、经济发展与生态环境之间矛盾的日益显露、资本主义信用体系中矛盾与危机的不断发展，都促使人们越来越关注已变得复杂、模糊的各种产权关系，并且不得不把对"制度"的研究提升到越来越重要的地位。新制度经济学学派，其理论也被称为现代制度主义，就是在这种背景下产生和发展起来的。

新制度经济学的产生可追溯到美国经济学家科斯 1937 年发表的《企业的性质》一文。但在当时，他的论文并未受到重视。1960 年，科斯又发表了另一篇论文《社会成本问题》，逐渐受到广泛的关注。科斯用交易费用解释企业与市场的关系，修改了新古典理论中的交易无成本的假设。根据这个假设，逻辑上必然导致"经济人"将是"有限理性"的，"有限理性"意味着存在不确定性，也意味着契约合同的不完全性。当交易费用被用来说明产权的存在时，产权作为最重要的制度就被列入考察、分析的对象之中。在这里，新古典理论中的基本假设、方法、推理都没有改变，仅仅对原有假设增加了一定的新规定，但这就为"制度"的研究打开了一条通道。在科斯之后，威廉姆森（Williamson）、德姆塞茨（Demsetz）、阿尔钦（Alchian）等一大批经济学家对交易费用、产权、契约等进行了探讨。用同样的方法，诺思等人从经济史角度研究了经济制度的历史变迁。科斯和诺思因对新制度经济学的贡献而分获 1991 年和 1993 年诺贝尔经济学奖。

新制度经济学在 20 世纪 80 年代以后获得了更快的发展，研究范围包括交易成本理论、所有制产权理论、契约理论、委托—代理理论、经济增长理论、社会制度变迁理论等。

第二节 科斯的经济学说

一、科斯的生平与著作

罗纳德·哈里·科斯（1910—2013）是美国经济学家，1991 年获得诺贝尔经济学奖。他于 1910 年 12 月 29 日出生在伦敦郊区威尔斯登的一个邮电职工的家庭。1929 年科斯成为伦敦大学的注册学生，同年还在伦敦经济学院学习商科课程。在学习期间，他获得了伦敦大学 1931—1932 年的卡塞尔爵士游学奖学金，去美国学习了一年。他于 1932 年获伦敦大学商学学士学位，1951 年获伦敦大学博士学位。1932—1934 年任丹迪经济暨商业专校助理讲师，1934—1935 年任利物浦大学助理讲师，1935—1938 年、1938—1947 年和 1947—1951 年分别任伦敦经济学院助理讲师、讲师和高级讲师。1951 年，科斯移民美国。1951—1958 年任美国布法罗大学经济学教授，1958—1964 年任弗吉尼亚大学经济学教授，1964—1970 年任芝加哥大学法学院经济学教授，1964 年起任芝加哥大学法学院慕瑟经济学教授，直到 1982 年退休。在担任《法律与经济学杂志》编辑（1964—1982 年）期间，他编辑发表了许多新制度经济学的重要文章，对该学派的建立起到了积极的推动作用。退休后，他被聘为芝加哥大学法学院慕瑟经济学荣誉教授及法律与经济学资深研究员；1991 年被聘为堪萨斯大学法律与经济学荣誉客座教授。他是新制度经济学国际学会的创始人和第一任主席。

科斯除了在第二次世界大战期间为英国政府工作 6 年外，主要是一位学者。1939 年 9 月，英国正式宣战。1940 年，他被任命为林业委员会统计处处长；1941 年，又转往隶属战时内阁办公室的中央统计办公室，负责军需物资的统计工作。直到 1946 年，他才返回伦敦经济学院。

在长达 60 年的学术生涯中，科斯只出版了两本书：《英国的广播：垄断的研究》(1950) 和《厂商、市场与法律》。作为新制度经济学的开创者和代表人物，科斯的贡献主要体现在其两篇经典论文中：一是 1937 年发表的《企业的性质》；二是 1960 年发表的《社会成本问题》。这两篇论文都与解释制度的起源有关。

二、科斯的经济学说

科斯兴趣广泛，曾先后研究过通信经济学、成本与价格行为、双头垄断、垄断定价、消费者剩余、公共产品的资金筹集、边际成本定价问题等。但他在学术上的贡献主要体现在厂商理论和社会成本问题上。

(一) 厂商理论

科斯在《企业的性质》[①] 这篇开创性的论文中提出了两个极有价值的思想：(1) 企业是如何产生的？即企业起源问题。(2) 限制企业扩张的因素是什么？即企业如何确定自己的边界。他认为，企业的边界是可变的，可以收缩也可以扩张。经济学的一个重要任务就是找出并明确划分企业边界的决定性因素。

根据正统经济学，企业是用生产函数、市场关系是用供求曲线来表示的，在正统经济学中，没有交易成本这个概念。

为了回答企业起源这个问题，科斯提出了“交易成本”这一概念。这一概念现已成为新制度经济学的理论基石之一。他认为，每一种经济活动的资源配置都需要发现价格、签订合同等。资源配置如果由市场价格来决定，则需要付出一定的交易成本（发现价格、签订合同、监督合同的执行等成本）。如果建立一个组织如厂商，由企业经理来管理和协调，就可以在一定程度上避免和降低这类交易成本，从而可以更加有效、更为经济地组织生产活动。交易成本的大小和协调各种生产要素投入的成本的大小，也决定了厂商规模的大小。如厂商规模过大，资源由市场力量配置可能更经济，厂商也就不会再扩大规模了。因此，企业的存在是为了节约市场的交易成本；企业规模被决定在企业内交易的边际成本等于市场交易的边际成本或等于其他企业的内部交易的边际成本的那一点上。因为如果企业内部交易的边际成本大于市场交易的边际成本，那么企业自己生产就不如直接从市场购买合算了。

实际上，“交易”一词在正统经济学中早已存在，但是使用范围狭窄。在近代制度经济学的代表人物康芒斯的著作中，交易概念就开始泛化了。他把“交易”概念和正统经济学中已经一般化的“生产”概念相对应。按照康芒斯的解释，生产是人对自然的活动，而交易则是人与人之间的活动。生产活动和交易活动构成了人类的全部经济活动。这种“交易”活动被康芒斯视为构成“制度”的最基本的单位。在其名著《制度经济学》中，康芒斯把“交易”分为三种：买卖的交易、管理的交易和限额的交易。这三种交易覆盖了所有人与人之间的经济活动。康芒斯的贡献在于把过去人们认为不相关的一些事，如平等的买卖活动、经理对工人的管理以及国家对居民征税等，通过“交易”概念联系起来。不同的经济制度不过是这三种交易类型的不同比例的组合。如市场经济以买卖的交易为主，而在计划经济中则以管理的交易为主。但康芒斯在对以交易为基本单位的制度进行分析时所采用的方法是哲学、社会学和心理学的方法，而不是正统经济学的方法。

科斯的企业（制度）起源理论揭示了交易成本和制度形成的内在联系。交易成本的存在必然导致制度的产生，制度的运作又有利于降低交易成本。没有制度的约束，斯密的“看不见的手”的作用带来的可能不是经济繁荣，而是社会经济生活的混乱。制度现存的技术水平决定了交易成本和生产成本。

---

① 据科斯本人说，这篇论文是基于其在1932年的讲课内容而写的，草稿完成于1934年，当时他在丹迪经济暨商业专校任助理讲师。转到伦敦经济学院后，他对该草稿做了一些修改，投稿到《经济学期刊》，并在1937年刊登出来。当时这篇文章并没有引起人们的注意。

在正统经济学（新古典经济学）中，有效率的市场仅在无交易成本的情况下才能得出。只有在无交易成本的情况下，交易者才能忽视制度安排，达到总收入的最大化。当交易是有成本的时候，制度会起作用，或者说，制度是至关重要的。在现实经济生活中，交易都是有成本的。①

什么是交易成本？科斯认为，交易成本是获得准确的市场信息所需要付出的费用，以及谈判和签订经常性契约的费用。威廉姆森则认为，交易成本可以分为两部分：一是事先的交易成本，如为签订契约、规定交易双方的权利与义务等所花费的费用；二是签订契约后，为解决契约本身所存在的问题，从改变条款到退出契约所花费的费用。现在，在新制度经济学中，交易成本是一个基础性的概念，它泛指一切和交易相关的直接和间接费用，如度量、界定和保证产权（即提供交易条件）的费用，发展交易对象和交易价格的费用，讨价还价的费用，订立交易合约的费用，执行交易的费用，监督违约行为并对其进行制裁的费用，维护交易秩序的费用等等。阿罗（K. Arrow）则总结说："交易成本是经济制度运行的费用。"

科斯对企业制度起源的探讨开创了新制度经济学对其他重要制度起源进行探讨的先河。同时，他用交易成本分析制度（企业）起源的理论在学术界影响很大。

（二）社会成本问题

20 世纪 60 年代以前，学术界便已开始讨论经济活动的外在性（外部性）问题，并把它视为导致市场失灵、资源配置效率低下的一个重要原因。② 庇古认为，解决外部性的办法就是政府应征收"庇古税"，政府向私人成本低于社会成本的企业征税，使其私人成本与社会成本相等。这样使得私人利益与相应的社会成本和社会利益相一致，则资源配置可以达到帕累托最优状态。

但科斯在其《社会成本问题》③ 中提出了解决外部性的一种新思路。这个新思路被后人总结为"科斯定理"（Coase theorem）。关于科斯定理，科斯本人并没有一个明确的说法，其他西方经济学家则给出了不同的表述。下述为比较流行的说法。④

微观经济学的一个中心思想是自由交换往往使资源得到最充分的利用，在这种情况下，资源配置被认为是帕累托有效的。

经济学家认为，除了交换自由之外，还必须具备一些其他条件，才能使市场有效地配置资源。条件之一是关于交易成本的概念。狭义上讲，交易成本指的是一项交易所需花费的时间和精力。有时这种成本会很高，比如当一项交易涉及处于不同地点的几个交易参与者时。高交易成本会妨碍市场的运行，否则市场是会有效运行的。广义上看，交易成本指的是协商谈判和履行协议所需的各种资源的使用，包括搜集制定谈判策略所需信息的成本，谈判所花的时间，以及防止谈判各方欺骗行为的成本。由于强调了"交易成本论"，科斯定理可以概括为：只要交换的交易成本为零，法定权利的最初分配从效率

---

① 新制度经济学的另一代表人物威廉姆森则形象地将交易成本比喻为物理学中的摩擦力。

② 传统经济学教科书把市场失灵归结为垄断、外部性、公共产品和不完全信息等因素。

③ 《社会成本问题》一文最初发表在 1960 年第 10 期的《法律与经济学杂志》上。

④ 伊特韦尔，等. 新帕尔格雷夫经济学大辞典. 北京：经济科学出版社，1999.

角度看就是无关紧要的，资源配置就可以达到帕累托最优。

正如物理学中的无摩擦平面一样，无成本交易只是一种逻辑推理的结果，在现实生活中是不存在的。因此，科斯定理所隐含的政策意义是：要利用法律最大限度地降低交易成本，而不是消除这些成本。

“交易成本论”把注意力集中在对法定权利交换的某些障碍上，特别是谈判和履行私人协议的成本。当人们给“交易成本论”下定义时，除了交易成本外，还存在着进行私人交易的其他一些障碍，比如某垄断者通过提供比竞争数量少的商品，提高这种商品的价格，从而增加利润。因此，垄断是市场机制失灵的一种表现形式。

科斯用一个著名的例子来说明这种看法。火车烧柴和煤常常溅出火星，引燃农田里的农作物。每一方都可采取防备措施以减少火灾造成的损失。农民可以停止在铁轨边种植和堆积农作物，而铁路部门可装置防火星设施或减少火车出车次数。如果农民有权指挥铁路部门，直到不溅火星才允许铁路通车，那么，火星就几乎不会引起什么火灾。反过来，如果铁路部门不受惩罚地营运，那么，就会造成大量的火灾损失。根据科斯定理，虽然法律规定了权利的最初分配，而市场却决定着最终分配。须知，如果农民有权禁止铁路部门运营，那么，他们就可以出售这一权利。具体说就是，铁路部门支付一笔钱给农民，以换取具有法律约束力的承诺——不禁止铁路运营。反过来说，如果铁路部门有权不受惩罚地溅出火星，那么，它就可以出售这一权利。具体说就是，农民可以支付一笔钱给铁路部门，以换取具有法律约束力的承诺——减少火星的溅出。无论权利最初分配如何，农民和铁路部门都乐于继续进行权利交换，只要这种交易有利可图。正如普通商品一样，法定权利交易的好处只有等到每种权利由认为其价值最大的一方得到时才会丧失。所以，如果农民有权免于火星之苦，而有权溅出火星对铁路部门比有权免于火星之苦的农民更加重要的话，那么，农民向铁路部门出售权利会使双方得益。当权利得到有效分配时，那么，交易的潜在好处也就丧失殆尽。因此，当市场正常发挥作用时，法定权利的均衡分配是有效率的。

“交易成本论”得出如下结论：如果有许多农民，那么，同他们进行谈判和履行协议的成本很高，当个别农民坚持多占利益时尤其如此，所以，尽管有达成一些私下协议的机会，但权利最初分配的低效率也可能会长期存在。相反，如果农民很少，铁路部门同他们进行谈判和履行协议的成本会很低，科斯定理预言，在这样的情况下，法定权利的均衡分配将是有效率的。

当然，从收入分配的角度来看，权利的最初分配一直是举足轻重的。因为如果效率要求铁路部门不受禁令约束，那么，要对农民放弃这种禁止的权利给予补偿，这会促使铁路部门购买这种权利。这项交易是铁路部门的支出和农民的收入。反过来说，给予铁路部门不受惩罚的权利，将会使其节省购买这种权利的支出，而剥夺了农民出售这种权利的收入。正如稀有资源一样，稀有的立法权也是有价值的。

科斯定理是真理还是谬误？在经济学中，一个证明是从一些普遍接受的行为假设派生的。科斯定理有可能是错误的或仅仅是同义反复。①

---

① 伊特韦尔，等. 新帕尔格雷夫经济学大辞典. 北京：经济科学出版社，1999.

为说明这一点，可以假设，除了政府发行的可买卖的允许污染的票券持有者之外，污染行为是完全禁止的。每个持有这种票券的受污染者要阻止污染行为，而每个获得了这种票券的污染者则要利用它去增加污染。显而易见，被污染者个人持有这种票券的社会利益大于他的个人利益，因此他们会大量抛售这种票券。同样地，污染者获得这种票券的社会成本高于其个人成本，因此，他们会大量收购这种票券。个人和社会成本之间的差异本身就是一个外部性。所以，试图通过建立污染票券交易市场来消除外部性的做法，只会产生新的外部性。事实上，并不存在像科斯讨论的这种外部性的完全竞争市场，并且，这种市场似乎也不可能通过私人协议而自发地产生。政府可能有办法建立一个虚构的市场，但没有一个市场能真正建立起来。

从交易成本角度观察，当受影响的只有少数人时，比如说当相邻的土地所有者就他们其中之一所引起的妨害行为进行谈判时，私下解决可能会是有效率的。这样，法定权利价格将由他们的谈判决定，他们不再是价格的接受者。这虽然违反了完全竞争的假设，但这种谈判往往能获得成功。根据科斯定理的交易成本论，影响少数人的外部性问题会有一些有效的解决方法。

交易成本并不十分符合实际。这依赖于下述命题：谈判和履行协议的成本为零时，谈判才能取得有效的结果。在实际中，少数人之间的谈判有时以失败而告终，如工会罢工、劫机者杀死人质、房地产经纪人由于在价格上不能达成一致意见而蚀本和诉诸法庭等等。一般而言，一项谈判达成协议往往会产生利益，但怎样分配利益则无协商一致的办法。自私自利的谈判者在不破坏合作基础的前提下尽全力要求得到尽可能大的利益份额。当谈判者过低地估计对手的决心时，他们就会施加过大的压力，谈判也就无法达成协议，谈判具有内在的不稳定性。因此，科斯定理犯了方向性错误，即过于乐观地假设：只要交易成本为零（即谈判无成本），合作就会诞生。

庇古运用经济学理论来捍卫习惯法原则：造成某种损害的一方应受指责，或被要求赔偿损失。根据庇古的论点，这种规则通过社会成本内在化来促进经济效益。在有些情况下，他发现习惯法中存在着种种缺口，这就需要补充立法，诸如对污染者征收与污染的社会成本相等的税款。

科斯的论文被认为是对庇古的损害法分析的一种修正。科斯不同意这种结论：通过损害法或征税，政府的行动一般对实现效率是必需的。

科斯定理认为，损害所代表的外部性有时或者可能会自我纠正。其实，市场机制失灵的形式多种多样，无法根据交易成本概念对之加以总结。因此，科斯定理的交易成本论应被看做是谬误或一种同义反复。

在政府必须采取行动纠正某种损害的情况下，科斯否定了庇古的如下看法：习惯法因果关系概念对确定责任是有用的指南。科斯认为，按习惯法原则判定某人造成了某种损害，这一事实并不意味着能有效地使其受罚或受到指责。在科斯看来，效率问题是由成本与效益相抵的差额来决定的，在这方面，因果关系的作用并非决定性的。科斯认为，因果关系与同无数法庭判决相矛盾的法律责任无关，并且它对法律的现实或理论显然没有什么影响。

不管科斯理论的功过如何，他对人们普遍接受的财产观点提出了挑战。在他的论文问世以前，很少有人注意到外部性通过私人协议加以解决的可能性。因此，科斯的主张触及了经济学争论的一个重大核心。此外，科斯论文的发表可以被看做是后来被称为“法和经济学”的课题的一次突破。科斯以法学家的态度分析财产法案例，但又以微观经济学理论来指导这一分析。虽然他未使用数学工具（20年后，使用数学工具成为研究这一课题的特点），但鼓舞了成为法和经济学分析开拓者的一代学者。

第三节 诺思的经济学说

一、诺思的生平与著作

道格拉斯·C. 诺思（1920—2015）是美国经济学家、经济史学家。他 1920 年 11 月出生在美国马萨诸塞州的坎布里奇，幼年在欧洲、加拿大学习，1942 年获加州大学伯克利分校文学学士学位，1952 年获该校哲学博士学位。1946—1949 年，他在该校兼任研究员。1950—1961 年任华盛顿大学经济学执行助理教授、副教授、教授，1961—1966 年任该校经济研究所所长，1967—1979 年任经济系主任。1979 年任赖斯大学皮得金讲座经济学教授，1981—1982 年任坎布里奇大学皮得金讲座教授。为了继续高效率地研究新的政治经济模型，1983 年他离开任教达 33 年之久的华盛顿大学，到圣路易斯华盛顿大学任鲁斯法律与自由教授及经济与历史教授，并在该校创立了政治经济研究中心。他还曾在 1958 年任斯坦福大学客座副教授。他担任的公职有：1960—1966 年任《经济史杂志》副主编，1967 年任全国经济研究局董事会董事，1968 年、1971 年与 1978 年任经济研究所理事会理事，1972—1973 年担任东方经济协会会长，1973 年任巴黎高级实验学院历史研究中心客座副主任，1975—1976 年任西方经济协会会长。

诺思的主要著作有：《1790—1860 年的美国经济成长》（1961）、《美国过去的经济增长与福利：新经济史》（1966）、《制度变迁与美国经济增长》（与戴维斯合著，1971）、《西方世界的崛起：新经济史》（与托马斯合著，1973）、《经济史的结构与变迁》（1981）、《制度、制度变革与经济表现》（1990）。重要的论文有：《1600—1850 年海运生产率变化的缘由》和《西方世界成长的经济理论》。

二、新经济史学

在加州大学伯克利分校的研究所读研究生期间，诺思就设定了目标：要找出到底是什么决定了经济体系运作的方式及其成败。显然，经济史是最符合这一目标的研究范畴。他的博士论文是研究美国人寿保险发展史的，获得了社会科学研究委员会的奖学金。他早期的研究以及著作重心是由博士论文扩充的寿险分析以及寿险公司与投资银行的关系。

后来，诺思的研究工作转向发展一套分析性架构，以观察区域经济的成长，并在《政治经济学期刊》上发表了第一篇论文，标题为《区位理论与区域性经济成长》。由此研究成果出发，他提出了新的经济成长理论。

1966—1967年间，诺思研究的重点从美国经济史转到欧洲经济史，并获得福特基金资助前往日内瓦做了为期一年的研究。因为他发现，新古典理论不足以解释中世纪以来欧洲经济中的基本社会变迁。

他认为，新古典理论所关注的是市场的运作，同时又假设市场中存在能够运作的先决条件，但对市场是如何演进而来的则略而不提。再者，新古典理论是静态的分析，而新经济史学需要一套动态的理论来说明经济随着时间而演进的过程。长期以来，诺思一直在追寻能够提供新的分析工具的架构，因而他对新制度经济学产生了浓厚的兴趣。他指出，传统的制度经济学虽然注重对制度因素的分析，但它无法提供一套理论框架，因此无法真正替代新古典理论。新古典理论的长处在于它对资源稀缺性的关注，因此，它将竞争视为整个经济学的关键所在，同时以个人为分析单位，并以经济的方式进行分析。如何能将上述各种方法的优点融合于一套理论结构之中，成为新制度经济学的努力方向。

为什么要专注于制度呢？在不确定的世界，人类是以制度调整人际关系的。制度就是一个社会的游戏规则，也因此成为塑造经济、政治与社会组织的诱因架构（framework of incentives）。制度包括正式规则（宪法、法律、规定）与非正式的限制（惯例、行事准则、行为规范），以及上述规则与限制的有效执行。执行者可能是第三者（执法与社会放逐）、第二者（报复行为）或第一者（自我要求的行事准则）。制度加上技术决定了构成总生产成本的交易及转换（生产）成本，从而影响经济的表现。由于制度与采用的技术之间有密切的关联，所以市场的效率可以说是直接取决于制度面的架构。

诺思将制度因素纳入经济史分析之中，初期的成果表现在其两本著作上：1971年的《制度变迁与美国经济增长》和1973年的《西方世界的崛起：新经济史》。这两本书试图发展一套制度分析的工具，并将其应用到经济史研究上。前者欲找出在美国经济成长过程中，新的制度及组织如何演化形成。在后者中，诺思认定财产权的形成是经济表现的关键因素，同时他还对照探讨了财产权在荷兰与英格兰以及法国与西班牙这两组国家的演化过程。

这两本著作虽基于新古典理论的假设之上，但其中有太多不合理的缺陷，诸如制度是有效率的（不论定义为何）。更严重的是，在新古典的架构下，无法解释经济陷于长期低迷的现象。因此，诺思开始探究个人信念。他认为，个人信念是影响其选择的重要因素，只有短视的经济学者才会不重视观念、意识形态和偏见。他强调新的分析框架应包括：（1）提出一套有关制度的观点，它能够解释为何制度所导致的结果不能在长期内产生经济成长；（2）发展出一个政治经济的模型，借此来解释制度的基本来源；（3）经济学还必须了解，为何人们会形成能影响其选择的意识形态与观念。

在1981年出版的《经济史的结构与变迁》一书中，诺思放弃了制度是有效率的这项假设，并解释为何“无效率”的统治会产生甚至长久存在。他开始探讨历史上不同形态的经济组织的交易成本，同时也研究意识形态的改变如何影响政治及经济的决策。他对经济史进行了新的诠释，时间跨度是自公元前8000年农业起源时代到20世纪。在这本书中，诺思提出了一套有关国家的新古典理论，以分析如下问题：既然有效率的财产权制度可以提升所得总和而增加统治收入，为何仍有统治者要制造出无效率的财产权制度呢？事实上，这些无效率统治的源头不外乎竞争限制（统治地位被竞争对手取代的威胁）

和交易成本限制（有效率的统治可能会耗费过高的征税成本，反而导致统治者的收入减少）。这就是诺思著名的"国家悖论"。

如何正确理解国家悖论？诺思说："总的来说是这样一种观点：没有国家办不成事，有了国家又有很多麻烦。也就是说，如果给国家权力，让它强制执行合同或其他规章，它就会用自己的权力强制性施加影响，造成经济效率不高的现象。……换句话说，我们故意建立起一个效率低下的政治制度，防止受到一个效率很高但想干坏事的政府的危害。尽管如此，美国和其他一些国家也出现了一些成功的政府和政治机构，它们的运转并非导致了刚才所说的结局。……所以我认为，假如真有悖论的说法的话，人们谈论经济问题时并非完全合理。但无论如何，取得效益最大化的行为准则对任何国家都是十分重要的。所以具有一个好的行为准则对一个社会来说是十分重要的，它弥补了一个社会现有各种规章制度的不足。实际上，要取得交易成本低的经济市场和有效的政治市场，也需要有这种诚实的、合乎理性的、好的行为准则。"① 诺思的国家悖论说明了这样一个原理：没有国家办不成事，有了国家又有很多麻烦。在新制度经济学看来，任何一套规则都要好于无规则。诺思认为，国家是一种"制度"结构，它在职能上生产和出售一种确定的社会"产品"，即安全和公正。因此，人们把权力的垄断权，即确定和保护"所有权"的垄断权交给国家，以便它能够完成人们要求它完成的任务。但是，国家要有钱才能运转。国家的活动不是免费进行的，它必须为公职人员、军队等支付费用。税收制度是国家获得财富的制度保证。诺思强调指出，因为国家界定产权结构，因而国家理论是根本性的。最终是国家要对造成经济增长、停滞和衰退的产权结构负责。国家的存在是经济增长的关键，然而国家又是人为的经济衰退的根源。从纵向来看，在同一国家里，国家过去是阻碍经济发展的，而现在则变成了促进经济发展的一个因素。从横向来看，在同一时期，A 国的制度有利于经济发展，而 B 国的制度不利于经济发展。诺思是把"国家"放在人类历史和世界格局中来分析的。

1991 年，诺思在《政治的交易成本理论》（1991）一文中提出了一个一般化的模型来说明为何政治市场先天就比经济市场缺乏效率。

他认为，交易成本包括测量成本与执行合约成本。在经济市场中，有客观的标准可以衡量进行交易的财货与劳务的物理特性（如大小、重量、颜色等），而在合约的执行方面，则有赖于司法制度的力量。竞争固然是降低交易成本的利器，但经济市场中仍不能避免极高的交易成本。然而相比之下，政治市场更具有无效率的倾向。在政治市场中，候选人以政见来交换选票，由于每位投票者所占的分量微乎其微，因此投票者想充分了解政见的动机并不强烈，同时，政治市场也不像经济市场有确保合约执行的机制，因此政治市场的竞争非常不完全。由于政治的议题复杂（再加上投票人缺乏了解政见的动机），导致政治市场中充斥着意识形态的陈腔滥调。换言之，政治市场的结构特性以及政治问题的复杂性稀释了市场效率的诱因。

而在 1990 年出版的《制度、制度变革与经济表现》一书中，诺思着重分析了制度变迁理论。第一步是将制度从组织中抽离出来。他认为制度是竞赛的规则，而组织则是参

① 转引自《经济学消息报》，1995－04－08。

与竞赛者。也就是说，组织是由具有某种目标函数的个人所组成的。组织可以是厂商、产业协会、合作社（以上为经济组织），也可以是政党、立法机构、主管单位（以上为政治组织），还可以是教会、运动协会、俱乐部等（以上为社会组织）。组织及其内部的开创者在追求达成目标的过程中（不管目标是厂商获取最大利润，还是政党赢得选举），可以视为是变革的代理人。来自制度架构的诱因创造了让组织本身得以生存的机会。经济体系具有资源稀缺及竞争的特性，因此组织是处在生存竞争环境中的。竞争又促使组织设法修正制度性架构，以改善本身的竞争地位。竞争的强弱就决定了制度变革的速率，而变革的方向则会反映出参与者的认知。

诺思利用这套框架把荷兰和英国的发展经验与西班牙进行了对照分析。前两国的政府演化催生了构筑现代经济成长的财产权；至于西班牙则是受到政治的拖累，经济发展停滞不前。在这本书中，诺思还探讨了"理性"的基本假定。他认为，对人们为何做出既有的选择应该进行解释，也应该了解为什么佛教或者基督教等这类意识形态能够长期主宰人们的选择与指引经济的运行。只有深入挖掘认知科学（cognitive science）的范畴，理解心灵学习与决策的方式，才能掌握意识形态的内涵。其最佳方式是了解人类的学习过程。但是，学习并不只是个人的经验产物，它也涵盖文化中由过去世代累积的经验。按照哈耶克的说法，集体学习中内含的经验都经过了漫长时间的考验，具体地体现在人们的语言、制度、技术及行事方法上。由过去的经验累积的知识存量将深植于人们的学习之中，形成影响人们行事作为的重要根源——过去的经验对现在及未来会产生巨大的影响。因此，学习是逐步积累的过程，但在过程中要透过该社会的文化加以过滤，以决定主观的价值。不过，一个社会过去经验的累积未必有助于解决新的问题。学习的过程主要取决于：(1) 信念，一个既定的信念会过滤各种经验所产生的资讯；(2) 经验，个人与社会在不同时间得到不同的经验，不同的经验会产生不同的资讯。

由现代生产经济衍生的非个人化市场并不会自动形成低交易成本的条件。因此要改善经济表现，最重要的课题是营造能改变成本效益比（benefit-cost ratio）的制度，以鼓励大家采取合作的方式，因为经济表现有赖于创造有效的，也就是具生产性的经济及政治制度。由于政治市场先天缺乏效率，而政治制度又在经济表现上扮演着关键的角色，因此，长期以来经济表现不能尽如人意也就不足为奇了。

第四节 威廉姆森的经济学说

威廉姆森 1932 年出生于美国的威斯康星州，1955 年获得麻省理工学院学士学位，1960 年获得斯坦福大学工商管理硕士学位，1963 年获得卡内基·梅隆大学博士学位。1963—1965 年在加州大学伯克利分校任教，1965—1976 年任宾夕法尼亚大学副教授，其间曾任美国司法部反托拉斯局特别经济助理。自 1976 年，任宾夕法尼亚大学戈登·特威迪经济学、法学与组织理论教授，后为耶鲁大学经济学教授。威廉姆森是新制度经济学的主要代表人物，他在继承科斯、西蒙、阿罗以及钱德勒等人理论的基础上创建了新制度经济学的主要学术流派——交易费用经济学。由于他在该领域卓越的贡献，1988 年美国管理学会将欧文管理学学术贡献奖授予他。威廉姆森的代表性著作有：《市场与等级组织[①]》(1975)、《资本主义经济制度》(1985)、《反托拉斯经济学》(1987)、《治理机制》(1996)。

博士毕业以后，威廉姆森跨学科进入了新制度经济学殿堂。从阿罗的信息经济学那里，他领会到信息的重要性，以及跳出新古典框架来处理一些难题的重要性；从钱德勒的现代组织理论那里，他认识到组织创新是产业发展以及效率形成的关键；从科斯的企业理论以及交易成本理论那里，他领会了交易费用是组织研究的核心，比较制度方法是进行企业以及产业组织分析的恰当方法；而从西蒙的管理经济学那里，他认识到新古典行为假设严重约束了其分析范式的解释能力。[②] 正是对这些理论的继承和发展，使威廉姆森发展了交易费用经济学的核心基石和范式框架。

在 1975 年的著作《市场与等级组织》中，威廉姆森就发展了科斯对企业和市场的经典认识，指出市场和包括企业在内的等级组织都可以纳入微观经济组织的研究范围。市场与等级组织之间存在着相互替代的关系。市场和等级组织在不同的环境中有其不同的存在合理性。以新古典为基础的观点没有认识到纵向一体化、企业联合体、优势企业、卖方寡头垄断以及其他等级组织在适应有限理性、机会主义、不确定性、小数目交易、信息问题以及交易环境方面的优势，而只是在理想的假设环境中认为完全竞争市场就是效率的标准，任何偏离完全竞争市场的组织形态都要受到法律的限制和纠正。因此，威廉姆森指出引入交易费用来处理组织问题是必要的。[③]

自 1975 年后，威廉姆森开始利用交易费用分析方法对反托拉斯、契约问题以及其他组织问题进行全面研究。这些研究成果集中体现在他的代表性著作《资本主义经济制度》之中。在该书中，威廉姆森通过对交易费用的定义、契约人的行为假设和契约关系的治理进行深入系统的分析，进一步发展和系统化了他的交易费用经济学。这集中体现在：(1) 他突出强调了资产专用性对决定治理结构的重要作用。他认为，由于有限理性、机会主义以及信息的不对称，各种契约无法完备，因此，在存在资产专用性的环境中，缔约后的机会主义和要挟行为会导致投资者进行专用性资产投资的租金受到契约另一方的侵蚀和掠夺，这种对专用性资产掠夺和要挟的事后机会主义行为就会导致专用性资产的投资不足，从而导致资源配置效率的损失。因此，为了防止专用性资产投资不足的出现，就必须对简单的市场交易方式进行替代，其替代的模式包括纵向一体化、长期关系契约、企业联盟等组织治理结构。(2) 继承和发展康芒斯的制度经济学，坚持把交易作为制度经济学的基本分析单位，把多样性的契约模式视为不同的治理结构，指出不同的治理模式在不同环境中的效率是不同的，在制度设计中，应当针对交易的特性使激励、控制和治理与之相匹配。交易费用的节约是经济组织判断的标准。[④]

---

① 等级组织 (hierarchy)，又可译为科层制，其含义为一种由权威、权力构建起来的组织关系，其最大的特点就是组织内部的关系往往是不对称的。

② Mark Blaug. *Who's Who in Economics: A Biographical Dictionary of Major Economists 1700—1986*. 2nd ed. Cambrige, Massachusetts: The MIT Press, 1986: 989 - 990.

③ Oliver E. Williamson. *Markets and Hierarchies: Analysis and Antitrust Implications (A Study in the Economics of Internal Organization)*. New York: The Free Press, 1975.

④ Oliver E. Williamson. *The Economic Institutions of Capitalism: Firms, Markets, Relational Contracting*. New York: The Free Press, 1985.

1988年威廉姆森在其论文《经济组织的逻辑》中对交易费用经济学分析方法进行了全面总结。他指出，所谓交易费用经济学是在拓宽新古典分析框架的基础上，以交易费用为基石对各种经济组织进行比较研究的经济学科。其核心分析方法包括以下几个方面：

第一，微观比较契约分析方法。这种微观比较契约分析方法体现在：(1) 行为假定。交易费用经济学采用两个重要的行为假定：一是认识上的假定，即有限理性假定，由于人是有限理性的，因此任何契约都是完备的这一假设是错误的，契约在本质上是不完全的；二是机会主义假定。将这两个假定赋予经济组织的作用在于，在有限理性环境中，建立各种契约关系以避免机会主义，从而实现资源配置的最优。① (2) 交易的维度化。交易费用经济学吸取康芒斯的观点，将交易视为基本的分析单位，因此，确定交易维度的内涵十分重要。这些维度主要包括：1) 交易发生的频率；2) 交易非确定性的程度和种类；3) 资产专用性的条件。所谓资产专用性是指在不牺牲生产价值的条件下，资产的不同用途和由不同使用者利用的程度。它是一个与沉没成本相关的概念。由于资产专用性的存在会产生事后的要挟以及依赖，因此缔约的方式变得十分重要。(3) 程序特征或程序分析。因为契约不完备，因此很多交易内容会随着环境的变化而变化，其结果是难以预测的。所以，在分析交易以及规范交易的规则时需要从动态连续的角度来考虑问题。

第二，区别性比较。它是指通过比较各种经济组织的交易费用来确定可选择的治理结构和组织方式。该方法将各种交易（属性不同）与各种规制结构联系起来，努力寻找区别不同交易的各种维度，然后根据交易维度的差别来确定包括企业、市场、混合模式以及等级组织在内的规制结构，其中的关键是利用维度分析确定交易费用大小，以便确定组织的效率。

第三，研究各种模式中暂时性的程序差异，以确定有关替代的组成部分。只是简单地指出组织设计的宗旨就是节省交易费用，是无法将交易费用经济学带入真正的实证分析的，它需要研究特定契约关系中组织的程序特征。

在上述方法的基础上，威廉姆森集中研究了以下问题：(1) 纵向一体化；(2) 契约关系；(3) 企业治理结构模式；(4) 其他等级组织（科层组织）。

威廉姆森在纵向一体化问题上指出，自20世纪60年代以来美国司法界所认为的“垄断即罪恶”的思想是没有理论基础的，垄断以及纵向一体化是否合理取决于纵向一体化和兼并的收益与代价的权衡。以往的各种理论都建立在新古典基础上来考虑问题，从而将决定纵向一体化和兼并最重要的因素——交易费用忽略了。而产生交易费用最为重要的因素就是由资产专用性、契约的不完全性以及机会主义的存在所导致的专用性投资的不足。这种投资的不足带来的效率损失远远大于其他因素导致的成本增加。

在处理契约关系的问题上，威廉姆森援引美国法学家迈克内尔教授对契约关系做的三种区分：(1) 古典契约关系。这是一种十分理想的契约关系。因为契约条件在缔约时

① 威廉姆森用下列框图来说明这些行为假设的契约性和组织性含义。

行为假定 / 含义	有限理性	机会主义
就契约理论而言	完备的缔约活动是没有的	许诺履行的契约是天真的
就经济组织而言	支持可适应性、连续性决策的模式将促进交换	交易过程需要即时的或详尽的保证

就得到了完全、明确、详尽的界定，当事人的各种权利和义务都得到准确的度量，违约后各方都会无成本地按照契约内容承担相应的责任，因此交易是否连续、是否一次性都无关紧要。(2) 新古典契约关系。该契约关系是一种长期契约关系，它意味着当事人关心契约关系的持续性，并且认识到契约的不完全性和日后重新调整的必要性，如果发生纠纷，当事人会首先谋求内部解决，再寻求法庭的帮助。因此，新古典契约关系强调建立一种包括第三方裁决在内的规制结构。(3) 关系性契约关系。很多契约关系并不是古典契约关系和新古典契约关系所能描述的，例如公司法和集体劳资谈判。这些契约关系强调专业化以及长期关系的维持，因此，契约当事人都愿意建立一种规制结构来对契约关系进行适应性、相机性调整。与新古典契约关系不同的是，关系性契约关系活动中的相应规制结构一旦形成就会做自我演变，其演变的模式可能并不遵循初始的契约条件。

当然，在不同的环境中（例如不确定性、交换频率和资产专用性等方面的不同），人们会依据交易费用最小化的原则选择不同的契约关系以及相应的治理结构。如果资产是通用性的，无论交易频率大小，相匹配的肯定是市场规制结构，这时发生的是古典契约关系。如果交易频率较低，资产是混合性的或专用性的，相匹配的应当是当事人双方加上第三方参与的三方规制结构，这时发生的是新古典契约关系。如果交易频率很高，资产具有较高的专用性，这时发生的是一系列等级组织结构，契约关系是关系性契约关系。

威廉姆森的上述这些论述阐述了一个组织决定的基本原则，即利用交易费用作为评价根据，将属性不同的交易与不同的规制结构匹配起来。因此，威廉姆森的交易费用经济学最大的贡献在于：(1) 它突破了科斯理论的局限性，提出了以交易费用差异为基础的经济组织决定理论，使交易费用分析不仅可以用于处理市场与企业的关系，而且可以处理其他一系列的组织问题。(2) 它提出了资产专用性概念，将专用性资产投资不足、效率损失与交易费用联系起来，使交易费用的内涵得到了巨大扩展，并将早期的静态制度分析推向比较静态分析方法，从而使交易费用分析方法能够很好地处理新古典经济学能够解决和不能解决的问题。(3) 威廉姆森从交易的内涵、交易的维度、交易的频率、资产的性质、契约关系的内涵以及程序分析等方面将交易费用分析方法进行了全面的细化，使它进一步规范化和体系化。

第五节　新制度经济学的新发展

自 20 世纪 80 年代后期以来，新制度经济学在科斯、诺思、威廉姆森以及德姆塞茨和阿尔钦等人研究的基础上得到了进一步发展。这些发展的主要特点在于：

(1) 在重新整理早期新制度经济学的概念、基本原理和核心理论的基础上，重新界定了新制度经济学的一系列核心范畴，使之分析方法规范化、表达形式主流化（数理化）、研究内容前沿化，使新制度经济学逐渐融入主流经济学之中，并成为主流经济学进一步发现的新动力和新的研究视角。这集中体现在：第一，以哈特 (Hart)、格罗斯曼、莫尔等为代表人物的不完全契约理论通过批判传统的交易费用经济学、委托—代理经济学以及产权理论，发展了传统信息经济学中的机制设计理论，建立了以契约的不完全性为理论基础的统一的契约理论。该理论不仅通过强调剩余控制权的重要性大大发展了早期新制度经济学的企业理论，而且可以充分地扩展莫迪利安尼-米勒定理，解决在信息不完全的状态下企业财务结构以及融资工具选择等一系列传统金融理论无法很好解决的问题，建立起一个完全能够融入主流经济学的金融契约理论。第二，以青木昌彦、米尔格罗姆（Milgrom）、格雷夫（Greif）和钱颖一等人为代表的比较制度分析（comparative institutional analysis）通过综合新制度经济学、过渡经济学、比较体制分析等领域的最新发展，将博弈论分析方法引入理论构建之中，对大量的传统理论范畴进行重新整理和界定，发展出具有逻辑一致性以及内涵清晰化的理论体系。该体系不仅具有主流经济学的规范性，弥补了主流经济学在制度研究方面的缺陷，而且可以直接纳入主流分析的框架之中，对大量传统制度问题做出主流性的回答。第三，以杨小凯、罗森（Rosen）以及博兰（Borland）等人为代表的新兴古典经济学。他们沿用前期新制度经济学重视制度以及组织结构的思路，利用非线性规划（超边际分析）重新将制度经济学和古典经济学中关于分工和专业化的精彩思想变成决策和均衡模型，从而为企业的出现、企业内部组织的均衡状况、交易费用对分工的作用以及大量的相关问题做出了全新的解释。

（2）通过吸收相关领域的最新发展，扩展早期新制度经济学的核心理论，深化和拓宽核心定理的应用领域。集中体现在：1）诺思和迪克西特（Dixit）等人将科斯定理向政治领域扩展，提出政治科斯定理，并在政治科斯定理的基础上，提出政治交易费用分析框架，建立起新政治经济学的核心基石。该分析框架能够很好地处理政治交易、政治契约以及制定政策的基本规律，能够超越以布坎南为代表的公共选择学派对政治交易的处理。2）罗兰、许成钢等人将新制度经济学的分析方法运用到转轨经济之中，对早期新制度经济学的理论观点提出了纠正，并且进行了发展。3）以温格斯特、格雷夫等人为代表对非正规制度的变迁进行了深入研究，对决定制度变迁的效率提出了新的认识，深化了制度变迁理论和制度绩效理论。

（3）进一步推动经济学帝国主义（economics imperialism）的扩展，将经济学研究方法和制度的范畴向其他领域进一步扩展，将大量非经济领域范畴引入制度经济学分析之中，使新制度经济学的研究范式逐渐呈现出脱离主流研究范式的发展趋势，进一步加剧了新制度经济学在研究方法上的内部冲突，使之呈现出分崩离析的发展态势。这集中体现在：第一，以温特（Winter）、纳尔逊（Nelson）、大卫以及阿瑟（Arthur）等人为代表的演进经济学进一步从技术经济学、物理学中引入新的研究范畴，使之对制度变迁、制度的功能以及制度的本质的分析方法及其结论越来越与主流化的新制度经济学分析范式相冲突。第二，以威廉姆森为代表的交易费用经济学在捍卫交易费用经济学的过程中，逐渐认识到早期新制度经济学局限于比较静态分析的缺陷，指出新制度经济学本身难以解决“权力”“路径依赖”“声誉”等理论范畴存在的问题，而解决这些问题的途径在于积极吸收其他社会科学的研究成果。这些学科可能存在着与简单的经济学分析方法难以调和的冲突。第三，以加里·明达、麦逸乐等人为代表的第二代法和经济学流派重新反省了以波斯纳（Posner）为代表的第一代法和经济学流派的主要研究方法和观点，指出利用新制度经济学的分析范式来研究法律问题暗含了一个自由主义的规范假设，这种规范假设使这种分析方法难以达到实证分析的客观性，因此，“法和经济学”应当从相对主义的角度，明确规范分析的前提，从多角度处理法律问题。第四，以因格汉姆为代表的“新经济社会学”重新对新制度经济学所研究的大量社会学的范畴——“企业的社会网络”“嵌入性”“权力”等进行了深入探讨，指出了权力—效率观与早期新制度经济学的效率观是相互冲突的，简单的微观分析方法无法处理“社会的嵌入性”等一系列问题。

上述三个方面的发展使早期新制度经济学研究的领域、方法、工具、核心理论、核心概念无法构成一个能够统领各流派的分析范式。因为这些发展成分暴露出早期新制度经济学分析范式中所存在的难以调和的内在冲突。主流化的发展、内核的扩展以及经济学帝国主义的无限扩大使新制度经济学逐步丧失了早期新制度经济学学科发展的独立性，成为主流经济学以及其他社会科学进一步发展的一个新视角或新的发展动力。

关键词

新制度经济学　科斯　《企业的性质》　《社会成本问题》　有限理性
交易成本　科斯定理　诺思　《经济史的结构与变迁》
新经济史学　“国家悖论”　威廉姆森　交易费用经济学
比较契约分析方法　《市场与等级组织》　《资本主义经济制度》

思考题

1. 评述新制度经济学的产生。
2. 什么是交易成本？
3. 如何理解科斯定理？
4. 如何评价诺思的“国家悖论”？
5. 诺思的新经济史学能解释历史变迁吗？
6. 简述威廉姆森对新制度经济学的贡献。

第三十二章
新古典主义和新凯恩斯主义

20 世纪 70 年代资本主义国家的“滞胀”现象使凯恩斯主义的统治地位受到严重动摇，以理性预期理论为基础，在 80 年代形成了新古典主义；传统凯恩斯主义在吸收货币主义、理性预期理论的一些理论成分后，逐渐形成了新凯恩斯主义。本章分为四节，第一、第二节介绍新古典主义的主要理论和政策含义；第三节介绍新凯恩斯主义的主要理论；最后第四节介绍这两大经济学流派之间的争论与某种程度上的融合。

本章重点

- 新古典主义的主要理论及其政策含义
- 新凯恩斯主义的主要理论
- 新古典主义和新凯恩斯主义之间的争论与融合

第一节　新古典主义的主要理论

新古典主义，也称新古典宏观经济学（new classical macroeconomics，NCM），是由 20 世纪 70 年代兴起的理性预期学派发展起来的。

70 年代初期，日益严重的“滞胀”现象对当时流行的凯恩斯主义提出了严峻的挑战，凯恩斯主义无法在理论上解释菲利普斯曲线与滞胀现象之间的矛盾，甚至面对不断严重的通货膨胀还坚持用非经济因素来加以解释。于是，凯恩斯主义的统治地位被严重地动摇了。

与此相反，50 年代以来以弗里德曼为首的货币主义的影响却越来越大，它作为新自由主义的代表，与凯恩斯主义唱反调，影响了当时的许多年轻学者。理性预期学派的理论就是吸收了货币主义的一些思想后演化而来的，以至詹姆斯·托宾曾把它称为第二号货币主义。理性预期学派的重要人物卢卡斯也承认：“对于我来说，米尔顿·弗里德曼是到目前为止最重要的老师。”① 不过，理性预期学派理论的发展表明，它是一个独立的思想体系，在理论上的影响远远超过了货币主义，被称为“理性预期革命”。

① 布赖恩·斯诺登，霍华德·文，彼得·温纳齐克. 现代宏观经济学指南. 北京：商务印书馆，1998：263.

80年代以后，理性预期学派理论获得了更为重要的发展，西方学者于是称其为“新古典宏观经济学”或者新古典主义，这充分说明了这一学派在现代西方经济学界具有越来越重要的影响。如今，新古典主义已经发展成为与新凯恩斯主义相抗衡的一个非常重要的宏观经济学流派。新古典主义的主要代表人物有以下几个：

小罗伯特·卢卡斯（Robert Lucas，Jr.），1937年出生于华盛顿的亚基马，1975年起任芝加哥大学经济学教授，1995年获得诺贝尔经济学奖。其主要成果有：《预期和货币中性》(1972)、《产生膨胀交易的国际验证》(1973)、《经济周期的均衡模型》(1975)、《经济周期理论研究》(1981)、《经济周期模型》(1987)。卢卡斯被公认为新古典主义的创始人，被称为“我们时代宏观经济学之山的主要攀登者”①。

托马斯·萨金特（Thomas Sargent），1968年获得哈佛大学哲学博士学位，是卢卡斯的追随者，主要研究理性预期在宏观经济学模型中的作用、动态理论、时间序列分析等。

罗伯特·巴罗（Robert Barro），1969年获得哈佛大学博士学位，曾任芝加哥大学、哈佛大学经济学教授，主要研究就业、经济周期、宏观经济政策等。

帕特里克·明福特（Patrick Minford），1943年出生于英格兰，1973年获得伦敦大学哲学博士学位，1976年起任利物浦大学应用经济学教授。其主要成果有：《英国宏观经济模型的本质和目的》(1980)、《理性预期菲利普斯曲线的微观基础》(与戴维·皮尔合写，1982)、《理性预期和宏观经济学》(1983)、《理性预期宏观经济学：入门手册》(1992) 等等。

另外，新古典主义的主要代表人物还有尼尔·华莱士（Neil Wallace）等。

新古典主义主要以理性预期假设为基础，试图在宏观经济学中恢复古典的理性“经济人”假设，并对宏观经济现象进行不同于凯恩斯主义式的重新解释，提出不同于凯恩斯主义式的政策建议。其主要理论包括：基本假设、货币经济周期理论、实际经济周期理论、李嘉图等价等等。

一、基本假设

(一) 理性预期

理性预期概念最初是由经济学家约翰·穆思（John Muth）在1961年的一篇文章《理性预期和价格运动理论》中提出的。现在比较流行的关于理性预期的定义是：理性预期是基于一切信息关于某经济变量的条件数学期望，即 $X_t^e=E(X_t/I_{t-1})$，其中，X_t^e 表示在 $t-1$ 时刻关于变量 X_t 的理性预期，E 表示数学期望，I_{t-1} 表示 $t-1$ 时刻个人所拥有的一切信息。因此，理性预期并不意味着人们的预期总是正确无误，而只是说它在信息可能的范围内平均来说是正确的。具体来说，理性预期应该具有以下三个特征：

(1) 无偏性，即平均而言，预期的误差应该为零；

① 布赖恩·斯诺登，霍华德·文，彼得·温纳齐克．现代宏观经济学指南．北京：商务印书馆，1998：263.

（2）预期的精确性在现有的信息条件下不可能再提高，人们已经有效地利用了一切可利用的信息；

（3）预期的误差是序列不相关的，即人们不会连续过高（或过低）地预期所预测的变量，其预期误差应该是随机的，并且其均值为零。

（二）市场出清

理性预期学派假设所有市场都可以连续而迅速地出清，即市场的需求等于供给，既不存在供不应求，也不存在供过于求。这是因为，理性预期学派认为任何市场价格（包括产品市场上的产品价格和劳动市场上的工资率等）都是完全灵活的，都可以随时进行任何程度的调整。如果产品市场出现了供不应求的情况，那么市场价格就会上升，市场上的供给量增加而需求量减少，从而市场趋向出清。劳动市场中的情况也是如此。所以，在市场出清的假设下，不会出现严重的和持续的失业现象。

市场出清是一种以马歇尔和庇古等人为代表的“古典”的环境，是与瓦尔拉斯的一般均衡概念相一致的，因而也就完全区别于凯恩斯主义的分析前提。凯恩斯主义假定市场价格是缓慢调整的，因而市场经常处于非出清和非均衡的状态，例如在劳动市场上出现的广泛而持久的失业现象。所以，在这个意义上，理性预期学派被冠以“古典的”和“自由主义的”。

（三）总供给假说

根据人们都是追求自身利益最大化的理性行为假定，卢卡斯等人推导出了所谓的卢卡斯总供给函数：$y_t=a(p_t-p_t^e)$，其中，y_t 表示实际产出的变化率，p_t 表示价格水平的变化率，p_t^e 表示预期的价格水平的变化率。该函数说明，如果实际的价格水平变化率大于预期的价格水平变化率，那么就会引起实际产出增加，就业增加；如果实际的价格水平变化率小于预期的价格水平变化率，那么就会引起实际产出减少，就业下降。也就是说，只有当实际的价格水平的变化与人们的预期不一致时，实际产出才会发生变化，就业才会发生变化；如果没有“意外”，那么实际产出就不会发生变化，就会维持在自然率水平上。

（四）自然率假说

自然率假说是由弗里德曼于 1968 年和费尔普斯（Phelps）于 1970 年分别提出的。自然率一般包括自然产出率和自然失业率。自然产出率是指产出在长期中的增长率，它取决于经济的技术进步、劳动供给的增长、储蓄率、制度因素等等。在短期中，产出可能会偏离自然率水平，因为理性人的预期在短期内有可能会出现误差。自然失业率是指长期中劳动市场上的失业率，是只存在自愿失业和摩擦失业时的充分就业状态，短期中的失业率会围绕自然失业率上下波动。

根据自然率假说，在短期内，由于人们的预期来不及调整，政府可以以高通货膨胀为代价来增加就业，这就是短期菲利普斯曲线；而在长期中，由于人们的预期进行了相应的调整，所以短期菲利普斯曲线会发生移动，经济的均衡最终会回到自然失业率的水平，长期的附加预期的菲利普斯曲线是一条位于自然失业率水平的垂直线。所以，政府的上述政策在长期中并没有增加就业，只是提高了通货膨胀率而已。

自然率假说实际上反映了货币主义和理性预期学派的自由主义信仰，即资本主义经济具有内在的稳定性，任何外界力量的冲击都只能暂时影响经济的平衡、影响产量和就业，并不能永久地从根本上破坏经济的平衡。因此，资本主义经济不需要政府的任何干预，政府应该做的就是顺其自然。

二、 货币经济周期理论

货币经济周期理论认为，货币供给的变化会引起总需求的变化，进而引起产量和就业的变化，引起经济波动。因此，货币政策是无效的。

任何厂商对于所有经济变量的变化都不可能具有完全信息。虽然对于自己的产品价格、产品的市场行情、投入品的市场行情能够了解得比较及时、充分，但是对于其他的很多情况没有太多的精力和财力去了解，因此，厂商对于经济变量的变化，有预期到的，有未能预期到的。

如图 32－1 所示，初始均衡点为总需求曲线 AD_1 和总供给曲线 $ES(P^e=P_0)$ 的交点 A。如果货币供给或价格的变化是预期到的，即总需求曲线变化到 AD_2 后，总供给曲线会变化到 $ES(P^e=P_1)$，所以，新的均衡点为 B。也就是说，根据卢卡斯总供给函数，预期到的货币供给或价格的变化不会引起实际产出的变化。

如图 32－2 所示，初始均衡点仍然为总需求曲线 AD_1 和总供给曲线 $ES(P^e=P_0)$ 的交点 A。如果货币供给或价格的变化是未能预期到的，即总需求曲线变化到 AD_2 后，总供给曲线没有变化，那么，新的均衡点为 C。也就是说，根据卢卡斯总供给函数，未能预期到的货币供给或价格的变化会引起实际产出的变化。

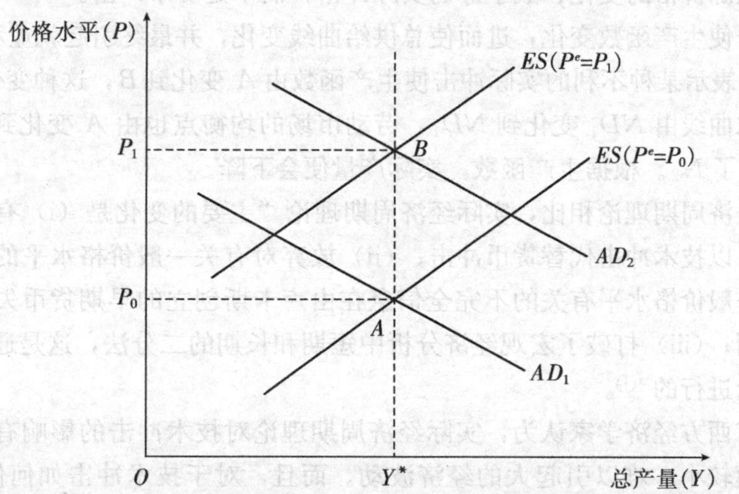

图 32－1 预期到的货币供给的变化不会引起实际产出变化

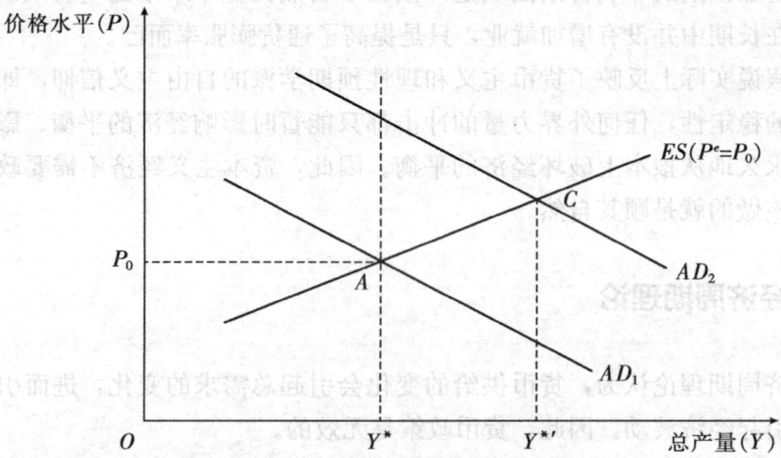

图 32-2 未能预期到的货币供给的变化会引起实际产出变化

三、 实际经济周期理论

实际经济周期理论将引起经济周期的原因从货币冲击转向了实际冲击。实际冲击是指主要影响社会总供给方面的一些因素发生变化，例如人口数量的变化、战争、技术进步等等，它们通过改变人们的偏好、改变企业的生产效率或者改变社会可利用的资源数量等途径来影响实际经济。实际经济周期理论主要分析技术冲击的影响，因为技术冲击对实际经济的影响最持久、最普遍。

与货币经济周期理论不同，实际经济周期理论认为，不是货币供给的变化引起产量变化，而是产量的变化引起货币供给的变化。且引起产量变化的原因是技术革新、新产品的开发、能源价格的变化、战争等的实际冲击，而不是货币冲击。

实际冲击使生产函数变化，进而使总供给曲线变化，并最终引起就业和产量的变化。

图 32-3 表示某种不利的实际冲击使生产函数由 A 变化到 B，这种变化使得图 32-4 中的劳动需求曲线由 ND_1 变化到 ND_2，劳动市场的均衡点也由 A 变化到了 B，就业量从 N_1 下降到了 N_2。根据生产函数，实际产量便会下降。

与货币经济周期理论相比，实际经济周期理论“主要的变化是（i）有关占主导地位的冲击因素，以技术冲击代替货币冲击；（ii）放弃对有关一般价格水平的不完全信息的强调，而与一般价格水平有关的不完全信息在由卢卡斯创立的早期货币失察模型里起着关键性的作用；（iii）打破了宏观经济分析中短期和长期的二分法，这是通过整合增长理论与波动理论进行的”①。

不过，有西方经济学家认为，实际经济周期理论对技术冲击的影响有些夸大，技术冲击往往规模较小，难以引起大的经济波动。而且，对于技术冲击如何使得经济衰退、生产滑坡等，实际经济周期理论不能给出解释。

---

① 布赖恩·斯诺登，霍华德·文，彼得·温纳齐克. 现代宏观经济学指南. 北京：商务印书馆，1998：293.

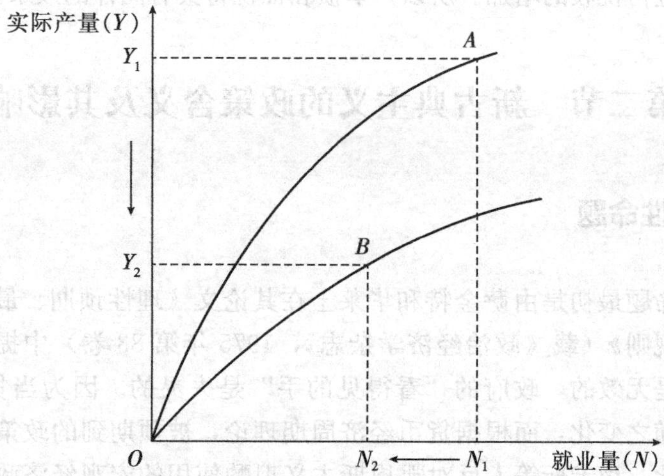

图 32-3　不利的实际冲击使生产函数变化

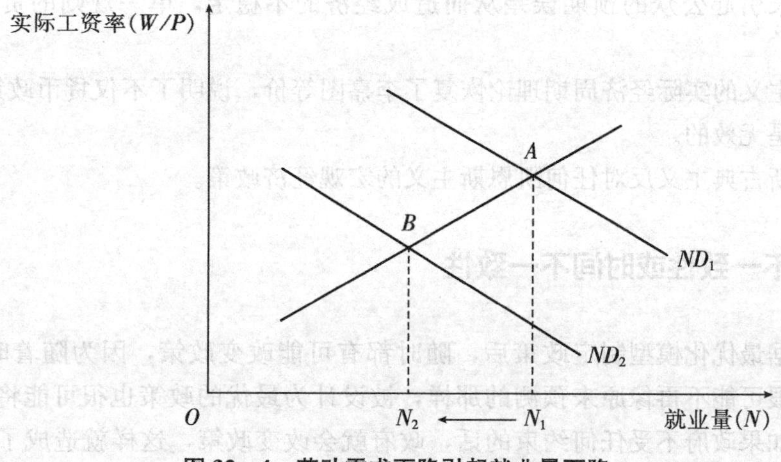

图 32-4　劳动需求下降引起就业量下降

四、李嘉图等价

凯恩斯主义认为，公债不仅是弥补财政赤字的一个重要手段，也是实施财政政策的一个重要工具。在经济萧条时期，政府可以通过举债增加总需求，而不至于引起其他的负担，甚至还可以促进未来的经济增长。因此，公债是非中性的，是能够影响实际收入和产量的。

新古典主义则认为，公债是中性的，政府举债不会增加总需求，这样的财政政策是无效的。这一观点重新肯定了李嘉图等价，即无论政府举债还是征税，其效果是相同的。

新古典主义的推理是这样的：尽管征税和举债在形式上是不同的，征税减少个人财富，举债在现在减少个人财富而在未来增加个人财富，但是，理性"经济人"会意识到，公债是要靠未来的税收来偿还的，因此，理性"经济人"会在现时购买公债的同时增加储蓄，以在未来应付税收的增加。所以，举债和征税将具有同样的效果。

第二节　新古典主义的政策含义及其影响

一、政策无效性命题

政策无效性命题最初是由萨金特和华莱士在其论文《理性预期、最优化货币工具和最优化货币供给规则》（载《政治经济学杂志》，1975 年第 83 卷）中提出的。这一命题认为，货币政策是无效的，政府的“看得见的手”是失灵的。因为当货币政策变化时，公众的预期也会随之变化，而根据货币经济周期理论，被预期到的政策变化是不会影响实际产量的。因此，卢卡斯等人反对凯恩斯主义斟酌使用的宏观经济政策，提倡货币主义的单一规则的货币政策。随着经济增长，货币供给应该有适当的增长，而为了避免货币供给的增长引起公众的预期误差从而造成经济的不稳定，单一规则的货币政策是最好的。

新古典主义的实际经济周期理论恢复了李嘉图等价，说明了不仅货币政策是无效的，财政政策也是无效的。

因此，新古典主义反对任何凯恩斯主义的宏观经济政策。

二、动态不一致性或时间不一致性

政府根据最优化模型制定政策后，随时都有可能改变政策，因为随着时间的推移，经济的运行很可能不再像原来预测的那样，被设计为最优的政策也很可能将不再是最优的。这时，如果政府不受任何约束的话，政府就会改变政策，这样就造成了动态不一致性或时间不一致性（time inconsistency）。

动态不一致性是由于缺乏政府行为的约束机制或者个人偏好与社会偏好不一致而造成的。因此，政府应该树立其信誉，采取规则性的宏观经济政策。

三、卢卡斯批评（Lucas critique）

卢卡斯指出，当使用由历史数据估算出的计量经济学模型来预测政策变化所产生的影响时，模型所显示的结果会产生误导，因为过去数据所揭示的经济结构参数，在政策发生变化以后，不可能不变。而凯恩斯主义的计量经济学模型假定它所涉及的有关预期的变量都是适应性预期，即仅仅根据变量过去的信息来形成对其未来的预期。

因此，卢卡斯认为，传统宏观经济学模型对于政策评价没有什么益处。只有当模型采用理性预期变量来描述“经济人”的行为和有关经济结构时，对政策的评价结果才是合理的。

例如菲利普斯曲线在美国 20 世纪 70 年代之前是适用的，失业和通货膨胀之间具有替代关系；而当政策制定者利用该替代关系设计政策以解决通货膨胀问题时，失业和通货膨胀之间却不再有这种关系了。因为随着政策的变化，人们的预期也发生了变化，原有的模型不再适合新的形势了。

四、新古典主义的影响

新古典主义，犹如其名称所揭示的那样，是古典主义的一种现代翻版。“高深的见解像一只被追赶的野兔，如果你站在原地或其附近，可以确信它会绕一个圆圈又回到你的身旁。”① 新古典主义的古典主义特征表现在：重新提倡古典主义的“理性经济人”假设，在宏观经济学中引入理性预期的概念，并强调宏观经济学的微观基础，采用古典主义的分析方法；重视长期分析，认为货币供给量的改变不会影响实际产量而只会影响价格水平；作为第二号货币主义，新古典主义是 20 世纪 70 年代以来由现代货币主义所掀起的西方新自由主义思潮的一个代表，和现代货币主义一样，它极力反对凯恩斯主义的宏观经济政策，认为经济具有长期的内在稳定性，市场是出清的，任何人为的政府干预都是造成宏观经济不稳定的主要因素，提倡自由主义。

当然，新古典主义与传统古典主义也是有所不同的，其不同主要表现在：强调理性预期的重要性，承认宏观经济会有短期的波动，承认具有规律性的政策是必要的。

新古典主义是在对凯恩斯主义批评的基础上建立和流行起来的。新古典主义认为：

首先，凯恩斯主义缺乏微观基础，因为其理论是建立在三大心理规律的基础之上，而不是建立在理性人假设的基础之上；其工资、价格刚性假设也同样没有以理性人行为分析为出发点；人们的预期至多是一种适应性的预期。适应性预期假定“经济人”会根据以往的预期误差来修正预期，例如某“经济人”关于 t 时期的预期价格等于 $t-1$ 时期预期的价格加上一个调整项，这个调整项与 $t-1$ 时期的预期误差（即 $t-1$ 时期的实际价格减去预期价格）有关。因此，适应性预期实际上假设预期变量仅仅依赖于有关的历史数据。西方国家在 20 世纪五六十年代经历了比较稳定的通货膨胀，采用适应性预期的模型能够很好地反映这一情况。但是，适应性预期的最大缺陷是没有利用任何可获得的未来信息，这是和“理性经济人”假设相违背的。

相反，新古典主义认为，既然消费者和生产者都是理性的“经济人”，他们就应该按照最大化原则充分考虑一切可获得的信息（包括历史信息和未来信息），然后做出决策；“理性经济人”的预期应该是理性预期，即人们的预期不会持续出现系统性的错误。

其次，凯恩斯主义认为，由于工资或者价格具有刚性，所以劳动市场和其他市场不能够进行充分的自发调整，会出现长期的、严重的市场不均衡。而新古典主义认为，从长期来看，工资、价格都具有充分的灵活性，因而，劳动市场能够出清，没有长期的、严重的失业和经济危机。

再次，新古典主义认为，凯恩斯主义的宏观经济政策不但在长期中而且在短期内也都是无效的。而且，凯恩斯主义模型不能用来制定和评价宏观经济政策，因为凯恩斯主

① 布赖恩·斯诺登，霍华德·文，彼得·温纳齐克．现代宏观经济学指南．北京：商务印书馆，1998：225.

义模型中根本没有附加理性预期的变量。

最后，作为凯恩斯主义基础之一的菲利普斯曲线是不能成立的，因为实证研究表明，失业率和通货膨胀率之间呈正相关关系，而不是负相关关系。而这一点也可以从理论上通过附加预期变量的总供给模型来做出解释。

新古典主义把理性预期概念作为一个非常重要的变量引入了宏观经济理论和模型中，不仅使宏观经济模型更切合实际，能更好地解释一些宏观经济现象，例如滞胀问题，而且使现代宏观经济学认识到了所谓的微观基础的重要性，即真正合理的宏观经济理论应该是建立在理性“经济人”追求利益最大化的基础之上的，这样才能保证整个西方经济学体系的逻辑一致性，才能最大限度地保持古典主义的理性观点和信仰。因此，自新古典主义流行以来，寻找宏观经济学的微观基础就成了整个西方经济学界努力的一个重要方向。

政策无效性命题揭示了公众预期的重要作用，提醒政策制定者在设计政策时，不能忽视公众对政策的反馈作用，政府与公众之间不是简单的单向作用关系，而是复杂的双向博弈关系，公众的反应直接影响政策的实施和效果。而且，宏观经济政策的实施具有动态不一致性，这一情况的存在也影响了宏观经济政策的效果，因此，政府应该注意树立自己的公众形象，树立威信。不过，新古典主义在政策实践上的影响主要集中在观念层次上，而在具体的政策设计和实施中如何应用新古典主义的观点，仍然缺乏经验支持。

总之，新古典主义是20世纪70年代以来逐渐发展和流行起来的一个宏观经济学流派。在理性预期假设的基础上，新古典主义揭示了凯恩斯主义与古典主义的不一致；在寻找微观基础的同时，它恢复了古典主义的市场出清等假设；它提出了货币周期理论和实际周期理论，说明了政府行为的作用；它利用最大化原理和对策论对宏观经济政策进行了分析，从宏观经济政策的角度恢复了古典主义。

新古典主义是西方新自由主义思潮的代表，是反凯恩斯主义政府干预思想的。如今，理性预期概念已经渗透到西方经济学的几乎所有领域，它在西方经济学界所产生的影响越来越大，是现代西方经济学中唯一与新凯恩斯主义相抗衡的一个学派。

第三节　新凯恩斯主义的主要理论

新凯恩斯主义是在传统的凯恩斯主义基础上吸收了货币主义、理性预期学派等其他学派的一些成分之后而发展形成的一个流派。

一、坚持凯恩斯主义

第一，与传统的凯恩斯主义一样，新凯恩斯主义也认为市场是非出清的，劳动市场上经常存在着超额劳动供给，存在失业。

第二，新凯恩斯主义同样认为，经济中存在着显著的周期性波动，这种波动对于整个经济而言是不利的。

第三，新凯恩斯主义也认为经济政策在绝大多数年份是重要的，政府的稳定性政策有用武之地。

二、"新"

第一，与传统的凯恩斯主义不同，新凯恩斯主义吸收了理性预期、自然失业率等概念，并且也试图从微观的角度解释自己的观点，例如它的工资和价格黏性理论。

第二，与传统的凯恩斯主义不同，新凯恩斯主义强调工资和价格的黏性而非刚性，即工资和价格的变化是缓慢的，这不仅限于工资和价格的下降，而且对于工资和价格的上升同样适用。

对于新古典主义而言，工资、价格是充分灵活的，能够随着经济条件的变化而自由地进行调整，因而市场能够保持充分就业水平。相对地，新凯恩斯主义为了说明为什么市场是非出清的，为什么劳动市场上存在失业，发展了工资黏性理论和价格黏性理论。

三、工资黏性

（一）合同的长期性

由于许多企业支付给工人的工资不是当期决定的，而是预先以明确的或隐含的合同来确定的，这种劳动合同的期限一般为2～3年，所以，在合同期内，工资水平是很难变动的，而且从总体上讲，工资水平的变化是很缓慢的。

（二）内部人—外部人模型（insider-outsider model）

内部人指已经在企业内部就业的工人，外部人指企业以外的潜在工人。内部人由于工会等原因可以向企业要求较高的工资，无论劳动市场上是否存在失业。如果企业想以低工资雇用外部人代替内部人的话，企业不仅要按照合同要求支付给被解雇工人一定的补偿，而且培训新雇用的工人也要花费一定的成本，所以企业并不会降低工资去雇用外部人。

（三）效率工资理论（the theory of efficiency wages）

效率工资是企业为了提高工人的劳动生产率而支付给工人的高于均衡水平的工资率，它们认为工人的劳动生产率与他们所获得的工资率水平正相关。为什么这样认为？

（1）一种效率工资理论认为，获得高工资的工人可以吃得更好、更有营养，进而工人的健康水平可以得到改善，劳动也会更有效率。

（2）效率工资可以使工人更努力工作。对于一些工作，工人有比较大的自由度来决定到底多么努力地去干活；而设法监督工人又往往成本较高且不可能完全杜绝消极怠工。因此，支付给工人高工资可以激励工人努力工作，不懈怠，否则的话，被发现而失去工作，其代价就太大了。

(3) 当企业不能完全判断新雇用的工人是否有效率时，支付效率工资可以吸引高素质的工人，而支付低工资会使高素质、高生产率的工人流失。

(4) 效率工资可以减少工人的流动率，这样可以减少企业为雇用和培训新工人而花费的成本。

当然，由于效率工资高于市场的均衡工资率水平，因此会使劳动市场上的需求小于供给，导致失业。

四、价格黏性

(一) 菜单成本 (menu costs)

如果企业要改变价格，那么就需要花费一定的成本通知顾客、工人等，这些成本包括重新打印菜单、传真费用等。因此，企业并不经常地、连续地变动价格，而是缓慢地、有间隔地改变价格。虽然菜单成本可能会很小，但是，由于总需求的外在性（aggregate demand externality)，即价格的下降会使其他企业包括其竞争对手获利，所以，价格的变化会具有黏性。

(二) 市场的不完全性

由于市场是不完全的，企业具有一定的定价能力，所以，企业可以根据自己的需要，比较收益和成本以后来决定是否改变价格。这里，关于寡头企业的斯威齐模型可以用来说明这种价格的黏性。

五、经济周期理论

新凯恩斯主义的经济周期理论试图说明各种黏性如何使货币冲击产生了实际影响，改变了实际收入和产量水平。

1. 根据黏性理论，新凯恩斯主义认为短期总供给曲线是向右上方倾斜的。

如图 32-5 所示，企业根据对价格水平的预期来制定自己产品的价格以及产量。根据名义工资黏性理论，未预期到的价格水平的下降（P_1 到 P_2，$P^e=P_1$）会提高实际工资，企业的生产成本增加，所以企业会减少产量（Y_1 到 Y_2）。或者，根据价格黏性理论，如果价格水平出现未预期到的下降，企业的产品价格不会迅速进行调整，导致企业可能无法销售出所生产的所有产品，于是，企业就会减少产量。

2. 对波动的解释。

如图 32-6 所示，假设初始的市场均衡状态为 AS_1 和 AD_1 的交点，价格为 P_1，产量为充分就业的产量 Y_f。如果由于某种货币冲击使总需求由 AD_1 下降到了 AD_2，那么在短期中，价格会缓慢地下降到 P_2，同时产量也会下降。

但是，随着时间的推移，人们的预期发生了变化，总供给曲线也缓慢地向右逐渐平移，

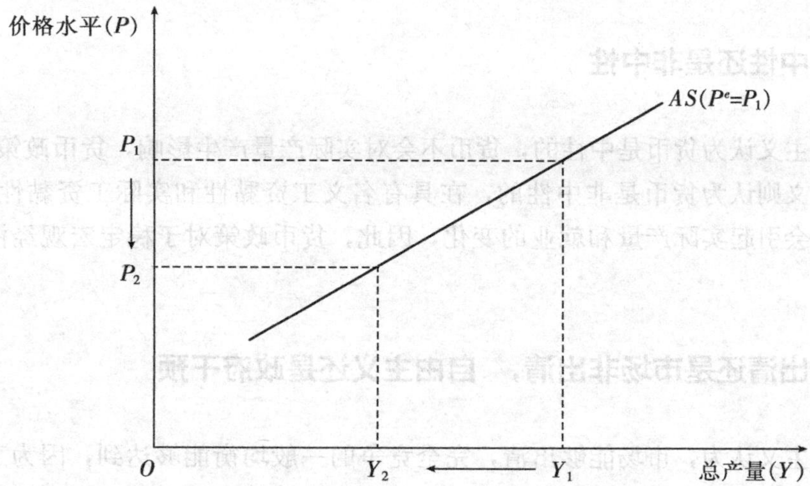

图 32－5　新凯恩斯主义的短期总供给曲线

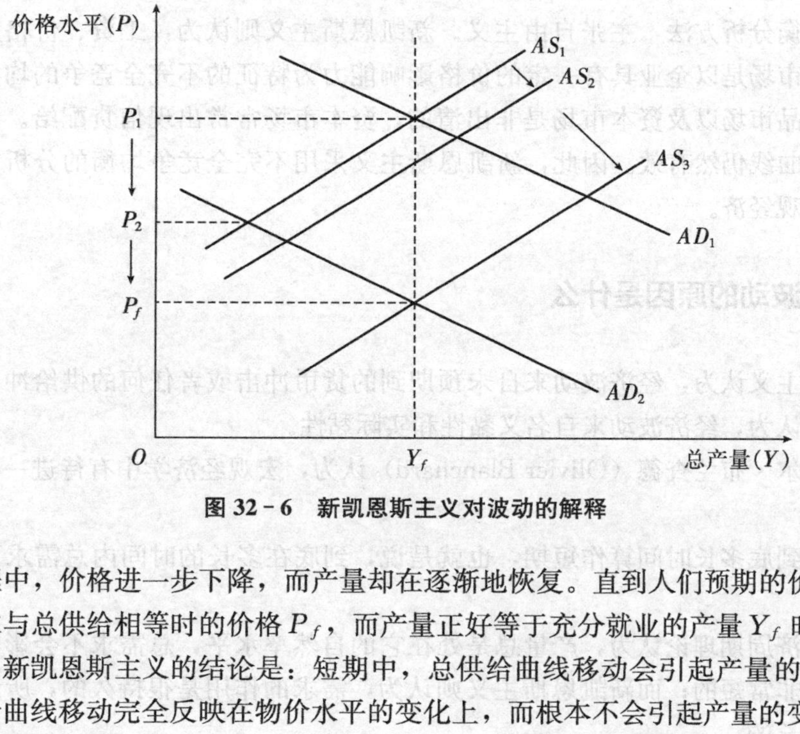

图 32－6　新凯恩斯主义对波动的解释

在这一过程中，价格进一步下降，而产量却在逐渐地恢复。直到人们预期的价格 P^e 正好等于总需求与总供给相等时的价格 P_f，而产量正好等于充分就业的产量 Y_f 时为止。

可见，新凯恩斯主义的结论是：短期中，总供给曲线移动会引起产量的波动；长期中，总供给曲线移动完全反映在物价水平的变化上，而根本不会引起产量的变化。

第四节　新凯恩斯主义与新古典主义之间的争论与融合

新凯恩斯主义与新古典主义是现代宏观经济学的两大主要流派，二者在许多基本问题上有着明显的不同，存在很多争论。

一、 货币中性还是非中性

新古典主义认为货币是中性的，货币不会对实际产量产生影响，货币政策是无效的。新凯恩斯主义则认为货币是非中性的，在具有名义工资黏性和实际工资黏性的前提下，货币的变化会引起实际产量和就业的变化，因此，货币政策对于稳定宏观经济是非常重要的。

二、 市场出清还是市场非出清， 自由主义还是政府干预

新古典主义认为，市场能够出清，完全竞争的一般均衡能够达到，因为工资、利率等所有的价格都具有充分的灵活性，劳动市场、产品市场、资本市场都能够出清，不会有长期严重的失业存在，不会有经济危机。同时，由于理性预期，通货膨胀和失业之间的替代关系不仅在长期是不存在的，而且在短期也是不存在的，所以新古典主义采用完全竞争的均衡分析方法，主张自由主义。新凯恩斯主义则认为，工资、价格、利率等都具有黏性，市场是以企业具有一定的价格影响能力为特征的不完全竞争的均衡体系，劳动市场、产品市场以及资本市场是非出清的，资本市场常常出现信贷配给。同时，短期内菲利普斯曲线仍然有效。因此，新凯恩斯主义采用不完全竞争均衡的分析方法，主张政府干预宏观经济。

三、 经济波动的原因是什么

新古典主义认为，经济波动来自未预期到的货币冲击或者任何的供给冲击，而新凯恩斯主义则认为，经济波动来自名义黏性和实际黏性。

奥利维尔·布兰查德（Olivier Blanchard）认为，宏观经济学中有待进一步研究的两大问题是[①]：

第一，到底多长时间算作短期，也就是说，到底在多长的时间内总需求可以影响到产量呢？

实际经济周期理论认为，产量总是处在它的自然率水平，总需求不会影响产量，所谓的短期是非常短的；而新凯恩斯主义则认为，需求的作用是很持久的，所谓的短期实际上是非常长的。

第二，政策到底能不能起作用？能起多大的作用？如果认为产量可以很快返回到它的自然率水平，那么，宏观经济政策的实施就需要采取比较严格的控制措施，例如采取稳定的货币增长速度或者要求平衡预算；如果认为产量的调整非常缓慢，那么，更为灵活的宏观经济政策就非常必要。

新古典主义和新凯恩斯主义在争论中相互吸收和借鉴对方的有利之处，二者具有越

① 奥利维尔·布兰查德. 宏观经济学. 北京：清华大学出版社，2001：546.

来越多的共同点，出现了相互融合的趋势或一体化的趋势。这种趋势表现在现代宏观经济学已经有了相当的共识①：

（1）短期（几年）内，总需求的变动影响产量。例如，消费者的信心、更大的预算赤字、更快的货币增长。

（2）中期（十几年）内，产量会恢复其自然率水平。该自然率取决于自然失业率、资本存量、技术状况。

（3）长期（几十年）内，资本积累和技术进步率决定产量水平的变化。

（4）货币政策在短期影响产量，但是在中期和长期不能。较高的货币增长率最终会完全转化为较高的通货膨胀率。

（5）财政政策具有短期、中期、长期效应。高赤字可能会在短期增加产量，但是在长期有可能会减少资本积累以及产量。

那么，现代宏观经济学为什么会出现相互融合的趋势呢？

这是因为，一方面，人类对事物的认识过程总是循序渐进的，对宏观和微观行为关系的理解会随着认识的发展而有所改变。现在，经济学自身的发展要求对宏观和微观行为做出全面的认识，而且也已经有了做出全面认识的各种努力。

另一方面，这种相互融合的趋势是适应实践的需要。一些国家的市场化实践、中国的经济体制改革实践、东南亚金融危机的爆发等等都对现有的经济理论和经济政策提出了挑战，市场与政府各自究竟能解决什么问题，不能解决什么问题，二者的关系究竟如何，在经济增长和经济发展过程中二者究竟应该扮演什么角色等等，所有这些都表明传统经济学对市场和政府的说明已不能够对现实做出很好的解释，现实要求西方经济学重新认识市场和政府，而这或许要在西方经济学对微观行为和宏观行为之间的关系有了更为全面理解之后才可以得到解决。

由于新凯恩斯主义也在一定程度上接受理性预期假设，而且，无论是新古典主义还是新凯恩斯主义，都重视从个体的最大化行为入手来推导出各种宏观行为，这被认为是向古典的“理性经济人”假定的回归，并且在整个西方宏观经济学界掀起了寻找微观基础的研究浪潮。

许多模型重视对宏观和微观行为不一致的理解，例如内部人—外部人模型说明内部人的力量倾向于让雇主给自己增加工资，而这样会使对劳动的需求量下降，导致失业。这里，个人行为不再具有分散化决策的特征，而是具有集体或集团决策的特征，而且某一集团会具有较大的力量优势，从而使决策对自己有利。

再如，微观行为在宏观层次上表现出来的还有可能被放大（不是简单的加总）。例如，对于价格制定者，由于实际黏性的存在，再加上它的利润函数对价格不灵敏，所以，很小的菜单成本的存在会对宏观价格的变动产生很大的不可忽视的影响。也就是说，尽管价格缓慢变化对于整个经济而言是不利的，它导致了失业的存在，但是对于那些制定价格的企业而言，这是一种最优的决策。

---

① 奥利维尔·布兰查德. 宏观经济学. 北京：清华大学出版社，2001：546.

关键词

新古典主义　新凯恩斯主义　理性预期学派　卢卡斯　理性预期假设
市场出清　总供给假说　自然率假说　货币经济周期理论
实际经济周期理论　李嘉图等价　政策无效性命题
工资黏性　价格黏性　新凯恩斯主义的经济周期理论

思考题

1. 新古典主义的主要理论有哪些？它们的政策含义是什么？
2. 试说明新古典主义与凯恩斯主义、货币主义之间的关系。
3. 新凯恩斯主义的主要理论有哪些？
4. 试说明新古典主义与新凯恩斯主义之间的关系。

第三十三章

后凯恩斯主义

> 后凯恩斯主义是新剑桥学派在空间上的拓展和时间上的发展，2008年全球金融危机引发的明斯基思潮和“现代货币理论”纷争，使后凯恩斯主义成为当今最有影响力的西方异端经济学流派。本章先概述后凯恩斯主义的历史脉络，以及在方法论、理论和政策方面的基本特征，然后重点介绍后凯恩斯主义主要代表明斯基的经济思想。
>
> **本章重点**
>
> - 后凯恩斯主义的形成和演变
> - 后凯恩斯主义的主要特征
> - 明斯基的金融不稳定性假说

第一节 概 述

一、后凯恩斯主义的形成和演变

后凯恩斯主义经济学（post Keynesian economics）是20世纪50—60年代在对“新古典综合”这种正统凯恩斯主义进行批判的过程中在英国和美国形成的一个异端经济学流派。其起源可以追溯至20世纪30年代，从狭义上而言即源自1936年凯恩斯的《就业、利息和货币通论》展开的争论，从广义上则拓展至凯恩斯的剑桥学术圈的研究和交流，这个圈子包括罗宾逊、卡恩、米哈尔·卡莱斯基、斯拉法、卡尔多等人。因此，后凯恩斯主义的研究目标在于恢复和发展凯恩斯、卡莱斯基及其这些早期门徒们的思想和方法，将其扩展至新的研究领域，并结合现代的现实问题，从而实现超越。

通常认为，20世纪50年代末60年代初兴起的“剑桥资本争论”（Cambridge capital controversy）标志着后凯恩斯主义（post-Keynesian）学派的出现。罗宾逊、斯拉法、卡尔多和卡恩等剑桥的后凯恩斯主义者批评新古典资本、增长和分配分析，特别是新古典综合的增长理论——索洛模型。正因如此，后凯恩斯主义在该时期也往往被称为“新剑桥学派”。但事实上，对新古典综合的不满并不仅限于新剑桥学派，也并不只是针对价值和分配理论。在美国，温特劳布（Weintraub）攻击了货币主义通货膨胀理论，强调货币工资变化率在通胀中所起的作用，并和他的学生戴维森（Davidson）批评货币供给外生决定论，倡导内生货币理论。

20世纪70年代，随着剑桥派和北美派之间大西洋阻隔的打破，后凯恩斯主义经济学家的国际社会网络开始成形，从而开启了该学派的制度化进程。阿尔弗雷德·艾克纳（Alfred Eichner）和海曼·明斯基（Hyman Minsky）等新加入的美国后凯恩斯主义者与以罗宾逊等为代表的新剑桥学派建立了联系，在创建后凯恩斯主义学术共同体方面做出了重要贡献。“后凯恩斯主义”这一术语开始得到广泛使用，被用来指代新兴的思想流派和新的经济学范式，并已扩大到对新古典综合的系统性批评，包括*IS—LM*模型、菲利普斯曲线、边际生产力分配论等。与之相适应，1978年创刊的《后凯恩斯主义经济学杂志》（*Journal of Post Keynesian Economics*）有意将过去常用的“后凯恩斯主义”（post-Keynesian）中的连字符去掉，以超越过去新剑桥学派研究的传统的增长和分配问题，涵盖新出现的货币、金融和其他问题。该期刊与前一年《剑桥经济学杂志》（*Journal of Cambridge Economics*）的创办，构成了后凯恩斯主义经济学制度化的里程碑事件。

自此之后经过40多年的传承、更迭和发展，后凯恩斯主义社会网络已遍及欧洲（英国、法国、意大利、西班牙、德国和丹麦等）、北美（美国）、南美（巴西）和亚洲（日本）；其理论体系从一开始的增长和分配理论，逐渐扩展到后来的货币和金融理论、经济周期理论、价格和企业理论、消费和选择理论以及转轨理论等等；其对主流经济学的批判也由过去的新古典综合扩大到了货币主义、新古典宏观经济学和新凯恩斯主义。后凯恩斯主义如今也已成长为一棵生产出不同分枝的参天大树，形成了五大分支学派：原教旨主义、卡莱斯基主义、斯拉法主义、制度主义和卡尔多主义。①

原教旨主义者（fundamentalists）主要吸收的是凯恩斯的思想，以温特劳布、戴维森和明斯基等美国后凯恩斯主义者为主要代表，关注根本的不确定性、货币生产型经济、流动性偏好、金融体系的脆弱性和不稳定性以及方法论。

卡莱斯基主义者（Kaleckians）主要发展的是卡莱斯基的思想，以约瑟夫·斯坦德尔（Joseph Steindl）、汤姆·阿西马科普洛斯（Tom Asimakopulos）等为主要代表，关注产出和就业、经济周期、增长理论、阶级冲突和定价问题，尤其是成本加成、经济增长与收入分配之间的关系。

斯拉法主义者（Sraffians）循着斯拉法的思路，以皮耶兰杰利·加雷尼亚尼（Pierangelo Garegnani）和路易吉·帕西内蒂（Luigi Pasinetti）等为主要代表，关注相对价格、技术选择、资本理论、联合生产和多部门生产体系的相互依赖性。

制度主义者（institutionalists）主要受凡勃伦等美国制度学派的影响，以老加尔布雷思、小加尔布雷思以及雷（L. R. Wray）等开创的最近流行的现代货币理论（MMT）学派等为主要代表，关注企业理论、货币和金融制度、劳动经济学、行为和心理经济学。

卡尔多主义者（Kaldorians）沿着卡尔多的足迹，以哈罗德、韦恩·戈德利（Wynne Godley）和理查德·古德温（Richard Goodwin）等为主要代表，关注长期经济增长、开

① 马克·拉沃. 后凯恩斯主义经济分析基础. 北京：中国人民大学出版社，2020.

放经济体所面临的约束以及实体-金融部门之间的联系。

尽管后凯恩斯主义内部形成了以上不尽相同的分支学派，但该学派作为一个整体在以下方法论、理论和政策方面具有鲜明的共性，并同主流经济学大相径庭。在他们看来，后凯恩斯主义经济学更适合分析现代资本主义经济的内在特征。

二、后凯恩斯主义的方法论

同其他异端经济学流派一样，后凯恩斯主义始终意识到方法论的重要性，并在这方面深受凯恩斯哲学思想的影响。后凯恩斯主义的方法论源自如今异端经济学广泛遵循的实在论（realism）的本体论和认识论，其预设具体表现在以下几个方面。

第一，遵循实在论的本体论、认识论和方法论。后凯恩斯主义者大多持实在论立场，认为经济学作为一门经验科学，其分析必须尽可能地反映现实，因而强调模型假设的现实性。在主流新古典经济学所遵循的工具论（instrumentalism）看来，理论陈述是否具有现实性无关紧要，只要能够做出准确的预测，假设就是合理的。而对后凯恩斯主义而言，理论只有从具有现实性的假设出发才有可能是正确的。尽管假设总是抽象的和简化的，并排除了那些不必要的细节，但是我们不能选择被错误描述的假设。模型的结构不能建立在对经济的想象的基础上，我们需要的是抽象而非虚构。相比于工具论所信奉的“精确的错误要好过粗略的正确”，后凯恩斯主义者追求的是“大体上的正确而非精确的错误”，认为模型应该刻画现实经济的特征，而非被精心雕琢得精确无比却与现实世界毫不相关。从对假设现实性的要求出发，后凯恩斯主义往往更注重叙事或讲故事的方法而非形式主义方法，更看重解释而非预测，认为需要透过表象去发现导致事件发生的机制或结构，需要对实践中的因果过程提供解释，例如在完全忽略形式主义经济学的情况下也可以对全球金融危机提出一种充分的解释。

第二，坚持方法论整体主义（holism）或有机主义（organicism）。后凯恩斯主义认识到，人类作为一种社会动物，生活在某种制度环境之下，以至于微观层面任何个体的合理行为都会受到这些制度环境的影响而相互依赖，从而可能在宏观层面带来无意的结果，而不是像主流经济学从方法论上的个人主义（individualism）或原子主义（atomism）出发，认为微观个体行为简单加总便可以得到宏观层面的结果。因此，相比于主流经济学对宏观经济学的微观基础的强调，后凯恩斯主义更注重微观经济学的宏观基础，着重于宏观经济层面的整体“涌现性”（emergent properties）。它们可被视为宏观经济学的悖论，或者说“合成谬误”，与代表性行为个体加总相矛盾。当所有的个体以相似的方式行动时，对单个个体或单个国家而言的理性会导致意料之外的后果，甚至非理性的集体行为。后凯恩斯主义列举了 8 个这样的宏观经济学悖论，除了已经广为人知的“节俭悖论”外，还包括成本悖论、公共赤字悖论、债务悖论、稳定悖论、流动性悖论、风险悖论、利润引导型增长悖论。秉持方法论整体主义，后凯恩斯主义反对主流的动态随机一般均衡（DSGE）模型框架，而是采用存量-流量一致性（SFC）与基于行为人（ABM）相结合的模型框架，或非形式主义的制度分析。

第三，强调时间的历史性和不可逆性（irreversibility）、根本的不确定性（fundamental

uncertainty）以及非遍历性（nonergodicity）。后凯恩斯主义者在时间概念上非常谨慎地区分了历史时间（historical time）和逻辑时间（logic time）。与逻辑时间相比，历史时间或者说长期时间均是不可逆的。长期趋势不过是由一连串短期事件组成的缓慢变化，并不具有独立的性质。后凯恩斯主义者强调，有必要考虑并描绘从一个状态转变到另一个状态的过程，这一转变过程所依赖的条件可能会对最后的均衡状态产生影响。这意味着"路径依赖"（path-dependence）和"时间滞后"（hysteresis）是经济现象当中的普遍特征，短期效应会对长期演变产生重大影响。因而后凯恩斯主义反对均衡分析，着重于考察累积性因果过程。由于经济是在历史时间当中发生的，只有过去是已知的，未来都是不确定的，这种根本的不确定性无法像主流经济学那样简化为某种用已知概率计算的风险或确定性等价。从非遍历性角度来看，时间和空间上的均值并不是一致的，我们不能依靠当前或过去的均值来发现未来发生的事情。

第四，采用合理理性（reasonable rationality）或与环境一致性理性的行为假设。在理性预期革命之后，主流宏观经济学家唯一允许的理性类型是模型一致性理性，或不受限制的超理性。经济行为人不仅被假定知道从今往后的所有可能性，而且被进一步假定通晓世界的运行机制。而在后凯恩斯主义看来，经济行为主体所具有的理性应取决于其决策所处的环境。由于大多数决策是在充满着根本的不确定性的环境下做出的，经济主体不可能像在主流经济学所简化的本质上具有确定性的环境中那样超理性地行事。相反，面对不确定性，他们往往会基于一些简单的经验法则决策，遵照所谓的"有限理性"（bounded rationality）或"程序理性"（procedural rationality）行事，从而可以更好地应对不完全和复杂的信息。而经验法则则深受社会成规（convention）、习俗、惯例和规范的影响。它们既可能带来稳定性，如名义工资合约稳定价格水平，也可能产生不稳定性，如金融市场的羊群行为。这意味着在很大程度上，当我们继续分析宏观经济时，我们不必再深入探究个体行为的错综复杂的细节，而只需要研究在公认成规基础上的社会不同群体和阶级之间的相互作用。

第五，关注生产、增长和丰裕。主流经济学的核心在于资源的稀缺性，因而关注的是资源的配置，并将价格视作衡量稀缺性的指标。而在后凯恩斯主义的传统中，稀缺性的概念被弃置一旁，再生产取而代之处于重要地位。他们开始回归古典经济学研究传统，尤其是后者对社会进步和积累根源的思考。对于他们而言，价格并不是一般意义上稀缺性的指标，而反映的是生产这些可再生产的产品和服务的单位成本。在后凯恩斯主义的模型中，产出并不是分解的，通过假设总体上无论是资本品还是劳动都没有得到充分的利用，生产得到凸显。在这个意义上，资源并不是稀缺的。主要的问题并不是如何分配资源，而是如何提高生产率或者增长率，提高经济体系创造剩余的能力。提高产能利用率总体上是可能的，并且存在着产业后备军。总之，后凯恩斯主义认为，相比于关于稀缺性的经济学，他们的关于闲置资源的经济学更契合现实。

第六，主张有效调控的市场，认为不受约束的市场会产生非均衡和不稳定性。在市场与政府的关系上，主流经济学家信仰不受约束的市场，对于其实现稳定和充分就业的能力以及解决任何经济和社会问题都显示出了巨大的信心。后凯恩斯主义经济学家尽管承认在资本主义体系中企业家精神所赋予的重要作用，但是质疑盲目地信任市场。他们怀疑市场是不公正的，不具备自我调节的能力，具有内在的非均衡和不稳定力量，并且浪费资源。特别是，他们相信不受约束的价格将造成不稳定而不是稳定，而具有某种惰性的黏性价格更容易形成稳定。因此他们相信，无论在微观层面还是在宏观层面都需要国家调控，因为相对于不受约束的资本主义而言，这类政府干预成本更低。从政治意识形态上，后凯恩斯主义者基本上并不想消灭资本主义。他们承认资本主义具有重要的动力功能，他们只是想要驯服它。

三、后凯恩斯主义的基本特征

以上所列举的方法论立场和预设大多为后凯恩斯主义与异端经济学流派所共有。下面试图归纳后凯恩斯主义秉承以上方法论所得出的理论和政策上的特征。

第一，有效需求原理。有效需求原理认为，总需求是决定产出和就业的主要因素，无论在长期还是短期，经济都是需求导向的，主要受需求约束。该原理事实上是对主流的稀缺性原理的替代，经济真正的限制并非供给而是有效需求。鉴于生产是由需求决定的，经济总是存在产能过剩和非自愿性失业。后凯恩斯主义分析中的"有效需求"概念意味着现代经济所面对的其实是需求的稀缺性而非资源的稀缺性，因此产出一般受有效需求的限制。尽管在现代资本主义经济中，供给约束也存在，但会受到有效需求的影响。换言之，后凯恩斯主义者相信，在长期增长中，经济运行所采取的需求导向的现实路径会对供给侧的决定因素产生影响。

第二，投资决定储蓄。投资决定储蓄的观点是有效需求原理的直接引申。遵循稀缺性原理，主流经济学认为储蓄决定投资，储蓄的增加会自动带来投资的增加，即萨伊定律成立。而后凯恩斯主义从有效需求原理出发，不仅认为投资需求具有自主性，并不受家庭跨期储蓄决策的影响，因而储蓄的增加并不会自动带来投资增加，而且将二者的因果关系颠倒过来，认为是投资决定储蓄。根据有效需求原理，经济产出和就业在产品市场根据投资需求的水平决定，投资需求因而通过乘数效应带来总产出和收入的增加，进而创造了相应的储蓄的增加。

第三，货币生产型经济（monetary production economy）。在后凯恩斯主义看来，现代资本主义经济本质上是一个货币生产型经济或货币经济，而不是主流经济学实际上所刻画的物物交换的经济。该经济意味着以货币为起点和终点，构成了一个货币循环。企业投资开始于货币融资，并以追求货币利润为目标，以偿还投资融资所产生的债务而有余。货币及其流动性偏好在货币循环中把现在与将来联系起来，也通过资产负债表和现金流量表把各个经济部门联系起来。正是在这样一个经济当中，投资可以独立于储蓄，投资通过信贷创造收入和储蓄。因此，货币是非中性的。后凯恩斯主义致力于将货币和金融部门分析与实体部门分析有机结合，以探究经济的现实运行轨迹。

第四，内生性货币。主流观点认为，货币是外生的，其供应量依靠商业银行"存款创造贷款"乘数机制，从根本上受制于中央银行。通货膨胀是一种货币现象，是货币供应量过多所带来的结果。后凯恩斯主义强调货币是内生于经济的，其供应量是由货币需求引导的，是商业银行根据公众的借贷需求，依靠"贷款创造存款"内生创造的，央行无法控制货币供应量。通货膨胀因而并非一种货币现象，而是从根本上源自分配冲突。货币供应量过多是适应总需求扩张而内生创造的产物，因而是通货膨胀的结果而非原因。关于哪种方式能够最好地形式化表达和生动阐述这种内生性观点，存在着“水平主义”（horizontalists）（水平的货币供给曲线）与“结构主义”（structuralists）（向右上方倾斜的货币供给曲线）的理论争论。对货币内生性问题的关注已经拓展到与之相关的经济周期问题上，比如下一节介绍的明斯基的金融不稳定性假说。

第五，政策有效性原理。该原理是有效需求原理的引申。根据该原理，萨伊定律是错误的，没有政府干预，资本主义通常无法实现或维持充分就业。因而后凯恩斯主义倡导系统性地运用财政政策和货币政策来管理总需求以稳定宏观经济，并否认主流宏观经济学的政策无效性命题。在货币政策上，它主张钉住利率以及利用包括直接信贷控制和基于资产的准备金要求等广泛的政策工具来应对产出和就业问题、资产价格上涨以及金融脆弱性，而不是仅仅着眼于防范通胀。在财政政策上，它反对稳健财政（sound finance）原则，主张功能财政（functional finance）原则，以实现充分就业和价格稳定为目标。其他政策方面，力主价格和收入政策作为反通胀的举措，质疑无管制的自由贸易和资本自由流动，主张对金融市场和国际资本进行管制，主张保护幼稚产业。

第二节　明斯基的经济学说

一、明斯基的生平与著作

海曼·明斯基（Hyman Minsky，1919—1996）出生于美国芝加哥一个来自俄国的孟什维克移民家庭。1937 年进入芝加哥大学主修数学，后辅修经济学，深受兰格和西蒙斯的思想启蒙。1941 年本科毕业获得双学士学位之后前往哈佛大学继续经济学的研究生学习，深受汉森的影响，1947 年获得公共管理硕士（MPA）学位。1954 年在熊彼特和里昂惕夫的先后指导下完成博士论文，获得经济学博士学位。自 1947 年开始，明斯基先后在卡内基技术学院（1947—1949）、布朗大学（1949—1958）、加利福尼亚大学伯克利分校（1958—1965）、华盛顿大学（1965—1990）和巴德学院利维经济研究所（1990—1996）担任教职。

明斯基的研究兴趣主要集中于国内货币和金融理论与制度、经济波动以及宏观经济理论。围绕这些主题，明斯基一生著述颇丰，生前出版了三本代表性著作——《凯恩斯》（1975 年）、《“它”还会发生吗？》（1982 年）和《稳定不稳定的经济》（1986 年），并在《美国经济评论》《经济学季刊》等期刊上发表了 300 余篇学术论文。

作为后凯恩斯主义异端经济学流派的一名非主流经济学家，明斯基的思想在 2007 年全球金融危机爆发之前几乎从未得到主流经济学界的重视，只是在金融实业界吸引了不少崇拜者的关注。然而，这场危机以及之后的“大衰退”（Great Recession）却在全球学术圈内外引发了一股强劲的明斯基思潮。许多财经媒体、时事评论和学术报告纷纷将此次危机称作“明斯基时刻”（Minsky moment）或“明斯基危机”（Minsky meltdown）。

在后危机时代，人们已经重新发现已故经济学家明斯基，认识到明斯基思想的重要性。明斯基思想的复兴无疑在很大程度上与主流经济学（主要是宏观经济学）在预测、解释和应对这次“大萧条”以来最严重的金融危机方面陷入危机、遭受批判密切相关。明斯基也因此成为危机之后宏观经济学反思和演变过程当中一位举足轻重的人物。

也正是在这场明斯基思潮的冲击之下，明斯基过去鲜为人知或未曾公开出版、发表的著作和论文，在其学生、同事或研究者的整理和编辑之下得到了公开或重新出版，包括他的博士论文《诱导性投资与经济周期》（1954）、他有关贫困和就业理论的论文集《终结贫困：工作而非福利》（2013）、他为芝加哥联邦储备银行 1987 年 5 月举办的“银行结构与竞争”年会准备的关于证券化（securitization）的会议讨论稿、他 1986 年提交给由意大利佩鲁贾大学主办的关于卡莱斯基的研讨会的论文手稿，以及他于 1985 年发表的一篇回忆他在芝加哥大学求学的岁月的自传性文章等。2010 年，明斯基一生最后六年任职的利维经济研究所建立了明斯基档案，将明斯基的文件分类存档，包括著作、论文、信件、笔记和其他收藏品，并将它们部分数字化，构建了明斯基数字档案。

二、明斯基的经济思想

明斯基毕生致力于探究现代资本主义经济内生的宏观不稳定性动态，围绕该主题提出了八大具有代表性的经济理论学说——经济周期理论、投资的金融理论、货币与银行理论、内生不稳定性理论、经济长期演化理论、通货膨胀理论、贫困与就业理论以及经济政策理论。[①] 其中内生不稳定性理论是基于其他经济理论的综合和发展，是其经济思想的集中体现。下面简明扼要地介绍一下这种具有后凯恩斯主义典型特征的著名理论。

（一）概述

明斯基正是因其内生不稳定性理论或者为大家所熟知的“金融不稳定性假说”（financial instability hypothesis，FIH）而闻名于世的。该理论的构建源自明斯基对现实经济的观察——不稳定性是我们经济当中所能观察到的鲜明的系统性特征。因而明斯基认为，一个理论要想为抑制不稳定性提供有益的政策指导，它就必须说明不稳定性是如何产生的，而当时主流的新古典综合的抽象模型却无法产生这种不稳定性。因此，有必要构建一种同发达金融资本主义经济相关的、表明何为这样一种经济不稳定性的替代性理论，即所谓的内生不稳定性理论。

在明斯基看来，为了构建这种理论，我们必须考察随着时间不断演变的经济过程，它意味着投资、资本资产的所有权和与之相伴的融资活动，以银行为中心的融资安排和货币创造，以及债务所施加的约束必须成为理论关注的中心。一旦这些考察完成，那么不稳定性便可以显示出是经济过程的正常结果。为此，在大多数经济学家将企业视为生产函数的时候，明斯基却转而关注企业资产负债表上的资产和负债，从企业投资和融资出发探究金融不稳定性的产生，从而将金融纳入经济周期的波动当中来考察。

① 李黎力. 明斯基经济思想研究. 北京：商务印书馆，2018.

FIH 旨在阐释不稳定性是资本主义经济正常运行的结果，即资本主义经济的正常运行如何内生地产生一种容易遭受金融危机的金融结构，以及繁荣经济金融市场的正常运行如何会诱使危机爆发。因此，重要的是解释经济的金融结构如何演变，这意味着需要考察金融结构是如何受到关于恰当的资产负债表和现金流结构的流行的常规或惯例（convention）的影响，以及如何受到实体经济或生产性部门变化的影响。FIH 便着眼于考察经济的预期面和实际面对经济的金融结构的影响，以及实体部门与金融部门之间的相互作用。FIH 得出的基本结论是：资本主义市场机制无法产生一个持续的、价格稳定和充分就业的均衡，因而需要政策干预和制度约束，尤其是需要控制和引导金融演化。

（二）主要内容

具体而言，FIH 的主旨包含两层意思：第一，现代资本主义经济的稳定增长自然而然会产生现金流相互关系的变化，导致金融结构内生地从稳健走向脆弱，即"向上的不稳定性"的内生形成；第二，繁荣阶段经济的正常运行可能会将脆弱性轻易地转变为系统性金融危机，即"向下的不稳定性"的内生触发。以下分别扼要阐释这两个过程。

就"向上的不稳定性"的内生形成或"正向明斯基旅程"而言，在经济周期的扩张阶段，企业与银行之间的交易行为（企业家和银行家在为资本资产所有和投资提供融资时的交易）会导致可接受的预期杠杆率以及实际的杠杆率的逐渐上升，从而内生地滋生金融脆弱性和不稳定性。面对根本的不确定性，企业家和银行家通过遵循某种常规来决策。在持续扩张期间，依据常规的正常的杠杆率往往会不断上升，合意的负债结构会变得更为宽松，而可接受的安全边际（safety margin）会逐渐收窄，整个经济会从一个以"对冲型融资"（hedge finance）单位为主体的金融结构，逐渐向以"投机型融资"（speculative finance）和"庞氏融资"（Ponzi finance）为主体的金融结构演变。

其中，那些选择更安全但成本更高的融资方式，即将其收入与债务相匹配的企业，被称作从事的是"对冲型融资"，它们的预期收入足以偿还债务本金和利息。那些选择了成本更低但风险更高的融资方式，即借入短期资金为长期投资融资的企业，则被称作从事的是"投机型融资"，它们需要依靠短期借款来偿还债务本金。而"庞氏融资"则属于风险最高、安全边际最低的"投机型融资"，不仅需要借入短期债务偿还本金，而且还需要依赖短期借款偿还利息。

随着经济当中预期杠杆率的逐渐上升，经济面临的风险会不断增加，一旦出现预期挫败，常规和预期便会迅速得到修正，企业家或银行家可接受的杠杆率便会下降。在预期杠杆率的指引之下，以及在预期与实际杠杆率之间的互动之中，实际杠杆率往往也会在经济扩张阶段不断上升，以至于现金流入或利润不足以履行现金支付承诺，因而产生了金融脆弱性。

这一方面在于，在经济扩张阶段利润和投资之间的相互依存关系以及资产价格和债务之间的正反馈循环的所谓"偏差放大机制"的作用下，债务融资会不断增长。当经济运行向好时，过去投资所实现的利润会促使投资者继续扩大资产投资，通过增加债务融资追逐未来更多的利润，向好的经济形势同时也会诱导银行积极满足投资者的债务融资意愿，增加放贷（即货币内生创造）以获得更多利息收入。另一方面，伴随着债务总量的不断扩张、扩展至所有类型的经济活动的债务融资的增加、债务期限的缩短和利率的上升，导致其产生的现金支付承诺的增长速度要快于利润或准租金的增长速度，以至于实际杠杆率不断提高。

就“向下的不稳定性”的内生触发或“逆向明斯基旅程”而论，随着经济在扩张期间向上的不稳定性加剧，金融体系日益变得脆弱，以至于繁荣阶段经济的正常运行可能会打破这种脆弱性，导致向下的不稳定性的拐点即“明斯基时刻”出现，诱导金融危机的爆发。一方面，资本主义经济的正常运行产生了滋生金融危机的条件，另一方面，尽管触发金融危机的事件通常是随机的、不可控的，但是资本主义经济的发展滋生了一种环境，使得这种事件发生的可能性上升，换言之，这些触发事件在某种程度上也内生于经济的正常运行。

这种内生不稳定性是从一个稳定的时期逐渐形成的，首先是产生向上的不稳定性，接下来导致向下的不稳定性。要想这种内生不稳定性过程周期性发生，其中向下的不稳定性必须回复到金融稳定性。在明斯基看来，稳健的金融体系存在两种实现方式：一种是费雪所描述的债务通缩和深度萧条。一个从金融危机之后的衰退中走出来的经济，其金融结构比危机发生之时要稳健得多，只有那些对冲型融资单位才能在衰退之后存活过来。但是这种方式会创造大量的不稳定性，直到金融结构彻底简化之后才会停止，而这个“清算阶段”往往要经过数年。

而另一种则是明斯基呼吁的“没有萧条的萧条”，即通过政府赤字和央行最后贷款人（lender of last resort，LLR）干预来实现在不造成浪费和大量失业的情况下深度萧条所产生的经济后果。尽管这种方式避免了萧条带来的灾难，但往往会产生副作用，一方面会带来通货膨胀，另一方面则会产生道德风险，推动接下来的不稳定性的进一步强化。伴随着金融稳定性的回复的是缓慢的经济复苏进程，金融上的变化为下一轮扩张创造了条件，一旦金融不稳定性回复到稳定性，新的一轮去稳定性过程便立即开始了，正如明斯基名言“稳定孕育着不稳定”所指出的。

有鉴于此，明斯基主张“大政府”和“大银行”两大制度安排来“稳定不稳定的经济”。其中，“大政府”是指政府支出和赤字对经济的影响和作用，具体包含三种效应。第一种是传统的收入和就业效应，或总需求效应。该效应通过政府支出对商品、服务和劳动的需求起作用，依靠凯恩斯乘数产生影响。第二种是预算效应或现金流效应。该效应通过产生部门的盈余和赤字发挥作用：政府赤字对应着私人部门盈余，有助于稳定企业利润现金流。第三种则是资产组合效应或资产负债表效应。该效应通过影响经济部门的资产组合的构成发挥作用：每当大政府出现盈余或赤字时，金融工具便被吸收或创造。政府为赤字融资而发行的金融工具必然构成其他经济单位的资产组合。由于政府债务具有零违约风险，可转让，是一种安全性资产，因而政府赤字提高了私人部门资产组合的流动性。

“大银行”是指央行作为最后贷款人通过影响资产价值和金融市场融资可得性而对经济的作用，包括三大职能。第一个方面是最后贷款人的基本职能或传统的紧急救助的职能。当维持头寸的活动导致维持头寸的工具的价格急剧下降（或利率急剧上升）时，向金融市场提供再融资。其目的在于确保资产价值足够高，以使得无力清偿债务（破产）

永远只是一个局部状况，而不是普遍状况。特别是，最后贷款人的职责在于确保资本资产在为维持头寸而出售时，资本资产价值的普遍下降不会发生。第二个方面在于，在危机之后，通过协助和支持债务重组，从而使投机型融资和庞氏融资的比重降低，以推动经济由衰退走向复苏。第三个方面则是通过立法或自身的操作管理来引导金融体系的演变，以使投机型融资和庞氏融资的现实和潜在比重受到限制。

关键词

后凯恩斯主义	剑桥资本争论	明斯基	金融不稳定性假说
现代货币理论	原教旨主义	卡莱斯基主义	斯拉法主义
制度主义	卡尔多主义	实在论	方法论整体主义
宏观经济学悖论	存量-流量一致性模型		基于行为人模型
时间的历史性和不可逆性		根本的不确定性	非遍历性
合理理性	有效需求原理	货币生产型经济	内生性货币
对冲型融资	投机型融资	庞氏融资	

思考题

1. 后凯恩斯主义与新剑桥学派的联系和区别是什么？
2. 试比较后凯恩斯主义与主流新古典经济学对经济主体“理性”的理解和界定。
3. 如何理解明斯基的名言“稳定孕育着不稳定”？
4. 简述明斯基在经济学说史上的影响。

第三十四章

20世纪以来经济学学科的发展（一）

20世纪以来经济学分支迅速发展，形成了一个庞大的经济学学科体系，本书专列两章，介绍与理论经济学发展较为密切的八个经济学学科。本章第一节对20世纪以来经济学学科体系分类做了一个概括，第二、第三、第四节分别介绍经济管理学、经济计量学、发展经济学。

本章重点

- 经济管理学的产生和发展
- 经济计量学的产生及特点
- 发展经济学的产生及其重要理论

第一节　概　述

在17世纪以前，人们对社会生产、消费、交换、分配还大多处于初始的、表面现象的认识阶段，因此，只存在以个别观点、政策建议等形式表现出的零散的、简单的经济思想。17世纪中叶以后，随着资本主义生产方式的产生与发展，具有特定研究对象、研究方法和概念范畴的经济理论体系逐渐产生并发展起来。到19世纪末20世纪初，社会经济的迅速发展和社会分工的不断扩大使分门别类地研究社会经济关系成为必要，农业经济学、管理经济学、人口经济学等经济学分支开始从原有的经济学理论体系中分离出来。进入20世纪以后，特别是在第二次世界大战以后，各种经济学分支迅速发展，并逐渐形成了一个庞大的经济学学科体系。

现代经济学学科体系大致可以分为四大门类。

（1）理论经济学。其中包括：政治经济学或经济学（其按阶级属性又可分为资产阶级经济学和马克思主义经济学，按研究范围又可分为微观经济学、宏观经济学、中观经济学等）；生产力经济学；经济学说史；世界经济学；国际经济学等。

（2）部门经济学。其中包括：物质生产部门的工业经济学、农业经济学、基本建设经济学、交通运输经济学等；非物质生产部门的劳务经济学、旅游经济学、文化经济学、体育经济学、教育经济学等；流通部门的商业经济学、贸易经济学、物流经济学、货币银行学等。

（3）应用经济学。其中包括：会计学、统计学、管理经济学、财政学、金融学、技术经济学、劳动经济学、国土经济学、房地产经济学、经济政策学、特区经济学等。

（4）交叉或边缘学科。其中包括：经济史、经济地理学、经济心理学、生物经济学、生态经济学、环境经济学、经济控制论等。

在现代经济学学科体系中，理论经济学是其他学科的核心或基础，它提供对社会经济关系的基本认识和经济分析的基本方法或工具。或者说，将理论经济学运用于社会经济各部门或各个方面，形成了部门经济学、应用经济学，将理论经济学与其他自然科学和社会科学理论共同运用于社会经济研究，形成了交叉或边缘学科。随着研究的深入，各部门经济学、应用科学还不断演化出更多的子分支，比如，农业经济学中分离出林业经济学、畜牧业经济学、水产经济学、农业经营学等，工业经济学中分离出工业技术经济学、工业经济结构学、工业经济效果学、工业心理学、工业美学，运输经济学中分离出铁路运输经济学、公路运输经济学、水路运输经济学、航空运输经济学，地区经济学中分离出山区经济学、边疆经济学、特区经济学等。

在现代经济学学科体系中，许多学科实际上兼有两种或更多的分科属性。比如，教育经济学、卫生经济学，既可以看做是部门经济学，又可以看做是交叉或边缘学科。这反映了经济学科研究内容存在着互相的渗透和交叉。

本章和下一章选择与理论经济学发展较为紧密的八个经济学科加以介绍。它们分别是经济管理学、经济计量学、发展经济学、比较经济学、人口经济学、信息经济学、演化经济学和实验经济学。

第二节　经济管理学

管理科学在西方又称为管理中的数量派，可看做是运筹学（或译为作业研究）的同义语。它的渊源可以追溯到20世纪初或更早，但正式成为一个管理学派是在第二次世界大战以后。一般来说，管理科学就是指通过制定和运用数学模型来进行管理，用数学符号和公式来表示计划、组织、控制、决策等合乎逻辑的程序，然后求出最优的解，以达到企业的目标。

从广义的角度来解释管理科学，可以把它看做是有关管理的科学。凡有关管理的科学都可以叫做管理科学，古典管理理论、行为科学理论以及当代的各种管理理论都可以看做是管理科学的范畴。在这里，主要介绍管理科学的一个分支——经济管理学，即在经济管理中应用科学的原理、方法和工具。

一、经济管理学的产生和发展

对管理的研究由来已久，在人类的历史进程中出现了许多优秀的管理思想，这些管理思想对它们所处时代的企业实践给予了有效的指导。雷恩（D. A. Wren）在其《管理思想的演变》一书中认为所有的管理思想都可以划归到四个发展阶段中：早期管理思想时代、科学管理时代、社会人时代和现代。

（一）早期管理思想时代

雷恩认为管理活动自古以来就存在，因此，对管理思想的研究可以追溯到人类发展的源头。早在工业革命之前，在一些政府组织和宗教组织比较发达的国家或地区就出现了与管理相关的思想，这些思想更多是为更好地进行集权统治和宗教统治而服务的。比如在中国，军事学家孙子的一些著作中就体现出许多优秀的管理思想："故用兵之法，十则围之，五则攻之，倍则分之，敌则能战之，少则能逃之，不若则能避之。"（《孙子兵法》）这句话为指挥者提供了战略决策的原则，如果我们将"兵"替换为"市场"，将"敌"替换为"竞争者"，我们就可以看清现代管理策略的历史基础了。理查德·L. A. 斯特巴在其论文《中国帝国官僚机构中的秘密管理》中对中国古代的管理思想进行了详细的阐述。

在其他一些地区和组织中也存在着优秀的管理思想，如近东地区、古埃及、希伯来人、古希腊、罗马、天主教会等。但随着工业革命的到来，早期管理思想的应用方向发生了转变，因为社会的基础已经转变成了企业，企业开始成为社会上广泛存在的组织。在这一时期，一些早期管理思想的奠基人出现了。雷恩认为："对早期的大规模工业组织存在的多方面压力首先提出解决办法的有 4 位管理先驱者。"

罗伯特·欧文（Robert Owen，1771—1858）是英国企业主和管理的先驱。他在人的因素和机器时代之间试图建立新的协调社会时，除了借助于金钱之外，还想求助于人心。他在自己的工厂中创造出了许多管理经验并主张改革。

查尔斯·巴贝奇（C. Babbage，1792—1871）是英国一位性情暴躁的发明天才。他求助于理智，并成为科学管理之祖，在弗雷德里克·温斯洛·泰勒（Frederick Winslow Taylor）之前就把科学方法应用于管理之中。他设计出了第一台计算机，并分析了工业的操作。

安德鲁·尤尔（Andrew Ure，1778—1857）是英国管理教育的先驱。他对早期工厂制度中最早出现的管理人员进行培训，讲授他的经验和见解。他还打算出版一本系统论述制造的原则和过程的著作，详尽地论述制造中的机械问题。他在道德方面的论述表明了他对管理的支持。

夏尔·迪潘（1784—1873）是法国工业教育的先驱。他向尤尔学习，在法国开办管理课程，并对亨利·法约尔（Henri Fayol）产生了影响。

（二）科学管理时代

科学管理时代主要指从工业革命后到 20 世纪 30 年代这一段时间。在这一段时间内，由于工厂生产的普遍采用，企业普遍需要提高生产率。科学管理时代可以看做是寻求效率和系统化的年代。

科学管理的创始人是泰勒（1856—1915）。他和他的同事是对管理思想进行综合整理的第一代人物。管理曾被描述为一个把组织的物质资源或技术力量同人力资源结合起来以便实现组织的目标的过程。在泰勒以前，没有任何人像他那样把管理问题发展为一种如此系统的方法，并同时把管理和哲学范畴结合在一起。

在技术方面，泰勒的科学方法试图努力分析当时存在的实际做法，而且为了改进这些做法并使之标准化而对其进行了研究。他还曾努力使资源利用合理化。在人力资源方面，泰勒通过减少工人的疲劳、科学地选择工人、使工人的能力适合工作的需要以及采用刺激性的工资制度等来最大限度地实现个人发展和合理分配报酬。他并不像有的人常说的那样忽视人的因素，他强调的是个人而不是集体。泰勒综合出来的科学管理体系要通过他提出的使劳资双方利益融为一体的心理革命才能实现。

科学管理运动中杰出的人物主要有：卡尔·巴思（Carl Barth，1860—1939）、亨利·劳伦斯·甘特（Henry Laurence Gantt，1861—1919）、弗兰克·吉尔布雷思（Frank Gilbreth，1868—1924）和莉莲·吉尔布雷思（Lillian Gilbreth，1878—1972）夫妇、哈林顿·埃默森（Harrington Emerson，1853—1931）、莫里斯·库克（Morris Cooke，1872—1960）。

在科学管理运动后期主要出现了两个流派：工业心理学和行政管理理论。

工业心理学是科学管理的副产品，是科学管理倡导的科学方法在工业心理领域应用的产物。雨果·闵斯特贝格（Hugo Munsterberg，1863—1916）是工业心理学的创始人，他的"心理学与工业效率"与泰勒的建议是密切相关的，共包括三大部分：(1)"最合适的人"。研究工作对人们的要求，辨识在心理品质上具备最适合从事他们所要做的工作的人。(2)"最合适的工作"。寻求确定在什么样的"心理条件"下才能够从每一个人那里获得最大的、最令人满意的产量。(3)"最理想的效果"。研究对人的需要施加符合实际利益的影响的必要性。

行政管理理论的出现采取了两种形式：(1) 法约尔提出的管理原则和要素；(2) 马克斯·韦伯为了保证技术效能而探索的理想的组织安排的蓝图。法约尔和韦伯从不同的背景和不同的角度试图提出行政管理的方案，用来管理大规模的组织。

（三）社会人时代

社会人时代的到来离不开乔治·埃尔顿·梅奥（George Elton Mayo）和他的著名的霍桑试验，在这一时代，管理界的研究更加注重人在管理中的作用。

梅奥（1880—1949）是一位出生于澳大利亚的心理学家。他同弗里茨·朱利斯·罗特利斯伯格（Fritz J. Roethlisberger，1898—1974）等人于20世纪20年代末进入美国西方电气公司的霍桑工厂进行试验，这就是著名的霍桑试验。其结果为人际关系学说和行为科学奠定了基础。

在这个时代，还有两位管理学家的名字是不能忘记的：

玛丽·派克·福莱特（Mary Parker Follett，1868—1933）是美国的政治哲学家和企业哲学家。她主张：(1) 通过利益的结合来减少冲突。(2) 使命令"非人称化"并变为服从"形势规律"。形势规律是以科学管理为依据的，即泰勒的职能管理要求的以确定的事实，而不是以某一个人的意志为服从的根据。(3) 确立一种通过协作和控制来实现目标的尝试。要做到这一点，就要有一个心理过程，有一种关于控制的新哲学。这就是，由事实而不是由人控制，是相互关联的控制而不是上面加给的控制。

切斯特·巴纳德（Chester Barnard，1886—1961）是美国的高级经理人员和管理学家。他在其最著名的著作《经理人员的职能》一书中提出了社会协作系统的理论。他认为，组织是一个“有意识地加以协调的两个或两个以上的人的活动或力的系统”。这种系统，不管是哪一级别的，都包含三种普遍的要素：(1) 协作的意愿；(2) 共同的目标；(3) 信息交流。经理人员的职能主要有三项：(1) 提供一个信息交流系统；(2) 获得必要的个人努力；(3) 制定和规定目的。

福莱特和巴纳德是连接科学管理和社会人这两个时代的桥梁。福莱特由于生活并工作于科学管理时代而引进了一种人的团体观点和完形心理学。巴纳德在推进正式组织的分析的同时又引入了非正式组织的作用，以便取得平衡。两个人都用浓厚的哲学观点来考察问题，并试图创造出一种协调和合作的精神。两个人都关心个人，但不是作为个人本身，而是作为通过协作的团体努力而实现自我的个人。两个人都试图改造以前的权威概念，强调协调和统一，并得出同样的结论：只有专职的、有道德的领导才能提高组织的效率和人们的福利。

(四) 现代

20世纪50年代以后，管理界出现了空前的繁荣，各种各样的理论开始出现，并为企业的实践活动提供了有效的指导。哈罗德·孔茨（Harold Koontz，1908—1984）在其《管理理论的丛林》一文中把这个时代称为“管理理论的丛林”，他认为“到了60年代初期，管理方面的学术论著如雨后春笋般出现，带来了众说纷纭、莫衷一是的乱局，成了各种管理理论和管理学派相互盘根错节的一片丛林”。

孔茨在其另一篇文章《再论管理理论丛林》中，把现代管理理论划分为11个学派：经验（或条例）学派；人际关系学派；群体行为学派；社会协作系统学派；社会技术系统学派；决策理论学派；系统学派；管理科学（或数学）学派；权变理论学派；经理角色学派；经营管理（或管理过程、管理职能）学派。

从以上管理理论的发展过程中，我们可以看出，在管理界有着各种各样的理论，并且这些理论存在着一个发展过程，而科学管理理论是这些众多管理理论中的一员，它是当前管理丛林中的一部分。

二、 科学管理理论

科学管理理论是管理学中的一个重要分支，其发展经历了一个非常漫长的过程，在这个漫长的过程中，科学管理理论不断发展与完善，并且日益与社会科学技术的进步相结合。我们把科学管理理论的发展过程划分为三个主要阶段：早期研究阶段；民用化阶段；繁盛阶段。

(一) 早期研究阶段（第二次世界大战之前）

管理科学的正式形成虽然在第二次世界大战以后，但其渊源可追溯到泰勒的科学管理或更早的巴贝奇等人的管理。管理科学与科学管理在许多基本原理上具有共同点。科学管理要求找出一种“最好的方法”，管理科学则要求“最优化”。科学管理用甘特图作为管理的一种工具，管理科学则用从甘特图发展而来的计划评审网络图等作为管理的工具。科学管理在创建时包括了各方面的专家，如泰勒和甘特是机械工程师，巴斯是数学家，弗兰克·吉尔布雷思是建筑专家，莉莲·吉尔布雷思是心理学家，埃默森和库克是经济管理专家，等等。管理科学在创建时也包括各方面的专家，如著名的布莱克特小组的领导人布莱克特（P. M. S. Blackett）教授是一位物理学家、诺贝尔奖获得者。小组成员中有一位实验物理学家、两位数学物理学家、三位生物学家、一位天文物理学家、两位数学家、一位大地测量学家、一位军官。这样把各方面的专家集中在一起进行研究，有助于克服个人在学科上的片面性，便于开阔思路、研讨新问题。

管理科学有关理论的雏形最早出现在第一次世界大战期间。早在1915年，英国的兰彻斯特（F. W. Lanchester）就把数学定量分析方法应用于军事，他发表过关于人力和火力的优势与军事胜利之间的理论关系的文章。当时的英国军需部成立了防空试验组，由生理学家希尔（A. V. Hill）上尉（后来成为教授）领导，运用数理分析方法来使用防空武器。在这个防空试验组中还有一些当时参军的科学家，其中有四人后来成为英国皇家学会会员。希尔被认为是运筹学研究的创始人之一。

1917年，在美国，莫尔斯（Morse）教授分析了横渡大西洋的护航船队遭到德国潜艇袭击的损失模型。这种分析成为第二次世界大战期间许多类似分析，特别是英国的类似分析的先驱。莫尔斯教授后来还领导了运筹学在美国的发展运动，并与他人合写了一本这方面的书。同时，美国的托马斯·爱迪生（Thomas Edison）也受命找出一种能最有效地减少敌人潜艇的危害、保护商船航行的策略。为了取代在实践中会冒风险的船只，他运用了一种“战术对策板”来求解。与此同时，在哥本哈根电话公司工作的丹麦工程师厄朗（A. K. Erlang）也在进行关于自动拨号设备对电话需求影响的试验，这成为排队论数学模型的基础。

霍勒斯·利文森（Horace Levenson）于20世纪30年代把复杂的数学模型应用于用传统办法难以实现的对大量数据的处理。他最有名的研究工作之一是对一个小型邮购商店的顾客拒收邮购包裹的情况进行研究。他的研究表明，拒收率大约占总销售额的30%。最常被顾客拒收的货物有两类：一类是较贵的订货，另一类是发货迟于订货后五天的货物。平均说来，订货迟发货五天就无利可图。用这些数据，邮购公司能很容易地对拒付费用和较高的快发费用进行比较，从而确定最佳发货日期和发货数量。

这些早期的研究为管理科学以及运筹学的最终形成打下了基础。

（二）民用化阶段（第二次世界大战后到20世纪60年代初期）

在第二次世界大战中，管理科学的一些理论在军事上获得了成功的应用，其所取得的成就为世人所瞩目。1937年，英国科学家被邀请去帮助军队运用新发展起来的雷达来确定敌机的位置。1939年起，成立了许多研究运筹学的小组，其中最有名的就是前面提到的由英国曼彻斯特大学教授、前海军军官布莱克特领导的小组。在美国，罗伯特·沃森-瓦特（Robert Watson-Watt）建议把运筹学引入陆军和海军的各个部门，到1942年4月美国做出了引入高水平运筹学的决策。总之，在第二次世界大战期间，首先在英国，然后在美国、加拿大和法国等，由于预警雷达系统、高射炮、反潜艇战、民防、军用物资护航、对德国轰炸等方面的需要，运筹学得到了大量的研究和应用。

管理科学在第二次世界大战中的成功应用为它的繁荣奠定了基础。但这段时间的研究更多集中于运筹学，因此这一阶段又可看做是运筹学的繁盛时期。首先出现的是研究从军事转向民用的高潮。

第二次世界大战后，在英国，运筹学小组把在战时研究“以有限资源去获得最大效果”的经验和方法移植到治愈英国的战争创伤和恢复经济上。后来，在英国实行工业国有化和重建大部分国家工业机构的过程中，由于许多新的管理问题需要解决，因而也要求采用新的方法。这就使得运筹学在英国民用工业部门的推广应用加快。特别是进入20世纪50年代后半期以后，出现了一个快速增长的局面。原有的运筹学小组扩大了，以应付本公司大量增长的需求，其他公司也成立了类似的组织，并且规模都较大。如联合钢铁公司和国家煤炭局的运筹学组织都有上百人；钢铁研究协会、英国石油公司和理查德、托马斯及鲍德温公司也有好几十人。

第二次世界大战后，美国军事部门对运筹学的研究和应用仍在发展，许多运筹学人员继续留在军队中，并有新的成员不断加入。丹齐克（G. B. Dantzig）于1947年在研究美国空军资源配置问题时，提出了求解线性规划问题的一般方法——单纯形法。后来，运筹学在美国也逐渐应用到民用企业中。同时，高等学校也开设了这方面的课程。美国麻省理工学院首先于1948年开设了运筹学的非军事应用的学科，其后美国共有数十所高等院校开设这方面的学科。

从20世纪50年代开始，出现了一批管理科学（运筹学）方面的教科书，如韦斯特·丘奇曼（West Churchman）、拉塞尔·阿考夫（Russell Ackoff）、伦纳德·阿诺夫（Leonard Arnoff）三人合著的《运筹学入门》，爱德华·鲍曼（Edward Bowman）和罗伯特·费特（Robert Fetter）两人合著的《生产管理分析》，塞缪尔·里奇蒙（Samuel Richmond）的《用于管理决策的运筹学》，埃尔伍德·布法（Elwood Buffa）的《现代生产管理》和《管理学与运筹学》（与詹姆斯·戴尔合写），以及许多关于线性规划、决策模型、培欣决策法、对策论等方面的书籍。

对运筹学的研究在学术界也取得了应有的地位。早在1948年，英国就成立了运筹学俱乐部（1954年改名为运筹学会），并于1950年发行了世界上第一份有关该学科的刊物——《运筹学季刊》。美国于1951年在克里夫兰的技术案例研究所召开了第一届美国工业运筹学会议，1952年成立了美国运筹学协会，并发行《运筹学》杂志。1953年成立的美国管理科学学会宣称其宗旨为“发现、扩展并统一有助于了解管理实践的科学知识”，并开始发行《管理科学》杂志。1969年成立了美国决策科学研究会。

1957年，在英国牛津大学召开了第一届国际运筹学会议，与会的有21个国家的代表，以后每三年举行一次。1959年成立了国际运筹学联合会，并由它主持于1960年9月在法国召开了第二届国际运筹学会议，参加会议的有22个国家的350名代表。

此外，在管理方法上也取得了一些著名的成果：1956—1957年，杜邦公司开发了一种计算机化的箭形表格，或称为网络法，用于计划和控制，后来成为闻名于世的关键路径法（CPM）；1957—1958年，在开发“北极星”潜艇导弹的管理中，美国海军遇到了许多进程与估价方面的问题，甘特时代在造船时也遇到过同样的问题；在布兹·艾伦·

汉密尔顿公司与洛克希德导弹系统部（最初的签约商）的帮助下，美国海军设计了计划评审法（PERT）。这一方法采用统计概率理论进行三次评估（悲观的、可能的、最优的），增加了事件（圆圈）用来标识活动。

（三）繁盛阶段（20 世纪 60 年代至今）

20 世纪 60 年代，随着民用化浪潮的兴起，对管理科学的理论研究也处于不断进步阶段，在数学模型的建立和求解方法等方面都取得了许多新的进展，但在实际应用方面的发展则较为缓慢。1961 年，威廉·鲍莫尔出版了《经济理论与运筹分析》一书，该书对管理科学的理论研究工作起到了巨大的推进作用。

在这一时期，管理科学逐渐形成了自己的体系：管理科学的根基是解决问题的科学方法；管理科学的主干由使变量和关系数量化的特殊技巧构成；而顶端则是出于预测和控制目的而代表变量及其关系的模型，它囊括了诸如统计学、线性规划、排队理论、博弈理论、决策树、运输方法、蒙特卡罗法以及模拟装置等技巧。统计及概率理论有助于质量控制中的抽样和其他事务；线性规划及其特殊技巧有利于在给定的限制条件下选择合宜的行动路径；排队理论使成本与机器和其他设备的服务取得了平衡。通过博弈理论能很好地理解竞争战略；通过计算机并应用概率论可以模拟资本兼并；通过建立数量模型可以检测一个或多个变量乃至整个模型在变动时产生的影响。

到了 20 世纪 70 年代，管理科学的发展重点又转向实际应用。随着大批从大专院校毕业的专门人才进入工商业界，管理科学的应用更加广泛、成效更加显著。由于在理论上继续进行研究和探讨，在实践中注意应用和总结这方面的经验，所以这方面的书刊也日益增多。在西方，这方面的定期刊物数以百计，书籍也层出不穷。目前，不仅在美国和欧洲，而且在澳大利亚、日本、印度和以色列等国，许多工商企业、政府、军事等部门都拥有相当规模、组织完善的管理科学（运筹学）机构，作为高级决策部门的参谋机构，并对管理科学进行广泛的研究和传播。但是，也有些管理学家认为管理科学过于偏重数量分析，未能同管理中的实际问题更紧密地结合起来，因而未能充分发挥其应有的巨大潜力。

当前，计算机技术和网络技术在不断地发展和进步，并逐渐渗透到社会经济生活的方方面面，因此，在管理科学的一些方法中也开始采用这些先进的技术，并在应用方面取得了比较大的成就。与计算机技术和网络技术的进一步结合是管理科学发展的必然趋势。

三、经济管理科学中的争论

管理科学在发展过程中也存在着许多争议，主要表现在以下三个方面：对管理科学的定义、解决问题的步骤和主要方法的归类。

（一）对管理科学的定义

在管理学界对管理科学的定义一直没有统一的看法，其中比较具有代表性的是：

（1）英国运筹学会理事会于1962年公布的定义是："运筹学是在工商企业、政府部门及军事机构对大量的人力、机器、物料和资金进行指导与管理工作而发生复杂问题的时候，利用现代科学予以解决的方法。运筹学的特殊工作步骤是对某种业务系统建立一种科学的模型，列入程度不同的机会与风险等因素。然后，利用这种模型，预测各项决策、策略或控制措施的各种结果，并将所有的结果互作比较，以便管理人员能够科学地决定他们的政策和行动。"

（2）美国的罗伯特·瑟罗夫（Robert Thierauf）在1978年出版的《运筹学入门》一书中给出的定义是："运筹学利用计划方法和多学科专家组成的综合队伍，把复杂的功能关系表示成数学模型，以便通过定量分析为决策和揭露新问题提供数量依据。"

（3）约翰·波科克（John Pocock）在1956年发表的《运筹学：对管理的一种挑战》一文中给出的定义是："运筹学是一种分析性、实验性、定量化的科学方法论。它对一个管理系统中各种可能的行动方案的全面含义进行估价，以便为管理决策提供更好的依据。"这个定义强调运筹学是一门应用科学。

（4）菲利普·莫尔斯（Philip M. Morse）和乔治·金布尔（George Kimball）在1951年出版的《运筹学的方法》一书中给出的定义是："运筹学是一种科学方法，它为经营管理部门在做出有关它们控制下的作业的决策时提供数量依据。"这一定义所侧重的是运筹学的科学性。

（二）解决问题的步骤

对于管理科学解决问题的步骤，各个学者的意见不尽相同。

伦纳德·卡齐米尔（Leonard Kazmier）在1969年出版的《管理原理：自学教程》（第二版）中主张把问题的解决分成四个步骤：（1）以整个系统或整个企业为对象进行考察；（2）确定与分析系统的目的；（3）确定与分析各种影响实现目标的可变因素；（4）建立数学模型以代表所研究的情境。

乔治·特里（George Terry）在1972年出版的《管理原理》（第六版）中认为应把它分成六个步骤：（1）确切地陈述问题；（2）搜集有关资料；（3）建立适当的数学模型；（4）输入资料，计算结果；（5）选择较有利的可行方案；（6）以最新资料继续追踪试验模型的效果。

弗雷德里克·希利尔（Frederick Hillier）在《运筹学概论》一书中认为应把它分为以下六个步骤：（1）提出问题；（2）建立一个代表所研究系统的数学模型；（3）从模型中得出解决方案；（4）对模型和得出的解决方案进行验证；（5）建立对解决方案的控制；（6）把解决方案付诸实施。

罗伯特·瑟罗夫在《运筹学入门》中也提出了六个步骤，不同于希利尔的六个步骤的地方是，他把"提出问题"这一步骤分为两个步骤，而取消了"付诸实施"这一步。

（三）主要方法的归类

管理科学中用来求解的各种模型是管理科学理论的重点，被称为管理科学的实现方法。由于模型和求解方法的性质等不同，存在着多种不同的类型，而且不同的学者有着不同的划分方法。

埃尔伍德·布法和詹姆斯·戴尔在《管理学与运筹学》一书中把模型划分为三大类，每一大类又有许多不同的模型。他们的划分方法是：（1）评价模型。管理人员区别于自然科学家的地方是他需要运用评价模型。有用的评价模型必须能反映出管理人员关于“该怎么办”的概念，这种概念需要管理人员的主观判断。因此，评价模型只能根据它反映这些主观判断的程度来判定它是对或错。从这个意义上讲，评价模型也是主观的，但它不是任意的。因为它必须反映管理人员的主观判断。在单一准则的确定性情况下，选择评价模型是比较容易的，但在有风险和多准则的情况下就较为困难。属于评价模型的有决策树、效用理论、主观概率、多准则的可加性评价模型等。（2）预测模型。这是用来对环境和系统的性能进行预测的模型。预测模型是按照预测各种行动方案的结果这一机理建立的。它可以有条不紊地把一切可能的设想都罗列出来作为行动方案，也可以只把管理人员认为好的设想当作行动方案。无论上述哪种情况，都必须用一定的方法对预测模型所得出的结果进行评价。预测模型有很多种。关于环境的预测方法有：短期预测（一周到一个月）的时间序列法，它包括移动平均值法、指数平滑法和拟合平滑法；中期预测（一个月到一年）的因果分析法，它包括回归分析法和计量经济学方法；长期预测（一年以上）的各种定性的方法，如德尔菲法、市场探测法、历史比较法和生命周期分析法等。关于系统性能的预测方面，静态的有以计算机为基础的综合模拟模型；动态的有预测风险后果的各种模型，如马尔可夫链、排队模型、蒙特卡罗模拟法等。（3）最优化模型。这类模型在给定了准则之后，以能够求出最优的可行解的方式把备选方案生成源、预测模型和评价模型结合在一起，但这些组成部分仍保持各自的功能。“最优的可行解”的意思是，在给定的准则下，模型中的各个决策变量的组合是最好的。但它的前提条件是，预测系统性能的模型能合理地表达系统如何工作，而评价模型也要能反映决策者的效用函数。可是，当备选方案生成源、系统性能预测、评价和最优化的各种功能结合在一个大系统里面时，却往往不容易满足这些前提条件。属于最优化模型的有库存模型、线性规划和单纯形法、网络模型（包括运输模型、转运模型、最短路径模型、网络计划模型等）、整数变量的最优化模型、序贯决策的最优化模型——动态规划等。

罗伯特·瑟罗夫在《运筹学入门》一书中把模型划分为五类：（1）代数类模型：1）盈亏平衡分析，是描述成本—收益—销售量关系的定量方法，它能使管理部门在估计某一项决策对企业利润的影响时预计到未来（一个月到一年）的结果。2）库存控制模型，其基本目标是使年库存总费用最小，主要关心的是一次订货的数量及何时订货。（2）概率与统计类模型：1）决策理论，它能根据未来事件出现的可能性得出近似的结论，从而帮助管理人员做出决策。其中的决策树是一种将概率逻辑地应用在决策选择中的图解方法。2）可变需求决策，包括销售量离散概率分布和销售量均匀增加的情况（条件利润法、条件损失法、边沿分析法），以及销售量连续概率分布的情况。3）计划评审法，包括时间计划评审法、费用计划评审法等。（3）矩阵代数类模型。1）线性规划，包括图解法和单纯形法。2）运输方法，包括阶石法和单纯形法。3）动态规划，用于解决生产平稳与库存控制问题、向不同市场区域分配推销员问题、不确定情况下的采购问题等。4）马尔可夫分析，这是通过分析几种变量现时运动的情况来预计这些变量未来运动情况的一种方法。它可以作为短期、中期、长期市场经营的工具，也可用于分析其他问题。（4）模拟技术。1）排队模型，包括单通道排队模型（泊松分布、指数分布）、蒙特卡罗（随机）排队法。2）模拟，能用于处理复杂的、动态的以及互相交叉的问题，包括运筹对策法、蒙特卡罗法、系统模拟法等。（5）其他。1）整数规划，这是在一般的线性规划模型中再加上变量只能取整数值的要求所得到的一类规划。2）非线性规划。3）目标规划，这是线性规划的一种特殊应用，能够处理单个主目标与多个次目标并存，以及多个主目标和多个次目标并存的问题。4）风险分析，这是应用各种运筹方法来估量非确定性和有风险的最广泛和最复杂的数学模型之一，其目的是对可以提供给一个公司的任何一个投资机会进行合乎逻辑和迅速的分析。5）试探式规划，它起源于人工智能研究，目标在于编出一个程序，指使电子计算机像具有智慧的人那样动作和处理信息，求问题的解，探索最有可能的途径，做出合理的猜想。6）行为模型，这是对人的因素进行解释和定量化的模型。

四、经济管理学中的主要方法

（一）决策理论

这一理论的核心是根据未来事件出现的可能性得出近似的结论，帮助管理人员做出决策。决策理论的内容很多，其中最具有影响力的是决策树，决策树实质上是将概率逻辑地应用在决策选择中的一种图解方法。之所以叫做决策树，是因为这种图解看起来像一棵躺倒的树。树根是起始决策点，它的分支从第一个随机事件开始，每个随机事件产生两个或更多的结果。其中某些结果又导致了别的随机事件和后续决策点。决策树上的值是根据仔细的分析得来的。

（二）网络计划方法

网络计划方法是指通过网络图的形式，反映和表达计划的安排，并据此选择最优方案，组织、协调和控制工作的进度和费用，以便达到预定的目标，它是提高管理水平和经济效益的有效方法。它的应用范围很广，特别适用于一次性的项目，如新产品研制、油田开发、管道施工、大型工程建设、设备维修等。其运用的主要方法有计划评审法和关键路径法。

这种方法的历史起源可追溯到甘特图（施工进度表），但正式提出是在美国海军“北极星”潜艇导弹的研制时。1956年，美国海军成立了一个特别计划办公室来管理这项规模庞大而复杂的研制工作。该办公室的威拉德·法扎尔（Willard Fazar）发现，传统的管理方法难以协调11 000个承包商的工作和确定研究与设计所需的时间，于是在一些人的协助下设计出了计划评审法，并于1958年投入运行，收到了良好的效果，提前两年完成了第一颗“北极星”潜艇导弹的研制工作。

（三）线性规划

线性规划主要用来研究对现有资源（物力、财力、人力等）如何进行统一分配、全面安排、合理调度或最优设计等问题。这些问题一般都可归纳为在满足既定的要求下，按某一衡量指标来寻找最优方案的问题。

线性规划的系统研究和应用始于第二次世界大战后。1947 年，丹齐克提出了求解线性规划问题的第一个基本算法——单纯形法。20 世纪 50 年代以后，国外对线性规划进行了广泛而深入的研究，出版了大量著作，在理论和应用方面都取得了较大成就。在这方面做出贡献的有诺贝尔奖获得者坎托罗维奇（L. V. Kantorovich）、柯普曼（T. C. Koopmans）以及投入产出技术的发明者里昂惕夫（W. Leontief）等人。由于线性规划的理论和方法比较成熟，加上电子计算机的高速发展，使得它在实践中的应用范围越来越广，而且取得了较好的效果。如英国的海因茨公司建立了一个以线性规划法为基础的生产和分配计划系统，自 1970 年起，每个季度都用这个系统来制订未来 18 个月的生产计划，每月可节省费用 30 多万英镑。

（四）运输方法

运输方法主要用来研究从一些货源地到另一些目的地的最优运输方法问题。经过适当修改后，还可用来解决一些与运输毫无关系的问题，如向机器分派任务的问题等。

运输方法研究的起源可追溯到 1941 年，希契科克（F. L. Hitchcock）发表了一篇题为《产品从若干产地到众多销地的分配》的论文。1947 年，柯普曼在没有参考希契科克的论文的情况下发表了另一篇论文《运输系统的最优利用》。这两篇论文被认为奠定了运输方法问题研究的基础。

（五）动态规划

动态规划是对线性规划的一个补充，它在线性规划中引入了时间因素，从而打破了线性规划中的静态性。动态规划用于解决包含与时间相关联的变量的问题。20 世纪 40 年代，人们开始研究水力资源多级分配和库存的多级存储问题。1957 年，美国数学家贝尔曼（R. Bellman）在《动态规划》一书中提出了“最优化原理”。他指出，不论初始状态和初始决策如何，对先前的决策所造成的状态而言，余下的所有决策必须构成一个最优策略。丹齐克也对动态规划的发展做出了贡献。

（六）马尔可夫分析

它是通过分析几种变量现时运动的情况来预计这些变量未来运动情况的一种方法。它起源于马尔可夫（A. A. Markov）对连成链的试验序列的研究（1906—1907 年），也起源于企图用数学描述物理现象的布朗运动。第一个连续轨道的马尔可夫过程的正确数学结构是在 1923 年由诺伯特·维纳做出的。马尔可夫过程的一般理论在 20 世纪 30—40 年代由柯尔莫哥洛夫（A. N. Kolmogorov）、费勒（W. Feller）、多布林（W. Doeblin）、利维（P. Levy）、杜布（J. L. Doob）等人导出，发展成为一项完整的随机过程理论，并把时间序列转移概率的链式称为马尔可夫链。

（七）排队论

排队论又被称为随机服务系统理论，它主要研究排队现象的统计规律性，并用以指导随机服务系统应如何合理地设计与控制，以达到既能满足顾客需要，又能使费用最省的目标。它所要解决的问题都可以形象地描述为顾客（电话用户、需要修理的机床、候诊的病人等）来到服务台（如电话线路、机床检修工人、医生等）前要求服务。

排队论的研究起源于20世纪初，丹麦工程师厄朗在研究电话线路与电话用户呼唤的关系时，解决了当时发展不久的自动电话的设计问题。这是排队论的雏形。第二次世界大战期间及战后，排队论理论趋于完善，并被广泛地应用于交通运输、港口泊位的设计、机器维修、库存控制和服务系统等许多方面。

（八）模拟

模拟又叫仿真，就是建立一个表示客观事物的抽象模型，并对模型进行试验，以观察客观事物的运动变化情况。这里讲的试验就是给模型规定各种不同的输入条件，然后对模型的性能和输出进行观察。模拟主要包括运筹对策法、蒙特卡罗法、系统模拟法等。目前，西方国家对模拟的应用极为广泛。除了用它来解决企业的库存控制、生产调度、设备维修与更新等问题以外，还用它来模拟整个企业的活动过程，以便培训管理人员。模拟在军事等方面也有广泛的用途。

（九）对策论

对策论又叫博弈论或竞赛理论，是指运用数学方法来描述和研究带有对抗性质的对策模型，并在已知竞争或对抗的各方全部可采取的策略，而不知他方如何决策的情况下，给竞争或对抗各方提供最优决策，以便战胜对方。

1921年法国数学家波莱尔（Emile Borel）提出了“最优策略”的概念。1928年，美籍数学家约翰·冯·诺依曼（John von Neumann）证明了两极定理，即“最大最小原则”，奠定了对策论的理论基础。在最初阶段，对策论的研究集中于桥牌、棋艺等方面。第二次世界大战期间，因军事上的需要，对策论逐渐趋于系统化和完善化。冯·诺依曼等于1944年出版了《博弈论与经济行为》一书，引起了广泛的注意。摩根斯坦（O. Morgenstein）、舒比克（M. Shubik）等人在这方面也做出了贡献。目前，对策论除了用于军事上以外，还用于企业在竞争性市场上选择时机和制定价格等问题，另外，它在心理学等领域也有所应用。

（十）目标规划

目标规划是线性规划的一种特殊应用，能够处理单个主目标与多个次目标并存，以及多个主目标与多个次目标并存的问题。

目标规划的概念和数学模型是美国学者查恩斯（A. Charnes）和库珀（W. W. Cooper）在1961年首次提出的。在企业管理中经常碰到多目标决策的问题。企业拟定生产计划时，不仅要考虑总产值，而且要考虑利润、产品质量和设备利用率等。有些目标之间往往相互矛盾，例如，企业利润可能同环境保护的目标相矛盾。如何统筹兼顾多种目标，选择合理的方案，是一个十分复杂的问题。应用目标规划能较好地解决这类问题。目标规划的应用范围很广，包括生产计划、投资计划、市场战略、人事管理、环境保护、土地利用等。

第三节 经济计量学

经济计量学是一门运用数理统计和经济统计方法，从数量方面研究物质资料的生产、分配、交换、消费等经济活动及其运动规律的应用学科。

经济计量学一词来源于英文“econometrics”。这个词是挪威经济学家拉纳尔·弗里希在1926年仿照生物计量学（biometrics）一词而设计的，其含义为经济的计量（economic measurement）。有人把“econometrics”一词译为计量经济学，把它看做是经济学的一个分支学科。经济计量学运用统计方法及其他数学方法，对各种具体的、实际的经济数据和经济现象进行分析、估计、检验、预测，得出相应的数量规律，做出定量描述。经济计量学本身并不能证明经济变量之间存在某种特定的、普遍适用的、内在的、本质的、必然的联系。

利用数学方法研究经济问题可以上溯到17世纪。从英国经济学家威廉·配第的《政治算术》开始，数学就是经济理论研究中不可缺少的重要工具。无论是资产阶级政治经济学，还是马克思主义政治经济学，都利用数学方法分析经济问题。但是直到20世纪初，经济学中使用的数学方法还是基本局限于数学分析、差分方程、线性代数等精密数学方法，尤其以数学分析为主。由于经济统计资料都是按照一定时期或按不同部门不同类别采集或发表的，也就是说，经济统计数据是非连续变量，不满足数学分析中要求变量应具备连续可导的基本条件，因此从本质上讲，数学分析方法不太适用于经济数量分析，而统计学等模糊数学方法才比较适用于经济数量分析。这就是经济计量学与数量经济学的重大区别。

经济计量学在百年发展过程中，经历了三个发展阶段。

一、经济计量学的初期发展阶段

从19世纪末到20世纪初，主要资本主义强国先后进入垄断资本主义历史阶段。为了获得高额垄断利润，它们必然向外扩张，寻找新的市场，掠夺经济不发达国家和地区的财富，直至把可以利用的国际国内市场都瓜分完毕。资产阶级追求剩余价值的本性以及资本主义各国经济发展的不平衡，决定了帝国主义国家争夺世界市场和原料产地的斗争越来越白热化，甚至因此而导致世界大战。而且，随着生产规模的不断扩大，资产阶级亟须了解市场供给与需求状况，以获得高额垄断利润。

为适应这种需要，这个时期新古典经济学派的代表人物、英国经济学家马歇尔提出了局部均衡理论。这种理论认为，每种商品的供给与需求关系是独立的，一种商品的价格只受自身供给关系的影响，而不受其他种类商品的供求和价格的影响，这种供求关系决定了这种商品的均衡价格。这个时期的经济学家希望找到一种研究供求曲线形式的数学方法，尤其是分析需求曲线。

周期性的资本主义经济危机使主要资本主义国家的政府对经济的干预加强，于是出现了国家垄断资本主义。为了对世界市场需求中的大量经济数据进行有效分析，客观上需要利用一种数学方法分析经济问题。经济计量学顺应这种社会需要迅速发展起来。

1905年，虎克（R. H. Hooker）发表了题为《用玉米价格解释连续观察资料的相关性》的论文①，首先开始用现代统计方法研究经济问题。

1911年，美国经济学家穆尔（H. L. Moore）最早使用以最小二乘法为基础的统计方法研究劳动需求曲线。② 1914年，他用统计方法研究经济周期的成因和规则。③ 1917年，他又研究了棉花产量和价格的预测问题。④

1924—1938年，穆尔的学生舒尔茨（H. Schultz）用统计方法研究了牛肉和食糖等农产品的需求曲线。⑤

在这个时期，虽然统计学方法已经得到利用，但是还没有经济计量学这个学科名称。

1926年，弗里希第一次提出经济计量学这个学科名称。1930年12月29日，国际经济计量学会成立。该学会的宗旨是利用数学和统计学方法来发展经济理论。1933年，该学会创办了《经济计量学》（*Econometrica*）杂志。国际经济计量学会创始人弗里希在创刊号社论中提出了他对经济计量学学科性质的看法。他认为："用数学方法探讨经济学可以从很多方面入手，但是任何一方面都不能与经济计量学等同起来。不能把经济计量学看做经济统计学，也不能把经济计量学等同于一般经济理论，尽管经济理论中通常要有数量分析。经济计量学也不应该被视为数学应用于经济学。经验表明，统计学、经济理论和数学这三方面对于理解经济生活中的数量关系都是必要条件，但不是充分条件。三方面结合起来才构成经济计量学。"⑥

弗里希的这段话在经济计量学界有相当大的影响，它代表了西方国家很多经济学家对经济计量学学科性质的看法，其实质是把经济计量学看做西方经济学的一个分支学科。

这个时期比较有影响的研究成果还有：

1926年，沃金（E. Working）在一篇具有挑战意义的论文《统计需求曲线说明了什么?》中提出了一个涉及现在的检验方面的问题。⑦

1934年，鲁斯（C. F. Roos）对汽车和住房需求进行了分析。⑧

---

① R. H. Hooker. "On the Correlation of Successive Observations," *Journal of the Royal Statistical Society*, 1905, 68 (4): 696 - 703.

② H. L. Moore. *Laws of Wages: An Essay in Statistical Economics*. New York: The Macmillan Co., 1911.

③ H. L. Moore. *Economic Cycles: Their Law and Cause*. New York: The Macmillan Co., 1914.

④ H. L. Moore. *Forecasting the Yield and Price of Cotton*. New York: The Macmillan Co., 1917.

⑤ H. Schultz. "The Statistical Measurement of the Elasticity of Demand for Beef," *American Journal of Agricultural Economics*, 1924, 6(3); H. Schultz. *Statistical Laws of Demand and Supply with Special Application to Sugar*. Chicago: University of Chicago Press, 1928; H. Schultz. *The Theory and Measurement of Demand*, Chicago: University of Chicago Press, 1938.

⑥ A. Koutsoyiannis. *Theory of Econometrics*. 2nd ed. London and Basingstoke: The MacMillan Press Ltd., 1977.

⑦ E. Working. "What Do Statistical Demand Curves Show?" *Quarterly Journal of Economics*, 1926, 41 (2): 211 - 235.

⑧ C. F. Roos. *Dynamic Economics: Theoretical and Statistical Studies of Demand, Production and Prices*. Bloomington, Indiana: Principia Press, 1934.

1939 年，荷兰经济学家丁伯根（J. Tinbergen）分析了美国 1919—1932 年的经济周期数据。① 他所利用的经济变量中首次出现了滞后变量，由此构成了动态模型。

20 世纪 30 年代以前的早期经济计量学主要研究需求问题，即研究市场问题。即便后来出现了少量的研究供给问题的论文，涉及生产领域，但是仍然是对需求与供给问题分别进行研究的。这个时期的经济计量学模型的显著特征是单方程模型，还没有把整个社会作为一个完整的系统来研究。

二、系统研究阶段

从 20 世纪 40 年代至 70 年代，经济计量学的研究对象逐步扩展到宏观经济学领域。综合研究需求与供给问题，必然涉及全社会的总供给与总需求的平衡。在这方面的基础理论是洛桑学派代表人物瓦尔拉斯提出的一般均衡理论。这种理论认为，一种商品的价格变化，不仅受这种商品本身的供求关系的影响，而且也受其他商品的供求关系的影响。一种商品的价格与供求关系不能单独确定，只有所有商品的价格与供求都达到均衡状态时，才能确定每一种商品的价格与供求的均衡状况。这种理论的实质是把社会经济作为一个完整的系统来研究。

另一种系统研究方法是投入产出分析方法。早期经济计量学的研究范围与现在经济计量学的研究范围不同。现在的投入产出分析方法和运筹学是与经济计量学并列的研究方法，并不从属于经济计量学。而早期的经济计量学则等同于经济数学方法，既包括可以用于经济研究的各种数学方法，又包括投入产出方法和运筹学，可以看做广义的经济计量学。早期的经济计量学教科书中大多包括投入产出分析的内容。

苏联经济学家里昂惕夫在 1925 年转入柏林大学学习期间，把他当时对苏联国民经济平衡表方法的研究成果写成论文《俄国经济的平衡——一个方法论的研究》，发表在德国的《世界经济杂志》（1925 年 10 月）上，第一次公开阐述了投入产出法的基本思想。后来里昂惕夫到了美国，利用美国国情普查资料编制了 1919—1929 年的投入产出表，于 1936 年发表了题为《美国经济制度中投入产出的数量关系》的论文（载《经济学和统计学评论》，1936 年 8 月）。1941 年又出版了《美国经济结构（1919—1929）》一书。

由于投入产出法是第一个实用的经济系统分析方法，在经济学界引起了很大反响。第二次世界大战后，很多国家的政府部门和经济学家投入大量人力、物力，用投入产出法研究经济问题。由于这个原因，里昂惕夫不仅获得了诺贝尔经济学奖，而且被不少经济学家称为“投入产出之父”。

苏联 1926 年发表的棋盘式平衡表和里昂惕夫的投入产出表都属于国民经济平衡表体系（MPS）。投入产出表中还有另外一种国民经济核算体系。国民经济核算体系（SNA）是从国民经济账户和资产负债表出发，综合运用会计、统计、矩阵代数等数学方法，对某个时期一个国家、地区或部门内各个交易者集团的经济活动流量和活动结果（存量）的各

① J. Tinbergen. “Statistical Testing of Business-Cycle Theories: Part Ⅱ: Business Cycles in the United States of America, 1919—1932,” *Books*, 1939.

种重要总量指标和构成进行计算，并描述国民经济各部门的联系和结构的一种核算体系。

1953年，联合国经济和社会事务部统计处组织了一批专家，在英国经济学家斯通的领导下，制定并出版了《国民经济核算体系（SNA）和辅助表式》，包括投入产出表、资金流量表和资产负债表，其中主要是投入产出表。这个体系为记录和说明生产、消费、积累和对外贸易的主要流量提供了一个清晰的结构。这一结构由一套六个账户组成，比较详细的内容归入一套几张辅助表式当中。1964年对SNA做过一次修订。1968年又制订了新的国民经济核算体系表式。新的SNA比1956年的旧SNA更完善、更充实。按照新SNA，可以进一步划分生产账户，从而显示出各产业部门之间的商品流量，这些流量正是投入产出研究的主要内容。再把金融流量引入资产负债表，SNA就比较完整了。SNA投入产出表中，既包括物质产品，又包括非物质产品（服务），既涉及生产领域，又涉及非生产领域。经过几十年的发展，SNA已经发展成由投入产出表、国民收入和生产账户、资金流量表、国际收支平衡表、国民资产负债表和国民财富表构成的完整体系。

1936年，苏联经济学家坎托罗维奇发表了《生产组织和计划的数学方法》一文①，1944年冯·诺依曼等出版了《博弈论与经济行为》② 一书，将运筹学方法用于研究经济中的优化、决策和对策等问题。运筹学是一种系统的数学研究方法，早期的经济计量学就包括了运筹学。

在这一时期，比较有影响的经济计量学著作是奥·兰格的《经济计量学导论》。

资本主义的基本矛盾必然导致经济危机。1929—1933年的资本主义经济危机持续时间长，影响波及全球，使主要资本主义国家生产力下降了40%。1933年美国失业人数达到1 400万人。马歇尔的经济理论认为，物价下跌与需求上升同时存在，利率下降必然刺激投资上升，但是无情的现实与马歇尔的预言恰恰相反。失业使需求减少，物价下跌，物价下跌又使企业亏损。虽然这时可以从银行获得低息贷款，但是谁也不愿投资生产。因为大量积压产品无法卖出，再投资只能导致产品生产更加过剩，带来更大的亏损。由于投资需求和消费需求严重不足，资本主义经济的“自动调节”机制失灵了，马歇尔理论陷入困境。

1936年凯恩斯出版了《就业、利息和货币通论》。他用有效需求不足的理论否定了新古典经济学的理论，积极主张政府干预经济。此后凯恩斯理论成为占主导地位的资产阶级经济学理论。主要资本主义国家的政府逐步采纳了凯恩斯理论。政府要干预经济活动，就必须分析实际经济变量之间的联系，由此推动了经济计量学的研究和发展。

20世纪40年代初，弗里希、丁伯根和丁特纳等人开创了现代经济计量学的新领域，研究了生产问题。要综合考虑需求与供给两方面的问题，就必然涉及联立方程。从1943年起，他们就开始用联立方程研究经济问题。③ 联立方程研究方法属于系统研究方法。

克莱因最早把凯恩斯的宏观经济理论数量化。1950年，克莱因建立了包括6个方程

---

① L. V. Kantorovich. “Mathematical Methods of Organizing and Planning Production,” *Management Science*, 1960, 6 (4): 366 - 422.

② J. V. Neumann and O. Morgenstern. *Theory of Games and Economic Behavior*. Princeton: Princeton University Press, 1953.

③ Haavelmo. “The Statistical Implications of a System of Simultaneous Equations,” *Econometrica*, 1943, 11: 1 - 12; Haavelmo. “The Probability Approach to Economics,” *Supplement to Econometrica*, 1944, 12 : 1 - 118.

的“两次大战之间的模型”。随着计算技术和计算机的发展，模型规模在不断扩大。1968年布鲁金斯模型包括了200多个方程。1980年克莱因主持了“连接计划”（link project），它涉及18个国家，模型中包括3 368个外生变量和7 447个方程。这个计划是用宏观经济计量模型进行政策评价、经济模拟和经济预测的。后来甚至还出现了规模庞大的联合国长期政策模型，这个模型包括三个子模型系统、全球投入产出模型、全球动态线性模型和全球经济计量模型，试图研究和规划全球经济活动。①

利用凯恩斯理论设立宏观模型，是建立在菲利普斯曲线基础之上的。1958年，菲利普斯通过分析1861—1957年英国的统计资料，发现通货膨胀率是失业率的递减函数，即当失业率升高时，通货膨胀率降低，当失业率降低时，通货膨胀率升高，二者不会同方向变动。但是从20世纪60年代后期开始，西方经济出现了高失业率和高通货膨胀率并存的“滞胀现象”。凯恩斯理论无法解释这一现象，陷入理论困境。

因此，以弗里德曼为代表的货币主义学派在美国流行起来。这种理论认为：通货膨胀是一种货币现象，只能用限制货币发行量的办法抑制通货膨胀。弗里德曼提出自然失业率概念，把总供给和总需求平衡时的失业率称为自然失业率，它不受通货膨胀率的影响。弗里德曼否定了菲利普斯曲线所反映出的通货膨胀率和失业率之间的反比关系。货币主义学派反对政府干预经济，认为由市场机制的自发调节作用，可以自动调节经济。

三、纯数学方法研究阶段

传统的经济计量学理论要求所观察的变量满足经典假设条件，即要求观察值是相互独立的，具有同方差性，不存在序列相关，要求大样本，要求渐近正态分布、一致性等一系列严格的假设条件，使得分析的准确性大大降低，适用范围变小，甚至无法用于经济分析。如何在不满足这些条件的情况下进行统计分析，成为经济计量学发展的新课题。

1941年，哈维默（T. Haavelmo）发表了《经济计量学的概率方法》，1943年他又发表了《联立方程系统的统计意义》。②

1943年，曼（H. B. Mann）和瓦尔德（A. Wald）发表了《线性随机差分方程的统计处理》。③

1944年，哈维默发表了《经济计量学的概念渐近》等论文。④ 这些论文标志着经济计量学进入以数学方法研究为主的时期。

1950年瓦尔德出版了《统计决策函数》一书。⑤ 同年，柯普曼出版了《动态经济计量模型中的统计推断》一书。⑥

---

① 张寿，于清文. 计量经济学. 上海：上海交通大学出版社，1984：9.

② Haavelmo. “The Statistical Implications of a System of Simultaneous Equations,” *Econometrica*, 1943, 11: 1-12.

③ H. B. Mann and A. Wald. “On the Statistical Treatment of Linear Stochastic Difference Equations,” *Econometrica*, 1943, 11: 173-220.

④ Haavelmo. “The Probability Approach to Economics,” *Supplement to Econometrica*, 1944, 12: 1-118.

⑤ A. Wald. *Statistical Decision Functions*. New York: Wiley, 1950.

⑥ T. Koopmans. *Statistical Inference in Dynamic Economic Models*. New York: Wiley, 1950.

安德森（T. W. Anderson）、鲁宾（H. Rubin）提出了估计联立方程的有限信息极大似然法（LIML）。沃尔福威茨（Wolfowitz）等人也相继发表了一系列论文并出版了一些著作。这些数学家的研究成果使经济计量学的学科体系基本建立起来，并且不断系统化、完善化。

1957年，贝斯曼（R. L. Basmann）和泰尔（H. Theil）提出了估计联立方程的二阶段最小二乘法、三阶段最小二乘法和K组估计法。这些方法至今仍是估计联立方程的主要方法。

20世纪60年代以后，萨瓦（T. Sawa）和马里亚诺（R. S. Mariano）提出了包含两个内生变量的联立方程普通最小二乘估计法、二阶段最小二乘估计法、有限信息极大似然估计的精确分布和矩。1971年，贝斯曼等人提出包含三个内生变量的联立方程二阶段最小二乘估计的密度函数。

1962年，泽尔纳（A. Zellner）发表了题为《一种表面无关回归的有效估计方法和综合偏倚检验》[①] 的论文。

20世纪60年代以前经济计量模型都是线性模型。由于经济变量之间存在大量非线性关系，只用线性模型不能很好地描述经济现象。

1961年，哈特利（H. O. Hartley）提出了"用非线性最小二乘函数拟合修正的高斯-牛顿法"。[②]

1966—1970年，马兰沃（E. Malinvaud）提出了非线性最小二乘估计的渐近性质。[③]

1969年，詹里奇（R. I. Jennrich）发表了《非线性最小二乘估计的渐近性质》。[④]

经过众多数学家的努力，非线性模型理论日趋完善，现在非线性模型已经成为经济计量学的重要组成部分。

贝叶斯方法是经济计量学中另一重要组成部分。贝叶斯方法是与最小二乘法并列的分析方法。贝叶斯方法认为，很多统计资料分析的参数包含先验信息，这些先验信息可以表示为先验分布。由先验分布，通过样本观察值可计算出后验分布。这种把先验信息表示为先验分布的方法称为贝叶斯方法。20世纪60年代以后，很多数学家在这方面做了大量工作。例如，1965年，普拉特（J. Pratt）发表了《标准推断的贝叶斯解释》，提出了经济计量学中的贝叶斯分析方法。[⑤]

此外，罗伊尔（R. M. Royall）、埃里克森（W. A. Ericson）、大卫（A. P. Dawid）、戈尔（P. K. Goel）、泽尔纳、斯科特（A. J. Scott）、史密斯（T. M. F. Smith）、伯纳多（J. M. Bernardo）等人都为贝叶斯分析的发展与完善做出过自己的贡献。

---

① A. Zellner. "An Efficient Method of Estimating Seemingly Unrelated Regressions and Tests for Aggregation Bias," *Journal of the American Statistical Association*, 1962, 57 (298): 348-368.

② H. O. Hartley. "The Modified Gauss-Newton Method for the Fitting of Non-Linear Regression Functions by Least Squares," *Technometrics*, 1961, 3: 269-280.

③ Malinvaud. *Statistical Methods of Econometrics*. 1st and 2nd ed. Chicago: Rand McNally Co., 1966—1970.

④ R. I. Jennrich. "Asymptotic Properties of Non-Linear Least Squares Estimators," *The Annals of Mathematical Statistics*, 1969, 40: 633-643.

⑤ J. Pratt. "Bayesian Interpretation of Standard Inference Statements," *Journal of the Royal Statistical Society*, 1965, 27 (2): 169-203.

时间序列分析是经济计量学中的又一重要方法，它的发展已经有上百年的历史。时间序列分析方法又称博克斯-詹金斯（Box-Jenkins）方法。很多人都为这个学科的建立做出过自己的贡献。很难考证谁最早创立了该学科。目前能够找到的这方面最早的论文是1904年克弗-伯朗-克弗发表的《距离超过1 000英里气象台的气压计高度相关的时间因素影响》①一文。

1970年和1976年，博克斯（G. E. P. Box）和詹金斯（G. M. Jenkins）出版了《时间序列分析：预测和控制》② 一书，提出了时间序列分析的基本理论，包括自回归滑动平均模型，模型的识别、估计、检验和预测等内容。

时间序列数据与其他类型的数据不同。时间序列数据有顺序关系，某一时点的数据要受该时点之前的数据的影响。样本长度为 n 的时间序列不是一个随机变量的几次观察值，而是几个随机变量的一次观察值。这些随机变量不满足独立性假设。

时间序列模型和普通的经济计量模型不同。首先，建立经济计量模型的一个重要目的是检验经济理论是否正确，因此，建立模型主要是进行参数估计，找出最优参数估计值，对参数估计值进行显著性检验，从而检验事先假设的经济变量之间的关系是否成立；而建立时间序列模型的主要目的是进行数值预测，不重视模型是否具有经济意义，利用最优参数估计值不一定得到最优预测。其次，普通经济计量学模型通常依据某种经济理论建立，利用样本数据进行参数估计；而建立时间序列模型可以不依据任何经济理论，所建立的模型可以没有任何经济意义，与经济学没有任何联系，但是，预测结果通常优于依据经济理论建立模型所得到的结果。

正是由于这两方面的区别，很多西方经济学家认为，不应该把时间序列分析纳入经济计量学的范围。但是，因为经济变量都是历史数据，与时间因素有密切关系，某一时点的数据明显地与前期的数据有关，不满足独立性假设，不考虑时间因素的影响，必将导致模型质量明显变差。所以，近几十年来，时间序列分析已经逐步成为经济计量学中的一种重要分析方法。同时这也表明：经济计量学不再是经济学的分支学科。

时间序列分析法在发展过程中经历了几个阶段。早期的时间序列分析法最重要的假设条件是要求时间序列具有平稳性，同时要求自协方差系数和自相关系数是确定不变的。模型通常由一般函数关系式表示，后来引入了算子符号和矩阵，使时间序列分析过程简化。平稳的时间序列模型可以分为几种类型：

（1）自回归模型（AR模型）；

（2）滑动平均模型（MA模型）；

（3）平稳可逆的自回归滑动平均模型（ARMA模型）。

很多时间序列是非平稳的，这种非平稳时间序列要通过足够多次差分才可以转变为一个平稳的可逆的ARMA时间序列。这种非平稳时间序列构成的模型称为综合自回归滑动平均模型（ARIMA模型）。

① F. E. Cave-Browne-Cave. "On the Influence of the Time Factor on the Correlation Between the Barometric Heights at Station More Than 1000 Miles Apart," *Proceedings of the Royal Society of London*. 1904，74：403－413.

② G. E. P. Box and G. M. Jenkins. *Time Series Analysis*：*Forecasting and Control*. San Francisco：Holden-Day, 1970.

这时，时间序列模型的识别、估计、预测已形成一个完整的体系。单位根检验、协整性分析、误差修正模型等都是时间序列分析法中的重要内容。

这一时期经济计量学取得了巨大的进步，这种进步不是经济理论的发展，而是数学的发展。随着经济计量学的发展，越来越反映出这门学科的本质：它不依赖于任何经济学理论，没有阶级性，只是一门应用数学。

经过100年的发展，经济计量学已经成为在经济学中得到广泛应用的不可缺少的数学工具。目前，非线性模型、贝叶斯方法、时间序列方法、定性反应模型、离散选择模型、受限因变量模型、面板数据模型、自选择模型、持续模型、小样本理论等数学模型和方法成为经济计量学中的重要内容和十分活跃的前沿领域。虽然经济计量学不是经济学分支学科，但是它对经济学的发展和应用起着越来越重要的作用。

第四节　发展经济学

发展经济学是第二次世界大战后形成的一门新兴的综合性、应用性很强的经济学科。它以发展中国家的经济问题为研究对象，研究发展中国家如何摆脱贫穷落后的局面，走向现代化。发展经济学一出现就引起了世界，特别是发展中国家的重视。著名发展经济学家威廉·阿瑟·刘易斯（William Arthur Lewis）、舒尔茨（1979）及森（1998）因在发展经济学理论方面的贡献而获得诺贝尔经济学奖。

第二次世界大战之后，世界政治和经济格局发生了重大变化，其中最深刻的变化之一是殖民体系瓦解，一大批新兴民族独立国家在原来的殖民地、半殖民地上建立起来。虽然这些国家选择了不同的政治制度，其国土面积、资源禀赋、人口多少甚至历史文化传统、宗教习俗等方面也有所不同，但是这些国家具有的共同特征是经济不发达，人均收入水平低下，独立后面临的首要任务是发展经济，因此发展经济学应运而生。在战后的50多年中，出现了一批著名的发展经济学家，他们提出和建立了许多发展理论和模型，指导了发展中国家的实践，对这些国家的经济发展产生了重大的影响。

一、发展经济学理论的演变

（一）20世纪40—60年代占统治地位的“线性阶段模式”

这个时期的发展经济学主要是由西方经济学家或是在西方接受教育的经济学家们建立的。事实上，经济学界对于发展中国家的出现并没有理论和思想上的准备，对发展中国家的历史和现状也知之甚少，所具有的是战后“马歇尔计划”帮助欧洲重建及发达国家自身工业化的经验。因此，经济学家利用西方经济学的一般原理，结合发达国家工业化的经验，提出了解决不发达国家问题的理论。该阶段的理论特征是强调资本形成的重要性，重视经济增长指标，认为有了经济增长就有了一切。由于把不发达问题简单地归结为因果联系的链条，认为经济发展就是由一个阶段向另一个阶段转变的线性过程，故称为“线性阶段模式”。

这个阶段的主要代表人物是拉格纳·纳克斯（Ragnar Nurkse）和沃尔特·惠特曼·罗斯托（Walt Whitman Rostow）。纳克斯（1907—1959）是美国经济学家。他出生于俄国的爱沙尼亚，曾就读于塔克特大学、爱丁堡大学和威恩大学，1934 年任职于国际联盟金融部，1940 年赴美，1947 年任哥伦比亚大学教授。他在 1953 年出版的《不发达国家的资本形成》一书中提出了“贫困恶性循环论”。在该书中，纳克斯系统地考察了发展中国家的贫困问题，探讨了贫困的根源和摆脱贫困的途径。他认为发展中国家贫困的根源在于人均收入水平低下，由于人均收入水平过低，在供给和需求两方面使发展中国家陷入了难以突破的恶性循环。首先，从供给方面来看，人均收入低，意味着居民将绝大部分收入用于消费，因此储蓄水平低，从而导致资本稀缺，资本形成不足，生产规模难以扩大，生产率难以提高，低生产率又引起低增长率，进而引起又一轮的低收入；其次，从需求方面来看，人均收入水平低，使得居民购买力较低，引致投资不足，使资本难以形成，生产率无法提高，产出低下，收入无法提高。更严重的是，这两个怪圈结合在一起，相互作用，更难打破。例如，即使有了投资引诱，也可能缺乏储蓄用于投资，或者有了储蓄，却缺乏投资引诱来消化储蓄，从而发展中国家长期处于经济停滞和贫穷的困境中。纳克斯认为打破恶性循环的唯一途径就是从外部大规模注入资本，即大规模促进资本的形成。

另一个代表人物罗斯托（1916—2003）是美国著名经济史学家。他出生于纽约，先后在耶鲁大学、牛津大学学习，1939 年获耶鲁大学博士学位，并先后在哥伦比亚大学、牛津大学、剑桥大学、麻省理工学院任教，讲授经济史。他的主要著作有：《十九世纪英国经济论文集》(1948)、《经济增长过程》(1952)、《从起飞到持续增长》(1956)、《经济成长阶段》(1960)、《1868—1896 年英国贸易的波动》(1981)、《康德拉捷夫周期的简单模型》等。他在 1960 年出版的《经济成长阶段》一书中提出，所有国家的经济发展必须经过一系列的发展阶段，即传统社会，“起飞”准备阶段，“起飞”阶段，向成熟迈进阶段，高额群众消费阶段。后来，他又在 1971 年出版的《政治和增长阶段》一书中，在高额群众消费阶段之后加进一个追求生活质量阶段。罗斯托是根据英美等发达国家的发展历史提出他的经济发展阶段理论的。他认为，“起飞”是最重要的阶段，一个国家一旦实现起飞，经济就会持续增长。经济上的起飞是指在工业化初期的较短时间内实现基本的经济活动和生产方法的剧烈转变，起飞就是突破不发达经济的停滞状态，摆脱纳克斯所说的“贫困恶性循环”的困境。罗斯托认为起飞应具备至少两个基本条件，第一个条件是资本积累率要达到 10%以上。至于为什么是 10%，罗斯托是根据哈罗德-多马模型进行估算而得出的。第二个条件是要建立起飞的主导产业部门。所谓主导产业部门是指本身发展较快，能够带动其他部门的发展，同时又能赚取外汇的部门，这样可以引进技术，购买外国设备和还本付息。

罗斯托提出了既不同于宏观经济学的总量分析法又不同于微观经济学的个量分析法的部门分析方法。罗斯托认为经济的发展就是先从一个部门开始，这个部门率先采用新技术，使成本降低，利润增加，市场扩大，投资进一步增加，进而部门扩大，对其他部门的需求增加，从而带动经济中其他部门乃至整个国民经济的发展。一旦该主导部门的技术扩散效应实现，它的历史使命也就完成了，将被新的主导部门替代。他强调主导部门通过三个方面的影响对国民经济部门产生作用：（1）前瞻影响，即主导部门对新工艺、新技术、新原料、新能源出现的诱导作用；（2）回顾影响，即主导部门对某些供给生产资料的部门的影响；（3）旁侧影响，即主导部门对所在地区的影响。

罗斯托还认为主导部门不是孤立地发展起来的，一个主导部门同与它有联系的若干部门一起构成一个主导部门综合体系。他曾列出了第二次世界大战之后世界上五种主导部门综合体系：（1）起飞准备阶段的主导部门体系，主要包括饮食、烟草、水泥、砖瓦等行业，发展中国家中发展水平较低的国家如撒哈拉以南非洲国家属于这一体系。（2）起飞阶段的主导部门体系，即替代进口的消费品制造业综合体系，主要是非耐用消费品，如纺织业等，发展程度中等的国家属于这一体系。（3）重型工业和制造业综合体系，包括钢铁、煤炭、电力、通用机械等工业部门，发展程度较高的国家如一些拉丁美洲国家属于这一体系。（4）汽车工业综合体系，日本和西欧属于这一体系。（5）生活质量部门体系，包括服务业、建筑业，美国为这一体系的主要代表。

罗斯托还专门论述了发展中国家的起飞问题。他认为发展中国家在起飞中存在着不同于发达国家的具体困难，一个是人口增长率过高，一个是资金和人才外流十分严重，但也存在着有现成技术可以利用的有利条件。他概括了发展中国家在起飞过程中应该注意的问题：防止出现“早熟消费”；注重基础结构的投资；降低人口出生率；发展创汇部门；解决“隐性”失业；发挥国家干预经济的作用；防止资金和人才外流；动员国内闲散资金，必要时实行强制储蓄；吸引外资，并应有制度保证；加快新技术的推广。

贫困恶性循环论和经济发展阶段理论都在一定程度上描述了发展中国家的事实，并提出了解决贫困和起飞的途径。这对发展经济学理论和发展中国家的实践产生了一定影响，在战后相当长的时间内，大多数发展中国家都选择了大规模工业化和计划化就是证明。但是它过分强调资本形成的重要性，简单地认为有了资本就有了一切，经济发展只是线性地从一个阶段向另一个阶段转变的过程。事实上，线性阶段理论并不符合发展中国家的实际，它忽视了经济发展过程中结构、制度，甚至文化观念的变革。在对线性阶段模式进行评价和反思的基础上，发展经济学理论演变到了第二阶段，即结构变动模式。

（二）20世纪60年代末开始占统治地位的“结构变动模式”

结构变动模式又被称为结构转换模型，它是发展经济学理论演变过程中又一个影响比较大的理论。所谓结构变动模式是指由国民生产总值的增长而引起的经济和制度结构的一系列变化，包括物质资本和人力资本的积累，以及需求、生产、贸易就业结构的变化。其中最具代表性的模型是阿瑟·刘易斯的“二元结构论”和霍利斯·伯利·钱纳里（Hollis Burley Chenery）的经验分析模式。

刘易斯（1915—1991）是美国经济学家。他出生于西印度群岛圣卢西亚首府卡斯特里的一个黑人家庭，1940年获伦敦政治经济学院博士学位，先后在伦敦政治经济学院、曼彻斯特大学、西印度大学、美国普林斯顿大学任教。1963年被英国女王封为勋爵。他曾任加纳、尼日利亚、牙买加等国经济顾问，并在联合国及其他多个国际机构任职。他的主要著作有：《经济计划原理》（1950）、《劳动无限供给条件下的经济发展》（1954）、

《经济增长理论》(1955)、《国际经济秩序的演变》(1977)、《增长与波动》(1978) 等。他在论文《劳动无限供给条件下的经济发展》① 中论述了二元结构论。该理论假设：不发达经济分为两个部门，即城市以制造业为中心的现代化部门和农村以农业、手工业为主的传统部门；劳动供给无限；工资水平不变。刘易斯认为，在不发达经济的两个部门中，现代化的城市工业部门是增长的主导部门，农村中的传统农业只是被动起作用的。在利润不断进行再投资，使资本逐步积累的作用下，工业部门开始扩张，创造出更多的就业机会，并不断吸收农村剩余劳动力，这一过程会一直持续下去，直到农村剩余劳动被全部吸收，二元结构消失，完成不发达经济的发展。因此，二元结构消失的过程，既是工业扩张的过程，同时也是农村剩余人口向城市流动，被城市工业不断吸收的过程。

刘易斯的二元结构论揭示了发展中国家的最根本特征，即经济、社会、文化等结构的二元性，他也因此获得了1979年度诺贝尔经济学奖。但是其理论遵循发达国家的发展经验和发展道路，其论述和结论与发展中国家的实际有许多不相符之处。例如，刘易斯的论述中暗含着一个重要的假设，即城市已经实现了充分就业，只有这样，城市工业创造出的就业机会才能用来吸收农村剩余劳动力。而在发展中国家，不仅农村存在大量的剩余人口，城市失业也相当严重。另外，他假定利润全部用于投资会导致工业的扩张和就业的增加，但如果投资主要集中于资本密集型设备的话，利润的再投资也不可能吸收更多的剩余劳动力。在整个论述中，刘易斯都把农业看做是被动起作用的部门，认为它只是向城市输送廉价劳动力的部门。但实际上，农村剩余劳动力的出现取决于农村的发展。后来，耶鲁大学的费景汉和拉尼斯对刘易斯模型进行修正，强调农业在经济发展中的积极作用，模型被称为刘易斯-费-拉尼斯模型。著名发展经济学家迈克尔·托达罗(Michael Todaro) 就刘易斯关于人口流动的论述，提出了比较符合发展中国家实际的"托达罗人口流动模型"。与刘易斯不同，托达罗认为促使人口流动的主要原因是农村和城市的预期收入差异，而不是实际差异。托达罗的详细论述可以参考他编著的流行于欧美的教科书《经济发展》。②

结构变动模式的另一个代表是钱纳里等人所做的发展模式或发展格局经验分析。钱纳里 (1918—1994) 是美国经济学家。他出生于弗吉尼亚州，1950 年获哈佛大学博士学位，并先后在麻省理工学院、斯坦福大学、哈佛大学任教。他还曾任美国国际开发署副署长、世界银行行长。他的主要著作有：《产业关联经济学》(1959)、《发展计划研究》(1971)、《发展模型：1950—1970》(1975)、《结构变化与发展政策》(1979)。他所提出的发展模式分析注重发展中国家经济结构的变化。他们研究了 1950—1970 年 20 年间 100 多个国家的经济发展和经济结构变化的关系，分析从积累过程、资源配置过程、人口和分配过程三个方面进行，列出了十个指标，分别是：投资、政府收入、教育、国内需求结构、生产结构、贸易部门、劳力配置、城市化、收入分配和人口变动。通过考察这些指标随着人均国民生产总值的逐步增加所发生的变化，得出了经济发展的正常变化表。主要内容如下：(1) 生产结构的变化。当人均收入上升时，发生由农业向工业生产的转

① 外国经济学说研究会. 现代国外经济学论文选：第八辑. 北京：商务印书馆，1984：48-95.

② 托达罗. 经济发展：第六版. 北京：中国经济出版社，1999.

变。与工业份额上升相联系的是物质资本和人力资本积累的增加。他们发现，人力资本的积累大多发生在发展的早期阶段。这为发展中国家在发展初期重视教育和人力资本积累提供了经验上的论证。(2) 需求结构发生的最统一的变化是食物消费从国内总需求的40%以上降至 17%，而非食物项目需求增加。(3) 贸易格局变化差异很大。各国总进口和总出口均有所上升，工业品在总进口中的比重下降、在总出口中的比重上升。(4) 就业结构的变化。劳动力从农业部门转向工业和服务业，但是就业结构的转变滞后于生产结构的变化，这和许多发展中国家的情形吻合，例如中国，其农业产值在国民生产总值中的比重要低于农业劳动力占整个劳动力的比重。(5) 社会经济过程的转变。在经济发展过程中，伴随着工业化进程，人们加速了从农村向城市的迁移，出现了程度不等的城市化增长的现象，但同时也造成了收入分配的恶化。教育机会的扩大、人口增长率的下降及经济二元结构的减轻既是收入分配比较平均的结果，反过来也会使收入分配恶化的状况得到缓解。

(三) 20 世纪 70 年代的国际依附理论

早期的发展理论或多或少具有一定的片面性，在指导发展中国家的实践上并没有取得成功。过分强调资本形成、忽视农业的片面工业化主张，不仅没有使发展中国家发展起来，反而使发展中国家与发达国家之间的差距进一步拉大，贫困人口增加，穷国不仅工业落后，农业也十分落后。20 世纪 70 年代的石油危机，国际经济形势的变化，使发展中国家在国际经济交往中处于更加不利的境地。源于发展中国家的国际依附理论应运而生，并受到发展中国家政府和知识界的赞同。

国际依附理论认为，发展中国家的不发达主要是由各种经济、政治和制度上的僵化和不灵活造成的。产生这种现象的原因不是来自国内，而是来自国外，即不发达国家长期依附于富裕国家。该理论的主要代表人物是萨米尔·阿明①、劳尔·普雷维什②、特奥托尼奥·多斯桑托斯③等。国际依附理论强调国际政治和经济发展的不平衡，呼吁改变现存的不合理的国际经济秩序。

国际依附理论有两种代表性理论：一种是新殖民主义依附模型；一种是错误示范模型。新殖民主义依附模型认为，不发达的主要原因在于发达资本主义国家推行的政策和国际经济秩序不合理，以及不发达国家内部存在少数既得利益集团。该理论认为在国际生产和交换中发展中国家作为“外围”，依附于作为“中心”的发达国家。这种不平等的状况是由于发达国家长期推行不合理的国际分工体系造成的。发达国家控制着国际商品和劳务贸易、资本和技术流动的主动权，并利用其控制世界银行、国际货币基金组织等国际组织的权力维护其利益，使一些穷国的不发达永久化，一些国家则被完全边缘化，而这种不合理的国际经济关系又由于发展中国家内部既得利益集团的存在而得到加强。这些既得利益集团主要是政府高官、地主、资本家等，他们利用特权获取好处，而大多

① 萨米尔·阿明. 不平等的发展：论外围资本主义的社会形态. 北京：商务印书馆，1990.

② 劳尔·普雷维什. 外围资本主义：危机与改造. 北京：商务印书馆，1990.

③ 特奥托尼奥·多斯桑托斯. 帝国主义与依附. 北京：社会科学文献出版社，1999.

数的人民则与发展无缘。错误示范模型则认为，发展中国家的不发达是由国际机构和发达国家的专家的错误指导造成的。这些专家不了解发展中国家的实际情况，他们使用一些脱离实际的理论、复杂高深的计量经济学模型，对发展中国家的经济发展指手画脚，致使政策失误。

国际依附理论的出现有其特殊的历史背景。一方面是早期发展理论的失败；另一方面是国际经济环境的变化。发达资本主义经过"黄金增长"时期之后，与发展中国家的差距进一步拉大。因此国际依附理论具有一定的客观性和合理性，但是其理论的政策主张过于偏激。例如，提出摆脱依附的途径就是割裂与发达国家之间的联系。但是事实证明，闭关自守只能使发展中国家更加落后，发展中国家只有进行调整、改革、制度创新、积极开放，才能在全球化的激烈竞争中求得生存和发展。

（四）20 世纪 80 年代以后新古典主义复苏

20 世纪 80 年代初期，英美等发达国家趋于保守的政党纷纷上台执政，从而出现了新古典主义经济理论的复苏。新古典主义复苏理论信奉供给学派理论，在发达国家主张减税、大规模推行私有化运动，在发展中国家则主张减少或放弃国家对经济的干预，强调发挥市场的作用。该理论认为发展中国家的不发达是由政府的过多干预造成的，加之政府贪污、腐败盛行，严重阻碍了经济增长，发展中国家要想发展，就必须开放市场，使国有企业私有化，引进外资，消除市场中普遍存在的价格扭曲。

新古典主义复苏理论是建立在以下两种理论基础之上的：第一，传统的自由市场经济理论。这种理论认为只有市场才是调节经济、有效配置资源的手段，任何政府干预都会导致价格扭曲、信息失灵，从而影响资源的合理配置。第二，公共选择理论。这种理论把政府行为看做是具有与私人经济行为类似特征的一种选择。由于政府也会像私人部门一样不能掌握完全的信息，因而会出现"政府失灵"。掌握资源的政府官员利用手中的权力向企业和居民索取好处，即所谓的"寻租行为"，结果导致资源的错误配置，经济发展受到严重影响。

新古典主义复苏理论对发展中国家的经济实践产生了一定的影响。一些发展中国家开始由国家调节的计划经济体制向市场经济体制转变，把市场—价格机制确立为资源配置和经济增长的基本机制。一些国家和地区由于较早地开放市场而获得了快速发展，如韩国和新加坡，采取市场调节与充分利用自身资源相结合的措施，纠正价格扭曲，合理配置资源，取得了惊人的发展业绩。因此，新古典主义复苏无论是对发展经济学的理论还是实践都产生了一定的积极影响。新古典主义主张发展中国家推行经济体制改革，实行自由开放的市场经济。这一主张虽然推动了发展经济学理论的发展，但是它过分强调市场的作用，把市场调节看做是万能的，因而具有片面性。事实上，它忽视了发达国家和发展中国家的差异，照搬发达国家的模式。发展中国家的市场是不健全的，甚至根本不存在，在市场机制没有发育成熟的条件下，过分推崇市场是不现实的。1997 年爆发的亚洲金融危机就是最好的证明。东南亚的一些国家在其金融体制存在一定缺陷的情况下过早开放金融市场，因而饱尝金融自由化的恶果，经济增长倒退了 10 年。

二、影响发展中国家经济发展的其他重要理论

(一) 人口流动理论

发展中国家的典型特征之一是人口众多,因而大多数发展中国家都面临严重的失业问题,就业负担极其沉重。又由于人口众多,且绝大多数人口生活在农村,加上早年推行城乡失衡的工业化战略,致使城乡差距进一步拉大,农村失业严重。发展中国家在农村存在严重的隐性失业的前提下,都经历了或正在经历大规模的人口由乡村向城市的流动。因此,人口流动问题一直是发展经济学家关注的问题。其中对发展中国家产生影响的是托达罗的人口流动模型。①

在托达罗之前,著名发展经济学家刘易斯在论述二元结构论时,就论述了人口流动问题。他认为,资本家不断地把剩余用于再投资,导致城市工业部门的扩大和就业机会的增加。而城乡收入之间的巨大差异吸引农村剩余劳动力源源不断地向城市流动,城市新增加的就业机会可以用来吸收这些剩余劳动力,直到剩余劳动力被全部吸收,经济二元结构消失,发展中国家走上发展之路。但是一些经济学家指出,刘易斯模型与发展中国家的事实不符,尤其是其论述中暗含了发展中国家城市已经实现充分就业的假设,而事实上发展中国家城市存在严重的失业,新增加的就业机会不可能用来吸收农村所有剩余劳动力。因此在对刘易斯模型进行批评和修正的基础上,美国著名发展经济学家托达罗创建了自己的人口流动模型。

迈克尔·托达罗 1942 年出生于纽约,1967 年获耶鲁大学博士学位,担任纽约大学经济系教授。他还曾任美国夏威夷东西方中心人口研究所国际顾问委员会顾问、《人口与发展评论》编委会成员。主要著作有:《经济理论》(1969)、《欠发达国家的劳动力流动和城市失业模型》(1969)、《发展计划模型与方法》(1972)、《发展中国家的国内人口流动》(1976)、《发展中世界的经济学》(1977)、《第三世界的经济发展》(1977)。

托达罗认为,根据西欧和美国的经验,劳动力从农村流向城市是经济发展的一个重要标志。劳动力从传统农业中释放出来,重新配置到城市生产部门,使城乡有了明显分工,既促进了工业化,也促进了城市化。在这些国家中,工业化与城市化是同一过程。刘易斯、费景汉等人正是以这一历史经验为背景,建立起他们的模型,并试图以此来说明发展中国家的劳动力转移过程和经济发展状况的。但是,20 世纪 60—70 年代的事实表明:在当时的许多发展中国家,尽管城市失业问题不断加剧,但农村失业人口仍然大规模地涌入城市。因此,以发达国家的历史经验为依据的刘易斯-费-拉尼斯模型显然很难对此做出解释,对发展中国家的实用性是有限的。

托达罗强调,要建立符合发展中国家实际的人口流动模型,就必须对为什么在城市失业不断加剧的情况下,农村人口仍不断涌入城市的原因做出合理的解释。他假定人口流动主要是一种经济现象。对于一个迁移者来说,尽管城市存在着失业,但他做出向城

① 托达罗. 经济发展:第六版. 北京:中国经济出版社,1999.

市迁移的决策仍是合乎理性的。事实上，人口流动过程是人们对城乡预期收入的差异而不是实际收入差异做出的反应。无论是已经开始流动的人口，还是准备流动的人口，都是把农村的现期收入与如果进城找到工作的预期收入做比较，再做出是否迁移的决定。总之，影响他们预期的因素有两个：一是城乡实际工资的差异；二是在城市谋得工作机会的可能性。

强调预期是托达罗人口流动动机的主要特点。在发展中国家的城市中还远未实现充分就业，农村劳动者如果只从现实的城乡差异出发，贸然决定向城市迁移，进入城市劳动市场，可能的结果是，要么成为完全的失业者，要么在城市传统部门或非正规部门找一份临时的或非全日的工作。因此，在做出迁移决定时，不仅要比较城乡现实的工资差异，更要权衡进入城市后失业或就业不足的风险到底有多大。例如，假设一个农村劳动者，在农村的年收入为50元，而凭其文化水平和劳动熟练程度，到城市工作的年收入可得100元，那么城乡实际的收入差异是50元。但是，进入城市一年后找到工作机会的概率只有20%，则这个农村劳动者预期一年内在城市的实际工资就只有20元，而不是100元。相反，如果在城市谋得工作的概率为60%，则一年内预期在城市的实际工资是60元，高于他在农村的实际收入，在预期收入高于农村收入时，尽管城市已存在严重的失业，但这个农村劳动者仍会做出流入城市的决定。总之，只要预期城市收入净现值超过预期农村收入净现值，人口从农村向城市的流动就会持续下去。

概括地说，托达罗的人口流动模型具有以下四个基本特征：

(1) 促进人口流动的基本力量是对相对收益和成本的理性的经济考虑，这种考虑还包括心理因素。

(2) 迁移决策取决于预期的而不是现实的城乡实际工资差异。预期包括两个因素：一是工资水平；二是就业概率。如果城市工资是农村工资的一倍，只要城市失业率不超过50%，农村劳动力就会不断流入城市。

(3) 获得城市就业机会的概率与城市就业率成正比，而与城市失业率成反比。

(4) 人口流动率超过城市工作机会的增长率不仅是可能的，而且是合理的。即使是在城乡预期收入差异很大的情况下也是如此。因此，在大多数不发达国家，城市的高失业率是城乡经济机会严重不平衡的必然结果。

托达罗人口流动模型不仅具有理论意义，更具有重要的政策含义。在托达罗看来，发展中国家的人口流动政策牵涉到工资、收入、农村发展和工业化各方面的发展战略，具体来说，它包括以下内容：

第一，应尽量减轻城乡机会不均等的现象。由于迁移是对预期收入差异做出的反应，因此，尽可能地缩小城乡经济部门之间的不平衡是非常重要的。如果听任城市工资率的增长一直快于农村平均收入的增长，那么，即便城市失业状况不断加剧，农村劳动力流入城市的现象也会愈演愈烈。人口大量涌入城市，不仅会在城市引起许多社会问题，而且最终会造成农村地区劳动力短缺，特别是在农忙季节更是如此，这些社会成本可能会超过个人的迁移收益。

第二，如果仍然按照传统的解决城市失业的办法，即在创造更多的城市现代部门工作机会的同时，不努力提高农村收入和增加农村就业机会，就会出现一种奇怪的现象：

更多的城市就业带来更高水平的城市失业。这也再一次说明了预期收入机会不平等是一个重要的原因。由于假定人口流动率和城市较高的工资与较高的就业机会成正比，那么，在任何既定的城乡工资差异为正的情况下（在大多数发展中国家，城市工资是农村工资的3～4倍），较高的城市就业率将会扩大预期的城乡收入差异，从而导致更高的农村人口流动率。一般来讲，一个新创造的就业机会将会吸引2～3个农村劳动力流入城市。所以，这种旨在降低城市失业水平的政策，不仅可能会导致更高水平的城市失业，而且还会因“诱发迁移”而造成更低水平的农业产出。

第三，不加区别地发展教育事业会进一步加剧人口流动和失业，特别是不宜扩大中、高等教育的投资。因为在城市中，雇主往往根据学历高低来遴选人员，原本小学或中学水平就可以胜任的工作，却雇用受过中等或高等教育的人来承担。于是，农村受教育程度越高的人，他们所预期的城乡工资收入差异就越大，就越要向城市流动。结果是他们很难找到工作，只好加入城市“知识失业者”的行列中。这样，政府对中等和高等教育的过分投资就变成了对闲置人力资源的投资，导致严重的知识浪费和智力贬值。

第四，应适当控制工资补贴与政府直接雇用人员的数量。政府为创造就业机会，一般采取以工资补贴为主要形式来矫正价格扭曲或增加政府雇用人员的数量。它们往往认为这样做有助于鼓励企业采用更加劳动密集型的生产方式。但是，如果考虑到这样会诱发劳动力转移的话，这种政策会使城市失业率上升。

第五，应当鼓励制定一体化的农村发展规划。越来越多的发展经济学家认为，农业和农村经济的全面发展是解决城市失业问题的关键所在。只有实施农业和农村经济全面发展战略，提高农村收入水平，扩大就业，发展农村基础设施、医疗卫生事业，改革发展农村基础教育，减少城市对农村的吸引力，才能从根本上减少农村劳动力向城市的流动。

显然，托达罗的人口流动模型比刘易斯-费-拉尼斯模型更贴近发展中国家的现实，后者只注重农村劳动力流入城市对经济发展的积极作用，而忽视人口的盲目流动不仅加剧了城市已有的失业现象，而且会造成其他一系列经济和社会问题；而托达罗的模型提出了诸如缩小城乡差距，减少城乡发展失衡，重视农村发展，从根本上转变人们流向城市的愿望，缓解城市就业压力等一系列重大理论问题和政策措施。

(二) 两缺口模型

一个国家的发展资金可以有国内和国外两个来源，国内来源是基础，国外来源是补充。许多发展中国家的实践证明，当国内资源不足以支持理想的经济增长速度时，可以引进外部资源来弥补国内资源的不足。1966年，美国经济学家钱纳里和斯特劳特提出的“两缺口分析”或称“两缺口模型”（two-gap model）对引进外部资源的必要性、外部资源与一国经济发展的关系等给予了理论上的说明。“两缺口分析”的核心内容是：当发展中国家实现其经济发展目标所需资源的数量与国内最大有效供给之间存在缺口时（如在储蓄、外汇、政府收入、技术等方面），引进外部资源是弥补这些缺口的必要条件。

1.“两缺口分析”的基本模型。

“两缺口分析”是由钱纳里和斯特劳特在他们1966年发表的论文《外援与经济发展》

中提出来的，它主要从经济上说明了发展中国家引进外部资源的重要性。两缺口分析的基本观点认为，大多数发展中国家要么存在着储蓄缺口，从而无法满足投资需求；要么存在着外汇缺口，不能为急需的资本品和中间商品的进口提供资金。为了便于分析，假定储蓄缺口和外汇缺口在数量上是不相等的，而且它们互相独立，即储蓄和外汇不能相互替代。其简单的代数描述如下：

（1）储蓄约束或缺口：设资本流入为 F（进口减出口的差额），可以投资的国内资源（即国内储蓄）为 sY（s 为储蓄率，Y 为国民收入），则投资—储蓄约束为：

$$I<F+sY \tag{34-1}$$

如果资本流入量 F 加上国内储蓄 sY 超过国内投资 I，并且经济处于充分就业，则表明存在储蓄缺口。

（2）外汇约束或缺口：如果发展中国家的投资具有的边际进口倾向为 M_1（大多数发展中国家通常在 30%～60%之间），每单位国民生产总值的边际进口倾向为 M_2（通常为 10%～15%），则外汇约束可以写成

$$(M_1-M_2)I+M_2Y-E<F \tag{34-2}$$

式中，E 为外生变量出口水平，(34-1) 式和 (34-2) 式中均出现的资本流入量 F 为分析中的关键因素。如果 F、E 和 Y 为既定的变量，那么上述公式中只有一个是约束条件，即投资受外汇缺口的约束，处于较低水平。外汇缺口占支配地位的国家，资本流入量的作用更大，但并不意味着存在储蓄缺口的国家不需要外援。两缺口分析只不过是为决定发展中国家对外援的相对需求程度及有效地利用外援的能力方面提供一个大概的分析。

储蓄缺口和外汇缺口不可替代是“两缺口模型”的一个重要假设前提，但这仅仅是为了分析上的需要，因为实际上引进外资在一定条件下可以同时对两个缺口发生作用。例如，当外资以机器设备的形式流入时，一方面代表进口的增加，但无须以出口来支付，另一方面又代表新的投资，但它又无须用国内储蓄来提供，因而，这样的外资引进能够同时对外汇和储蓄缺口产生作用。但出于方便分析的考虑，这样的假设还是必要的。

2.“两缺口分析”的理论和政策意义。

（1）“两缺口分析”强调大多数发展中国家在经济发展过程中存在着国内资源不足、经济结构不平衡等问题，揭示出在开放经济条件下，积极地利用外部资源是克服储蓄和外汇约束、促进经济增长的重要而有效的途径。利用外资发展出口项目及相关的基础设施及配套工程，可以增强一国的出口能力；成功地利用外资，进而提高投资率，可以促进经济发展，增加收入，从而使国内储蓄率得到提高，促进资本进一步形成。

（2）“两缺口分析”说明了经济发展过程中计划的必要性和政府调节的重要性。大多数发展中国家经济发展很不平衡，由于储蓄缺口和外汇缺口之间不具有可替代性和互补性，如果采取压缩国内投资或减少进口的方法来平衡缺口，就会降低经济增长率，因此应采取引进外资的办法。但是，对于引进外资的数量、引进的结构、外资的投向等，都应根据发展目标和计划来决定，以便使引进的外资等于国内需要追加的资源量，使经济均衡、协调地发展。

（3）“两缺口分析”揭示了发展中国家进行经济结构调整的必要性。外资可以促进经

济发展，但从长远来看，一国不能永远依赖引进外资来发展经济，而应充分利用外部和内部资源发展国内生产，增加出口，提高储蓄能力以使两个缺口自然地平衡，消除它们对经济发展的约束。否则，引进外资将不能发挥“两缺口模型”中隐含的推动经济变革的作用，两缺口对经济发展的约束将继续存在，而对外资的过分依赖有可能导致国际收支失衡，债务负担过重，使经济发展停滞。

(4)“两缺口分析”的政策含义表明：发展中国家应积极实行对外开放，充分利用外部资源；国家应调节引进外资的活动，制订相应的引进外资计划，并采取适当的措施来调节外资的流向和结构，以使其得到有效的利用；应当尽快进行经济改革，改变现有的经济结构。

3.“两缺口分析”的不足及补充。

(1)“两缺口分析”使用总量分析方法，虽然可以说明从国外引进资源的总量，但对国内所需追加的资源的结构缺乏具体分析，因而无法说明所需的特殊资源量。“两缺口分析”对外资的流向也没有做更多说明，因为外资既可以投向生产部门，也可以投向消费部门，而如果投向后者，则可能使引进外资的意义被削弱。

(2)“两缺口分析”过分强调资本形成在经济发展中的作用，而忽略其他发展要素的相互作用。只有人力资源、科学技术、自然资源和资本等要素相互协调、共同发挥作用，经济才能持续、均衡地发展。

(3)“两缺口分析”过分强调引进外资的积极作用，而忽视了诸如跨国公司以及外债负担过重对经济的消极影响。

在钱纳里和斯特劳特“两缺口分析”的基础上，一些发展经济学家对其进行了补充，将“两缺口”扩展为“三缺口”和“四缺口”分析，即增加了技术、管理和企业家的缺口，以及政府税收的缺口。

“三缺口”分析认为，对于发展中国家来说，资本稀缺固然是重要的限制条件，但这并不是关键的约束，技术、管理和企业家的缺乏才是最重要的约束。从现实来看，发展中国家的国内资源尚无能力填补这一缺口，因此这些方面也应利用外部资源来填补。具体做法是：在引进外资的同时配套引进国外的适宜技术、管理知识和人才等软件设施，使进口资源得到有效而充分的利用。“四缺口”分析认为，大多数发展中国家还存在着税收缺口，即政府税收计划目标与实际税收之间存在着差距。这会影响到这些发展中国家的经济发展计划和目标的实施，因此，“四缺口”分析主张向外资企业征税，在金融上积极参与外资企业的经营，以筹措到的资金来填补税收缺口，增强政府管理经济的能力，以确保国家的经济发展计划和目标的实现。

三、发展经济学理论的新发展

发展经济学理论曾经历了一个相当繁荣的时期，但是发展经济学理论对于发展中国家的经济发展到底发挥了多大的作用，人们的评说不一。特别是发展中国家经过多年的发展努力之后，和发达国家之间仍存在巨大的差距，收入分配不公、贫困等问题仍困扰着大多数发展中国家，致使人们对发展经济学产生怀疑，甚至有些人认为发展经济学已经消亡。而事实上，发展经济学的发展出现了一些新的变化。

早期的发展经济学理论将发展与增长混为一谈，认为发展就是增长，但在发展中国家推行工业化过程中，人们发现，一些国家获得了高速的工业增长，但是农村更加落后，城市贫民增多，大多数人并没有从发展中得到好处。发展经济学将发展和增长区别开来，这是发展经济学理论的第一次飞跃。20 世纪 80 年代以来，发展经济学出现的两大变化是：强调以人为本的发展观；与主流学派的融合趋势加强。

世界银行 1980 年、1990 年及 2000 年的世界发展报告均以消除贫困为主题，体现了强调以人为本的发展观。20 世纪 80 年代被称为是发展中国家“被遗弃的年代”，这是因为虽然 80 年代后期，工业国在经济增长、贸易和投资等方面取得了可喜的成就，南亚以及东亚地区的人均实际收入上升，但是，有些拉丁美洲国家和撒哈拉以南非洲的大多数国家的人均实际收入、生活水平和投资是下降的，对于这些国家的穷人来讲，20 世纪 80 年代是被遗弃的年代。因此，在经过几十年的发展努力后，人们发现，贫富差距不仅没有缩小，反而被拉大了，贫困问题又摆在人们的面前。自《1980 年世界发展报告》考察了贫困的原因和程度之后，《1990 年世界发展报告》就以“向贫困进军”为当年的主题，重提贫困问题。这一期发展报告指出：“要迅速改善穷人的生活质量，并使其能在政治上保持不断提高，最有效的途径是实行从两方面减轻贫困的战略。第一方面是寻求一种能保证穷人最丰富的资产——劳动力用于生产建设的发展模式。第二方面是广泛地向穷人提供基本的服务，特别是初等教育、初级卫生保健和计划生育。第一方面是提供机会，第二方面是提高穷人利用这些机会的能力。”这一思想影响了包括中国在内的许多发展中国家的扶贫政策，越来越多的国家意识到上述两个方面的相互作用在减轻贫困中的意义，由此促使许多国家在政策制定上朝着这个方向努力，并在局部地区取得了一定的成效。

《2000/2001 年世界发展报告》则在新世纪的第一年又以“与贫困作斗争”为主题，从而连续在三个“十年”的开始，论述贫困问题。该报告指出，21 世纪之初，贫困仍然是一个全球性的重大问题。在世界 60 亿人口中，有 28 亿人每天仅靠不足 2 美元来维持生计，还有 12 亿人每天靠不足 1 美元来生活。每 100 个婴儿中有 6 个看不到他们的 1 岁生日，有 8 个活不到 5 岁。在那些学龄儿童中，9%的男孩和 14%的女孩无法上学。因此报告提出，解决贫困要从三个方面采取行动：（1）扩大机会。通过刺激全面增长，以市场和非市场行为结合的方式来强化贫困人口自身的资本（诸如土地和受教育程度），进而提高这些资本的回报，增加穷人的经济机会。（2）促进人权。使各国的机构和制度更为负责、更及时迅速地回应穷人的意见和建议，推动穷人参与政治程序和地方决策，消除由性别、民族、种族、地区和社会地位造成的社会障碍。（3）加强社会保障。减少穷人在遭遇疾病、经济打击、歉收、政策性混乱、自然灾害和暴力等情况时的脆弱性；同时在发生上述情况时帮助他们应对所出现的负面冲击。这三个方面是互为补充的。

发展经济学另一个新的发展特点是日益与主流学派融合。宏观经济学家或微观经济学家同时又是发展经济学家，主流学派的大师们在研究发展经济学理论的同时，也关注着发展中国家的经济发展，如世界银行前首席经济学家斯蒂格利茨就曾就发展中国家的问题做过精辟的论述。在主流学派的经济学家中，出现了研究发展中国家财政金融、体制改革等问题的专家。20 世纪 80 年代末 90 年代初，西方出现的“新增长理论”在发展主流学派增长理论的同时，也论述了发展中国家的经济增长与发展。

实际上，发展中国家的发展是21世纪全人类的共同主题，如果这个大的前提不发生变化，那么断言发展经济学已经消亡的结论还为时过早。

关键词

现代经济学学科体系	经济管理学	泰勒　科学管理	经济计量学
弗里希	里昂惕夫	投入产出表	国民经济核算体系
克莱因	贝叶斯分析法	时间序列分析	发展经济学
线性阶段模式	纳克斯	罗斯托	贫困恶性循环论
经济发展阶段理论	主导部门	结构变动模式	刘易斯及“二元结构论”
钱纳里的发展模式	国际依附理论	托达罗及人口流动模型	
两缺口模型			

思考题

1. 简述经济管理学的发展。
2. 简述经济计量学的三个发展阶段。
3. 评述罗斯托的经济发展阶段理论。
4. 评述二元结构理论。
5. 评述托达罗的人口流动模型。

第三十五章
20 世纪以来经济学学科的发展（二）

本章继续第三十四章，分五节介绍比较经济学、人口经济学、信息经济学、演化经济学和实验经济学。

本章重点

- 比较经济学的产生和发展
- 20 世纪人口经济学的发展
- 信息经济学的产生与理论特点
- 演化经济学的产生与理论特点
- 实验经济学的产生与理论特点

第一节　比较经济学

比较经济学是 20 世纪发展起来的一个经济学分支，它以世界各国经济体制的比较研究为对象，最初主要是笼统地比较社会主义和资本主义的经济体制，继而发展到对相同或不同经济制度下不同经济体制模式的探讨。

一、 比较经济学的产生和发展

首先应该指出，运用比较的方法研究经济问题是几乎所有经济学流派和所有经济学者都会采用的方法，而比较经济学则是专门对经济体制进行比较探究的一个经济学派或一种经济学理论。

（一）比较经济学的萌芽与初步发展阶段

虽然许多有关比较经济学的著作在其绪论中介绍这门学科的发展历史时，往往会追溯到 20 世纪以前人们对经济体制进行的一些分析研究，但在真正意义上对经济体制进行初步的比较，则萌芽于 20 世纪初。最早对不同经济体制进行比较的学者主要是从社会主义与资本主义经济体制不同点的比较开始的，例如意大利经济学家帕累托在《社会主义体系》（1903）和《政治经济学手册》（1906）中，就对社会主义和资本主义的生产和分配制度进行了比较研究。帕累托的学生、另一位意大利学者巴罗尼在其1909年发表的《集体主义国家中的生产部》一文中，则更进一步对社会主义和资本主义经济体制中的资源配置方式进行了比较，论述了在社会主义经济中能够做到经济的合理运行、资源的有效配置和实现福利最大化的观点。

1917年苏联十月革命胜利后，世界上出现了第一个社会主义国家，苏联的实践为比较经济体制提供了新的、现实的研究对象，也引起了不同流派、不同立场的经济学者之间的争论。20世纪20—30年代，在经济学者之间爆发了一场关于经济体制的大辩论。一方以自由主义观点为主，反对社会主义经济制度，认为社会主义经济体制不可能做到经济资源的合理配置；另一方则认为社会主义经济制度和计划经济体制能够比资本主义经济更好、更合理地配置资源，从而达到更好的经济效果。前一方的代表是20年代这场争论的发起者、奥地利学者米塞斯，他1920年发表的论文《社会主义社会的经济计算》引发了这场大辩论。他认为在社会主义计划经济体制下，由于没有了商品经济和市场制度，也就没有了一个评价经济活动的客观尺度，从而不可能达到所谓的经济计算，也就是资源的合理配置。支持他的观点的主要有哈耶克、罗宾斯等自由主义经济学家。他们的经济观点是否科学姑且不论，其政治立场的反社会主义性则是无疑的。当时作为这场论战另一方的是兰格、勒纳等人，他们以西方经济学的基本理论和分析方法与自由主义者对阵，说明在社会主义经济体制中，不但可以做到利用市场机制配置资源，而且可以比资本主义私有制市场经济做得更好。这场大辩论可以看做是经济体制比较的一个大演练。

20世纪30—40年代，资本主义世界发生了大危机，出现了国家干预经济的罗斯福新政和为国家干预作理论基础的凯恩斯主义经济学，同时，对不同经济体制的比较研究也进一步发展。特别是美国制度学派，在由旧制度学派向新制度学派的过渡中，对资本主义经济中的所谓制度问题进行了更广泛的剖析和研究，使得以往把资本主义经济制度看成一种既定的、无可讨论的、无可置疑的理想模式的主流论断受到一定的挑战，这实际上也为后来比较经济学研究同一经济制度下不同经济体制的问题开了先河。

不过，无论是帕累托、米塞斯还是制度学派的经济学者，抑或是其他涉及经济体制研究的理论家，都还只是一般的理论经济学家，而不是专门的比较经济学者。例如：康芒斯1934年出版的《制度经济学》中就有专门研究不同经济制度的章节；熊彼特1942年出版的《资本主义、社会主义与民主》中则对这三种经济制度进行了更深入和更全面的比较研究。但他们都不是专门的比较经济体制学者。所以，直到20世纪50年代，虽然已有不少关于经济体制问题的研究成果，甚至也出版了某些名为比较经济学的研究专著和教科书，如1938年，美国经济学家W. 劳克斯和J. 胡特就出版了以《比较经济制度》为名的教科书，但总的说来，经济体制比较仍然只是一般理论经济学家的一个研究课题，而未真正成为一门独立的经济学科。

(二)比较经济学的形成与发展变化

第二次世界大战后，特别是20世纪五六十年代以后，对经济体制的比较研究越来越多，逐渐形成了一门独立的经济学科，应该说这是现实生活中经济体制日益丰富多彩的必然结果。1917 年十月革命后，世界上还只有苏联一个社会主义国家，而第二次世界大战后，十几个国家在不同的历史条件下走上了社会主义道路，社会主义经济体制和资本主义经济体制在一个地球上共同存在，为经济体制的比较提供了现实基础和丰富的资料。尤其到了 60 年代以后，社会主义各国都不同程度地进行经济体制改革，呈现出各种不同的经济体制模式。战后的资本主义也有了许多变化，不同资本主义国家的经济体制的差别越来越明显，这也给比较经济体制的研究提供了舞台。比较经济体制的研究从以前的主要是“主义”的比较，即主要是对资本主义和社会主义经济制度进行较为笼统的比较，发展到对同一社会制度下不同经济体制的比较研究，以及对一种经济体制内部不同组成部分的详细的、专题的比较。1967—1968 年，西方经济学界召开了专门讨论比较经济学对象与方法的讨论会。多数经济学家认为，要打破只以“主义”划分经济体制的笼统的研究方法，要把经济体制的比较研究与对根本经济制度的研讨区分开来，不同经济体制模式之间可以相互借鉴。一些东欧的经济学家也加入了对经济体制进行比较研究的行列中。这时，比较经济学成为一门重要的理论经济学，进入了各国大学的经济学课堂，成为学习经济理论的人们的必修课。

1971 年出版的美国经济学家雷诺兹的《经济学的三个世界》（1990 年商务印书馆出版中译本）是后来同类比较经济学著作中较早也较经典的一种。书中对各种经济体制做了较全面的分析和比较研究。在 20 世纪 70 年代和 80 年代，比较经济学在西方理论界和大学中较为盛行，出版了一批专著和教科书，较著名的有：美国的格雷戈里和斯图尔特合著的《比较经济制度学》（70 年代初版、80 年代再版，1988 年知识出版社出版中译本，同年上海三联出版社出版另一个中译本，名为《比较经济体制》），格鲁奇的《比较经济制度》（70 年代初版，1985 年中国社会科学出版社出版中译本），纽伯格和达菲的《比较经济体制——从决策角度进行的比较》（1976 年出版，1984 年商务印书馆出版中文译本），伯恩斯坦的《比较经济体制》（1988 年中国财政经济出版社出版中译本），普瑞尔的《东西方经济体制比较》（1985 年出版，1989 年中国经济出版社出版中译本）等。

20 世纪 80 年代末 90 年代初，苏联和东欧各国发生了政治剧变，苏联和东欧各国在政治剧变后，相继走上了向以私有制为基础的市场经济体制转轨之路，中国这样的坚持社会主义经济制度的国家逐渐选择了社会主义市场经济体制。在这种情况下，比较经济学也面临转变，原来习惯于进行“主义”比较的学者，认为东欧剧变已经证明资本主义“不战而胜”，社会主义计划经济也已经不复存在，没有什么可比较的了。而另一些原来较为关注社会主义改革的比较经济学者，则把研究的重点放在对转轨经济学或过渡经济学的研究方面。在西方国家的大学和经济理论界，比较经济学似乎衰微了。但是，在新形势下对不同经济体制进行比较研究，无疑仍是一个重要的经济理论课题，特别是在 20 世纪 70 年代和 80 年代研究的基础上，比较经济学家普遍认识到，经济体制有各种不同模式，不同模式之间可以相互借鉴、取长补短，对不同经济体制的比较不但必要，而且有许多新的领域有待开拓。实际上，在八九十年代的一些比较经济学研究中，运用系统论、信息论等新的研究方法，利用不断丰富、更加翔实、更加全面的新资料，对各种经济体制的某些方面、某些专题进行深入的、实证的比较研究取得了很多有用的成果。

应该指出的是，几十年来比较经济学在中国不断发展。如前所述，20 世纪 80 年代中国理论界先是翻译了一批国外比较经济学的经典著作和教科书，在借鉴他人经验的基础上，从 80 年代末起，中国的经济学家开始出版自己的比较经济学著作和教科书，并有《社会经济体制比较》等较有影响的、专门探讨有关经济体制问题的杂志。这些有中国特色的比较经济学论著一般都不是对西方教科书的简单介绍，而是试图以马克思主义为理论指导，以对中国的改革开放提供借鉴和帮助为目的进行研究和论述。

二、比较经济学的研究对象和研究方法

(一) 比较经济学的研究对象

人们把比较经济学的研究对象定义为对经济体制的比较研究，有些研究者则把研究对象定义得更宽泛，例如认为比较经济学应包括比较经济理论、比较经济体制、比较经济发展、比较经济政策等几个方面。

最初，比较经济学家们主要是进行一种“主义”的比较，即他们的研究视野仅仅或主要局限于社会主义与资本主义两种经济体制或经济制度，他们的研究也仅限于对两种根本不同的经济制度的一般描述和简单比较。后来人们才逐渐认识到，经济体制是丰富多彩的，对经济体制的比较研究可以从多个侧面进行。不过，直到 20 世纪 80 年代初期，比较经济学还是用“comparative economic systems”（比较经济体制）来定义和概括，但随着经济体制越来越丰富多彩以及新制度经济学的发展和流行，西方的比较经济学家多用“comparative institutional analysis”（比较制度分析）来重新定义和概括比较经济学。

无论是比较经济体制，还是比较制度分析，其研究对象都是经济体制。应该说明的是，在西方理论家的语言里，经济制度和经济体制的用法与中国政治经济文献中的通常用法是有一定区别的。中国理论界的一般理解是把经济制度作为生产关系的范畴，作为一个社会区别于另一个社会的社会性质的问题，或者叫做根本经济制度、基本经济制度，它是区分不同社会性质的一个标志，如社会主义经济制度和资本主义经济制度，它们是有根本区别的。而经济体制则是经济制度的具体表现形式，同一基本经济制度可以有不同的具体表现形式，也即不同的经济体制，经济体制可以在根本制度不变的条件下进行改革和完善，可以借鉴不同经济制度国家的经济体制中能够为我所用的东西。在西方经济学中，经济制度和体制则有另外的含义。就比较经济学所研究的对象——经济体制或经济制度分析来说，西方经济学家们认为，这主要是一种经济运行的规则、结构和方式，它既是一个体系（system），又是一种制度（institution），是经济组织的结构和运行的综合，是一系列社会经济关系、经济活动的组织形态和运行方式及规则的有机结合体。既可以从相对静态的角度研究一个经济体系的组织结构和构成要素，也可以从相对动态的角度去把握一个经济体系的运转方式及其规则，包括微观主体的运行与宏观总体的运行。

比较经济学的任务就是首先对这些不同的经济体制进行分门别类的研究，既包括现实的经济体制，也包括历史上存在的经济体制，甚至还可以研究纯粹理论上对经济体制的设计、归纳和概括，即经济体制的理论模式。在此基础上进行比较，找到一个好的、有绩效的体制。

（二）经济体制的分类

比较经济体制的研究一般都是从对经济体制的分类归纳开始的。开始，人们主要是从基本经济制度上来对经济体制做粗略的分类，也即所谓的“-ism”——主义分类法。当然，不同的基本经济制度所导致的经济体制肯定是不同的，将其作为研究对象也是比较经济体制研究不可缺少的。但仅从“主义”角度进行笼统分类，显然无法概括所有现实存在以及历史上曾存在过的多种多样的经济体制，也无法详细研究不同经济体制的结构、规则和运行方式，于是就有了所谓结构分析的方法，即以经济结构的不同来划分不同经济体制。这种结构上的划分又可以有多种分类方法，如按行业结构、产业结构、企业规模结构、地区部门结构等分类，研究不同的结构组合及其发展变化的规律，比较不同经济体制的不同经济结构。

通过对现实和历史上各种经济体制的深入研究，人们发现不同的经济决策方式、信息传导方式和动力刺激机制是区别不同经济体制的重要因素，因此经济体制分类中就出现了从不同决策、信息、动力机制的角度来划分经济体制的新的研究视角和分类方法。例如，从经济决策的角度，可以将不同的经济体制分为完全分散决策、完全集中决策、有管理的分散决策和受操纵的分散决策等几个大类。也有人从经济生活中的经济协调方式的不同来划分经济体制，他们主要是从市场更多还是计划更多的角度进行划分，即各种社会经济活动的协调，是主要通过市场方式，还是主要通过计划的方式，计划的方式多一些还是市场的方式多一些等。

早期的比较经济学著作多是进行国别研究，如美国的经济体制如何，德国的经济体制如何等等。而现在的比较经济学著作在研究经济体制、进行体制分类时，大多综合各种分类方法，采取按自己的研究目的和研究重点的要求来进行分类的方式。

（三）比较经济学的研究方法和比较标准

比较经济学的研究方法一般是从对各种经济体制进行实证研究开始，整理、归纳、描述各种理论上的或实践中的经济体制，然后进行一定的比较，最后得出体制选择方面的结论或评价。这种分析方法的缺陷也很明显，那就是作为一种理论经济学，比较经济体制学缺乏一种理论规范，或者说对于经济体制的优劣、经济绩效的高低，尤其是体制的公平与否等涉及不同社会群体利益关系方面的评价，并没有一个规范、统一、客观的标准，不同的学者、不同的立场会有不同的结论，这就使得比较经济学的研究缺乏一个客观的评价标准。

对各种经济体制进行研究，必然涉及体制绩效的比较，而进行这方面的比较又必然涉及数量关系，例如经济增长率、国民收入水平、居民收入与分配状况、经济结构等，所以经济数据比较也是比较经济学不可缺少的方法。但是，数据本身并不能说明经济体制的深层次问题，在许多情况下，同样的经济数据出自截然不同的经济体制，而同样的经济体制却可能有大相径庭的经济效果和数量关系。所以，数量比较方法只能是比较经济学的研究方法之一，或者说只能作为一个不可缺少、必须加以分析的研究工具。

多数比较经济体制研究都运用了模式比较的方法，即把各种现实的、理论的或历史的经济体制进行一定的抽象，分类归纳为一些体制模式，然后再进行分析、比较和研究。例如，把市场经济体制分为完全竞争型的、有计划指导型的、宏观调控型的、收入再分配型的等，这样既便于研究把握，又可用来指导现实的体制创新、转轨或体制选择。

还有一些比较经济学家运用某种特殊的分析方法来进行研究，例如，美国学者纽伯格和达菲就是运用所谓的 DIM 方法来进行经济体制分析，即把决策（decision making）、信息（information）和动力（motivation）机制作为分析方法和研究手段，对所有经济体制都从这三方面加以研究、比较。近年来，随着比较经济学的发展变化，其研究方法也向多样化转变，主要是各种专题性、实用性研究日渐增多，使得比较研究的成果能对现实经济社会生活产生更直接、更积极的影响。

第二节　人口经济学

一、 第二次世界大战以前人口经济思想的发展

1820 年以前，古典经济学家的人口经济思想是资产阶级人口经济思想的主流。但在马尔萨斯的人口论问世之后，马尔萨斯主义成为 19 世纪占统治地位的人口经济思想。其后，在 19 世纪末 20 世纪初产生了适度人口论和人口演变论；20 世纪 30 年代则产生了凯恩斯主义的人口思想。

18 世纪中叶以后，资本主义社会日益突出的人口过剩现象引起了人们越来越多的关注。与古典经济学家同时代的早期经济学家把人口与经济之间的复杂经济关系归结为简单的人口与生活资料之间的关系，或多或少地提出了人口增长快于生活资料增长的观点。在英国牧师华莱士（Robert Wallace，1697—1771）、美国政治家富兰克林（Franklin，1706—1790）、意大利经济学家斯图亚特（1712—1780）和汤森（Townsend，1739—1816）等人的人口经济思想基础上，马尔萨斯于 1798 年出版了著名的《人口原理》。他把食与性看做是人类本性的固定法则，是超社会的自然现象；把“第一，食物为人类生存所必需；第二，两性间的情欲是必然的，且几乎会保持现状”① 作为“两个公理”；并从两个公理出发，提出了“人口，在无所妨碍时，以几何级数率增加。生活资料，只以算术级数率增加”② 两个级数的假设，得出了“人口增殖力，比土地生产人类生活资料力，是无限的较为巨大”③ 的人口法则；进而得出三个推论，即：（1）“人口增加，必须受生活资料的限制”；（2）“生活资料增加，人口必增加”；（3）“占优势的人口增加力，为贫穷及罪恶所抵压，致使现实人口得与生活资料相平衡”。④ 他认为一切社会改革都无助于解决人口问题，主张用抑制手段去实现人口与生活资料的平衡。马尔萨斯的人口经济思想具有明显的辩护性和反动性，但很适合剥削阶级的需要，因而成为 19 世纪欧洲占统治地位的人口思想。在马尔萨斯人口原理的影响下，1878 年荷兰人豪顿提出“新马尔

---

① 马尔萨斯. 人口原理. 西安：陕西师范大学出版社，2008：4.

②③④ 同①5.

萨斯主义”一词，此后，新马尔萨斯主义一词广泛见诸国际学术界和国际社会。一般认为，新马尔萨斯主义以 1822 年英国弗朗西斯·普莱斯（Francis Place）发表《人口原理的说明和例证》为开端，到 20 世纪 20 年代末 30 年代初为止。主要组织是马尔萨斯主义者联盟。主要代表人物有普莱斯、卡莱尔（Carlile）和德赖斯代尔（Drysdale）等。他们认为工人贫困是由于要求就业的工人太多，工资太低造成的。因此，贫穷是人口不断增加的结果。他们认为只要减少工人的人数，就能提高工资，自动消除贫困。他们把自愿家庭限制作为解决人口过剩和工人贫困问题的唯一手段，强调通过自觉自愿的家庭限制，即通过避孕等节制生育的手段来限制人口的增加。他们一般不主张晚婚，更不赞成禁欲，认为人们结婚后只要采取避孕、流产等措施，就能限制家庭的人数，减轻家庭负担，克服生活困难。普莱斯因此被称为国际节育运动的奠基人。但他们的基本态度是赞成马尔萨斯人口理论的，因而被西方学者称为“彻头彻尾的马尔萨斯主义者”。

19 世纪末 20 世纪初，西方有些学者提出了适度人口理论。在西方人口经济理论中，有关适度人口的思想早已存在。但是，作为一种独立的人口理论，适度人口理论或经济适度人口学说则产生于 19 世纪八九十年代。

1870 年以后，西方各主要资本主义国家先后开始向垄断资本主义过渡。西欧、北美一些主要资本主义国家先后从农业国变成工业国。一方面，资本对劳动力特别是熟练劳动力的需求迅速增长，人口不足引起了劳动力的严重不足；另一方面，各国垄断资本之间为了资本输出、争夺殖民地、扩大势力范围，纷纷发展军事工业，大规模扩军备战，对士兵的需求也大大增加。而同时，西方各国的人口增长却出现了减慢的趋势。

1840 年以后，先是法国，随后是爱尔兰、瑞士、比利时，接着是英国、德国、瑞典和丹麦都出现了人口出生率的下降。人口增长减慢的趋势与劳动力需求增加的矛盾使西方学者认识到人口不足和人口过剩同样不利于资本主义经济的发展，应该寻求适度人口或经济适度人口。

适度人口理论产生的直接原因是 19 世纪末西欧经济学界关于人口增长使土地收益递减的规律是否也适用于工业的大争论。当时，英国剑桥学派创始人马歇尔用均衡的观点分析人口经济关系，认为工资作为劳动的均衡价格，将随着资本积累、劳动生产率的提高和社会财富的增加而提高；同时断言，随着工业生产技术水平的提高，长期来看，存在着收益递增的可能性。因此，人口增加有可能导致长期的经济发展。但瑞典学派的著名经济学家维克塞尔反对马歇尔的观点，认为人口增加使收益递减的规律不仅适用于农业，而且适用于工业，进而接受并发展了适度人口的思想。他认为一个国家应当有适度的人口规模和合理的人口密度，而不应使人口规模超过这个国家的农业资源及其提供食物的能力。他主张为了实现适度人口，必须降低出生率，使出生率与死亡率保持平衡，同时使人口密度趋于合理。

英国剑桥学派代表人物之一坎南对马歇尔和维克塞尔的争论持折中的态度，并且最先系统地阐述了适度人口理论。1888 年，坎南在《初等政治经济学》一书中明确提出了“适度人口”的思想。并在 1914 年出版的《财富论》和 1929 年出版的《经济学评论》等著作中，逐渐完善了“适度人口”理论。坎南认为，所谓“适度人口”就是一个国家最有利或最适宜的人口数量。他指出，“正如每一个产业部门都有一个最大收益点一样，全部产业也一定有一个最大收益点。假如人口还没有大到足以使全部产业达到这个最大收益点，收益便少于它们所应达到的量，这时解救的办法就是增加人口；相反，假如人口已经大到超过了最大收益点，收益又少于它们所应达到的量，这时解救的办法就是减少人口”[①]。这也就是说，适度人口应该是使工农业生产达到最大收益时的人口。这种观点舍弃了技术进步等条件，属于“静态适度人口论”。

继坎南之后，英国人口学者卡尔·桑德斯（Carr Saunders）更明白地将人口的适度数量规定为，考虑到自然环境、已经采用的技术水平、民众的风俗习惯和所有其他有关的因素，这个人口数量能提供按人平均的最大收益；而所谓人口的适度密度则是使居民能获得高生活水平的密度。

法国人口学家兰德里（A. Landry，1874—1956）也是适度人口论的拥护者。他把适度人口理解为能保证人类最大幸福的人口，主张在人口和资源之间确定最恰当的比例。他利用欧洲一些国家人口经济的历史资料，考察出生率、死亡率、人口增长率与经济发展和人民生活水平的关系，从历史的角度把人口的发展划分为三个阶段，提出了人口演变论。第一个阶段是原始阶段，由于生产力发展水平最低，人口增长的最大限度由生活资料的数量决定，这时生育率并不受经济限制，经济因素主要通过影响死亡率来调节人口增长；第二个阶段是中期阶段，经济因素主要通过影响婚姻来影响人口增殖，人们为维持既得利益和生活水平而晚婚甚至不结婚，这时人口规模小于最大限度；第三个阶段是现代阶段，生活水平的提高和生活方式的变化改变了人们的生育意愿，人们自觉地限制家庭规模，出生率普遍下降，因而人口增长率也普遍下降。自兰德里以后，人口演变阶段问题也成了人口研究的一个重要领域。

19世纪中叶以后，西方资本主义国家先后爆发的人口革命使人口增长日趋缓慢甚至出现了负增长，同期，经济发展的停滞促使思想家们不得不考虑是否有必要鼓励人口增长以促进经济的发展，凯恩斯的宏观人口经济学就是其中最著名的代表。

英国著名经济学家凯恩斯早年是马尔萨斯人口论的信徒和追随者。1935年以后，他开始在有效需求理论的基础上研究人口问题。在1936年出版的《就业、利息和货币通论》中，他把人口问题和有效需求与资本给劳动提供的就业量联系起来，让工人在失业和通货膨胀之间进行选择。在1937年2月所做的报告《论衰退人口的经济后果》中，他认为由有效需求不足产生的失业是比人口过剩更厉害的魔鬼，认为人口减少不利于投资和消费的增长，强调人口增长对资本需求和有效需求的增长起决定作用。此外，在《一个经济学家的人口观点》《英国人口过剩了吗?》《对威廉·贝弗里奇〈人口与失业〉一文的答复》《人口与生育控制》等著述中，他都对人口问题做了探讨。凯恩斯理论和政策的立脚点是国家全面干预经济生活，以解决现实的经济问题和人口问题。凯恩斯理论对欧美乃至整个西方世界政治经济的发展都起到巨大的作用。有些学者认为，从30年代凯恩斯学派的人口经济理论开始，就形成了当代西方人口经济学。[②]

---

① 坎南. 财富论. 2版. 伦敦：斯特普尔斯出版社，1920：69.

② 彭松建. 西方人口经济学概论. 北京：北京大学出版社，1987.

二、20 世纪 40—60 年代初的人口经济学说

第二次世界大战以后，凯恩斯主义风靡欧美。在西方国家人口增长率不断下降甚至趋于停滞的条件下，许多资产阶级人口学家把人口增长看成是促进经济增长的重要因素。由于凯恩斯学派只重视人口增长率降低对经济发展的不利影响，尚未注意到经济发展对人口的影响，在方法上，也只是进行短期的静态分析，这就给后来的人口研究留下了广阔的空间和大量的课题。在凯恩斯人口理论的基础上，20 世纪 50—60 年代逐渐产生了宏观人口经济学和微观人口经济学；在对人口进行长期、动态分析的基础上，70—80 年代又形成了长波理论以及乐观主义和悲观主义的思潮。经济适度人口理论也有了新的发展。

与此同时，战后民族独立、民族解放运动风起云涌；发展中国家人口急剧增长；一些资产阶级人口学家又极力鼓吹马尔萨斯主义。这就使当代资产阶级人口经济学无论是所涉及的领域，还是研究的深度，都有了进一步的发展。

人口经济学作为广义的学科命题，泛指战后西方学术界研究人口与经济之间关系的论文和著作。“人口经济学”这个名词，最早见于英国经济学家 W. B. 雷德韦为《张伯伦百科全书》（1915）撰写的词条“人口经济学”。1944 年美国人口经济学家斯彭格勒（J. J. Spengler）在《人口增长经济学概论》一文中也正式使用“人口经济学”这一学科术语。他在 1972 年出版的《人口经济学》一书标志着狭义“人口经济学”的问世。

从 20 世纪 40 年代末到 50 年代中后期，西方大多数研究人口经济问题的学者都是从宏观角度考察人口经济关系的。例如，美国人口学家科尔（J. Coale）50 年代初就与胡佛（E. M. Hoover）一起提出了最早的人口经济模型。在 1958 年出版的《低收入国家的人口增长和经济发展：关于印度前景的研究》一书中，以印度为例，对发展中国家的人口与经济关系进行了总量分析或总体分析。他按短期（20～30 年）、中期（30～60 年）、长期（60 年以上）三个时间阶段，分析人口过度增长对于现在和未来的人均收入的影响，认为低收入国家的人口趋势有五个特征，即高出生率、低或递减的死亡率、递增的人口增长率、15 岁以下年轻人口组占 40%以上高比例的人口年龄构成和递增的人口密度。他主张低收入的发展中国家必须设法降低出生率、控制人口增长。科尔还以联合国活动基金会官员的身份，活动于许多发展中国家，试图从实践上调节人口与经济之间的关系。人们通常把从宏观角度考察人口经济关系的理论称为宏观人口经济学或宏观经济人口论，意思是“宏观人口经济学”把一个国家或一个地区乃至世界的人口整体与其相应范围内的经济运动之间的关系作为考察对象，着重研究人口经济关系的总量及其变化。

20 世纪 50 年代后期和 60 年代初期，西方对人口经济学的研究开始向微观方面突破，提出了分析人口经济关系的微观人口经济学模型，并逐渐形成了微观人口经济学或经济人口论，即以单个人活动单位或单个经济活动单位的人口与经济之间的关系作为考察对象，以家庭或居民户为单位，着重研究单个家庭或居民户的人口经济关系的形成及其变化，或者说，研究家庭或居民户的人口经济效应。因此，也可称为“家庭经济学”。

微观人口经济学最突出的代表是美国哈佛大学教授 H. 莱宾斯坦（Harrey Leibenstein）和美国芝加哥大学教授 G. 贝克尔（Gary Becker）。西方学术界认为莱宾斯坦是第一个考察人口—经济结构的学者。他在 1954 年出版的《经济—人口发展理论》和 1957 年发表的《经济落后与经济增长》中，首次运用微观人口经济学考察分析家庭生育经济决策问题。贝克尔在 1960 年出版的《发达国家的人口和经济的变化》一书中，运用消费者行为理论分析家庭的生育决策，揭示了家庭规模与收入之间的负相关关系。他把孩子看做耐用消费品，从孩子的数量与质量两个方面研究了家庭收入、父母行为等对生育子女数目的影响。

1973 年，在 T. W. 舒尔茨编辑和撰写的《家庭经济学》中，舒尔茨及其他作者运用人力资本和时间配置的概念对家庭的生育行为进行了广泛的研究，研究涉及家庭时间的价值、孩子的价值、孩子的数量、质量以及人口的均衡等，认为家庭这个决策实体单位为了实现当前消费和对孩子投资之间的均衡，在进行生产时要配置好稀缺资源，并提出了家庭生产函数。这种微观人口经济模型被视为西方人口经济学发展史上的重要突破。

三、 20 世纪 60 年代和 70 年代前期的人口经济学说

1961 年，美国人口经济学家理查德 · A. 伊斯特林（R. A. Easterlin）发表了《历史地观察美国的婴儿热》，在库兹涅茨的经济增长长波理论基础上，他从宏观人口经济学角度考察影响生育率变动的因素。通过分析人口增长、劳动力增长的长波与经济增长长波之间的关系，试图说明经济条件的变化是引起生育率升降的原因。随后，1966 年他发表了《经济—人口相互作用和经济增长的长波》，1967 年发表了《人口增长在发展中国家经济发展中的作用》。在《人口、劳动力和经济增长长波》一书中，他从宏观角度分析人口总量和经济总量变动的长期趋势，形成了人口经济增长的长波理论。通过分析非农业人口变动与住宅建筑业总值、国民生产总值等变动的相互关系，揭示了人口增长长波与经济增长长波的相互关系；通过对家庭的相对收入地位与两代人生育率差别的关系的分析，揭示了家庭收入对生育率的影响，推导出生育率长期波动的经济根源。

另外，20 世纪五六十年代，发展中国家人口的迅速增长使世界人口增长率偏高，形成了人口增长高峰，现代马尔萨斯主义开始流行。过去时代的马尔萨斯主义者主要分析人口与生活资料的相互关系，认为人口增长总是超过食物的增长。现代马尔萨斯主义者则强调人口与自然资源的关系，认为人口过度增长将导致自然资源枯竭，世界末日就要降临。1968 年，保罗 · 艾里奇（Paul Ehrlich）发表了《人口爆炸》一文，次年又发表了《世界人口：失去了成功的希望吗?》《生态灾难》等文章，1970 年泰勒（G. Taylor）发表了《世界末日》，他们都宣称人口过度增长将使地球人满为患、资源枯竭，带来环境和大气污染，世界经济人口爆炸，人类灾难就要来临，人口危机将导致世界末日等。

20 世纪 70 年代西方出现滞胀局面，经济低速增长与高失业率、高通胀率、高负债率并存，再加上 20 世纪 70 年代初爆发的能源危机，不可再生资源迅速消耗、资源短缺、动力不足以及长期形成的生态破坏、环境污染、公害加重，使对世界的前景持悲观主义的思潮更为流行。1972 年，受罗马俱乐部委托，梅多斯（D. H. Meadows）等人出版了

《增长的极限》一书。他们运用电子计算机技术，计算世界人口增长对经济所造成的影响，认为当前对世界经济影响最大的是人口增长、粮食供应短缺、资本投资、环境污染和资源枯竭五大因素；而且这五大因素都是指数增长，即按一定百分比复利增长，表现为增长速度越快，倍增时间越短；任其发展必然导致世界末日。他们进而提出了"零值增长理论"或称"经济增长极限论"，被称为"带电子计算机的马尔萨斯主义"。①

四、20世纪70年代后期和80年代初期的人口经济学说

与梅多斯等人的悲观主义思潮相反，在20世纪70年代后期和80年代初期，西方出现了宏观人口经济学研究的乐观主义思潮。

1977年，美国著名人口经济学家朱利安·L. 西蒙出版了《人口增长经济学》，1981年又出版了《最终的资源》。他不定期主持编写了《人口经济学研究》年刊。在大量的著述中，西蒙等人对人口经济问题进行了从微观到宏观、从短期到长期、从静态到动态、从定性到定量的分析，重点对各种人口经济问题进行了宏观的、长期的、动态的定量分析。例如，分析人口与工农业生产发展的关系，人口与国民收入及其分配的关系，人口与规模经济的关系，以及人口与自然资源、投资、储蓄、交通运输、环境污染的关系等等。他们提出了分析人口经济问题的模式、公式和数据，并对发展中国家节制生育计划的成本—收益决策提出了看法。

在《人口增长经济学》一书中，西蒙认为，"作为一门科学，人口学是一门地地道道的经济学科"②。他认为《人口增长经济学》一书"提供的模式连同经验证据还否定了现代电子计算机化的马尔萨斯主义模式，如梅多斯等人1972年出版的《增长的极限》一书提出的零增长模式"③。他提出了发明拉力假说和人口推力假说，前者强调发明一次又一次出现，会一次又一次地带动生产能力的提高，从而为更多的人口提供生活资料；后者认为人口增长对知识进步和技术发展有推动作用，即人口增长使知识存量增加，推动采用新知识和新技术。因此，"为了促使生产技术发生变化，人口增长是必不可少的"④。

在研究发展中国家人口增长与经济发展的关系时，西蒙着重分析了人口增长导致发展中国家农业生产行为变化的状况。他认为发展中国家人口增长成为改变农业生产实践行为的一种必要条件，同时，人口增长也是发展中国家技术转变的一种充分条件。

西蒙并不一般性地否认某些自然资源短缺的可能性，但认为科学技术的不断发展会使人类不断地发现、创造新的资源，一味地为资源耗尽而无可奈何地忧虑是没有科学依据的。

进而，西蒙指出，人口增长与技术进步、生产率提高、资本形成等呈正相关关系。在120～180年这样的长时期内，人口适度增长是推动经济增长和经济发展的动力，并最

① 朱利安·L. 西蒙. 人口增长经济学. 北京：北京大学出版社，1984：580－581.
② 同①13.
③ 同①580.
④ 同①196.

终会使人口与经济协调发展。而“降低死亡率、提高预期寿命和发展经济，是通向整个人类社会理想人口状况的最佳途径”①。

第三节　信息经济学

一、信息经济学的由来与发展

（一）信息经济学的先驱

经济学家奈特1921年在其著作《风险、不确定性和利润》中指出，在人类的生活中不确定性无处不在，因此信息应该是经济组织供应的最基本的商品。奈特对不确定性的认识不仅使得“风险”成为经济学的研究对象，而且指出信息由于具有经济价值，因此也应该是经济财富或商品。

1945年，哈耶克在《美国经济评论》上发表了著名的《社会中知识的利用》一文。在这篇文章中，哈耶克提出了一个重要的观点：价格制度与其说是配置稀缺的生产性资源的方式，不如说是一种社会利用经济知识的方式。对于中央计划经济和分散的自由经济制度，哪一种制度更好呢？哈耶克认为，这取决于哪一种制度能更好地利用社会中的知识。私人信息的存在，以及价格制度在私人信息的利用中对个体智慧的超越等理由成为哈耶克自由主义政策主张的理论基础。

奈特对不确定性和信息经济意义的认识，以及哈耶克对经济制度利用知识的功能的认识奠定了信息经济学的思想基础，奈特和哈耶克也被公认为最重要的信息经济学的先驱者。

（二）信息经济学的创立

奈特和哈耶克虽然奠定了信息经济学的一些基本思想，但是两人并没有建立起任何分析不确定性和信息以及经济制度处理信息方式的经济学方法。这些工作是由施蒂格勒和维克瑞（W. Vikrey）首先进行的。

1961年，施蒂格勒在《政治经济学杂志》（*Journal of Political Economy*）上发表了《信息经济学》一文，对价格分散和寻找的关系进行了研究，同年，维克瑞在《金融杂志》（*Journal of Finance*）上发表了《反投机、拍卖和竞争性密封投标》一文，对拍卖进行了研究。这两篇文章将信息正式地纳入了经济分析的框架之中，由此标志着信息经济学的诞生。施蒂格勒和维克瑞也成为信息经济学公认的创始人。

施蒂格勒在《信息经济学》一文中分析了价格分散现象。价格分散是被新古典经济学忽视的现象。传统上，经济学大多用运输成本和关税等原因解释价格的不一致。除此之外，均衡的市场价格应该是一致的。因为如果交易价格不一致，就意味着以较高价格

---

①朱利安·L.西蒙.人口增长经济学.北京：北京大学出版社，1984：593.

交易的消费者没有充分利用市场中的交易机会，这不符合个体理性原则。但是，施蒂格勒认为交易机会信息的缺乏也是导致价格分散的原因之一。“价格分散表明对市场的无知，而且可以此来测量这种无知的程度。”

施蒂格勒认为，为了获取市场的有关信息，交易者需要进行寻找活动。“一个买主（或卖主），必须得与各种各样的卖主（或买主）进行多次接触，详细探讨之后，才能确定对自己最有利的价格。我将这种现象称为寻找。”这样，施蒂格勒明确地将寻找活动确定为交易者进行信息交流、寻找机会的活动方式。

施蒂格勒继续用经济学的方法（成本—收益分析方法）分析了交易者的寻找活动。施蒂格勒对交易者合理的寻找次数进行了分析，并得出结论：“当寻找成本等于其预期边际收益时，就会得到最佳寻找次数。”

当寻找具有费用时，对于消费者而言，存在着一个最优寻找次数，因此，消费者的寻找范围是有限的。如果寻找范围有限，市场中本来存在的更低价格就可能落在寻找范围之外。当存在寻找费用时，消费者就会在自己的寻找范围（而不是在市场范围）之中选择最优价格进行交易，这样，市场中交易的价格就可能会不同。由此，施蒂格勒实际上是用寻找费用的存在解释了价格分散的存在。

维克瑞在《反投机、拍卖和竞争性密封投标》中研究拍卖问题。尽管拍卖已经有了几千年的历史，但维克瑞的论文首次以博弈理论的方式描述和分析了拍卖。

施蒂格勒和维克瑞的工作具有不同的意义。社会对私人信息的利用是在交流中完成的。因此，对于信息的交流面临着两个基本的问题。首先是信息的传递问题，信息的传递主要受信息传递成本的影响，寻找费用实际上就是信息传递成本。其次，信息的交流还面临着当事人是否愿意讲真话的问题。拍卖中的问题实际上是投标人的出价是否真实反映了投标人对拍卖品的估价问题。

维克瑞考虑了这样的情况，“其中，若干个潜在的购买者购买一单位不可分的物品”，在他的分析中，假设私人价值相互独立，并且规定合谋、单方支付、通信和发信号都不被允许。维克瑞建立了第一个收益等价原理：证明对于相互独立的私人信息和同质的投标人，英国式拍卖和荷兰式拍卖（即降价式）的期望交易价格是相同的。然后他提出了第二个密封拍卖的概念，并证明这在逻辑上等价于英式降价拍卖。他甚至似乎预期到了当存在风险回避与无经验的拍卖者时，升价拍卖优于降价拍卖或者其他对标准假设的背离，在这些假设中升价拍卖能保持帕累托最优。

（三）信息经济学的发展

虽然维克瑞通过拍卖解释了信息的真实交流问题，但是，在经济理论中，拍卖的重要性并不是显而易见的。从维克瑞 1961 年发表论文到 20 世纪 70 年代，他的工作以及拍卖并没有引起经济学家的足够重视。

真实信息的交流问题通过另外两类问题，即逆向选择和道德风险而受到了经济学的重视。这也许是因为欺诈问题比拍卖更具有普遍性。经济学对这两类问题的研究导致了信息经济学的迅速发展，这些工作在一定意义上使得信息经济学成为主流经济学的重要内容，以至在许多经济学教科书中的信息经济学专题中，信息经济学的内容就是逆向选择和道德风险。

1970年，阿克洛夫发表了《“柠檬”市场：质量的不确定性和市场机制》的论文，指出在次品市场（产品质量不同的市场，其中产品质量是出售者的私人信息）上，出售者对产品质量信息的隐藏将会导致逆向选择：质量差的产品将质量好的产品驱逐出市场，并最终导致市场的消亡。

为什么会出现这种情况？我们考虑这样一种情况，市场中存在着不同质量的产品，购买者根据市场中存在的产品质量分布［比如说质量的平均水平（EV）］决定一个愿意的购买价格（P）。但是，购买者的这个价格将使得市场中质量较好的出售者退出，因为这些出售者认为他们的商品的价值高于购买者的出价。由于这些出售者的退出，市场中产品的平均质量下降，购买者愿意支付的价格进一步降低，从而进一步导致市场中其他质量相对较好的产品退出……这样，市场的价格越来越低，产品质量越来越差。很显然，没有交易是唯一的均衡。好商品被坏商品赶跑被称为“逆向选择”。

通过这个极端的例子，阿克洛夫指出了传统经济学存在的一个问题：传统经济学实际上假设市场中的产品是同质的，并且关于产品质量的信息，交易双方是对称的，因此，市场中不需要传递产品质量的信息。显然，传统经济学的这个假设与事实不符。在现实中，产品质量是任何一笔交易中都需要传递的重要信息。虽然市场价格在一定场合能够将质量信息综合在价格中，即所谓的“一分钱一分货”，但是，市场并不能在任何情况下都能将质量信息综合在价格之中。这样，质量信息的传递就变得重要了。当个体理性驱动人们进行欺诈，以便获得更高的利益时，市场中就有可能发生逆向选择的现象。显然，逆向选择将破坏交易的效率，导致效率损失。

当存在关于产品质量的信息时，出售者可以发送信号，低成本的生产者在发送信号时比高成本的生产者花费的成本高，存在着“分离”均衡的可能性，其中，通过成本性的信号，高质量的生产者发送质量信号。斯宾塞（Spence）在1973—1974年研究了信号发送问题。

道德风险的基本问题是温特在1964年首先加以明确描述的。他指出，企业管理者的目标也许并不同企业的利润最大化目标一致。企业利润下降的真实原因也许是这些管理者根本就没有把追求利润作为他们真正的努力目标。显然对于股东而言，这些管理者是玩忽职守的，没有尽职尽责。

委托—代理问题是分析道德风险最简单的模型：一个委托人（通常是风险中性的）必须依靠一个风险规避的代理人（经理），根据他的利益完成一项工作。委托人不能直接观察代理人根据自己的利益所做出的努力，他只能观察到这些努力的结果——即使代理人做出了自己的最大努力，这些结果也是不确定的。

由于委托人只能观察到结果而不能观测到代理人的努力，并且结果由于其他原因而呈现不确定性。这样，代理人即使不努力也有推卸责任的借口。因此，如何防止代理人玩忽职守成为这类问题的关键。

现代观点认为，考虑到代理人的个体理性本质，防止代理人玩忽职守实际上是一个机制设计问题：如何对代理人进行适当的经济刺激，以便保证委托人得到希望的结果？从数学角度讲，机制设计问题就是博弈规则的设计。在给定财富禀赋、偏好、生产能力和信息等经济学条件的情况下，应设计一个要经济代理人参与的博弈，使得另一个博弈参与人（委托人）希望的结果可以被得到。这样的观点首先是由赫维茨（Hurwicz，1960，1972）和阿罗（Arrow，1977）提出的。关于委托—代理关系中不完全信息的经典研究是霍姆斯特姆（Holmstrom，1979）的研究，他一般化了威尔逊（Wilson，1969）、莫里斯（Mirrlees，1974）、哈里斯和瑞威（Harris and Raviv，1979）及罗斯（Ross）的工作。

信息经济学对逆向选择和道德风险的研究使得经济学认识到，由于非对称信息的存在，信用将是影响交易效率的重要因素，市场交易契约的不同安排对交易的效率产生了重要影响。这不仅使得经济学把信用问题纳入了经济分析之中，而且还把信用和交易契约的安排联系了起来。

二、信息经济学的理论特点

信息经济学目前还没有形成一个完整的体系。就其理论内容而言，可以概括为三个方面：(1) 对信息、不确定性与风险关系的分析；(2) 对信息、交易方式和交易效率的分析，如对寻找、拍卖、讨价还价、逆向选择、道德风险等问题的分析；(3) 在以上基础上对市场制度性质的认识。这里主要说明信息经济学对市场制度的分析和新古典经济学有何区别。

(一) 不确定性与风险

新古典经济学对经济行为的分析被认为是在确定性条件下的选择理论，而更为一般的经济决策应该是在不确定性条件下的选择。在不确定性条件下的决策分析使得经济学可以将信息和风险这两个重要概念引入行为分析之中，并扩展经济学对交易的理解。

首先，在不确定性条件下的选择中，经济学通过引入风险态度说明面对具有相同不确定性特征（用收益的概率分布表示）的风险性资产（或者彩票），风险态度不同的决策者对风险性资产的估价不同，由此决策者之间完全可以仅仅因为风险原因而进行交易，即交易者之间交易的对象是风险。

其次，对于风险态度相同的两个决策者而言，如果他们对同一资产收益的预期不同，那么两个决策者之间也会进行交易，而预期将在很大程度上取决于决策者的信息。

基于以上两个原因，信息影响决策者之间的交易，并具有经济价值。因此，不确定性条件下选择理论和风险理论已经成为现代经济分析的重要理论基础。

(二) 交易方式与信息

新古典经济学的完全竞争理论只是分析个体面对个人不可控制的市场价格的交易行为，而对具体的两个交易者之间的具体的交易方式（契约安排）是什么则不感兴趣，或者认为这种具体的交易方式对一个大的经济体系中的资源配置方式以及效率没有影响。

但是，信息经济学的核心内容表明新古典经济学的这种观点是错误的。个体的交易方式之所以重要，一个原因是信息费用或者非对称信息，而这一点却被新古典经济学忽视了。

信息经济学的研究表明，从信息的角度出发，有关交易信息的交流是交易过程中的重要内容，不同的交易方式具有不同的信息交流效率，因此，交易方式是重要的。信息经济学将大量的精力放在对具体信息条件下的具体交易方式的信息交流效率的研究上，由此增进了经济学对现实经济社会所存在的丰富的交易方式的理解和分析。

（三）信息与市场制度

新古典经济学以分析市场配置资源的机制为己任，认为竞争性的交易将导致稀缺性资源的最优配置。

信息经济学的研究表明，市场制度是通过有效地交流（具有私人性质的）经济信息来实现资源的有效配置的。因此，严格地讲，市场制度配置资源的机制应该是一种信息的交流机制，市场制度配置资源的有效性来自信息交流的有效性。但是，新古典经济学实际上是在假设市场制度对信息交流有效率的前提下来论证市场制度配置资源的有效性的，因此新古典经济学对市场效率的论证在逻辑上是有问题的。

信息经济学则试图从信息成本和非对称信息的角度出发，分析不同的经济组织方式的信息交流的作用（例如市场竞争和企业在信息交流中的不同作用，以及不同组织方式之间的相互关系），试图对市场制度丰富的组织方式加以解释和分析。

三、 信息经济学的理论意义

信息经济学的理论意义在于它完善了新古典经济学的理论及其应用。

新古典经济学在分析市场制度如何配置稀缺的生产性资源时，虽然也认识到了价格具有传递经济信息的功能，但忽视了对市场制度经济信息交流过程具体细节的分析。信息经济学的研究表明，这种忽视的后果是很严重的，因为许多现实经济现象和这些细节有直接的联系，忽视这些细节将极大地影响经济学分析现实的能力。因此，信息经济学是西方经济学在其自身的发展中对新古典经济学十分重要的补充。

信息经济学为分析现实问题提供了更为有力的理论依据。信息经济学在产业组织理论、金融和财务理论、会计学、经济法学以及公共经济和政府管制中都有着重要应用。信息经济学在这些领域的应用极大地推动着这些领域的发展，从一定意义上讲，不了解信息经济学就不可能真正了解这些领域理论上的现代发展。

第四节　演化经济学

一、 演化经济学的由来

演化的思想本身起源于经济学，在亚当·斯密和马尔萨斯的著作中都蕴含着这样的思想：人类社会是演化的。达尔文受到这种思想的启发，认为生命世界也是演化的。达尔文在其著名的《物种起源》（1859）中通过大量的生物物种的演化实例证明了这个观点，生物进化论也成为近代科学的标志性成果，演化的思想通过生物学作为一种科学思想被广泛传播。具有戏剧性的是，演化思想又通过达尔文的进化论影响了与他同时代及后来的经济学家。

1898 年凡勃伦发表了《经济学为什么不是一门演化的科学?》一文，第一次明确提出了“演化经济学”的概念。他认为：“就经济科学的目的而言，它所要解释的累计变化的过程是一系列做事情的方法——处理物质生活资料的方法——的变化。”①

马歇尔在他著名的《经济学原理》一书中写道：“经济学家的目标应当在于经济生物学，而不是经济力学。”② 马歇尔试图强调在经济生活中，不可逆转的演化变革是极端重要的，并且认为经济社会的演化是渐进的——“自然不能飞跃”③。

熊彼特在其《经济发展理论》中更是试图用演化的观点和方法来解释经济的变化和发展。熊彼特认为，当人们研究资本主义时，人们是在研究一个进化过程。资本主义在本质上是经济变动的一种形式或方式，它不仅从来不是，而且也永远不可能是静止的。

但是，凡勃伦和马歇尔对经济学性质的认识，以及熊彼特试图将演化的观点和方法引入经济分析的努力并没有使演化成为主流经济学的基本观点和方法，相反却被排斥在正统理论体系之外。熊彼特承认：“现在，演化思想在我们的领域中不被信任。”④ 桑德森评论道：“在这期间，演化机制受到批评，被认为是一种过时的方法，以至于自尊的学者不再认真考虑它……即使说到‘演化’这个词也被认为是冒着有损自己明智声誉的危险。”⑤ 罗宾斯说进化机制被认为是“最高智力水平的饭后闲谈”⑥。

一直到 1982 年，演化经济学才开始在主流经济学中占据一席之地。这一年，纳尔逊和温特出版了《经济变迁的演化理论》，这本书的出版标志着演化经济学的创立。此后，演化经济学的文献迅速增长，现在，演化经济学正在融入主流经济学的理论中。

需要指出的是，演化经济学目前并没有形成系统的理论体系。许多经济学家和流派被认为在理论上具有“演化”特征。除了上面所提到的经济学家以外，人们认为奥地利学派的理论也具有“演化”特征，例如卡尔·门格尔的制度和货币演化理论与哈耶克的自发秩序理论。制度经济学也常常被称为是具有“演化”特征的理论，甚至马克思的经济理论也被认为具有“演化”的倾向。

另外，一些新的具有鲜明演化特征的研究方法正在被应用于经济学研究，因此这些研究也就被看做是具有演化特征的理论了。首先，生物学的一些方法和概念被直接引入经济分析，例如种群、遗传、复制、基因等；其次，鉴于博弈论在现代经济学中的特殊

---

① T. B. Veblen. “Why Economics Not on Evolutionary Sciences,” *Quarterly Journal of Economics*，1898，12(3)：373 - 397.

②③ 马歇尔．经济学原理：上卷．北京：商务印书馆，1981：18.

④ J. A. Schumpeter. *The Theory of Economic Development*. Cambridge，MA：Harvard University Press，1934：57.

⑤ S. K. Sanderson. *Social Evolutionism*：*A Critical History*. Oxford：Blackwell，1990.

⑥ Lord Robbins and J. C. Elster. *Explaining Technical Change*：*A Case Study in the Philosophy of Science*. Cambridge：Cambridge University Press，1983：112.

地位，受到生物学启发和激励而产生的演化博弈论自然也应用于经济学研究；最后，现代系统理论的一些研究系统演化的方法也被引入了经济研究中，例如自组织理论、混沌理论和各种计算机模拟。

虽然目前演化经济学还没有一个系统的体系，在这面大旗下聚集着各类经济学家，他们的观点也不尽一致，但是，演化经济学所显示的经济科学的发展方向是明确和重要的。

二、演化经济学的主要流派

（一）老制度主义

20世纪80年代以前，人们倾向于把演化经济学等同于凡勃伦传统的老制度主义，“演化经济学”这一术语最早就是源于凡勃伦的著名论文《经济学为什么不是一门演化的科学?》。与演化经济学的其他思想来源如调节学派、新熊彼特学派相比，老制度主义更强调在方法论问题上进行思考、对社会经济历史宏大命题进行诠释，从而显示出其宽广的视域和坚实的基础，在整个演化经济学阵营中发挥着无可替代的作用。老制度主义是最先提出演化经济学若干关键性理念和纲领的学派，其中最具有代表性的当属凡勃伦制度主义。

凡勃伦制度主义的核心围绕着社会理论中一个至今仍引人入胜的命题而展开：主体（及其能动性）和社会结构的关系是什么？凡勃伦的出发点是：制度作为社会结构的一种特定类型，不仅是一种约束，而且能够潜在地改变行为者的目标或偏好。制度对于个人行为具有重建性的力量，这是一种重建向下因果关系，偏好是内生的而不是外在给定的。凡勃伦又强调，他并不认为社会整体完全取决于个人，个人依旧发挥作用，制度是个人在群体交往中的产物，制度不能离开个人而存在。由于制度的产生来源于个人经验，并通过个人习惯发展，因此制度结构的产生和变迁是群体组织中个人交往的结果。①

尽管当前凡勃伦制度主义有了复兴的迹象，但要成为一个系统的、可取代主流经济学的体系，困难仍是显而易见的。尽管桑塔费学派、实验经济学和行为经济学的研究为凡勃伦制度主义的复兴提供了依据，尽管内生偏好、场景理性和本能行为客观存在，制度对个体的形塑与个体对制度的反作用也客观存在，但如何将其总量化、计量化、可观察并最终从解释经济现象上升到预测、指导宏观经济活动，还有待时日。不过，作为一种将累计因果作为方法论宗旨的思想，凡勃伦制度主义的价值尤其是对于演化经济学的价值是无比巨大的。

（二）新熊彼特学派

20世纪50年代以来，随着不断兴起的各种技术创新和科技革命，日益明显且作用突出的创新现象使经济学家无法继续对技术变迁这类问题保持漠视，理论界重新对熊彼

① T. B. Veblen. “The Socialist Economics of Karl Marx and His Followers Ⅰ: the Theories of Karl Marx,” *Quarterly Journal of Economics*, 1906, 20 (3): 581-582.

特的创新理论给予了关注。门施、弗里曼、纳尔逊、罗森博格、伦德瓦尔在熊彼特的基础上对其创新理论进行了完善、验证和发展，形成了所谓的“新熊彼特主义”。新熊彼特学派批判地继承了熊彼特传统，广泛地探讨了“熊彼特竞争”的各种问题，如创新收益率、竞争的可持续性、企业规模分布、市场结构的决定因素和新企业创办的作用等，提出了技术推动和技术、制度与产业结构共演的演化增长理论，发展了目前对企业战略产生重大影响的企业能力理论，并以研究科学技术、知识经济和创新体系闻名于世。①

从研究内容上看，新熊彼特主义的工作可分为两个分支：以技术革命和技术推广为对象的技术创新经济学，代表人物是门施等；以制度变革和制度形成为对象的制度创新经济学，代表人物是弗里曼、纳尔逊等。尽管侧重点不同，但针对的都是创新这一核心主题。他们进一步发展了技术创新理论，界定了技术创新的概念、内容和主要类型，对技术创新过程、影响技术创新的因素、技术创新的市场体制和扩散模式、技术创新与企业经营的关系、企业内外因素与技术创新的关系等问题进行了研究。

在综合考虑市场和知识关系的基础上，新熊彼特学派突出强调了不确定性、创新和企业家精神。在熊彼特企业家理论的基础上，新熊彼特学派突出强调了熊彼特式的银行家的重要作用，尤其是风险投资家，被认为是促进创新的重要角色。在知识分类的基础上，进一步区分了创新过程中的技术范式（technological paradigm）和技术轨迹（technological trajectory）②，强调两者之间的互动关系。与知识基础相关的两个概念是技术范式和技术轨迹，其中技术范式是指对既定技术问题的解决模式，它基于自然科学的原则和既定的技术手段，意味着一系列的知识问题。由于技术范式所界定的边界，创新活动不再是一个随机过程，任何创新活动所涉及的方向都受限于所在的技术范式。

（三）奥地利学派

奥地利学派也被称为维也纳学派（Vienna School）或心理派（Psychological School）。奥地利学派一直是新古典理性经济人这个基本假定的批判者，他们认为，没有理由假定所有的个体对同一问题会有同样的感受，尤其是企业家在发现常人不能看到的机会上具有独创性。在一个不确定性的世界上，预期和想象力至关重要，该学派突出强调了主观知识对新奇的重要性。奥地利学派的大部分观点都被主流经济学所吸收，但在演化这一反主流大旗之下，它是众多异端经济学中的排头兵，甚至它是演化经济学流派中唯一从开始到现在都坚持并勇于提出替代凯恩斯—新古典体系的流派。③

在政策主张上，奥地利学派坚定地奉行自由主义经济政策，反对计划经济。奥地利学派一直是坚定的自由主义捍卫者，他们维护传统的自由放任的经济政策，反对任何形式的国家干预，即便是征税以提供公共物品这样的行为，在奥地利学派看来由于未经个人交易许可，剥夺了个人的自由选择，因此是非道德和不合理的。奥地利学派尤其反对政府在货币政策上的干预，认为政府的货币垄断权的存在的直接后果是使私人部门自由

① 贾根良．演化经济学的综合：第三种经济学理论体系的发展．北京：科学出版社，2012：19.

② G. Dosi. “Technological Paradigms and Technological Trajectories,” *Research Policy*, 1982.

③ 杨虎涛．演化经济学讲义：方法论与思想史．北京：科学出版社，2011：100.

活动的条件受到限制，阻碍了市场信号的传递，通货膨胀和失业都是政府控制货币发行权干预经济的结果，政府对货币发行和利率的控制导致了“错误投资”，形成了经济波动。因此，奥地利学派主张放弃国家的货币发行权，恢复自由银行制度，回归金本位制。

（四）法国调节学派

法国调节学派产生于解释资本主义的长期波动这一主题之下，法国调节学派包括格勒诺布尔学派（Grenoblois）、巴黎学派（Parisian）和法国共产党的国家垄断资本主义学派。20世纪70年代，凯恩斯主义已经暴露出自身的缺陷，而新古典经济学的静态均衡特点使它无法解释资本主义经济的历史性演化过程。法国调节学派的创始者认为，要解释资本主义的长期波动，马克思关于资本主义发展的内在规律无疑有宝贵的价值，但马克思关于资本主义运行内在规律的理论非常抽象，缺乏现实中的对应物。为了将马克思主义经济学的相关分析框架进行重塑，完成马克思主义从抽象到具体的变化，阿格里耶塔和鲍耶认为，“调节”方法应该从马克思抽象的生产方式和生产力中找出有现实对应物的中间层次的、更具体可察的概念，这些概念包括：工业生产范式、积累体系（regime of accumulation）、调节模式（model of regulation）、制度形式（institutional forms）和发展模式（mode of growth）等。[①]

在法国调节学派的上述范畴中，处于核心地位的是积累体系、调节模式和制度形式。所谓的积累体系是指长期内不断生产出来的生产和消费互补的形态，这些形态可以被看作是在某个时期稳定的结构。但积累体系的稳定性需要调节模式的作用，调节模式是积累体系的稳定器，它在整个社会经济体系中发挥重要作用，它通过制度、习俗、组织和社会网络这些制度形式进行制度调节，从而促进一种特定的积累体系和发展模式得以再生产。概括地说，调节理论是一个关于在具体的历史条件下怎样调节主体行为以保证社会再生产得以顺利进行的理论。一定的制度形式和调节形式之间的相互补充形成了资本主义生产方式中特定的生产和交换关系所组成的积累体系，制约着资本积累过程和经济发展过程。

（五）演化发展经济学

在演化经济学阵营中，以埃里克·S. 赖纳特、阿诺·曼·达斯特和张夏准等为代表的“另类教规经济学”[②]综合了新熊彼特学派、德国官房学派的一系列观点，以演化的视角分析了当前世界经济格局中的分化格局，针对发展中国家如何选择正确的生产活动提出了自己独到的见解，并引起了广泛关注。而他们自称的“另类教规经济学”之所以被称为演化发展经济学，是因为其在方法论主张上同样选择了不同于新古典经济学的，以多样性、异质性和新奇为核心的演化分析方式。作为演化经济学阵营新近兴起的流派，演化发展经济学综合了多种相关思想，并在研究方法上非常典型地体现出演化特征，就全球化时代发展中国家如何选择自己的强国之策，演化发展经济学发出了完全不同于正

---

① 杨虎涛. 演化经济学讲义：方法论与思想史. 北京：科学出版社，2011：129.

② 埃里克·S. 赖纳特. 穷国的国富论：演化发展经济学论文选. 北京：高等教育出版社，2007.

统经济学的声音。

演化发展经济学强调经济增长具有活动特定性，认为以报酬递增行业为带动，通过产业协同效应所形成的正反馈可实现更多行业的生产率提高，并有助于解决二元经济结构。同时它还提出选择正确的经济活动会带来国民实际工资的提高，进而真正提高国民生活水平，达到真正意义上的发展。① 针对全球化引起的贫困增长问题，演化发展经济学的政策建议主要有两点，一是实现劳动市场全球化，这是目前唯一没有被国际化的主要体系，这可以通过允许穷国的劳动力向进行"熊彼特式"经济活动的地区转移的方法来实现。二是重走目前富裕国家在19世纪和20世纪走过的老路，即创造熊彼特式的生产部门，经过一段时间的培育使这些经济部门逐渐升级到能够参与国际市场竞争时，再开始实行自由贸易。

三、演化经济学的特质及其代表性理论

（一）演化经济学的特质

1. 霍奇逊的NEAR标准。

一般认为，演化经济学的思想来源主要包括古典经济学、苏格兰哲学、奥地利学派、熊彼特学派、老制度主义等经济学的有关思想，庞大的思想源泉导致了演化经济学难以产生统一的纲领。英国经济学家霍奇逊根据本体论、方法论和隐喻这三个标准，界定了他所认同和主张的"演化经济学"。② 他的观点是有代表性的，基本反映了演化经济学的宗旨。

从本体论标准上看，是否强调新奇性。他认为经济的演化过程包含着持续的或周期性出现的新事象（novelty）和创造性，并由此产生和维持制度、规则、商品和技术的多样性。③ 从方法论标准上看，是否反对还原论（reductionism）。在社会科学领域，还原论常常表现为方法论上的个人主义，后者主张一切社会现象（它们的结构和变迁）原则上只能在个人的层面上得到解释。这样，对社会经济现象的解释就必须被还原到作为元素的个人及其相互关系中。反还原论的观点则认为，复杂系统在其不同的层次上呈现出突现的特征，每一个层次都不能被完全地归纳到另一个层次，或在另一个层次上得到完整的解释。对更高层次的突现特性的分析不能完全还原到基本的元素层面上。霍奇逊指出，演化经济学应该是反还原论的。从隐喻标准上看，是否在理论上广泛使用生物学隐喻。霍奇逊指出，使用生物学隐喻的动机在于取代支配着主流经济学的机械论范式，经济在其性质上更接近于生物系统而非机械系统，对经济作生物学的隐喻更为恰当。霍奇逊将其中的前两项概括为NEAR标准，即接纳新事象、反对还原论（novelty embracing，anti-

---

① 杨虎涛. 演化经济学讲义：方法论与思想史. 北京：科学出版社，2011：155－157.

② G. M. Hodgson. *Evolution and Institutions：On Evolutionary Economics and the Evolution of Economics*. Cheltenham：Edward Elgar，1999：125.

③ 杰弗里·M. 霍奇逊. 演化与制度：论演化经济学和经济学的演化. 北京：中国人民大学出版社，2007：2.

reductionism），这也为界定演化经济学提供了可供参考的判断依据。①

2. 生物学隐喻。

自然科学和社会科学之间从来就没有严格的分界线，它们一直在相互借鉴中共同发展。经济学一直在不断地从物理学和生物学中汲取营养，从牛顿力学体系在新古典中的再版到进化论对演化经济学的影响，借鉴的痕迹无处不在。19世纪70年代，经济学家更青睐的是物理学，虽然马歇尔发出了“经济学的麦加在生物学”这样的谶语，但力学体系的优美外衣还是战胜了尚不够成熟的进化论。凡勃伦呼吁：“经济学为什么不是一门演化的科学?”制度经济学涟漪很快被新古典的形式化浪潮所淹没。直到新古典理论危机四起，配合自然科学中生物学与耗散结构理论取得了革命性的进展，博尔丁和纳尔逊等人才吹响了演化经济学的号角，大量借鉴使用生物学隐喻。②

作为整个人类系统的一部分，经济系统和生物系统有着惊人的相似性。马克思早就指出：“经济生活呈现出的现象和生物学的其他领域的发展史颇相类似。”③ 例如，基因——演化思想中既能在微观层次上保持相对稳定又能实现代际传递并具有变异功能的基础单元，在演化经济学里反映为惯例这样一种稳定的行为模式，和基因一样，既可以传递，又具有相对稳定性；再如，变异——新事物产生的微观基础，与经济生活中新奇的思想、技术、模式的出现在方式和内容上也非常吻合；再如，生殖——这种变异从个体扩散到群体的传递机制，与模仿——创新后大量企业的跟进及其引发的创新浪潮也非常类似；选择——自然选择对变异的筛选，在演化经济学中被诠释为市场竞争。这些术语充满了动态过程的暗示，使经济学家在经济学领域中完整还原了进化论的“三位一体”思想。

3. 对时间和过程的强调。

时间可逆和机械决定论的世界观是西方主流经济学分析框架的本体论基础，恰如琼·罗宾逊所指出的，“一旦我们承认经济是存在于时间之中的，历史是从一去不复返的过去向着未知的将来前进的，那么，以钟摆在空间来回摆动的机械类比为基础的均衡观就站不住脚了”④。对于演化经济学来说，时间不可逆在经济系统的演化中具有基本的建设性作用，技术经济范式、路径依赖等演化经济学基本概念中都渗透着对时间和过程的强调。演化过程的历史性是以新奇的创生为特征的，演化意味着新质要素在时间进程中“不可改变”地不断突现，甚至时间也可以被视为一系列有序的变异和选择的事件，因此时间进程是不会完全重复的，也就是不可逆的。⑤

但对人类社会来说，这种新质要素的突现是以人类心智的创造力为基础的，因此，著名的社会科学哲学家劳森指出，由于社会的经济结构依赖于人类能动作用的转变潜能，社会经济结构在大多数情况下都只是相对持久的，他不可避免地受时空或地理历史

---

① 杨虎涛. 演化经济学讲义：方法论与思想史. 北京：科学出版社，2011：34－35.

② 同①36.

③ 马克思，恩格斯. 马克思恩格斯文集：第5卷. 北京：人民出版社，2009：21.

④ W. K. Tabb. *Reconstructing Political Economy*：*the Great Divide in Economic Thought*. London：Routledge. 1999：203.

⑤ 贾根良. 演化经济学的综合：第三种经济学理论体系的发展. 北京：科学出版社，2012：55－56.

(geo-historical) 条件的制约。① 爱伯纳也指出，“大多数的经济现象是时间依赖的，根植在特定的地理区域内。它们随着时间而变化，因此无法用声称具有普遍适用性的理论和概念来对待。经济理论只能通过不同的经济生活模式来应对这些经济现象，而这些模式是在历史的进程中形成的”②。因此，经济学在性质上必然是历史的和地理的科学，强调经济运行中的时间和过程。当然，这并不否认存在着少数为人类社会所共有的社会经济规律，而是认为人类社会经济发展的大多数规律需要在特定的条件下才能发挥作用。

（二）演化经济学的代表性理论

1. 路径依赖理论。

路径依赖这一概念最初由布莱恩·阿瑟（Brain Arthur）提出。在《经济学的增强机制》这篇开创性的论文中，阿瑟将自然科学中的非线性动力学的方法运用于研究经济现象，提出了技术的自强化理论。其含义是：技术往往有一种收益递增的性质，其收益率会随着其应用范围的扩大而提高。这种良性循环会锁定它的市场优势地位，即使有更先进的同类技术出现，也很难取代先入者。诺思进一步将这一理论引入制度分析中，他认为制度运行中也存在着自强化机制。③ 马格里斯等扩展了路径依赖理论，将时间引入路径依赖分析中，对效率进行了动态化处理，他们认为，加入时间因素，制度的最优解并不唯一。④

相较于传统经济学，路径依赖理论揭示了偶然因素的重要性，动摇了传统经济学收益递减原则，暗示了经济学中并不存在恒定的同质要素，只是要素变化的分析不切实际。⑤ 当前，路径依赖理论已在资本市场、国际贸易的比较优势理论、制度分析、网络分析及国家总体经济增长等多个领域中得到了广泛的讨论和使用，作为一种迥异于传统经济学的思路，具有强烈的启发意义。

2. 创新体系理论。

国家创新体系这个概念诞生于 20 世纪 80 年代中期，主要由克里斯托弗·弗里曼、本特·伦德瓦尔和理查德·纳尔逊三位学者提出，但他们的侧重点不尽相同。弗里曼的国家创新体系理论侧重于分析技术创新与国家经济发展之间的关系，特别强调国家因素对于一国经济发展的影响。其核心思想是：如果没有必要的基础设施和网络以支持创新活动，允许新技术的扩散，这种技术动力在经济中就不可能变为现实。⑥ 纳尔逊（1993）则注重研究技术变革的存在及其演进特点，将重点放在知识的生产和创新对于国家创新

① T. Lawson. *Economic and Reality*. London：Routledge，1997：196，224.

② A. Ebner. *Understanding Varieties in the Structure and Performance of National Innovation Systems：the Concept of Economic Style*. Cheltenham：Edward Elgar，2003：154.

③ 诺思. 制度、制度变迁与经济绩效. 上海：上海三联书店，1994：81.

④ S. J. Liebowitz，S. E. Margolis. “Path Dependence，Lock-In，and History,” *The Journal of Law，Economics，and Organization*，1995，11 (1)：205-206.

⑤ 杨虎涛. 演化经济学讲义：方法论与思想史. 北京：科学出版社，2011：195-196.

⑥ Chris Freeman. “The ‘National Systems of Innovation’ in Historical Perspectives,” *Cambridge Journal of Economics*，1995：5-24.

体系的影响上。他将国家创新体系与高技术产业的发展联系起来，并将企业、大学体系与国家技术政策之间的相互作用置于国家创新体系分析的核心地位。① 伦德瓦尔（2016）的国家创新体系理论侧重于分析国家创新体系的微观基础，即国家边界与生产者和消费者之间的相互作用是技术创新过程中的核心内容。②

部门（产业）创新体系是国家创新体系的进一步发展，按照其提出者弗朗科·马雷尔巴（2002）③的定义，部门指的是针对已出现或正在出现的需求，为创造和使用一组新的或已有的技术，生产和整合一系列相互联系的产品群，由不同的行为主体进行市场和非市场作用的系统。李和马雷尔巴（2017）④ 进一步将机会窗口概念引入部门创新系统中，用以解释产业的跨越发展。企业（公司）创新系统的研究可以追溯到1997年，经济合作与发展组织成员对企业创新系统进行了深入的研究。⑤ 企业创新系统是一个支配着新技术的发明、开发和采用的公司组织（或者一个由诸多公司组成的网络）以及规则和战略，它包括组织能力与战略、研究开发结构、先进的学习安排、与公共部门的联系、人力资源管理、竞争战略、获得新开发知识与技术、知识产权管理、网络能力与战略等。⑥

3. 技术经济范式理论。

"范式"一词最初由托马斯·库恩（2003）⑦ 提出，他认为范式是一个在专业方面看法趋向一致的某一研究领域科学工作者组成的有形或无形的学派所广泛接受、使用并作为思想交流的共同概念体系和分析方法。从本质上说，范式是科学理论研究的内在规律及其演进方式，而范式的转变就是在环境发生重大变化时一种全新的看待问题的方式与解决问题的方法。此后，多西等（1992）将"范式"概念引入技术创新领域，并将"技术范式"定义为"解决所选择的技术经济问题的一种模式"。⑧ 在此基础上，弗里曼等（2007）⑨ 和佩蕾丝（2007）⑩ 使用"技术经济范式"来描述一定类型的技术进步通过经济系统影响产业发展和企业行为的过程。在每次工业革命中，生产方式、生产方式所对应的制造系统以及制造系统所依赖的基础制造技术都会发生相应的变化，进而扩散到其他领域，引发经济增长方式与制度变迁，重塑社会形态。⑪ 因此，"技术经济范式"是指

① Richard R. Nelson. *National Innovation Systems: A Comparative Analysis*. London: Oxford University Press, 1993.

② 本特-奥克·伦德瓦尔. 国家创新系统：建立创新和交互学习的理论. 北京：知识产权出版社，2016：51-53.

③ Franco Malerba. "Sectoral Systems of Innovation and Production," *Research Policy*, 2002, 31: 247-264.

④ Keun Lee, Franco Malerba. "Catch-up Cycles and Changes in Industrial Leadership: Windows of Opportunity and Responses of Firms and Countries in the Evolution of Sectoral Systems," *Research Policy*, 2017, 46 (2): 338-351.

⑤ Barbara Baier, Erich Griessler, Renate Martinsen. European Biotechnology Innovation System: National Case Study of Austria. Institute of Advanced Study, Viena, October 2000.

⑥ 中国科技发展战略研究小组. 中国科技发展研究报告. 北京：社会科学文献出版社，2000：305-309.

⑦ 托马斯·库恩. 科学革命的结构. 北京：北京大学出版社，2003：44-45.

⑧ 乔瓦尼·多西，等. 技术进步与经济理论. 北京：经济科学出版社，1992：149.

⑨ 克里斯·弗里曼，弗朗西斯克·卢桑. 光阴似箭：从工业革命到信息革命. 北京：中国人民大学出版社，2007：127-128.

⑩ 卡萝塔·佩蕾丝. 技术革命与金融资本：泡沫与黄金时代的动力学. 北京：中国人民大学出版社，2007：21-22.

⑪ 黄群慧，贺俊. "第三次工业革命"与中国经济发展战略调整：技术经济范式转变的视角. 中国工业经济，2013 (1): 5-18.

工业革命引发的关键性技术创新对经济结构和运行模式产生变革后所形成的经济格局。技术水平、生产方式和产业组织形式会随着工业革命的发生相应变化，从而引发技术经济范式更迭。

四、演化经济学的最新发展

（一）技术经济追赶理论的最新发展

"机会窗口"这一概念最早由佩蕾丝（Perez）和苏蒂（Soete）提出。他们在《技术追赶：进入壁垒和机会窗口》这篇开创性论文中提出，技术追赶存在着不同的阈值和进入成本，后发国家在成熟技术上实现追赶的可能性很低，在新技术系统的早期阶段，先进国家和落后国家的机会基本相同，后发国家实现追赶的可能性更大①，英国从绝对领先地位到相对落后的戏剧性变化就是这一理论的有力证明。随后佩蕾丝在《技术革命与金融资本》中将制度引入技术经济范式调整期内，揭示了金融资本对新技术范式扩散的重要作用，"亚洲四小虎"的快速崛起就是后发国家在机会窗口和金融资本的帮助下实现了经济赶超。② 李根将这一理论引入了中等收入国家如何跨越到发达经济体的理论分析中，同时扩展了机会窗口理论。除技术窗口以外，经济周期及市场需求、政府法规和产业政策也是窗口。③ 当传统的追赶阶梯被踢开时，我们需要乘气球飞行，经济体只有在天气条件好的时候如存在外部机会窗口时才能成功飞越；而乘坐气球的先决条件是经济体必须建立自己的能力，否则就可能从"窗口"掉下去，而不是飞起来。④ 后发经济体必须解决"两类失灵和一种壁垒"几个因素，也即能力失灵、规模失灵以及知识产权壁垒；在宽松的知识产权制度下，以小专利和商标的形式促进模仿创新，专注于以短周期技术为主的部门或产品、增加国内附加值、减少一个国家对全球价值链的依赖的三重迂回策略被用于解决技术能力的失灵问题；形成具有规模外部性，并且更有能力负责研发和营销等高附加值活动的大企业（BBs），可以用来解决规模失灵问题；避免知识产权争议的最根本出路不是沿着在位者的技术轨迹走，而是创造一个新的路径，采取迂回或者跨越式发展，其原因是随着后来者越来越接近前沿，所谓的追赶效应会减弱。⑤

与新古典增长理论从研发、人力、物力的投入上分析不同，演化经济学的技术追赶理论用历史比较和案例分析的方法揭示知识是怎么产生和传播的⑥，作为一种不同于主

---

① C. Perez and L. Soete. "Catching Up in Technology: Entry Barriers and Windows of Opportunity," *Frances Pinter*, 1988.

② 卡萝塔·佩蕾丝. 技术革命与金融资本：泡沫与黄金时代的动力学. 北京：中国人民大学出版社，2007：21-22.

③ Keun Lee. *The Art of Economic Catch-Up: Barriers, Detours, and Leapfrogging in Innovation Systems*. Cambridge: Cambridge University Press, 2019: 9-37.

④ Keun Lee, Franco Malerba. "Catch-up Cycles and Changes in Industrial Leadership: Windows of Opportunity and Responses of Firms and Countries in the Evolution of Sectoral Systems," *Research Policy*, 2017, 46 (2): 338-351.

⑤ 同③91.

⑥ 杨虎涛，田雨. 演化经济学的技术追赶理论：特质、脉络、关键概念及其拓展. 学习与探索，2015（07）：95-99.

流经济学的理论有着很好的启示意义。

（二）企业家型国家理论

传统产业政策往往基于市场失灵理论，政府的作用在于解决信息不对称和外部性等问题，以实现帕累托最优状态。这种假设只是在成熟的市场和技术条件下才能成功，面对人工智能、大数据等新技术革命还处于“导入期”①，新的技术经济范式尚未定型，产业政策更多的作用不是修复市场，而是“创造市场”②。马祖卡托（2019）③ 在《创新型政府：构建公共与私人部门共生共赢关系》中提出企业家型国家理论，在新技术革命早期，认为政府应该直接介入生产活动，创造重大技术创新的市场，并且认为在“任务导向型”和“使命驱动型”（Mazzucato，2017④；2020⑤）的投资和创新活动中，政府比市场有着更重要的作用；并以美国政府不仅通过国家科学基金支持基础研究、通过美国国防高级研究计划局、能源部高级研究计划局和国家卫生研究院从事应用研究，而且通过诸如小企业创新研究计划这样的组织履行风险资本投资的职能的例子印证了自己的理论。为了解决新技术革命、新兴产业发展问题，马祖卡托也提出了一个新的产业政策分析框架，即“ROAR”政策框架：（1）变化方向的决策（routes of directionality）；（2）公共部门的组织能力（organisations）；（3）任务导向型和市场创造型的产业政策评估（assessment）；（4）风险分摊和报酬分配的方式（risks and rewards），如何使智慧增长（smart growth）导致包容性增长（inclusive growth）。马祖卡托在对市场失灵理论进行批判的基础上，针对国家在经济发展中如何发挥作用的问题，提出了一种新的研究纲领：首先，国家可以在生产和创新中发挥企业家、风险承担者和市场创造者的“企业家型国家”的重要作用。其次，国家可以像投资人那样，通过下注于多样化的“投资组合”挑选赢家。最后，通过新的制度改革解决技术创新中“风险社会化而收益私人化”的机制失调问题，探索一种替代新自由主义的社会积累体制。

我们可以发现，美国是一个在创新领域中政府干预最多的国家，正是国家而非私人风险资本才是技术创新的真正开拓者，美国政府并非只是一个局限于纠正市场失灵的“有限政府”。

（三）新李斯特经济学在中国的发展

弗里德里希·李斯特⑥最初在《政治经济学的国民体系》中提出反对以亚当·斯密为代表的古典自由主义经济学的民族主义经济学，也就是李斯特经济学。2008 年国际金

① 卡萝塔·佩蕾丝. 技术革命与金融资本：泡沫与黄金时代的动力学. 北京：中国人民大学出版社，2007.

② M. Mazzucato. *The Entrepreneurial State: Debunking Public vs. Private Sector Myths*. London: Anthem Press, 2013.

③ 玛丽安娜·马祖卡托. 创新型政府：构建公共与私人部门共生共赢关系. 北京：中信出版社，2019：5－9.

④ M. Mazzucato. Misson-Oriented Innovation Policy: Changes and Opportunities. UCL Institute for Innovation and Public Purpose Working Paper, 2017, 01.

⑤ Mazzucato. Kattel, Ryan-Collins. “Challenge-Driven Innovation Policy: Towards a New Policy Toolkit,” *Journal of Industry, Competition and Trade*, 2020, 20: 421－437.

⑥ 弗里德里希·李斯特. 政治经济学的国民体系. 北京：商务印书馆，1961.

融危机后国外一些学者开始探讨在未来取代新自由主义经济学的经济学说，在李斯特经济学基础上发展出新李斯特经济学。新李斯特经济学继承李斯特经济学的三个基本经济理论：承认国家不仅塑造了国内生产力的发展和市场关系，而且也是世界经济秩序的基石；强调只有各产业的价值链高端环节才构成国家富裕的基础，只有“共谋型”技术创新才能使一国各阶层普遍富裕，而导致价格下降的“古典型”技术创新在使世界各国分享其收益的同时却存在着使本国居民陷于贫困境地的危险①；强调经济政策制定、国家发展战略的选择和经济理论应用的时空特定性学说。贾根良将这一理论引入中国。② 新李斯特主义经济学也提出了重建世界经济秩序的四项基本原则：制造业及其相关服务业是现代文明的基础，发展中国家应建立报酬递增的高端产业部门来解决贫困问题；遵循个人利益服从国家利益的基本原则，国家生产力才能得到均衡发展③；国家应首先进行工业化，后逐渐与处于同一发展水平的国家实行经济一体化，这一原则为区域经济一体化的李斯特原则；主权国家的经济政策应该建立在其主权货币基础之上，即主权信贷原则。我国的新李斯特经济学也给出了自己的八个基本结论：（1）新李斯特主义的理想在短期内几乎没有实现的可能，世界经济秩序将面临长期混乱和动荡不安的局面；（2）重建国际货币金融体系是重建国际经济秩序的难点，但在相当长时期内是无法解决的，我国应制定独立自主的长期应对战略④；（3）欧美发达国家的“再工业化”将进一步强化我国在国际分工中的不利地位⑤；（4）跨国公司的离岸生产和外包活动在发达国家将会受到一定程度的抑制，世界各国针对中国的保护主义将会不断增加；（5）改变我国在国际分工中全球价值链低端的不利地位和应对针对我国的保护主义浪潮的根本途径是保护和充分开发我国广阔国内市场规模的巨大优势，这是我国实施内需主导型经济发展新战略最重要的原因；（6）我国保护国内市场的世纪性难题；（7）新李斯特主义经济学的错漏；（8）李斯特经济学在传入我国的时间上大大晚于日本，这是我国在近代史上在应对西方列强的挑战时较为迟缓以及与日本发展道路不同的一个重要思想根源。

与李斯特经济学相比，新李斯特经济学在对国富国穷的历史经验和当代经验事实提供系统的和李斯特主义的理论解释的基础之上，致力于解决当代问题；反对并摈弃李斯特反动的殖民主义思想；从工业保护的李斯特学说发展到包括农业、服务、技术和金融等在内的范围更加广泛的保护主义学说⑥；从专为发展中国家经济发展提供理论指导的经济学说上升为一种也适用于发达国家的、具有普遍解释力的经济学说。贾根良提出新李斯特经济学的十大理论假说如下：（1）不对称全球化理论；（2）市场保护学说；（3）国民经济平衡增长和有计划管理的学说；对李斯特经济学的修正和突破；（4）价值链高端保护及其追赶假说；（5）发达国家产业保护说；（6）中国人力资本优势说⑦；李斯特学派原创性的理论学说；（7）资本的信息—智能生产率理论；（8）国穷国富的实际

---

① 埃里克·S. 赖纳特. 穷国的国富论：演化发展经济学论文选. 北京：高等教育出版社，2007.

② 贾根良. 李斯特经济学在中国. 北京：中国人民大学出版社，2015.

③ 弗里德里希·李斯特. 政治经济学的国民体系. 北京：商务印书馆，1961.

④ 贾根良. 世界经济大萧条与中国经济发展战略的革命. 国外理论动态，2011（12）.

⑤ 贾根良. 国际大循环经济发展战略的致命弊端. 马克思主义研究，2010（6）.

⑥ 埃里克·S. 赖纳特. 富国为什么富、穷国为什么穷. 北京：中国人民大学出版社，2013.

⑦ 贾根良. 政治经济学的美国学派与大国崛起的经济学逻辑. 政治经济学评论，2010（3）.

工资说；（9）主权信贷和国民经济自我融资；（10）价值链高端区域均衡发展说。这些假说是需要进一步发展的。

第五节 实验经济学

一、实验经济学的由来与发展

尼古拉斯·贝努利（Nicholas Bernoulli）1728年提出的圣彼得堡悖论①也许是实验经济学最早的先兆，预示着实验在经济研究中的作用。但是，直到200多年之后，经济学家才开始逐步认识到实验可以在经济学中发挥作用。

瑟斯顿（Thurstone，1931）以及阿莱斯和丹尼尔·弗里德曼（Allais and Friedman，1942）试图通过实验检验传统的效用曲线，这是最早的经济学实验。在此之后，实验经济学的发展大致可以划分为三个不同的方向。

第一个方向是检验个人选择理论的实验。1944年冯·诺依曼和摩根斯坦在《博弈论与经济行为》一书中提出期望效用理论后，许多经济学家就试图用实验来检验这个理论的正确性。这个方向的实验主要有两类：一类是以阿莱斯悖论为代表的实验；一类是以利希滕斯坦和斯洛维奇（Lichtenstein and Slovic，1971）及林德曼（Lindman，1971）提出的偏好逆转现象为代表的实验。

第二个方向是对博弈论进行检验的实验。自博弈论诞生以来，它已逐步成为现代经济学的理论基础。不可避免，一些经济学家也试图用实验来检验博弈论的预测是否正确。实验经济学主要涉及三个方面的博弈：囚徒困境博弈、协调博弈和讨价还价博弈。

第三个方向是对市场理论的检验。市场的供求作用导致均衡价格和市场出清状态的形成是经济学最经典的观点。张伯伦（1948）提出了市场实验（marketing experiments）。20世纪60年代弗农·史密斯（Vernon Smith，1962）改进了张伯伦的市场实验。这些实验试图验证市场供求是否真的能够产生理论所预期的均衡价格和出清状况，并进而研究供求方的变动以及垄断等行为对市场机制的影响。

现在，分割这三个领域的界限正在渐渐消失，实验经济学已逐渐融入主流经济学的不同领域之中。霍尔特（Holt，1999）在其编辑的《2000年实验经济学和社会科学参考文献》中将其中有关实验经济学的文章和著作分为九个领域：方法论、市场、拍卖、选择理论、博弈论、信息经济学、讨价还价、公共经济学和课堂实验等。

实验经济学论文在西方主流经济学杂志中的出现频率日益增加，1998年《实验经济

① 贝努利1728年举了这样一个例子：假设一个人反复地投掷硬币，1次掷出正面付给1美元，2次掷出正面付给2美元，3次付给4美元，4次付给8美元，依此类推。现在的问题是，为了取得一次这样的赌博机会，你愿意支付的最大代价是多少？显然，这个赌博的期望值应该是$(1/2)\times1+(1/4)\times2+(1/8)\times4+\cdots=1/2+1/2+1/2+\cdots=\infty$，即使将投掷次数限制在100万次时，期望值也是50万美元。你愿意用50万美元换取一次这样的赌博吗？相信大多数人不愿意，并且大多数人为了得到这样的一次赌博机会而愿意支付的代价会很小。这个例子被称为圣彼得堡悖论。

学杂志》创刊。从20世纪70年代开始，实验经济学的各类研究团体和实验室也开始涌现，到20世纪90年代末已具有相当规模。最著名的有亚利桑那大学经济学实验室（由史密斯主持）、阿姆斯特丹大学的实验经济学和政策决策研究中心、波恩大学的实验经济学实验室（由泽尔腾主持）、实验经济学和政策科学实验室［由查尔斯·普洛特（Charles Plott）主持］以及加利福尼亚社会科学实验室［由约翰·莱迪亚德（John Ledyard）主持］、约克大学实验经济学中心［由约翰·海伊（John Hey）和格雷厄姆·卢姆斯（Graham Loomes）主持］等等。① 这些实验经济学的研究中心和机构都分别对实验经济学理论和实践的发展做着各自的努力，为实验经济学阵营的不断扩大以及实验经济学理论和方法的不断深入和完善做出重要贡献。

传统经济学认为：经济学是研究复杂的、自然存在的市场系统的学科，所以实验对经济学家来说几乎毫无用处。② 然而现今的经济学实验已经发展成为经济研究的一种相当成熟的工具。现今的西方经济学界普遍认为诺贝尔经济学奖到了该授予实验经济学研究领域的开创者们的时候了。③

二、如何进行经济学实验

进行经济学实验一般要有以下五个步骤：第一步是选择课题，选择实验要检验的理论或模型是什么。第二步是实验设计，根据所选择的课题设计实验内容。在实验设计中要注意减少次要变量的干扰，避免多变量混合作用。在实验中要对实验参与者给予货币的真实激励，并避免参与者之间的信息交流。第三步是根据所设计的实验确定实验的参与者，一般的经济学实验大多选择学生参加。第四步就是实验控制，实验控制应以实验设计为原则，在实验中要特别注意实验讲解，实验的讲解应该向参与者明确可行的选择及报酬，清晰地界定参与人可以利用和交流的信息等。第五步是实验结果报告及分析，根据实验结果分析课题所要验证的命题。

一般认为，经济学实验由三个基本要素组成：环境（environment）、制度（institution）和参与人行为（behavior）。它们的定义如下：

（1）环境：促使当事人行动或交易的初始禀赋（endowments）、偏好（preferences）及行动成本（costs）；环境的控制一般通过对参与人给予货币回报来进行（Smith，1991）。

（2）制度：对市场交流（买方出价、卖方出价）和接受等语言或信息进行的定义；明确信息交流控制规则和允许的行动（actions 或 moves）规则；确立从信息或行动而导

① 全球范围内的实验经济学研究团体可能不下100个，在此不一一列举，感兴趣的读者可以参考阿尔文·罗思（Alvin Roth）教授在哈佛大学官网上提供的关于实验经济学研究机构的内容。

② 如萨缪尔森在其著名的《经济学》中写道："一种发现经济法则的可能方法就是通过被控制的实验。遗憾的是，经济学家不容易控制其他的重要因素，因此无法进行类似化学家或物理学家所做的实验。他们一般只能像天文学家或气象学家一样借助观察的手段。"（Samuelson and Nordhaus，1985）

③ 一般认为这里是指进行市场实验研究的弗农·史密斯和普洛特，然而实验经济学的代表人物还有很多，他们曾经分布于不同的领域。如博弈论方面的阿尔文·罗思以及个人选择理论方面的戈林·卡梅尔（Colin Camerer）与约翰·海伊等诸多经济学家。

致某一结果的内部控制机制。

（3）参与人行为：在既定环境和制度条件下，实验参与人的决策或行动。这是参与人在实验中的表现。

三、 经济学实验的一些结果

经济学家通过实验得到了一些重要的结论。对此，我们分三个领域进行简要介绍。

1. 个体选择理论。

自从冯·诺依曼和摩根斯坦提出期望效用理论后，这个理论就被作为标准的不确定性条件下的选择理论。这主要是基于以下原因：首先，不确定性是用数学中最经典的概率加以描述，这里不妨把这种概率称为经典概率，经典概率理论是数学理论中最为完善的关于可能性的理论；其次，在经典概率的基础上进一步建立了一个完备的偏好公理体系，因此，从数学角度讲，这个理论具有坚实的数学基础；最后，这个理论可以对风险的一些性质进行较好的描述，例如，可以对贝努利的圣彼得堡悖论做出合理的解释，也可以对个体对待风险的不同态度加以区分——什么是喜欢冒险，什么是规避风险。通过这个理论，经济学家可以对保险以及投机活动和与此有关的交易进行分析。在此基础上建立的风险理论也成为现代博弈理论的基础。显然，期望效用理论不仅扩展了经济学分析的范围，而且还是现代经济学重要的理论基石。

但是，从这个理论创立之时起，人们就开始怀疑这个理论的合理性。问题的关键集中在概率的性质上。首先，人们是否能够在决策中说出各种可能收益的概率分布（西蒙）？如果不能，人们在面对不确定性条件下的选择时是根据概率的大小进行决策的吗？其次，即使在一定条件下“概率”是影响当事人决策的因素，但是，当事人头脑中的概率的性质一定和数学家为概率规定的性质一样吗？最后，当事人的头脑中存在着正如期望理论所描述的明确的偏好关系吗？

第一类实验就是以阿莱斯悖论为代表的实验，第二类实验是偏好逆转实验。两类实验的结果显示，人们的行为和经典理论的预期有很大的差异。因此，经济学必须认真考虑经典理论的合理性。

在实验的基础上，学者们试图提出各种理论对实验结果加以解释，但是，正如卡梅尔教授所说：“存在着大量的违背期望效用理论的现象，却没有人提出一项能对这些现象进行完整解释的理论。”① 所以，时至今日，经济学主流理论仍以期望效用理论为基础。

2. 博弈论。

博弈论已经成为现代经济学重要的理论基础，经济学家用这个理论来研究个体之间的互动行为。博弈论分为合作博弈和非合作博弈，现代经济学中大多是对非合作博弈的应用，这里所说的博弈论主要是指非合作博弈理论。经典的博弈论由两个方面构成。一个方面是对博弈的描述，对博弈的描述也就是对博弈规则的描述。一般认为，博弈规则是由参与人、策略空间、支付函数（效用函数）、信息结构四个要素构成。另一个方面是

① 卡梅尔. 效用理论的实验检验. 风险与不确定性杂志，1989（4）.

对均衡概念的定义，即参与人的合理的互动行为和支付结果是什么。经典博弈论在纳什均衡的基础上构建了博弈理论的均衡概念。纳什均衡反映了博弈论专家对个体理性在行为互动关系中基本性质的认识。

那么，博弈论专家们对个体理性的认识正确吗？这个问题相对于博弈论所预测的均衡结果真的合理吗？

实验经济学可以把博弈规则转换成环境和制度，通过观测实验参与人的行为来检验博弈理论均衡预期的正确性，也可以通过设计不同的环境和制度来揭示参与人的行为规律。实验结果表明，对个体互动行为的研究，经典博弈论的结论远不是最终结论，也许，经典博弈论仅仅意味着这类研究的一个开始。我们通过囚徒困境实验进行说明。

囚徒困境博弈是博弈论的经典问题。自从德里舍和弗拉德（Dresher and Flood，1950）进行了第一个博弈论实验之后，“囚徒困境”的各种变形就成为实验经济学主要研究的对象之一。弗拉德（1952，1958）报道了他们1950年的实验和分析。他们在这类实验中观察到，实验结果与均衡解相距甚远。德里舍和弗拉德对此的分析说明博弈者不一定选择纳什均衡解。早期的有代表性的实验还包括拉韦（Lave，1962）以及拉波波特和张姆（Rapoport and Chammah，1965）进行的研究，他们都说明了有关单时段博弈中存在的不同程度的合作的事实。此外，也有很多实验用来分离导致合作的因素：比如支付水平、各种性格差异等（Lave，1965；Terhune，1968）。

这个时期经过相关的研究和实验观察之后，实验经济学家和博弈论专家在以下观点上达成一致：在有限次重复的囚徒困境博弈实验中难以确定合作程度；而在无限次重复的博弈实验中合作几乎是必然的结果。罗思和马尼汉（Roth and Mumighan，1978）在论述他们有关实验设计的思想时，认为尽管参与博弈的人不知道博弈的次数（人们可能会假设这样的环境就是无限次重复博弈的环境），但参与人知道博弈总会结束的，并且会在意识中形成每次博弈是否为最终博弈的主观概率。这一概率越大，合作的可能性就越小。他们的实验结果也证明，在对博弈继续进行的较高估计下，合作现象明显。然而要注意的一点是，数量对比并不是异常明显。较高的主观概率下有36%的合作，而较低的主观概率下仍然有19%的合作发生。

3. 市场实验。

实验经济学研究的第三个领域（也是理论上最成型的领域）是市场实验。

传统经济学认为，对于进行资源配置的市场，完全竞争市场最具有效率，而垄断将导致效率损失。但是，传统经济学关于市场效率的观点是否正确？决定市场效率的因素都是什么？这是实验经济学试图通过实验来回答的问题。

最早的市场实验是由张伯伦1948年在《垄断竞争市场》中提出的。张伯伦的垄断竞争市场理论的市场产出与传统的竞争均衡产出的不同促使他进行实验，验证竞争性均衡的存在性。在他的实验室市场中，首先赋予每个买者和卖者每一单位商品（虚拟）的保留价格（即买者买价低于这个价格则获得收益，而卖者卖价高于此价则有利可图），令市场当事人（学生）在教室里自由走动进行交易。设买者的保留价格决定需求曲线，卖者的交易价格决定供给曲线，所以竞争均衡将可以确切地由实验获得。在张伯伦所模拟的46个“市场”中，交易量比竞争均衡数量大的市场有42个，相等的有4个；平均价格低于竞争均衡价格的有39个，其余的市场平均价格均高于竞争均衡价格。张伯伦对此进行了一系列解释。

张伯伦之后，其构造供给和需求曲线的思路被沿袭了下来。史密斯在1962年构造了一个双向拍卖程序，其中支付以虚拟的形式进行。所有交易结束后，参与人以相同的保留价格重复多次这样的过程。这一实验与张伯伦市场实验的主要差别在于：（1）史密斯市场实验中交易者的每一次报价都公开在所有交易人面前；（2）张伯伦实验只进行一次市场交易，这使交易者没有机会获得交易经验，凭此进行以后的交易。史密斯认为任何真正市场要达到均衡都必须经历一定的学习机制过程，所以史密斯市场实验要求交易重复进行若干次，“实验的供需条件保持多个成功交易阶段，以便令均衡机理能促成最终的市场均衡”①。

史密斯实验成功获得的市场竞争均衡产出在后来的实验中被史密斯将虚拟支付变为真实的货币支付，再现了这一均衡过程（Smith，1962），从此货币支付被广泛运用。史密斯和他的同事多次重复这一结果，并进一步说明在重复双向拍卖中产出具有趋向竞争均衡产出的收敛性，但当其他一些实验家关注到重复双向拍卖之后，他们设计了大量实验来探索导致竞争性均衡产出出现或不能出现的条件，想要对这些经常被观测到的均衡收敛性进行解释。

首先是霍尔特等人（Holt，Langan and Villamil，1986），他们想知道双向拍卖中的均衡收敛是否会受到决定供给和需求曲线的参数的影响。他们提议对这样一种双向拍卖市场进行检验，在这种市场中，市场的供求一方具有市场力量，即他们通过放弃一些交易机会，从而改变竞争价格，使价格达到令其获取最大利益的水平。霍尔特等人解释说，这种对竞争性均衡非收敛性结果的探索动机要追溯到古诺（1938）。

霍尔特等在1986年和1989年先复制了史密斯的双向拍卖实验，然后改造实验，让另一批买者或卖者具有市场力量。在他们所进行的7个实验中，其中3个实验中的当事人是具有经验的交易者，结果是4个实验没能表现出对竞争性均衡价格和交易量的收敛，而是向反映市场力量分配的价格收敛，其中包括那3个用有经验的交易者进行的实验。这一实验结果支持了霍尔特等人所怀疑的假设：市场参数完全可能影响双向拍卖市场竞争性均衡产出的收敛性，尤其当参与人是具有经验的交易者时。[后来Banks，Ledyard and Porter（1989）和Van Boening and Wilcox（1993）所提出的实验都证实了早期的高效的双向拍卖实验依赖于使用的市场参数。]不过至今这个问题还在争论之中。

四、经济学为什么要进行实验

实验经济学研究方法在自诞生至今的几十年间不断发展和完善，形成了其独特的对经济理论探索的思路和研究方式。实验方法在经济学研究中的作用可以归结为以下三个方面②：

---

① 弗农·史密斯. 竞争市场行为：实践研究. 政治经济学杂志，1962.

② 在1985年第十五届经济学国际代表大会的实验经济学分会议上，罗思提出实验经济学的三类作用：“与理论者交流”“发现新情况”“在国王耳边轻语”等。

1. 理论的验证与评价。

实验经济学的第一个用途是验证和评价已有的理论或模型。

实验经济学要求用实验的观测结果与一个理论的预测比较来验证这一理论，观察结果符合“理论预测”的频率越高，则理论预期可信性越高。当然，即使观察到的行为多数与预期一致，也不能证明理论模型就是正确的，只是增加了对这一理论的信心。

当然，如果理论受到严格检验，都会出现不足或失败。这时首先要确定设计的实验是包含某关键变量的实验，并尽可能地控制除可能产生与预期不同的结果的某一因素之外的其他因素。这时如果观察到的实验结果与预期存在一些难以归因于随机或简单误差的较大偏差，那么就有理由怀疑这一理论模型的正确性。所以，表达非常清楚的理论通常定义好环境和交易规则，而实验家试图重现理论的这些条件。在检验过程中，当实验设计确实比较正确而理论仍旧失败时，则应进行新的实验来探寻失败的原因。

2. 作为新理论的实践经验基础。

实验还可以作为发现新理论的一种方法。

在进行那些验证经济理论的实验中，实验经济学家可能会发现一些意外的、与任何已有模型不符的行为模式。当这类结果在设计不同的实验中进一步持续出现时，经济学家就要考虑建立新的理论来拓展现存模型。当然，为了发现新理论，也可以进行纯粹的“无的放矢”式的实验，将经济学实验完全作为发现新理论或新模型的一种途径。

3. 制度比较及政策评估。

“在国王耳边轻语”是经济学这一学科的典型用途，实验经济学同样与之脱不开干系。最早的构造政策的实验是1960年弗里德曼关于建议财政部拍卖抵押品的制度设计实验。弗里德曼设计了一价拍卖法（one-price auction）规则，即最高的出价者被接受，并以此价格成交，这一拍卖规则后来引起了对拍卖规则的很多争论（Smith，1991）。此后，企业和政府又各自资助了许多研究，例如污染排放许可证的制度选择，航空运输资源的分配机制，以及机场分配的市场机制（Plott，1987）。

总之，实验经济学方法除其具有的优势之外，还存在很多值得怀疑之处，但作为一门学科来说，这丝毫不影响其先进性，正如芝加哥大学的塞勒（R. Thaler）在为《实验经济学手册》（Kagel and Roth，1995）所作的评论中所说：“实验的真正魅力在于他们迫使经济学理论家斟酌他们的理论。”

关键词

比较经济学	新马尔萨斯主义	适度人口理论	宏观人口经济学
微观人口经济学	《人口爆炸》	西蒙及《人口增长经济学》	
施蒂格勒	维克瑞	《信息经济学》	寻找费用
价格分散	逆向选择和道德风险	不确定性与风险	演化经济学
纳尔逊	温特	《经济变迁的演化理论》	
实验经济学	实验的五个步骤	市场实验	

思考题

1. 比较经济学是如何产生和发展的?
2. 试述人口经济学的发展。
3. 试述信息经济学的理论特点及其意义。
4. 什么是演化经济学?
5. 什么是实验经济学?

参考文献

[1] 鲁友章，李宗正．经济学说史．北京：人民出版社，1965.
[2] 陶大镛．外国经济思想史新编．南京：江苏人民出版社，1990.
[3] 胡寄窗．1870年以来的西方经济学说．北京：经济科学出版社，1988.
[4] 胡寄窗．西方经济学说史．上海：立信会计出版社，1991.
[5] 高鸿业，吴易风．现代西方经济理论与学派．北京：中国经济出版社，1989.
[6] 罗志如，等．当代西方经济学说．北京：北京大学出版社，1989.
[7] 晏智杰．经济学中的边际主义．北京：北京大学出版社，1989.
[8] 陈孟熙．经济学说史教程．北京：中国人民大学出版社，1992
[9] 吴易风，王健，方松英．市场经济和政府干预．北京：商务印书馆，1998.
[10] 王健．当代西方经济学流派概览．北京：国家行政学院出版社，1998.
[11] 张维迎．博弈论与信息经济学．上海：上海三联书店，上海人民出版社，1996.
[12] 黄淳，何伟．信息经济学．北京：经济科学出版社，1998.
[13] 李黎力. 明斯基经济思想研究. 北京：商务印书馆，2018.
[14] [德] 马克思恩格斯全集：第13、第23、第25、第26、第46卷．北京：人民出版社，1962—1980.
[15] [英] 埃里克·罗尔．经济思想史．北京：商务印书馆，1981.
[16] [苏] M. H. 雷季娜，等．经济学说史．北京：中国人民大学出版社，1987.
[17] [日] 现代经济学研究会．世界十五大经济学．北京：求实出版社，1990.
[18] [英] 托马斯·孟．英国得自对外贸易的财富．北京：商务印书馆，1959.
[19] [英] 配第经济著作选集．北京：商务印书馆，1981.

[20] [法] 布阿吉尔贝尔选集．北京：商务印书馆，1984.
[21] [法] 坎蒂隆．商业性质概论．北京：商务印书馆，1986.
[22] [法] 魁奈经济著作选集．北京：商务印书馆，1979.
[23] [英] 斯密．国民财富的性质和原因的研究：上卷．北京：商务印书馆，1972.
[24] [英] 斯密．国民财富的性质和原因的研究：下卷．北京：商务印书馆，1974.
[25] [英] 李嘉图．政治经济学及赋税原理．北京：商务印书馆，1983.
[26] [法] 西斯蒙第．政治经济学新原理．北京：商务印书馆，1977.
[27] [英] 马尔萨斯．人口原理．北京：商务印书馆，1961.
[28] [法] 萨伊．政治经济学概论．北京：商务印书馆，1963.
[29] [英] 西尼尔．政治经济学大纲．北京：商务印书馆，1986.
[30] [英] 约翰·穆勒．政治经济学原理．北京：商务印书馆，1991.
[31] [法] 巴师夏．和谐经济论．北京：中国社会科学出版社，1995.
[32] [德] 李斯特．政治经济学的国民体系．北京：商务印书馆，1961.
[33] [德] 罗雪尔．历史方法的国民经济学讲义大纲．北京：商务印书馆，1981.
[34] [美] 凡勃伦．有闲阶级论．北京：商务印书馆，1964.
[35] [美] 康芒斯．制度经济学．北京：商务印书馆，1962.
[36] [德] 戈森．人类交换规律与人类行为准则的发展．北京：商务印书馆，1997.
[37] [奥] 庞巴维克．资本实证论．北京：商务印书馆，1964.
[38] [奥] 维塞尔．自然价值．北京：商务印书馆，1982.
[39] [英] 杰文斯．政治经济学理论．北京：商务印书馆，1984.
[40] [法] 瓦尔拉斯．纯粹经济学要义．北京：商务印书馆，1989.
[41] [美] 克拉克．财富的分配．北京：商务印书馆，1983.
[42] [英] 马歇尔．经济学原理．北京：商务印书馆，1981.
[43] [英] 罗宾逊．不完全竞争经济学．北京：商务印书馆，1961.
[44] [英] 希克斯．价值与资本．北京：商务印书馆，1962.
[45] [英] 凯恩斯．就业、利息和货币通论．北京：商务印书馆，1963.
[46] [希] 色诺芬．经济论 雅典的收入．北京：商务印书馆，1961.
[47] [美] 门罗．早期经济思想．北京：商务印书馆，1985.
[48] [瑞] 魏克赛尔．利息与价格．北京：商务印书馆，1959.
[49] [瑞] 缪尔达尔．货币均衡论．北京：商务印书馆，1963.
[50] [瑞] 俄林．地区间贸易和国际贸易．北京：商务印书馆，1986.
[51] [瑞] 林达尔．货币和资本理论的研究．北京：商务印书馆，1963.
[52] [奥] 熊彼特．经济发展理论．北京：商务印书馆，1990.
[53] [奥] 熊彼特．经济分析史．北京：商务印书馆，1980.
[54] [奥] 熊彼特．资本主义、社会主义与民主．北京：商务印书馆，1979.
[55] [英] 希克斯．凯恩斯经济学的危机．北京：商务印书馆，1979.
[56] [英] 罗宾逊．马克思、马歇尔和凯恩斯．北京：商务印书馆，1963.
[57] [英] 布赖恩·斯诺登，霍华德·文，彼得·温纳齐克．现代宏观经济学指南．

北京：商务印书馆，1998.
[58]［英］琼·罗宾逊，约翰·伊斯韦尔．现代经济学导论．北京：商务印书馆，1982.
[59]［英］琼·罗宾逊．资本积累论．北京：商务印书馆，1963.
[60]［英］斯拉法．用商品生产商品．北京：商务印书馆，1991.
[61]［美］玛乔里·谢泼德·特纳．琼·罗宾逊与两个剑桥之争．南昌：江西人民出版社，1991.
[62]［波］M. 卡莱斯基．社会主义经济增长理论．北京：中国社会科学出版社，1989.
[63]［匈］安道尔·马加什．现代非马克思主义经济学说．北京：商务印书馆，1992.
[64]［英］J.R. 沙克尔顿．当代十二位经济学家．北京：商务印书馆，1992.
[65]［美］加尔布雷思．经济学和公共目标．北京：商务印书馆，1980.
[66]［英］霍奇逊．现代制度主义经济学宣言．北京：北京大学出版社，1993.
[67]［美］贝利．没有财产的权力．北京：商务印书馆，1962.
[68]［美］布坎南．自由、市场和国家．北京：北京经济学院出版社，1988.
[69]［瑞］林德伯克．新左派政治经济学．北京：商务印书馆，1980.
[70]［美］格鲁奇．比较经济制度．北京：中国社会科学出版社，1972.
[71]［美］多恩布什，费希尔．宏观经济学．6 版．北京：中国人民大学出版社，1997.
[72]［美］科斯．企业、市场与法律．上海：上海三联书店，1990.
[73]［美］诺思．经济史中的结构与变迁．上海：上海三联书店，1991.
[74]［美］科斯，诺思，等．财产权与制度变迁：产权学派与新制度学派译文集．上海：上海三联书店，1991.
[75]［美］诺思．西方世界的兴起．北京：学苑出版社，1988.
[76]［加］马克·拉沃．后凯恩斯主义经济分析基础．北京：中国人民大学出版社，2020.

后记

本书由中国人民大学经济学院姚开建主编，各章节的撰稿人如下：姚开建（第一～十六章，第三十四章第一节），姚明霞（第十七、第三十二章），胡曙光（第十八、第二十一、第二十三、第二十八章，第三十一章第一～四节），郭杰（第十九、第二十章），胡曙光、徐则荣（第二十二章），王珏（第二十四、第二十九、第三十章），李欲晓（第二十五、第二十七章），杨达伟（第二十六章，第三十五章第一节），刘元春（第三十一章第五节），李黎力（第三十三章），郭国庆（第三十四章第二节），沈民鸣（第三十四章第三节），姜少敏（第三十四章第四节），艾春岐（第三十五章第二节），黄淳（第三十五章第三节），张海丰（第三十五章第四节），黄淳、于泽、李彬（第三十五章第五节）。

图书在版编目（CIP）数据

经济学说史 / 姚开建主编. --4 版. --北京：中国人民大学出版社，2021.7
新编 21 世纪经济学系列教材
ISBN 978-7-300-29552-7

Ⅰ.①经… Ⅱ.①姚… Ⅲ.①经济思想史-世界-教材 Ⅳ.①F091

中国版本图书馆 CIP 数据核字（2021）第 128441 号

普通高等教育“十一五”国家级规划教材
新编 21 世纪经济学系列教材
经济学说史（第四版）
姚开建 主编
Jingji Xueshuoshi

出版发行	中国人民大学出版社		
社　址	北京中关村大街 31 号	**邮政编码**	100080
电　话	010－62511242（总编室）		010－62511770（质管部）
	010－82501766（邮购部）		010－62514148（门市部）
	010－62515195（发行公司）		010－62515275（盗版举报）
网　址	http://www.crup.com.cn		
经　销	新华书店		
印　刷	天津鑫丰华印务有限公司	**版　次**	2003 年 12 月第 1 版
开　本	787 mm×1092 mm　1/16		2021 年 7 月第 4 版
印　张	36　插页 1	**印　次**	2024 年 11 月第 5 次印刷
字　数	825 000	**定　价**	76.00 元

教学支持说明

1. 教辅资源获取方式

为秉承中国人民大学出版社对教材类产品一贯的教学支持，我们将向采纳本书作为教材的教师免费提供丰富的教辅资源。您可直接到中国人民大学出版社官网的教师服务中心注册下载——http://www.crup.com.cn/Teacher。

如遇到注册、搜索等技术问题，可咨询网页右下角在线 QQ 客服，周一到周五工作时间有专人负责处理。

注册成为我社教师会员后，您可长期根据您所属的课程类别申请纸质样书、电子样书和教辅资源，自行完成免费下载。您也可登录我社官网的"教师服务中心"，我们经常举办赠送纸质样书、赠送电子样书、线上直播、资源下载、全国各专业培训及会议信息共享等网上教材进校园活动，期待您的积极参与！

2. 高校教师可加入下述学科教师 QQ 交流群，获取更多教学服务

经济类教师交流群：809471792

财政金融教师交流群：766895628

国际贸易教师交流群：162921240

税收教师交流群：119667851

3. 购书联系方式

网上书店咨询电话：010-82501766

邮购咨询电话：010-62515351

团购咨询电话：010-62513136

中国人民大学出版社经济分社

地址：北京市海淀区中关村大街甲 59 号文化大厦 1506 室　100872

电话：010-62513572　010-62515803

传真：010-62514775

E-mail：jjfs@crup.com.cn